瑜伽行派における種姓説の展開

―初期瑜伽行派から中期瑜伽行派へ―

岡田英作 著

起心書房

瑜伽行派の祖とされるマイトレーヤ（弥勒）（ガンダーラ、2-3 世紀）

瑜伽行派における種姓説の展開

——初期瑜伽行派から中期瑜伽行派へ——

目　次

目　次 …… iii
略号・記号一覧 …… vi

序　論 …… 1

1. はじめに …… 3
2. 種姓（gotra）という語について …… 6
3. 瑜伽行派に至るまでの種姓説の概観 …… 9
4. 瑜伽行派における種姓説に関する先行研究と残される課題 …… 13

本　論 …… 43

第 1 章 初期瑜伽行派における種姓説 …… 45
　第 1 節『瑜伽師地論』…… 45
　　1.「本地分」における種姓説 …… 50
　　　1.1. 種姓に関する規定 …… 50
　　　　1.1.1.『声聞地』における種姓説 …… 50
　　　　1.1.2.「独覚地」における種姓説 …… 67
　　　　1.1.3.『菩薩地』における種姓説 …… 69
　　　1.2. 種姓に立脚した者と種姓に立脚しない者 …… 85
　　　　1.2.1.『声聞地』における規定 …… 85
　　　　1.2.2.『菩薩地』における規定 …… 89
　　　　1.2.3.『菩薩地』における種姓に立脚しない者の救済可能性 …… 94
　　　1.3.「本地分」における種姓説の小結 …… 98

2.「摂決択分」における種姓説 …… 101
2.1. 種姓に立脚しない者 …… 101
2.2. 確定されていない種姓 …… 105
2.3. 真如所縁縁種子説 …… 113
2.4.「摂決択分」における種姓説の小結 …… 120
第 2 節『大乗荘厳経論頌』…… 123
1.『大乗荘厳経論頌』における種姓説の受容 …… 125
1.1.『大乗荘厳経論』に散在する種姓に関する教説 …… 125
1.2.『大乗荘厳経論頌』「種姓品」における種姓説の受容形態 …… 128
2.『大乗荘厳経論頌』における種姓説の展開 …… 140
第 3 節『中辺分別論頌』…… 144
結 …… 147

第 2 章 中期瑜伽行派における種姓説 …… 215
第 1 節 アサンガ …… 216
1.『顕揚聖教論』…… 216
2.『摂大乗論』…… 223
3.『聖解深密釈』…… 231
4.『仏随念注』…… 233
第 2 節 ヴァスバンドゥ …… 238
1. 瑜伽行派文献に対する注釈書 …… 239
2. 大乗経典に対する注釈書 …… 244
2.1.『聖十地解説』…… 245
2.2.『妙法蓮華経論優波提舎』…… 248
2.3.『無量寿経優波提舎願生偈』…… 250
2.4.『三具足経憂波提舎』…… 251
3.『仏随念注』に対する複注釈書 …… 253

結 …… 267

結　論 …… 291

付録：『菩薩地』「種姓品」の原典研究 …… 299

凡　例 …… 301
シノプシス …… 305
和訳および梵文校訂テキスト …… 306

あとがき …… 371
参考文献 …… 374
索　引 …… 420

略号・記号一覧

add.	added in
ADh	*Abhisamācārikā Dharmā*,（Skt. ed.）KARASHIMA & VON HINÜBER［2012］.
AiGr	Albert Debrunner. *Altindische Grammatik*, Band II-2: Die Nominalsuffixe. Göttingen: Vandenhoeck & Ruprecht, 1954.
AKBh	*Abhidharmakośabhāṣya* of Vasubandhu,（Skt. ed.）PRADHAN［1967］.
AKVy	*Sphuṭārthā Abhidharmakośavyākhyā* of Yaśomitra,（Skt. ed.）WOGIHARA［1932–36］.
AN_{1}	*Aṅguttaranikāya* I,（Pāli ed.）WARDER［1961］.
AN_{4}	*Aṅguttaranikāya* IV,（Pāli ed.）HARDY［1899］.
AN_{5}	*Aṅguttaranikāya* V,（Pāli ed.）HARDY［1900］.
AS_{G}	*Abhidharmasamuccaya* of Asaṅga,（Skt. ed.）GOKHALE［1947］.
AS_{P}	*Abhidharmasamuccaya* of Asaṅga,（Skt. ed.）PRADHAN［1950］.
$ASBh_{T}$	*Abhidharmasamuccayabhāṣya* of *Siṃhabuddhi（師子覚）/Jinamitra,（Skt. ed.）TATIA［1976］.
AVSN	*Arthaviniścayasūtranibandhana* of Vīryaśrīdatta
$AVSN_{S}$	*Arthaviniścayasūtranibandhana* of Vīryaśrīdatta,（Skt. ed.）SAMTANI［1971］.
BBh	*Bodhisattvabhūmi*
BBh_{D}	*Bodhisattvabhūmi*,（Skt. ed.）DUTT［1966］.
BBh_{F}	*Bodhisattvabhūmi* XVIII,（Skt. ed.）古坂［2007］.
BBh_{H}	*Bodhisattvabhūmi* X,（Skt. ed.）羽田野［1993］.
$BBh_{I\&F}$	*Bodhisattvabhūmi* XIX–XXVIII,（Skt. ed.）磯田・古坂［1995］.
BBh_{O}	*Bodhisattvabhūmi* I,（Skt. ed.）本研究［pp.307–353, odd pages］.
BBh_{Wa}	*Bodhisattvabhūmi* II,（Skt. ed.）WANGCHUK［2007: Appendix A, 357–377］.
BBh_{Wo}	*Bodhisattvabhūmi*,（Skt. ed.）WOGIHARA［1930–36］.
BBh_{Y6}	*Bodhisattvabhūmi* VI,（Skt. ed.）矢板［2014］.
BBh_{Y8}	*Bodhisattvabhūmi* VIII,（Skt. ed.）矢板［2015］.
BBh_{Y11}	*Bodhisattvabhūmi* XI,（Skt. ed.）矢板［2019］.
BBh_{Y13}	*Bodhisattvabhūmi* XIII,（Skt. ed.）矢板［2011］.
BBh_{Y15}	*Bodhisattvabhūmi* XV,（Skt. ed.）矢板［2012］.
BBh_{Y18}	*Bodhisattvabhūmi* XVIII,（Skt. ed.）矢板［2013］.
BCh	*Bu ston chos 'byung* I of Bu ston,（Tib. ed.）MIYAKE et al.［2022］.
BHSD	Franklin Edgerton. *Buddhist Hybrid Sanskrit Grammar and Dictionary*, vol.2: Dictionary. Kyoto: Rinsen Book Co., 1985; Original Edition: New Haven, 1953.

BuAṬ	*Buddhānusmṛtiṭīkā* of Vasubandhu
Ch.	Chinese
D	The sDe dge Edition of the Tibetan Tripiṭaka
DBh	*Daśabhūmikasūtra*,（Skt. ed.）Kondō［1936］.
DN	*Dīghanikāya*,（Pāli ed.）Davids & Carpenter［1975］.
Dp	*Dhammapada*,（Pāli ed.）von Hinüber & Norman［1995］.
ed.	edition/edited by
em.	emended
Eng.	English
EWA	Manfred Mayrhofer. *Etymologisches Wörterbuch des Altindoarischen*. Heidelberg: Carl Winter, Universitätsverlag, Band I: 1992, Band II: 1996.
Fre.	French
Ger.	German
HDh	Pandurang Vaman Kane. *History of Dharmaśāstra: Ancient and Medieval Religious and Civil Law*, Volume II-1, Third Edition. Pune: Bhandarkar Oriental Research Institute, 1997.
Jpn.	Japanese
Kor.	Korean
KP	*Kāśyapaparivarta*,（Skt. ed.）Vorobyova-Desyatovskaya［2002］.
$\mathit{LAS}_{\mathrm{N}}$	*Laṅkāvatārasūtra*,（Skt. ed.）Nanjio［1923］.
$\mathit{LAS}_{\mathrm{T}}$	*Laṅkāvatārasūtra*,（Skt. ed.）Tokiwa［2003］.
$\mathit{LAS}_{\mathrm{T2}}$	*Laṅkāvatārasūtra*,（Skt. ed.）常盤義伸［2018］.
MAV	*Madhyāntavibhāga*,（Skt. ed.）Nagao［1964］.
MAVBh	*Madhyāntavibhāgabhāṣya* of Vasubandhu
MAVK	*Madhyāntavibhāgakārikā*
$\mathit{MAV\d{T}}_{\mathrm{O}}$	*Madhyāntavibhāgaṭīkā* I of Sthiramati,（Skt. ed.）小谷［2017］.
$\mathit{MAV\d{T}}_{\mathrm{Y}}$	*Madhyāntavibhāgaṭīkā* of Sthiramati,（Skt. ed.）Yamaguchi［1934］.
MN	*Majjhimanikāya*,（Pāli ed.）Chalmers［1977］.
$\mathrm{Ms}_{\acute{s}}$	The Sanskrit Manuscript of the *Śrāvakabhūmi*, 中国・大正［1994］.
$\mathit{MSA}_{\mathrm{F1}}$	*Mahāyānasūtrālaṃkāra* I–III, IX–X,（Skt. ed.）舟橋［1985］.
$\mathit{MSA}_{\mathrm{F2}}$	*Mahāyānasūtrālaṃkāra* XI,（Skt. ed.）舟橋［2000］.
$\mathit{MSA}_{\mathrm{H}}$	*Mahāyānasūtrālaṃkāra* III,（Skt. ed.）早島編［2024］.
$\mathit{MSA}_{\mathrm{L}}$	*Mahāyānasūtrālaṃkāra*,（Skt. ed.）Lévi［1907］.
$\mathit{MSA}_{\mathrm{LTr}}$	*Mahāyānasūtrālaṃkāra*,（Fre. trans.）Lévi［1911］.
$\mathit{MSA}_{\mathrm{M}}$	*Mahāyānasūtrālaṃkāra* XVII,（Skt. ed.）Maithrimurthi［1999］.
$\mathit{MSA}_{\mathrm{N1}}$	*Mahāyānasūtrālaṃkāra* I–IX,（Skt. ed.）長尾［2007a］.

*MSA*N2	*Mahāyānasūtrālaṃkāra* X–XIV,（Skt. ed.）長尾［2007b］.
*MSA*N3	*Mahāyānasūtrālaṃkāra* XV–XVIII,（Skt. ed.）長尾［2009］.
*MSA*N4	*Mahāyānasūtrālaṃkāra* XIX–XXI,（Skt. ed.）長尾［2011］.
*MSA*Na	*Mahāyānasūtrālaṃkāra* IX,（Skt. ed.）内藤［2009a］.
*MSA*No1	*Mahāyānasūtrālaṃkāra* I,（Skt. ed.）能仁編［2009］.
*MSA*No17	*Mahāyānasūtrālaṃkāra* XVII,（Skt. ed.）能仁編［2013］.
*MSA*U	*Mahāyānasūtrālaṃkāra* XI-partial,（Skt. ed.）上野隆平［2014b］.
*MSA*W	*Mahāyānasūtrālaṃkāra* IV,（Skt. ed.）若原編［2023］.
MSABh	*Mahāyānasūtrālaṃkārabhāṣya* of Vasubandhu
MSAK	*Mahāyānasūtrālaṃkārakārikā*
MSg	*Mahāyānasaṃgraha* of Asaṅga
*MSg*G	*Mahāyānasaṃgraha* X of Asaṅga,（Tib. ed.）GRIFFITHS et al.［1989］.
*MSg*L	*Mahāyānasaṃgraha* of Asaṅga,（Tib. ed.）LAMOTTE［1938: I］.
*MSg*N1	*Mahāyānasaṃgraha* Prastāvanā–II of Asaṅga,（Tib. ed.）長尾［1982］.
*MSg*N2	*Mahāyānasaṃgraha* III–X of Asaṅga,（Tib. ed.）長尾［1987］.
MVy	榊亮三郎編『梵藏漢和四譯對校 飜譯名義大集』本編、京都：臨川書店、1998（復刻版）。
om.	omitted in
P	The Peking Edition of the Tibetan Tripiṭaka
PP	*Puggalapaññatti*,（Pāli ed.）MORRIS et al.［1972］.
*PrBh*P	*Pratyekabuddhabhūmi*,（Skt. ed.）PANDEY［1987］.
*PrBh*Y	*Pratyekabuddhabhūmi*,（Skt. ed.）YONEZAWA［1998］.
*PSP*D	*Pañcaviṃśatisāhasrikā Prajñāpāramitā* I,（Skt. ed.）DUTT［1934］.
*PSP*K1	*Pañcaviṃśatisāhasrikā Prajñāpāramitā* I,（Skt. ed.）KIMURA［2007］.
*PSP*K2	*Pañcaviṃśatisāhasrikā Prajñāpāramitā* IV,（Skt. ed.）KIMURA［1990］.
*PSP*K3	*Pañcaviṃśatisāhasrikā Prajñāpāramitā* VI–VIII,（Skt. ed.）KIMURA［2006］.
PW	Otto Böhtlingk & Rudolph Roth. *Sanskrit-Wörterbuch*, 7 Bde. St. Petersburg: Buchdruckerei der Kaiserlichen Akademie der Wissenschaften, 1855–75.
repr.	reprint
RGV	*Ratnagotravibhāga Mahāyānottaratantraśāstra*
*RGV*J	*Ratnagotravibhāga Mahāyānottaratantraśāstra*,（Skt. ed.）JOHNSTON［1950］.
SamBh	*Samāhitā bhūmi*
*SamBh*D	*Samāhitā bhūmi*,（Skt. ed.）DELHEY［2009: I］.
SavBh	*Savitarkādir bhūmi*
Skt.	Sanskrit
*Skt.	Sanskrit reconstruction

Sn	*Suttanipāta*,（Pāli ed.）ANDERSEN & SMITH［1990］.
SN	*Saṃdhinirmocanasūtra*
SN$_{\mathrm{L}}$	*Saṃdhinirmocanasūtra*,（Tib. ed.）LAMOTTE［1935］.
SP	*Saddharmapuṇḍarīkasūtra*,（Skt. ed.）KERN & NANJIO［1908–12］.
ŚrBh	*Śrāvakabhūmi*
ŚrBh$_{\mathrm{A}}$	*Śrāvakabhūmi* IV-partial,（Skt. ed.）阿部［2023: 123, n.110］.
ŚrBh$_{\mathrm{Sc}}$	*Śrāvakabhūmi* IV-partial,（Skt. ed.）SCHMITHAUSEN［1982: 462］.
ŚrBh$_{\mathrm{Sh}}$	*Śrāvakabhūmi*,（Skt. ed.）SHUKLA［1973］.
ŚrBh$_{\mathrm{T1}}$	*Śrāvakabhūmi* I,（Skt. ed.）声聞地研究会［1998］.
ŚrBh$_{\mathrm{T2}}$	*Śrāvakabhūmi* II,（Skt. ed.）声聞地研究会［2007］.
ŚrBh$_{\mathrm{T3}}$	*Śrāvakabhūmi* III,（Skt. ed.）声聞地研究会［2018］.
ŚruBh	*Śrutamayī bhūmi*
T	大正新脩大蔵経
Tib.	Tibetan
trans.	translation
VinSg	*Viniścayasaṃgrahaṇī*
VinSg$_{\mathrm{Ye}}$	*Viniścayasaṃgrahaṇī*-partial,（Skt. ed.）YE et al.［2023］.
VyāSg	**Vyākhyāsaṃgrahaṇī*
VyY	*Vyākhyāyukti* of Vasubandhu,（Tib. ed.）J. LEE［2001］.
YBh	*Yogācārabhūmi*
YBh$_{\mathrm{Bh}}$	*Yogācārabhūmi*, *Maulī bhūmiḥ/Maulyo bhūmayaḥ* I–V,（Skt. ed.）BHATTACHARYA［1957］.
解深密釈	聖解深密釈（*Āryasaṃdhinirmocanabhāṣya*）
顕揚論	顕揚聖教論（*Xianyang shengjiao lun*）
三具足論	三具足経憂波提舎（*Sanjuzujing youbotishe*）
十地経論	聖十地解説（*Āryadaśabhūmivyākhyāna*）
集論	阿毘達磨集論（*Abhidharmasamuccaya*）
集論釈	阿毘達磨集論釈（*Abhidharmasamuccayabhāṣya*）
荘厳経論	大乗荘厳経論（*Mahāyānasūtrālaṃkāra*）
荘厳経論釈	大乗荘厳経論釈（*Mahāyānasūtrālaṃkārabhāṣya*）
荘厳経論頌	大乗荘厳経論頌（*Mahāyānasūtrālaṃkārakārikā*）
摂大乗釈	摂大乗論釈（*Mahāyānasaṃgrahabhāṣya*）
浄土経論	無量寿経優波提舎願生偈（*Wuliangshoujing youbotishe yuansheng ji*）
中辺論	中辺分別論（*Madhyāntavibhāga*）
中辺論釈	中辺分別論釈（*Madhyāntavibhāgabhāṣya*）
中辺論頌	中辺分別論頌（*Madhyāntavibhāgakārikā*）

婆沙論	阿毘達磨大毘婆沙論（**Mahāvibhāṣā*）
パーリ仏教辞典	村上真完・及川真介『パーリ仏教辞典――仏のことば註――パラマッタ・ジョーティカー 付篇パーリ聖典スッタ・ニパータ註 索引・辞典』東京：春秋社、2009。
宝性論	究竟一乗宝性論（*Ratnagotravibhāga Mahāyānottaratantraśāstra*）
法華経論	妙法蓮華経論憂波提舎（**Saddharmapuṇḍarīkopadeśa*）
瑜伽論	瑜伽師地論（*Yogācārabhūmi*）
論書篇	塚本啓祥・松長有慶・磯田熙文編『梵語仏典の研究 III 論書篇』京都：平樂寺書店、1990。

*	想定であることを示す際に使用。特に仏典の想定されるサンスクリット書名・著者名、或いは仏典の原文の中で蓋然性の低い想定サンスクリット原語を示す際に使用。
(　)	チベット大蔵経デルゲ版・北京版ならびに大正新修大蔵経の（目録番号）を表示。 Skt. ed. や Tib. などの（項目）、引用テキストのフォリオや列挙の際の（番号）を表示。 補足の際に使用。特に引用テキストの訳文における指示代名詞の対象やサンスクリットなどの原語の補足。
〔　〕	引用テキストの訳文における指示代名詞の対象や原文にない語句の補足。
［　］（全角）	チベット大蔵経北京版ならびに大正新修大蔵経の［巻数］を表示。 括弧の直前に参考文献の著者や編者を挙げた後、括弧内に出版年、巻数や該当ページや注番号を、［出版年 : 巻数 , セクション番号 , 該当ページ, 注番号］の順に表示。本研究に言及する際は［該当ページ, 注番号］の順に表示。
[　]（半角）	写本や版本に従わない、引用テキストの読みの訂正。 引用テキストや想定サンスクリットの補足。 サンスクリット原文欠損箇所のチベット語訳による補足。
...	中略
....	後略
-	複合語の成分の区切り。改行や注番号の挿入によって、分離しているように見える語のつながりを示す。

＊本研究で扱う文献には現代では差別的とされる表現が見られる場合があるが、歴史的文献の学術研究として、敢えてそのまま引用・検討した。

序　論

1. はじめに

我々は仏陀となり得るのか。一切の衆生（生き物存在）が仏陀となる可能性や最終目標である菩提の獲得・般涅槃への到達に関する可能性を有しているのか、或いは衆生の中にそのような可能性を全く欠いた者がいるのかは、仏教教理の長い歴史の中で議論されてきた、修行者自身にとっては修道論、衆生たちにとっては救済論の根幹を成す深刻な問題である。

インド仏教の中で、大乗仏教の二大学派の一翼を担う瑜伽行派（Yogācāra）[1]は、学派の祖とされるマイトレーヤ（Maitreya, 弥勒）[2]に帰せられる初期瑜伽行派[3]の根本典籍『瑜伽師地論』（*Yogācārabhūmi*, 以下、『瑜伽論』と略）を端緒として、この問題に対して“gotra”（Pāli: gotta/gotra; Tib.: rigs; Ch.: 種姓／種性[4]）という概念を中心に据えて向き合い、独自の種姓説を展開してゆく。

瑜伽行派は、種姓について、菩提の獲得や般涅槃への到達に関する可能性を保証する因子として、衆生の有する資質という意味で用いて、種姓の有無に基づく般涅槃への到達可能性の決定や、種姓の種別に応じた声聞・独覚・菩薩という三乗（triyāna）説を主軸に種姓説を立てる。この三乗説は、初期大乗経典[5]『法華経』（*Saddharmapuṇḍarīkasūtra*）に代表される一乗（ekayāna）説と対立するものである。さらに、瑜伽行派における種姓説は、中期大乗経典『如来蔵経』（*Tathāgatagarbhasūtra*）や『大般涅槃大経』（*Mahāparinirvāṇamahāsūtra*）に代表される、仏陀と同じ菩提の獲得の可能性をあらゆる衆生に認める如来蔵（tathāgatagarbha）・仏性（buddhadhātu etc.）思想を組織化した『究竟一乗宝性論』（*Ratnagotravibhāga Mahāyānottaratantraśāstra*, 以下、『宝性論』と略）の理論的骨格になる[6]。いっぽう、大乗仏教の二大学派のもう一翼を担う中観派（Mādhyamika）は、バーヴィヴェーカ（Bhāviveka, 清弁, ca.500–570）やチャンドラキールティ（Candrakīrti, 月称, ca.600–650）の時代には、『入楞伽経』（*Laṅkāvatārasūtra*）に基づく如来蔵思想[7]を一乗説の根拠として取り込んで[8]、三乗説に立脚する瑜伽行派と対峙し、批判するようになってゆく[9]。瑜伽行派における種姓説は、インド仏教において他の大乗仏教思想や学派に影響を与えた重要な思想潮流と言えよう。また、瑜伽行派は、衆生の有する資質として、声聞・独覚・菩薩という三乗の種姓、確定されていない種姓、般涅槃へ到達し得ない無種姓、という五種姓を並べて、五種姓説を確立してゆく。このような五種姓の並列は、中国や日本仏教において特に注目されることになるが、玄奘（602?–664）の弟子である窺基（632–682）を開祖とする法相宗の教義としてよく知られ、日本の法相宗では「五姓各別」と呼び習わしている[10]。この「五姓各別」とは、衆生各々に本来的に五種姓の区別があることを意味し、そして、菩提の獲得や般涅槃への到達に関する可能性、つまり救済可能性の永久にない無種姓を説いて、救済し得ない衆生の存在を認める点に特徴がある[11]。本研究では、「五姓各別」という用語が今日の学界において中国や日本仏教における種姓説の文脈で使用されるため、便宜上、中国や日本仏教の文脈では「五姓各別」説、インド仏教の文脈では五種姓説、と表記を区別する。

瑜伽行派における種姓は、瑜伽行派に関する研究の中で取り上げられてきたのはもちろんのことであるが、それよりもむしろ、OBERMILLER［1931a］以来、如来蔵・仏性思想をめぐる重要な概念として注目され、SEYFORT RUEGG［1969］および高崎［1974a］という二大研究の登場により、如来蔵・仏性思想の研究と連動して研究が大きく進められてきた。しかし、Seyfort Ruegg、高崎両氏以降の研究は、種姓に関連するテーマ別に研究する中で種姓説を取り上げるか、種姓自体を主題とする場合でも、大半が瑜伽行派文献ごとに、或いは瑜伽行派における特定の種姓説ごとに取り上げるかしており、さらに、松本［1983］で提示された、如来蔵思想の本質的な論理構造を示すための仮説、すなわち「単一な実在である基体（dhātu）から多数の法（dharma）を生じる」と主張する基体説（dhātu-vāda）[12]という観点から種姓説を扱うため、個々の研究成果の蓄積はあるものの、それらの成果が連繋することがなく、瑜伽行派における種姓説の展開を十分に解明しているとは言い難い状況にある。従来の研究はまた、もっぱら初期瑜伽行派文献に注目する傾向があり、中期瑜伽行派文献を扱ったとしても、初期瑜伽行派文献に対する注釈文献であることが多いため、瑜伽行派における種姓説としては、アサンガ（Asaṅga, 無著, ca.330–405）・ヴァスバンドゥ（Vasubandhu, 世親, ca.350–430）[13]の時代である中期瑜伽行派に焦点をあてた研究は今なおなされていない。しかし、このような研究事情にあるにも関わらず、ヴァスバンドゥと同時代とされる文献や中期瑜伽行派よりも後代の文献における種姓説に関して研究が進められている。したがって、中期瑜伽行派までの瑜伽行派における種姓説を解明できれば、従来の研究が取り上げてきた諸文献における種姓説の理解に対して再検討を促すことになるだろう。

本研究では、初期瑜伽行派文献から中期瑜伽行派文献までに見出される種姓説を抽出して分析を加えることで、その間の種姓説を整理し、瑜伽行派における種姓説を研究する上で残される重要な課題として、瑜伽行派における種姓説の史的展開を再構築することを主題とする。

本研究の構成と概要は、次の通りである。

以下に続く序論では、本研究の主題である種姓（gotra）という語について概説し、先行研究に基づき、瑜伽行派に至るまでの仏教における種姓説を概観する。そして、瑜伽行派における種姓説に関する先行研究を整理した上で、なお残される課題として、初期瑜伽行派から中期瑜伽行派への種姓説の展開が十分に解明されているとは言い難い状況にあり、特に中期瑜伽行派については空白地帯となっていることを指摘し、本論への橋渡しとする。

本研究では、本論の各章節を初期瑜伽行派から中期瑜伽行派へと時系列順に構成することによって、初期瑜伽行派から中期瑜伽行派までの種姓説の史的展開を再構築することを目指している。

本論は、初期瑜伽行派における種姓説、中期瑜伽行派における種姓説の順に、全2章から成る。

第1章は、初期瑜伽行派文献『瑜伽師地論』『大乗荘厳経論頌』『中辺分別論頌』の順に、全3節から成る。第1節では、『瑜伽師地論』を取り上げ、古層に属する「本地分」と新層に属する「摂決択分」に大別した上で、『瑜伽師地論』内での種姓説をみてゆく。本節は、本研究の中で最も分量が多く、種姓に関する膨大な数の記述を抽出する点で、次節以降に欠かせない資料集的な側面を持ち合わせており、本研究の基礎となっている。第 2 節では、『瑜伽師地論』における種姓説を踏まえた上で、『大乗荘厳経論頌』を取り上げ、『瑜伽師地論』との対応関係を中心に、『大乗荘厳経論頌』における種姓説をみてゆく。本節もまた、前節と同様に、種姓に関する多数の記述を抽出する点で、第 2 章以降に欠かせない資料集的な側面を持ち合わせている。第 3 節では、『瑜伽師地論』における種姓説を踏まえた上で、『中辺分別論頌』を取り上げ、種姓という語が見出される偈頌の考察を中心に、『中辺分別論頌』における種姓説をみてゆく。

第 2 章は、中期瑜伽行派論師アサンガ、ヴァスバンドゥの順に、全 2 節から成る。第 1 節では、初期瑜伽行派における種姓説を踏まえた上で、アサンガの著作から種姓に関する記述を取り上げ、アサンガによる種姓説をみてゆく。第 2 節では、アサンガの著作を含む先行する瑜伽行派文献における種姓説を踏まえた上で、ヴァスバンドゥの著作から種姓に関する記述を取り上げ、ヴァスバンドゥによる種姓説をみてゆく。

結論では、各章節での考察結果の要旨を挙げ、初期瑜伽行派から中期瑜伽行派までの種姓説の展開について総括する。

付録では、『瑜伽師地論』「本地分」の第 15 地「菩薩地」（以下、『菩薩地』）第 1 章「種姓品」の原典研究として、『菩薩地』「種姓品」の梵文（サンスクリット）校訂テキストおよび和訳と注解を載録する。

2. 種姓（gotra）という語について

サンスクリットの “gotra” という語は、語源的には “go+ √trā/trai”（牛を守るもの）と解釈されて「牛小屋」（Kuhstall）や「家畜小屋」（Stall）の意味を持つと理解されている[14]。また、インドにおいて一般に「種族」（Geschlecht）「素性」（Abkunft）「家系」（Familie）を意味し[15]、父系性族外婚の単位となる血統集団としても使用される[16]。以上のように、“gotra”とは、血統主義的な意味合いを含んだ概念である。

パーリ語で伝わる初期仏教経典の中には、このような血統主義的な“gotra/gotta”（姓）を否定的に取り上げるものがある[17]。例えば、『スッタニパータ』（*Suttanipāta*, III vv.648–650）では、名（nāma）や姓（gotta）が慣習から生じ、付けられたものであることを明かし、司祭階級バラモン（brāhmaṇa）であることの要件として、生まれ（jāti）ではなく、行為（業, kamma）を重視している。

> 実にこの呼び名は、世間で名や姓として付けられたものであり、慣習から生じて、そこかしこで付けられたものである。
> 〔その事に〕無知なる者たちには、長い間潜在していた〔悪い〕見解に関するものがある。無知なる者たちは我々に言う。「生まれによってバラモンとなる」〔と〕。
> 生まれによってバラモンとなるのではなく、生まれによってバラモンならざる者となるのではない。行為によってバラモンとなり、行為によってバラモンならざる者となる。
>
> samaññā h’ esā lokasmiṃ nāmagottaṃ pakappitaṃ,
> sammuccā samudāgataṃ tattha tattha pakappitaṃ,
> dīgharattam anusayitaṃ diṭṭhigatam ajānataṃ,
> ajānantā no pabruvanti “jātiyā hoti brāhmaṇo.”
> na jaccā brāhmaṇo hoti, na jaccā hoti abrāhmaṇo,
> kammanā brāhmaṇo hoti, kammanā hoti abrāhmaṇo.[18]

山崎［2018: 621–623; 640］は、これと並行する教えがジャイナ教の古層に属する聖典にもあり、その他の並行する教えも検討した上で、両宗教が原初形態において共通の基盤を有していたことが間違いでないことの証左となろう、と指摘している。『ダンマパダ』（*Dhammapada*, v.393）でもまた、姓（gotta）を生まれ（jāti）などと共に否定し、真理と法とを備えることをバラモンであることの要件としている。

結髪によってバラモンとなるのではなく、姓によって〔バラモンとなるのでは〕なく、生まれによって〔バラモンとなるのでは〕ない。真理と法とがあるならば、彼は安楽であり、そしてバラモンである。

na jaṭāhi na gottena na jaccā hoti brāhmaṇo,

yamhi saccañ ca dhammo ca so sukhī so ca brāhmaṇo.[19]

ジャイナ教と並行する部分はあるにしても、初期仏教経典において否定対象であった "gotra/gotta" が仏教的な用語として使用されるのは、初期仏教経典の成立末期（紀元前2世紀以後）におけるパーリ語表現の "gotrabhū"（種姓者）に至ってからである[20]。ここに、血統主義的な "gotra" から仏教的な概念としての "gotra" への展開を見ることができる[21]。仏教的な概念としての "gotra" は、仏教教理の長い歴史の中で複雑な発達過程を辿ることとなる[22]。そうした過程を辿った、仏教における "gotra" という語の意味について、SEYFORT RUEGG［1976: 354］は、*Buddhist Hybrid Sanskrit Grammar and Dictionary* II（以下、*BHSD* と略）所掲の "gotra" の項目（*BHSD* p.216）に挙がる意味を整理し[23]、次の3つの意味を提示している。

I. 「鉱脈」（mine）「母体」（matrix）

II. 「家系」（family）「氏族」（clan）「血統」（lineage）

III.「胚子」（germ）「種子」（seed）

I については、初期大乗経典『十地経』（*Daśabhūmikasūtra*）『二万五千頌般若経』（*Pañcaviṃśatisāhasrikā Prajñāpāramitā*）や説一切有部（Sarvāstivāda）の文献に用例があり、鉱物学的譬喩として、SEYFORT RUEGG［1976: 358, n.15］の指摘するように、"dhātu"（界／根源要素）ないし "ākara"（出処）と結び付けられる[24]。II については、インドにおいて一般的に使用される血統主義的な意味であり、社会学的生物学的譬喩として、SEYFORT RUEGG［1976: 342］や高崎［1969: 499］の指摘するように、"kula"（家）や "vaṃśa"（系譜）と結び付けられる[25]。III については、植物学的譬喩として、SEYFORT RUEGG［1976: 342］の指摘するように、“bīja”（種子）と結び付けられる。ただし、“gotra” の文脈に “bīja” が認められるのは、“gotra” の同義異語（paryāya）として “bīja” を挙げる瑜伽行派以降のことである[26]。

本研究では、瑜伽行派における “gotra” という語について、SEYFORT RUEGG［1976］の提示する II の家系といった意味合いが強いものの、“gotra” の同義異語である “dhātu” や “bīja” と密接な関係を有することから、I や III の意味をも含んでいると理解する。しかし、これらの意味を全て含んだ日本語を見出すことができないため、“gotra” の訳語については、瑜伽行派以前の用例も含めて、基本的には漢訳の「種姓」に統一する[27]。また、仏教における “gotra” に関する記述の中で、バラモンやクシャトリヤ（kṣatriya）などのいわゆる四姓としての “gotra”、名（nāman）や生まれ（jāti）と並列して挙がる “gotra” については、もっぱら II の意味である。これらについては、血統主義的な “gotra” の用例と見做して、仏教的な概念としての、特に、I や III の意味を含む、瑜伽行派の種姓説における “gotra” とは区別したため、本研究では原則として扱わなかった。

3. 瑜伽行派に至るまでの種姓説の概観

瑜伽行派以前の種姓説では、修行階梯としての種姓者（gotrabhū）や種姓地（gotrabhūmi）、三乗の種姓などを説き、それらを瑜伽行派における種姓説は継承している。以下では、先行する諸研究を踏まえ、瑜伽行派に至るまでの種姓説について整理しよう[28]。

種姓という用語の仏教的な使用に関しては、パーリ語表現の “gotrabhū”（種姓者）[29] にまで遡り得る[30]。漢訳『増一阿含経』（*Ekottarikāgama*）と対応するパーリ語経典『増支部』（*Aṅguttaranikāya*）では、供養を受けるに相応しい 9 種の人として、四向四果に対応する 8 種の聖者の後に種姓者を置き（IX.10）[31]、さらに別の箇所では、如来・応供（阿羅漢）・正等覚者から随信行者までの 9 種の人の後に種姓者を置く[32]。『増支部』における種姓者とは、供養を受けるに相応しい者の末席に列なる者であり、種姓者が凡人と聖者の何れに属するのかは判然としないが、従来の研究では、「〔凡人（puthujjana）の種姓を捨てて聖者（ariya）の〕種姓となる者」を意味すると理解されている[33]。以上のような種姓者という用語を採用する文献として、『舎利弗阿毘曇論』（*Śāriputrābhidharma）では、人（*pudgala）の分類の中で、凡人・非凡人の後に種姓（*gotrabhū）人を配し、声聞人・菩薩人・独覚人・正覚人や四向四果に対応する者が後に続くかたちを採っている。しかし、このような位置に種姓人を配列する理由については、凡人・非凡人との関係を含め、明確ではない[34]。いっぽう、『舎利弗阿毘曇論』と共通部分を有するパーリ語論書『人施設論』（*Puggalapaññatti*）[35]では、人（puggala）の分類の中で、凡人の後に種姓人を配し、両者を対となるようなかたちで説示しているが[36]、種姓人を他の上位の修行者や聖者と切り離している。『舎利弗阿毘曇論』『人施設論』の両論書間には、種姓法（*gotradharma）や聖者にとっての法、といった凡人とは異なる法を完備した者を種姓人と呼ぶ点は共通するが、種姓人の配列に以上のような相違があり、種姓人と他の者との関係については、『人施設論』で種姓人を凡人と対比している以外に言及はないのである。種姓者に関する用例を見出すことのできる以上の諸文献については、所属部派に関して明らかでないものの[37]、概して、四向四果や後の三乗に相当する者の前の段階に種姓人を割り当て、凡人とも区別していると言えよう[38]。

種姓者に相当する語はまた、説一切有部に属するヴァスミトラ（Vasumitra, 世友）著『異部宗輪論』（*Samayabhedoparacanacakra*）の大衆部（Mahāsāṃghika）の教義に関する解説に、種姓法（*gotradharma, rigs kyi chos）や種姓地法（*gotrabhūdharma, 性地法）[39]として認められる。そこでは、第八（*aṣṭamaka）つまり預流向や、種姓法／種姓地法に加え、預流者、阿羅漢の退転・不退転の問題を取り上げている[40]。以上の種姓者やそれに相当する種姓法／種姓地法という用語は、説一切有部の修行階梯には採用されないが、聖者の一員となる見道（darśana-mārga）の直前の段階として、順決択分（nirvedhabhāgīya）の中の世第一法（laukikāgradharma)、或いは順決択分の全体に相当することが指摘される[41]。

さらに、種姓人という用語は、預流向（八人地・第八地）の直前の段階として、『毘尼母経』(*Vinayamātṛkā)[42]所説の六地説における種姓地（*gotrabhūmi）[43]、『二万五千頌般若経』所説の三乗共通の十地説、いわゆる「共の十地」[44]における種姓地（gotrabhūmi）へと継承され[45]、種姓という用語が大乗仏教の修行階梯の中に採用されている[46]。「共の十地」について、『二万五千頌般若経』に相当する部分を有する、玄奘訳『大般若波羅蜜多経』（巻 416, T［7］88c20–23）の漢訳と併せて列挙すると、以下の通りである[47]。

『二万五千頌般若経』における「共の十地」

1. 浄観地（śuklavipaśyanābhūmi）[48]	6. 離欲地（vītarāgabhūmi）
2. 種姓地（gotrabhūmi）	7. 已弁地（kṛtāvibhūmi）
3. 第八地（aṣṭamakabhūmi）	8. 独覚地（pratyekabuddhabhūmi）
4. 具見地（darśanabhūmi）	9. 菩薩地（bodhisattvabhūmi）
5. 薄地（tanubhūmi）	10. 如来地（buddhabhūmi）[49]

同経典では、以上の「共の十地」を詳細に説明せず[50]、従来の菩薩の階梯説を繰り返し説くため、「共の十地」は、宮崎［2015: 244］の指摘するように、修行階梯として補助的・副次的な役割を担うものであったと考えられる。そして、種姓地という語は、高崎［1973: 207–208］の指摘するように、「共の十地」が後続の大乗経典に継承されなかったために姿を見せないが、後に、瑜伽行派の手により、『瑜伽論』における修行階梯の中で復活を遂げる。

次に、三乗の種姓に関しては、説一切有部に属する『阿毘達磨大毘婆沙論』(*Mahāvibhāṣā, 以下、『婆沙論』と略)[51]の順解脱分（mokṣabhāgīya）や順決択分を説示する箇所において、声聞種姓・独覚（麟角喩独覚および部行独覚）種姓・仏種姓というかたちで見出し得る[52]。しかし、『婆沙論』より成立年代が古いとされる初期大乗経典『入法界品』(Gaṇḍavyūha)『維摩経』(Vimalakīrtinirdeśa) において、如来種姓（tathāgatagotra）[53]という語を「如来の家（tathāgatakula）に生まれる」という思想や「仏子」(buddhaputra/jinaputra) などという概念と結合して説くため、如来種姓という語が最初に成立し[54]、それに関連して、声聞種姓や独覚種姓という語が成立したと考えられている[55]。また、三乗の種姓の成立には、『婆沙論』やそれ以前の説一切有部の文献に説かれる、声聞菩提・独覚菩提・無上菩提という三種菩提説が関わることも指摘される[56]。ただし、管見の限り、三種菩提と三乗種姓とが直接関係する文脈を瑜伽行派に至るまで確認できない点は、注意すべきである。『婆沙論』には、大悲（mahākaruṇā）に関する議論の中で、三乗種子と三乗菩提涅槃との関係を述べ[57]、三乗菩提種子という語を確認できるが[58]、そこでは、種姓ではなく種子（bīja）という語を用いている。いっぽう、初期大乗経典には、聖者の種姓（āryagotra）や如来種姓、仏種姓という語が散見されるが、三乗の種姓の区別を明確に示していない[59]。したがって、三乗の種姓に関する瑜伽行派以前の文献資料については、今のところ『婆沙論』に依拠する他ない。以上のような事情から、三乗の種姓の成立過程を文献に跡付けられず、三乗の種姓自体に関しても明らかなことはそれほど多くないと言えよう。

『婆沙論』からは、三乗の種姓を含め、種姓に関する多くの記述を回収可能である。『婆沙論』において種姓自体に関する明確な定義的用例を見出し難いという事情はあるが[60]、説一切有部における種姓説として重要なのは、次の3点であろう。すなわち、(1) 順解脱分や順決択分において声聞・独覚・仏という三乗の種姓間の転向、いわゆる転根（indriyasaṃcāra）を説き[61]、仏種姓を起こし得るのは四善根位の頂（mūrdhan）までという条件付きではあるが[62]、仏種姓への転向の可能性を認める点[63]、(2) 順決択分から無学道（aśaikṣamārga）までの者の種姓を六種姓に類別し、世第一法の時を除いて種姓の転向を認める点[64]、(3) 根源要素（dhātu, 界）の意味のひとつとして種姓（gotra）を挙げる点である[65]。これらの中では、(1) における種姓の転向を認めないかたちでの三乗の種姓と (3) との2点を、瑜伽行派は継承していると考えられる。

以上のように、『二万五千頌般若経』に説かれるような種姓地や[66]、『婆沙論』

に説かれるような三乗の種姓や、根源要素の意味のひとつとしての種姓といった種姓説を承けながら、瑜伽行派は、『瑜伽論』以降、独自の種姓説を確立してゆく。

4. 瑜伽行派における種姓説に関する先行研究と残される課題

瑜伽行派における種姓説は、瑜伽行派に関する研究の中で取り上げられてきたのはもちろんのことであるが、それよりもむしろ、如来蔵・仏性思想をめぐる重要な概念として注目され、同思想の研究と連動して研究が大きく進められてきた、という研究事情を有する。以下に、拙稿を除いた瑜伽行派における種姓説の研究史を概観し、なお残される課題を指摘しよう。

仏教における種姓説に関して、幅広く研究を行った嚆矢は、OBERMILLER［1931a: 96–111］であろう。同研究は、如来蔵・仏性思想を組織化した『宝性論』のチベット語訳に対する英訳の序論として、『現観荘厳論』(*Abhisamayālaṃkāra*) 67 に対してチベットにおいて著された注釈書である、ツォンカパ（Tsong kha pa, 1357–1419）著『善説金鬘』(*Legs bshad gser phreng*)、ジャムヤンシェーパ（'Jam dbyangs bzhad pa, 1648–1722）著『波羅蜜八章』(*Phar phyin skabs brgyad pa*) に基づき 68、仏教における種姓説の展開を、説一切有部・経量部 (Sautrāntika)・瑜伽行派・中観派のいわゆる四大学派の立場に分けて概観する。ただし、中観派の立場は『宝性論』に基づいている。この他に、LA VALLÉE POUSSIN［1928–29: 721–726］は、『成唯識論』の翻訳研究の付論として、瑜伽行派における五種姓について概説する。時代は下るが、LAMOTTE［1962: Appendice Note VII, 425–430］（日本語訳：高橋・西野［2015: 128–133］）は、『維摩経』の翻訳研究の付論として、同経典の第 7 章の主題である如来種姓を取り上げ、仏教における種姓説について概説する。近年では、BRUNNHÖLZL［2018］が、『摂大乗論』とその注釈文献との翻訳研究の付論として、パーリ語文献、律 (Vinaya)・毘婆沙師 (Vaibhāṣika)、経量部、瑜伽行派、中観派、如来蔵の文献の順に、種姓説を比較的詳しく概観するが、取り上げる文献の歴史的配列という点に問題を残している。以上の諸研究は、種姓説の概説であり、その思想的な展開を明らかにするものとは言い難いが、多くの示唆に富んだ内容を有している。

我が国において、瑜伽行派における種姓説は、特に種子（bīja）が本有（本来的に備わったもの）か新熏（新たに熏習されるもの）かという問題や、いわゆる「五姓各別」説という観点から、花田［1915: 197–201; 350–362］や玉置［1924: 109–116; 245–251］といった瑜伽行派の教義に関する研究で取り上げられ、主に『成唯識論』や中国・日本撰述文献に基づいて解説されてきた。その中にあって、瑜伽行派における種姓説を大きく扱ったのは、インド・中国・日本の三国に亘る仏性思想を扱う常盤大定［1930: 35–174］が最初であろう。インドにおける仏性の問題を扱う中で、漢訳資料に限定されるが、『瑜伽論』『大乗荘厳経論』（*Mahāyānasūtrālaṃkāra*, 以下、『荘厳経論』と略）『顕揚聖教論』などに説示される種姓説を取り上げている。インド仏教側からの研究としては、現に救われておらず絶対に永らく救われ得ないであろう不成仏者としての“agotrastha”に着目した新野［1935］［1936］、『瑜伽論』「本地分」の『菩薩地』（*Bodhisattvabhūmi*）における種姓説を基点に、他の『瑜伽論』に説示される種姓説を検討することで、『菩薩地』と『瑜伽論』の他の箇所との間に思想的相違を見出す武邑［1940］などがあるが、そうした中でも、OBERMILLER［1931a］の成果を受けた服部［1955］が注目されよう。服部［1955］は、瑜伽行派の注釈文献を参照しつつ瑜伽行派における種姓説を中心に考察する、種姓説を主題とした数少ない研究である。また、宇井［1958］は、『瑜伽論』全体を扱った研究であり、『荘厳経論』を始めとした論書も用いて『瑜伽論』に説示される種姓説を論じる。続いて、宇井［1961a: 32–34］は、『荘厳経論』の翻訳研究であり、序論の学説紹介の中で種姓を含む関連思想を紹介する。この他にも、瑜伽行派の教義に関する研究の中で、種子の本有と新熏の問題や修道の機類（機根の類別）としての種姓を論じる深浦［1954: 397–403; 628–666］、「五姓各別」説における各種姓の成仏可能性に関して、インド仏教文献から中国・日本撰述文献までを用いて検討する保坂［1958］、一乗・三乗に関する議論を扱う中で、『荘厳経論』における一乗説に注目して確定されていない種姓（aniyatagotra）を取り上げる長尾［1961］、『菩薩地』における発心（cittotpāda）と種姓との関係を中心に論じる田上［1971］、瑜伽行派における人間観として、種姓に着目した吉田［1973］などがある。いっぽう、海外では、SCHMITHAUSEN［1969b: 114–115, n.47］が、注としてではあるが、LA VALLÉE POUSSIN［1928–29: 721–726］や LAMOTTE［1962: Appendice Note VII, 425–430］を踏まえ、『瑜伽論』における種姓を中心に論じる。

以上のように、ここまでの先行研究では、瑜伽行派における種姓説について、それ自体が主題となることがほとんどなく、瑜伽行派における思想に関する研究や瑜伽行派文献に関する研究の中で関説されてきたと言えよう。しかし、このような瑜伽行派における種姓説に関する研究事情は、JOHNSTON［1950］による『宝性論』の梵文校訂テキストの出版を契機に一変する。『宝性論』の原典解読研究が盛んになり[69]、その後、思想内容の詳細な分析の段階に至って、如来蔵思想をめぐる重要な概念として、瑜伽行派における種姓説が注目されたのである。

そうした中で、次の二大研究の登場により、瑜伽行派のみならず、仏教における種姓説に関する研究は重大な転換点を迎える。すなわち、インド・チベットにおける如来蔵思想ならびに種姓説に焦点をあてた SEYFORT RUEGG［1969］[70]、インドにおける如来蔵思想の成立と展開に焦点をあてた高崎［1974a］により、如来蔵思想研究の金字塔が打ち立てられ、如来蔵思想をめぐる重要な概念として、種姓に関する研究が飛躍的に進むこととなった[71]。両研究の種姓説に関する成果を中心に取り上げると以下の通りである。

SEYFORT RUEGG［1969］は、第 1 部「大乗の種姓説」において、ツォンカパ著『善説金鬘』の種姓論を手掛かりとして、インド文献に見られる種姓説の記述の整理を行う。まず、第 1 章では、『解深密経』(*Saṃdhinirmocanasūtra*)『入楞伽経』における種姓に関する記述を考察した上で、瑜伽行派における種姓説として、『荘厳経論』、『瑜伽論』の『菩薩地』ならびに「声聞地」（*Śrāvakabhūmi*, 以下、『声聞地』）、『摂大乗論』（*Mahāyānasaṃgraha*）『中辺分別論』（*Madhyāntavibhāga*, 以下、『中辺論』と略）の所説、第 2 章では、中観派における種姓説として、『十法経』（*Daśadharmakasūtra*）『迦葉品』（*Kāśyapaparivarta*）『華厳経』（*Avataṃsaka*）の所説を紹介する[72]。第 3 章では、『現観荘厳論』の種姓説をインド・チベットの諸注釈文献に基づいて細説する。また、第 2 部以降、一乗説などの種姓に関連する思想、『宝性論』の種姓説[73]、付論において、パーリ語文献やアビダルマ（Abhidharma）文献における種姓説も扱う。結論としては、“gotra” に関して、「血統」（lignée）と「鉱脈」（mine）との 2 種の用法があることに着目し、前者が分類、差別の原理に繋がるのに対し、後者は因から果へという浄化の過程を暗示することを指摘する。以上の成果は、チベット仏教の学統に基づき、当時得られる限りの厖大な文献資料を駆使して如来蔵思想ならびに種姓説の全貌を種々な側面から明らかにした、その時代の先端をゆく研究である。瑜伽行派における種姓説に関して、多くの経典や論書を取り上げながらも、その紹介に止まる点、さらに、チベット仏教の学統の理解に依拠するために[74]、瑜伽行派文献の歴史的配列に問題を有する点では課題を残すが、本研究を含め、以降の種姓説研究は、SEYFORT RUEGG［1969］による成果に負うところが大きい。Seyfort Ruegg 氏は、その後も種姓に関する論考を発表し、その中でも、SEYFORT RUEGG［1976］は、種姓という語の意味に関して言及する際に、多くの研究者によって参照されている。

高崎［1974a］は、如来蔵思想をめぐる重要な概念として種姓を取り上げ、大乗経典を中心に種姓という語のある経典や論書を一覧表に整理して提示する[75]。同研究の結論を成す、如来蔵をめぐる諸概念の展開史として、インド仏教における種姓の展開史を叙述し、瑜伽行派以前の種姓説に関しては、高崎［1966］［1967a］[76]などの諸研究を踏まえ、その展開を位置付ける。しかし、瑜伽行派における種姓説の展開に関しては十分に論じているとは言えず、この点については、特に種姓に立脚した（gotrastha）菩薩に着目し、瑜伽行派における種姓説に関する研究の序説に位置付けられる高崎［1973］でも同様である[77]。高崎［1973］を再録する『如来蔵思想・仏性論 II』（高崎直道著作集 7、2010）のあとがき（p.397）で、高崎氏は、同研究を「瑜伽行派の種姓論」の序論とした上で、「序論という以上、当然その後の研究があって然るべきであるが、筆者はその後、その責を果たしていない。これを以て終わりとすることを残念に思うが、いまとなってはやむを得まい」と述懐している。

その後、Seyfort Ruegg、高崎両氏の時代までには基本的な瑜伽行派文献の梵文校訂テキストが出版されたため[78]、両氏の業績を踏まえ、原典解読の成果に基づく瑜伽行派における種姓説に関する研究が今日に至るまで蓄積されてきている。さらに、1990 年代には、SCHMITHASUEN［1987］や勝呂［1989］による『瑜伽論』における層の新古の問題や瑜伽行派文献の成立順序に関する成果を踏まえて文献が扱われ、研究が進められるようになる。以下では、Seyfort Ruegg、高崎両氏による二大研究以降の、瑜伽行派における種姓説に関する先行研究について、(A) 種姓に関連するテーマ別研究ならびに (B) 種姓自体を主題とする研究に分けて整理しよう。

(A) 種姓に関連するテーマ別研究では、(1) 如来蔵・仏性思想、(2) 種子（bīja）や界（dhātu）、(3) その他のテーマの中で、瑜伽行派における種姓説を取り上げている。(1) 如来蔵・仏性思想の研究としては、仏性思想と「五姓各別」説について論じる袴谷［1981: 318–326］、瑜伽行派における無種姓の思想を抽出し、『大般涅槃大経』所説の一闡提（icchantika）との異同を考察する長慈（Changci）［2006］、種姓との関係における如来蔵の解釈を中観派と瑜伽行派で論じるケサン［2012］、“tathāgatagarbha” という複合語の意味を検討する中で種姓を扱う SAITO［2020］、(2) 種子（bīja）や界（dhātu）の研究としては、瑜伽行派における種姓との密接な関連の中で論じ、当該分野の研究の基礎を築いた山部［1987］［1989］［1990］［1991］［2000］・YAMABE［1990］[79] がある。近年もこれらの研究成果を踏まえた論考として、YAMABE［2017a］［2020］［2021］や山部［2020］がある。(3) その他のテーマの研究としては、瑜伽行派における無漏智が起発する、換言すれば見道の根拠を考察する中で種姓を取り上げ、特殊な六処（ṣaḍāyatanaviśeṣa）という語を中心に同学派での展開を辿る竹村［1977］、瑜伽行派および中観派による悲愍（karuṇā）の起源という観点から、悲愍を包含する原因として、瑜伽行派における種姓に着目したVIÉVARD［2001］、発心という概念の研究の中で、瑜伽行派における種姓を重要な要素として取り上げるWANGCHUK［2007: 139–142; 154–156; 277–289; 344–345］がある。この他に、瑜伽行派の種姓説から影響を受けた文献に関する研究もある[80]。

（B）種姓自体を主題とする研究では、大半が（1）瑜伽行派文献ごとに、或いは（2）瑜伽行派における特定の種姓説ごとに、或いは松本［1983］によって提示された（3）基体説（dhātu-vāda）という観点から、種姓を取り上げている。（1）瑜伽行派文献ごとの研究のうち、『瑜伽論』における種姓説を幅広く扱う勝呂［1976a］は、「摂決択分」所説の、出世間的な法（lokottaradharma）の生じる種子である、真如を所縁縁（認識対象としての条件）とすることという種子（*tathatālambanapratyayabīja, 真如所縁縁種子）[81]や、転依（*āśrayaparivṛtti）の原因である、真如という種姓（*tathatāgotra, 真如種姓）、『菩薩地』所説の本来的に在る種姓（prakṛtistha gotra, 本性住種姓）について考察し、勝呂［1977］は、『瑜伽論』の『声聞地』と「独覚地」（*Pratyekabuddhabhūmi*）と『菩薩地』における修行階梯の考察の中で種姓を取り上げる。この他に、『声聞地』における種姓説に関して、『瑜伽論』の他の箇所における種姓説にも言及する惠敏［1990］［1991］［1994: 68–99］、種子説を検討する中で種姓を取り上げる阿部［2023］、「独覚地」における種姓説に関して、独覚種姓について概観する岡田行弘［1981］、『菩薩地』における種姓説に関して、第1章「種姓品」（Gotrapaṭala）を中心に扱う相馬［1986a］［1986b］、菩薩や声聞の修行階梯の考察の中で種姓を取り上げる清水［1986］［1991］［1993］［1995］［1997a］［1997b］、『中辺論』に関して、種姓に関する記述を中心に考察する葉［1975: 280–385, esp.341–343, esp.360–361; 386–482, esp.386–389, esp.452–459］、真諦（Paramārtha, 499–569）訳との関連の中で種姓に関する記述を取り上げる高崎［1979: 1120–1121］、ヴァスバンドゥによる注釈書『中辺分別論釈』（*Madhyāntavibhāgabhāṣya*）に対するスティラマティ（Sthiramati, 安慧, ca.510–570）による複注釈書『中辺分別論広注』（*Madhyāntavibhāgaṭīkā*）における種姓説を第 2 部で取り上げる Delhey［2022］がある。(2) 瑜伽行派における特定の種姓説ごとの研究としては、「五姓各別」説／五種姓説に関して、その成立を説一切有部と経量部とにおける種姓説から考察する阿［1978］、瑜伽行派文献からその源流を辿る佐久間［2006: 4–9］［2007b］・Sakuma［2007］［2008］[82]、玄奘の五種姓説がインドに由来し、インドの正統的な瑜伽行派の教義とほぼ一致するが、そのような 5 つの枠組みがほぼ言及されていないことを序論で論じる Delhey［2022］[83]、確定されていない種姓に関して、瑜伽行派、特に『荘厳経論』における一乗説の中で、同種姓を取り上げる松本［1982b］、齋藤［1996a］、上野隆平［2013］［2014a］［2014b］［2015］、種姓に立脚しない者（a-gotrastha）ないし無種姓（agotra）に関して、衆生救済を問題として『荘厳経論』における同種姓に着目した D'Amato［2003］、常盤大定［1930］により列挙された無種姓の典拠としての経典や論書の文言を取り上げて確認する袴谷［2005］、「五姓各別」説の源流を尋ねる中で有種姓・無種姓の系統に焦点をあて、『瑜伽論』内での展開を追う佐久間［2007a］、『荘厳経論』注釈文献における “agotra” の否定辞 a- の解釈に着目した早島慧［2023］、インドで修学した玄奘[84]のもたらした経論に基づく法相宗を中心とした種姓説に関して、漢訳文献や中国撰述文献を扱い論じる吉村［2013b: 297–503］[85]がある。(3) 基体説という観点からの研究としては、瑜伽行派における種姓説の構造に詳細な考察を加える Matsumoto［1997］・松本［2004］［2013a］［2013b］がある。また、Korobov［2005］は、松本氏による基体説の影響を受けた、種姓説に関する研究である。基体説に対しては、現在までに様々な議論が交わされている。瑜伽行派における種姓説に関連する研究を挙げると、種姓説の構造をめぐっては、Yamabe［1997a］、Matsumoto［1997］、Yamabe［1997b］、山部［2002］、松本［2004］、YAMABE［2017b］の順に一連の議論があり、真如所縁縁種子に対する理解をめぐっては松本［2004］と SCHMITHAUSEN［2014: 569–595］との間、瑜伽行派における一乗説をめぐっては松本［2013b］と上野隆平［2014a］との間で議論が展開されている。なお、基体説をめぐるこれらの研究は、種姓説に関する議論が膨大かつ詳細になる傾向があるため、本研究では、議論が煩雑になることを避けて、必要に応じて研究の一部を取り上げるにとどめ、一々を問題として取り上げなかった。

以上のような種姓自体を主題とする研究事情の中にあって、瑜伽行派における種姓説の展開に関しては、その数が僅かではあるが、複数の瑜伽行派文献に基づき解明が試みられている。Seyfort Ruegg、高崎両氏による二大研究以前として、宇井［1958: 43–81, esp.46–52］は、『瑜伽論』内だけでなく、『瑜伽論』と『荘厳経論』の種姓説を比較考察し、これ以外には、二大研究以降、勝呂［1989: 329–551, esp.341–346, esp.387–390, n.15, esp.445–449, esp.457–468］が『菩薩地』『荘厳経論』『摂大乗論』における種姓説を、成島［1991］が『瑜伽論』（『声聞地』ならびに『菩薩地』）『荘厳経論』『宝性論』における種姓説を比較考察しているが、何れも種姓説の若干の展開を論じるにとどまっている[86]。

以上確認してきたように、Seyfort Ruegg、高崎両氏以降の研究は、種姓に関連するテーマ別に研究する中で種姓説を取り上げるか、種姓自体を主題とする場合でも、大半が瑜伽行派文献ごとに、或いは瑜伽行派における特定の種姓説ごとに、或いは基体説という観点から、種姓を扱うため、個々の研究成果の蓄積はあるものの、それらの成果が連繋することがなく、瑜伽行派における種姓説の展開を十分に解明しているとは言い難い状況にある。また、従来の研究は、もっぱら初期瑜伽行派文献に注目する傾向があり、中期瑜伽行派文献を扱ったとしても、初期瑜伽行派文献に対する注釈文献であることが多いことから、初期と中期との瑜伽行派文献の思想的な異同が検討されてこなかった。そのため、種姓説の展開の中でも、アサンガ・ヴァスバンドゥの時代である中期瑜伽行派については空白地帯となっており、この研究分野に焦点をあてた研究は今なおなされていない。しかし、このような研究事情にあるにも関わらず、ヴァスバンドゥと同時代とされる『入楞伽経』『宝性論』における種姓説や、中期瑜伽行派よりも後代の文献として、『現観荘厳論』、後期瑜伽行派の注釈文献、中観派文献における種姓説に関して研究が進められている。したがって、中期瑜伽行派までの瑜伽行派における種姓説の展開を解明することによって、これらの文献における種姓説の理解に対して再検討を促すことになるだろう。

瑜伽行派における種姓説を研究する上で残される重要な課題は、初期瑜伽行派から中期瑜伽行派までの種姓説の史的展開を再構築することであると言えよう[87]。そのためには、瑜伽行派における種姓説に関する従来の研究成果を踏まえた上で、従来の研究が用いていない文献資料、特に中期瑜伽行派文献を加え、瑜伽行派の幅広い文献を用いた包括的な視点から、瑜伽行派における種姓説を扱う必要がある。本研究では、初期瑜伽行派文献から中期瑜伽行派文献までに見出される種姓に関する記述を抽出して分析を加えることで、その間の種姓説を整理し、瑜伽行派における種姓説の史的展開を再構築することを目指す。

注

1 瑜伽行派は、初めから独立した大乗の学派であった訳ではなく、学派として認知され始めた時期も明確ではない。中観派（Mādhyamika）と並ぶ二大学派と認識されるのは後代の話である。佐久間［2012: 20–22］を参照。本研究では、『瑜伽師地論』（*Yogācārabhūmi*, 以下、『瑜伽論』と略）に端を発する修行者集団に対して、便宜上、「瑜伽行派」という呼称を用いる。袴谷［1994: 46, n.10; 76］［2001: 15–17］は、“Yogācāra” という学派名を、限定された典籍名に基づく狭い意味ではなく、所有複合語（Bahuvrīhi）解釈も考慮した、むしろ緩い包括的な意味で理解し、「実修行派」という訳語を使用する。また、『瑜伽論』成立以前には、瑜伽の実践を中心に仏教教理を説明しようとする「瑜伽師」と呼ばれる者の存在が知られており、現行の『瑜伽論』との共通性についても指摘がある。この点については、小玉他［1992］［1993］が、従来の研究を踏まえ、瑜伽師に関する伝承を中心に考察し、小玉［1997］が、従来の研究の要点を整理している。

2 初期瑜伽行派文献は、中国もチベットも共に、マイトレーヤの著作と伝承されているが、マイトレーヤについては実在の人物なのかという問題があり、決着を見ていない。三枝編［1987: 236–240］を参照。現在では、歴史上の人物として最初に確認できる瑜伽行派の論師はアサンガ（Asaṅga, 無著, ca.330–405）であり、マイトレーヤとは、アサンガ以前の初期瑜伽行派の者たちの総称、或いはアサンガの瞑想体験中に現れたイメージと解釈されている。高橋［2012: 74］を参照。このような 2 通りの仕方でマイトレーヤを解釈するのは、管見の限り、長尾［1982: 8–13］以降のことである。松田［2001］は、ヴァスバンドゥ（Vasubandhu, 世親, ca.350–430）を加えた三者の伝承の上にある書物を、Schmithausen 氏が「弥勒・無著・世親の複合体に由来する著作」と表現することを紹介している。本研究では、先行研究に従い、マイトレーヤという語を、アサンガ以前の、瑜伽を実践する諸論師たちの総称として使用する。

3 我が国における瑜伽行派に関する最新の論集である、高崎直道監修『唯識と瑜伽行』（シリーズ大乗仏教 7、2012）では、初期・中期・後期という 3 段階から成る瑜伽行派の時代区分を採用している。なお、袴谷［2001: 14–15］は、初期瑜伽行派の前に「諸種の *Yogācārabhūmi* もしくは禅経が編纂された時代」、前瑜伽行派とでも言うべき時代を配して、瑜伽行派の時代区分を 4 段階に分けている。本研究では、前瑜伽行派の文献には種姓説が直接的には見出せないことから、3 段階から成る瑜伽行派の時代区分を採用した。そのうち、後期瑜伽行派の時代区分について、ディグナーガ（Dignāga, 陳那, ca.480–540）以降という上掲の論集における理解には従わず、ヴァスバンドゥよりも後代に注釈書を通じて瑜伽行派における種姓説についての議論が展開する点に着目して、袴谷［2001: 15］によるヴァスバンドゥなど「彼らの論書に対して註釈が施されていった時代」という理解に従った。したがって、3 段階から成る瑜伽行派の時代区分については、次のような意味で使用する。

（1）初期瑜伽行派：いわゆるマイトレーヤに著作が帰せられる、アサンガ以前の時代
（2）中期瑜伽行派：瑜伽行派の教義体系を大成したアサンガ・ヴァスバンドゥの時代
（3）後期瑜伽行派：ヴァスバンドゥよりも後代、主に先行する諸論書に対して注釈書が著された時代

4 “gotra” の漢訳語について、中国唐代の訳経僧である玄奘（602?–664）の訳には「種姓」「種性」の2通りがあるが、本研究では、『大正新脩大蔵経』の原文のまま引用する。漢訳における「姓」と「性」との相違に関して、「種姓」の場合は種族や家系、「種性」の場合は性質という意味が強いと見做せよう。DEMIÉVILLE［1952: 63, n.4］、SEYFORT RUEGG［1976: 355–356; 362, n.86］を参照。特に瑜伽行派における “gotra” に関しては、両者の意味を含んでいると考えられるが、本研究の日本語文では、便宜上、「種姓」という語に統一する。なお、玄奘の弟子である窺基（632–682）撰『成唯識論述記』では「姓（gotra）者類也」（巻9末, T［43］556a9）と述べることから、この時代には、“gotra” に対して種類を含意した「種姓」を用いていたことが知られる。詳しくは、深浦［1954: 658–660］を参照。

5 大乗経典の時代区分については、岡田行弘［2010: 195–197］に従った。

6『宝性論』は、「一切衆生は如来蔵である」（sarvasattvās tathāgatagarbhāḥ）という教説の根拠として、「如来の法身が遍満しているという意味」（tathāgatadharmakāyaparispharaṇā-rtha）、「如来の真如が不可分であるという意味」（tathāgatatathatāvyatirekārtha）、「如来の種姓が実在するという意味」（tathāgatagotrasaṃbhavārtha）の3つを挙げ、如来蔵思想の組織化を行う（*RGV* I.27–28: *RGV*J 25.18–26.10; ref.（Jpn. trans.）高崎［1989: 44–45］）。

7『入楞伽経』における如来蔵思想に関しては、菅沼［1977a］、高崎［1980: 313–320］を参照。

8 加納［2014］によれば、6世紀から11世紀という時期は、『宝性論』の流布の形跡が確認されず、中観派論師たちは、主に『入楞伽経』に基づいて如来蔵をめぐる議論を展開する。『宝性論』の流布再開は、11世紀のことである。詳しくは、KANO［2016: 17ff.］を参照。

9 一乗説と三乗説との対立に関しては、長尾［1961］、藤田宏達［1969］、斎藤［1989］を参照。また、『宝性論』の展開を主軸として、加納［2014］・KANO［2016］に論じられる。

10「五姓各別」を法相宗の用語とする研究や辞典は多くあるが、従来の研究の中で、日本の法相宗と限定するのは、吉村［2013b: 354］である。管見の限り、『大正新脩大蔵経』所収の日本撰述文献にのみ同用語の使用を確認できる。拙稿［2020: 53–55］では、最も早い用例として、平安時代中・後期の真言宗の僧である濟暹（1025–1115）撰『大日経住心品疏私記』（巻12, T［30］774c4–29）による記述を見出して検討した結果、「「五姓各別」という術語は、どの宗が使用し始めたのかについては明言できないが、少なくとも、日本の平安時代後期頃に使用されるようになった」ことを指摘した。

11「五姓各別」という説を採る者たちは、如来蔵・仏性思想や一乗説を採る者たちと論争を繰り広げてゆく。この論争に関する近年の研究として、吉村［2013b: 297–503］は、

関連する思想も含んだ大部の論考である。

12 松本［1983: 405］が与える基体説の定義または特徴は、次の3点である。なお、(1)の（丸括弧）は、筆者による補足である。

(1) locus（基体、dhātu）は super-locus（法、dharma）を生みだす。

(2) super-locus は相互に異なり多であるが、locus は同一（無差別）かつ単一である。

(3) super-locus は非実在であるが、locus は実在である

松本［1983: 405］は、基体説という仮説を通じて、「唯識説をも如来蔵思想をも包含するただ一つの dhātuvāda（the theory of locus）というものがあり、それが「すべては空であり、従って locus も空である。」と説く中観派の śūnyatāvāda と対立していたというのが、インド大乗仏教史の現実であった」という理解を示す。

13 本研究でヴァスバンドゥを扱うに際し、Frauwallner［1951］によって提唱されたヴァスバンドゥ二人説について触れておこう。ヴァスバンドゥ二人説に対する研究動向に関しては、梶山［1976: 419–422］、三枝［1983: 57–65］、李鍾徹［2001: 3–8］、大竹［2013: 20–27］、船山［2021: esp.215–228］を参照。Frauwallner 氏のヴァスバンドゥ二人説という仮説について、その説の修正に貢献した Schmithausen 氏自身は、松田［2001］によれば、現在では「この説を放棄したと個人的には伺っている」というが、船山［2021: 217］の指摘するように、「今もって誰一人、正しいと論証することにも、完全に誤りであると論破することにも成功していない」。しかし、大竹［2013: 25–27］の指摘するように、仮説に対して否定的な要素が様々な研究者によって見出されてきており、今日の学界においては、ヴァスバンドゥ一人説の立場を採る傾向が強まっている。2000年代以降の研究として、李鍾徹［2001: 8–61］は、(1) ヴァスバンドゥ自身の記述、(2) ヤショーミトラ（Yaśomitra）・スティラマティ（Sthiramati, 安慧）・サンガバドラ（Saṃghabhadra, 衆賢）の記述、(3) ヴァスバンドゥの諸著作の内在的連関関係という3つの観点から考察を行い、ヴァスバンドゥ二人説を否定する。大竹［2013: 465–474］は、ヴァスバンドゥ著作群の中で訳出年代の最も古い、漢訳ヴァスバンドゥ釈経論群（6世紀前半）の分析に基づき、古師ヴァスバンドゥ著作群や新師ヴァスバンドゥ著作群に接点を見出すことで、ヴァスバンドゥ二人説は受け容れられないと結論し、漢訳ヴァスバンドゥ釈経論群と他のヴァスバンドゥ著作群との間には、不一致はともかく、ほぼ矛盾はないと考える。本研究でも、本研究で取り上げるヴァスバンドゥによる種姓に関する記述に重大な矛盾点を見出せないことから、現時点では、ヴァスバンドゥ一人説の立場を採ってヴァスバンドゥの著作を扱う。

ヴァスバンドゥの年代に関しては、先行する諸研究を踏まえた堀内［2009: 7, n.23］によれば、ヴァスバンドゥと『入楞伽経』との順序関係が『入楞伽経』「偈頌品」=>『釈軌論』（*Vyākhyāyukti*）=>『唯識三十頌』（*Triṃśikā Vijñaptimātratāsiddhi*）=>「偈頌品」を含まない『入楞伽経』、すなわち『楞伽阿跋多羅宝経』（T［16］(670), 4巻，求那跋陀羅（Guṇabhadra, 394–468）訳）と想定される点に基づき、本研究では、従来の

400–480 年頃から引き上げることとし、アサンガの年代と共に、年代論に関連する文献を詳しく扱う DELEANU［2006: 186ff.; 247］による想定年代に従った。

14 *Altindische Grammatik*（以下、*AiGr* と略）の §23a（*AiGr* II-2 pp.78–79）および §516（*AiGr* II-2 p.701）を参照。服部［1955: 61ff.］、水谷［1958: 52ff.］、高崎［1960: 302, n.1］は、“gotra” という語を語源から概説する。ただし、SEYFORT RUEGG［1976: 354］は、印欧語族の各言語における “gotra” に相当する語を比較して、“go+ √trā/trai” の解釈に問題があることを指摘している。また、高崎［1960: 302, n.1; 302–303, n.2］は、“go+ √trā/trai” の解釈に加えて、“tatra” や “atra” などの場所を示す接尾辞 tra の用法から、“gotra” を牛の一団の集まっている場所と見做し、さらに、“kṣatra”（権力）という語が “ √kṣi+tra” に分解され、接尾辞 tra が “kṣatriya” に内属する本質を指すことから、財産やそれを共通にするものという意味の場合の “gotra” との類義性を指摘するが、このような解釈は、管見の限り、高崎［1960］以外には見られない独自のものである。

15 *Etymologisches Wörterbuch des Altindoarischen*（以下、*EWA* と略）所掲の “gotra” の項目（*EWA* I p.497）を参照。Sanskrit Wörterbuch（以下、*PW* と略）所掲の “gotra” の項目（*PW* II p.797）によれば、中性名詞としての “gotra” という語には、この他に「個人名」（Personenname）「群衆」（Menge）「増大」（Zunahme）「財産」（Besitz）「森」（Wald）「原野」（Feld）「道」（Weg）「日傘」（Sonnenschirm）「将来の知識」（Kenntniss des Zukünftigen）といった意味があり、男性名詞としては「山」（Berg）、女性名詞としては「雌牛の群れ」（Kuhherde）「地球」（die Erde）といった意味がある。

16 *History of Dharmaśāstra*（以下、*HDh* と略）所掲の Marriage の項目（*HDh* II-I Chap.IX, esp.pp.479–486）を参照。父系性族外婚の単位としての “gotra” に関しては、山折［1965］が従来の研究を踏まえて論じている。その他に大島他［2012: 58］は、牛に関する語彙集の中で “gotra” を取り上げて解説する。

17 仏教とインドの身分制度との関連の中で “gotra” に言及する研究としては、高崎［1961］や KRISHAN［1986］［1998］がある。

18 *Sn* 122.12–18; ref.（Jpn. trans.）村上・及川［1988: 364–366］.

19 *Dp* 110.11–14; ref.（Jpn. trans.）片山［2009: 466］.

20 DAYAL［1932: 51–53］、高崎［1966］・TAKASAKI［1967］［1992］、SEYFORT RUEGG［1969: 455–458］を参照。OBERMILLER［1931a: 96–111, esp.97］は、律（Vinaya）ならびにアビダルマ（Abhidharma）において “gotra” という語が初めて特別な意味に用いられた、と指摘する。

21 宮本［1954: 710–711］、服部［1955: 61］、水谷［1958: 52–53］という諸研究に指摘される。ただし、これらの諸研究の見解は、“gotrabhū” に関する教説ではなく、初期仏教経典において否定される “gotra” や、説一切有部（Sarvāstivāda）や瑜伽行派における種姓説から導き出されたものである。いっぽう、高崎［1971］は、インド社会から仏教への “gotra” という概念の展開として、“gotrabhū” にも触れている。

22 仏教における種姓という概念の展開に関しては、OBERMILLER［1931a: 96–111］や高崎［1973］［1974a: 751–754］［1982b: 14–17］に概説される。Obermiller氏がチベット撰述文献に依拠するのに対して、高崎氏は、インド文献を歴史的に検討した上で、その展開を論じる。

23 *BHSD*は、『入楞伽経』の"pañcābhisamayagotrāṇi"や"gotrāgotraṃ kathaṃ"、『菩薩地』(*Bodhisattvabhūmi*)の"śrāvakapratyekabuddhagotrāṃ"と"tathāgatagotrān"との対比などの用例に基づいて(1)「家系」(family)、特に「宗教集団や団体」(religious group or communion)、『大乗荘厳経論』(*Mahāyānasūtrālaṃkāra*)の"suvarṇagotravat"や"suratnagotravat"、『入法界品』(*Gaṇḍavyūha*)の"sarvaratnasaṃbhavotpattigotrākaramūlyajñāneṣu"、『ディヴィヤ・アヴァダーナ』(*Divyāvadāna*)の"gotrāṇi yaṃ paktvā suvarṇarūpyavaiḍūryāṇy abhinivartante"などの用例に基づいて(2)宝石や鉱石の「鉱脈」(mine)、『入楞伽経』の"nikāyagatigotrā ye"から"nikāyagatisaṃbhavāt (labhyante)"への言い換えの用例に基づいて、"ākara"のような(3)「起源」(origin)、さらに、『菩薩地』の"punar etad gotram ādhāra ity ucyate, upastambho hetur niśraya upaniṣat pūrvaṃgamo nilaya ity ucyate"や"gotraṃ dvividhaṃ, prakṛtisthaṃ samudānītaṃ ca"や"tat punar gotraṃ bījam ity apy ucyate, dhātuḥ prakṛtir ity api"などの用例に基づいて「基礎」(basis)「源」(source)「原因」(cause)「種子」(seed)、『入楞伽経』の"nānāratnagotrapuṣpapratimaṇḍite"や"vijñaptigotrasaṃchannam"という用例に基づいて(4)「種類」(kind)「階級」(class)「範疇」(category)、という以上4つの意味を提示する。

これに対して、SEYFORT RUEGG［1976: 354］は、(3)「起源」(origin)を(1)「家系」(family)や(2)「鉱脈」(mine)、(3)「原因」(cause)を(2)「鉱脈」(mine)、(4)「種類」(kind)「階級」(class)「範疇」(category)を(2)「鉱脈」(mine)や(1)「家系」(family)と関係付け、(3)「種子」(seed)「胚子」(germ)を別個立てて、3つの意味、すなわち、(I)「鉱脈」(mine)「母体」(matrix)、(II)「家系」(family)「氏族」(clan)「血統」(lineage)、(III)「胚子」(germ)「種子」(seed)に再構成し、何れの意味も何らかの点で「源」(source)であると指摘する。

24 具体的な用例については、SEYFORT RUEGG［1976: 342–344; 358, n.15］や本研究［p.37, n.65; p.54; p.80; pp.102–104; p.130; p.158, n.31; pp.180–181, n.121］を参照。本研究では、"gotra"と同義異語(paryāya)などとして関連する"dhātu"に関しては、鉱物学的譬喩を通じて、出処(ākara)と並んで規定されることもあることから、単なる「要素」(element)ではなく「根源要素」と訳した。"dhātu"を「要素」と訳すことに関しては、本研究［pp.184–185, n.148］を参照。

25 本研究［pp.11–12］の他、具体的な用例については、本研究［pp.245–246; p.251］を参照。

26 具体的な用例については、本研究［p.54; p.80; p.158, n.31］を参照。

27 漢訳「種姓」の使用に関連して、瑜伽行派における"gotra"について、拙稿［2018a］では、『瑜伽論』における同義異語の規定を中心に取り上げ、「家系というインドで一般的な意味だけでなく、種姓の同義異語から導き出される、根源的な要素、在り方の本来性、特に説一切有部との相違点として、結果へ向かう因といった側面を含んだ概念であることを留意しておく必要がある」ことを指摘した。

28 従来の研究の中では、TAKASAKI［1967］・高崎［1973: 207–209］［1974a: 751–754］［1982b: 14–17］、平川［1978: 72–74］、周［2009: 47–57］などの諸研究が、瑜伽行派に至るまでの仏教における種姓説の展開を論じている。特に周氏の研究は、先行する諸研究を踏まえた上で、説一切有部の種姓説に関する従来の成果の修正も行っており、瑜伽行派に至るまでの種姓説を概観する上で非常に有益である。

29 高崎［1966: 334］は、“gotrabhū” という表現をサンスクリット語形からの借用であると指摘する。パーリ語で種姓は、“gotta” であり、村上真完・及川真介著『パーリ仏教辞典』所掲の “gotta” の項目（pp.630–631）によれば、「種姓」「姓」「苗字」「氏〔父系性族外婚の単位となる集団〕」を意味する。

30 パーリ語文献における種姓説に関しては、高崎［1966］・TAKASAKI［1967］［1992］および SEYFORT RUEGG［1969: 455–458］の他に、瑜伽行派との関連を見出せないが、パーリ語論書や注釈文献における種姓説を扱う研究として、森［1979］や浪花［2008: 195–196, n.5; 435, n.6］がある。

31『増支部』における関連する教説（IX.10）を挙げると、次の通りである。

> 比丘たちよ、これら 9〔種〕の人たちは、供食され、供応され、供養され、合掌されるべき者たちであり、世間の無上なる福田である。9〔種の人〕とは如何なる者か。阿羅漢、阿羅漢であるために修行する（阿羅漢向）者、不還者、不還果の直証のために修行する（不還向）者、一来者、一来果の直証のために修行する（一来向）者、預流者、預流果の直証のために修行する（預流向）者、種姓者である。
> nava yime bhikkhave puggalā āhuneyyā pāhuneyyā dakkhiṇeyyā añjalikaraṇīyā anuttaraṃ puññakkhettaṃ lokassa. katame nava? arahā, arahattāya paṭipanno, anāgāmī, anāgāmiphalasacchikiriyāya paṭipanno, sakadāgāmī, sakadāgāmiphalasacchikiriyāya paṭipanno, sotāpanno, sotāpattiphalasacchikiriyāya paṭiipanno, gotrabhū.
> （*AN*4 373.2–8; 増一阿含経：巻 40, T［2］767b28–c3; ref.（Jpn. trans.）高崎［1966: 316］）

当該教説の直前（IX.9）では、世間に存在している 9 種の人として、四向四果に対応する 8 種の聖者の後に凡人（puthujjana）を置く（*AN*4 372.19–24）。いっぽう、漢訳『増一阿含経』では、当該教説の種姓者が「種性人」（巻 40, T［2］767c3）に相当し、その少し前で、苦しみ（苦患）を離れた 9 種の人として、四向四果に対応する 8 種の聖者の後に「種性人」を置く（巻 40, T［2］767a19–22）。

32『増支部』における関連する教説（X.16）を挙げると、次の通りである。

> 比丘たちよ、これら 10〔種〕の人たちは ... 世間の無上なる福田である。10〔種の人〕とは如何なる者か。如来・応供・正等覚者、独覚、倶分解脱者、慧解脱者、身証者、

見至者、信解脱者、随法行者、随信行者、種姓者である。

dasa yime bhikkhave puggalā ... anuttaraṃ puññakkhettaṃ lokassa. katame dasa? tathāgato arahaṃ sammāsambuddho, paccekasambuddho, ubhatobhāgavimutto, paññāvimutto, kāyasakkhi, diṭṭhippatto, saddhāvimutto, dhammānusārī, saddhānusārī, gotrabhū.

（*AN*5 23.2–8; ref.（Jpn. trans.）高崎［1966: 316］）

漢訳『増一阿含経』には対応のない教説である。また、パーリ語経典『中部』（*Majjhimanikāya*）にも、僧団（saṅgha）に対する布施を分類列挙して、布施を受けるべき 7 種の僧団を解説した後に、「袈裟から首を出している、悪戒者にして、悪い性質を持つ、種姓者たちが」（gotrabhuno kāsāvakaṇṭhā dussīlā pāpadhammā）未来に現れることを説く（142 *Dakkhiṇāvibhaṅgasutta*: *MN* 256.6–7）。「袈裟から首を出している」という限定詞に鑑み、種姓者もまた僧団の一員を意味すると言えるが、漢訳『中阿含経』（*Madhyamāgama*）の相当経（第 180 経）には種姓者に関する部分が欠けていることから、後の挿入と考えられている。高崎［1966: 315–316］を参照。

33 “gotrabhū” の意味に関しては、高崎［1966］・TAKASAKI［1967］［1992］を参照。この他に、BROUGH［1953: 6］、SEYFORT RUEGG［1974］［1981］、VON HINÜBER［1978］、WIJESEKERA［1979］やこれらの先行研究を整理した NORMAN［1987: 37–39］があるが、何れも高崎氏の成果を参照していない点に問題がある。

34 人の分類を示す中で種姓人を挙げる箇所を和訳と共に挙げると、次の通りである。

凡人・非凡人、種姓（*gotrabhū）人、声聞人・菩薩人・独覚人・正覚人、預流果を証得することに向かう（預流向）人・預流人・一来果を証得することに向かう（一来向）人・一来人・不還果を証得することに向かう（不還向）人・不還人・阿羅漢果を証得することに向かう（阿羅漢向）人・阿羅漢人 ....

凡夫人・非凡夫人、性人、聲聞人・菩薩人・縁覺人・正覺人、趣須陀洹果證人・須陀洹人・趣斯陀含果證人・斯陀含人・趣阿那含果證人・阿那含人・趣阿羅漢果證人・阿羅漢人 ....

（巻 8, T［28］584c16–19）

その分類列挙の後に続く、種姓人に関する解説を和訳と共に挙げると、次の通りである。

種姓人とは如何なるものか。人が順次、凡人の勝れた法に留まり、〔その〕法をすぐに滅し、正決定に上るとき、これが種姓人と言われる。

種姓人とは如何なるものか。人が種姓法（*gotradharma）を完備（*samanvā+ $\sqrt{\text{gam}}$）する。種姓法とは何か。無常・苦・空・無我〔を思惟し〕、涅槃寂静を思惟して〔も〕、心が定まらず、未だ正決定に上っていない人の如実の（1 受・想・思・触・作意・尋・伺・見・慧・勝解・無癡・順信・悦・喜・心進・信・欲・不放逸・念・意識界・意界 1）、如実の身表（*kāyavijñapti, 身体的表示）・口表（*vāgvijñapti, 言語的表示）、これが種姓法と言われる。人がこれらの法を完備するとき、これが種姓人と言われる。

1) ここでは、身表、口表との対応に鑑み、心と心作用に関連する法が列挙されているると考えられる。

云何性人。若人次第住凡夫勝法、若法即滅、上正決定、是名性人。

云何性人。若人成就性法。何等性法。若無常・苦・空・無我、思惟涅槃寂滅、不定心、未上正決定、如實人若受・想・思・觸・思惟・覺・觀・見・慧・解脱・無癡・順信・悦・喜・心進・信・欲・不放逸・念・意識界・意界、若如實身戒・口戒、是名性法。若人此法成就、是名性人。

（巻 8, T［28］585a14–20）

35『舎利弗阿毘曇論』と『人施設論』の関係に関しては、木村［1937］を参照。

36 凡人と種姓人に関する解説を和訳と共に以下に挙げると、次の通りである。

凡人とは如何なる者か。その人にとっての三結が捨てられず、また、それらの諸法（三結）を捨てるために修行する者ではない。これが凡人と言われる。

種姓人とは如何なる者か。それらの諸法（三結）の直後に聖者にとっての法が出現し、それらを完備した人である。これが種姓者と言われる。

katamo ca puggalo puthujjano? yassa puggalassa tīṇi saññojanāni appahīnāni na ca tesaṃ dhammānaṃ pahānāya paṭipanno ayaṃ vuccati puggalo puthujjano.

katamo ca puggalo gotrabhū? yesaṃ dhammānaṃ samanantarā ariyadhammassa avakkanti hoti tehi dhammehi samannāgato puggalo ayaṃ vuccati gotrabhū.

（*PP* 12.30–13.3; ref.（Jpn. trans.-partial）高崎［1966: 318–319］）

『舎利弗阿毘曇論』『人施設論』における種姓人を含む修道論に関しては、平川［1965: 746］［1989: 512–516］、高崎［1966: 318–320］、田中［1993: 321–330］を参照。

37『増一阿含経』の所属部派については、周［2009: 50, n.68］によれば、(1) 大衆部 (Mahāsāṃghika)、(2) 法蔵部 (Dharmaguptaka)、(3) 説仮部 (Prajñaptivāda)、(4) 所属不明という 4 説がある。高崎［1966］［1967a］が (1) の説を採るのに対して、平川［1989: 29–45］は、種姓者の点からも、(1) の説の問題点を指摘し、所属部派を明確に決定できない (4) の説を採りながら、(2) 法蔵部との関係が深いことを指摘し、Takasaki［1992］は、(1) と (2) の両説を残しながら、(2) の説の可能性が高いことを述べる。なお、(2) の説には静谷［1973］、(3) の説には赤沼［1939: 40］がある。

『舎利弗阿毘曇論』の所属部派については、西義雄［1954: 218–222］によれば、(1) 説一切有部、(2) 犢子部 (Vātsīputrīya)、(3) 正量部 (Saṃmitīya/Saṃmatīya)、(4) 部派を容易に定め難いという 4 説があり、水野［1966］により、『舎利弗阿毘曇論』が法蔵部の特色とされる色界二十二天を説き、法蔵部と深い関係にあると考えられる『毘尼母経』(**Vinayamātṛkā*) に類似の説があることから、(5) 法蔵部に所属するという説が加えられる。

38 高崎［1966: 320–329］は、『人施設論』に先行する『無礙解道』(*Paṭisaṃvidāmagga*) の他に、『発趣論』(*Paṭṭhāna*) や『解脱道論』(**Vimuttimagga*)、『清浄道論』(*Visuddhimagga*)

における “gotrabhū” の用語の展開を辿った後、『清浄道論』において完成したような用法はパーリ仏教に特有で、他の部派には見当たらないものであり、また、“gotrabhū” がパーリ語にとって借用語だとしても、借用当時の意味は、階位的なものであったと指摘する。

39 “*gotrabhūdharma” の想定に関しては、高崎［1967a: 23–24］を参照。

40 チベット語訳のみを和訳と共に以下に挙げると、次の通りである。

また、第八（*aṣṭamaka）に長期に亘って留まることから種姓法（*gotradharma, 性地法）までからも退転すると述べられるべきである。預流者は退転する性質を有する。阿羅漢は退転しない性質を有する。

brgyad (D143a5) pa yun (P171b4) ring 1) du gnas par yang byed do zhes bya ba nas rigs kyi chos kyi bar las kyang yongs su nyams par ’gyur ro 2) zhes brjod par bya’o // rgyun du zhugs pa ni yongs su (P171b5) nyams pa’i chos can no // dgra bcom pa ni yongs su mi nyams pa’i chos can no //

1) *rings* P　2) add. // P

（D 143a4–5, P 171b3–5; T［49］（2031）15c20–22, T［49］（2032）18b27–29, T［49］（2033）20c22–24; ref.（Jpn. trans.）寺本・平松［1935: 31–32］）

41 高崎［1966: 330–331］［1967a: 2–3］は、大衆部の説く種姓法・種姓地法が説一切有部の説く世第一法に相当するという見解を示して、同様の見解として小山［1891: 中 38 丁表］を挙げる。いっぽう、周［2009: 50–53］は、高崎氏の見解の問題点を指摘し、見道前の加行位の順決択分に相当すると主張する。周氏の見解は、種姓地を四善根位（順決択分）に相当すると解説する鳩摩羅什（Kumārajīva, –411）訳『大智度論』（*Mahāprajñāpāramitopadeśa*, 巻 94, T［25］721a18–22）とも対応する。両見解に関して私見を述べよう。周［2009: 51–52］も取り上げるように、『婆沙論』では、種姓地法といった用語を世第一法と見做すことを、毘婆沙師（Vaibhāṣika）が否定している。

名称に対して誹謗を起こすとは、或いは〔次のような〕説がある。「これが種姓地法（*gotrabhūdharma）と言われ、世第一法と言われるべきではない」と。

於名起誹謗者、謂或有説。此名種性地法、不應名世第一法。

（巻 2, T［27］（1545）6a11–13; 巻 1, T［28］（1546）4b20）

これによれば、世第一法を種姓地法と理解する者がいたことが認められるため、説一切有部の立場として種姓地法が順決択分に相当するとしても、種姓地法が修行階梯の何処に配されるのかには、説一切有部以外の立場も含めれば、少なくとも四善根位（順決択分）と世第一法との 2 説があったと言えよう。平川［1989: 520–521］もまた、『毘尼母経』における種姓地に相当する修行階梯として、四善根位（順決択分）と世第一法という 2 通りの解釈を挙げている。

なお、『婆沙論』では、毘婆沙師の説ではないが、世第一法において凡人の種姓を捨てて聖者の種姓を得るという説を紹介している。

〔次のような〕説がある。「ある者がこの法（世第一法）に留まる時には、凡人の名を捨てて聖者の名を得、凡人の数を捨てて聖者の数を得、凡人の身の程を捨てて聖者の身の程を得、凡人の種姓を捨てて聖者の種姓を得る。それ故に、まず世第一法を説く」と。

有説。若有住此法時、捨異生名、得聖者名。捨異生數、得聖者數。捨異生分齊、得聖者分齊。捨異生種性、得聖者種性。是故先説世第一法。

（巻 2, T［27］（1545）6b12–15; 巻 1, T［28］（1546）4c14–16）

同様の教説が後にもあるが、そこでは、瑜伽師（yogācāra）が世第一法に留まるとなっている（巻 79, T［27］（1545）407a25–29; Cf. 行者（巻 41, T［28］（1546）305a3–8））。『婆沙論』の以上の 2 教説が世第一法における種姓の問題を扱う点から、種姓地法とは、凡人の種姓を捨てて聖者の種姓を得ることと見做せよう。これは、種姓者（gotrabhū）に対する従来の研究の理解とも対応する。

42『毘尼母経』の所属部派については、従来の諸研究が法蔵部か雪山部（Haimavata）かに属するとするのに対して、平川［1989: 526–532］は、法蔵部所伝の律文献『四分律』（T［22］（1428), 60 巻, 仏陀耶舎・竺仏念等訳）との関係を考慮した上で、雪山部の教理が『異部宗輪論』以外に見られない点を指摘して法蔵部説を採り、三友［2005］は、「編纂者（作者）が、雪山地方に伝えられてきた上座部系統のヴィナヤをもとに、沙門としての行儀を確認させるべく、特に関心を寄せる部分に関して、ある時には諸部派によって異論があることも述べつつ註解したもの」と私見を述べる。高崎［1967a］は、水野［1966］に基づき、『舎利弗阿毘曇論』共々、法蔵部の所属とすれば、“gotrabhū”という用語の担い手の系譜はかなり明らかになると指摘する。これに加え、平川［1989: 29–45］の指摘するように『増一阿含経』の所属部派が法蔵部であるならば、この用語は、『異部宗輪論』を除けば、一貫して法蔵部が担い手であったと言えよう。

43『毘尼母経』における六地は、次の通りである。

修行者が地（階位）に留まる時には、六地を観察すべきである。〔すなわち、〕(1) 白骨観地、(2) 種姓地（*gotrabhūmi）、(3) 八人地、(4) 薄地、(5) 離欲地、(6) 已作地である。以上が地に留まることと言われる。

若行人住地中時、應觀六地。一者白骨觀地、二者性地、三者八人地、四者薄地、五者離欲地、六者已作地。是名住地。

（巻 8, T［24］850b17–20）

さらに、六地の中で、種姓地に関しては、受具（*upasaṃpad）に関する文脈で解説している。

種姓地を成就するから、受具と言われる。どうして種姓地と言われるのか。ある人が仏陀の付近に在住して教えを聴聞し、身心怠らず、一刹那で成就する。この心に依拠するから、豁然として自ら悟り、預流を得る。預流とは善法の種姓である。

成就種性地故、名為受具。云何名種性地。有人在佛邊聽法、身心不懈、念念成就。

因此心故、豁然自悟、得須陀洹。須陀洹者善法之種性也。
（巻 1, T［24］801b20–23）

『毘尼母経』における種姓地を含む修行階梯に関しては、高崎［1966: 335–336］［1967a: 27］、平川［1965: 747–749］［1989: 516–532］を参照。

44 菩薩の修行階梯、特に「共の十地」に関しては、平川［1965］［1989: 399–564, esp.497–542］、高崎［1967a］、小沢［1985］［1988］、宮崎［2015］を参照。これの対となるものに、菩薩独自の階梯としての「不共の十地」がある。

45『二万五千頌般若経』よりも成立年代の古い『八千頌般若経』（*Aṣṭasāhasrikā Prajñāpāramitā*）には、十地説が見られない。高崎［1969: 499］は、『八千頌般若経』では、“gotra”という語を、生まれ（janman）や名（nāman）と並列させ、元来意味する社会構成単位としての家、家系を指す以外にまったく使用せず、さらに、“gotra”だけでなく、その類語とそれを伴う成句「如来の家」（tathāgatakula）「仏陀の系譜」（buddhavaṃśa）などの語も使用しないのに対して、『二万五千頌般若経』になると、仏教的な用語としての“gotra”を部派から導入して、これらの語を用いていることを指摘する。

46 種姓地（gotrabhūmi）に関しては、高崎［1967a］による諸説の整理および考察がある。高崎［1967a: 23］は、“gotrabhūmi”に関連する用語として、“gotrabhū”“gotrabhūdharma”“gotrabhūmi”を取り上げ、各々について、その階位（bhūmi）にある人（pudgala）を指す場合、その内容（本質）をなす法（dharma）、その階位の名を示すものと理解している。この他に種姓地を主題とする研究としては、小沢［1992］がある。

47 サンスクリットは木村校訂本（*PSP*K2 175.30–176.5）を参照した。なお、平川［1989: 493–494, n.63］の指摘によれば、Dutt 校訂本（*PSP*D 225.16–19）では、第 1 浄観地に相当するものを欠き、第 7 に声聞地を入れて十地とし、チベット語訳では、第 8 に声聞地を入れ、第 10 如来地を欠く。「共の十地」に関しては、山田［1959: 271–272］および平川［1989: 475–476］にサンスクリットと諸漢訳との対照表がある。

48 サンスクリットは“śuklavidarśanābhūmi”（*PSP*K1 235.18）も確認される。同一文献中において、第 1 浄観地は、異生地（pṛthagjanabhūmi）と置き換えられ（*PSP*K1 250.9）、その場合、第 11 に一切智地（sarvajñatābhūmi）を数える（*PSP*K1 250.11）。

49 当該箇所の第 10 如来地のサンスクリットは“buddhabhūmi”であるが、第 10 地に相当する語として、同一文献中に“tathāgatabhūmi”（*PSP*K1 250.10）や“samyaksaṃbuddhabhūmi”（*PSP*D 235.22）も確認できる。

50『二万五千頌般若経』の鳩摩羅什訳『摩訶般若波羅蜜経』（T［8］（223）, 27 巻）に対する注釈書『大智度論』では、種姓地を説一切有部の四善根位、つまり順決択分に相当すると解説している。

種姓地とは、声聞人の煖法から世第一法までである。菩薩においては柔順法忍 1) を得、諸法の実相に愛著し、また、邪見が生じず、禅定という水を得る。

1)『大智度論』において、柔順法忍（*ānulomikadharmakṣānti）と無生法忍（*anu-

pattikadharmakṣānti）との間が頂法に相当する。周［2009: 139–142］を参照。
性地者、聲聞人從煖法乃至世間第一法。於菩薩得順忍、愛著諸法實相、亦不生邪見、得禪定水。
（巻 75, T［25］586a5–8）

種姓地とは、菩薩の法の位のことである。声聞の法の中で煖法・頂法・忍法・世第一法のようなものが種姓地と言われる。この法は無漏の道に随順するから、種姓と言われる。〔声聞は、〕この〔種姓地の〕中に留まり、必ず〔無漏の〕道を得ようと望む。菩薩もまた同様に、種姓地の中に留まり、必ず仏陀となろうと望む。
性地者、所謂菩薩法位。如聲聞法中爝法・頂法・忍法・世間第一法名爲性地。是法隨順無漏道故、名爲性。是中住必望得道。菩薩亦如是安住是性地中、必望作佛。
（巻 94, T［25］721a18–22）

『大智度論』における種姓地に関しては、平川［1965: 743］［1989: 477］、高崎［1967a］、小沢［1992］、周［2009: 139–142］を参照。

51 説一切有部における種姓説の研究では、新訳の『婆沙論』のみが用いられる傾向にあり、旧訳の『婆沙論』との比較研究は十分に進んでいるとは言えないが、本研究では、新訳の『婆沙論』を使用し、参考までに旧訳の『婆沙論』の対応箇所のロケーションを併記した。

52『婆沙論』における種姓説に関しては、西義雄［1939: 10–11; 16–19］［1948: 16–20; 33–35］［1979: 4–5］、福原［1965: 282–297］、河村［1975: 432–439］、森［1981］などによる研究の蓄積がある。周［2009］は、説一切有部における種姓説について、従来の成果を踏まえ、『婆沙論』を中心に考察し、新たな知見を提示する。『婆沙論』における種姓説の網羅的な研究は今なお残される課題であるが、本研究では、周氏の研究成果によりながら、『婆沙論』における種姓説を取り上げる。

53 平川［1978: 72–73］によれば、『迦葉品』（*Kāśyapaparivarta*）の漢訳である支婁迦讖（Lokakṣema, –147–）訳『仏説遺日摩尼宝経』（T［12］（350）, 1 巻）には、聖者たちの種姓（āryāṇaṃ gotra, 聖性）という語が用いられ、『入法界品』『維摩経』になると、これが如来種姓に転化する。また、高崎［1974a: 565–566］の取り上げるように、『十地経』（*Daśabhūmikasūtra*）には仏種姓（buddhagotra）という語の用例がある。

54 高崎［1974a: 499–500］によれば、『維摩経』が如来種姓という語の最初の使用者である可能性がある。

55 平川［1978: 72–73］を参照。大乗経典における種姓に関しては、高崎［1967a］で『二万五千頌般若経』を取り上げる他に、高崎［1974a］で広く扱われる。具体的な大乗経典について、高崎氏による他の研究と併せて挙げると、次の通りである。『迦葉品』（高崎［1974a: 465–470］）『首楞厳三昧経』（*Śūraṃgamasamādhisūtra*, 高崎［1974a: 499–504］）『維摩経』（高崎［1974a: 488–492］）『入法界品』（高崎［1974a: 509ff.; 545–549］）『十

地経』(高崎［1974a: 558–569］)『如来性起経』(*Tathāgatotpattisaṃbhavasūtra*, 高崎［1974a: 585–595］・TAKASAKI［1958］)『陀羅尼自在王経』(*Dhāraṇīśvararājasūtra*, 高崎［1974a: 651–657］)『海慧所問経』(*Sāgaramatiparipṛcchāsūtra*, 高崎［1974a: 721–723］)『如来蔵経』(高崎［1974a: 48–59］)『大雲経』(*Mahāmeghasūtra*, 高崎［1974a: 285–288］)『十法経』(高崎［1974a: 302–318］)。

瀧［2007］は、『維摩経』と主要な大乗経典との関係の中で種姓に着目し、高崎［1974a］を中心とした先行する諸研究に基づき、大乗経典における種姓について端的に整理している。

56 西義雄［1948: 16–20］、森［1981: 61–62］、田上［1990: 104–108］、渡辺［2014］を参照。また、三種菩提説は、三乗の種姓だけでなく、そもそも三乗の思想に影響を与えていることが指摘される。平川［1982］、渡辺［2014］を参照。

57 巻 31, T［27］(1545) 159b27–28.

58 巻 85, T［27］(1545) 428b19. ただし、旧訳の『婆沙論』(T［28］(1546)) では、「三乗菩提種子」に対応する箇所が「聲聞辟支佛佛道因緣」(巻 43, T［28］(1546) 321c26) となっている。

59 高崎［1974a: 附表 2］を参照。同表は『華厳経』「十住品」に「三乗種姓 śrāvakādi-gotrāṇi」に相当する語を挙げるが、管見の限り、同語を見出すことはできない。したがって、『瑜伽論』に至るまでに、三乗の種姓を説示する大乗経典はないことになる。

60 周［2009: 48–49］は、ヴァスバンドゥ著『阿毘達磨倶舎論』(*Abhidharmakośabhāṣya*) に対する注釈書である、ヤショーミトラ著『明瞭義阿毘達磨倶舎解説』(*Sphuṭārthā Abhidharmakośavyākhyā*) における種姓に関する 3 説を取り上げる (*AKVy* 583.33–584.5; ref. (Jpn. trans.) 櫻部・小谷［1999: 354］)。すなわち、(1)「種姓とは諸々の善根である」(kuśalamūlāni gotram)、(2)「種姓とは凡人の位を始めとする機根の区別のことである」(pṛthagjanāvasthām ārabhyendriyabhedo gotram)、(3) 経量部の「種姓とは心の能力である種子のことである」(bījaṃ sāmarthyaṃ cetaso gotram)。周氏は、機根を練ることによって種姓を転向する転根 (indriyasaṃcāra) 説を根拠に、説一切有部における種姓は、(2) の機根であると推察する。種姓が機根であることとの関連として、『婆沙論』には、鈍重な機根の種姓 (鈍根種性) や鋭敏な機根の種姓 (利根種性) という語を確認できる (巻 44, T［27］(1545) 230c15–16)。

61 種姓の転向を扱う転根説に関しては、藤田祥道［2006: 33–37］、周［2009: 53–56］を参照。

62 三乗の種姓が確定されるのは、順決択分においてであるため、以後の階位では三乗の種姓を説示していない。周［2009: 265］は、「凡夫が初めて「種性」となるのは「順決択分」の段階からであ」り、「「順決択分」の加行位は凡夫の種性を決定する重要な意味を持っている」と指摘する。

63『婆沙論』では、四善根位 (順決択分)、順解脱分の順に説示している。

煖 (ūṣmagata)・頂 (mūrdhan)・忍 (kṣānti)・世第一法 (laukikāgradharma) の

各々に六種姓の区別がある。すなわち、退法種姓（parihāṇadharmagotra）、思法（cetanādharma）〔種姓〕・護法（anurakṣaṇādharm）〔種姓〕・安住法（sthitākampyadharma）〔種姓〕・堪達（prativedhanābhavya）〔種姓〕・不動法種姓（akopyadharmagotra）である。この中で、退法種姓の煖を転じて思法種姓の煖を起こし乃至堪達種姓の煖を転じて不動法種姓の煖を起こし、声聞種姓（śrāvakagotra）の煖を転じて独覚か仏種姓の煖を起こし、独覚種姓（pratyekabuddhagotra）の煖を転じて仏か声聞種姓の煖を起こす。仏種姓の煖は絶対に転じ得ない。煖を説くように、頂を説くこともまた同様である。声聞種姓の忍を転じて独覚種姓の忍を起こしても、声聞や独覚種姓の忍を転じて仏種姓（buddhagotra）の忍を起こし得ない。その理由は何か。忍は悪趣とは相違するが、菩薩は発願して悪趣に生まれるからである。また、独覚種姓の忍を転じて声聞種姓の忍を起こし得ない。その理由は何か。忍は退転しないからである。... したがって、世第一法の六種姓ならびに三乗種姓は皆転じ得ない。一刹那であるからである。

煖・頂・忍・世第一法各有六種種性差別。謂退法種性、思法・護法・住法・堪達・不動法種性。此中轉退法種性煖、起思法種性煖乃至轉堪達種性煖、起不動法種性煖、轉聲聞種性煖、起獨覺或佛種性煖、轉獨覺種性煖、起佛或聲聞種性煖。佛種性煖定不可轉。如説煖、説頂亦爾。轉聲聞種性忍、起獨覺種性忍、非轉聲聞獨覺種性忍、能起佛種性忍。所以者何。忍違惡趣、菩薩發願生惡趣故。亦非轉獨覺種性忍、能起聲聞種性忍。所以者何。忍不退故。... 故世第一法六種種性及三乘種性皆不可轉。一刹那故。

（巻 7, T［27］（1545）33b4–21）

順解脱分にも 6 種がある。すなわち、退法種姓から不動法種姓までである。退法種姓の順解脱分を転じて思法種姓の順解脱分を起こし乃至堪達種姓の順解脱分を転じて不動法種姓の順解脱分を起こし、声聞種姓の順解脱分を転じて独覚や仏種姓の順解脱分を起こし、独覚種姓の順解脱分を転じて声聞や仏種姓の順解脱分を起こす。もし仏種姓の順解脱分を起こせば、転じることができない。〔仏種姓の順解脱分は〕極めて鋭敏であるからである。

順解脱分亦有六種。謂退法種性乃至不動法種性。轉退法種性順解脱分、起思法種性順解脱分乃至轉堪達種性順解脱分、起不動法種性順解脱分、轉聲聞種性順解脱分、起獨覺及佛種性順解脱分、轉獨覺種性順解脱分、起聲聞及佛種性順解脱分。若起佛種性順解脱分已、則不可轉。極猛利故。

（巻 7, T［27］（1545）35b16–23; 巻 3, T［28］（1546）25b18–20 1)）

1) 旧訳の『婆沙論』とは完全には対応しない。具体的には、六種姓を説かないが、声聞種姓以降には類同文がある。

上掲の教説を踏まえて、周［2009: 55］にも示されるが、六種姓間や三乗の種姓間の転向について、転向できる（可転）かできない（不可転）かを整理すると、次の表の通りである。

六種姓間および三乗の種姓間の転向

<table>
<tr><th colspan="2"></th><th>六種姓</th><th>声聞種姓</th><th>独覚種姓</th><th>仏種姓</th></tr>
<tr><td colspan="2">順解脱分</td><td rowspan="3">可転</td><td>独覚種姓・仏種姓へ可転</td><td>声聞種姓・仏種姓へ可転</td><td rowspan="3">不可転</td></tr>
<tr><td rowspan="3">順決択分</td><td>煖・頂</td><td>独覚種姓・仏種姓へ可転</td><td>声聞種姓・仏種姓へ可転</td></tr>
<tr><td>忍</td><td>独覚種姓へ可転
仏種姓へ不可転</td><td>声聞種姓へ不可転
仏種姓へ不可転</td></tr>
<tr><td>世第一法</td><td colspan="4">不可転</td></tr>
</table>

64『婆沙論』では、相応行地（順決択分）から無学道までの者の種姓を 6 種に設定し、世第一法の時を除いて、退法種姓から思法種姓へと順次、転根による種姓の転向を認めている。

阿羅漢に 6 種がある。すなわち、退法・思法・護法・安住法・堪達法・不動法である。... 無学道に六種姓があるように、修道〔位〕にもこの六種姓がある。... 修道位に六種姓があるように、見道位にもこの六種姓がある。... 見道位に六種姓があるように、相応行地（順決択分）にもこの六種姓がある。... この〔相応行〕地の中に六種姓があるとは、すなわち、煖・頂・忍・世第一法である。... 前位（順解脱分）はそうではないから、六種姓を設定しない 1)。この相応行地にも転根の意味がある。すなわち、退法の煖の種姓という機根を転じて思法の煖の種姓という機根を起こし ... 堪達法の煖の種姓という機根を転じて不動法の煖の種姓という機根を起こし ....

1) 新訳の『婆沙論』では、前注に挙げたように、順解脱分における六種姓を設定する教説があり、当該教説の内容と矛盾する。いっぽう、旧訳の『婆沙論』では、一貫して、順解脱分における六種姓を設定しない。旧訳の『婆沙論』において順解脱分の六種姓が説かれない理由として、周［2009: 54］は、順解脱分の者が種姓未定のためであろうと推測する。

阿羅漢有六種。謂退法・思法・護法・安住法・堪達法・不動法。... 如無學道有六種性、修道亦有此六種性。... 如修道位有六種性、見道位亦有此六種性。... 如見道位有六種性、相應行地亦有此六種性。... 此地中有六種性者謂暖・頂・忍・世第一法。... 前位不爾故、不立六種性。此相應行地亦有轉根義。謂轉退法暖種性根起思法暖種性根 ... 轉堪達法暖種性根起不動法暖種性根 .... 1)

1) 以下、三乗の種姓間の転向に関して議論を展開するが、新訳と旧訳で分量に相違がある（巻 68, T［27］（1545）352a5–b12; 巻 35, T［28］（1546）261b8–20）。旧訳の『婆沙論』の内容は、前注に挙げた四善根位（順決択分）における三乗の種姓間の転向に関する解説とよく対応する。

（巻 68, T［27］（1545）351b6–352a5; 巻 35, T［28］（1546）261a19–b8）

65『婆沙論』における根源要素の意味のひとつとしての「種族」について、『阿毘達磨俱舎論』における根源要素の意味に関する類似の解説（*AKBh* 13.17–19; ref.（Jpn. trans.）櫻部［1969: 174］）から、サンスクリットは “gotra” であることが知られ、さらに、『阿毘達磨俱舎論』では、“gotra” を出処（ākara）と説明している。

この〔根源要素の意味の〕中で、種姓（gotra）の意味は根源要素（dhātu）の意味であるとは、ひとつの山の中に多くの鉱脈（gotra）、すなわち、金・銀・銅・鉄・白鑞・鉛・錫・丹青などの石、白墡土などの多彩な鉱脈があるのと同様に、(1 ひとつの〔心の〕個体連続や身体の中に 1) 18 の根源要素（十八界）という多彩な種姓があると知られるべきである。

1)「於一相續身中」については、上掲の『阿毘達磨俱舎論』における類似の解説の原文（ekasminn āśraye santāne vā）を参考にして訳した。

應知此中種族義是界義者、如一山中有多種族、謂金・銀・銅・鐵白鑞・鉛・錫・丹青等石・白墡土等異類種族、如是於一相續身中有十八界異類種族。

（巻 71, T［27］（1545）367c25–28; 巻 36, T［28］（1546）279c15–17; 巻 5, T［28］（1547）448c5–9）

『二万五千頌般若経』でも、「諸々の根源要素は種姓を特徴とする」（gotralakṣaṇā dhātavaḥ（*PSP*K2 69.26–27））と、類似した内容を示している。

66 阿部［2023: 177, n.182］は、従来の種姓地に関する展開の理解に加えて、『声聞地』の「種姓地」の設定に関して、「種姓地」を含む『声聞地』「初瑜伽処」（Prathamayogasthāna）が依拠する経典である『長部』（*Dīghanikāya*）「沙門果経」（*Sāmaññaphalasutta*）における資産家などの家（kula）に生まれた者が如来の教えを聞く（*DN* 62.33–34; ref.（Jpn. trans.）片山［2003: 199］）や、説一切有部に属する『阿毘達磨法蘊足論』（T［26］（1537）, 10 巻）における聖者の系譜（*āryavaṃśa, 聖種）を「家」「種姓」と述べる（巻 3, T［26］466c12–15）、といった初期の仏教経典や説一切有部の所説も無関係ではないように思われる、と指摘している。阿部［2023］の指摘は、瑜伽行派に至るまでの種姓説の形成を考える上で、示唆に富んでいるが、瑜伽行派における種姓説には、家（kula）や系譜（vaṃśa）といった用語が同義異語や言い換えなどのかたちで基本的に認められない点は、注意が必要であろう。

67『現観荘厳論』の梵文校訂テキストは、Stcherbatsky & Obermiller［1929］によって出版され、詳細な注釈を有するハリバドラ（Haribhadra）著『現観荘厳光明』（*Abhisamayālaṃkārāloka*）の梵文校訂テキストは、Wogihara［1932–35］によって出版された。Obermiller、荻原両氏は共に『現観荘厳論』に基づく研究を発表し、種姓に関しても言及が多い。Obermiller［1932: esp.30–33］［1933–43: 86–94］や荻原［1906］［1938: 327–331］を参照。

68 ツォンカパ著『善説金鬘』における種姓に関する総説は、高崎［1967b］に和訳の上、紹介される。高崎［1967c］も参照。この他のチベットの学僧による瑜伽行派の種姓に関する言及は、仏教の救済モデルのひとつとして、WANGCHUK［2007: 37］で取り上げられる。ケサン・藤仲［2012: 157–183; 197–205］は、チベットの学僧による瑜伽行派および中観派における種姓説を取り上げながら、多くのインド撰述文献に言及する。

69 宇井［1959］による梵文和訳、中村［1961］による梵漢対照および中村［1967］による蔵和対訳と梵蔵漢対照索引、TAKASAKI［1966］による英訳研究などがある。

70 同研究の書評に高崎［1972］・TAKASAKI［1973］、SCHMITHAUSEN［1973］、ROTH［1979］があり、500ページを超す大著を把握する上で有益である。

71 中国における如来蔵思想に関しては、小川弘貫［1976］、中国・日本における仏性思想に関しては、富貴原［1988］による大部の論考がある。

72 高崎［1972］は、中観派における種姓説に関して、「ツォンカパの紹介以上にあまり出るものはない。それらの諸経典の立場を「中観派」の名で列挙することは、少くとも歴史的には無意味であろう」と指摘する。

73 SCHMITHAUSEN［1971］は、TAKASAKI［1966］やSEYFORT RUEGG［1969］などの諸研究を踏まえ、『宝性論』の構造および梵文テキストや翻訳の修正案について述べる。

74 加納［2014: 213］は、SEYFORT RUEGG［1969］の成果がチベット仏教のゲルク派的理解に偏っている点を指摘する。SCHMITHAUSEN［1973: 130–132］も参照。

75 高崎［1982b: 38–49］は、『宝性論』所引の経典・論書を目安に、如来蔵思想に関係のある経典・論書を一覧にして示す。ただし、管見の限り、一覧から種姓説を説く文献が漏れ落ちている場合があるため、注意が必要である。

76 同研究の書評に研究部（T. Y.）［1967］があり、同時代の高崎氏の研究にも言及する。

77『瑜伽論』における種姓説に関しては、高崎［1982a: 19–20］に概説される。

78 本研究に関わる文献を挙げると、LÉVI［1907］が『荘厳経論』、WOGIHARA［1930–36］およびDUTT［1966］が『菩薩地』、BHATTACHARYA［1957］が『瑜伽論』「本地分」の「有尋有伺等三地」まで、WAYMAN［1960］が『瑜伽論』「本地分」の「独覚地」、WAYMAN［1961］およびSHUKLA［1973］［1991］が『声聞地』、YAMAGUCHI［1934］が『中辺論』に対するスティラマティによる注釈書、NAGAO［1964］が『中辺論』を出版している。『梵語仏典の研究 III 論書篇』（1990, 以下、『論書篇』と略）の「第3章 瑜伽行・唯識論書（付如来蔵思想）」（p.313ff.）を参照。ただし、『論書篇』は四半世紀以上も前の成果であるため、研究に際しては、各テキストの校訂に関する最新情報を押さえる必要がある。例えば、『瑜伽論』の校訂情報については、DELHEY［2013］、阿部［2023: 16–23］を参照。

79 山部氏以降、瑜伽行派における種子や界に関する研究としては、三性説に関する研究の中で、界と種子との関係について考察する竹村［1995: 381–407］があるが、特に原田［1996: 149–154, n.22］［2003: 37–39, n.36］が注目されよう。原田［1996: 149–154, n.22］は、『異部宗輪論』から大衆部の種子説として、「行為（karman, 業）と異熟（vipāka）〔果〕は倶起する。種子（bīja）自体は芽（aṅkura）となる」（las dang rnam par smin pa

phrad do // sa bon nyid myu gur 'gyur ro //（D 143b5, P 172a7; T［49］16a8–9; ref.（Jpn. trans.）寺本・平松［1935: 40］））という文言を引くなどして、「大衆部の心不相応行（実有法）としての種子理論が『瑜伽論』のそれの先駆であったにちがいないが、『瑜伽論』はそれを仮有法として受容することによって刹那滅論との矛盾を解消し、潜在能力を備えた特殊な身心（āśrayaviśeṣa/ṣaḍāyatanaviśeṣa etc.）の諸局面のめいめいを「種子」とか「果」と呼んでいるにすぎない」と指摘する。原田［2003: 37–39, n.36］は、先行する諸研究を踏まえ、『瑜伽論』諸層での種子の存在論的位置付けの変遷を辿る。特に、「摂決択分」（*Viniścayasaṃgrahaṇī*）の「五識身相応地意地決択」において、瑜伽行派としての心不相応行リストの最後に種子を加え、その後で種子を「実有かつ世俗有」（*dravyato 'sti saṃvṛtitaś ca）と規定する点に注目し、「このような種子の再規定はかえって大衆部の〈種子＝実有〉説に近づき、それへ逆戻りする危険性を幾分かは含むかもしれない」と述べる。

次に、瑜伽行派における種子や界に関する研究としては、ヴァスバンドゥ、シュリーラータ（Śrīlāta）、経量部における種子説を扱う Park［2014］が挙げられよう。Park［2014: 167–180］は、山部［1987］・Yamabe［1990］の成果によりながら、シュリーラータの随界（*anudhātu）説との関連で『瑜伽論』における界を取り上げ、種姓や種子についても言及する。Park［2014: 369–372, esp.371, n.793］はまた、Park 氏自身の意見として、『声聞地』における六処に収められる種姓の定義のような、六処に基づく因果関係のモデル概念については、アサンガ或いは『瑜伽論』の編纂者たちが、保守的な仏教教団にとってより身近か利用しやすい古い専門用語に頼ることで、種姓のような比較的新しい用語を定義しようとした背景を考えると、このような考えを創造するための独創的な文脈ではなく、継承された考えであると推察する。この点については、Park［2017］も参照。Park［2014］を承けて、阿部［2023: esp.177–192］は、ヴァスバンドゥの種子説の源流をめぐって、『声聞地』における種子説を取り上げ、種子の同義異語としての種姓にも詳しく言及する。

種子に関するその他の研究としては、瑜伽行派に至る種子説の形成を論じる結城［1933］、『瑜伽論』「本地分」の「意地」（*Manobhūmi*）を中心に種子説を概観する神子上［1965］、ヴァスバンドゥならびにサンガバドラにおける種子説を論じる Cox［1995: 93–97］が重要である。

80 瑜伽行派の種姓説から影響を受けた文献として、『入楞伽経』『宝性論』『現観荘厳論』がある。先行する主な研究は次の通りである。

『入楞伽経』の種姓説に関しては、Seyfort Ruegg［1969: 73–77］の他に、高崎［1980: 234–255］による国訳に対する注解および解説が詳しい。

『宝性論』における種姓説に関しては、Seyfort Ruegg［1969: 277–286］［1976］、小川一乗［1974: 69–92］［1990］、Sharma［1995/96］、古賀［2011］、松本［2013a］、金［2014］、加納［2014］・Kano［2016］、斎藤［2019］といった研究の他に、Takasaki［1966］・

高崎［1989］による翻訳と注解、高崎［1999］による国訳と注解がある。『宝性論』から影響を受けて成立したとされる真諦訳『仏性論』（T［31］（1610）, 4 巻）における種姓説に関しては、武邑［1977］、金［2014］の中で扱われる他に、高崎・柏木［2005］による国訳と注解がある。なお、Schmithausen 氏には種姓に関して直接論じた研究はないが、SCHMITHAUSEN［2009: §53, 106–117, esp.107–108］は、仏性に関する解説の中で瑜伽行派を中心に種姓を取り上げ、高崎氏や Seyfort Ruegg 氏による従来の研究成果を踏まえて概説する。

『現観荘厳論』における種姓説に関しては、注釈文献も含めると、MANO［1967］・真野［1972: 52–57］、SEYFORT RUEGG［1968/69］［1969: 123–173］［1977］、谷口［1986］［1989］［2002: 76–82］、荒井［1988］、望月［1992］、齋藤［1996b］、Y. LEE［2018］がある。

さらに、後代のインド仏教において、カマラシーラ（Kamalaśīla, ca.740–795）著『中観光明』（*Madhyamakāloka*）やアバヤーカラグプタ（Abhayākaragupta, ca.11th–12th century）著『牟尼意趣荘厳』（*Munimatālaṃkāra*）には、種姓説に関するまとまった記述がある。『中観光明』における種姓説に関しては、松本［1982a］、生井［1990］、一郷［1991］、『牟尼意趣荘厳』における種姓説に関しては、SEYFORT RUEGG［1977］、磯田［2000］、李・加納［2014］を参照。著者不明の『入菩薩行論解説細疏』（**Bodhisattvacaryāvatāravyākhyānapañjikā*）については、斎藤［2020］に五種姓説に関する言及がある。

81 以下では、便宜上、玄奘訳の「真如所縁縁種子」という語を使用する。

82 これらの成果に基づく研究として、佐久間［2008］［2010］［2012］［2013］・SAKUMA［2013］、佐久間他［2009］がある。

83 徳尔海（Delhey）［2022］もまた、瑜伽行派における種姓説を概説している。

84 玄奘のインドにおける修学に関しては、吉村［2016］を参照。

85 吉村［2013b: 297–503］は、吉村［2013b: 504–505］によれば、吉村［2000a］［2001］［2002］［2004］［2009a］［2011］［2013a］を加筆、訂正したものから構成されるが、内容的には吉村［2000b］［2006］［2009b］も含まれる。吉村［2013b］以降の研究として、吉村［2015a］は、玄奘とその門下の法界（dharmadhātu）観の一端を明らかにする中で、「五姓各別」説や本有無漏種子に言及し、吉村［2015b］は、これまでの研究を踏まえ、華厳宗の教学を大成した法蔵（643–712）の種姓説について論じ、吉村［2020］は、玄奘所伝の唯識思想の特徴のひとつとして「五姓各別」説を取り上げる。その他に、中国の法相宗を中心とした種姓説に関する研究を挙げると、次の通りである。玄奘門下の円測（613–696）や窺基を中心として一乗説や「五姓各別」説、「理行二仏性」説などを論じる橘川［1995a］［1995b］［1996］［1999］［2001］［2002］［2003］［2004］［2005a］［2005b］［2013］［2014］、円測を始めとした新羅仏教における種姓説を取り上げる鄭［1998］、法相宗の一乗説、また、入門の実践という観点から菩薩戒と「五姓各別」説との関係を論じる師［1998］［2008］、「五姓各別」説自体の意義や成立に着目した坂井［2000a］［2000b］［2002a］［2002b］［2003］、「五姓各別」説の中の独覚種姓および不定種姓、「大乗二種姓」、「理行二仏性」などを論じる多田［2001］［2003a］［2003b］［2004］［2006］［2008］［2011］［2012］［2013］、無種姓に対する円測の見解に着目した張［2014］などがある。

法相宗以外では、華厳教学における種姓説を論じ、また、地論宗における煩悩説の中で種姓に言及する大竹［2000: 62–65, n.5］［2017a］［2017b］、地論宗における仏性思想の中で種姓を取り上げる史［2017: 363–371］、漢訳『宝性論』とその影響を受けた文献に見える種姓という概念を検討する李子捷［2020］などがある。中国・日本仏教においては、無余依涅槃における廻心をめぐる一乗・三乗の論争の中で、種姓説を取り上げる寺井［1989］による大部の論考がある。

上掲の研究以外にも、仏性や一乗・三乗の問題などの主題の下で関説される種姓説を含めると、漢訳文献や中国・日本撰述文献に基づく種姓説の研究の蓄積は相当な数となるため、ここでは筆者の参照したものに限って挙げている。

86 近年では、Yau［2018］が瑜伽行派における種姓説を広く扱うが、先行研究に依拠するところが大きい。

87 種姓とは主題が異なるが、早島慧［2022］は、「散乱」（vikṣepa）の変遷に注目して、散乱の見られるヴァスバンドゥまでの瑜伽行派文献の成立順序や影響関係について考察している。早島慧［2022］の指摘するように、今後、こうした概念・思想の変遷に関する研究の蓄積によって、瑜伽行派文献の成立順序や影響関係について、より明確にすることができるだろう。

本　論

第 1 章 初期瑜伽行派における種姓説

本章では、初期瑜伽行派文献の中で、種姓に関する記述のある『瑜伽師地論』（*Yogācārabhūmi*, 以下、『瑜伽論』と略）『大乗荘厳経論頌』（*Mahāyānasūtrālaṃkārakārikā*, 以下、『荘厳経論頌』と略）『中辺分別論頌』（*Madhyāntavibhāgakārikā*, 以下、『中辺論頌』と略）を扱う[1]。

『瑜伽論』は、初期瑜伽行派文献の中で最も成立年代が古いとされ、瑜伽行派における種姓説の始点となる文献である[2]。『瑜伽論』に説示される種姓に関する記述については、他の瑜伽行派文献と比べて数多く散見されるため、それらの記述を整理して分析を加えることで、『瑜伽論』以降の瑜伽行派における種姓説にとっての基礎を築き、それを踏まえて、『荘厳経論頌』『中辺論頌』に説示される種姓説を考察してゆく。それでは、初期瑜伽行派における種姓説をみてゆこう。

第 1 節 『瑜伽師地論』

『瑜伽師地論』（*Yogācārabhūmi*, 以下、『瑜伽論』）は、瑜伽行派の根本典籍とされ、漢訳の分量にして全 100 巻に及ぶ大著である。声聞・独覚・菩薩という三乗の修行者にとっての修道論のみならず、宇宙論や論理学などの多岐に亘る論述内容を含む、いわば百科全書的な性格を備えている。漢訳年代などから 4 世紀後半頃の成立と推定される[3]。

「本地分」（*Maulī bhūmi/Maulyo bhūmayaḥ*）[4]「摂決択分」（*Viniścayasaṃgrahaṇī*）「摂釈分」（**Vyākhyāsaṃgrahaṇī/*Vivaraṇasaṃgrahaṇī*）[5]「摂異門分」（*Paryāyasaṃgrahaṇī*）「摂事分」（*Vastusaṃgrahaṇī*）という 5 部から構成され[6]、玄奘（602?–664）による漢訳およびチベット語訳が完本として現存し[7]、サンスクリット原典が一部現存する[8]。5 部の中で、「本地分」は、『瑜伽論』の基本となる部分で、分量にして全体の半分を占め[9]、17 の階位（bhūmi, 地）から成る[10]。その多くは梵文校訂テキストが出版されているため、本研究では、第 13 地「声聞地」(*Śrāvakabhūmi*, 以下、『声聞地』)と第 15 地「菩薩地」(*Bodhisattvabhūmi*, 以下、『菩薩地』)[11] の第 1 章「種姓品」(Gotrapaṭala)とを除く「本地分」の教説を取り上げる際は、既刊の梵文校訂テキストを使用する。「摂決択分」は、「本地分」の構成に従いながら、より発展した議論が展開する部分である。サンスクリット原典については、一部のみが知られているが、近年報告された梵文写本に基づくテキストに、本研究の取り上げる教説があるので、それを適宜参照する [12]。なお、チベット大蔵経中では、「本地分」の中で『声聞地』および『菩薩地』を別出し、「摂釈分」と「摂事分」を入れ替え [13]、「摂事分」を「摂事分」(*gZhi bsdu ba*)と「摂律分」(*'Dul ba bsdu ba*)に分けるので、全体は 8 編となる。『瑜伽論』ならびに「本地分」の構成を整理すると、次の通りである。

『瑜伽師地論』(*Yogācārabhūmi*, *rNal 'byor spyod pa'i sa*)の構成

Skt.	Ch. T［30］(1579)	Tib. D (4035–4040), P［109–111］(5536–5541)
I. *Maulī bhūmi*	本地分(巻 1–50)	*Sa'i dngos gzhi* (D (4035), P［109］(5536))
13. *Śrāvakabhūmi*	声聞地(巻 21–34)	*Nyan thos kyi sa* (D (4036), P［110］(5537))
15. *Bodhisattvabhūmi*	菩薩地(巻 35–50)	*Byang chub sems dpa'i sa* (D (4037), P［110］(5538))
II. *Viniścayasaṃgrahaṇī*	摂決択分(巻 51–80)	*rNam par gtan la dbab pa bsdu ba* (D (4038), P［110–111］(5539))
III. **Vyākhyāsaṃgrahaṇī*	摂釈分(巻 81–82)	*rNam par bshad pa bsdu ba* (D (4042), P［111］(5543))
IV. *Paryāyasaṃgrahaṇī*	摂異門分(巻 83–84)	*rNam grangs bsdu ba* (D (4041), P［111］(5542))
V. *Vastusaṃgrahaṇī*	摂事分(巻 85–100)	*gZhi bsdu ba* (D (4039), P［111］(5540))
		'Dul ba bsdu ba (D (4040), P［111］(5541))

「本地分」(*Maulī bhūmi, Sa'i dngos gzhi*) の構成

1. 五識身相応地 (*Pañcavijñānakāyasaṃprayuktā bhūmi*)	10. 聞所成地 (*Śrutamayī bhūmi*)
2. 意地 (*Manobhūmi*)	11. 思所成地 (*Cintāmayī bhūmi*)
3. 有尋有伺地 (*Savitarkā savicārā bhūmi*)	12. 修所成地 (*Bhāvanāmayī bhūmi*)
4. 無尋唯伺地 (*Avitarkā vicāramātrā bhūmi*)	13. 声聞地 (*Śrāvakabhūmi*)
5. 無尋無伺地 (*Avitarkā avicārā bhūmi*)	14. 独覚地 (*Pratyekabuddhabhūmi*)
6. 三摩呬多地 (*Samāhitā bhūmi*)	15. 菩薩地 (*Bodhisattvabhūmi*)
7. 非三摩呬多地 (*Asamāhitā bhūmi*)	16. 有余依地 (*Sopadhikā bhūmi*)
8. 有心地 (*Sacittikā bhūmi*)	17. 無余依地 (*Nirupadhikā bhūmi*)
9. 無心地 (*Acittikā bhūmi*)	

著者に関して、中国ではマイトレーヤであり、「弥勒の五部論」[14] のひとつと伝え、いっぽう、チベットではアサンガと伝えている [15]。

今日までに、『瑜伽論』の成立過程や著者問題などについては、種々に研究されているが、未解決な点も多く残っている。すなわち、本論書は思想的発展段階の異なるいくつかの層から構成されるという点では研究者間の見解が一致するものの、論書の体裁が一時にまとまったのか、複数人が関わったのかといった編集作業の実態、ならびに、マイトレーヤやアサンガに関する伝承に対する評価に関しては、研究者間の見解に相違がある [16]。『瑜伽論』における層の新古の区別に関する問題については、KRAGH [2013: 53–59] が主要な研究を整理している [17]。以下では、Kragh 氏の参照していない勝呂 [1989] を追加し、各研究の見解を取り上げる。なお、WAYMAN [1989: 203] は、『瑜伽論』の著者をアサンガとし、『菩薩地』の成立が遅いなど、今日の学界では支持されない見解を多く含むため扱わなかった。

SCHMITHAUSEN [1987: 14] は、アーラヤ識説を基準として『瑜伽論』を次の主要な 3 層に区別する。以下に和訳を示す。

(1) アーラヤ識への言及を全く含まない——おそらく最古層——部分、すなわち、「本地分」の特に『声聞地』『菩薩地』と「摂事分」

(2) アーラヤ識が時折見られるが、『解深密経』(*Saṃdhinirmocanasūtra*) への言及のない「本地分」の残りの部分

(3) アーラヤ識の詳細な解説を含み、同時に『解深密経』を引用して利用している「摂決択分」

勝呂［1989: 247–289］は、『瑜伽論』を構成する5部の引用関係に基づき、「『瑜伽論』の統一編纂に先立って、摂決択分を除く本地分・摂釈分・摂異門分・摂事分の四分の草稿がまず用意せられ、そしてその後にそれらを関係づけて統一編纂する過程において「摂決択分」が付加増広された」と考え、「このような編纂方法が取られたとするならば、『瑜伽論』は個人の一時による作ではなく、複数人の共同編纂による作」と推定する。さらに、勝呂［1989: 289–323］は、「本地分と摂決択分の間に『解深密経』が介在すること」を指摘する。『瑜伽論』における層の新古の区別に関して、勝呂氏の見解はSchmithausen氏の見解とほぼ相違はないが、編纂過程に関して、勝呂氏は一時期の作と見るのに対し、Schmithausen氏は歴史的に形成されたものと見る点に相違がある。ただし、一時期の作と見る場合でも、『瑜伽論』の思想内容に発展した要素や性質を含むことを認めている。

ARAMAKI［2000］は、特に『菩薩地』を古層と新層に分析し、ARAMAKI［2000: 59–60］に両層の章構成を提示する。ARAMAKI［2000］を始めとする一連の研究（ARAMAKI［2000］［2013］・荒牧［2009］）については、荒牧［2013: 5–6］に要約される。荒牧［2013: 16–18］は、これまでの成果を踏まえ、瑜伽行派の展開に関して、瑜伽行派には『瑜伽論』系統と『弥勒論書』系統があり、両系統が相互に影響し合いながら展開していったことを略述する。荒牧［2013］によれば、『瑜伽論』における層の新古の区別に関して、Schmithausen氏による区分の (1) との見解に相違はないが、『声聞地』が初めに述作され、その後「摂事分」、『菩薩地』の順につくられた点、そして、(3) の後に (2) が組織され、「本地分」の組織を踏まえて「摂決択分」が発達すると主張する点に、Schmithausen氏の見解との相違がある。

『瑜伽論』の成立に関する最新の見解として、DELEANU［2006: 154–156］は、Schmithausen 氏の見解を発展させるかたちで、『瑜伽論』を次の主要な 6 段階に区分する。この区分は、厳密な直線的展開ではなく、部分的に重なる可能性を想定する。DELEANU［2006: 195］の推定する年代と併せて、以下に和訳を示す。

第 1 段階：ca.200–270	『声聞地』の形成
第 2 段階：ca.230–300	『菩薩地』の形成
第 3 段階：ca.270–340	「本地分」残りの形成およびそれと並行して「摂事分」「摂釈分」「摂異門分」の編纂（「摂事分」の形成は、第 3 段階の他の文献群より早く始まったであろう）
第 4 段階：ca.300–350	『瑜伽師地論』と密接に結び付いた環境での『解深密経』の形成
第 5 段階：ca.320–350	「摂決択分」の早い部分の形成
第 6 段階：ca.350–380	「摂決択分」における『解深密経』の引用、「摂決択分」の遅い部分の編纂、そして、『瑜伽師地論』全体の最終改訂（相互参照、書き入れ、構造修正など）

Deleanu 氏の見解の特徴は、Schmithausen 氏と荒牧氏とが相対的な位置を推定していない「摂釈分」「摂異門分」を、『瑜伽論』の編纂の早い段階に加える点にある。KRAGH［2013: 58–59］は、Deleanu 氏による見解を、特に「摂決択分」についての Schmithausen 氏と荒牧氏との相違を混成したものであると評価する。すなわち、Deleanu 氏の見解は、「本地分」の 2 通り（第 3 段階と第 6 段階）の形成過程を提案することにより、両氏の見解の可能性を包含するのである。

本研究では、『瑜伽論』の編集作業の実態がどうであれ、種姓説に関して『瑜伽論』内に新古の層が確認されるため、従来の研究で見解の一致するように、

『瑜伽論』を思想的発展段階の異なるいくつかの部分を内包する、アサンガ以前の初期瑜伽行派文献と考える。そして、本節では、古層に属する「本地分」と新層に属する「摂決択分」に『瑜伽論』を大別した上で、種姓に関する教説を抽出して分析を加え、『瑜伽論』内での種姓説をみてゆく。

1.「本地分」における種姓説

『瑜伽論』の中で古層に属する「本地分」は、5部の最初に配され、漢訳にして50巻ほどの分量を有する。その中で、第13地『声聞地』および第15地『菩薩地』には、種姓を主題とする章があり、第14地「独覚地」には、短いながらも独覚種姓に関する記述がある[18]。以下では、まず、『声聞地』[19]「独覚地」『菩薩地』[20]に見られる種姓に関する規定を抽出、整理することで、種姓説の枠組みを捉える。次に、『瑜伽論』独自の用語として、種姓に立脚した者（gotrastha）と種姓に立脚しない者（a-gotrastha）という区別に着目し、特に『声聞地』『菩薩地』における規定からその特徴を明らかにする。

1.1. 種姓に関する規定

『瑜伽論』「本地分」には、種姓を主題とする章を有する『声聞地』『菩薩地』があり、そこでは、種姓に関して基本的な事項を規定している。また、「独覚地」では、5つの様相から独覚を解説する中で、最初に種姓を取り上げ、特に独覚種姓に関して規定している。以下では、種姓に関する規定について、三乗各々の種姓を取り上げる『声聞地』「独覚地」『菩薩地』に焦点をあて、各規定から種姓説の枠組みを捉える。

1.1.1.『声聞地』における種姓説

第13地『声聞地』（*Śrāvakabhūmi*）は、その冒頭に示されるように、種姓（gotra）、人（pudgala）、修行（*viniyoga, nges par sbyor）、世間・出世間（laukikalokottara）という4項目から成り、順次、初から第四までの4つの瑜伽処（yogasthāna）と対応する。さらに、「初瑜伽処」(Prathamayogasthāna) の中で、『声聞地』は、「種姓地」(Gotrabhūmi)「趣入地」(Avatārabhūmi)「出離地」(Naiṣkramyabhūmi) という3 つの地 (階位) に再分類される。このうち、「出離地」は、「初瑜伽処」の途中から「第四瑜伽処」(Caturthayogasthāna) までに亘っている。以上のように、『声聞地』は、「瑜伽処」と「地」という二重構造を有している[21]。『声聞地』の構成を整理すると、次の通りである[22]。

『声聞地』(*Śrāvakabhūmi*) の構成

初瑜伽処 (Prathamayogasthāna)	種姓 (gotra)	種姓地 (Gotrabhūmi) 趣入地 (Avatārabhūmi) 出離地 (Naiṣkramyabhūmi)
第二瑜伽処 (Dvitīyayogasthāna)	人 (pudgala)	(出離地)
第三瑜伽処 (Tṛtīyayogasthāna)	修行 (*viniyoga)	(出離地)
第四瑜伽処 (Caturthayogasthāna)	世間・出世間 (laukikalokottara)	(出離地)

『声聞地』における種姓に関する規定で重要なのは、種姓、特に声聞種姓に関して詳述する「初瑜伽処」の「種姓地」である。以下では、「種姓地」の構成に従いながら、『声聞地』における種姓に関する規定を見てゆく。「種姓地」を考察するに先立ち、そのシノプシスを声聞地研究会［1998］による梵文校訂テキストおよび和訳のページと併せて示すと、次の通りである。

「種姓地」のシノプシス[23]

§1.『声聞地』の総綱領偈	*ŚrBh*$_{\text{T1}}$ 2–3
§2.「初瑜伽処」の綱領偈	*ŚrBh*$_{\text{T1}}$ 2–3
§3.「種姓地」の綱領	*ŚrBh*$_{\text{T1}}$ 2–3
§4. 種姓	
§4.1. 種姓	*ŚrBh*$_{\text{T1}}$ 2–3
§4.2. 種姓の同義異語	*ŚrBh*$_{\text{T1}}$ 2–3
§4.3. 種姓の本質	*ŚrBh*$_{\text{T1}}$ 2–5
§5. 種姓の設定	

§5.1. 種姓が微細か粗大か	*ŚrBh*$_{\mathrm{T1}}$ 4–5
§5.2. 種姓の個体連続	*ŚrBh*$_{\mathrm{T1}}$ 4–5
§5.3. 般涅槃しなかった4種の原因	*ŚrBh*$_{\mathrm{T1}}$ 4–9
§5.4. 般涅槃への諸条件	*ŚrBh*$_{\mathrm{T1}}$ 8–9
§5.4.1. 主要な条件	*ŚrBh*$_{\mathrm{T1}}$ 8–9
§5.4.2. 副次的な条件	*ŚrBh*$_{\mathrm{T1}}$ 8–23
§5.4.3. 般涅槃への諸条件の結	*ŚrBh*$_{\mathrm{T1}}$ 22–23
§6. 種姓に立脚した人の表徴	*ŚrBh*$_{\mathrm{T1}}$ 24–29
§7. 種姓に立脚した人	*ŚrBh*$_{\mathrm{T1}}$ 28–39
§8.「種姓地」の綱領偈	*ŚrBh*$_{\mathrm{T1}}$ 38–39

「種姓地」は『声聞地』の冒頭に位置することから、そこでは、「§1.『声聞地』の総綱領偈」と「§2.「初瑜伽処」の綱領偈」によって、『声聞地』やその一部を構成する「初瑜伽処」の構成内容を提示した後、種姓に関する解説を始める。そして、「§3.「種姓地」の綱領」では、種姓に関する具体的な解説の前に、「種姓地」の構成を述べている。

> 「種姓地」(Gotrabhūmi) とは如何なるものか。答える。(1) 種姓 (gotra) と (2) 種姓の設定 (gotravyavasthāna) と (3) 種姓に立脚した (gotrastha)[24] 人たちの表徴 (liṅga) と (4) 種姓に立脚した人とのそれらすべてを一纏めにしたものが「種姓地」と言われる。
>
> (P2a2) rigs kyi sa gang zhe na / smras pa / rigs (D1b4) gang yin pa dang / rigs kyi rnam par gzhag [1)] pa gang yin pa dang / (P2a3) rigs la gnas pa'i gang zag rnams kyi rtags gang yin pa dang / rigs la gnas pa'i gang zag gang dag [2)] (D1b5) yin pa de (P2a4) dag thams cad gcig tu bsdus pa ni rigs kyi sa zhes bya'o //[25]
>
> 1) *bzhag* P　2) om. *dag* P

「種姓地」は、(1) 種姓、(2) 種姓の設定、(3) 種姓に立脚した人たちの表徴、(4) 種姓に立脚した人という4項目から構成される。この中で、種姓に関する直接的な規定は、(1) 種姓と (2) 種姓の設定の初めとに認められる。

種姓に関する定義

「種姓地」の綱領に列挙された（1）種姓とは、「§4. 種姓」に相当し、種姓に関する定義とでも言うべき内容となっている。そのうち、「§4.1. 種姓」では、種姓に基づく修行体系を説示する。

その〔「種姓地」の〕中で、種姓とは如何なるものか。答える。種姓に立脚した（gotrastha）人の持つ種子という性質（*bījadharma）である。それ（種子という性質）が存在し、存在しないのでなくて、種姓に立脚した人たちが条件（pratyaya）さえ獲得すれば、涅槃を得て〔涅槃に〕触れる能力のある者（*samartha）にして、力量のある者（*pratibala）である。

de la rigs gang zhe na / smras pa / rigs la (P2a5) gnas pa'i gang zag gi sa bon gyi chos gang yin pa ste / gang (D2a1) yod cing med pa ma yin la rigs la gnas pa'i (P2a6) gang zag rnams kyi rkyen yang rnyed na / mya ngan las 'das pa 'thob 1) pa dang / 2) reg par nus shing mthu yod par (P2b1) 'gyur ba'o // 26

1) *thob* D　2) om. / *ŚrBh*T1

種姓を種姓に立脚した者の持つ種子という性質と規定し、種姓に立脚した者は条件さえ揃えば涅槃を得ることができる、という修行体系の大枠を最初に構築している。「種姓に立脚した」(gotrastha)というこの用語に関しては、『瑜伽論』「本地分」の第 6 地「三摩呬多地」（*Samāhitā bhūmi*）において、『盪塵経』（*Pāṃsudhāvakasūtra*）に基づく解説が注目される。

世尊により、『塵を洗浄する経（盪塵経）』27 の中で、金鉱石の浄化との類似性を通じて、心の浄化が説かれたことは、如何に理解されるべきか。実に金鉱石の浄化は 3 種である。(1) 汚れに関する浄化と (2) 凝集に関する浄化と (3) 有用性に関する浄化である。その中で、(1) 汚れに関する浄化は、鉱脈にある金鉱石の中の (gotrasthasya jātarūpasya) 粗大、中位、微細な汚れを除去してから、浄化された金の粒だけが残されるまでであると〔経に説かれる〕。その中で、(2) 凝集に関する浄化は、同じ諸々のそ〔の金の粒〕に関して、熔解して凝固させることに基づく。その中で、

(3) 有用性に関する浄化は、凝固させられたもの（金）に関して、脆さなどの過失を除くこと（viśodhana）に基づく。

そ〔の浄化〕について、金鉱石が鉱脈にあるもの（gotrastha）であるのと同様に、心の浄化へ歩む者が種姓に立脚した者（gotrastha）であると理解されるべきである。その者は、般涅槃して厭離し得る資質のある者である。

yad uktaṃ bhagavatā *Pāṃsudhāvakasūtre* jātarūpaviśuddhisādharmyeṇa cittaviśodhanam, tat kathaṃ draṣṭavyam / trividhā hi jātarūpaviśuddhiḥ, upakleśaviśuddhiḥ saṃgrahaviśuddhiḥ karmaṇyatāviśuddhiś ca / tatropakleśa-viśuddhir gotrasthasya jātarūpasyaudārikamadhyasūkṣmopakleśāpanayād yāvac chuddhā eva suvarṇasikatā avaśiṣṭā bhavantīti / tatra saṃgrahaviśuddhiḥ yā tāsām evāvartanasaṃvartanāt / tatra karmaṇyatāviśuddhiḥ saṃvartitasya prabhaṅguratādidoṣaviśodhanāt /

tatra yathā jātarūpaṃ gotrastham, evaṃ gotrasthaś cetoviśuddhipratipannako draṣṭavyaḥ, yo bhavyaḥ parinirvāṇāyābhinirvide [28] / [29]

以上のように、鉱脈にある金鉱石が金へと精錬されてゆく過程という譬喩を通じて、種姓に立脚した、心の浄化へ歩む者が心を浄化してゆき般涅槃する過程を明かしている。

次に、「§4.2. 種姓の同義異語」では、そういう種姓の同義異語として、種子（bīja）、根源要素（dhātu, 界）、本性（prakṛti）を列挙する。

そういう種姓にとっての諸々の同義異語の名称（paryāyanāma）とは如何なるものか。種子（bīja）と根源要素（dhātu, 界）と本性（prakṛti）との以上が、諸々の同義異語の名称である。

rigs de'i (D2a2) ming gi rnam grangs dag gang zhe na / sa bon dang / khams dang / rang bzhin zhes bya ba ni ming gi rnam grangs dag yin no // [30]

種姓の同義異語に関連して、「第二瑜伽処」および「第三瑜伽処」における根源要素に関する文脈では、根源要素の言い換えとして、種姓を挙げる[31]。

これらの記述を整理すると、次の通りである。

『声聞地』における種姓の同義異語ならびに根源要素の言い換え

「初瑜伽処」「種姓地」	種姓（gotra）	種子（bīja）	根源要素（dhātu）	本性（prakṛti）	
「第二瑜伽処」	種姓（gotra）	種子（bīja）	根源要素（dhātu）		
「第三瑜伽処」	種姓（gotra）	種子（bīja）	根源要素（dhātu）	本性（prakṛti）	原因（hetu）
「第三瑜伽処」	種姓（gotra）	種子（bīja）	根源要素（dhātu）	本性（prakṛti）	

本性や原因に関しては異同があるが、種姓と種子と根源要素との 3 つに関しては、同義異語として固定されていたと言えよう[32]。

続けて、「§4.3. 種姓の本質」では、種姓自体を定義付ける。

> それでは、そういう種姓の本質（*gotrasvabhāva）とは如何なるものか。それ（種姓の本質）は、拠り所〔たる身心[33]〕に入り込んで（*āśrayasaṃniviṣṭa, 附在所依）／特殊な拠り所〔たる身心〕（*āśrayaviśeṣa）で[34]、六処に収められたもの（*ṣaḍāyatanasaṃgṛhīta）であり、(35 同一性を保ちながら（tādṛśa, de lta bu）連続して来て（paraṃparāgata）無始の時以来の（anādikālika）、ものの本質を通じて獲得されたもの（dharmatāpratilabdha）35) である。すなわち、種姓と種子と根源要素と本性との以上これらの同義異語の名称があるとき、それが種姓と言われる。
>
> ’o na rigs de’i rang bzhin ji lta bu zhe na / de ni lus las khyad par du (P2b2) gyur pa (D2a3) dang / skye mched drug gis zin pa dang / chos nyid kyis ’thob pa dang / thog ma med pa’i dus nas brgyud de ’ongs pa de lta bu yin te / gang la ’di lta ste / rigs dang / sa bon dang / khams dang / rang (D2a4, P2b3) bzhin zhes bya ba’i ming gi rnam grangs ’di dag yod pa de ni rigs zhes bya’o //[36]

この定義では、種姓は拠り所たる身心に入り込んだもの、或いは特殊な拠り所たる身心のことで、六処に収められたものという点から、種姓の所在を、同一性を保ちながら連続して来て無始の時以来のものの本質を通じて獲得されたものという点から、種姓の起源を明らかにしている。

種姓の設定

以上で「種姓地」における種姓に関する定義を終え、次に、(2) 種姓の設定に相当する「§5. 種姓の設定」では、種姓が微細か粗大かに関してと種姓の個体連続に関してとの2つの問題を取り上げる。

種姓が微細か粗大かに関する問題

まず、「§5.1. 種姓が微細か粗大か」において、次のような議論がある。

そういう種姓は、微細 (sūkṣma) と述べられるべきか、或いは粗大 (audārika)〔と述べられるべきか〕。答える。微細と述べられるべきである。なぜか。その〔種姓としての〕種子が結果を生じさせず、結果が達成され (*samudā+√gam, 習成) ないならば、それ故に、それ (種姓) は、微細と言われる。結果を生じさせ、結果が達成された時に、種子であるそれと結果であるそれは一纏めにされて、それ故、そういう種姓は、粗大と言われる、と理解するであろう。

rigs de phra ba'am / rags [1)] pa zhes brjod par bya zhe na / smras pa / phra [2)] ba zhes brjod (D2a5) par bya'o // (P2b4) ci'i phyir zhe na / sa bon des 'bras bu ma bskyed cing 'bras bu ma grub na ni des na [3)] de phra ba zhes bya'o // gang gi tshe 'bras bu bskyed cing 'bras bu grub par gyur pa de'i tshe na ni sa bon gang yin pa de (D2b1) dang 'bras bu gang yin pa de gcig tu (P2b5) bsdus nas de'i phyir rigs de rags pa zhes bya bar rtogs par 'gyur ro // [37]

1) *rigs* D　2) *pha* P　3) om. *na* P

種姓の本質で定義したような種姓は、種子状態の時には微細であるが、結果を生じさせた時には粗大になる。この議論を通じて、結果を生じさせない限り、種姓が微細であること、つまり確認のできないことを明確にしている。種姓が微細であるという規定と連動させて、「初瑜伽処」の「趣入地」では、種姓の知覚に言及する。

また、種姓に立脚して入門 (趣入) した人たちの持つ、以上これらの諸々の表徴は、推論に基づくと知られるべきである。いっぽう、諸仏世尊自身や最高の境地を得た声聞たちは〔衆生の〕守護者として、それについて直接知覚するのであり、〔つまり〕完全に浄化された智見によって経験する。すなわち、種姓と入門を。

tāni punar etāni gotrasthānām avatīrṇānāṃ ca pudgalānām ānumānikāni liṅgāni veditavyāni / buddhā eva tu bhagavantaḥ paramapāramiprāptāś ca śrāvakās tāyinas tatra pratyakṣadarśinaḥ, suviśuddhena jñānadarśanena pratyanubhavanti, yaduta gotraṃ cāvatāraṃ ca // [38]

種姓を直接知覚できるのは、仏世尊や最高の境地を得た声聞に限られ、それ以外の者は、表徴を通じて種姓を推論できるに過ぎず、直接知覚はできない。種姓の知覚に関するこのような事情から、『声聞地』では、種姓に立脚した者を判別するための表徴や分類を、「種姓地」の「§6. 種姓に立脚した人の表徴」や「§7. 種姓に立脚した人」において列挙する[39]。さらに、「第三瑜伽処」では、種姓に立脚したかしないかという種姓の有無に基づく区別以外に、各自の持つ種姓の審査方法の解説の中で、三乗の種姓の種別を説く。この解説によると、「第二瑜伽処」までの内容を学習した、初めて修行をする者（ādikarmika）や最初の修行をする者（tatprathamakarmika）と呼ばれる者たちは、瑜伽を知る（yogajña）規範師（ācārya）や教師（upādhyāya）や尊師（guru）や準尊師（gurusthānīya）と呼ばれる師に教えを乞い、師による審査を受けることになる[40]。種姓については、質問（pṛcchā）、論説（kathā）、行動（ceṣṭā）、心の様に関する智（cetaḥparyāyajñāna）の順に 4 つの方法で審査を行う。種姓についてのみ、第 1 の質問による審査から順に各審査を示すと、次の通りである。

質問によって種姓と機根と品行を如何に審査すべきか。彼に次のように問うべきである。「尊者は、自身の種姓か機根か品行を、『私は何の種姓か。私の機根は如何なる種類のものか、鈍重か、中位か、鋭敏か。貪欲に基づく品行の者か、また瞋恚に基づく品行の者か乃至散漫な思考に基づく品行の者か』知っているか」と。もし彼が聡明であり、この順番に、自身の種姓と機根と品行を見分け、兆候を得たならば、まさにその通りに回答する。いっぽう、もし愚鈍であり、この順番に乃至兆候を得ず、それ故に、品行を見分けないならば、彼は問われても回答しない。

kathaṃ pṛcchayā gotram indriyaṃ caritaṃ ca samanveṣitavyam / sa evaṃ paripraṣṭavyaḥ, "jānīte āyuṣmān ātmano gotraṃ vā, indriyaṃ vā, caritaṃ vā / kiṃgotro 'ham, kīdṛśāni me indriyāṇi mṛdūni madhyāni tīkṣṇāni, kiṃ rāgacaritaḥ, atha dveṣacaritaḥ, evaṃ yāvad vitarkacarita" iti / sacet sa prājño bhavati, paurvāparyeṇa cānenātmano gotram indriyaṃ caritaṃ copalakṣitaṃ bhavati nimittīkṛtam, tathaiva vyākaroti / sacet punar mando bhavati, na cānena paurvāparyeṇa yāvan nimittīkṛtaṃ bhavati, tataś caritaṃ nopalakṣitaṃ bhavati, sa pṛṣṭo na vyākaroti / [41]

質問による審査では、師に弟子入りを志願する者が聡明であれば、自身の種姓を回答できる。次に、第2の論説による審査は、次の通りである。

その後に、彼には、まず論説によって3つ（種姓、機根、品行）を審査すべきである。彼の面前で、明瞭で多彩で理解し易く流暢な語り方で、声聞乗に合致した論説を為すべきである。彼は、その論説が述べられているとき、もし声聞種姓を持つ者であれば、その論説により、非常に、満足し、喜び、歓喜に満ち、喜悦に満ち、信心し、確信する。もし独覚種姓を持つ者か、大乗種姓を持つ者であれば、彼はその論説により、全く、満足せず、喜ばず、歓喜に満ちることなく、喜悦に満ちることなく、信心せず、確信しない。或いはまた、大乗に合致した論説が述べられているとき、大乗種姓を持つ彼は、非常に、満足し、喜び乃至信心し、確信する。しかし、声聞や独覚種姓を持つ者は、その通りでない。

tasya tata uttarakālaṃ kathayā tāvat trīṇi samanveṣitavyāni / tasya purastāc chrāvakayānapratisaṃyuktā kathā karaṇīyā sphuṭaiś citrair gamakair madhurair vacanapathaiḥ / sa tasyāṃ kathāyāṃ kathyamānāyāṃ sacec chrāvakagotro bhavati, atyarthaṃ tayā kathayā prīyate hṛṣyata ānandījātaḥ saumanasyajāto bhavati, (1 prasīdaty adhimucyate / sacet pratyekabuddhagotro vā mahāyānagotro vā bhavati, sa nātyarthaṃ tayā kathayā prīyate na hṛṣyate nānandījāto na saumanasyajāto bhavati,1) na prasīdati nādhimucyate / mahāyānapratisaṃyuktāyāṃ vā punaḥ kathāyāṃ kathyamānāyāṃ yo mahāyānagotraḥ so 'tyarthaṃ prīyate hṛṣyate yāvat prasīdaty adhimucyate / śrāvakapratyekabuddhagotras tu na tathā / [42]

1) Reconstructed by *ŚrBh*T3

論説による審査では、三乗各々に関する論説を聞かせた志願者の反応に応じて、種姓を推論する。第 3 の行動による審査は、次の通りである。

行動によって如何に〔審査すべき〕か。声聞種姓を持つ者や貪欲などに基づく品行の人たちにとっての前述の諸々の表徴が行動と言われる[43]。そして、その行動により、適宜、種姓と機根と品行を審査すべきである。

kathaṃ ceṣṭayā / yāni pūrvoktāni liṅgāni śrāvakagotrasya rāgādicaritānāṃ ca pudgalānāṃ tāni ceṣṭety ucyate / tayā ca ceṣṭayā yathāyogaṃ gotram indriyaṃ caritaṃ ca samanveṣitavyam / [44]

行動による審査では、先の「種姓地」所説の種姓に立脚した人の表徴によって、種姓を推論する。最後に、第 4 の心の様に関する智による審査は、次の通りである。

その〔4 つの方法の〕中で、心の様に関する智により、種姓と機根と品行を如何に審査すべきか。瑜伽を知るその瑜伽者が心の様に関する智を獲得する者であるように、彼は、その他心智により、種姓と機根と品行をあるがままに知る。

tatra kathaṃ cetaḥparyāyajñānena gotrendriyacaritāni samanveṣitavyāni / yathāpi sa yogī yogajño lābhī bhavati cetaḥparyāyajñānasya, sa tena paracittajñānena gotram indriyaṃ caritaṃ ca yathābhūtaṃ prajānāti / [45]

第4の心の様に関する智による審査では、瑜伽者が獲得する心の様に関する智（他心智）によって、種姓をあるがままに知る。他の審査項目による推論と比べると、仏世尊や最高の境地を得た声聞のように、直接知覚するとまでは言っていないが、それに近いものと考えられる。

以上のように、種姓に立脚した人の表徴（上掲教説の行動に相当）だけでなく、質問や論説によっても、師は弟子の種姓を推論できる。いっぽう、直接知覚とは言わないが、瑜伽者が獲得する他心智によっても種姓を判別できる。

種姓の個体連続に関する問題

次に、「§5.2. 種姓の個体連続」において、次のような議論がある。

それでは、そういう種姓は、単一な個体連続に属するもの（*ekasaṃtānapatita）と述べられるべきか、或いは多様な個体連続に属するもの（*anekasaṃtānapatita）〔と述べられるべきか〕。答える。単一な個体連続に属するものと述べられるべきである。なぜか。答える。異なる特徴（*bhinnalakṣaṇa）を持ち、異なる事物（*bhinnavastu）を持って継起する諸々のもの（dharma）は、各自が種々な個体連続をし、種々な継起をするものと示される。しかし、その〔種姓としての〕種子は、それらの六処とは個々に異なる特徴が存在せず、無始の時以来の（anādikālika）連続して来た（paraṃparāgata）、ものの本質を通じて獲得された（dharmatāpratilabdha）、その様にある（*tathābhūta）、六処のその状態に対して、種姓と種子と根源要素と本性との以上それらの名称や言語表現を〔仮に〕設定するに過ぎないので、それ故、それ（種姓）は、単一な個体連続に属するものと言われる。

’o na ci rigs de rgyud gcig tu gtogs pa zhig gam / ’on te rgyud du mar gtogs par brjod par bya zhe na / smras pa / rgyud gcig (1 tu gtogs 1) par brjod (P2b6) par bya’o // (D2b2) ci’i phyir zhe na / smras pa / 2) chos gang dag mtshan nyid tha dad pa dang dngos po tha dad par ’jug pa de dag ni so sor 3) rang gi rgyud sna tshogs dang 'jug pa sna tshogs su ston par 'gyur gyi / sa bon de ni skye mched drug po de (P2b7) dag las logs shig na tha dad pa'i mtshan nyid med de thog ma med pa'i (D2b3) dus nas rgyud 4) de 'ongs pa dang / chos nyid kyis thob pa'i skye mched drug po de (5 lta bur 5) gyur pa'i gnas skabs de la rigs dang / sa bon dang / khams dang / 6) (P2b8) rang bzhin zhes bya ba'i ming dang / 7) tha snyad de dag btags par zad pas / de'i phyir de ni rgyud gcig tu gtogs pa zhes (D2b4) bya'o //[46]

1) om. *tu gtogs* P 2) om. / P 3) *so* D 4) *brgyud* D 5) *ltar* P *ŚrBh*T1 6) // P 7) om. / P *ŚrBh*T1

種姓は、六処とは異なる特徴を有さず、また、前述の「§4.3. 種姓の本質」に関する定義と同様に、ものの本質を通じて獲得された六処の状態に対して、種姓、種子、根源要素、本性と仮に設定するに過ぎないことから、単一な個体連続に属するものであると示される。この議論でも、六処が種姓と関連する重要な要素となっている。

具体的な実践の解説

さらに、種姓の設定では、種姓に立脚した者にとっての、般涅槃しなかった4種の原因や般涅槃への諸条件といった具体的な実践を解説する。まず、「§5.3. 般涅槃しなかった4種の原因」における各項目の列挙箇所を挙げると、次の通りである[47]。

問う。もし種姓に立脚した（gotrastha）人たちは般涅槃し得る性質のある者（parinirvāṇadharmaka）(48 であり、種姓に立脚しない者（a-gotrastha）たちは般涅槃し得る性質のない者（a-parinirvāṇadharmaka）48) と見るならば、それならば、般涅槃し得る性質のある者たちは、なぜ前の辺際より永い間輪廻して、般涅槃しなかったのか。答える。4つの原因によって般涅槃しなかった。4つとは如何なるものか。(1) 不遇な境遇での出生、(2) 放逸という過失、(3) 邪まな修行、(4) 障害という過失によって〔般涅槃しなかった〕。

smras pa / gal te rigs la gnas pa'i gang zag rnams ni [1)] yongs su mya ngan las 'da' [2)] ba'i chos (P3a1) can yin [(4] la / rigs la gnas pa ma yin pa rnams ni [3)] yongs su mya ngan las 'da' ba'i chos can ma yin [4)] par lta [5)] na / 'o na ci'i phyir yongs su mya ngan las 'da' ba'i chos can (D2b5) rnams sngon gyi mtha' nas yun ring (P3a2) por 'khor bar gyur cing / yongs su mya ngan las ma 'das she na / smras pa / rgyu bzhis yongs su mya ngan las ma 'das te / bzhi gang zhe na / mi khom par skyes pa dang / bag med pa'i nyes pa dang / log par zhugs pa dang / (P3a3) sgrib pa'i nyes pas (D2b6) so // [49]

1) om. *ni* P *ŚrBh*T1　2) *'das* P　3) add. / D　4) om. *la / rigs la gnas pa ma yin pa rnams ni yongs su mya ngan las 'da' ba'i chos can ma yin* T　5) *blta* P

実践の前提として種姓に立脚した者を般涅槃し得る性質のある者と規定することは、種姓の有無に基づいて般涅槃への到達に関する可能性が決まることを意味し、種姓と般涅槃との関連を窺い知り得る点で重要である。

次に、「§5.4. 般涅槃への諸条件」における各項目の列挙箇所を挙げると、次の通りである[50]。

それでは、般涅槃し得る性質のある者たちに備わらず、存在せず、近くにないと、般涅槃することがない諸条件とは如何なるものか。答える。条件は2つである。2つとは如何なるものか。(1) 主要な〔条件〕と (2) 副次的な〔条件〕である。

主要な条件とは如何なるものか。答える。すなわち、(1.1) 正法に関する他者からの言葉(paratoghoṣa)と(1.2)自身の根源的な思惟(yoniśomanaskāra)である。

副次的な条件とは如何なるものか。答える。副次的な条件は多くある。すなわち、(2.1) 自身の完備 (ātmasaṃpad)、(2.2) 他の完備 (parasaṃpad) [51]、(2.3) 善法に対する欲求 (kuśalo dharmacchandaḥ)、(2.4) 出家 (pravrajyā)、(2.5) 戒律儀 (śīlasaṃvara)、(2.6) 根律儀 (indriyasaṃvara)、(2.7) 食について量

を知ること（bhojane mātrajñatā）、(2.8) 初夜と後夜に覚醒の瑜伽に専念すること（pūrvarātrāpararātraṃ jāgarikāyogānuyuktatā）、(2.9) 正確に知りながら生活すること（saṃprajānadvihāritā）、(2.10) 遠離（prāvivekya）、(2.11) 蓋障の浄化（nivaraṇaviśuddhi）、(2.12) 三昧への依拠（samādhisaṃniśraya）である。

de la yongs su mya ngan las 'da' ba'i chos can rnams kyi gang dag ma tshang zhing med la nye bar ma gyur na yongs su mya ngan las (P3b7) mi [1)] 'da' ba'i rkyen rnams gang zhe na / smras pa / rkyen gnyis te / gnyis gang zhe na / gtso bo dang / dman pa'o // [2)]

(D3b2) rkyen gtso bo gang zhe na / smras pa / 'di lta ste / dam pa'i chos kyi dbang du byas pa'i gzhan gyi sgra dang / (P3b8) nang gi tshul bzhin yid la byed pa'o //

rkyen dman pa gang zhe na / smras pa / rkyen dman pa ni mang ste / 'di lta ste / [(5] bdag gi 'byor pa dang / gzhan gyi 'byor pa dang / (D3b3) dge ba'i chos la 'dun pa dang / rab tu byung (P4a1) ba dang / tshul khrims kyi sdom pa dang / dbang po sdom pa dang / zas kyi tshod rig pa nyid dang / nam gyi cha stod dang nam gyi cha smad la mi nyal bar sbyor ba'i rjes su brtson pa nyid dang / shes bzhin (P4a2) du spyod pa nyid [(3] dang / [3)] rab tu dben par gnas pa (D3b4) dang / sgrib [(4] pa rnam [4)] par dag pa dang / ting nge 'dzin la yang dag par gnas pa'o // [5)] [52]

1) om. *mi* P 2) / P 3) do // D 4) om. *pa rnam* P 5) Cf. Skt. Reconstructed by *ŚrBh*T1

以上の般涅槃への諸条件に関しては、具体的な解説を踏まえ、「§5.4.3. 般涅槃への諸条件の結」において、一連の修行段階の中に位置付けられる。

彼は、以上の順で、次第に高くなる、卓越しより卓越し最も卓越した、自身の完備を始めとして三昧への依拠を最後とする、諸条件を成し遂げる。以上のように、心が完全に浄化され、完全に清浄になり、垢塵なく、随煩悩を離れ、真直であり、堪能であり、安定し、不動を得たとき、もし四聖諦に関して、それら〔四聖諦〕の遍知、断滅、直証、修習のために、他者からの言葉である教授と教誡を獲得するならば、以上のように、この者は資質のある者、〔すなわち、〕道理により生じた思惟とそれを前提とする正見とが生起し得る力量のある者である。そ〔の正見〕によって四聖諦を現観し、解脱を円満し、無余依涅槃界に般涅槃する。

その中で、正見を出発点とした、解脱の円満と無余依般涅槃が、種姓の達成（gotrasamudāgama）と知られるべきである。その中で、自身の完備に始まり三昧への依拠までが、〔種姓の〕達成に関する副次的な条件と知られるべきである。その中で、四〔聖〕諦の説示と教授とを主とする他者からの言葉と、根源的な思惟が、〔種姓の〕達成に関する主要な条件と知られるべきである。以上が種姓の設定と言われる。

so 'nayānupūrvyā uttarottarān viśiṣṭān viśiṣṭatarān viśiṣṭatamān pratyayān ātmasampatpūrvān samādhisaṃniśrayaparyavasānān samudānayati / evaṃ pariśuddhe citte paryavadāta anaṃgaṇe vigatopakleśa ṛjubhūte karmaṇye sthita āniṃjyaprāpte, sacec catvāry āryasatyāny ārabhya teṣāṃ parijñāyai prahāṇāya sākṣātkriyāyai bhāvanāyai paratoghoṣam avavādānuśāsanīṃ labhate, evam asau bhavyo bhavati pratibalaś ca yogavihitasya manaskārasyotpādanāya tatpūrvikāyāś ca samyagdṛṣṭeḥ, yayā catvāry āryasatyāny abhisamāgacchati, vimuktiñ ca paripūrayati, nirupadhiśeṣe ca nirvāṇadhātau parinirvāti /

tatra yā samyagdarśanam upādāya vimuktiparipūriḥ nirupadhiśeṣaparinirvāṇaṃ cāyaṃ gotrasamudāgamo veditavyaḥ / tatrātmasaṃpadam upādāya yāvat samādhisaṃniśrayo 'yaṃ hīnaḥ samudāgamapratyayo veditavyaḥ / tatra yaś catuḥsatyadeśanāvavādādhipateyaḥ paratoghoṣo yaś ca yoniśomanaskāraḥ, ayaṃ pradhānaḥ samudāgamapratyayo veditavyaḥ / idam ucyate gotravyavasthānam //[53]

種姓に立脚した者が般涅槃への諸条件を成し遂げた結果としての、正見を出発点とした、解脱の円満と無余依般涅槃を、種姓の達成（gotrasamudāgama）であると規定している[54]。このような結果の段階での種姓に関連して、「第四瑜伽処」では、金剛喩定の直後に、種姓の完全な浄化（gotrapariśuddhi）が達成されることを述べる。

その金剛喩定の直後に、すべての煩悩側に属する重苦しさの種子を破砕するから、完全に心が解放される。そして、種姓の完全な浄化（gotra-pariśuddhi）[55] を得る。そして、煩悩が滅尽するとき、尽智が起こる。そして、原因の滅尽に基づいて未来に苦が全く全然生じないため、無生智が起こる。彼はその時に阿羅漢になる。

tasya vajropamasya samādheḥ samanantaraṃ (1 sarvakleśapakṣyadauṣṭhulyabījasamudghātād 1) atyantatāyai cittaṃ vimucyate 2) / gotrapariśuddhiṃ cānuprāpnoti / (3 kṣīṇeṣu ca kleśeṣu 3) kṣayajñānam 4) utpadyate / hetukṣayāc cāyatyāṃ duḥkhasya sarveṇa sarvam (5 aprādurbhāvāyā 5)-nutpādajñānam utpadyate / sa tasmin samaye ’rhan bhavati /

1) *sarvakleśapakṣyaṃ dauṣṭhulyabījasamudghātād* Ms$^{\acute{s}}$, *sarvakleśapakṣyaṃ dauṣṭhulyabījasamuddhātād* ŚrBh^{Sh} 2) *adhimucyate* ŚrBh^{Sh} 3) *kṣaṇeṣu ca kle+.u* Ms$^{\acute{s}}$, *sarva dauṣṭhulya kleśondhakṣayāya* ŚrBh^{Sh} Cf. *nyon mongs pa zad pa rnams la* DP, 於諸煩惱究竟盡中 T 4) *jñānam* ŚrBh^{Sh} 5) *aprādurbhāve* ŚrBh^{A}ŚrBh^{Sc}

以上のように、『声聞地』において、種姓は最初から最後まで修行と関係するため、この点において、修行における或る段階にある者か或る段階かを指していた瑜伽行派以前の種姓説との大きな相違があると言えよう [57]。

最後に、「種姓地」では、「§6. 種姓に立脚した人の表徴」や「§7. 種姓に立脚した人」において、実践的な側面から、種姓に立脚した者の表徴や分類を解説する [58]。

種姓の転向や取り換えに関する問題

次に、「種姓地」以外の『声聞地』における種姓に関する重要な規定として、「第二瑜伽処」では、誓願と種姓との差異を取り上げる中で、種姓の転向や取り換えに関する問題を扱う。

その〔人の設定の〕中で、誓願の区別による人の設定がある。〔すなわち、〕声聞乗に対して誓願を為した人がいる。独覚乗に対して〔誓願を為した人〕

がいる。大乗に対して〔誓願を為した人〕がいる。その中で、声聞乗に対して誓願を為したこの人は、声聞種姓を持つ者であろう、独覚種姓を持つ者であろう、大乗種姓を持つ者であろう。その中で、独覚菩提に対して誓願を為したこの人もまた、独覚種姓を持つ者であろう、声聞種姓を持つ者であろう、大乗種姓を持つ者であろう。その中で、大乗に対して誓願を為したこの人もまた、声聞種姓を持つ者であろう、独覚種姓を持つ者であろう、大乗種姓を持つ者であろう。その中で、独覚菩提か無上正等菩提かに対して誓願を為した、声聞種姓を持つこの人は、声聞種姓を持つ者であるから、必然的に最後にはその誓願を翻し、声聞乗に対する誓願のみが確定する。同様に、独覚乗種姓を持つ者、大乗種姓を持つ者が知られるべきである。それについて、これらの人たちには、〔各乗に対する〕誓願を転向すること、誓願を取り換えることがある。しかし、〔各乗の〕種姓を転向すること、種姓を取り換えることはない。そして、この意味で、これらの人たちが声聞乗に対する誓願を持ち、声聞種姓を持つと知られるべきである。以上のように誓願の区別による人の設定がある。

tatra praṇidhānaprabhedena pudgalavyavasthānam / asti pudgalaḥ śrāvakayāne kṛtapraṇidhānaḥ, asti pratyekabuddhayāne, asti mahāyāne / tatra yo 'yaṃ pudgalaḥ śrāvakayāne kṛtapraṇidhānaḥ sa syāc chrāvakagotraḥ, syāt pratyekabuddhagotraḥ, syān mahāyānagotraḥ / tatra yo 'yaṃ pudgalaḥ pratyekāyāṃ bodhau kṛtapraṇidhānaḥ so 'pi syāt pratyekabuddhagotraḥ, syāc chrāvakagotraḥ, syān mahāyānagotraḥ / tatra yo 'yaṃ pudgalo mahāyāne kṛtapraṇidhānaḥ so 'pi syāc chrāvakagotraḥ, syāt pratyekabuddhagotraḥ, syān mahāyānagotraḥ / tatra yo 'yaṃ śrāvakagotraḥ pudgalaḥ pratyekāyāṃ bodhāv anuttarāyāṃ vā samyaksaṃbodhau kṛtapraṇidhānaḥ, sa śrāvakagotratvād avaśyam ante kāle tatpraṇidhānaṃ vyāvartya śrāvakayānapraṇidhāna evāvatiṣṭhate / evaṃ pratyekabuddhayānagotro mahāyānagotro veditavyaḥ / tatra bhavaty eṣāṃ pudgalānāṃ praṇidhānasaṃcāraḥ praṇidhānavyatikaraḥ / no tu gotrasaṃcāraḥ, gotravyatikaraḥ / asmiṃs tv arthe śrāvakayānapraṇidhānāḥ śrāvakagotrāś caite pudgalā veditavyāḥ / evaṃ praṇidhānaprabhedena pudgalavyavasthānaṃ bhavati // [59]

種姓の転向や取り換えに関して、人は自身の持つ種姓の乗が誓願を為した乗と異なれば、誓願を為した乗を転向したり取り換えたりできるが、種姓を転向したり取り換えたりはできない。したがって、『声聞地』には、種姓の交換不可能性が明確に示されていると言えよう。

1.1.2.「独覚地」における種姓説

『声聞地』に続く第 14 地「独覚地」(*Pratyekabuddhabhūmi*) は、「種姓」(gotra)「道」(mārga)「達成」(samudāgama)「住処」(vihāra)「活動」(cāra) [60] という 5 つの様相から独覚を解説する、短いながらも数少ない独覚に関して論じたものであり [61]、独覚種姓を主題とするものとしては、唯一の文献資料である [62]。以下では、種姓に関連する箇所のみを取り上げる。まず、冒頭の「種姓」では、独覚種姓を規定する。

独覚種姓とは如何なるものか。それは 3 つを特徴とすると知られるべきである。

(1) 独覚たちは、現等覚するまさに前から、本来的に微弱な塵垢の種姓を持つ者 (mandarajaskagotra) [63] たちである。したがって、この者たちの心は、〔他者との〕接触に趣かず、独りである悦びに趣く。

(2) 独覚たちは、現等覚するまさに前から、本来的に微弱な悲愍の者 (mandakāruṇya) [64] たちである。したがって、この者たちの心は、教えの教授、衆生の役に立つ行いに趣かず、憂いのない生活に趣く [65]。

(3) 独覚たちは、現等覚するまさに前から、本来的に中位な機根の者 (madhyendriya) [66] かつ慢心に基づく品行の類の者 (mānacaritajātīya) [67] たちである。したがって、師無く、競争相手無しに、現等覚することを切望する。

pratyekabuddhagotraṃ katamat / tat [1] trilakṣaṇaṃ veditavyam /

prakṛtyā pratyekabuddhāḥ prāg evābhisaṃbodhān mandarajaskagotrā bhavanti / yenaiṣāṃ saṃsarge cittaṃ na krāmaty ekārāmatāyāṃ krāmati /

prakṛtyā pratyekabuddhāḥ prāg evābhisaṃbodhān mandakāruṇyā bhavanti / yenaiṣāṃ dharmadeśanāyāṃ sattvārthakriyāyām cittaṃ na krāmaty alpotsuka-vihāritāyāṃ krāmati /

prakṛtyā pratyekabuddhāḥ prāg evābhisaṃbodhān (2 madhyendriyāś ca 2) bhavanti mānacaritajātīyāś ca / yenānācāryaṃ [3] niḥpratidvandva abhisaṃbodham abhilaṣanti // [68]

1) *tatra PrBh*Y　2) *madhyendriyā PrBh*P　3) *ye nānācāryaṃ PrBh*P

以上のように、独覚種姓については、本来的に（1）微弱な塵垢の種姓を持つ者、(2) 微弱な悲愍の者、(3) 中位な機根の者かつ慢心に基づく品行の類の者という3つの特徴を挙げている。これらの者たちは『声聞地』や『菩薩地』に説示されるが、種姓に関する文脈に認められるのは、中位な機根の者のみである。また、種姓という語は最初の特徴に限り付されるが、何れにしても、独覚種姓を持つ者には以上3つの特徴が見られるのである。次に、「種姓」に続く「道」では、独覚は独覚の道を歩んでゆく。種姓の語のある説示のみを挙げると、次の通りである。

その〔5つの様相の〕中で、独覚の道もまた3つを特徴とすると知られるべきである。

(1) 例えば、ここに或る者が、独覚種姓に立脚し (vyavasthita)、百劫を経て仏陀の出現に値遇する。そして、それに対して個体連続を成熟させる。すなわち、独覚菩提に対して。来世に独覚菩提にただ至るまで、〔五〕蘊に関する熟達、〔十二〕処に関する熟達、〔十八〕界に関する熟達、〔十二〕縁起に関する熟達、処非処（有理と無理）に関する熟達、そして、〔四〕諦に関する熟達を為す。これが第1の独覚の道である。....

tatra pratyekabuddhamārgo 'pi trilakṣaṇo [1)] veditavyaḥ / yathāpīhaikatyaḥ pratyekabuddhagotre vyavasthitaḥ kalpaśataṃ buddhotpādam ārāgayati / tatra [2)] ca santatiṃ paripācayati, yaduta pratyekāyāṃ bodhau [3)] / skandhakauśalyam āyatanakauśalyaṃ [4)] dhātukauśalyaṃ pratītyasamutpāda-kauśalyaṃ sthānāsthānakauśalyaṃ satyakauśalyaṃ ca karoti yāvad evāyatyāṃ pratyekabodhāyai [5)] / ayaṃ prathamaḥ pratyekabuddhamārgaḥ // .... [69]

1) *vilakṣaṇo PrBh*P 2) add. *tatra PrBh*P 3) om. *bodhau PrBh*Y 4) om. *āyatanakauśalyaṃ PrBh*P 5) *pratyekāyai bodhaye PrBh*P

独覚の道は独覚種姓に立脚することから始まるので、「独覚地」では、『声聞地』と同様、修行の一番の基礎に種姓を位置付けていると言えよう。

1.1.3.『菩薩地』における種姓説

「独覚地」に続く第 15 地『菩薩地』(*Bodhisattvabhūmi*) は、サンスクリットでは全 28 章から成り、それらが「持瑜伽処」(Ādhārayogasthāna)「持随法瑜伽処」(Ādhārānudharmayogasthāna)「究竟瑜伽処」(Ādhāraniṣṭhāyogasthāna) という 3 つの瑜伽処に分かれる [70]。さらに、第 1 章「種姓品」の冒頭では、大乗の総合項目として、基礎 (ādhāra) に始まる 10 の法 (dharma, 項目) を挙げ、論書全体の骨格を提示する。したがって、『菩薩地』は、章だけでなく、「瑜伽処」と「法」とを併せた重層構造を有している [71]。

『菩薩地』における種姓に関する規定で重要なのは、種姓、特に菩薩種姓に関して詳述する第 1 章「種姓品」である。以下では、「種姓品」の構成に従いながら、『菩薩地』における種姓に関する規定をみてゆく。「種姓品」を考察するに先立ち、そのシノプシスを本研究の付録に載録の梵文校訂テキストおよび和訳のページと併せて示すと、次の通りである。なお、本研究で『菩薩地』「種姓品」の記述を取り上げる場合、本研究の付録に載録のものを使用する。

「種姓品」のシノプシス

§1.『菩薩地』の綱領	pp.306–307
§2. 基礎（種姓・初発心・菩提分法）	pp.308–313
§3. 種姓	pp.312–313
§4. 声聞や独覚と比した菩薩種姓を備えた菩薩の卓越性	pp.314–315
§4.1. 二障（煩悩障・所知障）の浄化	pp.314–315
§4.2. 4 種の様相（機根・修行・熟達・結果）	pp.316–319
§5. 六波羅蜜に関する種姓の表徴	pp.318–319
§5.1. 布施波羅蜜に関する種姓の表徴	pp.318–325
§5.2. 持戒波羅蜜に関する種姓の表徴	pp.324–335
§5.3. 忍辱波羅蜜に関する種姓の表徴	pp.334–337
§5.4. 精進波羅蜜に関する種姓の表徴	pp.336–339
§5.5. 禅定波羅蜜に関する種姓の表徴	pp.338–343
§5.6. 般若波羅蜜に関する種姓の表徴	pp.342–345
§5.7. 六波羅蜜に関する種姓の表徴の結	pp.344–345
§6. 悪趣に生まれる菩薩	pp.344–347
§6.1. 衆生と比した菩薩の持つ種姓の卓越性	pp.346–349
§6.2. 清らかな性質に違背する 4 種の随煩悩	pp.348–349
§7. 菩薩が菩提を得られない 4 種の理由	pp.348–351

次に、『菩薩地』「種姓品」における『声聞地』「初瑜伽処」の「種姓地」からの受容形態を捉えるために、両章の内容や文脈上の大まかな対応関係を示すと、次の通りである。

『菩薩地』「種姓品」と『声聞地』「初瑜伽処」の「種姓地」との対応関係

『菩薩地』「種姓品」	『声聞地』「初瑜伽処」の「種姓地」
§1.『菩薩地』の綱領 72	§1.『声聞地』の総綱領偈
§2. 基礎（種姓・初発心・菩提分法）73	§2.「初瑜伽処」の綱領偈
〃	§4.1. 種姓
〃	§5.4. 般涅槃への諸条件
§3. 種姓 74	§4.3. 種姓の本質
〃	§4.2. 種姓の同義異語

〃	§5.1. 種姓が微細か粗大か
§4. 声聞や独覚と比した菩薩種姓を備えた菩薩の卓越性 75	§7. 種姓に立脚した人 76
§4.1. 二障（煩悩障・所知障）の浄化	〃
§4.2. 4 種の様相（機根・修行・熟達・結果）	〃
§5. 六波羅蜜に関する種姓の表徴 77	§6. 種姓に立脚した人の表徴
§5.1. 布施波羅蜜に関する種姓の表徴	〃
§5.2. 持戒波羅蜜に関する種姓の表徴	〃
§5.3. 忍辱波羅蜜に関する種姓の表徴	〃
§5.4. 精進波羅蜜に関する種姓の表徴	〃
§5.5. 禅定波羅蜜に関する種姓の表徴	〃
§5.6. 般若波羅蜜に関する種姓の表徴	〃
§5.7. 六波羅蜜に関する種姓の表徴の結	〃
§6. 悪趣に生まれる菩薩 78	—
§6.1. 衆生と比した菩薩の持つ種姓の卓越性	—
§6.2. 清らかな性質に違背する 4 種の随煩悩	—
§7. 菩薩が菩提を得られない 4 種の理由 79	§5.3. 般涅槃しなかった 4 種の原因

以上のように、『菩薩地』「種姓品」では、「§2. 基礎（種姓・初発心・菩提分法）」「§3. 種姓」「§5.7. 六波羅蜜に関する種姓の表徴の結」に、『声聞地』との内容の対応が、「§5. 六波羅蜜に関する種姓の表徴」や「§7. 菩薩が菩提を得られない 4 種の理由」に、『声聞地』との文脈上の対応が認められる。また、論の構成について、『声聞地』「初瑜伽処」の「種姓地」を継承しながらも、新たな議論を追加して、再構成を試みていると言えよう。

基礎としての種姓

「種姓品」は『菩薩地』の冒頭に位置することから、そこでは、「§1.『菩薩地』の綱領」において、論書の骨格を成す 10 項目を列挙した後、「§2. 基礎（種姓・初発心・菩提分法）」において、第 1 項目である基礎（ādhāra）について解説する。種姓に関してのみ取り上げると、次の通りである。

その〔10項目の〕中で、基礎とは如何なるものか。ここでは、菩薩にとっては、自身の種姓と初発心とすべての菩提分法が基礎と言われる。
それはなぜか。ここでは、菩薩は、種姓に依拠し、〔種姓を〕基盤とし、資質のある者（bhavya）、〔すなわち、〕無上正等菩提をさとる力量のある者（pratibala）である。それ故に、種姓は、〔無上正等菩提をさとる〕資質のあること（bhavyatā）にとっての基礎と言われる[80]。…
種姓に立脚しない（a-gotrastha）人は、種姓がないので（gotre 'sati）、発心しても、〔菩薩行への専念という〕努力に依拠しても、無上正等菩提を円満し得る資質のない者である。それ故に、この観点で、菩薩が発心しなくても、菩薩行への専念が実行されなくても、種姓は基礎と知られるべきである。いっぽう、もし種姓に立脚した者が発心せず、諸々の菩薩行に専念しないならば、資質のある者であっても、速やかに〔無上正等〕菩提に到達せず、反対の場合、速やかに〔無上正等菩提に〕到達すると知られるべきである。
さらに、そういうこの種姓は基礎と言われる。支え（upastambha）、原因（hetu）、拠り所（niśraya）、階級的原因（upaniṣad）、前提（pūrvaṃgama）、住み処（nilaya）とも言われる。種姓のように、初発心とすべての菩薩行が同様に〔基礎云々と言われる〕。
tatrādhāraḥ katamaḥ / iha bodhisattvasya svaṃ gotraṃ prathamaś cittotpādaḥ sarve ca bodhipakṣyā dharmā ādhāra ity ucyate /
tat kasya hetoḥ / iha bodhisattvo gotraṃ niśritya pratiṣṭhāya bhavyo bhavati, pratibalo 'nuttarāṃ samyaksaṃbodhim abhisaṃboddhum / tasmād bhavyatāyā gotram ādhāra ity ucyate / ...
agotrasthaḥ pudgalo gotre 'sati cittotpāde 'pi yatnasamāśraye 'pi saty abhavyo 'nuttarāyāḥ samyaksaṃbodheḥ paripūraye / tad anena paryāyeṇa veditavyam anutpāditacittasyāpi bodhisattvasyākṛte 'pi bodhisattvacaryāprayoge gotram ādhāra iti / sacet punar gotrasthaś cittaṃ notpādayati, bodhisattvacaryāsu na

> prayujyate, na kṣipraṃ bodhim ārāgayati bhavyo 'pi san, viparyāyāt kṣipram ārāgayatīti veditavyam /
> tat punar etad gotram ādhāra ity ucyate / upastambho hetur niśraya upaniṣat pūrvaṃgamo nilaya ity apy ucyate / yathā gotram evaṃ prathamacittotpādaḥ sarvā ca bodhisattvacaryā / [81]

『菩薩地』では、『声聞地』が修行の基礎に位置付けていた種姓を "ādhāra"（基礎）という用語で明確に規定している。基礎とは、菩薩にとっては種姓と初発心と菩提分法／菩薩行という 3 項目である。基礎自体の意味するところは、最後に列挙している語から窺い知ることができる。菩薩は、基礎としての種姓に依拠し、種姓を基盤とし、資質のある者、すなわち無上正等菩提をさとる力量のある者であり、初発心と菩提分法を経て無上正等菩提を円満するため、基礎の 3 項目の中で、種姓が最も根本的な基礎と言えよう。

以上のように、種姓、初発心、菩提分法という修行の流れは、菩薩にとっては無上正等菩提を獲得するための基本構造になっている。この点について、『菩薩地』全体の概略を示した章「アヌクラマ」（Anukrama）でもまた、種姓、発心、自利利他を始めとした菩提分法という修行の基本構造を再提示する。

> さて、以下は、『菩薩地』における順序である。(1) 種姓に立脚した菩薩は、無上正等菩提へ発心する。(2) 発心した者は、自利利他に専念する。....
> tatrāyam bodhisattvabhūmāv anukramaḥ / gotrastho bodhisattvo 'nuttarāyāṃ samyaksaṃbodhau cittam utpādayati / utpāditacittaḥ svaparārthe 1) prayujyate / .... [82]
>
> 1) *svaparārtha BBh*$_{I\&F}$

修行の基本構造の中で、種姓と初発心との関係については、次章の「発心品」（Cittotpādapaṭala）[83] で 、種姓と菩提分法との関係については、第 8 章「力種姓品」（Balagotrapaṭala）で扱うことになる [84]。

種姓が修行に際して最も根本的なものであることに関連して、『菩薩地』では、修行の階梯として十三住や七地を説示するが、何れも最初に種姓住（gotravihāra, 種姓という住処）や種姓地（gotrabhūmi, 種姓という階位）という階梯を配する[85]。そのうち、十三住を主題とする第22章「住品」(Vihārapaṭala）の冒頭は、次の通りである。

以上の〔『菩薩地』の各章で説かれた〕ように、種姓の完備を出発点として、説かれた通りの菩薩の諸々の学問分野について学習し、説かれた通りの菩薩の諸々の表徴について見出され、菩薩に属する諸々の準備実践に正しく専念し、説かれた通りの菩薩の諸々の増上意楽を浄化しつつある諸菩薩には、略説すると、12の菩薩住（菩薩の住処）がある。それらの菩薩住により、すべての菩薩行は収められると知られるべきである。また、第13は如来住（如来という住処）であって、この現等覚のこの上ない住処である。

その〔住の〕中で、12の菩薩住とは如何なるものか。(I) 種姓住（種姓という住処)、(II) 勝解行住（確信による行という住処)、... そして、(XII) 最上成満菩薩住（最高の成満されたという菩薩の住処）である。... さらに (XIII) 如来住は、すべての菩薩住を超越した現等覚者のさとりの住処である。

evaṃ gotrasaṃpadam upādāya yathoktāyāṃ bodhisattvaśikṣāyāṃ śikṣamāṇānāṃ yathokteṣu ca bodhisattvaliṅgeṣu saṃdṛśyamānānāṃ bodhisattvapakṣyaprayogeṣu ca samyak prayuktānāṃ bodhisattvādhyāśayāṃś ca yathoktāṃ viśodhayatāṃ bodhisattvānāṃ samāsato dvādaśa bodhisattvavihārā bhavanti / yair bodhisattvavihāraiḥ sarvā bodhisattvacaryā saṃgṛhītā veditavyā [1)] / trayodaśaś ca tāthāgato vihāro yo 'sya bhavaty abhisaṃbodher niruttaro vihāraḥ /

tatra dvādaśa bodhisattvavihārāḥ katame / gotravihāraḥ, adhimukticaryāvihāraḥ, ... paramaś ca parinispanno bodhisattvavihāraḥ / ... tāthāgataḥ punar vihāro yaḥ sarvabodhisattvavihārasamatikrāntasyābhisaṃbuddhabodher vihāraḥ / [86]

1) *veditavyāḥ* BBh$_D$

十三住のうち、種姓の完備に相当する (I) 種姓住の具体的な内容については、4つの観点から詳しく述べる。

菩薩にとっての種姓住とは如何なるものか、菩薩は種姓に立脚した者として如何に居るのか。ここでは、(1) 種姓住にある菩薩は、本来的に賢善な個体連続により、本来的に菩薩の徳性という菩薩に相応しい諸善法を備えた者である。そして、そ〔の諸善法〕を現に行うとき、〔種姓住にある菩薩は〕見出される。(87 全く本来的に賢善であるので、否応なしにその善〔法〕に向けて行動するが、〔勝解行住にある菩薩の有する〕熟考に基づいて〔善法に向けて行動する〕ではない。〔種姓住にある菩薩は、善法に向けての行動に〕制限があり、阻まれている 87)。(2) そして、種姓住にある菩薩は、仏陀のすべての性質にとっての種子を保持する者である。仏陀のすべての性質にとっての一切の種子は、この者にとって、自己存在の中にあるもの、〔すなわち、〕拠り所の中にあるものであると見做される。(3) そして、種姓住にある菩薩は、粗大な汚れを離れた者である。彼はそれを特質とする雑染の纏を目の前に起こし得る資質がない。その纏に蓋われた者は、〔五〕無間業の何れかを現に行うか、或いは諸善根を断つだろう。(4) そして、「種姓品」で詳述された種姓に立脚した者のその規定が、種姓住にある菩薩にとって、詳細に知られるべきである。以上、これが菩薩にとっての種姓住である。

katamaś ca bodhisattvasya gotravihāraḥ / kathaṃ ca bodhisattvo gotrastho viharati / iha bodhisattvo gotravihārī prakṛtibhadrasaṃtānatayā prakṛtyā bodhisattvaguṇair bodhisattvārhaiḥ kuśalair dharmaiḥ samanvāgato bhavati / tatsamudācāre ca 1) saṃdṛśyate / prakṛtibhadratayaiva 2) haṭhayogena tasmiṃ kuśale pravartate, no 3) tu pratisaṃkhyānataḥ / sāvagrahaḥ saṃvṛto 4) bhavati / sarveṣāṃ ca buddhadharmāṇāṃ gotravihārī bodhisattvo bījadharo bhavati / sarvabuddhadharmāṇām asya sarvabījāny ātmabhāvagatāny āśrayagatāni vidyaṃte / audārikamalavigataś ca bodhisatvo gotravihārī bhavati / abhavyaḥ sa tadrūpaṃ saṃkleśaparyavasthānaṃ saṃmukhīkartuṃ, yena paryavasthānena paryavasthito 'nyatamad ānaṃtaryakarma samudācaret kuśalamūlāni vā samucchindyāt / yaś ca vidhir gotrasthasya gotrapaṭale nirdiṣṭaḥ sa gotravihāriṇo bodhisattvasya vistareṇa veditavyaḥ / ity ayam ucyate bodhisattvasya gotravihāraḥ / 88

1) om. *ca BBh*D　2) add. *na BBh*I&F*BBh*Wo　3) *api BBh*Wo　4) *saṃbhṛto BBh*Wo

種姓住にある菩薩について、(1) 本来的に菩薩の徳性という菩薩に相応しい諸善法を備えた者、(2) 仏陀のすべての性質にとっての種子を保持する者、(3) 粗大な汚れを離れた者、(4)「種姓品」で詳述された種姓に立脚した者を挙げている 89。種姓住という階梯自体は、種姓に立脚したり種姓を完備したりした状態であることを、以上2つの教説から知ることができる。さらに、十三住の各階梯では特定の対象を浄化してゆくが、種姓住では種姓の浄化を行うことになる。

これら十三住（13の住処）において、略説すると、浄化は11種であると知られるべきである。第1〔種姓住〕において、種姓の浄化である。....

eṣu trayodaśasu vihāreṣu samāsata ekādaśavidhā viśuddhir veditavyā / prathame gotraviśuddhiḥ / 90

この種姓住と他の住との関係については、種姓住に続く勝解行住の解説で、種姓住を第2の住以降の修行階梯の原因に位置付ける。

その〔12の菩薩住の〕中で、種姓住にある菩薩は、それ以外のすべての、11の菩薩住や〔第13〕如来住にとっての原因を完全に収める点で、原因に過ぎない。そして、彼により、如何なるそれ以外の菩薩住も着手されず、獲得されず、浄化されていない。当然、如来住は言うまでもない。

tatra gotravihārī bodhisattvas tadanyeṣāṃ sarveṣāṃ bodhisattvavihārāṇām ekādaśānāṃ tāthāgatasya 1) ca vihārasya hetumātre vartate hetuparigraheṇa / no tu tena kaścit tadanyo bodhisattvavihāra ārabdho bhavati na pratilabdho na viśodhitaḥ, kutaḥ punas tāthāgatavihāraḥ 2) / 91

1) *tathāgatasya BBh*I&F　2) *tathāgatavihāraḥ BBh*I&F

また、種姓住を含む12の菩薩住に関しては、声聞住（声聞の住処）との類似性に言及する。

また、声聞住（声聞の住処）との類似性を通じて、これら 12 の菩薩住の順序が知られるべきである。声聞にとっての自身の種姓住と同様に、この第 1（菩薩にとっての自身の種姓住）が知られるべきである。....

śrāvakavihārasādharmyeṇa 1) caiṣāṃ dvādaśānāṃ bodhisattvavihārāṇām anukramo veditavyaḥ / yathā śrāvakasya svagotravihāras tathāsya prathamo veditavyaḥ / ....[92]

1) *śrāvakavihāre sādharmyeṇa BBh*D

つまり、種姓住は、菩薩種姓か声聞種姓かという自身の種姓に違いはあるが、菩薩・声聞共通の階梯なのである。次に、七地を主題とする第 25 章「地品」（Bhūmipaṭala）では、十三住との対応関係を次のように述べる。

七地（7 つの階位）は、以上の説明された通りの十三住（13 の住処）に含まれると知られるべきである。6 つは菩薩地（菩薩の階位）であり、ひとつは菩薩と如来が混合した地である。〔すなわち、〕(i) 種姓地（種姓という階位）、(ii) 勝解行地（確信による行という階位）、... である。以上これら 7 つが菩薩地であり、これらの最後が〔菩薩と如来が〕混合した〔地〕である。その〔七地の〕中で、(I) 種姓住と (II) 勝解行住が 2 つの地（(i) 種姓地と (ii) 勝解行地）である。....

eṣu yathāvarṇiteṣu trayodaśasu vihāreṣv anugatāḥ sapta bhūmayo veditavyāḥ / ṣaḍ bodhisattvabhūmayaḥ / ekā vyāmiśrā bodhisattvatāthāgatī bhūmiḥ / gotrabhūmir abhimukticaryābhūmiḥ ... / itīmāḥ sapta bodhisattvabhūmayaḥ / āsāṃ 1) paścimā vyāmiśrā / tatra gotravihāro 'dhimukticaryāvihāraś ca dve bhūmī / ....[93]

1) *asyāṃ BBh*I&F

(i) 種姓地は (I) 種姓住に相当するため、「地品」ではこれ以上、種姓地について解説していない[94]。さらに、種姓が修行に際して最も根本的なことに関しては、修行階梯の他に、菩薩の徳性（guṇa）に関する解説でもまた、種姓を最初に配して各徳性の項目を列挙している[95]。

種姓に関する定義

「§3. 種姓」からは種姓を主題とした解説が本格的に始まり、まず、種姓自体を定義する。

> その〔3種の基礎の〕中で、種姓とは如何なるものか。略説すると、種姓は2種である。〔すなわち、〕本来的に在る（prakṛtistha, 本性住）[96]〔種姓〕と発展した（samudānīta, 習所成）〔種姓〕である。その〔2種の種姓の〕中で、本来的に在る種姓は、菩薩たちの持つ特殊な六処である。それ（特殊な六処）は、同一性を保ちながら連続して来て無始の時以来の、ものの本質を通じて獲得されたもの（dharmatāpratilabdha）である。その〔2種の種姓の〕中で、発展した種姓は、以前に（pūrva）[97]善根を反復実行することに基づいて獲得されたものである。それ（種姓）は、以上の意味において、2種ともが意図されたのである。
>
> tatra gotraṃ katamat / samāsato gotraṃ dvividham / prakṛtisthaṃ samudānītaṃ ca / tatra prakṛtisthaṃ gotraṃ yad bodhisattvānāṃ ṣaḍāyatanaviśeṣaḥ / sa tādṛśaḥ paraṃparāgato 'nādikāliko dharmatāpratilabdhaḥ / tatra samudānītaṃ gotraṃ yat pūrvakuśalamūlābhyāsāt pratilabdham / tad asminn arthe dvividham apy abhipretam /[98]

ここでは、種姓自体を、本来的に在る種姓と発展した種姓に二分している。前者の本来的に在る種姓に関しては、菩薩の持つ特殊な六処であると規定した上で、『声聞地』所説の種姓の本質に関する定義をほぼそのまま用い[99]、後者の発展した種姓に関しては、『声聞地』に対応する所説を見出せず、新たに設定している。『菩薩地』では、2種の種姓に基づいた、独自の種姓説を形成していると言えよう。ただし、2種の種姓に関しては、相馬［1986a］も指摘するように、『菩薩地』には両者の関係を含めてこれ以上の規定が認められない。

本来的に在る種姓および発展した種姓という表現については、『菩薩地』のみならず「摂事分」「摂決択分」に類似した表現のあることが従来指摘されている[100]。すなわち、根源要素に関わる文脈で、『菩薩地』には本来的に在る種子と以前の反復実行により発現した（pūrvābhyāsasamutthita）種子[101]、「摂事分」には本来的に在る根源要素と反復実行により養成された（*abhyāsaparipuṣṭa）根源要素[102]、「摂決択分」には本来的（*prakṛti）根源要素と反復修習された（*paribhāvita）根源要素[103]、という表現が認められる。しかし、本来的に在る種姓と発展した種姓との関係については、本来的に在る種姓から発展した種姓になるのか、という直列的な理解、或いは本来的に在る種姓とは別に発展した種姓があるのか、という並列的な理解の何れを意図しているのかが問題になる。この問題に対しては、第 6 章「成熟品」（Paripākapaṭala）所説の成熟の手立ての中に重要な手掛かりが従来見出されている[104]。

> その〔27 種の成熟の手立ての〕中で、(1) 根源要素の養成（dhātupuṣṭi）[105] とは如何なるものか。本来的に（prakṛtyā）善法の種子を完備すること（kuśaladharmabījasaṃpad）に依拠した後、以前に善法を反復実行すること（pūrvakuśaladharmābhyāsa）に基づいて、後々の諸々の善法の種子がより養成され、最も養成され、生起し、持続することである。これが根源要素の養成と言われる。
>
> tatra dhātupuṣṭiḥ katamā / yā prakṛtyā kuśaladharmabījasaṃpadaṃ niśritya pūrvakuśaladharmābhyāsād uttarottarāṇāṃ kuśaladharmabījānāṃ paripuṣṭatarā paripuṣṭatamā (1 utpattiḥ sthitiḥ 1) / iyam ucyate dhātupuṣṭiḥ / [106]
>
> 1) *utpattisthitiḥ BBh*Wo

本来的に完備した善法の種子が本来的に在る種姓に、以前に善法を反復実行することに基づき養成された後々の善法の種子が発展した種姓に相当すると考えられるならば、両種姓の関係については、本来的に在る種姓とは別に発展した種姓がある、という並列的な理解ではなく、本来的に在る種姓から発展した種姓になる、という直列的な理解であると言えよう。山部［1987］もまた、「本来的に自己の内に備わっている善なる要素を修行によって増大させるという発想は、瑜伽行派の修行論の大前提をなすものであった様に思われるのである」と指摘し、二種姓間の関係について直列的な理解を支持している[107]。

次に、「種姓品」では、種姓自体の定義の後、種姓の同義異語ならびに種姓が微細か粗大かに関して解説する。

さらに、そういう種姓は、種子（bīja）とも言われ、根源要素（dhātu）、本性（prakṛti）とも〔言われる〕。さらに、達成された結果を有さないそれ（種姓）は、結果を欠いて、微細（sūkṣma）である。達成された結果を有する〔種姓〕は、結果を伴って、粗大（audārika）である。

tat punar gotraṃ bījam ity apy ucyate, dhātuḥ prakṛtir ity api / tat punar asamudāgataphalaṃ sūkṣmaṃ vinā phalena / samudāgataphalam audārikaṃ saha phalena / [108]

種姓の同義異語には、『声聞地』とほぼ同様の項目を挙げ[109]、種姓が微細か粗大かに関しては、『声聞地』における議論を簡略化して示している[110]。

以上のように、「種姓品」では、種姓に関する定義について、種姓自体を本来的に在る種姓と発展した種姓に二分して解説している。本来的に在る種姓に関しては、『声聞地』の所説を受容するが、発展した種姓に関しては、新たに定義して、これら2種の種姓に基づいた、『菩薩地』独自の種姓説を形成している。いっぽう、それに続く解説については、『声聞地』とほぼ同様の内容か簡略化した内容かであり、『声聞地』の所説を全面的に受容している。

菩薩種姓の卓越性

次に、「§4. 声聞や独覚と比した菩薩種姓を備えた菩薩の卓越性」では、種姓を備えた菩薩の卓越性、すなわち菩薩種姓の卓越性を、声聞や独覚種姓との比較を通じて、様々な観点から解説する。

さて、そういう種姓を備えた菩薩たちには、一切の声聞・独覚たちを越えて、当然、〔それ〕以外の一切の衆生たちを〔越えて〕、この上ない卓越性があると知られるべきである。

tena khalu gotreṇa samanvāgatānāṃ bodhisattvānāṃ sarvaśrāvakapratyekabuddhān atikramya prāg evānyān sarvasattvān niruttaro viśeṣo veditavyaḥ / [111]

まず、煩悩障と所知障との二障の浄化という点から、菩薩種姓の卓越性を示す。

それはなぜか。略説すると、浄化は以下の2つである。〔すなわち、〕煩悩障の浄化と所知障の浄化である。それ（二障の浄化）について、一切の声聞・独覚たちの持つそういう種姓は、煩悩障の浄化の点で浄化されるが、所知障の浄化の点では〔浄化され〕ない。いっぽう、菩薩種姓は、煩悩障の浄化の点のみならず、所知障の浄化の点でも浄化される。それ故に、〔菩薩種姓は、〕あらゆるもの（種姓）よりも最も卓越したこの上ないものと言われる。

tat kasya hetoḥ / dve ime samāsato viśuddhī, kleśāvaraṇaviśuddhir jñeyāvaraṇaviśuddhiś ca / tatra sarvaśrāvakapratyekabuddhānāṃ tad gotraṃ kleśāvaraṇaviśuddhyā viśudhyati, na tu jñeyāvaraṇaviśuddhyā / bodhisattvagotraṃ punar api kleśāvaraṇaviśuddhyāpi jñeyāvaraṇaviśuddhyā viśudhyati / tasmāt sarvaprativiśiṣṭaṃ niruttaram ity ucyate / [112]

二障の浄化の点から見た三乗の種姓に関して、以上の内容を整理すると、次の通りである。

二障の浄化の点から見た三乗の種姓

	声聞種姓	独覚種姓	菩薩種姓
煩悩障の浄化	可能		可能
所知障の浄化	不可能		可能

次に、4種の様相として機根（indriya）、修行（pratipatti）、熟達（kauśalya）、結果（phala）の点から、菩薩には声聞や独覚に比べて卓越性があることを示す。

さらにまた、菩薩には、4つの様相の点で、声聞・独覚たちに比べて、卓越性があると知られるべきである。如何なる4つの〔様相の〕点でか。〔すなわち、〕機根に関するものと、修行に関するものと、熟達に関するものと、結果に関するものである。

その〔4つの様相の〕中で、機根に関する卓越性は以下である。実に本来的に、菩薩は鋭敏な機根の者であり、独覚は中位な機根の者であり、声聞は鈍重な機根の者である。

その〔4つの様相の〕中で、修行に関する卓越性は以下である。声聞と独覚は自利のために修行する者であり、菩薩も自利のためのみならず、利他のために、〔すなわち、〕大衆の利益のために、大衆の安楽のために、世間の者たちに対する哀愍のために、神々と人間たちとの役に立つことのために、利益のために、安楽のために〔修行する者である〕[113]。

その〔4つの様相の〕中で、熟達に関する卓越性は以下である。声聞と独覚は、〔五〕蘊・〔十八〕界・〔十二〕処・〔十二〕縁起・処非処（有理と無理）・〔四〕諦〔という仏教内の学問領域（内明処）〕に関して熟達し、菩薩は、それ〔ら内明処〕と〔それ〕以外のすべての学問領域（五明処）に関して〔熟達する〕。

その〔4つの様相の〕中で、結果に関する卓越性は以下である。声聞は声聞菩提という結果を体得し、独覚は独覚菩提〔という結果を体得する〕。菩薩は無上正等菩提という結果を体得する[114]。

api ca caturbhir ākārair bodhisattvasya śrāvakapratyekabuddhebhyo viśeṣo veditavyaḥ / katamaiś caturbhiḥ / indriyakṛtaḥ pratipattikṛtaḥ kauśalyakṛtaḥ phalakṛtaś ca /

tatrāyam indriyakṛto viśeṣaḥ / prakṛtyaiva bodhisattvas tīkṣṇendriyo bhavati, pratyekabuddho madhyendriyaḥ, śrāvako mṛdvindriyaḥ /

tatrāyaṃ pratipattikṛto viśeṣaḥ / śrāvakaḥ pratyekabuddhaś cātmahitāya pratipanno bhavati, bodhisattvo 'py ātmahitāyāpi parahitāya bahujanahitāya bahujanasukhāya lokānukampāyā arthāya hitāya sukhāya devamanuṣyāṇām /

tatrāyaṃ kauśalyakṛto viśeṣaḥ / śrāvakaḥ pratyekabuddhaś ca skandhadhātvāyatanapratītyasamutpādasthānāsthānasatyakauśalyaṃ karoti, bodhisattvas tatra cānyeṣu ca sarvavidyāsthāneṣu /
tatrāyaṃ phalakṛto viśeṣaḥ / śrāvakaḥ śrāvakabodhiṃ phalam adhigacchati, pratyekabuddhaḥ pratyekabodhim / bodhisattvo 'nuttarāṃ samyaksaṃbodhiṃ phalam adhigacchati / [115]

4 種の様相の点から見た三乗の修行者に関して、以上の内容を整理すると、次の通りである。

4 種の様相の点から見た三乗の修行者

	声聞	独覚	菩薩
機根	鈍重な機根	中位な機根	鋭敏な機根
修行	自利のため		自利・利他のため
熟達	蘊・処・界・縁起・処非処・諦		左記を含めた、すべての学問領域（五明処）
結果	声聞菩提	独覚菩提	無上正等菩提

また、菩薩種姓の卓越性に関する解説には、三乗の種姓やそれに立脚した者の分類を述べる点で、『声聞地』「初瑜伽処」の「種姓地」所説の「§7. 種姓に立脚した人」、「第三瑜伽処」所説の種姓の審査、「独覚地」所説の独覚種姓に関する解説との類似性が認められよう[116]。

具体的な実践の解説

「§5. 六波羅蜜に関する種姓の表徴」では、菩薩種姓を知るための表徴として、六波羅蜜という具体的な実践を挙げる。

それら〔の表徴〕により、以下のように他の者たちが、「彼は菩薩である」と了解するような、菩薩の持つ、諸波羅蜜に関する種姓の諸々の表徴 (gotraliṅga) には、以下の 6 つが完備されている。〔すなわち、〕布施波羅蜜に関する種姓の表徴、持戒・忍辱・精進・禅定・般若波羅蜜に関する種姓の表徴である。

ṣaḍ imāni bodhisattvasya pāramitānāṃ gotraliṅgānāṃ saṃpadyante, yair evaṃ pare saṃjānate “bodhisattvo ’yam” iti, dānapāramitāyā gotraliṅgaṃ śīlakṣāntivīryadhyānaprajñāpāramitāyā gotraliṅgam / [117]

これ以降は、六波羅蜜に関する具体的な実践について、「種姓品」の大半を費やして解説している[118]。そして、「§5.7. 六波羅蜜に関する種姓の表徴の結」では、種姓の表徴が推論に基づくものであり、種姓を直接知覚できるのは仏世尊のみであることを述べる。

菩薩の持つ、以上これらの、種姓の諸々の表徴は、粗大で推論に基づくと知られるべきである。いっぽう、実際（bhūtārtha, 実義）〔の種姓〕を確定することについては、諸仏世尊のみが直接知覚するのである[119]。

tānīmāni bodhisattvasyaudārikāṇy ānumānikāni gotraliṅgāni veditavyāni / bhūtārthaniścaye tu buddhā eva bhagavantaḥ pratyakṣadarśinaḥ / [120]

『声聞地』でも種姓の表徴と種姓の知覚に関する言及はあるが、両者を同時に扱っている点、種姓を知覚する者として、最高の境地を得た声聞や心の様に関する智（他心智）を持つ瑜伽者を除外する点で、『菩薩地』の立場は異なると言えよう。なお、六波羅蜜の他に、第8章「力種姓品」では、如来の十力の種姓を浄化し、成長させてゆくという種姓と結び付いた実践も説示している[121]。十力の種姓というこの用語は、「摂決択分」にも認められるが[122]、『瑜伽論』よりも後代の文献には継承を確認できない。

最後に、「種姓品」では、具体的な実践の注意点として、悪趣に生まれる菩薩ならびに菩薩が菩提を得られない4種の理由について解説する。まず、「§6. 悪趣に生まれる菩薩」では、菩薩の持つ種姓は清らかな性質（śukladharma）を備えたものであるが、清らかな性質に違背する4種の随煩悩（upakleśa）に菩薩が汚された場合、悪趣に生まれることを述べる。そして、「§6.1. 衆生と比した菩薩の持つ種姓の卓越性」では、悪趣に生まれた衆生たちに比べて、菩薩には種姓に関して大きな卓越性のあることを示し、「§4. 声聞や独覚と比した菩薩種姓を備えた菩薩の卓越性」と同様に菩薩種姓の卓越性を取り上げており、また、「§6.2. 清らかな性質に違背する 4 種の随煩悩」では、菩薩が悪趣に生まれる原因となる、清らかな性質に違背する 4 種の随煩悩を列挙する[123]。次に、「§7. 菩薩が菩提を得られない 4 種の理由」では、種姓を完備した菩薩でも無上正等菩提を得られない 4 種の理由を列挙し、さらに、種姓がないならば (asati ... gotre)、無上正等菩提を決して得られないことを強調している[124]。

1.2. 種姓に立脚した者と種姓に立脚しない者

『瑜伽論』における種姓説には、独自の用語として、種姓に立脚した (gotrastha) か種姓に立脚しない (a-gotrastha) かの区別、言い換えるならば、種姓の有無による区別があり、説一切有部に属する『阿毘達磨大毘婆沙論』(**Mahāvibhāṣā*, 以下、『婆沙論』) にも見られるような三乗の種姓の種別に並ぶ種姓の基本的な区別となって、『瑜伽論』内で一貫して使用される[125]。以下では、種姓の有無によるこの区別について、特に『声聞地』および『菩薩地』に焦点をあて、両論の規定からその特徴を明らかにする[126]。

1.2.1.『声聞地』における規定

『声聞地』「初瑜伽処」の「種姓地」では、「§5.3. 般涅槃しなかった 4 種の原因」の冒頭と結びにおいて、種姓に立脚した者および種姓に立脚しない者を規定する。繰り返しになるが、関連箇所のみを挙げると次の通りである。

> 問う。もし種姓に立脚した人たちは、般涅槃し得る性質のある者 (127 で、種姓に立脚しない者たちは、般涅槃し得る性質のない者 127) と見るならば、般涅槃し得る性質のある者たちは、なぜ前の辺際より永い間輪廻して、般涅槃しなかったのか。
>
> smras pa / gal te rigs la gnas pa'i gang zag rnams ni 1) yongs su mya ngan las

'da' 2) ba'i chos (P3a1) can yin (4 la / rigs la gnas pa ma yin pa rnams ni 3) yongs su mya ngan las 'da' ba'i chos can ma yin 4) par lta 5) na / 'o na ci'i phyir yongs su mya ngan las 'da' ba'i chos can (D2b5) rnams sngon gyi mtha' nas yun ring (P3a2) por 'khor bar gyur cing / yongs su mya ngan las ma 'das she na / [128]

1) om. *ni* P *ŚrBh*T1　2) *'das* P　3) add. / D　4) om. *la / rigs la gnas pa ma yin pa rnams ni yongs su mya ngan las 'da' ba'i chos can ma yin* T　5) *blta* P

冒頭では、チベット語訳と漢訳で伝承に一部相違はあるが、種姓に立脚した者は般涅槃し得る性質のある者であり、種姓に立脚しない者は般涅槃し得る性質のない者であると、種姓の有無に基づいて般涅槃への到達の可否を区別している。結びでは、般涅槃し得る性質のない者に関して次のように述べる。

般涅槃し得る性質のない者たちは、確定された集まり（*niyatarāśi, 決定聚）に居る者であるので、彼らは〔般涅槃するための〕条件を得ても得なくても、全く全然（*sarveṇa sarvam）、般涅槃し得る資質が決してないのである。

yongs su mya ngan las mi 'da' ba'i chos can rnams ni nges pa'i tshogs la gnas pa yin pas / de dag ni rkyen rnyed kyang rung ma rnyed kyang rung ste / rnam pa (P3b6) thams cad kyi thams cad du yongs su mya ngan las 'da' ba'i (D3b1) skal ba med pa kho na yin no // [129]

般涅槃し得る性質のない者は、般涅槃するための条件の獲得の如何に関わらず、般涅槃し得る資質が決してないことが知られる。般涅槃し得る性質のない、種姓に立脚しない者の表徴については、「種姓地」の「§6. 種姓に立脚した人の表徴」で列挙している[130]。その表徴を冒頭から一部示すと、次の通りである。

種姓に立脚した人には如何なる表徴があるのか。答える。般涅槃し得る性質のない者の持つ諸々の表徴と反対のものとして、種姓に立脚した人の持つ諸々の表徴が知られるべきである。

さらに、それら〔の表徴〕を備えた者は般涅槃し得る性質のない者であり、「この者が般涅槃し得る性質のない者である」と知ることのできる、般涅槃し得る性質のない者の持つ諸々の表徴とは何か。答える。般涅槃し得る性質のない者の持つ諸々の表徴は多いが、一部だけを詳述しよう。さて、般涅槃し得る性質のない人には、全く最初から(132 拠り所〔である身心〕に入り込んだ(āśrayasaṃniviṣṭā)アーラヤ(執着の対象)への渇き(ālayatṛṣṇā)[131]があり、そして、〔そういう執着は、〕全く全然如何なる場合でも、一切諸仏によって断滅されない性質を有しており132)、破壊されず、永く伴われ、堅固に入り込んでいる。これが第 1 の種姓に立脚しない人の持つ表徴である。....

gotrasthasya pudgalasya katamāni liṅgāni / āha / yāny aparinirvāṇadharmakasya liṅgāni tadviparyayeṇa gotrasthasya pudgalasya liṅgāni veditavyāni //

kāni punar aparinirvāṇadharmakaliṅgāni yaiḥ samanvāgato 'parinirvāṇadharmakaḥ, 1) "aparinirvāṇadharmako 'yam" iti vijñeyaḥ / āha / bahūny aparinirvāṇadharmakaliṅgāni pradeśamātraṃ tu nirdekṣyāmi //

ihāparinirvāṇadharmakasya pudgalasyādita evālayatṛṣṇā sarveṇa sarvaṃ sarvathā ca sarvabuddhair 2) āśrayasaṃniviṣṭāprahāṇadharmiṇī bhavaty anutsādyā 3) dūrānugatā 4) pragāḍhasaṃniviṣṭā / idaṃ prathamam agotrasthasya pudgalasya liṅgam // ....[133]

1) add. *pudgalaḥ ŚrBh*T1 2) *sarvabudhdhair ŚrBh*T1 3) *anutsāḍyā* Mss, *anutpīḍyā ŚrBh*T1 Cf. SCHMITHAUSEN［1987: 165］ 4) *dūrāgatā* Mss *ŚrBh*T1 Cf. SCHMITHAUSEN［1987: 165; 457–458, n.1059］

この他にも、『声聞地』には、種姓に立脚した者と種姓に立脚しない者の対比を見出すことができる。まず、「趣入地」では、入門(avatāra)或いは成熟(paripāka)をし得る資質の有無を、種姓の有無と対応させて示す。

その〔入門の設定の〕中で、入門せず成熟してゆかず未だ成熟していない者とは如何なるものか。すなわち、種姓に立脚しただけで入門していない、般涅槃し得る性質のある人が、まさに入門せず成熟してゆかず未だ成熟していない人と言われる。しかし、彼は入門し成熟し得る資質の必ずある者である。いっぽう、入門も成熟もし得る資質の決してない人がいる。すなわち、種姓を欠いた（gotravirahita, rigs med pa, 離種姓）、般涅槃し得る性質のない人が、入門も成熟もし得る資質の全く永久にない者である。どうして般涅槃し得る資質のある者となろうか。

(1 tatra katamo nāvatīrṇo na paripacyamāno na paripakvaḥ 1) / (2 ['di lta ste / yongs su mya ngan las 'da' ba'i chos can gyi gang zag rigs kho na la gnas la /]nāvatīrṇaḥ, ayam 2) ucyate naivāvatīrṇaḥ pudgalo na paripacyamāno na paripakvaḥ / api tu bhavya eva so 'vatārāya paripākāya / asti punaḥ pudgalo yo 'bhavya evāvatārāya paripākāya vā, tadyathā gotravirahito 'parinirvāṇadharmako yaḥ pudgalaḥ, ayam atyantād evābhavyo 'vatārāya paripākāya vā, kutaḥ 3) punaḥ parinirvāṇāya bhavyo bhaviṣyati // 134

1) Reconstructed by *ŚrBh*T1　2) *... gnas la / ma zhugs pa gang yin pa ste / de ni* DP　3) *kiṃ* *ŚrBh*T1

ここでは、種姓に立脚しない者について、種姓を欠いた者（gotravirahita）と表現される点が注目されよう。このような者は、般涅槃し得る性質がないだけでなく、入門や成熟をし得る資質すらも決してないとされる。次に、「第二瑜伽処」では、瑜伽の喪失（yogabhraṃśa）の期間について 135、種姓の有無を通じて示す。

その〔「第二瑜伽処」の綱領の〕中で、瑜伽の喪失とは如何なるものか。答える。瑜伽の喪失は4つである。4つとは如何なるものか。〔すなわち、〕(1) 瑜伽の永久の喪失がある。(2)〔瑜伽の〕一時的な〔喪失〕がある。...

その〔4つの瑜伽の喪失の〕中で、(1) 瑜伽の永久の喪失は、種姓に立脚しない人たちに属すると知られるべきである。というのも、彼らは般涅槃し得る性質のない者であることから、瑜伽を永久に完全喪失した者たちに他ならない。その〔4つの瑜伽の喪失の〕中で、(2)〔瑜伽の〕一時的な〔喪失〕は、すなわち、種姓に立脚して、般涅槃し得る性質はあるが、〔般涅槃するための〕条件を欠く者たちに属する〔と知られるべきである〕。というのも、彼らは極めて遥かな時を経たとしても、確実に諸々の条件を獲得し、そして、瑜伽を目の前に起こさせて修習した後、般涅槃するだろう。それ故、彼らのこの瑜伽の喪失は一時的なものに他ならない。

tatra katamo yogabhraṃśaḥ / āha / catvāro yogabhraṃśāḥ / katame catvāraḥ / asti yogabhraṃśa ātyantikaḥ / asti tāvatkālikaḥ / ...

tatrātyantiko yogabhraṃśo 'gotrasthānāṃ pudgalānāṃ veditavyaḥ / te hy aparinirvāṇadharmakatvād atyantaparibhraṣṭā eva yogād bhavanti / tatra tāvatkālikaḥ / tadyathā gotrasthānāṃ parinirvāṇadharmakāṇāṃ pratyayavikalānām, te hi dūram api param api gatvāvaśyam eva pratyayān āsādayiṣyanti / yogaṃ ca saṃmukhīkṛtya bhāvayitvā parinirvāsyanti / tenaiṣa teṣāṃ tāvatkālika eva yogabhraṃśo bhavati / [136]

以上のように、『声聞地』では、種姓に立脚した者および種姓に立脚しない者について、修行者側の修道論的問題として、般涅槃への到達可能性の問題と連動させて解説している[137]。さらに、種姓に立脚しない者は、般涅槃し得る性質がないだけでなく、入門も成熟もし得る資質の全く永久にない者であったり、瑜伽を永久に完全喪失した者であったりと、そのような状態が永久に続くことが強調される点に特徴がある。

1.2.2.『菩薩地』における規定

『菩薩地』第 1 章「種姓品」では、「§2. 基礎（種姓・初発心・菩提分法）」において、種姓に立脚した者および種姓に立脚しない者を規定する。

種姓に立脚しない（a-gotrastha）人は、種姓がないので（gotre 'sati）、発心しても、努力に依拠しても、無上正等菩提を円満し得る資質のない者である。それ故に、この観点で、菩薩が発心しなくても、菩薩行への専念が実行されなくても、種姓は基礎と知られるべきである。いっぽう、もし種姓に立脚した者が発心せず、諸々の菩薩行に専念しないならば、資質のある者であっても、速やかに〔無上正等〕菩提に到達せず、反対の場合、速やかに〔無上正等菩提に〕到達すると知られるべきである。

agotrasthaḥ pudgalo gotre 'sati cittotpāde 'pi yatnasamāśraye 'pi saty abhavyo 'nuttarāyāḥ samyaksaṃbodheḥ paripūraye / tad anena paryāyeṇa veditavyam anutpāditacittasyāpi bodhisattvasyākṛte 'pi bodhisattvacaryāprayoge gotram ādhāra iti / sacet punar gotrasthaś cittaṃ notpādayati, bodhisattvacaryāsu na prayujyate, na kṣipraṃ bodhim ārāgayati bhavyo 'pi san, viparyāyāt kṣipram ārāgayatīti veditavyam / [138]

種姓に立脚しない者は、種姓がないので、無上正等菩提を円満し得る資質のない者であると、種姓の有無に基づき、般涅槃への到達ではなく[139]、無上正等菩提の獲得の可否を区別している。この場合の種姓とは菩薩種姓を指し、種姓に立脚しない者に声聞や独覚種姓を持つ者までをも含んでいると考えられる。さらに、「§7. 菩薩が菩提を得られない4種の理由」においては、種姓がないならば、無上正等菩提を決して得られないと強調して、「種姓品」を終える。

しかし、種姓がない場合（asati ... gotre）、全く全然如何なる場合でも、〔無上正等〕菩提を決して得られないと知られるべきである。

asati tu gotre sarveṇa sarvaṃ sarvathā bodher aprāptir eva veditavyā // [140]

以上のように、『菩薩地』「種姓品」では、種姓に立脚した者および種姓に立脚しない者について、修行者側の修道論的問題として、無上正等菩提の獲得可能性の問題と連動させて解説している。そして、次章の「発心品」では、修行者側の修道論的問題との関連の下、種姓を完備した者（gotrasaṃpad）か否かという点から、発心する原因と発心を翻す理由を述べる[141]。種姓に立脚した者と種姓を完備した者との両者は、『菩薩地』で区別されていないと考えられるが[142]、このことは、「発心品」で種姓の完備についてものの本質を通じて獲得されたもの（dharmatāpratilabdha）であると規定し、この規定が「種姓品」の本来的に在る（prakṛtistha）種姓の規定と同一であることからも支持されよう。つまり、『菩薩地』においては、種姓に立脚した者と類似した表現として種姓を完備した者があり、種姓の有無が、菩提の獲得だけでなく、発心できるか否かという、種姓に続く実践項目とも関わりを持つことになる[143]。

さらに、修行者側の修道論的問題とは別に、第6章「成熟品」では、種姓に立脚した者および種姓に立脚しない者を、菩薩や仏世尊にとっての成熟対象として取り上げる。

> その〔6種の成熟に関することの〕中で、成熟対象としての人たちは、略説すると4〔種〕である。諸菩薩と諸仏世尊にとって、(1) 声聞種姓を持つ者は声聞乗において、(2) 独覚種姓を持つ者は独覚乗において、(3) 仏種姓を持つ者は大乗において成熟させられるべきである。(4) 種姓に立脚しない人もまた、善趣に赴くために成熟させられるべきである。以上、これら4〔種〕の人たちは、これら4つの事において成熟させられるべきである。以上のように、成熟対象としての人という点から、成熟は知られるべきである。
>
> tatra paripācyāḥ pudgalāḥ samāsataś catvāraḥ / śrāvakagotraḥ śrāvakayāne pratyekabuddhagotraḥ pratyekabuddhayāne buddhagotro mahāyāne paripācayitavyaḥ, agotrastho 'pi pudgalaḥ sugatigamanāya paripācayitavyo bhavati, bodhisattvānāṃ buddhānāṃ ca (1 bhagavatām / ity 1) ete catvāraḥ pudgalā eṣu caturṣu vastuṣu paripācayitavyāḥ / evaṃ paripācyapudgalataḥ paripāko veditavyaḥ / [144]
>
> 1) *bhagavatām ity* $BBh_{\mathrm{D}}BBh_{\mathrm{Wo}}$

菩薩や仏世尊の成熟対象として、声聞・独覚・仏という三乗の何れかの種姓を持つ者に加え、種姓に立脚しない者を数え、菩薩や仏世尊は、三乗の何れかの種姓を持つ者を各乗において、種姓に立脚しない者を善趣に赴かせるために成熟させることを述べている[145]。彼らの成熟については、同章において、退歩するか否かという点からの説示がある。

> その〔成熟させる衆生たちの〕中で、種姓に立脚しない人たちにとっては、善趣に赴くための成熟が繰り返し退歩し、繰り返し為される必要があ

る。いっぽう、種姓に立脚した者たちにとっては、〔三乗における[146]〕成熟が退歩することはなく、繰り返し為される必要がない。

tatrāgotrasthānāṃ pudgalānāṃ sugatigamanāya paripākaḥ punaḥpunaḥ pratyāvartyo bhavati punaḥpunaḥ karaṇīyaḥ / (1 gotrasthānāṃ punaḥ paripāko na pratyāvartyo 2) na punaḥpunaḥ karaṇīyaḥ 1) / [147]

1) *gotrasthā...yaḥ BBh*Wo　2) add. *bhavati* / *BBh*D　*BBh*D is not supported by Manuscripts.

種姓に立脚した者には三乗における成熟の退歩がない一方、種姓に立脚しない者には善趣に赴くための成熟の退歩があるので、菩薩や仏世尊は、種姓に立脚しない者を、繰り返し成熟させる必要がある。また、他でははっきりと見られなかった点であるが、以上の 2 教説に基づくと、種姓に立脚しない者と対比される、三乗の何れかの種姓を持つ者は、種姓に立脚した者と見做し得る。したがって、成熟対象とは、三乗の何れかの種姓を持つ、種姓に立脚した者と、種姓に立脚しない者とから成ることになる。

次に、第 18 章「菩薩功徳品」（Bodhisattvaguṇapaṭala）には、5 つの無量なること（aprameya）に関する解説の中に、種姓に立脚した者および種姓に立脚しない者に関する重要な教説がある。5 つとは、(1) 衆生の要素（dhātu）[148] の無量なること、(2) 世間の要素の無量なること、(3) 法の要素の無量なること、(4) 教化対象の要素の無量なること、(5) 教化の手立ての無量なることである [149]。このうち、(1) 衆生の要素の無量なることおよび (4) 教化対象の要素の無量なることについて、次のように解説する。

(1) 衆生の要素は、64〔種〕の衆生の部類である。すなわち、「意から成る地（意地）」におけるように [150]。しかしながら、個体連続の区別によって、無量である。…

(4) 教化対象は、一切衆生が教化対象であると考えたならば、1 種であろう。2 種であろう。〔煩悩の〕束縛が完全な者と束縛が不完全な者である。…4 種〔であろう〕。クシャトリヤ、ブラーフマナ、ヴァイシャ、そしてシュードラである。…10 種〔であろう〕。地獄〔界 [151]〕の者、畜生〔界〕の者、閻魔世界（餓鬼界）の者、欲〔界〕の範囲にある天・人間、中有の者、色〔界〕の者、無色〔界〕の者、有想〔界〕の者、無想〔界〕の者、そして非想非非想〔界〕の者である。以上はまず、種類の区別の点で、55 の様相である。しかし、個体連続の区別によって無量であると知られるべきである。

catuḥṣaṣṭiḥ sattvanikāyāḥ sattvadhātuḥ, tadyathā *Manomayyāṃ* [1] *bhūmau* / saṃtānabhedena punar aprameyaḥ / ...

syād ekavidho vineyaḥ sarvasattvā vineyā iti kṛtvā / syād dvividhaḥ, sakalabandhano vikalabandhanaś ca / ... caturvidhaḥ, kṣatriyo brāhmaṇo vaiśyaḥ śūdraś ca / ... daśavidhas, nārakas tairyagyoniko [2] yāmalaukikaḥ kāmāvacaro divyamānuṣyaka āntarābhaviko rūpī arūpī saṃjñī asaṃjñī [3] naivasaṃjñīnāsaṃjñī ca / ayaṃ tāvat prakārabhedena pañcapañcāśad ākāraḥ / apramāṇas tu saṃtānaprabhedena veditavyaḥ /

1) *manomapyāṃ BBh*D 2) *tairyakyonikaḥ BBh*D 3) *asaṃjño BBh*Wo

何れの要素も、個体連続の区別によって無量であるが、衆生の要素については、「意地」（*Manobhūmi*）所説の 64 種の衆生の部類であると説き、教化対象の要素については、1 種から 10 種までに区別して合計 55 の様相を列挙している。この列挙の中で、教化対象の要素を 1 種と見る場合、一切衆生が教化対象であることを示している。同章ではその後、(4) 教化対象の要素に一切衆生が示されるのに対して、(1) 衆生の要素における衆生との差異が問題になって、次のような議論を展開する。

その〔5 つの無量の〕中で、(1) 衆生の要素と (4) 教化対象の要素には、何の差異があるのか。(1) 衆生の要素は、区別なく一切衆生であって、〔すなわち〕種姓に立脚した者たちと種姓に立脚しない者たちである。いっぽう、あれやこれやの段階にある、種姓に立脚した者たちだけが、(4) 教化対象の要素と言われる。

tatra sattvadhātuvineyadhātvoḥ kiṃ nānākaraṇam / sattvadhātur aviśeṣeṇa sarvasattvā (1 gotrasthāś cāgotrasthāś 1) ca / ye punar [2] gotrasthā eva tāsu tāsv avasthāsu vartante, sa vineyadhātur ity ucyate / [153]

1) *gotrasthā agotrasthāś* BBh_{Wo}　2) *purna* BBh_{D}

衆生の要素と教化対象の要素を比較した場合、衆生の要素は、一切衆生、つまり種姓に立脚した者と種姓に立脚しない者であるが､教化対象の要素は、種姓に立脚した者だけであるため、菩薩にとっての教化対象に関しては、教化対象の要素の列挙の中で一切衆生と言いながらも、種姓に立脚しない者を例外として、種姓に立脚した者に限定している。ただし、「成熟品」に説かれるように、菩薩は、種姓に立脚しない者を善趣に赴かせるために成熟させるので、菩提の獲得の可能性がないにしても、この者を全く蔑ろにしていたわけではないと言えよう。

以上のことから、菩薩による成熟と教化には、種姓の有無の点で、対象となる衆生に関して、次の図のような違いがある。

成熟対象と教化対象との相違

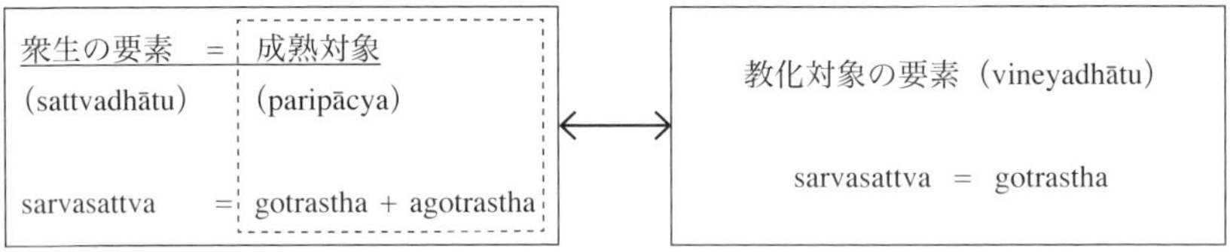

また、目的の点でも、成熟では善趣に赴かせるという世俗的な目的を含むが、教化では三乗における結果を獲得させるという仏教的な救済をもっぱらの目的とするという違いがある [154]。

1.2.3.『菩薩地』における種姓に立脚しない者の救済可能性

それでは、このような種姓に立脚しない者には、菩提の獲得や般涅槃への到達といった、いわゆる救済の可能性は全くないのだろうか [155]。この問題について、本研究では次の 2 点から考察する。

(1)『菩薩地』に種姓に立脚しない者を救済する可能性について言及のある箇所はないのか。

(2) 種姓に立脚しない者を救済可能ならば、菩薩がそれを判別する基準とは何か。

これら2点を検討する上で、従来注目されてこなかった手掛かりとなり得る教説として、第2章「発心品」所説の菩薩の発願ならびに第18章「菩薩功徳品」所説の菩薩が教化対象を判別する基準、という2つを取り上げる。

まず、最初の点として、種姓に立脚しない者を救済する可能性についての言及は、「発心品」所説の菩薩による自利・利他に関する発願の中に認められる。

さて、菩提のために心に発願しているその菩薩は、次のように心を造り上げ、言葉にする。「ああ、私は無上正等菩提をさとろう。そして、一切衆生の役に立つことを為す者となろう。〔すなわち、一切衆生を〕究極的な終局である涅槃に置き定め、そして、如来の智に〔置き定めよう〕」。彼はこのように自身の菩提と衆生の役に立つこととを希求しつつ発心する。それ故、その発心は希求を様相とする。

sa khalu bodhisattvo bodhāya cittaṃ praṇidadhad evaṃ cittam abhisaṃskaroti vācaṃ ca bhāṣate / aho batāham anuttarāṃ samyaksaṃbodhim abhisaṃbudhyeyaṃ sarvasattvānāṃ cārthakaraḥ syām atyantaniṣṭhe nirvāṇe pratiṣṭhāpayeyaṃ tathāgatajñāne ca / sa evam ātmanaś ca bodhiṃ sattvārthaṃ ca prārthayamānaś cittam utpādayati / tasmāt sa cittotpādaḥ prārthanākāraḥ / [156]

菩薩は自身の菩提と衆生の役に立つこととを希求して発心し、衆生の役に立つこととしては、衆生を涅槃や如来の智に置き定めようと発願する。この衆生とは、善趣ではなく、涅槃や如来の智に置き定めることから、教化対象である種姓に立脚した者と考えられるが[157]、発願の中で、一切衆生を対象とする以上、種姓に立脚しない者をどうするのかが問題になる。

この問題について、2つの解釈が可能であろう。まず、先に見た「菩薩功徳品」所説の教化対象の要素と同様に、一切衆生と言いながらも、種姓に立脚しない者を除外している可能性がある。次に、菩薩が種姓に立脚しない者をも救済する場合、「成熟品」に説かれるように、現世において、菩薩は、成熟によって種姓に立脚しない者を善趣に赴かせても、善趣は未だ輪廻の中なので、未来世に善趣に赴いた者を教化対象として涅槃や如来の智に置き定めると考えられる。ただし、この場合には、種姓に立脚しない者が種姓に立脚した者となる必要があり、現時点で種姓のない者でも将来的に種姓を獲得し得ることを前提としなければならなくなるだろう。

以上、菩薩の発願という観点から、菩薩が種姓に立脚しない者を将来的に教化対象として救済する可能性もあり得ることを指摘したが、「種姓品」に仏世尊以外には種姓を直接知覚できず、種姓の表徴から推論する他ないと説かれることを考慮すると[158]、衆生が種姓に立脚しない者であるかについては、菩薩には確定できないため、教化対象を判別する直接的な基準とはなり得ない。菩薩は如何にして教化対象を判別しているのか。次に検討する点として、菩薩が教化対象を判別する基準については、「菩薩功徳品」所説の5つの無量の総括で明らかになる。関連する記述のみを挙げると、次の通りである。

> そして、彼ら衆生たちの中から、究極的な苦から脱し得る（atyantaduḥkha-vimokṣa）[159]資質があり、可能性を持つ衆生たちを〔菩薩が〕観る。そ〔の衆生〕が第4の無量（教化対象の要素の無量なること）である。そして、他ならぬ彼ら衆生たちが〔究極的な苦から〕脱するための手立てである。そ〔の手立て〕が第5の無量（教化の手立ての無量なること）である。
>
> tebhyaś ca sattvebhyo yān sattvān bhavyāñ śakyarūpān [1)] atyantaduḥkhavimokṣāya paśyati, sa caturtho 'prameyaḥ / yaś copāyas teṣām eva sattvānāṃ vimokṣāya, sa pañcamo 'prameyaḥ / [160]
>
> 1) *śakyarūpāny BBh*$_F$

衆生の中で、究極的な苦（atyantaduḥkha）[161]から脱し得る資質や可能性のある者が菩薩にとっての教化対象であり[162]、その苦から脱するための手立てが教化の手立てである[163]。したがって、衆生が菩薩にとっての教化対象となる基準とは、実質的には究極的な苦から脱し得る資質の有無になる。菩薩が種姓に立脚しない者を救済するためには、現時点で種姓のない者でも将来的に種姓を獲得し得ることが前提となるが、種姓を直接知覚できない菩薩にとっては、究極的な苦から脱し得る資質のない者がその資質を獲得するかどうかということに置き換わるのである。

以上のように、種姓に立脚しない者の救済可能性の問題について検討してきたとき、結局のところ重要なことは、『菩薩地』の立場として、将来的に種姓に立脚しない者に種姓を獲得することを認めるのかである。この点に基づけば、種姓に立脚しない者の救済可能性に関して、次の 3 点が考えられよう。(1) 種姓の獲得を認める場合、現時点で種姓のない者でも将来的に種姓を獲得し、菩薩の観点からは、究極的な苦から脱し得る資質のない者がその資質を獲得するということになり、種姓に立脚しない者は救済され得る。いっぽう、(2) 種姓の獲得を認めない場合、一切衆生を涅槃や如来の智に置き定めようという菩薩の発願を重視するならば、実際は衆生すべてが種姓に立脚した者でなければならず、種姓に立脚しない者は仮に設定される存在に過ぎない。さらに、(3) 種姓の獲得を認めない場合、衆生の中に、種姓のない、種姓に立脚しない者と、種姓のある、種姓に立脚した者とが確かに存在するならば、種姓に立脚しない者は種姓を獲得できないので、救済され得ず、菩薩は一切衆生を涅槃や如来の智に置き定めようと発願しているにも関わらず、種姓に立脚しない者を除外して、「種姓に立脚した」という限定された一切衆生を対象としていることになる[164]。

種姓の獲得の問題に関連して、『声聞地』「第二瑜伽処」では、三乗各々の種姓を転向したり取り換えたりすることができないという、種姓の交換不可能性を明言している[165]。ここでは、三乗各々の種姓を取り上げているだけで、種姓のない者が種姓を獲得することを直接否定していないと考えることもできるが、『菩薩地』「種姓品」では、本来的に在る種姓について、同一性を保ちながら連続して来て無始の時以来のものの本質を通じて獲得されたものであると規定するように[166]、種姓は本来的に個々に存在するものにして同一性を保ちながら継承されてゆくものと考えられているため、『菩薩地』が種姓の将来的な獲得を認めているとは考え難い。したがって、種姓に立脚しない者の救済可能性に関しては、その可能性を認めない（3）が『菩薩地』の立場と言えよう。この場合、菩薩の救済対象となる衆生は、「種姓に立脚した」一切であることになるが[167]、『菩薩地』の立場としては、種姓に立脚しないことによって菩薩が教化できない者に対しても、捨て置くことなく、善趣への成熟という道を開いている。この者がいずれ教化対象となるのかは明らかではないものの、捨て置かれる衆生はいないと言うことができよう。なお、種姓に立脚しない者に関しては、「摂決択分」の「声聞地決択」において、般涅槃し得る性質の永久にない者であることを決択し、般涅槃への到達といった救済可能性を認めない立場を強調してゆくことになる[168]。

1.3.「本地分」における種姓説の小結

以上、『瑜伽論』「本地分」における種姓説について、種姓に関する規定を抽出、整理することで、種姓説の枠組みを捉え、次に、『瑜伽論』独自の用語として、種姓に立脚した者および種姓に立脚しない者に着目し、その特徴を明らかにした。具体的な内容は各項に譲り、以下に、（1）種姓に関する規定として、『声聞地』「独覚地」『菩薩地』における種姓説、（2）種姓に立脚した者および種姓に立脚しない者、という 2 点に関する考察結果をまとめて提示する。

（1）種姓に関する規定に関して、『声聞地』では、「初瑜伽処」の「種姓地」を中心に、『瑜伽論』で初めて種姓の定義や設定を体系的に説示する。その内容は、種姓自体の定義のみならず、種姓が微細か粗大かや種姓の個体連続に関する問題、種姓の知覚、種姓の交換不可能性など多岐に亘る。

『菩薩地』では、種姓に関して詳述する「種姓品」の論の構成について、『声聞地』「初瑜伽処」の「種姓地」を継承しながらも、新たな議論を追加して、再構成を試みている。構成上対応する項目に関しては、内容自体も『声聞地』の所説をほぼ同様か簡略化したかたちで取り込んでいる。『菩薩地』の独自性としては、種姓自体を本来的に在る種姓と発展した種姓に分けて定義する点が注目される。本来的に在る種姓に関しては、菩薩の持つ特殊な六処であると規定した上で、『声聞地』の所説を受容したものであるが、発展した種姓に関しては、『声聞地』に対応はなく、新たに定義したものであり、これら2種の種姓に基づいた、『菩薩地』独自の種姓説を形成している。さらに、声聞や独覚種姓と比べた菩薩種姓の卓越性を殊更に強調する点にも、『菩薩地』の独自性がある。

また、『瑜伽論』では、『声聞地』「独覚地」『菩薩地』で一貫して、種姓を修道論における修行の基礎に位置付け、種姓が修行の最初から最後まで関わることになる。特に『菩薩地』では、『声聞地』の考えを推し進め、“ādhāra”（基礎）という用語で種姓を規定することで、基礎としての種姓を明確に示している。この場合の基礎とは、菩薩にとっては種姓と初発心と菩提分法／菩薩行であるが、3項目の中で、種姓が最も根本的な基礎になっている。

以上のように、『声聞地』から『菩薩地』までの中で、種姓に関する基本的な規定が確立されてゆくのである。

（2）種姓に立脚した者および種姓に立脚しない者に関して、両者は、種姓に立脚したか種姓に立脚しないか、言い換えるならば、種姓の有無によって区別される。この区別は、『瑜伽論』において、三乗の種姓の種別に並ぶ、種姓の基本的な区別となっている。

『声聞地』では、種姓に立脚した者および種姓に立脚しない者をそれぞれ、般涅槃し得る性質のある者と般涅槃し得る性質のない者であると規定し、般涅槃への到達可能性の問題と連動させて解説する。さらに、種姓に立脚しない者は、般涅槃し得る性質がないだけでなく、入門も成熟もし得る資質の全く永久にない者であったり、瑜伽を永久に完全喪失した者であったりと、そのような状態が永久に続くことが強調される点に特徴がある。いっぽう、『菩薩地』では、種姓に立脚した者および種姓に立脚しない者を、無上正等菩提の獲得可能性の問題と連動させて解説する。『声聞地』と『菩薩地』で、般涅槃への到達と菩提の獲得という違いはあるが、修行者が目指すべき結果を獲得する可能性の問題と関わる点は共通している。以上のように、『声聞地』と『菩薩地』では共に、種姓の有無による区別を通じて、修行者側の修道論的問題を扱っている。

さらに、『菩薩地』では、種姓の有無による区別を、三乗の種姓の種別と共に、菩薩が衆生を成熟や教化対象として区別する際にも用いている。成熟対象として、種姓に立脚した者、つまり三乗の何れかの種姓を持つ者を各乗において、種姓に立脚しない者を善趣に赴くために成熟させる一方、教化対象として、一切衆生を対象としながらも、種姓に立脚しない者を除外している。すなわち、菩薩による成熟と教化には、種姓の有無の点で、対象となる衆生に違いがあり、また、目的の点でも、成熟では善趣に赴かせるという世俗的な目的を含むが、教化では三乗における結果を獲得させるという仏教的な救済をもっぱらの目的とするという違いがある。ただし、菩薩は、種姓に立脚しない者を善趣に赴かせるために成熟させるので、菩提の獲得の可能性がないにしても、この者を全く蔑ろにしていたわけではないが、『菩薩地』の立場としては、種姓に立脚しない者には、三乗における菩提の獲得といった救済可能性を認めていない。なお、種姓に立脚しない者に関して、「摂決択分」の「声聞地決択」では、般涅槃し得る性質の永久にない者であることを決択し、救済可能性を認めない立場を明確に示すことになる。以上のように、『菩薩地』では、種姓の有無による区別を通じて、修行者側の修道論的問題だけでなく、菩薩側の救済論的問題を扱い、これら2つの視点に基づいて種姓説を展開してゆく。種姓説を修道論的問題として扱うか救済論的問題として扱うかという視点は、『瑜伽論』以降の瑜伽行派における種姓説の展開を捉える上で、重要な指標となるだろう。

2.「摂決択分」における種姓説

『瑜伽論』の中で新層に属する「摂決択分」（*Viniścayasaṃgrahaṇī*）は、「本地分」の次に配され、漢訳にして 30 巻ほどの分量を有する。その目的は、冒頭にあるように [169]、「本地分」の構成に従って各項目や問題を取り上げて決択し、「本地分」の教説に関して熟達することである。しかし、勝呂［1989: 323–326］の指摘するように、諸問題の寄せ集めという感があり、『瑜伽論』の他の 4 部ほど組織的ではない。

「摂決択分」には種姓という語が散見されるが、まとまりのある議論は数少ない。以下では、「摂決択分」における種姓説の特徴的な議論として、「本地分」以来の用語である（1）種姓に立脚しない者（a-gotrastha）、「摂決択分」で新たに規定される（2）確定されていない種姓（*aniyatagotra）、種姓説に代わる理論として提出される（3）真如を所縁縁とすることという種子（*tathatālambanapratyayabīja, 真如所縁縁種子）説、という 3 項目に分けて、「摂決択分」における種姓説をみてゆく [170]。

2.1. 種姓に立脚しない者

「本地分」の中で種姓を主題とした章を有するのは、『声聞地』および『菩薩地』であるが、「摂決択分」の中で種姓を主題として取り上げるのは、「菩薩地決択」ではなく、「声聞地決択」における、種姓に立脚しない者（a-gotrastha）に関する議論が唯一である。というのも、『菩薩地』「種姓品」と対応する「菩薩地決択」では、種姓に関して、次のように述べているからである。

> 「菩薩地決択」[171]。声聞種姓の成立（śrāvakagotrasiddhi）[172] と同様に、菩薩種姓の成立（*bodhisattvagotrasiddhi）も知られるべきである。
>
> byang chub sems dpa'i sa'i rnam par gtan la dbab pa nyan thos kyi rigs sgrub

pa bzhin du byang chub sems dpa'i rigs kyang 'grub par rig par (P300a7) bya'o // [173]

以上で『菩薩地』における種姓に関する決択を終えている。菩薩種姓は、声聞種姓と共通の設定の下で成立しているということが知られよう。

いっぽう、「声聞地決択」では、種姓説の中でも、「本地分」所説の種姓に立脚しない者を承けて、この者の般涅槃への到達可能性に関して議論する。

「声聞地決択」[174]。「本地分」において「種姓に立脚しない (a-gotrastha) 人は、般涅槃し得る性質の永久にない者である」[175] と言われることに対して、もし或る者が般涅槃し得る性質の永久にない者とは如何なるものであるかと疑念や疑惑を生じたならば、そのことはこう述べられるべきであろう。....

śrāvakabhūmer viniścayaḥ / yad uktaṃ *Maulyāṃ bhūmāv* agotrasthaḥ pudgalo 'tyantam aparinirvāṇadharmeti tatra sacet kaścid vimatisaṃdeham utpādayet / katham atyantam aparinirvāṇadharmā bhavatīti / sa idaṃ syād vacaṇīyaḥ .... [176]

これ以降は、5 つの論難と 6 つの反駁、いわゆる五難六答を通じて、種姓に立脚しない者は般涅槃し得る性質の永久にない者であることを決択し、この者の救済可能性を認めない立場を明確に示している。例えば、五難六答の中で、種姓という語を用いて議論する第 5 の論難とそれに対するひとつめの反駁を示すと、次の通りである。

以上のように回答しても、再び質問する。例えば、或る土地の一画において、或るときには金 (*suvarṇa) の鉱脈 (gotra) が存在しないことから或るときには金の鉱脈が存在することに、或るときには宝石 (maṇi) や真珠 (muktā) や水宝石 (vaiḍūrya) などの鉱脈が存在しないことから或るときにはそれらの鉱脈が存在することに、或るときには塩の鉱脈が存在しないことから或るときにはその鉱脈が存在することに、或るときには種々な形状の出処 (*ākara) である鉱脈 (種種相界種性) が存在しないことから或るときにはそれらの鉱脈が存在することにというのと同様に、なぜ般涅槃し得る性質のなかった者から或るときには般涅槃し得る性質のある者にならないのか。
それについて、次のように述べられるべきである。例えば、その土地の一画において、それらの鉱脈が存在しなかった後でそれらの鉱脈が存在することになった、或いはそれらの鉱脈が存在していた後でそれらの鉱脈が存在しないことになったのと同様に、声聞種姓に確定された後でその種姓が存在しないことになった乃至[177]大乗種姓に確定された後でその種姓が存在しないことになった、〔声聞などに〕確定された種姓がなかった（*a-niyatagotra, 無定種性）[178]後で確定された種姓があること（*niyatagotra, 有定種性）になった〔と認める〕のか、それともそうでないと認めるのか。もし〔そう〕である〔と認める〕ならば、それにより、順解脱分の善根は結果がないことになってしまう。そう〔結果がないことになってしまうの〕であるならば、〔三乗の何れかに〕確定された種姓を設定すること（立定種性）〔の意味〕がなくなってしまうので、不合理である。もし〔そう〕でない〔と認める〕ならば、それにより、例えば土地の一画のように、般涅槃し得る性質のない者が種姓のないこと（*agotra）に留まった（住無種性）後で種姓〔のあること〕に留まることになったり（住有種性）、例えば土地の一画のように、般涅槃し得る性質のある者が種姓〔のあること〕に留まった後で種姓のないことに留まることになったりしてしまうので、不合理である。

de skad lan btab kyang yang yongs su 'dri ste / 'di lta ste / dper na [1)] sa'i phyogs la la na [2)] res 'ga' gser gyi rigs med pa las res 'ga' gser gyi rigs yod pa dang / (P238b2) res 'ga' nor bu (D226a5) dang / mu tig dang / bai ḍūrya la sogs pa'i rigs med pa las res 'ga' de dag gi rigs yod pa dang / res 'ga' lan tshwa'i rigs med pa las res 'ga' de'i rigs yod pa dang / res 'ga' (P238b3) 'byung khungs [3)] rnam pa sna tshogs kyi rigs med pa las res 'ga' de dag gi rigs yod pa de (D226a6) bzhin du ci'i phyir yongs su mya ngan las mi 'da' ba'i chos can du gyur pa las res 'ga' yongs su mya ngan las 'da' ba'i (P238b4) chos can du mi 'gyur zhe na /

de la 'di skad ces brjod par bya ste / ci dper na sa'i phyogs de na de dag gi rigs med par gyur pa las de dag gi rigs yod par (D226a7) gyur pa'am / de dag gi rigs yod par gyur pa (P238b5) las de dag gi rigs med par gyur pa de bzhin du / nyan thos kyi rigs su nges par gyur pa las de'i rigs med par gyur pa nas / theg pa chen po'i rigs su nges par (4 gyur pa 4) las de'i rigs med par gyur pa (P238b6) dang / ma nges pa'i (D226b1) rigs su gyur pa las nges pa'i rigs kyi bar du gyur pa'am / 'on te de lta ma yin par 'dod / gal te yin na ni des na thar pa'i cha dang mthun pa'i dge ba'i rtsa ba 'bras bu med par 'gyur te / (P238b7) de ltar na rigs rnam par gzhag pa nges pa (5 med par 'gyur bas 5) mi rung ngo // gal te (D226b2) ma yin na ni des na 6) 'di lta ste / dper na 7) sa'i phyogs bzhin du yongs su mya ngan las mi 'da' ba'i chos can rigs med pa (P238b8) la gnas par gyur nas / rigs la gnas par 'gyur ba dang / 'di lta ste / 8) dper na 9) sa'i phyogs bzhin du yongs su mya ngan las 'da' ba'i chos can yang (D226b3) rigs la gnas par gyur nas / rigs med pa la (P239a1) gnas par 'gyur bas mi rung ngo // [179]

1) add. / P　2) *ni* D　3) *khung* P　4) *'gyur ba* P　5) om. *med par 'gyur bas* T　6) om. *na* P
7) add. / P　8) om. / P　9) add. / P

チベット語訳と漢訳に相違があり、読みの難しい箇所もあるが、少なくともここでは、“gotra” を鉱脈として理解する譬喩を用いて、種姓の無い状態から有る状態への変化や、種姓の有る状態から無い状態への変化を認めないことを明確に主張している。以上の五難六答を通じて、種姓に立脚した者は般涅槃し得る性質のある者であり、種姓に立脚しない者は般涅槃し得る性質のない者であることが永久に固定されることになる。「五識身相応地意地決択」では、この関係が無始の時以来成立していると説き [180]、別の箇所でまた、種姓に立脚しない者については、般涅槃し得る性質のある種姓のないもの（*a-parinirvāṇadharmakagotra）という表現で、三乗の種姓と一緒に列挙している [181]。いっぽう、種姓に立脚した者については、五難六答の直後に、浄化された根源要素を持つ者（*śuddhadhātuka）と規定し [182]、種姓を浄化された根源要素と理解している[183]。

以上のように、「摂決択分」では、「本地分」の教説を承けて、種姓に立脚しない者は般涅槃し得る性質の永久にない者であることを決択する。さらに、本研究で先に「本地分」、特に『菩薩地』における種姓に立脚しない者の救済可能性に関して検討したが[184]、「摂決択分」で種姓に立脚しない者を問題としたことに鑑み、『声聞地』や『菩薩地』などの「本地分」の段階で、種姓に立脚しない者には救済可能性が既に認められていなかったと見ることもできよう。しかし、「摂決択分」には、種姓に立脚しない者に関して、救済の可能性を問題として明確に否定したこと以外に、発展的な議論は確認できない。五難六答と同様の趣旨の議論については、アサンガ著『顕揚聖教論』（以下、『顕揚論』と略）が継承し[185]、さらに、種姓に立脚しない者については、『荘厳経論頌』やそれに対するヴァスバンドゥによる注釈書が、『瑜伽論』の教説の理解を踏まえて議論を展開することになる[186]。

2.2. 確定されていない種姓

「摂決択分」では、「本地分」に規定される従来の種姓説の枠組みを超え、確定されていない種姓（*aniyatagotra）[187]という新たな用語を規定している[188]。この規定は、「菩薩地決択」の『解深密経』（*Saṃdhinirmocanasūtra*）からの引用において[189]、『法華経』（*Saddharmapuṇḍarīkasūtra*）に代表される一乗や声聞授記の思想からの影響を承けて[190]、一乗に対する理解について議論する中で、2種の声聞を説示したことに端を発する。

> パラマールタサムドガタ（Paramārthasamudgata）よ、そこで、声聞乗の種姓を持つ衆生たちもまた、この同じ道やこの同じ修行により[191]、無上安隠涅槃（anuttarayogakṣemanirvāṇa）を獲得し、独覚乗の種姓を持つ衆生たちや如来種姓を持つ者たちもまた、この同じ道やこの同じ修行により、無上安隠涅槃を獲得するので、これは、声聞と独覚と菩薩たちにとってのひとつの浄化の道である。また、浄化〔の道〕はひとつであって、第

2のものは何らないので、私は、それを意図して一乗（ekayāna）を説いた。衆生の世界において、本来的に鈍重な機根や中位な機根や鋭敏な機根の衆生たちには、種々な種姓もまたないことはない。

Don dam yang dag 'phags de la sems can nyan thos kyi theg pa'i (P66b2) rigs can rnams kyis kyang lam 'di (D60a7) nyid dang / bsgrub pa 'di nyid kyis grub pa dang 1) bde ba bla na med pa'i mya ngan las 'das pa 'thob par 'gyur la / sems can rang sangs rgyas kyi theg pa'i rigs can rnams dang / (P66b3) de bzhin gshegs pa'i rigs can rnams kyis kyang lam 'di nyid dang / 2) bsgrub pa 'di nyid (D60b1) kyis grub pa dang bde ba bla na med pa'i mya ngan las 'das pa thob par 'gyur bas / 'di ni nyan thos dang / rang sangs rgyas (P66b4) dang / 3) byang chub sems dpa' rnams kyi rnam par dag pa'i lam gcig pa yin la / rnam par dag pa yang gcig ste / gnyis pa gang 4) yang med pas / 5) ngas (D60b2) de las dgongs nas theg pa gcig tu bstan te / sems (P66b5) can gyi khams na sems can rang bzhin gyis dbang po rtul ba rnams dang / 6) dbang po 'bring rnams dang / 7) dbang po rnon po rnams kyi rigs sna tshogs dag kyang med pa ni ma yin no // [192]

1) add. / D　2) 3) om. / P　4) om. *gang* P　5) 6) 7) om. / P

原因として三乗の何れの種姓を持つ者でも、同じ道や修行によって同じ結果である無上安隠涅槃を獲得するという点から、一乗を説いた理由を明かしているが、その直後に、一乗であるとはいえ、衆生には本来的な機根の種別に応じた種々な種姓があることも述べている。これ以降は、種々な種姓の中でも、声聞種姓を持つ者を中心に、寂静を唯一の路とする（*śamaikāyana）声聞と菩提に進展する（*bodhipariṇatika）声聞という2種の声聞を立てて[193]、それぞれについて説示する。

パラマールタサムドガタよ、声聞種姓を持ち、寂静を唯一の路とする（*śamaikāyana）人は、あらゆる仏陀が努力をしても、菩提の座に座らせ、無上正等菩提を獲得させることはできない。それはなぜか。というのも、彼は、悲愍が非常に微弱で、苦を非常に怖れるので、本来的に劣った種姓を持つ者に過ぎないからである。彼は、悲愍が非常に微弱であることに応じて、衆生の役に立つことを行うことにひたすら背を向ける。苦を非常に怖れることに応じて、あらゆる形成力を造作することにひたすら背を向ける。衆生の役に立つことを行うことにひたすら背を向ける者と、あらゆる形成力を造作することにひたすら背を向ける者は、無上正等菩提を〔獲得させる、と〕私は説かない。それ故、寂静を唯一の路とする者と言われる。

〔無上正等〕菩提に進展する（*bodhipariṇatika）かの声聞は、私により、別の観点で菩薩であると説かれる。というのも、彼は、煩悩障から解脱した後、如来たちによって勧められるならば、所知障から心を解脱させるからである。彼は、最初に、自利に専念する様相によって煩悩障から解脱する。それ故、声聞種姓を持つ者と、如来によって〔仮に〕設定される。

Don dam yang dag ’phags nyan (D60b3, P66b6) thos kyi rigs kyi gang zag zhi ba’i bgrod pa gcig pu pa ni sangs rgyas thams cad brtson pa dang ldan par gyur kyang / 1) byang chub kyi snying po la (2 bzhag ste 2) bla na med pa yang dag par rdzogs pa’i byang chub thob par byar (P66b7) mi nus so // de ci’i phyir zhe na / ’di ltar de ni snying rje shin tu chung ba (D60b4) dang / 3) sdug bsngal gyis shin tu ’jigs pa’i phyir rang bzhin gyis rigs dman pa kho na yin pa’i phyir ro // de ji lta ji ltar snying rje shin tu chung ba (P66b8) de bzhin du sems can gyi don bya ba la shin tu mi phyogs par ’gyur ro // ji ltar sdug bsngal gyis shin tu ’jigs pa de bzhin du ’du (D60b5) byed mngon par ’du (4 bya ba 4) thams cad la shin tu mi phyogs par ’gyur ro // sems (P67a1) can gyi don bya ba la shin tu mi phyogs pa dang / ’du byed mngon par ’du bya ba thams cad la shin tu mi phyogs pa ni bla na med pa yang dag par rdzogs pa’i byang chub tu ngas ma bstan te / (P67a2) de’i phyir zhi ba’i (D60b6) bgrod pa gcig pu pa zhes bya’o //

nyan thos byang chub tu yongs su ’gyur ba de gang yin pa de ni ngas rnam grangs kyis byang chub sems dpa' yin par bstan te / 'di ltar de ni nyon mongs (P67a3) pa'i sgrib pa las rnam par grol nas / de bzhin gshegs pa rnams kyis [5] bskul na shes (D60b7) bya'i sgrib pa las sems rnam par grol bar byed pa'i phyir ro // de ni dang por bdag gi don la sbyor ba'i rnam pas (P67a4) nyon mongs pa'i sgrib pa las rnam par grol [6] te / de'i phyir de bzhin gshegs pas nyan thos kyi rigs su 'dogs so // [194]

1) om. / P　2) *zhugs te* D　3) om. / P　4) *byed pa* P　5) *kyi* P　6) *'grol* P

第1の声聞は、寂静を唯一の路とする声聞である。この者は声聞種姓を持つ者であっても、悲愍が非常に微弱で、苦を非常に怖れるので、本来的に劣った種姓を持つ者に過ぎないとされる。第2の声聞は、菩提に進展する声聞である。この者は煩悩障から解脱した後、如来によって勧められるならば、声聞の位に留まることなく、菩薩と同様に所知障から心を解脱させるので、この観点で菩薩とされる。しかし、最初に、自利に専念する様相によって煩悩障から解脱するので、声聞種姓を持つ者と、如来によって仮に設定される。

2種の声聞の中で問題になるのは、第2の、菩提に進展する声聞である。従来の種姓説の枠組みでは、声聞種姓を持つ者は声聞菩提といった声聞にとっての結果を得るしかなく、種姓という原因とその結果とが必ず対応関係にあった。しかし、『解深密経』では、一乗理解の一環として、声聞種姓を持つ、菩提に進展する声聞でも、如来の勧めを条件として、菩薩と同様に所知障から心を解脱させ得ることを説示することで、従来の種姓説の枠組みを超えて、声聞種姓を持つ者であっても、菩薩と同じ結果を得る可能性が開かれ、原因に対応する結果が不確定なものとなっている。

以上の『解深密経』における2種声聞説を承けて、『瑜伽論』「摂決択分」では、菩提に進展する声聞について議論し、「菩薩地決択」の『迦葉品』（*KP* §§72–92）に対する注釈箇所では、4種声聞説を提示する。4種とは、先の2種の声聞に、化作した（*nirmita/nirmāṇa, sprul pa）声聞、増上慢のある（*ābhimānika, mngon pa'i nga rgyal can）声聞を加えたものである[195]。以下では、種姓に言及のある、菩提に進展する声聞および寂静を唯一の路とする声聞に関する解説を取り上げる。

その〔4 種の声聞の〕中で、菩提に進展する声聞は、実に最初から微弱な悲愍の種姓を持つ者であった後、如来に親近することにより、諸々の広大な仏法における徳性についての想念（*guṇasaṃjñā, 大功徳想）を反復修習する個体連続を持つ者となったので、彼は究竟に到って無漏界（anāsravadhātu）に留まっているが、諸仏は〔彼を〕勧め、入門させ、手立てを説示なさる。彼は、それを原因として、大菩提を引き起こす。彼はこのように大菩提を引き起こすとしても、寂静に耽るから、彼は、その準備実践において、歩みが非常に遅い者（*atidhandhagatika）である。しかし、初発心した、仏種姓を持つ者は、そうではない。

その〔4 種の声聞の〕中で、寂静を唯一の路とする声聞は、実に最初から微弱な慈悲の種姓を持つ者であるから、また、衆生の役に立つことにひたすら背を向けるから、また、苦を怖れるから、涅槃に留まるという意向を持つだけの者となり、大菩提を引き起こし得る資質のない者である。....

(P127b7) de la byang chub tu yongs su ’gyur ba’i nyan thos (D114a3) ni dang po nyid nas snying rje shin tu chung ba’i rigs can du gyur pa las / de bzhin gshegs pa dang nye bar gnas pas sangs rgyas kyi chos rgya chen po dag la yon tan du (P127b8) (1 [’du] shes pa 1) yongs su bsgoms pa’i rgyud can du gyur pas / de mthar thug par gyur cing zag pa med pa’i (D114a4) dbyings la gnas kyang sangs rgyas rnams kyis yang dag par skul 2) bar mdzad ’jug par mdzad cing 3) thabs nye (P128a1) bar ston par yang 4) mdzad de / de rgyu des na byang chub chen po mngon par sgrub 5) par byed pa gang yin pa’o // de de ltar byang chub chen po mngon par sgrub par byed mod kyi / zhi ba (D114a5) la mngon par dga’ ba (P128a2) nyid kyi phyir de sbyor ba de la (6 rtogs pa 6) shin tu bul 7) bar ’gyur te / sangs rgyas kyi rigs can dang po sems bskyed pa yang de lta bur ni mi ’gyur ro //

de la zhi ba'i bgrod pa gcig pa'i nyan thos ni dang po nyid nas snying rje shin tu chung (P128a3) ba'i rigs can yin (D114a6) pa'i phyir dang / gcig tu sems can gyi don la mi phyogs pa'i phyir dang / sdug bsngal gyis 'jigs pa'i phyir mya ngan las 'das pa la [8] gnas pa'i bsam pa can kho nar 'gyur zhing / byang (P128a4) chub chen po mngon par bsgrub pa'i skal ba med pa gang yin pa'o // .... [196]

1) *shes pa* DP　Cf. 想 T;『大宝積経論』: *yon tan du 'du shes pas*（大竹［2008: 240, n.1］） 2) *bskul* P　3) add. / P　4) om. *yang* P　5) *bsgrub* P　6) om. *rtogs pa* P　7) *dul* D　8) om. *la* P

寂静を唯一の路とする声聞と菩提に進展する声聞は共に、実に最初から微弱な悲愍の種姓を持つ者であるとされる [197]。寂静を唯一の路とする声聞に関しては、『解深密経』の先の解説を踏まえた内容で、大菩提を引き起こし得る資質のない者と規定しているが、菩提に進展する声聞に関しては、如来への親近を条件として、大菩提を引き起こすと規定している。2 種の声聞に関して、声聞種姓ではなく、微弱な悲愍の種姓という語を用いる点、大菩提を引き起こし得るか否かで区別する点に、『解深密経』との相違がある。しかし、2 種の声聞は、当該教説でも種姓に区別はなく、共に微弱な悲愍の種姓に基づきながらも、互いに異なる結果を獲得するので、種姓という原因とその結果とが対応せず、この点において、『解深密経』と同様、従来の種姓説の枠組みから逸脱していると言える。

以上のような菩提に進展する声聞の持つ種姓の問題を決着させたのが、「有余依無余依二地決択」である。そこでは、菩提に進展する阿羅漢の持つ種姓に焦点をあてる。

もし菩提に進展する阿羅漢が無上正等菩提をさとるならば、なぜ一切の阿羅漢もが菩提に進展しないのか。答える。種姓に差異があるからに他ならない [198]。すなわち、実に阿羅漢たちの中でも、或る阿羅漢は倶分解脱（ubhayatobhāgavimukta）して無余依涅槃界へ般涅槃し、或る者は慧解脱（prajñāvimukta）だけによって〔般涅槃〕するという差異が見られるので、それ故、種姓に差異があることにより、一切の阿羅漢は菩提に進展しないと知られるべきである。…
菩提に進展する彼は、実に最初から、声聞種姓を持つ者であると述べられるべきか、或いは菩薩種姓を持つ者であると述べられるべきか。答える。確定されていない種姓を持つ者（*aniyatagotra）であると述べられるべきであって、確定されていない衆生の集まり（*aniyatasattvarāśi, 不定聚）を設定することと類似する。(199 彼（確定されていない種姓を持つ者）は、般涅槃し得るものの本質のある部類（*nikāya）の中で、確定された者であると知られるべきである 199)。
gal te dgra bcom pa byang chub tu yongs su (1 'gyur bar 1) gyur pa bla na med pa yang dag par rdzogs pa'i byang chub mngon par rdzogs par 'tshang (P141b1) rgya bar 'gyur na / ci'i phyir dgra bcom pa thams cad kyang byang chub tu yongs (D125b6) su 'gyur bar 2) mi 'gyur zhe na / smras pa / rigs kyi bye brag kho na'i phyir te / 'di ltar dgra bcom pa rnams nyid la yang dgra bcom pa la la ni (P141b2) (3 gnyis ka'i 3) cha las rnam par grol zhing phung po'i lhag ma med pa'i mya ngan las 'das pa'i dbyings su yongs su mya ngan las 'da' (D125b7) bar byed la / la la ni shes rab kyis rnam par grol ba kho nas byed pa'i bye brag snang bas / (P141b3) de'i phyir rigs kyi bye brag nyid kyis na dgra bcom pa thams cad byang chub tu yongs su (4 'gyur bar 4) mi 'gyur bar rig par bya'o // ...
byang chub tu yongs su (P142a1) 'gyur ba de ci dang po nyid nas nyan thos kyi rigs can yin par brjod par bya'am / 'on te byang chub sems dpa'i rigs can yin par brjod par bya zhe na / smras pa / ma nges pa'i rigs (D126a6) can (P142a2) yin par brjod par bya ste / ma nges pa'i sems can gyi tshogs rnam par gzhag pa dang 'dra'o // de yongs su mya ngan las 'da' ba'i chos can nyid kyi [ris] 5) su ni 6) nges pa yin par rig par bya'o // 200

1) *'grub par* D 2) *ram* D 3) *gnyi ga'i* D 4) *'grub par* D 5) *rigs* DP Cf. 聚（**nikāya*）T; 室寺他［2017: 75–76］ 6) om. *ni* P

まず、菩提に進展する阿羅漢は無上正等菩提をさとるが、一切の阿羅漢ではない理由について、種姓に差異があるからということを明かしている。その上で、菩提に進展する者についての解説で、この者の持つ種姓が声聞種姓か菩薩種姓か問われ、ここで初めて、不確定な結果に対して原因も不確定、すなわち確定されていない種姓であることを示し、確定されていない種姓を持つ者は、確定されていない衆生の集まりという三聚（正定聚・邪定聚・不定聚）の設定と類似し、チベット語訳のみではあるが、般涅槃し得るものの本質のある集団の中で確定された者であると規定している。確定されていない種姓を持つ者に関する規定を踏まえると、三聚の設定と三乗などの各種姓の者の設定との対応関係については、次の図のように考えることができよう。

三聚の設定と各種姓の者の設定との対応関係

正定聚	⟷	三乗の何れかの種姓を持つ者	種姓に立脚した者
不定聚	⟷	確定されていない種姓を持つ者	
邪定聚	⟷	種姓に立脚しない者	

以上のように、「摂決択分」では、『解深密経』における一乗に関する理解をめぐる議論に端を発する、如来の勧めという条件次第で、菩薩と同じ結果を獲得する可能性の開かれた、菩提に進展する声聞が話題となる。菩提に進展する声聞の持つ種姓について、原因に対応する結果が不確定なものとなることが問題になり、「菩薩地決択」の『迦葉品』に対する注釈箇所、「有余依無余依二地決択」という順に議論を深めている。最終的には、菩提に進展する声聞の持つ種姓は、原因も不確定、すなわち確定されていない種姓であると、従来の種姓説の枠組みを超えて、新たな用語で規定することで、この問題は一定の解決を見たのである。しかし、確定されていない種姓という用語については、「摂決択分」にはこれ以上見出せないため、『荘厳経論頌』への

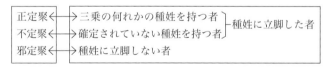

継承と展開、さらに、アサンガ著『摂大乗論』（*Mahāyānasaṃgraha*）における『荘厳経論頌』の受容を俟たねばならない[201]。

2.3. 真如所縁縁種子説

ここまで、「摂決択分」における種姓説自体を扱ってきたが、最後に、「本地分」以来の種姓説に代わる理論として提出される真如所縁縁種子説を取り上げよう[202]。

「本地分」の『声聞地』や『菩薩地』などでは、種姓の有無の点から般涅槃への到達や菩提の獲得の可能性に関する問題、三乗の種姓の種別の点から獲得される菩提の区別に関する問題を論じる。「本地分」の第 2 地「意地」の教説でも、いわゆる 4 つの生存形態（bhava, 有）のひとつである生まれという生存形態（upapattibhava, 生有）に相当する文脈において、一切種子を有するアーラヤ識（ālayavijñāna）の凝結を説示し[203]、そういう一切種子を有する識（sarvabījaka vijñāna, 一切種子識）について、菩提種子の有無の点から般涅槃への到達可能性に関する問題を扱い、菩提種子を 3 種類に分ける。

> また、そういう一切種子を有する識は、般涅槃し得る性質のある者たちには、種子が円満しているのであり、いっぽう、般涅槃し得る性質のない者たちには、3 種（声聞・独覚・仏陀）の菩提種子が欠けているのである。
>
> tat punaḥ sarvabījakaṃ vijñānaṃ parinirvāṇadharmakāṇāṃ paripūrṇabījam aparinirvāṇadharmakāṇāṃ punas trividhabodhibījavikalam // [204]

「意地」において、3 種の菩提種子は、一切種子を有する識、すなわちアーラヤ識に生まれ持って収められるものである。「意地」では種子の同義異語として種姓を挙げることから[205]、3 種の菩提種子は、三乗の種姓と対応すると考えられる。『声聞地』や『菩薩地』所説の種姓の収められる六処から菩提種子の収められる一切種子を有する識へという相違はあるが、六処であれ一切種子を有する識であれ、種姓や菩提種子が各自の内に収められるものである点は共通する。これが「本地分」以来の『瑜伽論』の基本的な立場である。

しかし、このような立場は、アーラヤ識説が瑜伽行派における中心教理として展開するにつれて理論的に整合性が取れなくなってしまう。すなわち、重苦しさ（dauṣṭhulya, 麁重）と種子が同一視され、一切種子を有するアーラヤ識が否定的な側面を持つようになり、「摂決択分」の「五識身相応地意地決択」におけるアーラヤ識に関する「還滅分」（Nivṛtti Portion）[206]では、アーラヤ識をすべての雑染（saṃkleśa）の根本（mūla）であると規定する[207]。

> 雑染の消滅の設定（*saṃkleśanirvṛttivyavasthāna）とは如何なるものか。アーラヤ識は、略説すると、すべての雑染の根本である。というのも、以下の通りである。... 以上のように、衆生の世界を成立させることによっても、環境の世界を成立させることによっても、苦諦の本質であることによっても、未来の苦諦を成立させることによっても、現在の集諦を成立させることによっても、アーラヤ識がすべての雑染の根本であると理解されるべきである[208]。
>
> kun nas nyon mongs pa ldog pa (D7a2) rnam par gzhag [1)] pa gang zhe na kun gzhi rnam par shes pa ni / (P8a5) mdor na kun nas nyon mongs pa thams cad kyi rtsa ba yin no // 'di ltar ... de ltar na sems can gyi 'jig rten 'grub par (P8b3) byed pa dang / snod kyi 'jig rten 'grub par byed pa dang / sdug bsngal gyi bden pa'i rang bzhin yin pa dang / ma 'ongs pa'i sdug bsngal gyi bden pa 'grub par (D7a7) byed pa dang / de ltar gyi (P8b4) kun 'byung ba'i bden pa 'grub par byed pas kyang kun gzhi rnam par shes pa ni kun nas nyon mongs pa thams cad kyi rtsa ba yin par blta bar bya'o // [209]
>
> 1) *bzhag* P

また、潜在印象（vāsanā, 習気）という概念が『菩薩地』第4章「真実義品」（Tattvārthapaṭala）、『解深密経』の段階を経て種子の思想に接近し、「摂決択分」の「五識身相応地意地決択」では、種子の概括的設定として、アーラヤ識に存在する種子を、すべてのものにとっての構想された本質に対する執着の潜在印象（*sarvadharmāṇāṃ parikalpitasvabhāvābhiniveśavāsanā, 一切諸法遍計自性妄執習氣）という表現によって全面的に規定する[210]。

> 種子の概括的設定とは如何なるものか。すべてのものにとっての構想された本質に対する執着の潜在印象（*parikalpitasvabhāvābhiniveśavāsanā）が、アーラヤ識に存在することである。その潜在印象はまた、実在的存在かつ世俗的存在である。... それ（潜在印象）はまた、遍在する重苦しさ（dauṣṭhulya）であると述べられるべきである。
>
> sa bon mdor bsdus pa'i rnam par gzhag pa gang zhe na / (D27b2) chos thams cad kyi (P30a6) kun brtags pa'i ngo bo nyid la mngon par zhen pa'i bag chags kun gzhi 1) rnam par shes pa la yod pa gang yin pa ste / bag chags de yang rdzas su yod pa dang / kun rdzob tu yod pa'o // ... de yang kun tu 2) 'gro ba'i gnas ngan len yin par brjod par bya'o // [211]
>
> 1) *gzhi'i* P 2) *du* D

以上のように、「摂決択分」では、アーラヤ識がすべての雑染の根本であり、また、種子の概括的設定として、すべてのものにとっての構想された本質に対する執着の潜在印象がアーラヤ識に存在すると規定する。この規定により「意地」に説かれるような菩提種子や種姓といった清浄（vyavadāna）の原因がアーラヤ識に存在する余地がなくなったため[212]、雑染・清浄に関する議論と連動させて、新たに種姓説に代わる理論を構築する必要に迫られることになり、真如所縁縁種子（*tathatālambanapratyayabīja）説を提出したのである[213]。真如所縁縁種子説は、種子の概括的設定に関する一連の議論の中にあり、先に取り上げた「意地」の教説を承けていると考えられる。本研究では、種姓説の一展開として、真如所縁縁種子説を説く箇所について、諸先学の成果を踏まえて見てゆく[214]。

> もしその潜在印象によって一切種子が収められ、また、それ（潜在印象）は遍在する重苦しさであると言われるならば、(215 出世間的な諸

法は、何を種子として生じるのか。それら（出世間的な諸法）が重苦しさを本質とするものを種子として生じることは、不合理である[215]。答える。出世間的な諸法は、真如を所縁縁とすることを種子として（*tathatālambanapratyayabīja, 真如所縁縁種子）[216] 生じるが、積集された潜在印象を種子として（*upacitavāsanābīja）〔生じるの〕ではない。

gal te bag chags des sa bon thams cad bsdus la [1)] / de yang (P30a8) kun tu [2)] 'gro ba'i gnas ngan len zhes [3)] bya bar gyur na / de ltar (D27b4) na 'jig rten las 'das pa'i chos rnams skye ba'i sa bon gang yin / de dag skye ba'i sa bon gyi dngos po gnas ngan len gyi rang bzhin can yin par ni mi rung ngo zhe na / smras pa / (P30b1) 'jig rten las 'das pa'i chos rnams ni de bzhin nyid la dmigs pa'i rkyen gyi sa bon dang ldan par skye'i [4)] (D27b5) bag chags bsags pa'i sa bon dang ldan pa ni ma yin no // [217]

1) *pa* D　2) *du* D　3) *ces* P　4) *skye ba'*i D

「五識身相応地意地決択」では、一切種子が潜在印象によって収められ、潜在印象を遍在する重苦しさであると規定したことを起点として、「意地」に説かれるような菩提種子や種姓といった清浄の原因がアーラヤ識に存在する余地がなくなったため、種姓に代わり、出世間的な法（lokottaradharma）の生じる種子が何であるのかを再検討する必要に迫られる。そうして、出世間的な法の生じる種子は、積集された潜在印象という種子ではなく、真如所縁縁種子であることを提示することになる。これを踏まえ、続けて以下のような問答を繰り広げる。

もし〔出世間的な諸法が〕積集された潜在印象を種子として生じるものではないならば、なぜ般涅槃し得る性質のある3つの種姓を持つ（*parinirvāṇadharmakagotratraya）人が設定され、般涅槃し得る性質のある種姓を持たない（*a-parinirvāṇadharmakagotra）人が設定されるのか。というのも、真如という所縁縁（*tathatālambanapratyaya）はすべての者にあるからである。答える。障害〔のあること〕と障害のないこととを区別するからである。真如という所縁縁に通達すること（*tathatālambanapratyayaprativedha）に対して障害の種子の永久にある彼らは、般涅槃し得る性質のある種姓を持たない者であると設定され、そうではない彼らは、般涅槃し得る性質のある種姓を持つ者であると設定される。所知障の種子が拠り所に永久に入り込んで、煩悩障の種子のない彼らの中で、或る者は声聞種姓を持つ者であり、或る者は独覚種姓を持つ者であると設定される。そうではない彼らは、如来種姓を持つ者であると設定される。それ故、過失はない。

gal te bag chags bsags pa'i sa bon dang ldan par skye ba ma (P30b2) yin na / de lta na ni ci'i phyir gang zag yongs su mya ngan las 'das pa'i chos can gyi rigs gsum rnam par gzhag [1] pa dang / gang zag yongs su mya (D27b6) ngan las mi 'da' ba'i chos can gyi rigs rnam par gzhag pa mdzad de / 'di ltar (P30b3) thams cad la yang de bzhin nyid la dmigs pa'i rkyen yod pa'i phyir ro zhe na / [2] smras pa / sgrib pa dang / sgrib pa med pa'i bye brag gi phyir te / gang dag la de bzhin nyid la dmigs pa'i rkyen rtogs par (D27b7) bya ba la gtan du [3] sgrib (P30b4) pa'i sa bon yod pa de dag ni yongs su mya ngan las mi 'da' ba'i chos can gyi rigs dang ldan par rnam par gzhag [4] la / gang dag de lta [5] ma yin pa de dag ni yongs su mya ngan las 'da' ba'i chos can gyi rigs dang ldan par rnam par (P30b5) gzhag go // gang dag (D28a1) la [6] shes bya'i sgrib pa'i sa bon gtan du [7] ba lus la zhen pa yod la / nyon mongs pa'i sgrib pa'i sa bon ni med pa de dag las kha cig ni nyan thos kyi rigs can yin la / kha cig ni rang sangs rgyas kyi rigs can yin (P30b6) par rnam par gzhag go // gang dag [8] (D28a2) de lta ma yin pa de dag ni de bzhin gshegs pa'i rigs can yin par rnam par gzhag ste / de'i phyir nyes pa med do // [218]

1) *bzhag* P 2) om. / D 3) *tu* P 4) *bzhag* P 5) om. *lta* P 6) add. *de* D 7) *tu* P 8) add. *la* D

ここでは、出世間的な法が真如所縁縁種子から生じるならば、真如という所縁縁はすべての者にあることを指摘して、般涅槃し得る性質のある種姓の有無といった種姓の区別を設定する理由を問うている。この問いに対して、障害の有無を区別するからと答えた上で、障害の種子の有無の点から種姓の区別を設定している[219]。すなわち、真如という所縁縁に通達することに対する障害の種子の有無により､般涅槃し得る性質のある種姓の有無を区別し、また、二障の種子の有無により、般涅槃し得る性質のある種姓としての三乗の種姓を区別するのである。しかし、SCHMITHAUSEN［1987: §4.8.4, 79］も指摘するように、真如所縁縁種子が障害の種子を浄化する過程と如何に関わっているのかについては、この教説からは読み取り難い[220]。

以上のように、「摂決択分」では、アーラヤ識説の中での雑染・清浄に関する議論と連動させて種姓説に代わる理論として、真如所縁縁種子説を提出し、その解説では、出世間的な法の種子を問うものと種姓の設定理由を問うものという二段構成を採っている。出世間的な法は、「本地分」のように一切種子を有する識に収められていた菩提種子や六処に収められていた種姓から生じるのではなく、真如所縁縁種子から生じると規定し、その上で、これまで『瑜伽論』の種姓説を通じて設定されていた般涅槃への到達可能性や三乗の区別の問題を、障害の種子の有無によって再設定している。ここでの議論の争点は、端的に言えば、雑染なるアーラヤ識の中に出世間的な法が生じるための清浄な種子が存在することを認めるかである。この点については、『瑜伽論』に対する著者不明の注釈書『瑜伽師地解説』（*Yogācārabhūmivyākhyā*）において、先に取り上げた「意地」の教説の「種子が円満していること」（paripūrṇabīja）という語をめぐって議論を展開し 、アーラヤ識に存在する出世間的な法の種子を認めない場合、「五識身相応地意地決択」における真如所縁縁種子説に基づく見解を示す。

〔「本地分」の「意地」に〕「**種子が円満していること**」（paripūrṇabījam）というのは、(1) 或る者は、有漏と無漏との諸法の潜勢力（*śakti）があることをいう、と言う。(2) 或る者は、アーラヤ識には出世間的な法の種子がない、すなわち、「**出世間的な諸法は、真如を所縁縁とすることを**

種子として（*tathatālambanapratyayabīja）**生じるが、その積集された潜在印象を種子として**（*upacitavāsanābīja）**生じるのではない**」と論書（「摂決択分」の「五識身相応地意地決択」）にある、と言う。

sa bon (D92b4, P112b5) **yongs su tshang ba yin no** 1) zhes bya ba ni kha cig na re zag pa dang bcas pa dang zag pa med pa'i chos rnams kyi nus pa yod pa la bya'o 2) zhes zer ro // kha cig na re kun gzhi rnam par shes pa la ni 'jig rten las (P112b6) 'das pa'i chos kyi sa bon med de / 'di ltar **'jig rten las 'das pa'i chos** (D92b5) **rnams ni de bzhin nyid la dmigs pa'i rkyen gyi sa bon las byung ba yin gyi / de'i bag chags bsags pa'i sa bon** 3) **las byung ba ma yin no** 4) (P112b7) zhes bstan bcos las 'byung ngo 5) zhes zer ro // [222]

1) add. // P 2) add. // P 3) om. *bon* P 4) add. // P 5) add. // P

なお、アーラヤ識説の中での雑染や清浄の問題に関して、「摂決択分」内の異なる見解として、「有心地決択」では、アーラヤ識は如何なる煩悩とも直接的に関係せず、マナス（manas）が煩悩と関係する役割を担うことになるというものがある [223]。

さて、アーラヤ識は、如何なる煩悩とも直接的に関係するものではない。マナスは、常時、原初から存在する４種の煩悩、すなわち、我であると把握し我が物であると把握する有身見（satkāyadṛṣṭi）、我であるという慢心（asmimāna, 我慢）、我に対する愛着（ātmasneha, 我愛）、〔マナス以外の識と〕共通しない無知蒙昧（avidyā, 無明）と直接的に関係する。

de la kun gzhi (P190a7) rnam par shes pa ni nyon (D183a1) mongs pa gang dang yang mtshungs par ldan pa ma yin no // yid ni dus rtag tu ye yod pa'i nyon mongs pa rnam pa bzhi po 'di lta ste / ngar 'dzin pa dang / nga yir 'dzin pa'i rnam par 'jig tshogs la lta ba dang / nga'o snyam pa'i nga (P190a8) rgyal dang / bdag la chags (D183a2) pa dang ma 'dres pa'i ma rig pa dang lhan cig gi dngos pos mtshungs par ldan te / [224]

ただし、ここでは、出世間的な法の種子に関する言及はない。アーラヤ識に存在する出世間的な法の種子に関しては、『荘厳経論頌』『中辺論頌』といった初期瑜伽行派文献でも、アーラヤ識という語自体が現れず、アーラヤ識説の中での雑染や清浄を問題としないため、議論していない[225]。このような事情から、両文献では、種姓説を採用していると考えられる。両文献における種姓説に関しては、本研究の次節以降で取り上げる[226]。真如所縁縁種子説を承けての展開については、SCHMITHAUSEN［1987: §4.8.5, 79–80］を始めとした諸先学の指摘の通り、アサンガ著『摂大乗論』(*Mahāyānasaṃgraha*) において、出世間的な心の種子としての聴聞の潜在印象という種子 (*śrutavāsanābīja, 聞熏習種子) [227] が提示されるのを俟たねばならない[228]。

2.4.「摂決択分」における種姓説の小結

以上、『瑜伽論』「摂決択分」における種姓説について、特徴的な議論として、「本地分」以来の用語である (1) 種姓に立脚しない者、「摂決択分」で新たに規定される (2) 確定されていない種姓、種姓説に代わる理論として提出される (3) 真如所縁縁種子説、という 3 項目に分けて考察した。具体的な内容は各項に譲り、以下に、各考察結果をまとめて提示する。

(1) 種姓に立脚しない者に関しては、「摂決択分」の中で種姓が主題として取り上げられる唯一の議論であり、「声聞地決択」では、「本地分」の教説を承けて、5 つの論難と 6 つの反駁、いわゆる五難六答を通じて、般涅槃し得る性質の永久にない者であることを決択する。「摂決択分」で種姓に立脚しない者を問題としたことに鑑み、『声聞地』や『菩薩地』などの「本地分」の段階で、種姓に立脚しない者には救済可能性が既に認められていなかったと見ることもできるが、「摂決択分」には、種姓に立脚しない者に関して、救済の可能性を問題として明確に否定したこと以外に、議論の発展は認められない。五難六答と同様の趣旨の議論については、アサンガ著『顕揚論』が継承し、さらに、種姓に立脚しない者については、『荘厳経論頌』やそれに対するヴァスバンドゥによる注釈書が、『瑜伽論』の教説の理解を踏まえて議論を展開することになる。

(2) 確定されていない種姓に関しては、「有余依無余依二地決択」において、菩提に進展する声聞の持つ種姓として規定されるものである。「摂決択分」では、『解深密経』における一乗に関する理解をめぐる議論に端を発する、菩提に進展する声聞の持つ種姓について、この声聞が如来の勧めという条件次第で菩薩と同じ結果を獲得し得るため、原因に対応する結果が不確定であることが問題になり、議論を深めてゆく。最終的に、菩提に進展する声聞の持つ種姓は確定されていない種姓であると、「本地分」に説く従来の種姓説の枠組みを超えて、新たな用語によって規定することで、この問題は一定の解決を見たのである。しかし、確定されていない種姓という用語については、「摂決択分」にはこれ以上見出せず、『荘厳経論頌』への継承と展開、さらに、アサンガ著『摂大乗論』における『荘厳経論頌』の受容を俟たねばならない。

(3) 真如所縁縁種子説に関しては、「五識身相応地意地決択」において、アーラヤ識説の中での雑染・清浄に関する議論と連動させて種姓説に代わる理論として提出されたものであり、その解説では、出世間的な法の種子を問うものと種姓の設定理由を問うものという二段構成を採っている。まず、出世間的な法は、「本地分」のように一切種子を有する識に収められていた菩提種子や六処に収められていた種姓から生じるのではなく、真如所縁縁種子から生じると規定し、その上で、これまで『瑜伽論』の種姓説を通じて設定されていた般涅槃への到達可能性や三乗の区別の問題を、障害の種子の有無によって再設定している。したがって、真如所縁縁種子説では、種姓説が扱ってきた問題を障害の種子によって換骨奪胎していると言えよう。ここでの議論の争点は、雑染なるアーラヤ識の中に出世間的な法が生じるための清浄な種子が存在することを認めるかであるが、『荘厳経論頌』『中辺論頌』といった初期瑜伽行派文献では、アーラヤ識という語自体が現れず、アーラヤ識説の中での雑染や清浄に関して問題にならないため、種姓説を採用している。

真如所縁縁種子説を承けての展開については、アサンガ著『摂大乗論』所説の聞熏習種子説を俟たねばならない。

以上、「摂決択分」では、(1)「本地分」以来の種姓に立脚しない者の救済可能性の問題、(2)『解深密経』所説の一乗理解からの影響、(3) アーラヤ識説の中での雑染・清浄に関する議論を承けるかたちで、大きく3方向に種姓説に関する議論が認められる。『瑜伽論』以降の瑜伽行派文献では、これらの方向性を文献ごとに継承して種姓説を展開してゆく。特に、アーラヤ識説の中での雑染・清浄に関する議論に関しては、アーラヤ識に存在する出世間的な法の種子を認めるかに応じて、種姓説を採用するか、真如所縁縁種子説のような新たな理論を採用するかが分かれるため、アーラヤ識説に係るこうした議論の存在は、『瑜伽論』以降の瑜伽行派における種姓説の展開を決定付ける、重要な分水嶺となるだろう。

第 2 節　『大乗荘厳経論頌』

『大乗荘厳経論頌』（*Mahāyānasūtrālaṃkārakārikā*, 以下、『荘厳経論頌』）は、全 21 章、約 800 の偈頌から成る、瑜伽行派の基本典籍のひとつである [229]。偈頌のみの形態では、チベット語訳が現存し、散文注を含んだ形態では、サンスクリット原典が端本として、漢訳およびチベット語訳が完本として現存する。著者に関して、中国とチベットでの伝承が異なり、中国では偈頌と散文注共にアサンガと伝えている他に、偈頌をマイトレーヤとする伝承もある。いっぽう、チベットでは偈頌をマイトレーヤ、散文注をヴァスバンドゥと伝えている。

今日までに偈頌と散文注の著者に関して様々に議論されているが、袴谷・荒井［1993: 18］に基づいて代表的な説を挙げると、次の 4 説になる [230]。

（1）Lévi 説　　偈頌も散文注もアサンガ
（2）宇井説　　偈頌はマイトレーヤ、散文注はヴァスバンドゥ
（3）Wayman 説　　偈頌はアサンガではなく、散文注はアサンガかヴァスバンドゥかで保留
（4）山口説　　偈頌はアサンガ、散文注はヴァスバンドゥ

本研究では、長尾［1982: 8–13］や、（4）山口説を補強した小谷［1984: 9–14］の見解を踏まえ、偈頌の作者をマイトレーヤ、説者をアサンガ、散文注をヴァスバンドゥと考え [231]、『荘厳経論頌』をアサンガ自身の著作とは区別し、アサンガよりも前の初期瑜伽行派文献として扱う。

『荘厳経論頌』は、LÉVI［1911: 10–11］を初端として、章名の一致などの点から、『瑜伽論』「本地分」中の第 15 地『菩薩地』と構造上の共通性を有することが従来指摘され、種姓、特に菩薩種姓を主題として取り上げる第 3 章「種姓品」（Gotrādhikāra）が『菩薩地』の第 1 章「種姓品」と対応関係にあることが知られる。『瑜伽論』では、「本地分」中の第 13 地『声聞地』「初瑜伽処」の「種姓地」においても種姓に関して詳述し、その他の箇所にも種姓に関する教説が散見される。すなわち、瑜伽行派における種姓説は、『瑜伽論』

『荘厳経論頌』という初期瑜伽行派の二論書で詳述されるので、瑜伽行派における種姓説の展開を解明するためには、『菩薩地』「種姓品」だけでなく、『瑜伽論』全体と『荘厳経論頌』における種姓説を厳密に検証しなければならない。この点について、『瑜伽論』と偈頌および散文注を含めた『大乗荘厳経論』（*Mahāyānasūtrālaṃkāra*, 以下、『荘厳経論』と略）との間の種姓説を比較考察した先行研究には、次の 2 つがある [232]。

まず、宇井［1958: 43–81, esp.46–52］は、『菩薩地』「種姓品」と『荘厳経論』「種姓品」の内容を比較し、『荘厳経論』「種姓品」第 9–10 偈に説かれる金の鉱脈と立派な宝珠の鉱脈の譬喩を『菩薩地』に見出せないと指摘し、さらに、『荘厳経論』の最も顕著なこととして、本来的に在る（prakṛtistha）種姓および発展した（samudānīta）種姓に関する定義のない点と、無種姓（agotra）に関する説を挙げる。両論を比較する中で、宇井［1958: 52］は、「菩薩地と荘厳経論とが平行的の項目を有するにしても、内容上は相当な異同のあること」も指摘する。

次に、勝呂［1989: 332–398, esp.341–346］は、『菩薩地』ならびに『荘厳経論』の教義を相互比較する中で、「種姓品」についても取り上げる。そこでは、『菩薩地』「種姓品」ならびに『荘厳経論』「種姓品」の所説が対応する程度を、『荘厳経論』を基にした比較、『菩薩地』を基にした比較のかたちで逐一提示し、所説の一致するものとやや対応のあるものを考察する。そして、確定されていない種姓（aniyatagotra）などの対応のない所説を『瑜伽論』の他の箇所に見出す他、『荘厳経論』では種姓説に関する重要な概念をほぼ説明なしに用いるが、『菩薩地』や『瑜伽論』の他の箇所では比較的詳しく説明するため、『瑜伽論』の種姓説を前提として『荘厳経論』では説明を省略したとの理解を示す。また、やや対応のある所説は、「大体において、形式は対応するが内容は異なるものであって、このことは同じ主題によりながら両書が思想解釈の視点を異にする場合の多いことを示している」と指摘する。

しかし、従来の研究では、『菩薩地』「種姓品」以外の『瑜伽論』における種姓に関する教説との対応関係に関しては、「摂決択分」所説の確定されていない種姓など一部に言及があるのみで、未だ十分に検討されていないことに加えて、『荘厳経論』を偈頌と散文注に分けて考察していないため[233]、『荘厳経論頌』全体にどのような種姓に関する教説があり、教説中の如何なる内容が『荘厳経論頌』独自の種姓説の展開として指摘できるのかが不明瞭なままである。本節では、先に取り上げた『瑜伽論』に説示される種姓説を踏まえた上で、『荘厳経論頌』における種姓説をみてゆく[234]。

1.『大乗荘厳経論頌』における種姓説の受容

以下では、『荘厳経論』を偈頌と散文注に区別した上で、『荘厳経論』に散在する種姓に関する教説を抽出、整理した後、『荘厳経論頌』「種姓品」と『瑜伽論』との対応の有無を明確にし、『荘厳経論頌』「種姓品」では、『菩薩地』のみならず、『瑜伽論』全体の種姓説を如何に受容しているのかを明らかにしよう。

1.1.『大乗荘厳経論』に散在する種姓に関する教説

『荘厳経論頌』(*MSAK*) とそれに対するヴァスバンドゥによる注釈書『大乗荘厳経論釈』(*Mahāyānasūtrālaṃkārabhāṣya*, *MSABh*, 以下、『荘厳経論釈』と略) から、種姓 (gotra) という語および確定されていない (aniyata) という種姓説に関連の深い語 (“aniyata” 関連語) の確認できる箇所を抽出し、以下に一覧表にして示すことで、『荘厳経論』に散在する種姓に関する教説を把握しよう。

次ページの一覧表では、種姓 (gotra) という語や “aniyata” 関連語を『荘厳経論頌』に直接見出せる偈頌を挙げた後に、『荘厳経論釈』に基づいて、上記の語を見出せないが、種姓を意図する内容の偈頌と理解したものを挙げる[235]。また、抽出した教説については、各章 (Chap.) の名称の後に偈頌番号を記すが、偈頌番号の後に便宜上、“aniyata” 関連語も付記し、「種姓品」以外の教説の概要を注記している。

『大乗荘厳経論』に散在する種姓に関する教説一覧表

Chap.	*MSAK*	*MSABh*
I. Mahāyānasiddhy-adhikāra	14 [236]	—
III. Gotrâ° [237]	1, 2, 3, 5, 6-aniyata, 7, 9, 10, 12, 13	4, 11
IV. Cittotpādâ°	—	7 [238]
V. Pratipatty-a°	—	4–5 [239], 6 [240]
VIII. Paripākâ°	—	5 [241], 6 [242]
IX. Bodhy-a°	77 [243]	8-aniyatagotra [244]
X. Adhimukty-a°	1 [245]	—
XI. Dharmaparyeṣṭy-a°	43 [246], ([247] 53, 54-aniyata, 55-aniyata [247])	8–12 [248], 61 [249]
XII. Deśanâ°	19-aniyatabheda [250]	—
XVI. Pāramitâ°	—	16 [251]
XVII. Pūjāsevāpramāṇâ°	—	29–30-aniyata [252], 34 [253]
XVIII. Bodhipakṣâ°	—	19–21 [254]
XIX. Guṇâ°	61 [255]	35–37 [256]

『荘厳経論頌』では計19偈、『荘厳経論釈』に基づく理解も併せると計34箇所に[257]、種姓および“aniyata”関連語を確認できる。「種姓品」の教説については次項で扱うことにして、「種姓品」を除く『荘厳経論』における種姓に関連する教説の傾向については、次の2点が指摘できる。

まず注目すべきは、確定されていない（aniyata）という語である。この語が初めて種姓説の文脈に認められるのは、『瑜伽論』「摂決択分」の「有余依無余依二地決択」である[258]。そこで、条件次第で菩薩と同じ結果を獲得し得る、菩提に進展する声聞の持つ種姓を、確定されていない種姓（aniyatagotra）であると規定したことを承けて、『荘厳経論頌』第3章「種姓品」第6偈では、確定されたもの（niyata）や確定されていないもの（aniyata）といった種姓の区別（gotrabheda）に整理する。

確定・不確定という区別を種姓に設けることは、第11章「述求品」

(Dharmaparyeṣṭyadhikāra) の一乗たること (ekayānatā) を主題とする議論 (XI.53–59) で重要な役割を果たす[259]。全 7 偈の中で、種姓に関して言及するのは、第 53–55 偈である。第 53 偈において一乗たることの理由を 7 つ列挙する中で、4 番目の理由として種姓の区別に基づいて一乗たることがあると説き、それ以降の偈頌では、諸先学も指摘するように[260]、種姓の区別に基づくことを中心に議論を展開する。第 54 偈では、一乗たることは確定されていない者に対して説かれたと述べ、第 55 偈以降では、確定されていない声聞を如何に大乗に引き込むのかを中心課題とする。

(1) 法と (2) 無我と (3) 解脱とが等しいことに基づき、(4) 種姓の区別に基づき、(5) 2 つの意向を得ることに基づき、(6) 化作に基づき、(7) 究極に基づき、一乗たることがある。

或る者たちを引き込むために、また、他の者たちを留め置くために、等覚者たちは、実に確定されていない者たちに対して、一乗たることを説示されたのである。

確定されていない声聞は、真相 (四聖諦) を既に見て、行く者と未だ見ないで〔、行く者〕との点で[361]、2 種である。真相を既に見た者は、離貪した者と離貪していない者であり、この者は鈍重である。

dharmanairātmyamuktīnāṃ tulyatvāt gotrabhedataḥ /
dvyāśayāpteś ca nirmāṇāt paryantād ekayānatā // XI.53 //
ākarṣaṇārtham ekeṣām anyasaṃdhāraṇāya ca /
deśitāniyatānāṃ hi saṃbuddhair ekayānatā // XI.54 //
śrāvako 'niyato dvedhā dṛṣṭādṛṣṭārthayānataḥ /
dṛṣṭārtho vītarāgaś cāvītarāgo 'py asau mṛduḥ // XI.55 // [262]

以上のように、『荘厳経論頌』の種姓説の中で、確定されていない者に関しては、仏陀側の救済論的問題として取り上げている。しかし、それだけではなく、この他にも、第 12 章「弘法品」において、衆生たちにとっての障害として、確定されていない者の区別 (aniyatabheda) を挙げる。

> 仏陀に対する軽蔑、教えに対する〔軽蔑〕、怠惰、少量による満足、貪欲に基づく品行、慢心に基づく〔品行〕、後悔、〔種姓の〕確定されていない者の区別は[263]、衆生たちにとっての障害である。....
> buddhe dharme 'vajñā kauśīdyaṃ tuṣṭir alpamātreṇa /
> rāge māne caritaṃ kaukṛtyaṃ cāniyatabhedaḥ // XII.19 //
> sattvānām āvaraṇaṃ .... // XII.20 //[264]

さらに、『荘厳経論釈』に基づけば、確定されていない者については、他の章でも扱っていることが知られる（IX.8; XVII.29–30）。

次に注目すべきは、『荘厳経論釈』では種姓と言い換える、『荘厳経論頌』所説の語であろう。すなわち、(1)原因（hetu: IV.7; XI.61）、(2)ものの本質（dharmatā: V.4）、(3) 本性（prakṛti: VIII.5, 6; XVII.34; XVIII.19）、(4) 根源要素（dhātu: XI.8）、という4語である。これらの4語に関して、『菩薩地』「種姓品」では、基礎（ādhāra）としての種姓を (1) 原因と言い換え、本来的に在る種姓を (2) ものの本質を通じて獲得されたものと規定して、種姓の同義異語として (3) 本性、(4) 根源要素を挙げている[265]。『荘厳経論釈』には、『菩薩地』では種姓の言い換えと言い難い (2) ものの本質について、種姓と言い換える点に特徴があり、また (3) 本性については、本来的（prakṛtyā）と形容される、憐愍（kṛpā）や、忍辱に相当する堅固さ（dhṛti）といった菩薩の備える特性の文脈で、種姓と言い換える傾向がある。

1.2.『大乗荘厳経論頌』「種姓品」における種姓説の受容形態

種姓を主題とする『荘厳経論頌』「種姓品」（*MSAK* III）ならびに『菩薩地』「種姓品」（*BBh* I）[266]の構成および内容に関する対応関係を、以下に一覧表にして整理し、両章における教説の対応の有無を検討しよう[267]。

次のページの一覧表では、『荘厳経論頌』「種姓品」の各偈と対応のある『菩薩地』「種姓品」の教説を、本研究「本論第1章第1節 1.1.1.3.『菩薩地』における種姓説」で示したセクション番号で示し、対応の程度に関して、次の記号を使用する。すなわち、両章の内容がよく対応する箇所は「○」、部分的に対応する箇所は「△」で示す。また、対応があるとは言えないが、関連する教説は (丸括弧) で括って挙げる。

『大乗荘厳経論頌』「種姓品」と『菩薩地』「種姓品」との対応一覧表

***MSAK* III** [268]	***BBh* I** [269]	**対応**
III.1. 種姓の分類の総論	—	
III.2. 種姓が存在すること	§4.2	△
III.3. 種姓が最上であること	§§4–4.2	△
III.4. 種姓の本質	§3	△
III.5. 種姓の表徴	§§5–5.7	△
III.6. 種姓の区別	—	
III.7. 種姓にとっての災禍	§6.2	○
III.8. 種姓に関する利徳	§6.1	○
III.9. 金鉱の譬喩	—	
III.10. 立派な宝珠鉱の譬喩	—	
III.11. 種姓に立脚しない者	(§2,) [270] §7	△
III.12. 本来的種姓と養成された種姓の偉大性	—	
III.13. 結果に基づいて種姓が勝れていること	—	

以下、上掲の一覧表に基づき、『荘厳経論頌』「種姓品」ならびに『菩薩地』「種姓品」の構成および内容に関する対応の有無に関して、各偈頌ごとに検討してゆこう。

『荘厳経論頌』「種姓品」の第 1 偈では、同章で扱う主題を列挙する。

> 種姓について、(1) 存在することと (2) 最上であることと (3) 本質と (4) 表徴と (5) 区別と (6) 災禍と (7) 利徳と (8) 2 種の譬喩とが〔各々〕4 種である。
>
> sattvāgratvaṃ svabhāvaś ca liṅgaṃ (1 gotre prabhedatā 1) /
>
> ādīnavo ’nuśaṃsaś ca dvidhaupamyaṃ caturvidhāḥ 2) // III.1 // [271]

1) *gotraprabhedatā* $MSA_{\mathrm{N1}}MSA_{\mathrm{F1}}MSA_{\mathrm{L}}$　2) *caturvidhā* $MSA_{\mathrm{N1}}MSA_{\mathrm{F1}}MSA_{\mathrm{L}}$

これらの項目は第2偈から第10偈までの主題と対応し、第10偈までは、各主題を4種に分けて説示する。したがって、「種姓品」では、『荘厳経論釈』で述べるところの種姓の分類（gotraprabheda）を計9偈に亘って解説し、第11偈から第13偈までをそれに付随するかたちで説示するという章構成を採る。いっぽう、『菩薩地』「種姓品」では、『菩薩地』の最初の章であることから、「§1.『菩薩地』の綱領」で同論全体の構成を示すが、同章の主題を挙げることはない[272]。

第2偈では、種姓の存在することを主題に、種姓の存在根拠として、(a) 根源要素、(b) 性向（adhimukti）[273]、(c) 修行、(d) 結果の区別を挙げ、それらの区別に基づき、結果的に種姓が三乗に各々区別されて、菩薩種姓が存在することを示す[274]。

> (a) 諸々の根源要素と (b) 性向と (c) 修行との区別に基づき、また、(d) 結果の区別が認識されることに基づき、〔三乗の〕種姓の存在することが明言される。
>
> dhātūnām adhimukteś ca pratipatteś ca bhedataḥ /
>
> phalabhedopalabdheś ca gotrāstitvaṃ nirucyate 1) // III.2 //[275]

1) *nirūpyate* $MSA_{\mathrm{N1}}MSA_{\mathrm{F1}}MSA_{\mathrm{L}}$

『菩薩地』「種姓品」では、「§4. 声聞や独覚と比した菩薩種姓を備えた菩薩の卓越性」に関する主題のもと、具体的に「§4.2. 4種の様相（機根・修行・熟達・結果）」において、機根、修行、熟達、結果という4種の様相の点から、三乗の修行者を比較し、菩薩種姓を備えた菩薩の卓越性を説いている[276]。したがって、当該偈頌の主題とは異なるが、第2偈では、『菩薩地』における4種の様相の教説との項目上の対応が (c) 修行、(d) 結果の区別に認められ、いっぽう、(a) 根源要素、(b) 性向の区別には対応がない。

第3偈では、善が (a) 最高であること、(b) 一切であること、(c) 偉大な意義を持つこと、(d) 無尽であることに関して、菩薩種姓が契機であることから、菩薩種姓が最上であることを示す。

ここに、善が（a）最高であること、（b）一切であること、（c）偉大な意義を持つこと[277]、（d）無尽であることに関して、それ（菩薩種姓）を契機とするから、〔菩薩〕種姓が最上であることが規定される。

udagratve ’tha sarvatve mahārthatve ’kṣayāya ca /
śubhasya tannimittatvāt gotrāgratvaṃ vidhīyate // III.3 //[278]

これらの 4 項目は具体的に何を指すのか明瞭ではない。『菩薩地』「種姓品」では、「§4. 声聞や独覚と比した菩薩種姓を備えた菩薩の卓越性」を主題として、二障の浄化（§4.1）および 4 種の様相（§4.2）の点から、菩薩種姓を備えた菩薩の卓越性を説いているため[279]、菩薩種姓が勝れていることを扱う点で、両章は主題上の対応が認められる。『菩薩地』「種姓品」との対応関係を考慮すると、当該偈頌の各項目について、（a）最高であることは機根ないし二障の浄化、（b）一切であることは熟達、（c）偉大な意義を持つことは修行、（d）無尽であることは結果の点から述べていると考えられるが、『荘厳経論釈』では、偈頌の 4 項目を順次、善根に関して、（a）その練度、（b）十力や四無畏といった徳目、（c）利他の修行、（d）涅槃という結果の点から解説する[280]。両章の対応について、（a）最高であることに関しては、善根（kuśalamūla）と『菩薩地』「種姓品」の機根（indriya, §4.2）とで用語に相違はあるが、修行者の素養を表す点に類似性がある。（3）偉大な意義を持つことに関しては、『菩薩地』「種姓品」の修行（§4.2）と同様に、利他の有無を基準としている点で、両章の内容はよく対応する。しかし、（b）十全であることおよび（d）無尽であることの内容に関しては、『菩薩地』「種姓品」とは異なっている。以上の対応関係に鑑み、第 3 偈では、『菩薩地』「種姓品」の教説の枠組みを採用しながら、内容自体に発展性が認められると言えよう。

第 4 偈では、（a）本来的なものと養成されたもの、（b）拠り所と拠るもの、（c）存在と非存在、（d）徳性を引き出す（guṇottāraṇatā）という意味の点から知られるべきものという 4 項目から種姓の本質を規定する。

それ（種姓）は、(a) 本来的なものと養成されたものとであり、また、(b) 拠り所と拠るものとであり、まさに (c) 存在と非存在とであり、(d) 徳性を引き出すという意味の点から知られるべきものである。

prakṛtyā paripuṣṭaṃ ca āśrayaś cāśritaṃ ca tat /

sad asac caiva vijñeyaṃ guṇottāraṇatārthataḥ // III.4 //

『菩薩地』「種姓品」では、種姓を定義する中で、本来的に在る（prakṛtistha）種姓と発展した（samudānīta）種姓に種姓を二分し、さらに、種姓を結果の有無に基づいて微細（sūkṣma）か粗大（audārika）か議論している[282]。それぞれは、第4偈において、項目に関して (a) 本来的なものと養成されたものと、内容に関して (c) 存在と非存在と対応があると考えられる。この対応については、『荘厳経論釈』を踏まえるとより明確になる。

こ〔の偈〕によって、種姓が4種であると示す。〔すなわち、〕(a') 本来的に在るものと (b') 発展したものと (c') 拠り所を本質とするものと (d') 拠るものを本質とするものとであり、同じそ〔の4種〕は〔偈頌の〕順序通りである。さらにまた、それ（種姓）は原因としては存在し、結果としては存在しない。

etena caturvidhaṃ gotraṃ darśayati / prakṛtisthaṃ samudānītam āśrayasvabhāvam āśritasvabhāvaṃ ca tad eva yathākramam / tat punar hetubhāvena sat phalabhāvenāsat /[283]

4項目の数え方に本研究との相違があるものの、(a) 本来的なものと養成されたものとは、『菩薩地』「種姓品」における本来的に在るものと発展したものという文言で言い換えられ、(c) 存在と非存在とは、結果の有無に基づいて区分されることから、『菩薩地』「種姓品」における種姓の微細・粗大に関する議論と内容上の対応が認められる。いっぽう、(b) 拠り所と拠るもの、(d) 徳性を引き出すという意味の点から知られるべきものには、『菩薩地』「種姓品」との対応がない。なお、(d) の「徳性を引き出す」（guṇottāraṇatā）については、"go-tra"（種姓）に対して "guṇa-uttāraṇatā" と通俗的語義解釈（nirukta）

をしていると理解できるが、『荘厳経論釈』に明言されるわけではない点は注意が必要である[284]。

さらに、第 4 偈には、先述したように、主題である種姓の本質を規定する 4 項目の数え方に複数の可能性がある。例えば、早島編［2024: 27］は、『荘厳経論釈』の理解に従い、(a’) 本来的なもの、(b’) 養成されたもの、(c’) 拠り所、(d’) 拠るものとの 4 項目を数え、本研究と異なる偈頌の訳を提示する[285]。しかし、本研究では、存在と非存在という当該偈頌の文言が『菩薩地』「種姓品」の教説と内容上類似することから、『菩薩地』「種姓品」との対応関係に重きを置いて、偈頌の後半の内容もまた、種姓の本質に関する規定であると見做した。

第 5 偈では、菩薩種姓の表徴として、(a) 悲愍、(b) 確信、(c) 忍辱、(d) 善の行いを列挙する。

準備実践の最初からの (a) 悲愍と (b) 確信と (c) 忍耐と (d) 善の行いが、〔菩薩〕種姓の表徴であると確かめられる。

kāruṇyam adhimuktiś ca kṣāntiś cādiprayogataḥ /
samācāraḥ śubhasyāpi gotre liṅgaṃ nirūpyate 1) // III.5 // [286]

1) *nirūpyate* $MSA_{N1}MSA_{F1}MSA_{L}$

『菩薩地』「種姓品」では、仏世尊以外は種姓を直接知覚できないことから (§5.7)、修行者の種姓が菩薩種姓であることを推論するために、六波羅蜜に関する種姓を菩薩種姓の表徴として詳述している (§§5–5.6)[287]。4 項目の中では、(d) 善の行いが六波羅蜜に対応すると考えられ 、いっぽう、種姓の表徴としては、(a) 悲愍、(b) 確信、(c) 忍辱には、『菩薩地』「種姓品」との対応がない。

第 6 偈では、種姓の区別として、(a) 確定されたものと (b) 確定されていないもの、(c) 諸条件によって牽引されないものと (d) 諸条件によって牽引されるものという 4 種があると述べるが、何れも『菩薩地』「種姓品」に対応がない。

種姓は、(a) 確定されたものと (b) 確定されていないものと、(c) 諸条件によって牽引されないものと (d)〔諸条件によって〕牽引されるものとに他ならない。種姓の区別は、略説すると、この4種である。

niyatāniyataṃ gotram ahāryaṃ hāryam eva ca /

pratyayair gotrabhedo 'yaṃ samāsena caturvidhaḥ // III.6 // [289]

第7偈では、菩薩種姓にとっての災禍として、次のような4項目を列挙する。

(a) 煩悩の反復実行、(b) 悪友がいること、(c) 欠乏、(d) 他者に従属することである。略説すると、4種が〔菩薩〕種姓にとっての災禍であると知られるべきである。

kleśābhyāsaḥ kumitratvaṃ vighātaḥ [1)] paratantratā /

gotrasyādīnavo jñeyaḥ samāsena caturvidhaḥ // III.7 // [290]

1) *vidhātaḥ MSA*L

『菩薩地』「種姓品」では、「§6. 悪趣に生まれる菩薩」を主題とする一連の教説のうち、「§6.2. 清らかな性質に違背する4種の随煩悩」において、列挙の順序に相違があるものの、当該偈頌と同様の説示が認められるため [291]、両章の内容はよく対応する。

第8偈では、菩薩種姓に関する利徳として、次のような4項目を列挙する。

(a) 永い時間の後に悪趣に赴くこと、また、(b)〔悪趣から〕早く脱すること、また、(c) そこ（悪趣）において弱い苦を経験すること、(d) 畏怖嫌厭を有して衆生を成熟させることである。

cirād apāyagamanam āśumokṣaś ca tatra ca /

tanuduḥkhopasaṃvittiḥ sodvegā sattvapācanā // III.8 // [292]

『菩薩地』「種姓品」では、「§6.1. 衆生と比した菩薩の持つ種姓の卓越性」において、当該偈頌と同様の説示が認められる [293]。当該偈頌の4項目のうち、(c) そこ（悪趣）において弱い苦を経験すること、(d) 畏怖嫌厭を有して衆生を成熟させることには、項目の分け方の点で『菩薩地』「種姓品」と若干の相違が見られるが [294]、両章の内容はよく対応する。なお、以上の第7偈および第8

偈に対応する『菩薩地』「種姓品」の教説は、説示の順序が入れ替わっている。

第9偈と第10偈では、種姓（gotra）を鉱脈の意味で用い、菩薩種姓を金（suvarṇa）の鉱脈や立派な宝珠（suratna）の鉱脈に喩える。

〔菩薩種姓は〕金の鉱脈の様である知られるべきである。(a) 無量なる善性の拠り所であり、(b) 智慧と (c) 無垢状態を具えることと (d) 威力との拠り所である〔から〕。

〔菩薩種姓は〕立派な宝珠の鉱脈の様であると知られるべきである。(a) 大菩提の契機であるから、(b) 偉大な智慧と (c) 聖者の三昧と (d) 数多の衆生の役に立つこととの拠り所であるから。

suvarṇagotravat jñeyam ameyaśubhatāśrayaḥ /
jñānanirmalatāyogaprabhāvāṇāṃ ca niśrayaḥ // III.9 //
suratnagotravat jñeyaṃ mahābodhinimittataḥ /
mahājñānasamādhyāryamahāsattvārthaniśrayāt // III.10 //[295]

金の鉱脈の譬喩では、菩薩種姓が (a) 無量なる善性と (b) 智慧と (c) 無垢状態を具えることと (d) 威力との拠り所であり、立派な宝珠の鉱脈の譬喩では、菩薩種姓が (a) 大菩提の契機と、(b) 偉大な智慧と (c) 聖者の三昧と (d) 数多の衆生の役に立つこととの拠り所であると述べる。第9偈と第10偈共に、『菩薩地』「種姓品」に対応がない。

以上の第10偈までで、第1偈の種姓の分類に示された主題の解説を終えて、以下では、それに付随するかたちで、3つの偈頌を説示する。まず、第11偈では、次のような5種の者を列挙する。

或る者は (1) 悪い品行にひたすらな者であり、或る者は (2) 清らかな性質が根絶された者である。或る者は (3) 解脱に関係する（順解脱分）善のない者であり、(4) 清らかさが低級な者であり、また、(5) 原因を欠いた者である。

aikāntiko duścarite 'sti kaścit kaścit samudghātitaśukladharmā /
amokṣabhāgīyaśubho 'sti kaścin nihīnaśuklo 'sty api hetuhīnaḥ // III.11 //[296]

これら5種の者は具体的に何を指すのか明瞭ではない。『菩薩地』「種姓品」との対応関係を考慮すると、「§7. 菩薩が菩提を得られない4種の理由」では、種姓を完備した菩薩が無上正等菩提をさとることができないことに関する4種の理由に加え、種姓がない場合に決して無上正等菩提をさとることができないことの計5項目を説示しているため[297]、5項目の列挙という枠組みとしては両章が対応し、いわゆる種姓に立脚した者と種姓に立脚しない者を扱っていると理解できる。ただし、『荘厳経論釈』では、第11偈は種姓に立脚しない者を主題とし[298]、その者が一時的か永続的かについて問題になっており、種姓に立脚した者への言及はない。これら5種の者については不明な点が残るが、第11偈では、『菩薩地』「種姓品」の教説にある5種の枠組みを採用しながら、第3偈と同様に、内容自体に発展性が認められると言えよう。

第12偈では、第4偈に説かれた、本来的種姓と養成された種姓に相当する2つの種姓に基づく偉大性を説くが、『菩薩地』「種姓品」に対応がない。

> 甚深広大なることを語る、利他を為すために説かれた長大な教えに対して、実に無知なるままに極めて大きな確信があり、そして、完全な修行への忍耐があり、そして、最後に二者に関するより最高な完成がある[299]。以上のことが、菩薩にとっての本来的に徳性を有する〔種姓〕とそれが養成された種姓とに基づいて彼ら〔諸菩薩〕には必ずあると知られるべきである[300]。
>
> gāmbhīryaudāryavāde parahitakaraṇāyodite dīrghadharme
> ajñātvaivādhimuktir bhavati suvipulā saṃprapattikṣamā ca /
> saṃpattiś cāvasāne dvayagataparamā yad bhavaty eva teṣāṃ
> taj jñeyaṃ bodhisattvaprakṛtiguṇavatas tatprapuṣṭāc ca gotrāt // III.12 //[301]

第13偈では、自他の利益や安楽をもたらす結果を持つという点から、菩薩種姓が立派な樹根に喩えられ、最上の種姓であると、結果に基づいて菩薩種姓が勝れていることを述べるが、『菩薩地』「種姓品」に対応がない。

> 〔菩薩種姓は、〕極めて大きな徳性のある菩提樹を成長させるための、また、

強固な楽と苦の寂滅とを獲得するためのものである。自他の利益や安楽をもたらす結果（果実）を持つから、この最上の種姓（菩薩種姓）は、立派な樹根の様である。

suvipulaguṇabodhivṛkṣavṛddhyai ghanasukhaduḥkhaśamopalabdhaye ca /
svaparahitasukhakriyāphalatvād bhavati sumūlavad 1) agragotram etat // III.13 // [302]

1) *samūlavad* *MSA*F1, *samud* *MSA*L, *sumūlamud* *MSA*LTr

以上の計13偈で、『荘厳経論』「種姓品」は、種姓に関する説示を終える。ここまでの考察を踏まえ、次に、『菩薩地』「種姓品」に対応のない『荘厳経論頌』「種姓品」の所説（*MSAK* III）と、「種姓品」以外の『菩薩地』（*BBh*）および『瑜伽論』の他の箇所（*YBh*）に散在する種姓に関する教説との対応関係を、以下に一覧表にして整理し[303]、『荘厳経論頌』「種姓品」における『瑜伽論』の種姓説の受容形態を明らかにしよう。

以下の一覧表では、先と同じ記号を使用し、対応があるとは言えないが、関連する教説は丸括弧( )で括って挙げる。なお、主題列挙に終始する第1偈、『菩薩地』「種姓品」の教説の枠組みを採用しながら、内容自体に発展性が認められる第3偈と第11偈については、一覧表から除外した。

『菩薩地』「種姓品」に対応のない『大乗荘厳経論頌』「種姓品」の所説と「種姓品」以外の『菩薩地』および『瑜伽師地論』の他の箇所との対応一覧表

MSAK III	*BBh*	*YBh*	対応
III.2-a, b	([304] XXVIII, XX	*ŚrBh* III-1 [304])	○
III.4-b, d	([305] (VI)	(*ŚrBh* I-1) [305])	△
III.5-a, b, c	([306] II, XI, XX	(*ŚrBh* I-2, III-2) [306])	○
III.6-a, b, c, d	—	([307] *VinSg*-1, 2 [307])	△
III.9-a, b, c, d	—	([308] (*SamBh*; *VinSg*-1) [308])	
III.10-a, b, c, d	—		
III.12	—	—	
III.13	—	—	

以下、上掲の表に基づき、『荘厳経論頌』「種姓品」の所説に対する『菩薩地』や『瑜伽論』の他の箇所との対応関係を考察しよう。

菩薩種姓の存在することを主題とする第2偈の中で、その根拠となる（a）根源要素の区別は、『菩薩地』第28章「建立品」（*BBh* XXVIII）における、声聞・独覚・如来種姓の種々な種姓の設定を種々な根源要素を有することとする教説に対応を見出せよう。（b）性向の区別は、『菩薩地』第20章「分品」（*BBh* XX）において、菩薩は衆生の持つ種姓・機根・性向に応じた教えを説くといった箇所や、『声聞地』「第三瑜伽処」（*ŚrBh* III-1）において、説示した教えに対する確信（adhi+ √muc）に応じて弟子の種姓を判断するという弟子の審査に同様の趣旨が確認できる。

種姓の本質を主題とする第4偈の中で、（b）拠り所と拠るものは、『荘厳経論頌』において、本来的種姓が拠り所、養成された種姓が拠るものという関係の下で理解される。これに対して、『菩薩地』では、第6章「成熟品」（*BBh* VI）における、本来的に善法の種子を完備することに依拠した後、以前に善法を反復実行することに基づき、後々の諸々の善法の種子がより養成される、という記述に従えば、第1章「種姓品」における本来的に在る種姓と発展した種姓について、本来的に在る種姓が拠り所となり、善根を反復実行して発展した種姓が獲得される、という関係を導くことはできるが、拠り所と拠るものという関係が『荘厳経論頌』ほど明確ではない。また、『声聞地』「初瑜伽処」の「種姓地」（*ŚrBh* I-1）では、種姓の本質に関して、拠り所に入り込んで、六処に収められたものと規定しており、そこに拠り所という語がある。最後の（d）にある徳性を引き出す（guṇottāraṇatā）という意味に関しては、対応を見出せない。

菩薩種姓の表徴を主題とする第5偈に関しては、『瑜伽論』とよく対応する。（a）悲愍は、『菩薩地』第2章「発心品」（*BBh* II）では、種姓に基づく本来的な賢善さに由来するものであり、（c）忍辱は、『菩薩地』第11章「忍品」（*BBh*

XI）では、種姓の完備と忍辱の以前の反復実行とに基づき、本来的に見出されるものである。(b) 確信は、第 2 偈の (b) の場合と同様である。また、『声聞地』「初瑜伽処」の「種姓地」（*ŚrBh* I-2）では、種姓に立脚しない者の表徴を列挙し、「第三瑜伽処」（*ŚrBh* III-2）では、弟子の持つ種姓について、表徴（行動に相当）による審査を説くため、表徴という点に共通性がある。

種姓の区別を主題とする第 6 偈の中で、(a) 確定されたものは、「摂決択分」の「声聞地決択」（*VinSg*-1）における、いわゆる五難六答の中に、確定された種姓という語として確認できる。(b) 確定されていないものは、「摂決択分」の「有余依無余依二地決択」（*VinSg*-2）において、菩提に進展する声聞の持つ種姓として規定された、確定されていない種姓という語として確認できる。いっぽう、(c) 諸条件によって牽引されないもの、(d) 諸条件によって牽引されるものに関しては、『瑜伽論』における種姓の文脈には見出せない[309]。

2 種の鉱脈の譬喩を主題とする第 9 偈と第 10 偈に関しては、『瑜伽論』において、種姓（gotra）が鉱脈の意味で用いられることにのみ関連性がある。すなわち、「本地分」第 6 地「三摩呬多地」（*SamBh*）では、金鉱石（jātarūpa）が鉱脈にあるもの（gotrastha）であるように、心の浄化へ歩む者が種姓に立脚した者（gotrastha）であると説き、「摂決択分」の「声聞地決択」（*VinSg*-1）でも、声聞や大乗種姓を金や宝石などの鉱脈の譬喩と対比している。『瑜伽論』において種姓が鉱脈を意味する場合、金鉱石を精錬するように、種姓に立脚して心を浄化する「過程」に重点を置く一方、『荘厳経論頌』においては、金の鉱脈や立派な宝珠の鉱脈から産出される金や宝珠のように、菩薩種姓を拠り所として獲得される「結果」をもっぱら取り上げるという視点の相違が認められる[310]。

以上のように、『菩薩地』「種姓品」に対応のない『荘厳経論頌』「種姓品」の所説は、『菩薩地』の他の章や『瑜伽論』の他の箇所に散在する種姓に関する教説に対応を見出せる場合がある。『荘厳経論頌』「種姓品」における『瑜伽論』の種姓説の受容に関して、『荘厳経論頌』「種姓品」では、『菩薩地』「種姓品」を基礎としながら、『瑜伽論』全体の種姓説を統合していると言えよう。いっぽう、『瑜伽論』に部分的に或いは完全に対応のない『荘厳経論頌』「種姓品」の所説は、第 4 偈の（d）、第 6 偈の（c）（d）、第 9 偈と第 10 偈の（a）（b）（c）（d）、第 12 偈、第 13 偈であり、これらは、『荘厳経論頌』独自の種姓説と見做し得る。

2.『大乗荘厳経論頌』における種姓説の展開

前項で特定した、『瑜伽論』に対応のない『荘厳経論頌』「種姓品」独自の種姓説を踏まえ、第 1 偈を除く『荘厳経論頌』「種姓品」（*MSAK* III）に関連する『荘厳経論』に散在する種姓に関する教説（*MSA*）を、以下に一覧表にして整理し、『荘厳経論頌』「種姓品」各偈頌の種姓説について、『荘厳経論』内で如何に展開しているのかを明らかにしよう。

以下の一覧表では次の記号を使用する。『荘厳経論頌』「種姓品」の所説の中で、『瑜伽論』に部分的に対応を見出せない偈頌は「△」、対応を見出せない偈頌は「×」で示す。また、対応のない項目を丸括弧 ( ) で括って挙げて、『荘厳経論釈』に基づいて抽出した『荘厳経論』の偈頌には「*」を付す。

『大乗荘厳経論頌』「種姓品」に関連する『大乗荘厳経論』における種姓に関する教説一覧表（付『瑜伽師地論』との対応）

***MSAK* III**	***YBh* との対応**	***MSA***
III.2		XI.*8–12 [311]
III.3		—
III.4	△ (III.4-d)	—
III.5		VIII.*5, *6; XVII.*34; XVIII.*19–21 [312]
III.6	△ (III.6-c, d)	IX.*8; XI.53, 54, 55; XII.19; XVII.*29–30
III.7		—
III.8		—

III.9	× (III.9-a, b, c, d)	III.4-d
III.10	× (III.10-a, b, c, d)	III.4-d
III.11		I.14 [313]
III.12	× (III.12)	III.2-a, b, c, d, 4-a, 5-b,c
III.13	× (III.13)	III.2-d

上掲の表に基づけば、『荘厳経論頌』における種姓説には、「種姓品」外と「種姓品」内とでの展開が認められる。

まず、「種姓品」外での展開として、第 6 偈の有する意義は大きい。第 6 偈の主題である種姓の区別として挙がる、(c) 諸条件によって牽引されないもの、(d) 諸条件によって牽引されるものという語については、『荘厳経論頌』で議論が展開しないが、(b) 確定されていないもの（aniyata）については、第 11 章「述求品」の一乗たることを主題とする議論（XI.53–59）において、重要な要素として大きく取り上げている。すなわち、一乗たることの理由として種姓の区別を挙げ、確定されていない声聞を如何に大乗に引き込むのかを中心課題とするように、『荘厳経論頌』の種姓説の中で、確定されていない者に関しては、仏陀側の救済論的問題として取り上げている。しかし、それだけではなく、『荘厳経論頌』において、この他にも認められ（XII.19）、さらに、『荘厳経論釈』に基づけば、他の章でも扱っていることが知られる（IX.8; XVII.29–30）。したがって、『荘厳経論釈』にのみ基づいて関連を見出した「種姓品」第 2 偈や第 5 偈における種姓に関する教説を除けば、『荘厳経論頌』「種姓品」以外の箇所で議論の中心となる種姓説は、確定されていない者に関してであると言える。

いっぽう、「種姓品」内での展開として、第 9 偈と第 10 偈は、第 4 偈所説の (d) にある徳性を引き出す（guṇottāraṇatā）という意味による種姓に関する規定と連動した偈頌と言えよう。すなわち、菩薩種姓は、金や立派な宝珠に喩えられる、諸々の徳性を引き出すものである。種姓に関するこの規定は、『瑜伽論』の段階で鉱脈の意味で用いていた種姓を発展させたものであり、また、金の鉱脈や立派な宝珠の鉱脈から産出する金や立派な宝珠のように、菩薩種姓を拠り所として引き出される諸々の徳性という「結果」に対して焦点をあてることに影響を与えている。

次に、金の鉱脈から立派な宝珠の鉱脈の譬喩へという偈頌の順序に着目しよう。この順序は、徳性の内容を比較すると、金の鉱脈の徳性が立派な宝珠の鉱脈の徳性に変容することを意図していると考えられ、順次、無量なる善性が大菩提に、智慧が偉大な智慧に、無垢状態を具えることが聖者の三昧に、威力が数多の衆生の役に立つことにといった具合に、徳性がより高次なものに変容してゆく。このような考え方は、『十地経』（*Daśabhūmikasūtra*）における金鉱石（jātarūpa）の譬喩に基づくと思われる[314]。この譬喩は、菩薩の有する諸善根を天然金に喩え、金鉱石の状態から最終的に菩薩が身に纏うに相応しい純金宝飾品へと精錬する過程を、初地から第9地に到る善根を備えた菩薩の心の段階的変容の喩例として示すものである[315]。金鉱石は、純金を抽出した第3地から[316]、細工段階の第4地へ移行した時点で、金の装身具となり[317]、第7地において、一切の宝珠を嵌め込まれた装身具として完成する[318]。以上の金の装身具が宝珠によって完成するという譬喩に基づき、『荘厳経論頌』では、金の鉱脈の次に立派な宝珠の鉱脈の譬喩を配置し、両譬喩に挙がる諸々の徳性を順次対応させるのであろう。偈頌の順序にこのような意図があるならば、『荘厳経論頌』では、徳性という「結果」に重点を置きながら、徳性という結果の段階的変容もまた意識していることになるだろう[319]。

さらに、「種姓品」内での展開として、第12偈では、第2偈所説の菩薩種姓の存在根拠としての4種の区別を主に敷衍している。すなわち、菩薩は、本来的に徳性を有する種姓とその種姓が養成された種姓とに基づき（III.2-a. 根源要素）、説かれた長大な教えに対して、実に無知なるままに極めて大きな確信があり（III.2-b. 性向）、完全な修行への忍耐があり（III.2-c. 修行）、最後に最高な完成がある（III.2-d. 結果）のである[320]。第13偈でもまた、第2偈所説の（d）結果の区別を敷衍して、特に菩薩種姓に関して述べていると見做せよう。

以上のように、『荘厳経論頌』における種姓説は、「種姓品」外と内で展開しているが、両展開共に種姓を主題とする「種姓品」の規定を踏まえている。

第3節 『中辺分別論頌』

『中辺分別論頌』（*Madhyāntavibhāgakārikā*, 以下、『中辺論頌』）は、全5章、約110の偈頌から成る、瑜伽行派の基本典籍のひとつである。偈頌のみの形態では、漢訳（玄奘訳）およびチベット語訳が現存し、散文注を含んだ形態では、サンスクリット原典、2つの漢訳（真諦訳・玄奘訳）[321]、チベット語訳が現存する。著者に関して、中国とチベット共に偈頌をマイトレーヤ、散文注をヴァスバンドゥと伝えている。

本研究では、ヴァスバンドゥによる注釈書『中辺分別論釈』（*Madhyānta-vibhāgabhāṣya*, 以下、『中辺論釈』と略）の帰敬偈およびそれに対するスティラマティ（Sthiramati, 安慧, ca.510–570）による複注釈書『中辺分別論広注』（*Madhyāntavibhāgaṭīkā*）の理解に従い[322]、偈頌の作者をマイトレーヤ、説者をアサンガ、散文注をヴァスバンドゥと考え、『中辺論頌』をアサンガ自身の著作とは区別し、アサンガよりも前の初期瑜伽行派文献として扱う。

本節では、先に取り上げた『瑜伽論』に説示される種姓説を踏まえた上で、『中辺論頌』における種姓説をみてゆく[323]。

以下では、『中辺分別論』（*Madhyāntavibhāga*, 以下、『中辺論』と略）の偈頌と散文注に区別した上で、『中辺論』に散在する種姓に関する教説を抽出、整理した後、『中辺論頌』と『瑜伽論』との対応の有無を明確にし、『中辺論頌』では『瑜伽論』の種姓説を如何に受容、展開しているのかを明らかにしよう。

『中辺論頌』(*MAVK*) において、種姓 (gotra) という語は、『瑜伽論』や『荘厳経論』に比べると遥かに少なく、第1章「相品」（Lakṣaṇapariccheda）と第2章「障品」（Āvaraṇapariccheda）に各1偈、計2偈に確認できるのみである。まず、この2偈に『中辺論釈』（*MAVBh*）から抽出した種姓に関する記述を併せ、以下に一覧表にして示すことで、『中辺論』における種姓に関連する記述を把握しよう。

以下の一覧表では、種姓という語を直接見出せる偈頌を挙げた後に、『中辺論釈』に基づいて、種姓という語を見出せないが、種姓を意図する内容の偈頌と理解したものを挙げる。また、抽出した記述については、各章（Chap.）

の名称の後に偈頌番号を記し、『中辺論釈』に基づく偈頌に限って、その概要を注記している。

『中辺分別論』における種姓に関連する記述一覧表

Chap.	*MAVK*	*MAVBh*
I. Lakṣaṇa-pariccheda	19	—
II. Āvaraṇa-p°	5	1 [324]
IV. Pratipakṣabhāvanāvasthāphala-p°	—	13–15 [325], 17–18 [326], piṇḍārtha [327]
V. Yānānuttarya-p°	—	29 [328]

『中辺論頌』では計 2 偈、『中辺論釈』の理解を併せると計 7 箇所に [329]、種姓という語が確認される。しかし、『中辺論釈』の理解については、『瑜伽論』「本地分」の『声聞地』や『菩薩地』における種姓説を超えるものではないため、以下では、『中辺論頌』の 2 偈のみを取り上げ、『瑜伽論』との対応関係を明らかにしよう。

まず、第 1 章「相品」では、第 17 偈から第 20 偈までにおいて、空性の分類として、16 種の空性（十六空）を説示する。そのうち、第 17 偈の「あることを目的として見られるとき、それが空性である」（dṛṣṭaṃ yadarthaṃ tasya śūnyatā）[330] を承け、第 18 偈と第 19 偈において、第 7 の有為の空性（saṃskṛtaśūnyatā）から第 14 の一切法の空性（sarvadharmaśūnyatā）までを、菩薩が修行する（bodhisattvaḥ prapadyate）目的と関連付ける。この中で、第 19 偈における第 12 の本性の空性（prakṛtiśūnyatā）に対する説明に、種姓という語を確認できる [331]。

> また、種姓を浄化することを目的として、〔仏陀の〕相好（特徴・副次的特徴）を得るために、仏陀の諸々の性質を浄化するために、菩薩は修行する。
> gotrasya ca viśuddhyarthaṃ lakṣaṇavyañjanāptaye /
> śuddhaye buddhadharmāṇāṃ bodhisatvaḥ prapadyate // I.19 // [332]

本性を種姓として理解することは、『瑜伽論』以来、種姓（gotra）の同義異語のひとつとして本性（prakṛti）を数えることと共通する [333]。種姓の浄化についても、『声聞地』や『菩薩地』に用例がある[334]。仏陀の相好については、『菩薩地』「相好品」に「諸菩薩にとっては、〔第1〕種姓地において、単にこの〔仏陀の三十二〕相（特徴）の種子だけに立脚することが知られるべきである」といった文言があり、仏陀の諸々の性質については、『菩薩地』「住品」に「種姓住にある菩薩は、仏陀のすべての性質にとっての種子を保持する者である」といった文言がある[335]。したがって、同偈頌の種姓に関する記述は、『瑜伽論』以来の理解に基づくと言えよう。

次に、第2章「障品」では、第3偈d句から第10偈b句までにおいて、善などの10種に対する障害を各々3種列挙する。その中で、第5偈において、誓言（samādāna）[336]に対する障害として、種姓を欠くこと、友を欠くこと、心の疲労の3種を挙げる。

> 種姓や友を欠くこと、心の疲労、修行を欠くこと、悪しき者、邪悪な者と居ること、....
>
> gotramitrasya vaidhuryaṃ cittasya parikheditā /
>
> pratipatteś ca vaidhuryaṃ kuduṣṭajanavāsatā // II.5 // ....[337]

これらの障害の中で、種姓を欠くことに関して、『菩薩地』「発心品」では、発心するための原因として種姓の完備、善き師友に取り巻かれることなど、発心を翻す理由として種姓を完備した者ではないこと、悪い友人に取り巻かれた者であることなどを挙げ[338]、『中辺論釈』によれば、「誓言とは、菩提心を起こすことである」（samādānaṃ bodhicittotpādaḥ）[339]ため、『中辺論頌』の教説には『菩薩地』の教説との対応が認められる。

以上、『中辺論頌』では、『瑜伽論』からの種姓説の受容に関して、種姓に関して言及する計2偈に、『瑜伽論』「本地分」の『菩薩地』や『声聞地』の所説との対応が認められる一方、「摂決択分」からの影響は確認できない。さらに、『瑜伽論』「本地分」に対応のある『中辺論頌』における種姓に関する記述は、『瑜伽論』における種姓説の理解を超えないため、『荘厳経論頌』のようには、『中辺論頌』独自の展開を見出し難い。

結

以上、初期瑜伽行派における種姓説として、『瑜伽論』『荘厳経論頌』『中辺論頌』を取り上げ、各論書における種姓説を整理、考察した。具体的な内容は各項に譲り、以下に、初期瑜伽行派における種姓説に関する考察結果をまとめて提示する。

初期瑜伽行派における種姓説に関しては、『瑜伽論』で著しい発展を遂げ、『荘厳経論頌』『中辺論頌』ではそれを引き継いで展開してゆく。各論書における種姓説に関して指摘すると、次の通りである。

『瑜伽論』では、古層に属する「本地分」において、種姓に関する基本的な規定を確立し、種姓説の枠組みを構築した後、新層に属する「摂決択分」において、「本地分」以来の種姓に関する問題や、瑜伽行派における新たな教理理論に基づいて、種姓説を議論している。

まず、古層に属する「本地分」においては、第13地『声聞地』および第15地『菩薩地』に種姓を主題とする章があり、第14地「独覚地」にもまた種姓を主題とする解説がある。つまり、『瑜伽論』では、『声聞地』から『菩薩地』までの中で、種姓に関する基本的な規定を確立し、種姓説の枠組みを構築しているのである。その枠組みの中に、三乗の種姓の種別に並ぶ、『瑜伽論』独自の、種姓に立脚したか種姓に立脚しないかの区別、すなわち種姓の有無による区別がある。

種姓の有無による区別に関しては、『声聞地』において般涅槃への到達可能性、『菩薩地』において無上正等菩提の獲得可能性、といった修行者が目指すべき結果を獲得する可能性の問題と連動させて解説する。すなわち、『声聞地』と『菩薩地』では共に、種姓の有無による区別を通じて、修行者側の修道論的問題を扱っている。さらに、『菩薩地』において、三乗の種姓の種別と共に、菩薩が衆生を成熟対象や教化対象として区別する際にも、種姓の有無による区別を用いている。以上のように、『菩薩地』では、種姓の有無による区別を通じて、修行者側の修道論的問題だけでなく、菩薩側の救済論的問題を扱い、これら2つの視点に基づいて種姓説を展開している。種姓説を修道論的問題として扱うか救済論的問題として扱うかという視点は、『瑜伽論』以降の瑜伽行派における種姓説の展開を捉える上で、重要な指標となる。

次に、新層に属する「摂決択分」においては、種姓に関連した、まとまりのある議論が数少ない。その中にあって、「本地分」以来の用語である（1）種姓に立脚しない者、「摂決択分」で新たに規定される（2）確定されていない種姓、種姓説に代わる理論として提出される（3）真如所縁縁種子説という3項目は、種姓に関する特徴的な規定と言える。

（1）種姓に立脚しない者に関しては、「摂決択分」の中で種姓を主題として取り上げる唯一の議論である。その議論では、いわゆる五難六答を通じて、般涅槃し得る性質の永久にない者であることを決択する。しかし、「摂決択分」には、種姓に立脚しない者に関して、救済の可能性を問題として明確に否定したこと以外に、議論の発展は認められない。五難六答と同様の趣旨の議論については、アサンガ著『顕揚論』に継承され、さらに、種姓に立脚しない者については、『荘厳経論頌』やそれに対するヴァスバンドゥによる注釈書において、『瑜伽論』の教説の理解を踏まえて議論を展開する。

（2）確定されていない種姓に関しては、「本地分」の説く従来の種姓説の枠組みを超えて「摂決択分」に至って新たに規定した種姓に関する用語である。『解深密経』における一乗に関する理解をめぐる議論に端を発する、条件次第で菩薩と同じ結果を獲得し得る、結果が不確定な、菩提に進展する声聞の持つ種姓を、最終的に、確定されていない種姓であると規定している。しかし、確定されていない種姓という用語については、「摂決択分」にはこれ以上見出せず、『荘厳経論頌』への継承と展開、さらに、アサンガ著『摂大乗論』における『荘厳経論頌』の受容を俟たねばならない。

（3）真如所縁縁種子説に関しては、アーラヤ識説の中での雑染・清浄に関する議論と連動させて、種姓説に代わる理論として提出されたものである。真如所縁縁種子説では､出世間的な法を真如所縁縁種子から生じると規定し、その上で、これまで『瑜伽論』の種姓説を通じて設定されていた般涅槃への到達可能性や三乗の区別の問題を、障害の種子の有無によって再設定するため、種姓説が扱ってきた問題を障害の種子によって換骨奪胎している。この議論では、雑染なるアーラヤ識の中に出世間的な法が生じるための清浄な種子が存在することを認めるかが争点となるが、アーラヤ識という語自体が現れない、『荘厳経論頌』『中辺論頌』といった初期瑜伽行派文献では、アーラヤ識説の中での雑染や清浄に関して問題にならないため、種姓説を採用している。真如所縁縁種子説を承けての展開については､アサンガ著『摂大乗論』所説の聞熏習種子説を俟たねばならない。

以上のように、「摂決択分」では、「本地分」以来の種姓に立脚しない者の救済可能性の問題、『解深密経』所説の一乗理解からの影響、アーラヤ識説の中での雑染・清浄に関する議論を承けるかたちで、大きく3方向に種姓説に関する議論が認められる。『瑜伽論』以降の瑜伽行派文献では、これらの方向性を文献ごとに継承して種姓説を展開してゆく。特に、アーラヤ識説の中での雑染・清浄に関する議論に関しては、アーラヤ識に存在する出世間的な法の種子を認めるかに応じて、種姓説を採用するか、真如所縁縁種子説のような種姓説に代わる新たな理論を採用するかが分かれるため、アーラヤ識説に係るこうした議論の存在は、『瑜伽論』以降の瑜伽行派における種姓説の展開を決定付ける、重要な分水嶺となる。

『荘厳経論頌』では、『瑜伽論』の種姓説を受容しながら、一乗説からの影響の下、『瑜伽論』「摂決択分」で新たに規定された確定されていない種姓を中心に、独自の種姓説を展開している。

『荘厳経論頌』における種姓説の受容に関して､『荘厳経論頌』「種姓品」では､『菩薩地』「種姓品」を構成や内容上の基礎としながら､『菩薩地』の他の章や『瑜伽論』の他の箇所に散在する種姓に関する教説を統合し、種姓説の体系化を推し進めている。

『荘厳経論頌』における種姓説の展開に関して、「種姓品」外と内という2つの視点から捉えることができる。「種姓品」外での展開は、「種姓品」第6偈所説の確定されたものや確定されていないものという種姓の区別に端を発する。特に「述求品」の一乗たることを主題とする議論では、一乗たることの理由として種姓の区別を挙げ、確定されていない声聞を如何に大乗に引き込むのかを中心課題としている。このように、『荘厳経論頌』の種姓説の中で、確定されていない者に関しては、仏陀側の救済論的問題として取り上げており、さらに、「述求品」以外に「弘法品」などの章にも認められる。したがって、確定されていない者は、「種姓品」以外の箇所で議論が展開する種姓説である。いっぽう、「種姓品」内での展開は、第2偈や第4偈における種姓に関する規定を基点とする。第2偈においては、種姓の存在根拠としての4種の区別が注目される。この4種の区別を主に敷衍して、第12偈や第13偈では、菩薩種姓に関して説示している。また、第4偈においては、徳性を引き出す（guṇottāraṇatā）という意味による種姓に関する規定が注目される。この規定に基づき、第9偈と第10偈のように、金や立派な宝珠の鉱脈に喩えられる菩薩種姓を拠り所として引き出される諸々の徳性に焦点をあて、徳性を獲得するまでの「過程」ではなく、徳性という「結果」に重点を置いている。さらに、金の鉱脈の次に立派な宝珠の鉱脈の譬喩というこの順序は、『十地経』所説の金鉱石の譬喩における金の装身具が宝珠によって完成することに基づくと考えられ、金鉱に喩えられる種姓から引き出された徳性が宝珠鉱に喩えられる種姓から引き出された徳性へと、結果がより高次なものに段階的変容することを意識している。以上のように、『荘厳経論頌』における種姓説には、「種姓品」外と内で展開しているが、両展開共に「種姓品」の規定を踏まえている。

『中辺論頌』では、種姓に関する記述が、『瑜伽論』『荘厳経論』に比べると遥かに少なく、僅か2偈に見出せるのみである。『中辺論頌』における種姓説の受容に関して、『中辺論頌』の計2偈に、『瑜伽論』「本地分」の『声聞地』

や『菩薩地』の所説との対応が認められる一方、「摂決択分」からの影響は確認できない。さらに、『瑜伽論』「本地分」に対応のある『中辺論頌』における種姓に関する記述は、『瑜伽論』における種姓説の理解を超えないため、『荘厳経論頌』のようには、『中辺論頌』における種姓説に独自の展開があるとは言い難い。

以上の初期瑜伽行派の『瑜伽論』『荘厳経論頌』『中辺論頌』における種姓説を承けて、本論の第2章で取り上げるアサンガ・ヴァスバンドゥの時代である中期瑜伽行派では、種姓に関して詳述しないが、種姓に関する記述を見出すことはできる。そして、中期瑜伽行派における種姓説を捉える際には、初期瑜伽行派の如何なる文献の種姓説を受容しているかというだけでなく、『瑜伽論』で確認してきたような、種姓説を扱うのが修道論的問題としてか或いは救済論的問題としてかや、アーラヤ識説の中での雑染・清浄に関する議論に応じて種姓説を採用するか、といった点を考慮する必要がある。

注

1『荘厳経論頌』『中辺論頌』に対しては、ヴァスバンドゥによる散文注『大乗荘厳経論釈』（*Mahāyānasūtrālaṃkārabhāṣya*, 以下、『荘厳経論釈』と略）『中辺分別論釈』（*Madhyāntavibhāgabhāṣya*, 以下、『中辺論釈』と略）が現存する。以下、本研究では、偈頌と散文注を区別しない場合、『大乗荘厳経論』（*Mahāyānasūtrālāṃkāra*, 以下、『荘厳経論』と略）『中辺分別論』（*Madhyāntavibhāga*, 以下、『中辺論』と略）と表記する。

2 本章で扱う三論書の中で、『瑜伽論』『荘厳経論頌』の先後関係に関して、Schmithausen［1969a: 819–820, n.45］や小谷［1984: 15–42］は、『瑜伽論』の一部を成す『菩薩地』（*Bodhisattvabhūmi*）の先行性を認め、小谷［1984: 43–47］は、ヴァスバンドゥからスティラマティ（Sthiramati, 安慧, ca.510–570）までの伝承においては、『瑜伽論』が『荘厳経論頌』に先行すると考えられていたと指摘する。また、袴谷［1984b: 58–60］は、菩提という主題に関して、『瑜伽論』「本地分」（*Maulī bhūmi/Maulyo bhūmayaḥ*）の『菩薩地』「菩提品」（Bodhipaṭala）、『瑜伽論』「摂決択分」（*Viniścayasaṃgrahaṇī*）の「菩薩地決択」、『荘厳経論』「菩提品」（Bodhyadhikāra）の順序で成立展開したように思われると指摘する。本研究では、『瑜伽論』「摂決択分」所説の菩提に進展する（*bodhipariṇatika）声聞に関する議論に、確定されていない種姓（*aniyatagotra）という用語の認められる教説と認められない教説があり、同用語の認められる教説は「摂決択分」の中でも比較的成立が遅いと考えられる点に着目する。そして、この点に基づいて、『荘厳経論頌』第 3 章「種姓品」第 6 偈所説の確定されたもの（niyata）と確定されていないもの（aniyata）という種姓の区別（gotrabheda）を『瑜伽論』「摂決択分」が導入したのではなく、「摂決択分」の所説を『荘厳経論頌』が継承したと推定するため、小谷氏や袴谷氏の見解と同様に、『瑜伽論』『荘厳経論頌』の順に成立したと見做す。

次に、『中辺論頌』に関して、兵藤［2010: 28, n.36］は、『荘厳経論頌』『中辺論頌』の順に成立し、『荘厳経論釈』は『中辺論釈』を踏まえて成立したと推定する。本研究では、種姓説に関する限りにおいて『荘厳経論頌』『中辺論頌』の先後関係を決定する指標は見つかっていないため、兵藤氏の見解に従い、『荘厳経論頌』『中辺論頌』の順に論を進める。

3 成立年代に関して、勝呂［1989: 112］は、『瑜伽論』の一部を構成する『菩薩地』の異本である、曇無讖（Dharmakṣema, 385–433）訳『菩薩地持経』（T［30］（1581), 10 巻）や求那跋摩（Guṇavarman, 367–431）訳『菩薩善戒経』（T［30］（1582), 9 巻）の中に、『瑜伽論』の他の箇所への言及が見られることから、この時期には『瑜伽論』の全体が組織されたと推定する。神子上［1964］は、「有尋有伺等三地」（*Savitarkādibhūmi*）中の雨衆（vārṣagaṇya）外道という固有名詞に注目し、雨衆の活動年代に基づいて 350–410 年の間の成立とする。Deleanu［2006: 195］は、最古層である『瑜伽論』「本地分」中の『声聞地』の編纂時期を200–270年頃、「摂決択分」を含めて現行の形になった時期を350–380年頃と推定する。いっぽう、絶対年代で『瑜伽論』の年代を決定することの難しさについて、DELHEY［2009: 10–13］による指摘がある。

4「本地分」のサンスクリットの原語のうち、"*Maulī bhūmi*" については、松田［1988: 18］による「摂決択分」の梵文写本に基づく指摘である。SCHMITHAUSEN［2000: 245, n.3］は、この "*Maulī bhūmi*" という呼称について、「摂決択分」にのみ見出せることから、後の編纂者によるものであろう、と指摘している。いっぽう、"*Maulyo bhūmayaḥ*" という複数形の呼称については、DELEANU［2006: 44–46］において、先の写本の用例が「本地分」の「意地」のみを指していること、「摂決択分」において「本地分」を "*Sa rnams* = **Bhūmayaḥ*" と示す箇所のあることに基づく指摘である。後にSCHMITHAUSEN［2014: 11, n.2］も、複数形の呼称を採用している。

5「摂釈分」のサンスクリット原語は確認されていない。サンスクリットの想定に関しては、SCHMITHAUSEN［1969b: 18, n.6］や袴谷［1982: 62］を参照。向井［1996: 579–578］は、「釈」に相当する原語に関して、特にヴァスバンドゥ著『釈軌論』（*Vyākhyāyukti*）に着目し、"vivaraṇa" よりは "vyākhyā" や "vyākhyāna" の方の可能性が高いと指摘する。

6 5部に関しては、KRAGH［2013: 59–60; 225–230］に解説される。袴谷［1982: 58–62］は、プトゥン・リンチェンドゥプ（Bu ston Rin chen grub, 1290–1364）の著した、通称『プトゥン仏教史』（*Bu ston chos 'byung*）に従って5部を説明する。

7 この他に、真諦（Paramārtha, 499–569）が『十七地論』5巻を訳出したという記録が智昇撰『開元釈教録』（巻14, T［55］637b1–3）にあるものの、論書自体は散逸している。『瑜伽論』の「本地分」に相当すると考えられている。また、玄奘訳『瑜伽論』「摂決択分」の第51巻から第54巻の始めまでに相当する部分訳として、真諦訳『決定蔵論』（T［30］（1584), 3巻）が現存する。

8『瑜伽論』の梵文テキストの校訂状況や現代語訳などの諸研究の情報は、DELHEY［2013］に網羅される。DELHEY［2013］に取り上げられていない校訂テキストについては、阿部［2023: 16–23］がそれらを加えて、表にまとめている。また、DELHEY［2013］に取り上げられていない、或いは同研究以降に出版された、現代語訳研究には、菅原［2010］、矢板［2011］［2012］［2013］［2014］［2015］［2019］［2020］［2021］、안（AHN）［2015］［2021］［2023］、那須［2016］、ENGLE［2016］がある。

9『瑜伽論』における各構成の分量の割合に関しては、KRAGH［2013: 51–53］に、漢訳およびチベット語訳を併せて一覧にして示されている。

10 17の階位の構成に関しては、加藤［1930: 13–14］、高崎［1982a: 8］に解説される。内容に関しては、KRAGH［2013: 60–224］に概説される。特に『菩薩地』に限っては、BENDALL & LA VALLÉE POUSSIN［1905］［1906］［1911］も参照。

11『声聞地』や『菩薩地』については、『瑜伽論』の一部を構成することを考慮すると、「一重鉤括弧」で括るべきであるが、阿部［2023: 5, n.1］は、『声聞地』の中の章を「初瑜伽処」のように併記することから、『瑜伽論』の中の位置付けを論じる場合を除き『声聞地』と記し、『菩薩地』も同じ理由とする。いっぽう、『瑜伽論』中の他の各分や各地は「本地分」や「意地」のように示している。本研究もまた、阿部［2023］の方針に加え、チベット語訳では「本地分」の中で『声聞地』『菩薩地』を別出し、漢訳では『菩薩地』を『菩薩善戒経』や『菩薩地持経』として独立して訳出していることに鑑み、以下では、原則として『声聞地』や『菩薩地』と表記する。

12「摂決択分」のサンスクリット原典の存在は、松田［1988］による報告に端を発している。本研究では、「声聞地決択」および「菩薩地決択」の冒頭について、YE et al.［2023］による梵文写本に基づく報告を参照した。

13 チベット語訳と漢訳との構成順序の相違について、勝呂［1989: 273–283］は、「摂釈分」について決め手はないが、「摂異門分」において「摂事分」が未来形の動詞をもって指名引用される点から、漢訳の順序が正しく、チベット語訳が配列を逆にしたと指摘する。

14 マイトレーヤの著作群を表す語は、中国では「五論之頌」、チベットでは「弥勒の五法」（Byams pa'i chos lnga）のように分けて表記する場合もあるが、本研究では、高橋［2012］の使用する「弥勒の五部論」に統一する。

15 中国の伝承において、道倫／遁倫（ca. 7–8th century）集撰『瑜伽論記』（T［42］311b6–10, 巻 1 上）によれば、「弥勒の五部論」として、マイトレーヤはアサンガに対して、『瑜伽論』『分別瑜伽論』（散逸）『荘厳経論頌』『中辺論頌』『金剛般若経論頌』（*Triśikāyāḥ Prajñāpāramitāyāḥ Kārikāsaptati*）の五論の頌を説いたとされる。いっぽう、チベットの伝承において、プトゥン著『プトゥン仏教史』（*BCh* 100.9–102.14; ref.（Eng. trans.）OBERMILLER［1931b: 53–54］, STEIN & ZANGPO［2013: 51–53］）によれば、「弥勒の五部論」として、『荘厳経論頌』『中辺論頌』は中国の伝承と共通するが、『瑜伽論』をアサンガによる著作とし、『法法性分別論』（*Dharmadharmatāvibhāga*）『現観荘厳論』（*Abhisamayālaṃkāra*）『究竟一乗宝性論』（*Ratnagotravibhāga Mahāyānottaratantraśāstra*, 以下、『宝性論』と略）を加える。チベットにおける「弥勒の五部論」に関して、袴谷［1984a］は、「弥勒の五部論」が前期伝播期には伝わっていないことを指摘し、袴谷［1986］は、「弥勒の五部論」がチベットへ伝わった軌跡を辿る。加納［2012］は、『宝性論』のマイトレーヤ著作説の下限年代に関して、マイトレーヤ著作説に言及する現存最古の資料である敦煌梵文断簡の書写年代に基づいて、9 世紀前半から 11 世紀初頭までの間であると、8 世紀末から 11 世紀初頭までの間とする従来の説をさらに限定する。マイトレーヤの著作に関する伝承を整理すると次の通りである。

「弥勒の五部論」に関する伝承

中国の伝承	チベットの伝承
(1)『瑜伽師地論』	

(2)『分別瑜伽論』	
(3)『大乗荘厳経論頌』	(1)『大乗荘厳経論』
(4)『中辺分別論頌』	(2)『中辺分別論』
(5)『金剛般若経論頌』	
	(3)『法法性分別論』
	(4)『現観荘厳論』
	(5)『究竟一乗宝性論』

中国とチベットの伝承で相違する論書に関して、中国の伝承にある『分別瑜伽論』は散逸しており、アサンガ著『摂大乗論』(*Mahāyānasaṃgraha*) の引用から僅か 2 つの偈頌が知られるのみである。勝呂・下川邊［2007: 9］は、同偈頌を引用するアサンガ著『阿毘達磨集論』(*Abhidharmasamuccaya*, 以下、『集論』と略) は経文としており、論書名を挙げず、『集論』に対する注釈書も同様であることから、この 2 偈を『分別瑜伽論』と命名したのはアサンガである可能性があり、また、『成唯識論』でも同偈頌を「有頌言」と言うように、『分別瑜伽論』の偈頌としては定着していなかったと指摘する。
次に、『金剛般若経論頌』には、韻文注に対する散文複注があり、その著者はヴァスバンドゥとされるが、韻文注自体は、(1) マイトレーヤ、(2) アサンガ、(3) ヴァスバンドゥの作とする 3 説がある。大竹［2009: 18–25］は、著者に関する諸説を整理した後、自身の見解として、「韻文注はマイトレーヤによって説かれ、アサンガによって記された、すなわち、韻文注はマイトレーヤに帰される」と述べる。
中国の伝承に対して、チベットの伝承にある『法法性分別論』は、初期瑜伽行派文献ではないことが諸先学によって指摘される。袴谷［1985: 224］、勝呂［1989: 172–189, esp.186］を参照。特に松田［1996］は、『法法性分別論』の引用がスティラマティ以前の文献には遡り得ないことを指摘する。
次に、『現観荘厳論』は、兵藤［2000: 1–7］によれば、『現観荘厳論』の根本的な立場である三智（一切相智・道智・一切智）の説に対して、『八千頌般若経』(*Aṣṭasāhasrikā Prajñāpāramitā*) の要義論を著したディグナーガ（Dignāga, 陳那, ca.480–540）が注意を払っていないことに着目し、当時はまだ『現観荘厳論』が作られていなかったかそれほど流布していなかったと推測して、ディグナーガと同時代か 6 世紀から 7 世紀の初め頃までに成立、谷口［2002: 24–27］によれば、『荘厳経論』『中辺論』からの影響やヴァスバンドゥ著『阿毘達磨倶舎論』(*Abhidharmakośabhāṣya*) からの引用などの諸点を総合して、5 世紀後半の成立とされる。何れにしても、ヴァスバンドゥとは直接関係していないと考えられる。
最後に、『宝性論』は、本頌という基本となるテキストの上に、それを注釈する釈偈と散文注を加えて構成される。本頌は瑜伽行派的色彩が顕著でなく、注釈は瑜伽行派の術語概念の追加といった教理的特徴を示すことが、高崎［2010: 29–30］や加納［2014: 212–213］によって指摘される。成立年代に関して、加納［2014: 207］は、先行研究を踏まえ、成立年代を 4 世紀後半よりも大きく遡ることはないと指摘する。著者に関して、高崎［1989: 392–397, esp.397］は、「『宝性論』は世親と同時代に出た堅慧をその作者の一人とする瑜伽行派の作品で、同派の中には世親以後も、この書を尊重するグループがあった」と述べ、加納［2014: 208–209］もこの説に従う。『宝性論』における種姓説は、如来蔵思想を組織化するための理論的骨格として、瑜伽行派における種姓説から導入したものである。しかし、『宝性論』の成立と同時代とされるヴァスバンドゥや、ヴァスバンドゥよりも後代の瑜伽行派論師として、アスヴァバーヴァ（Asvabhāva, 無性, ca.–500–）、スティラマティ、シーラバドラ（Śīlabhadra, 戒賢, 玄奘（602?–664）の師）に見られる種姓説には、『宝性論』からの影響を見出し難いことから、瑜伽行派における『宝性論』の流布に関しては、担い手や地域の問題を含めて不明な点が多く残されている。『宝性論』における種姓説に関しては、本研究の考察範囲を超えるため、これ以上扱わない。

16『瑜伽論』の成立過程や著者に関する問題については、高橋［2005: 3–5］が先行研究を踏まえ、次の 3 説に整理する。

（1）複数の著者、編纂者により、歴史的に成立した学派的著作とする説：Frauwallner［1956: 265］, Schmithausen［1969a］

（2）複数人の共同編集による著作とする説：勝呂［1976b］［1989: 245–328］

（3）一人の著者か編纂者かによる著作とする説：向井［1976］［1978］［1981］, 袴谷［1978］

なお、勝呂［1989: 323–328, n.51］は、Schmithausen［1969a］および向井［1981］に対する論評である。

17 阿部［2023: 6–13; 13–16］にも諸先学の議論が整理されている。

18 同じく古層に属する「摂事分」にも、種姓への言及を僅かに見出すことができるが、内容の点でまとまりを欠く。「摂事分」は、三蔵、主に経蔵の主題事項（vastu）の集成（saṃgrahaṇī）であり、『雑阿含経』（*Saṃyuktāgama*）と密接な関係にある。向井［1985］を参照。同研究は、「摂事分」と現存の『雑阿含経』との対応関係を一覧表にして示しており、本研究でも「摂事分」における教説を扱う際には適宜参照した。

19『声聞地』における種姓説を扱った研究としては、惠敏［1990］［1991］［1994: 68–99］がある。これらの研究の中で、惠敏氏は、『菩薩地』「独覚地」や「摂決択分」における種姓説も一部扱う。阿部［2023: 177ff.］は、『声聞地』における種子説を検討する中で、種姓にも言及している。『声聞地』「第三瑜伽処」（Tṛtīyayogasthāna）までは声聞地研究会［1998］［2007］［2018］による梵文校訂テキストならびに和訳と注解、全体に対しては안（Ahn）［2021］による韓国語訳がある。안（Ahn）［2021］について、本研究では、『声聞地』「初瑜伽処」の「種姓地」の参照箇所のみを挙げる。

20『菩薩地』における種姓説を扱った研究として、武邑［1940: 71–79］は、『菩薩地』において、種姓に関説するものとして、「種姓品」「成熟品」（Paripākapaṭala）「力種姓品」（Balagotrapaṭala）「住品」（Vihārapaṭala）を挙げ、『菩薩地』の種姓に関する立場を考察する。SEYFORT RUEGG［1969: 77–94］は、『菩薩地』における種姓説を中心に取り上げながら、『声聞地』における種姓説にも言及する。相馬［1986a］［1986b］は、「種姓品」を和訳して考察する。『菩薩地』全体に対しては、안（AHN）［2015］による韓国語訳ならびにENGLE［2016］による英訳がある。안（AHN）［2015］について、本研究では、付録に示した『菩薩地』「種姓品」に対する和訳での参照箇所のみを挙げる。

21 DELEANU［2006: 36, n.18］を参照。

22『声聞地』全体の構成については、従来の研究の見解との相違を含めて、阿部［2023: 25–29］に示されている。

23 詳細なシノプシスに関しては、声聞地研究会［1998: xxi–xxiii］を参照。

24 “gotrastha”という用語に関しては、大衆部系の律文献『比丘威儀法』（*Abhisamācārikā Dharmā*）に用例がある。第5章の飲料水と足を洗浄するための水に関する記述の中に、「名のある飲み水が有る」（gotrasthaṃ pānīyaṃ bhavati /（*ADh* II 315））という文言があり、『比丘威儀法』と対応のある『摩訶僧祇律』では、「有名水」（巻32, T［22］508c1）と漢訳される。また、『比丘威儀法』には、「名のある水」（gotrasthaṃ udakam（*ADh* II 316））という文言もある。『比丘威儀法』における“gotrastha”について、KARASHIMA & VON HINÜBER［2012: II, 316］は、「名のある」（berühmt）や「聖なる」（heilig）という意味で理解している。いっぽう、瑜伽行派における“gotrastha”について、KARASHIMA & VON HINÜBER［2012: II, 315, n.1］では、「仏陀の高貴な家柄に属する」（zum vornehmen Geschlecht des Buddha gehörig）として触れているが、本研究では、序論（pp.8–9）で確認してきたように、瑜伽行派における“gotra”とは、家柄のような血族主義的な意味に限らないため、便宜上、漢訳の「種姓」という語を使って、“gotrastha”を「〔声聞や独覚や菩薩／仏陀／如来／大乗の〕種姓に立脚した」と理解している。

25 *ŚrBh*T1 2.12–15, D 1b3–5, P 2a2–4; 巻21, T［30］395c15–17; ref.（Jpn. trans.）声聞地研究会［1998: 3］,（Kor. trans.）안（AHN）［2021: 60］.

26 *ŚrBh*T1 2.17–20, D 1b5–2a1, P 2a4–b1; 巻21, T［30］395c17–20; ref.（Jpn. trans.）声聞地研究会［1998: 3］,（Kor. trans.）안（AHN）［2021: 60］.

27『邉塵経』は、パーリ語経典『増支部』の“*Suvaṇṇakāra*”（III-100: *AN*I 253.17–258.22）および漢訳『雑阿含経』第1246–1247経（巻47, T［2］341b25–342a21）に相当する。“*Suvaṇṇakāra*”に関しては、藤田祥道［1990］に主要箇所の和訳がある。

28 漢訳には“abhinirvide”と対応する語がない。“abhinirvid”という語の用例は、管見の限り、辞書や他のサンスクリットテキストに確認できない。種姓に関する文脈において、般涅槃という語はよくあるが、厭離に言及するのは当該箇所のみであるため、“abhinirvid”

という語には問題があると言えよう。

29 *SamBh*D 225.5–14; ref.（Jpn. trans.-from Tib.）藤田祥道［1990: 49, n.18］.

30 *ŚrBh*T1 2.21–22, D 2a1–2, P 2b1; 巻 21, T［30］395c20–22; ref.（Jpn. trans.）声聞地研究会［1998: 3］,（Kor. trans.）안（AHN）［2021: 61］.

31 根源要素の言い換えに関しては、まず、「第二瑜伽処」に1箇所、次のような記述がある。

その〔熟達の所縁の〕中で、諸々の根源要素とは如何なるものか。根源要素に関する熟達とは如何なるものか。答える。諸々の根源要素は18〔種〕であり、... これらが諸々の根源要素と言われる。また、これらの18〔種〕の存在要素（十八界）は、個々の根源要素から、個々の種子から、個々の種姓から生じ、起き、出現すると知り、正しいと考えつつ熟慮する。これが根源要素に関する熟達と言われる。

tatra katame dhātavaḥ / katamad dhātukauśalyam / āha / aṣṭādaśa dhātavaḥ / ... ima ucyante dhātavaḥ / 1) yat punar etān aṣṭādaśa dharmān svakāt svakād dhātoḥ svakasvakād bījāt svakasvakād gotrāj jāyante nirvartante prādurbhavantīti jānāti rocayann upanidhyāti / idam ucyate dhātukauśalyam /

1) add. *tatra katamad dhātukauśalyam* / *ŚrBh*T2

（*ŚrBh*T2 110.14–21, Ms*ś* 77v6–7; ref.（Jpn. trans.）声聞地研究会［2007: 111］）

次に、「第三瑜伽処」に2箇所、次のような記述がある。

その〔5種の観の〕中で、根源要素の区別を所縁とする観に専念した者は、如何に意味を追求するのか。「根源要素の意味は、種姓の意味、種子の意味、原因の意味、本性の意味である」と。以上のように意味を認知する者は、意味を追求する。

tatra kathaṃ dhātuprabhedālambanavipaśyanāprayukto 'rthaṃ paryeṣate / "gotrārtho dhātvartho bījārtho hetvarthaḥ prakṛtyartha" iti / evam arthapratisaṃvedy arthaṃ paryeṣate /

（*ŚrBh*T3 62.3–5, Ms*ś* 102r4–5; ref.（Jpn. trans.）声聞地研究会［2018: 63］）

〔根源要素の区別に専念した初めて修行をする者は（dhātuprabhedaprayukta ādikarmiko）、〕以上のように特相を把握し、「四大種（大元素）から成るこの身体において、〔眼と色とから生じる眼識に始まり意と法とから生じる意識までの〕これらすべての認識にとっての種子、根源要素、種姓、本性がある」と確信する。

evaṃ nimittam udgṛhy "āsty eṣāṃ sarveṣāṃ vijñānānām asmin kāye caturmahābhūtike bījaṃ dhātur gotraṃ prakṛtir" ity adhimucyate /

（*ŚrBh*T3 160.11–12, Ms*ś* 112v3–4; ref.（Jpn. trans.）声聞地研究会［2018: 161］）

32『瑜伽論』「摂事分」では、縁起に関する経典の解説の中で、ものの本質（dharmatā）が原初から存続することを種姓や根源要素と言い換える。当該教説の内容には、難解な部分があるが、以下では現時点での理解を示しておく。

無始の時以来の（anādikālika）、継起した（*pravṛtta, 流轉相續）、原因と結果とが連続する（*hetuphalapāraṃparya）、事実（*bhūta, 實性）である継起（*pravṛtti, 流轉）を、諸如来が智慧によって現等覚した後、御言葉でお示しになられたが、〔その継起を〕創造したり、作り出したりするのではない。それ（継起）について、無始の時以来の、原因と結果とが連続する、ものの本質（dharmatā）が、原初から存続することは、それ（ものの本質が原初から存続すること）を了解させることに随順した、それと結び付いた名と句と文との諸々の集まりのあり方（lugs, 法住）を立てる点から、根源要素（dhātu, 法界）と種姓（gotra, 種性）と立脚基盤（*adhiṣṭhāna, 依處）である1)。

1) 当該教説は、『雑阿含経』第299経（巻12, T［2］85b21–c2）と対応する。

de bzhin gshegs pa rnams kyis ni thog ma med pa'i dus nas zhugs pa'i rgyu dang 'bras bu gcig nas gcig tu brgyud (P299a1) pa'i yang dag pa'i 'jug pa ye shes kyis mngon par rdzogs par sangs rgyas nas gsung gis yang dag par ston (D259b2) par mdzad kyi 'byin pa dang 1) byed pa ni ma yin no // de la thog ma med pa'i dus nas rgyu (P299a2) dang 'bras bu gcig nas gcig tu brgyud pa'i chos nyid ye gnas pa gang yin pa de ni de dang ldan pa'i ming dang tshig dang yi ge'i tshogs de brda sprod pa dang mthun pa rnams kyi lugs gnas par (D259b3) bya ba'i phyir khams dang rigs 2) dang (P299a3) gnas 3) yin no //

1) add. / D　2) 3) add. *pa* P

（D 259b1–3, P 298b8–299a3; 巻93, T［30］833b3–9）

当該教説の直前の教説に関しては、本研究［pp.159–160, n.35］を参照。

33『声聞地』における拠り所（āśraya）は、重苦しさ（dauṣṭhulya）と軽快さ（praśrabdhi）とを担う主体であり、身（kāya）心（citta）である。佐久間［2004: 682–683］を参照。

34 Yamabe［1990: 931］は、チベット語訳 “lus las khyad par du gyur pa” から “āśrayaviśeṣa” を想定し、『菩薩地』における “ṣaḍāyatanaviśeṣa” という種姓を定義する表現に注目する。いっぽう、Yamabe［2017: 18, n.10］は、Yamabe［1990］の想定に加えて、漢訳「附在所依」（巻21, T［30］395c22）から “āśrayasaṃniviṣṭa” も想定する。この想定に関しては、勝呂［1982: 63–64］および山部［1990: 75–77, n.20］も参照。本研究では、Yamabe［2017b: 18, n.10］の指摘するように、漢訳とチベット語訳との両方を説明できるサンスクリット表現を想定し難いことから、2つの伝承を併記している。

35『菩薩地』「種姓品」（*BBh*o 313.7–8）から当該箇所を “tādṛśaḥ paraṃparāgato 'nādikāliko dharmatāpratilabdhaḥ” と想定した。“dharmatāpratilabdha” という語に関しては、「法爾道理」（dharmatāyukti）という視点から松本［2004］や Yamabe［2017］、Park［2017］で議論されるが、本研究では、これらの従来の研究とは異なり、“dharmatāpratilabdha” に形容する表現と一部類似したものが『瑜伽論』「摂事分」の縁起に関する経典の解説の中にあり、そこでは、「適当な原因と結果との順序（*nyāyyahetuphalakrama）が無始の時以来（anādikālika）連続する（*pāraṃparya）あり方が、ものの本質（dharmatā）である」と定義される点に着目して、“dharmatāpratilabdha” の “dharmatā” を理解した。

縁起（pratītyasamutpāda）と縁起した諸々のもの（pratītyasamutpannadharma, 縁生

法）は、2つの因によって2つの部分に設定されるのである。〔すなわち、〕如何に継起するのかと何が継起するのかである。それについて、生存（bhava）の十二支分が継起する。それら（十二支分）はまた、適宜（*yathāyoga）、適当な原因と結果との順序（*nyāyyahetuphalakrama）に従って継起するからである。適当な原因と結果とのそういう順序が無始の時以来（anādikālika）連続する（*pāraṃparya）あり方（lugs, 安立）が、ものの本質（dharmatā）である 1)。....

1) 当該教説は、『雑阿含経』第296経（巻12, T［2］84b12–c10）と対応する。

rten cing 'brel bar 'byung ba dang / rten cing 'brel (P298b2) bar 'byung ba'i chos rnams ni rgyu gnyis kyis cha (D259a3) gnyis su rnam par gzhag pa yin te / ji ltar 'jug pa dang / gang rnams 'jug pa'o // de la srid pa'i yan lag bcu gnyis ni 'jug pa'o // de dag kyang ci rigs par (P298b3) rigs pa'i rgyu dang 'bras bu'i rim pas 'jug pa'i phyir te / rigs pa'i rgyu dang 'bras bu'i (D259a4) rim pa de thog ma med pa'i dus nas gcig nas gcig tu brgyud pa'i lugs gang yin pa de ni chos nyid do // ....

（D 259a2–4, P 298b1–3; 巻93, T［30］833a18–22; ref.（Jpn. trans.）松田［2005: 131］）

当該教説の直後の教説でも、ものの本質に関して言及する。本研究［pp.158–159, n.32］を参照。さらに、『瑜伽論』「本地分」の第3地から第5地に相当する「有尋有伺等三地」では、縁起に関する経典（『雑阿含経』第299経（巻12, T［2］85b21–c2）に相当）の解説の中で「無始の時以来成立していることが、ものの本質である」（yānādikālaprasiddhatā sā dharmatā（*YBh*Bh 229.9–10））と規定している。以上の諸点に基づき、本研究では、“dharmatāpratilabdha”の“dharmatā”について、縁起的な因果の連続する様を表す用語であると理解して、種姓など縁起したもの（pratītyasamutpannadharma, 縁生法）がそれを通じて獲得されるところの「ものの本質」と訳した。なお、松田［2005］は、以上のような瑜伽行派の縁起説における“dharmatā”に関して、ヴァスバンドゥを中心として整理した上で、「縁起なる概念は、空間的なものであるとか、相互に依存しあう関係であるとか、あるいは、何らかの実在する真理概念なのでは決してなく、単に過去から未来に向かう一方的な時間の流れの中でのみ成立しうる十二の支分の因果関係の確定という、あたりまえの仏教の大原則に他ならないこと」を指摘している。

36 *ŚrBh*T1 2.22–4.2, D 2a2–4, P 2b1–3; 巻21, T［30］395c22–25; ref.（Jpn. trans.）声聞地研究会［1998: 3–4］,（Kor. trans.）안（AHN）［2021: 61］.

37 *ŚrBh*T1 4.4–9, D 2a4–b1, P 2b3–5; 巻21, T［30］395c26–396a3; ref.（Jpn. trans.）声聞地研究会［1998: 5］,（Kor. trans.）안（AHN）［2021: 61］.

38 *ŚrBh*T1 56.23–58.3, Ms*ś* 15r5–6; ref.（Jpn. trans.）声聞地研究会［1998: 57–59］.

39「§7. 種姓に立脚した人」において、鈍重な機根の人と鋭敏な機根の人を列挙するが、両者は、「第二瑜伽処」において、各々2種に分類される。その中で、全く最初からそのような機根の者が、鈍重な機根の種姓を持つ者や鋭敏な機根の種姓を持つ者と呼ばれる。

その〔人の設定の〕中で、鈍重な機根の人とは如何なるものか。その人には鈍重な諸々の機根があり、知られるべき事物に対して、働きが遅く、働きが微力であると、前の〔「種姓地」の〕通りである。さらに、彼は2種であると知られるべきである。全く最初から鈍重な機根の種姓を持つ者（mṛdvindriyagotra）と、反復修習されていない機根の者である。

鋭敏な機根の人とは如何なるものか。その人には鋭敏な諸々の機根があり、知られるべき事物に対して、働きが遅くなく、働きが微力でないと、前の〔「種姓地」の〕通りである。さらに、彼は2種であると知られるべきである。全く最初から鋭敏な機根の種姓を持つ者（tīkṣṇendriyagotra）と、反復修習された機根の者である。

tatra mṛdvindriyaḥ pudgalaḥ katamaḥ / yasya pudgalasya mṛdūnīndriyāṇi dhandhavāhīni mandavāhīni jñeye vastunīti pūrvavat / sa punar dvividho veditavyaḥ / ādita eva mṛdvindriyagotro ’paribhāvitendriyaś ca //

tīkṣṇendriyaḥ pudgalaḥ katamaḥ / yasya pudgalasya tīkṣṇānīndriyāṇy adhandhavāhīni bhavanty amandavāhīni jñeye vastunīti pūrvavat / sa punar dvividho veditavyaḥ / ādita eva tīkṣṇendriyagotraḥ paribhāvitendriyaś ca //

（*ŚrBh*T2 4.4–10, Msś 66r5–6; ref.（Jpn. trans.）声聞地研究会［2007: 5］）

なお、『阿毘達磨大毘婆沙論』（**Mahāvibhāṣā*, 以下、『婆沙論』）には、鈍重な機根の種姓（鈍根種性）や鋭敏な機根の種姓（利根種性）という語を確認できる（巻44, T［27］230c15–16）。

40 全体の内容に関しては、声聞地研究会［2018: 2–13］を参照。毛利［1986］もまた、全体の和訳を示した後、『声聞地』の先駆的思想を説くサンガラクシャ（*Saṃgharakṣa, 衆護）著『修行道地経』（T［15］（606）, 7巻，竺法護訳）を取り上げ、入門に関する記述内容は大筋において同じ内容であると指摘する。ただし、『修行道地経』には種姓に関する記述がない点は、注意が必要である。

41 *ŚrBh*T3 8.2–9, Msś 96r2–4; ref.（Jpn. trans.）声聞地研究会［2018: 9］.

42 *ŚrBh*T3 8.11–10.1, Msś 96r4–5; ref.（Jpn. trans.）声聞地研究会［2018: 9–11］.

43 ただし、声聞種姓を持つ者にとっての前述の表徴に関して、「種姓地」で述べられたのは、種姓に立脚しない者の表徴であり、さらに、「種姓地」には声聞種姓という語も使用されない。

44 *ŚrBh*T3 12.6–8, Msś 96v3; ref.（Jpn. trans.）声聞地研究会［2018: 13］.

45 *ŚrBh*T3 12.10–12, Msś 96v3–4; ref.（Jpn. trans.）声聞地研究会［2018: 13］.

46 *ŚrBh*T1 4.11–20, D 2b1–4, P 2b5–8; 巻21, T［30］396a3–9; ref.（Jpn. trans.）声聞地研究会［1998: 5］,（Kor. trans.）안（AHN）［2021: 61–62］.

47 各項目の具体的な内容に関しては、声聞地研究会［1998: 6–9］を参照。

48 漢訳には対応する文言がないが、「種姓地」の「§6. 種姓に立脚した人の表徴」では、種姓に立脚しない者を般涅槃し得る性質のない者と規定するため、チベット語訳の内容自体に問題はない。

49 *ŚrBh*$_{\mathrm{TI}}$ 4.22–28, D 2b4–6, P 2b8–3a3; 巻 21, T［30］396a9–14; ref.（Jpn. trans.）声聞地研究会［1998: 5］,（Kor. trans.）안（AHN）［2021: 62］.

50 各項目の具体的な内容に関しては、声聞地研究会［1998: 10–23］を参照。

51『瑜伽論』「本地分」の第 3 地から第 5 地に相当する「有尋有伺等三地」では、煩悩を離れた涅槃を得るための過程を説き、『声聞地』と同様、修行には種姓が先行することを示す。

(1) 何を先立つものとし、(2) 何を基盤とし、(3) 何を集合し、(4) 何の法を得ることとなるのか。(1) 声聞や独覚や如来種姓を先立つものとし、(2) 内的な要素の力を基盤とし、(3) 外的な要素の力を集合し、(4) 煩悩からの離脱である涅槃を得ることとなる。

その中で、以下が内的な要素の力である。すなわち、(2.1) 根源的な思惟、(2.2) 少欲など、(2.3) 内的な清らかな諸々の性質、すなわち〔その性質とは〕、(2.3.1) 人であること、(2.3.2) 聖者の領域に生まれること、(2.3.3) 諸感官が無欠であること、(2.3.4) 究極的な行為（五無間業）を起こさないこと、(2.3.5)〔法や律という〕領域に向けられた清らかさである。以上、このような類の諸項目が内的な要素の力と言われる。

その中で、以下が外的な要素の力である。すなわち、(3.1) 諸仏の出現、(3.2) 正法の説示、(3.3) 説示された諸法の存続、(3.4) 存続状態〔の諸法〕に付き随うこと、(3.5) 他者からの哀愍である。以上、このような類の諸項目が外的な要素の力と言われる。

kiṃpūrvā kiṃ pratiṣṭhāya kiṃ saṅgamya kasya dharmasya prāptir bhavati / śrāvakapratyekabuddhatathāgatagotrapūrvādhyātmāṅgabalaṃ pratiṣṭhāya bāhyāṅgabalaṃ saṅgamya kleśavisaṃyogasya nirvāṇasya prāptir bhavati //

tatredam adhyātmāṅgabalaṃ / tadyathā yoniśomanasikāro 'lpecchatādayaś ca / adhyātmam kuśalā dharmās tadyathā manuṣyatvaṃ / āryāyatane pratyājātiḥ / indriyair avikalatā / aparivṛttakarmāntatā / āyatanagataḥ prasādaḥ / ity evaṃbhāgīyā dharmā adhyātmāṅgabalam ity ucyate //

tatredaṃ bāhyāṅgabalaṃ tadyathā buddhānām utpādaḥ / saddharmasya deśanā / deśitānāṃ dharmāṇām avasthānaṃ / avasthātānāṃ cānupravartanaṃ / parataś ca pratyanukampā / ity evaṃbhāgīyā dharmā bāhyāṅgabalam ity ucyate //

（*YBh*$_{\mathrm{Bh}}$ 105.11–17）

種姓に続く、内的な要素の力には、少欲を除き、『声聞地』「種姓地」所説の主要な条件の中の根源的な思惟と、副次的な条件の中の自身の完備とに同様の項目があり、外的な要素の力には、『声聞地』「種姓地」所説の副次的な条件の中の他の完備に同様の項目がある。
　また、『声聞地』所説の自身の完備および他の完備に関しては、「本地分」の第 12 地「修所成地」(*Bhāvanāmayī bhūmi*) 所説の生まれの完備 (abhinirvṛttisaṃpad) において、順序に相違があるが、対応する項目がある。両者の比較に関しては、菅原 [2010: 233–239] を参照。『声聞地』の項目語としては、「修所成地」よりも「有尋有伺等三地」の方が一致する。

52 *ŚrBh*T1 8.13–24, D 3b1–4, P 3b6–4a2l; 巻 21, T [30] 396b7–15; ref. (Jpn. trans.) 声聞地研究会 [1998: 9], (Kor. trans.) 안 (AHN) [2021: 63–64].
53 *ŚrBh*T1 22.12–25, Ms*ś* 3r8–v3; ref. (Jpn. trans.) 声聞地研究会 [1998: 23], (Kor. trans.) 안 (AHN) [2021: 70].
54 種姓説に関する文脈において「達成」という語は、『声聞地』の「結果を生じさせ、結果が達成された」種姓や、『菩薩地』の「達成された結果を有する〔種姓〕」(samudāgataphala)が粗大と言われるかたちでも見出される。本研究[p.56; p.80]を参照。
55 種姓の浄化に関しては、『瑜伽論』「摂事分」に類似すると考えられる用語がある。

　　聖者たちは、神通の根拠 (ṛddhipāda, 神足) を修習することに依拠し、聖者にとっての神通を引き起こす。これ以外の者たちについては、聖者にとっての神通を引き起こすために神通の根拠を修習することがない。聖者は、聖者にとっての神通を引き起こした後、望めば、寿命の諸々の形成力を増大し、一劫か一劫以上〔留まり〕、その劫の後にも留まる。浄化されていない (*aviśuddha) 1) 種姓を持つ人については、金塊であるもの (*hiraṇyabhūta, 物類) と言われる。彼はまた、この性質を持つ者に過ぎないと理解されるべきである 2)。

　　1) チベット語訳は "shin tu rnam par dag par gyur pa" (*suviśuddha)、漢訳は「不淨」(*aviśuddha) であり、両訳には相違がある。金剛喩定を経て種姓を完全に浄化するという、『瑜伽論』の古層に属する『声聞地』「第四瑜伽処」のような立場を採るならば、当該教説における種姓は、漢訳のように、浄化されていないと考えられる。いっぽう、『瑜伽論』の新層に属する「摂決択分」では種姓に立脚した者を浄化された根源要素を持つ者と言い換えている。本研究 [p.193, n.182] を参照。したがって、この立場を採るならば、当該教説における種姓は、チベット語訳のように、極めて浄化されたものと考えられる。本研究では、古層に属する箇所には「摂決択分」のような言い換えを見出せないことを考慮し、漢訳の読みを採った。
　　2) 当該教説は、向井 [1985: 27–41] によれば、現存の『雑阿含経』に対応を見出せない。

'phags pa rnams ni rdzu 'phrul gyi rkang pa sgom pa la brten nas / 1) 'phags pa'i rdzu (D323a5) 'phrul mngon par sgrub bo // 'di las (P368b5) phyi rol pa rnams la ni 'phags pa'i rdzu 'phrul bsgrub pa'i phyir rdzu 'phrul gyi rkang pa bsgom pa med do // 'phags pa ni

’phags pa’i rdzu ’phrul bsgrubs nas ’dod na tshe’i ’du byed rnams rnam par bskyed nas bskal pa’am / 2) (P368b6) bskal pa (D323a6) las lhag pa ste / bskal pa de’i ’og tu yang gnas so // gang zag rigs (3 rnam par dag par [ma] gyur pa 3) la ni dbyig tu gyur pa zhes bya ste / de yang chos ’di pa ’ba’ zhig yin par blta bar bya’o //

1) 2) om. / P　3) *shin tu rnam par dag par gyur pa* DP　Cf. 不浄 T

（D 323a4–6, P 368b4–6; 巻 98, T［30］862c23–28）

神通の根拠の修習に関して、聖者とこれ以外の者に場合分けして説いた後、さらに、神通を引き起こして寿命の形成力を増大することに関して、聖者と浄化されていない種姓を持つ者に場合分けして説く。当該教説のように、種姓を持つ者を漢訳で「物類」と呼ぶ教説を、同じ「摂事分」に見出せる。

教戒師（仏陀）は、聖者に、過去に 3 種の点で、聖者であると授記なさった。種姓を完備した（*gotrasaṃpanna, 種性満）から、財物であるもの（*draviṇa-/dravya-bhūta, 物類）と授記なさるのである 1）。....

1）当該教説と対応する『雑阿含経』第 52 経（巻 2, T［2］12c2–3）の中で、『鬱低迦修多羅』は『増一阿含経』の「四法」にあると説かれるが、該当箇所はない。蘇（Su）［2007］によれば、『雑阿含経』第 624 経（巻 24, T［2］174c21–175a16）が『鬱低迦修多羅』に相当する。

ston pa ni ’phags pa ’das pa na rnam pa gsum gyis ’phags pa yin (P205b3) par lung ston par mdzad de / rigs dang ldan pa’i phyir nor du gyur par lung (D180a2) ston pa dang / ....

（D 180a1–2, P 205b2–3; 巻 88, T［30］796a11–13）

漢訳「物類」と対応するチベット語訳に相違はあるが、何れの教説も、種姓を持つ者をその様に呼ぶ点が共通する。

56 *ŚrBh*A 123.14–17, *ŚrBh*Sc 462.1–7, *ŚrBh*Sh 507.7–508.4, Msś 128r3–4; D 193b1–2, P 234a4–6; 巻 34, T［30］477a9–13; ref.（Jpn. trans.）阿部［2023: 123］.

57 瑜伽行派に至るまでの種姓説に関しては、本研究［pp.9–13］を参照。

58 具体的な内容に関しては、声聞地研究会［1998: 24–39］を参照。「§6. 種姓に立脚した人の表徴」に詳述される種姓に立脚しない（a-gotrastha）人に関しては後述する。本研究［pp.85–89］を参照。「§7. 種姓に立脚した人」には、次のような者が具体的に挙がっている。

その〔「種姓地」の〕中で、種姓に立脚した人たちとは何か。答える。種姓に立脚した人は、(1) 種姓に立脚しただけで入門せず出離していない者、(2) 種姓に立脚し入門して出離していない者、(3) 種姓に立脚し入門し出離した者、(4) 鈍重なる機根を持つ者、(5) 中位な機根を持つ者、(6) 鋭敏なる機根を持つ者、(7) 貪欲に基づく品行を持つ者、(8) 瞋恚に基づく品行を持つ者、(9) 愚痴に基づく品行を持つ者、(10) 不遇な状態に生まれた者、(11) 幸福な状態に生まれた者、(12) 放逸な者、(13) 不放逸な者、(14) 邪まな修行のある者、(15) 邪まな修行のない者、

(16) 障害のある者、(17) 障害のない者、(18)〔涅槃に〕遠い者、(19)〔涅槃に〕近い者、(20) 成熟した者と、(21) 成熟していない者と、(22) 浄化された者と、(23) 浄化されていない者とである。

tatra katame gotrasthāḥ pudgalāḥ / āha / asti gotrasthaḥ pudgalaḥ, gotra eva sthito nāvatīrṇo na niṣkrāntaḥ, (1 gotrasthaś cāvatīrṇaś ca na niṣkrāntaś ca, gotrasthaś cāvatīrṇaś ca niṣkrāntaś ca, 1) mṛdvindriyaḥ, madhyendriyaḥ, tīkṣṇendriyaḥ, rāgacaritaḥ, dveṣacaritaḥ, mohacaritaḥ, akṣaṇyopapannaḥ, kṣaṇyopapannaḥ, pramattaḥ, apramattaḥ, mithyāpratipannaḥ, amithyāpratipannaḥ, āvṛtaḥ, anāvṛtaḥ, dūre, antike, paripakvaś cāparipakvaś ca, viśuddhaś cāviśuddha-(2 ś ca // 2)

1) gotrastho 'vatīrṇo na niṣkrāntaḥ, gotrastho 'vatīrṇo niṣkrāntaḥ *ŚrBh*T1. 梵文写本(Msś 4a6) は左端が約 26 字分破損している。本研究の想定サンスクリットは、サンスクリット原文の回収可能な同一文献の並行箇所 "gotrasthaś cāvatīrṇaś ca niṣkrāntaś ca" (*ŚrBh*T1 30.17; ref. (Jpn. trans.) 声聞地研究会［1998: 31］) を参考にしており、欠損している写本の文字数にも近い。

2) Reconstructed by *ŚrBh*T1

(*ŚrBh*T1 28.19–30.3, Msś 4r5–7; ref. (Jpn. trans.) 声聞地研究会［1998: 29–31］, (Kor. trans.) 안 (AHN)［2021: 74］)

59 *ŚrBh*T2 32.11–34.6, Msś 69r3–6; ref. (Jpn. trans.) 声聞地研究会［2007: 33–35］.

60 YONEZAWA［1998: 14］は "cāritra" という読みを採るが、本研究では、DELHEY［2013: 523, n.125］による、『瑜伽論』の他の箇所において "vihāra" と "cāra" とが対となっているという指摘に従い、"cāra" という読みを採った。

61「独覚地」の現代語訳には、KLOPPENBORG［1974: Appendix, 126–129］、WAYMAN［1997］、YONEZAWA［1998］による英訳がある。「独覚地」の成立に関して、岡田行弘［1981］は、「大綱を『婆沙論』にそいつつ、初期大乗の重要な教理（種姓・縁起）と結びついて、一応の纏まりを持つ独覚論として成立した」と指摘する。

62 スティラマティ以降の瑜伽行派論師による『聖無尽意所説経』(*Āryākṣayamatinirdeśasūtra*) に対する注釈書『聖無尽意所説広注』(*Āryākṣayamatinirdeśaṭīkā*, D (3994), P［104］(5495)) では、独覚乗に関して、「独覚地」の独覚種姓を始めとする所説に基づいて注釈する。BRAARVIG［1993a: 79.26–46］［1993b: 317ff.］を参照。

63 微弱な塵垢の人に関しては、『声聞地』「第二瑜伽処」における、28 種の人を解説する中に挙がる (*ŚrBh*T2 8.10–15; ref. (Jpn. trans.) 声聞地研究会［2007: 9］)。この他にも、『声聞地』には "mandarajaska" という語の用例が多くある。

64 微弱な悲愍の人に関しては、『声聞地』「第二瑜伽処」における、11 種の人の設定の中の、慢心に基づく品行の人の解説に挙がる (*ŚrBh*T2 28.16–30.12; ref. (Jpn. trans.) 声聞地研究会［2007: 29–31］)。

65 第 2 の独覚種姓の特徴に関しては、「摂決択分」の「菩薩地決択」に説く、寂静を唯一の路とする声聞（*śamaikāyanikaśrāvaka）とその内容が類似する。本研究［pp.106–108; pp.109–110］を参照。

66 中位な機根の者に関しては、『声聞地』「初瑜伽処」の「種姓地」の「§7. 種姓に立脚した人」を解説する中に挙がる（*ŚrBh*T1 32.7–9; ref.（Jpn. trans.）声聞地研究会［1998: 33］,（Kor. trans.）안（AHN）［2021: 75］）。また、独覚を中位な機根の者とするのは、『菩薩地』第 1 章「種姓品」と同様である。本研究［pp.82–83］を参照。

67 慢心に基づく品行の人に関しては、『声聞地』「第二瑜伽処」の 11 種の人の設定を解説する中に挙がる（*ŚrBh*T2 28.16–30.12; ref.（Jpn. trans.）声聞地研究会［2007: 29–31］）。

68 *PrBh*Y 14.7–16, *PrBh*P 232.6–14; ref.（Eng. trans.）KLOPPENBORG［1974: Appendix, 126］, WAYMAN［1997: 193–194］, YONEZAWA［1998: 19–20］.

69 *PrBh*Y 15.2–8, *PrBh*P 232.16–18; ref.（Eng. trans.）KLOPPENBORG［1974: Appendix, 126–27］, WAYMAN［1997: 194］, YONEZAWA［1998: 20–21］.

70『菩薩地』の荻原校訂本には、『菩薩地』全体の概略を示した章として「アヌクラマ」（Anukrama）が最後に付される。この章は、玄奘訳およびチベット語訳に対応がある。

71『菩薩地』の構成に関しては、高橋［2005: 7–9］に解説され、一覧として示される。

72『菩薩地』では、10 項目の列挙、『声聞地』では、4 項目の列挙により、論書全体の骨格を説示する。

73『菩薩地』では、論を構成する骨格のひとつである基礎を説く。基礎としての、種姓が第 1 章「種姓品」、初発心が第 2 章「発心品」（Cittotpādapaṭala）、菩提分法／菩薩行が第 3 章「自他利品」（Svaparārthapaṭala）から第 18 章「菩薩功徳品」（Bodhisattvaguṇapaṭala）に対応する。いっぽう、『声聞地』では、「§2.「初瑜伽処」の綱領偈」において、論を構成する 4 つの瑜伽処の中の「初瑜伽処」を成す「種姓地」「趣入地」「出離地」という 3 つの地を説く。両論共に、種姓の解説の前に、種姓を含んだ、論の大きな枠組みについて説示している。また、『菩薩地』では、『声聞地』の「§4.1. 種姓」や「§5.4. 般涅槃への諸条件」において、種姓を前提として般涅槃への諸条件を経て般涅槃へ到達するまでの流れを解説するように、基礎について、種姓を前提として初発心、菩提分法を経て無上正等菩提を獲得するまでの流れを解説する。

74『菩薩地』では、種姓自体の定義として、『声聞地』の「§4.3. 種姓の本質」「§4.2. 種姓の同義異語」「§5.1. 種姓が微細か粗大か」における議論を継承する。その中で「§4.3. 種姓の本質」に関しては、種姓を 2 種に分けて定義を発展させるが、「§5.1. 種姓が微細か粗大か」に関しては、端的に述べるのみである。

75『菩薩地』では、菩薩種姓の卓越性として、二障の浄化と 4 種の様相という点から、種姓を備えた者の中で菩薩種姓を備えた菩薩が声聞や独覚よりも卓越していることを述べる。『声聞地』では、三乗は比較しないが、種姓に立脚した者に関して、機根など様々な観点から述べる点に、『菩薩地』との若干の類似性が認められる。

76『声聞地』「第三瑜伽処」における、三乗の種姓を質問、論説、行動、心の様に関する智によって審査する方法の解説や、「独覚地」の「種姓」における、独覚種姓の3つの特徴に関する解説も同様に、三乗の何れかの種姓に立脚した者の解説と見做し得る。本研究［pp.57–60; pp.67–68］を参照。

77『菩薩地』では、六波羅蜜という観点から菩薩種姓の表徴、『声聞地』では、種姓に立脚しない者の表徴について解説し、両論書共に種姓の表徴を扱っている。

78『菩薩地』では、悪趣に生まれる菩薩について、菩薩の持つ種姓の卓越性、4種の随煩悩という観点から解説するが、『声聞地』には対応を見出せない。

79『菩薩地』では、種姓を完備した菩薩が無上正等菩提を得られない4種の理由、『声聞地』では、種姓に立脚した人が般涅槃しなかった4種の原因について述べ、結果の得られない理由という議論の方向性に類似性が認められる。

80『声聞地』の「§4.1. 種姓」にも類似した趣旨の解説がある。本研究［p.53］を参照。

81 *BBh*O 309.2–313.3.

82 *BBh*I&F 474, *BBh*Wo 411.1–3; ref.（Jpn. trans.）古坂［1996: 119］,（Eng. trans.）ENGLE［2016: 665］.

83 第2章「発心品」では、発心を各4種の条件、原因、力によって説示する。種姓に関わる原因の箇所のみを順次挙げると、次の通りである。

> さて、その発心は、4つの条件、4つの原因、4つの力によって知られるべきである。…
>
> 4つの原因とは如何なるものか。(1) 発心するための第1の原因は、菩薩が種姓を完備すること（gotrasaṃpad）である。(2) 発心するための第2の原因は、仏陀や菩薩という善き師友に取り巻かれることである。(3) 発心するための第3の原因は、菩薩の持つ、衆生たちに対する悲愍である。…
>
> その中で、(1) 菩薩が種姓を完備すること（gotrasaṃpad）は、ものの本質を通じて獲得されたものに他ならないと知られるべきである。… (3) 4つの様相の点で、菩薩は衆生たちに対して悲愍に満ちた者である。… 以上、その菩薩には、自身の種姓（svagotra）に依拠することで本来的に賢善であるので、以上4つの所縁、立脚基盤により、努力を反復実行することに基づかずに、微弱や中位や高度な悲愍が起こる。….
>
> sa 1) khalu cittasyotpādaś caturbhiḥ pratyayaiś caturbhir hetubhiś caturbhir balair veditavyaḥ / ...
>
> catvāro hetavaḥ katame / gotrasaṃpad bodhisattvasya prathamo hetuś cittasyotpattaye / buddhabodhisattvakalyāṇamitraparigraho dvitīyo hetuś cittasyotpattaye / sattveṣu kāruṇyaṃ bodhisattvasya tṛtīyo hetuś cittasyotpattaye / ...
>
> tatra gotrasaṃpad bodhisattvasya dharmatāpratilabdhaiva veditavyā / ... caturbhir ākārair bodhisattvaḥ karuṇābahulo bhavati sattveṣu / ... iti tasya bodhisattvasya svagotrasaṃniśrayeṇa prakṛtibhadratayā ebhiś caturbhir ālambanair adhiṣṭhānaiḥ karuṇā

mṛdumadhyādhimātrā pravartate anyatrābhyāsataḥ // ....

1) *tasya BBh*D

（*BBh*Wa 369.18–372.4, *BBh*Wo 13.21–15.23, *BBh*D 9.11–11.8; ref.（Jpn. trans.）相馬［1986b: 18–20］, 若原［2023a: 98–99］［2023b: 330–337］,（Eng. trans.）ENGLE［2016: 25–28］）

発心するための第 1 の原因は、菩薩が種姓を完備すること（gotrasaṃpad）であり、それはものの本質を通じて獲得されたものと解説している。次項で取り上げる種姓に関する定義にこの解説の類同文があることから、種姓を完備することは、本来的に在る（prakṛtistha）種姓を指すことがわかる。また、第 3 の原因は、菩薩の持つ、衆生たちに対する悲愍であり、菩薩が自身の種姓に依拠することで本来的に賢善であるので起こると解説している。菩薩の持つ悲愍は、種姓に基づく本来的な賢善さに由来すると言える。種姓と本来的な賢善さとの関係については、「種姓品」の「§6. 悪趣に生まれる菩薩」や「住品」の種姓住にある菩薩の解説などにも見出せる。本研究［pp.344–347; pp.74–76］を参照。

次に、同章では、発心するための原因の反対のものとして、発心を翻す理由を列挙する。

菩薩には〔発〕心を翻す 4 つの理由がある。4 つとは如何なるものか。(1) 種姓を完備した者ではない。(2) 悪い友人に取り巻かれた者である。(3) 衆生たちに対する悲愍の乏しい者である。... 発心するための 4 つの原因の反対のものとして、以上 4 つの〔発〕心を翻す理由が、詳しく先のように知られるべきである。

catvāri bodhisattvasya cittavyāvṛttikāraṇāni / katamāni catvāri / na gotrasaṃpanno bhavati / pāpamitraparigṛhīto bhavati / sattveṣu mandakaruṇo bhavati / ... caturṇāṃ cittotpattihetūnāṃ viparyayeṇa catvāry etāni cittavyāvṛttikāraṇāni vistareṇa pūrvavad veditavyāni /

（*BBh*Wa 372.28–32, *BBh*Wo 188.3–9, *BBh*D 12.3–7; ref.（Jpn. trans.）相馬［1986b: 21–22］, 若原［2023a: 100］［2023b: 339–340］,（Eng. trans.）ENGLE［2016: 30］）

上掲の 2 教説共に最初に種姓の完備を挙げることから、種姓が発心するための根本的な原因となっていると言えよう。

さらに、種姓に立脚した者と発心した者との差異に関しては、重苦しさの乏しさという観点から述べる。

種姓に立脚した菩薩は、実に本来的に単に重苦しさの乏しい者である。いっぽう、発心した者は、より一層のこと重苦しさの乏しい者である。すなわち、身体の重苦しさと言葉の重苦しさと心の重苦しさとの点で。

prakṛtyaiva tāvad gotrastho bodhisattvo mandadauṣṭhulyo bhavati / utpāditacittas 1) tu bhūyasyā mātrayā mandataradauṣṭhulyo bhavati, yaduta kāyadauṣṭhulyena vāgdauṣṭhulyena 2) cittadauṣṭhulyena ca /

1) *utpāditabodhicittas BBh*Wo　2) om. *vāgdauṣṭhulyena BBh*D

（*BBh*Wa 374.15–18, *BBh*Wo 20.5–9, *BBh*D 13.15–17; ref.（Jpn. trans.）相馬［1986b: 24］,

若原［2023a: 102］［2023b: 346］，（Eng. trans.）ENGLE［2016: 33］）

84 第 8 章「力種姓品」では、清浄にとっての 10 種の原因を解説する中で、種姓によって保持された菩提分法の種子を、菩提分法が生起する原因であると述べる。

種姓によって保持された、無漏な菩提分法のそれらの種子が、それらの菩提分法にとっての（5）生起因である。

tāni gotrasaṃgṛhītāny anāsravabodhipakṣyadharmabījāni teṣāṃ bodhipakṣyāṇāṃ dharmāṇām abhinirvṛttihetuḥ /

（*BBh*Y8 64.18–19, *BBh*Wo 101.23–25, *BBh*D 71.25–26; ref.（Jpn. trans.）矢板［2015: 42］，（Eng. trans.）ENGLE［2016: 183–184］）

85 十三住および七地の各訳語については、便宜上、玄奘訳を使用する。

86 *BBh*I&F 60–64, *BBh*Wo 317.6–318.7, *BBh*D 217.7–218.1; ref.（Jpn. trans.）原田［2010: 46–47］，（Eng. trans.）ENGLE［2016: 517–518］.

87 当該箇所の翻訳に際して、高橋［2022］を参照した。

88 *BBh*I&F 66–68, *BBh*Wo 318.11–319.4, *BBh*D 218.6–17; ref.（Jpn. trans.）原田［2010: 49–50］，（Eng. trans.）ENGLE［2016: 519–520］.

89（1）に関しては、「種姓品」の「§6. 悪趣に生まれる菩薩」において、菩薩の持つ種姓について、本来的に徳性を伴い、賢善で、善くて、清らかな性質を備えたものと述べる箇所と関連するだろう。本研究［pp.344–347］を参照。（2）に関しては、第 27 章「相好品」（Lakṣaṇānuvyañjanapaṭala）における三十二相の種子という表現と関連するだろう。本研究［pp.169–170, n.94］を参照。三十二相に関連して、第 8 章「力種姓品」（Balagotrapaṭala）などに見られる力種姓（balagotra）という表現もまた、力が如来の十力を指すため、類似性が認められる。本研究［pp.178–180, n.121］を参照。（3）に関しては、関連する教説を見出せない。（4）に関しては、「種姓品」で詳述された規定に基づく。

90 *BBh*I&F 208, *BBh*Wo 357.5–6, *BBh*D 243.18–19; ref.（Eng. trans.）ENGLE［2016: 578］.

91 *BBh*I&F 68, *BBh*Wo 319.8–13, *BBh*D 218.20–23; ref.（Jpn. trans.）原田［2010: 51］，（Eng. trans.）ENGLE［2016: 521］.

92 *BBh*I&F 210, *BBh*Wo 357.26–28, *BBh*D 244.5–6; ref.（Eng. trans.）ENGLE［2016: 579］.

93 *BBh*I&F 254, *BBh*Wo 367.1–8, *BBh*D 253.3–7; ref.（Eng. trans.）ENGLE［2016: 595］.

94 種姓地に関しては、第 27 章「相好品」において言及がある。

さて、諸菩薩にとっては、〔第 1〕種姓地において、単にこの〔仏陀の三十二〕相（特徴）の種子だけに立脚することが知られるべきである。

tatra gotrabhūmau bodhisattvānām etallakṣaṇabījamātre 1) ’vasthānaṃ veditavyam /

1) *etallakṣaṇavījamātre BBh*I&F

（*BBh*I&F 323, *BBh*Wo 382.8–9, *BBh*D 263.23; ref.（Eng. trans.）ENGLE［2016: 617］）

種姓地とは三十二相の種子だけに立脚した状態であり、種姓住の解説に見られた、仏陀のすべての性質にとっての種子を保持する状態と対応すると考えられる。

95 第 18 章「菩薩功徳品」（Bodhisattvaguṇapaṭala）において菩薩の徳性として説示される、（1）授記（vyā+ $\sqrt{\text{kṛ}}$）、（2）確定へ投じること（niyatipāta, 墮於決定）、（3）最上位なもの（pradhāna）、（4）10 種の菩薩という 4 つの主題の中で、各徳性の項目の最初に種姓を配する。以下では、種姓に関する言及のある箇所を中心に挙げる。（1）授記について、如来は種姓に立脚した菩薩に無上正等菩提を授記する。

> 略説すると、6 つの様相の点で、諸如来は、菩薩に無上正等菩提を授記する。如何なる 6 つの〔様相の〕点でか。（1）種姓に立脚した、未だ発心していない〔菩薩〕に、（2）同様に〔種姓に立脚した〕、既に発心した〔菩薩〕に、... 授記する。....
>
> ṣaḍbhir 1) ākāraiḥ samāsatas tathāgatā bodhisattvam anuttarāyāṃ samyaksaṃbodhau vyākurvanti / katamaiḥ ṣaḍbhiḥ 2) / gotrastham anutpāditacittam, tathotpāditacittam, 3) ... vyākurvanti 4) ....
>
> 1) *ṣadbhir BBh*$_{\mathrm{F}}$　2) *ṣadbhiḥ BBh*$_{\mathrm{F}}$, *ṣaḍbhih BBh*$_{\mathrm{Wo}}$　3) *tathotpāditaṃ cittam BBh*$_{\mathrm{D}}$*BBh*$_{\mathrm{F}}$ *BBh*$_{\mathrm{Wo}}$　4) *vyākaroti BBh*$_{\mathrm{F}}$*BBh*$_{\mathrm{Wo}}$
>
> （*BBh*$_{\mathrm{Y18}}$ 93.10–14, *BBh*$_{\mathrm{F}}$ 42–44, *BBh*$_{\mathrm{Wo}}$ 290.4–9, *BBh*$_{\mathrm{D}}$ 196.21–24; ref.（Jpn. trans.）矢板［2013: 74］,（Eng. trans.）ENGLE［2016: 474–475］）

（2）確定へ投じることについて、種姓に立脚しただけの菩薩は、諸々の条件を得て確実に無上正等菩提をさとる資質のある者であることから、確定へ投じたと言われる。

> 次の 3 つが菩薩にとっての確定へ投じることである。3 つとは如何なるものか。（1）種姓に立脚しただけの菩薩は、確定へ投じたと言われる。それはなぜか。彼（菩薩）は、諸々の条件を得て確実に無上正等菩提をさとる資質のある者である。... そういうこれら 3 つが確定へ投じることである。〔すなわち、〕（1）種姓への立脚に関する確定へ投じること、（2）発心に関する確定へ投じること、（3）不毛ならざる行に関する確定に投じることである。
>
> traya ime bodhisattvasya niyatipātāḥ 1) / katame trayaḥ / gotrastha eva bodhisattvo niyatipatita ity ucyate / tat kasya hetoḥ / bhavyo 'sau pratyayān āsādya niyatam anuttarāṃ samyaksaṃbodhim abhisaṃboddhum / ... ta ete trayo niyatipātā 2) bhavanti / gotrasthaniyatipātaḥ, cittotpādaniyatipātaḥ, abandhyacaryāniyatipātaś 3) ca /
>
> 1) *niyatapātāḥ BBh*$_{\mathrm{F}}$　2) *niyatipatitā BBh*$_{\mathrm{F}}$　3) *avaṃdhyacaryāniyatipātaś BBh*$_{\mathrm{F}}$*BBh*$_{\mathrm{Wo}}$
>
> （*BBh*$_{\mathrm{Y18}}$ 93.17–94.4, *BBh*$_{\mathrm{F}}$ 44–47, *BBh*$_{\mathrm{Wo}}$ 290.11–21, *BBh*$_{\mathrm{D}}$ 197.1–8; ref.（Jpn. trans.）矢板［2013: 74–75］,（Eng. trans.）ENGLE［2016: 475–476］）

（3）最上位なものについて、菩薩種姓があらゆる種姓の中で最上位なものとされる。

> 次の 10 のものが、諸菩薩にとって、最上位なものと考えられている。それらを諸菩薩は最上のものとして保持し、最上の概念設定として〔仮に〕設定する。10 とは如何なるものか。（1）菩薩種姓であり、あらゆる種姓の中で最上位なものである。（2）初発心であり、あらゆる正しい誓願の中で最上位なものである。....

daśeme dharmā bodhisattvānāṃ pradhānasaṃmatā yān bodhisattvā agrato dhārayanty agryaprajñaptiṣu ca prajñapayanti / katame daśa / bodhisattvagotraṃ 1) sarvagotrāṇāṃ pradhānam / prathamaś cittotpādaḥ sarvasamyakpraṇidhānānāṃ pradhānam / ....

1) *bodhisattvagotrāṃ BBh*F

（*BBh*Y18 94.20–95.1, *BBh*F 52, *BBh*Wo 291.11–15, *BBh*D 197.19–21; ref.（Jpn. trans.）矢板［2013: 75–76］,（Eng. trans.）ENGLE［2016: 476–477］）

(4) 10 種の菩薩について、無上正等菩提に至るまでの菩薩の初めに、種姓に立脚した菩薩を挙げる。

さらに、以上のように修学して無上正等菩提をさとる諸菩薩とは誰か。彼らは、略説すると10種であると知られるべきである。〔すなわち、〕(1)種姓に立脚した〔菩薩〕であり、(2) 入門した〔菩薩〕であり、... その〔10 種の菩薩の〕中で、(1) 種姓に立脚した菩薩が、修学して発心する。彼は、(2) 入門した〔菩薩〕と言われる。... 種姓から無上正等菩提に至るまで、そういうこれら 10〔種〕の菩薩が詳述された。

ke punas te bodhisattvā ya evaṃ śikṣamāṇā anuttarāṃ samyaksaṃbodhim abhisaṃbudhyante / te samāsato daśavidhā 1) veditavyāḥ 2) / gotrasthaḥ, avatīrṇaḥ, ... tatra gotrastho bodhisattvaḥ śikṣamāṇaś cittam utpādayati / so 'vatīrṇa ity ucyate / ... (3 ta ete 3) gotram upādāya yāvad anuttarāyāḥ samyaksaṃbodher daśa bodhisattvā nirdiṣṭāḥ 4) /

1) *daśa BBh*D　2) *veditavyā BBh*F　3) *tatra te BBh*D　4) *nirdiṣṭā BBh*F

（*BBh*Y18 103.7–104.2, *BBh*F 114–121, *BBh*Wo 298.15–299.10, *BBh*D 202.18–203.5; ref.（Jpn. trans.）矢板［2013: 84］,（Eng. trans.）ENGLE［2016: 488–489］）

96 "prakṛtistha" という語に関して、SCHMITHAUSEN［2014: 119, n.490］は、サーガラメーガ（*Sāgaramegha/*Samudramegha, 海雲, ca. 8th century）による『菩薩地』に対する注釈書『瑜伽師地中菩薩地解説』(*Yogācārabhūmau Bodhisattvabhūmivyākhyā*) における「「**本来的に在る**」（prakṛtisthaṃ）というのは、本質的に完成していることであり ....」（**rang bzhin gyis gnas pa** zhes bya ba ni ngo bo nyid kyis grub (*sgrub* D) pa ste / ....（D 5a7–b1, P 6a6–7)）というチベット語訳 "rang bzhin gyis gnas pa" の用例に基づいて「生来の、本来備わっている」(innate, inherent) と、『菩薩地』における「未純化状態の金」(suvarṇaṃ prakṛti-sthaṃ/-sthitaṃ（*BBh*Wo 331.11, *BBh*D 226.21）; gser rang bzhin du gnas pa（D 171b3, P 197a4))というチベット語訳 "rang bzhin du gnas pa" の用例に基づいて「本来のままの、未純化状態の」(being in its natural, unrefined state) という 2 つの側面があることを指摘する。本研究では、SCHMITHAUSEN［2014］による指摘についてはどちらの意味も含んでいる可能性もあるが、種姓に関する文脈では前者の理解が穏当であろうと考えて、「本来的に在る」と訳した。

97 "pūrva" については、これまで「過去世」という訳語を与えていたが、現世の過去を含まず、前世に限られる、と理解される恐れがあるので、訳語を「以前」に変更している。ただし、以前とはいっても、前世のことを指す場合もある。例えば、「摂事分」には、本来的に在る種姓および発展した種姓と類似した表現として、本来的に在る根源要素および反復実行により養成された根源要素があるが、反復実行により養成された根源要素に関する解説では、「以前に」（*pūrvam）という語に「他の諸々の生まれにおいて」（*anyajātiṣu）という語が連続している。本研究［p.173, n.102］を参照。『菩薩地』第10章「戒品」（Śīlapaṭala）にも、本来的戒および反復実行された戒に関する解説において、反復実行された戒を「以前に」（pūrvam）「他の諸々の生まれにおいて」（anyāsu jātiṣu）反復実行されたものとする用例がある。本研究［pp.176–177, n.118］を参照。「種姓品」の当該の "pūrva" については、「他の諸々の生まれにおいて」という語が連続しないので、前世に限定せずに理解しておく。

98 *BBh*O 313.5–9.

99 本研究［p.55］を参照。種姓の本質に関する定義を再掲すると、次の通りである。

それでは、そういう種姓の本質（svabhāva）とは如何なるものか。それ（種姓の本質）は、(1 拠り所〔たる身心〕に入り込んで（*āśrayasaṃniviṣṭa, 附在所依）／特殊な拠り所〔たる身心〕（*āśrayaviśeṣa）で、六処に収められたもの（*ṣaḍāyatanasaṃgṛhīta）であり、同一性を保ちながら（tādṛśa, de lta bu）連続して来て（paraṃparāgata）無始の時以来の（anādikālika）、ものの本質を通じて獲得されたもの（dharmatāpratilabdha）である 1)。

1) サンスクリットの想定に関しては、本研究［p.159, n.34; p.159, n.35］を参照。

'o na rigs de'i rang bzhin ji lta bu zhe na / de ni lus las khyad par du (P2b2) gyur pa (D2a3) dang / skye mched drug gis zin pa dang / chos nyid kyis 'thob pa dang / thog ma med pa'i dus nas brgyud de 'ongs pa de lta bu yin te /

(*ŚrBh*T1 2.22–24, D 2a2–3, P 2b1–2; 巻21, T［30］395c22–24; ref.（Jpn. trans.）声聞地研究会［1998: 3］)

100 山部［1987］［1989］の他、Yamabe［1997a］［1997b］、Matsumoto［1997］、松本［2004］、Yamabe［2017b］と続く一連の議論を参照。

101 第28章「建立品」（Pratiṣṭhāpaṭala）における種々な根源要素に関する智力（nānādhātu-jñānabala, 種種界智力）の解説として説示される、根源要素の弁別の中に見出せる。

また、その根源要素の弁別は、略説すると4種であると知られるべきである。(1) 本来的に在る（prakṛtistha）種子、(2) 以前の反復実行により発現した（pūrvābhyāsasamutthita）種子、(3) 浄化され得る種子、すなわち、般涅槃し得る性質のある者たちにとっての、(4) 浄化され得ない種子、すなわち、般涅槃し得る性質のない者たちにとっての、である。

sa punar dhātupravibhāgaḥ samāsataś catuṣprakāro 1) veditavyaḥ / prakṛtisthaṃ bījam, 2) pūrvābhyāsasamutthitaṃ bījam, 3) (4 viśodhyaṃ bījaṃ 4) tadyathā parinirvāṇa-dharmakāṇām, 5) aviśodhyaṃ ca bījaṃ 6) tadyathāparinirvāṇadharmakāṇām /

1) *caturākāro BBh*I&F*BBh*Wo　2) 3) *vījam BBh*I&F　4) *viśodhyavījaṃ BBh*I&F　5) *parinirvāṇa-*

*dharmāṇām BBh*I&F　6) *vījaṃ BBh*I&F

（*BBh*I&F 420, *BBh*Wo 401.6–10, *BBh*D 276.20–23; ref.（Jpn. trans.）松本［2004: 85］, 那須［2016: 47］,（Eng. trans.）ENGLE［2016: 650］, YAMABE［2017b: 24］）

102「摂事分」における根源要素に関する総義の解説に見出せる。

根源要素は、略説すると2つある。〔すなわち、〕本来的に在る（*prakṛtistha）〔根源要素〕と反復実行により養成された（*abhyāsaparipuṣṭa）〔根源要素〕である。その中で、本来的に在る〔根源要素〕は、すなわち、これら18の根源要素（十八界）であり、各々確定された（*pratiniyata）、〔自らの〕個体連続に属する（*svasaṃtānapatita, 自相續）種子である。その中で、反復実行により養成された根源要素は、以前に他の諸々の生まれにおいてよく実践された（*āsevita）善或いは不善なるその諸法が達成されたことに基づいて、養成されて拠り所に入り込んだ（*āśrayasaṃniviṣṭa）現在の種子である。それ故に、そ〔の種子〕は、僅かな条件だけに支えられた後、そ〔の条件〕によって導かれ、そ〔の条件〕によって達する 1) 2)。

1) 当該教説は、向井［1985: 27–41］によれば、現存の『雑阿含経』に対応を見出せない。

2)（*Skt.）samāsato dhātuḥ dvividhaḥ / prakṛtisthaś cābhyāsaparipuṣṭaś ca / tatra prakṛtistho dhātur yathaite 'ṣṭādaśadhātavaḥ svasaṃtānapatitāni pratiniyatāni bījāni /（山部［2020: 363.4–6］）

tatrābhyāsaparipuṣṭā dhātavo ye dharmāḥ kuśalā vākuśalā vā pūrvam anyajātiṣv āsevitā teṣāṃ samudāgamāya vartamānabījāni paripuṣṭāny [āśraya]saṃniviṣṭāni / tasmāt tāny alpam api pratyayamātram ālambya tena nīyante tena cābhinirvartante //（YAMABE［2017b: 24.20–22, n.24］）

mdor (P330a4) bsdu na khams ni gnyis yod de / rang bzhin gyis gnas pa dang / goms pas yongs su brtas 1) pa'o // de la rang bzhin gyis gnas pa ni ji ltar (D288b2) khams bco brgyad po 'di dag so sor nges par rgyud la yod pa'i sa bon no // (P330a5) de la goms pas yongs su brtas 2) pa'i khams ni dge ba'am mi dge ba'i chos sngon gyi skye ba gzhan dag tu kun tu brten 3) pa gang yin pa de dag yang dag par grub par bya ba'i phyir / da lta sa bon yongs su brtas 4) (D288b3) pa rten la gnas (P330a6) pa yin te / des na de rkyen chung ngu tsam la yang dmigs nas des bkri zhing des 'gro bar 'gyur ro //

1) 2) *rtas* P　3) *bsten* P　4) *rtas* P

（D 288b1–3, P 330a3–6; 巻 96, T［30］846c15–20; ref.（*Skt.）YAMABE［2017b: 24.20–22, n.24］, 山部［2020: 363.4–6］,（Jpn. trans.-partial）山部［2020: 363］,（Eng. trans.）YAMABE［2017a: 16］［2017b: 23］）

103「摂決択分」の「五識身相応地意地決択」における根源要素という事柄に関する熟達（界事善巧）の解説に見出せる。

これらの18の根源要素（十八界）の区別とは如何なるものか。答える。唯だ略説すると6種であると理解されるべきである。...(3)本来的根源要素(*prakṛtidhātu)は、すなわち、無始の時以来、後々の諸々の生まれにおいて成立している、説示された通りの同じそれら18の根源要素のことであり、また、種姓に立脚した(gotrastha) 或いは種姓に立脚しない (a-gotrastha) 人たちにとっては、無始の時以来、〔順次、〕般涅槃し得る或いは般涅槃し得ないものの本質 (*dharmatā) において成立している〔18の根源要素の〕ことである。(4) 反復修習された根源要素(*paribhāvitadhātu) は、すなわち、輪廻における(1 悪しき或いは勝れた生まれ 1)や涅槃を獲得する原因となる、以前に善或いは不善が反復修習された同じそれら〔18の根源要素〕のことである。....

1) 漢訳「勝劣生」に従って訳した。

khams bco brgyad po 'di dag gi rab tu dbye ba gang zhe na / smras pa / re zhig mdor bsdu na rnam pa drug tu (P83a1) blta bar (1 bya'o // 1) ... (P83a2) rang bzhin gyi khams ni 'di lta ste / khams bco brgyad po ji skad bstan pa de dag nyid thog ma med pa'i dus nas skye ba phyi ma phyi ma dag tu rab tu grub pa gang yin pa dang / gang zag rigs la gnas pa dang / (D79b2) rigs la gnas pa ma yin pa rnams (P83a3) kyi thog ma med pa'i dus nas yongs su mya ngan las 'da' ba dang / yongs su mya ngan las 2) 'da' ba ma yin pa'i chos nyid du rab tu grub pa gang yin pa'o // yongs su bsgoms pa'i khams ni 'di lta ste / sngon dge ba dang mi dge ba yongs su (P83a4) bsgoms pa de dag (D79b3) nyid 'khor bar skye ba dang / 'bri ba dang / 3) bye brag dang / mya ngan las 'das pa thob pa'i rgyu nyid gang yin pa'o // ....

1) *bya ste* / P　2) om. *las* P　3) om. / P

(D zhi 79a7–b3, P zi 82b8–83a4; 巻56, T［30］610a7–14; ref. (Jpn. trans.-partial) 山部［1987: 29］)

104 Yamabe［1997b: 216–217］［2017b: 16–17］および拙稿［2014c: 25–26］を参照。山部［1987: 29］は、本研究［pp.173–174, n.103］所掲の「摂決択分」の用例に基づいて同様の見解を支持する。

105 根源要素の養成という語は、大竹［2013: 59–60］の指摘するように、マイトレーヤに帰せられる『大乗荘厳経論頌』(XI.32; XII.22)『中辺分別論頌』(V.8)『金剛般若経論頌』(39) で共有され、ヴァスバンドゥ著『聖十地解説』(*Āryadaśabhūmivyākhyāna*) にも用例がある。『聖十地解説』における用例に関しては、本研究［p.246］を参照。

106 *BBh*$_{Y6}$ 88.17–19, *BBh*$_{Wo}$ 80.12–15, *BBh*$_{D}$ 56.23–25; ref. (Jpn. trans.) 矢板［2014: 72–73］, (Eng. trans.) Yamabe［1997b: 216］, Engle［2016: 146］.

107『菩薩地』における2種の種姓に関する規定の曖昧さや『菩薩地』以降の種姓説の展開もあって、瑜伽行派の後代の注釈文献には、両種姓間の関係に関する複数の解釈が提示されることになる。特に『菩薩地』に対する注釈文献、偈頌および散文注を含めた『大乗荘厳経論』(*Mahāyānasūtrālaṃkāra*) に対する注釈文献における解釈の内容に関しては、拙稿［2024a］を参照。

108 *BBh*O 313.10–12.

109 具体的な内容に関しては、本研究［p.55］を参照。『菩薩地』には「種姓品」以外に種姓の同義異語に言及する箇所はないが、「本地分」の第2地「意地」（*Manobhūmi*）では、種子の同義異語のひとつとして種姓を挙げる。

また、種子の諸々の同義異語は、根源要素、種姓、本性、原因、有身、戯論、アーラヤ、取り込み、苦、有身見の立脚基盤、我であるという慢心（我慢）の立脚基盤、という以上のような類の諸々の同義異語が知られるべきである。

bījaparyāyāḥ punar dhātur gotraṃ prakṛtir hetuḥ satkāyaḥ prapañca ālaya upādānaṃ duḥkhaṃ satkāyadṛṣṭyadhiṣṭhānam asmimānādhiṣṭhānaṃ cety evambhāgīyāḥ paryāyā veditavyāḥ //

（*YBh*Bh 26.18; ref.（Jpn. trans.）山部［2020: 362］）

「摂決択分」の「五識身相応地意地決択」では、根源要素の意味のひとつとして種姓を挙げる。

根源要素の意味とは如何なるものか。答える。根源要素の意味は、原因の意味と種子の意味と本性の意味と種姓の意味と微細（*sūkṣma）の意味と基礎（*ādhāra, 任持）の意味である。

khams kyi don gang zhe na / smras pa / khams kyi don ni rgyu'i don dang sa bon gyi don dang rang bzhin gyi don dang rigs kyi don dang cha phra ba'i don dang gzhi'i don to //

（D zhi 79a5, P zi 82b6; 巻 56, T［30］610a1–2）

110 本研究［p.56］を参照。種姓が微細か粗大か関する議論を再掲すると、次の通りである。

そういう種姓は、微細（sūkṣma）と述べられるべきか、或いは粗大（audārika）〔と述べられるべきか〕。答える。微細と述べられるべきである。なぜか。その〔種姓としての〕種子が結果を生じさせず、結果が達成され（*samudā+ √gam, 習成）ないならば、それ故に、それ（種姓）は、微細と言われる。結果を生じさせ、結果が達成された時に、種子であるそれと結果であるそれは一纏めにされて、それ故、そういう種姓は、粗大と言われる、と理解するであろう。

rigs de phra ba'am / rags 1) pa zhes brjod par bya zhe na / smras pa / phra 2) ba zhes brjod (D2a5) par bya'o // (P2b4) ci'i phyir zhe na / sa bon des 'bras bu ma bskyed cing 'bras bu ma grub na ni des na 3) de phra ba zhes bya'o // gang gi tshe 'bras bu bskyed cing 'bras bu grub par gyur pa de'i tshe na ni sa bon gang yin pa de (D2b1) dang 'bras bu gang yin pa de gcig tu (P2b5) bsdus nas de'i phyir rigs de rags pa zhes bya bar rtogs par 'gyur ro //

1) *rigs* D　2) *pha* P　3) om. *na* P

（*ŚrBh*T1 4.4–9, D 2a4–b1, P 2b3–5; 巻 21, T［30］395c26–396a3; ref.（Jpn. trans.）声聞地研究会［1998: 5］,（Kor. trans.）안（AHN）［2021: 61］）

111 *BBh*O 315.2–4.

112 *BBh*O 315.6–10.

113 修行に関しては、「摂事分」において、種姓の相違による修行の不同を解説する。

その〔如来と慧解脱した阿羅漢との3種の不同の〕中で、修行（*pratipatti）の不同とは、... 彼ら〔声聞〕は声聞種姓を備えること（*samanvāgata）によって修行するが、如来は自身の種姓を備えることによって〔修行するの〕である1)。

1) 当該教説は、『雑阿含経』第75経（巻3, T［2］19b21–c11）と対応する。

de la nan tan (P193a4) du sgrub pa mi ’dra ba ni 1) ... de dag ni nyan (P193a5) thos kyi rigs dang ldan pas nan tan du sgrub par byed kyi de bzhin gshegs pa ni nyid kyi rigs dang ldan pas so //

1) om. *ni* P

（D 169b4–5, P 193a3–5; 巻87, T［30］791b21–24）

114 第8章「力種姓品」では、清浄にとっての10種の原因を解説する中で、三乗の種姓の各乗ごとに般涅槃のあることを示す。

さて、声聞種姓は声聞乗による般涅槃のためにあり、独覚種姓は独覚乗による般涅槃のためにあり、大乗種姓は大乗による般涅槃のためにあることが、清浄にとっての（7）定別因である。

tatra yac chrāvakagotraṃ śrāvakayānena parinirvāṇāya saṃvartate, pratyekabuddhagotraṃ pratyekabuddhayānena parinirvāṇāya saṃvartate, mahāyānagotraṃ mahāyānena parinirvāṇāya saṃvartate, ayaṃ vyavadānasya pratiniyamahetuḥ /

（*BBh*Y8 65.1–3, *BBh*Wo 101.27–102.3, *BBh*D 72.1–3; ref.(Jpn. trans.) 矢板[2015: 42],(Eng. trans.) Engle［2016: 184］)

115 *BBh*O 317.2–319.3.

116『声聞地』「初瑜伽処」の「種姓地」所説の「§7. 種姓に立脚した人」に関しては、本研究［pp.164–165, n.58］、声聞地研究会［1998: 28–39］、「第三瑜伽処」所説の種姓の審査に関しては、本研究［pp.57–60］を参照。「独覚地」所説の独覚種姓に関する解説に関しては、本研究［pp.67–68］を参照。

117 *BBh*O 317.2–319.3.

118 具体的な内容に関しては、本研究［pp.318–345］を参照。『菩薩地』内の六波羅蜜の文脈では、第10章「戒品」、第11章「忍品」(Kṣāntipaṭala)、第13章「静慮品」(Dhyānapaṭala)に種姓という語を見出せる。まず、「戒品」および「忍品」の教説について、順次、種姓に関する箇所を中心に示すと、次の通りである。

その〔9種の菩薩戒の〕中で、菩薩にとって、すべての部門の戒とは如何なるものか。それは4種であると理解されるべきである。〔すなわち、〕（1）誓言された〔戒〕、（2）本来的戒、（3）反復実行された〔戒〕、（4）手立てと結び付いた〔戒〕である。... その〔4種の戒の〕中で、（2）本来的戒は、種姓に立脚しただけの菩薩の個体連続が全く本来的に賢善であるので、身体や言葉の行為が清浄に発動することである。その〔4 種の戒の〕中で、(3) 反復実行された戒は、菩薩により、〔先の (1) で〕詳述した通りの戒が 3 種共、以前に、他の諸々の生まれにおいて、反復実行されたものである。彼は、以前の原因の力を取得するそのことにより、悪い振る舞いに全く全然耽らず、悪を嫌悪し、善い振る舞いに耽て、善い振る舞いだけを切望する。

tatra katamad bodhisattvasya sarvatomukhaṃ śīlam / tac caturvidhaṃ draṣṭavyam / samāttaṃ prakṛtiśīlam abhyastam upāyayuktaṃ ca / ... tatra prakṛtiśīlaṃ yad gotrasthasyaiva bodhisattvasya prakṛtibhadratayaiva saṃtānasya pariśuddhaṃ kāyavākkarma pravartate / tatrābhyastaṃ śīlaṃ yena bodhisattvena pūrvam anyāsu jātiṣu trividham api yathānirdiṣṭaṃ śīlam abhyastaṃ bhavati / sa tena pūrvahetubalādhānena na sarveṇa sarvaṃ pāpasamacāreṇa ramate, pāpād udvijate, kuśalasamācāre ramate, kuśalasamācāram evābhilaṣati /

（*BBh*H 232–234, *BBh*Wo 184.6–19, *BBh*D 126.20–127.4; ref.(Jpn. trans.) 藤田光寛［1991: 23–24］,（Eng. trans.）ENGLE［2016: 305–306］）

さて、菩薩にとって、すべての様相の忍辱とは如何なるものか。それは 6 種と 7 種であり、ひとつに纏め上げて、13 種と知られるべきである。ここでは、菩薩は、… (5) 種姓の完備と以前に忍辱を反復実行することとに存して立脚しており、本来的にもまた耐え忍ぶ。

tatra katamā bodhisattvasya sarvākārakṣāntiḥ / sā ṣaḍvidhā saptavidhā caikadhyam abhisaṃkṣipya trayodaśavidhā veditavyā / iha bodhisattvo ... gotrasaṃpadi pūrvake ca kṣāntyabhyāse 1) vartamāno 'vasthitaḥ prakṛtyāpi kṣamate /

1) *kṣāntyābhyāse BBh*Wo

（*BBh*Y11 58.10–17, *BBh*Wo 196.14–25, *BBh*D 135.11–18; ref. (Eng. trans.) ENGLE［2016: 325–326］,（Jpn. trans.）矢板［2019: 45］）

以上 2 つの教説では、種姓への立脚や種姓の完備に基づいて本来的戒や忍辱があると理解できよう。両教説間には、戒や忍辱の以前の反復実行を併せて説示する点にも類似性が認められる。

次に、「静慮品」の教説について、種姓に関する箇所を中心に示すと、次の通りである。

さて、諸菩薩にとって、禅定は、多彩で不可思議で量り知れない十力の種姓 (daśabalagotra) に収められた三昧を引き出すためにある。それらの三昧について、一切の声聞や独覚でも名前すら知らない。どうして〔声聞や独覚がそれらの三昧に〕入り得ようか。また、それ（禅定）は、菩薩の〔八〕解脱、〔八〕勝処、〔四〕無礙解、無諍、誓願知などの、声聞と共通の諸々の徳性を引き出すためにある。以上が、菩薩にとって、三昧と徳性とを引き出すための禅定であると知られるべきである。

tatra yad bodhisattvānāṃ dhyānaṃ vicitrācintyāpramāṇadaśabalagotrasaṃgṛhītasamādhinirhārāya saṃvartate, yeṣāṃ samādhīnāṃ sarvaśrāvakapratyekabuddhā api nāmāpi na prajānanti, kutaḥ punaḥ samāpatsyante, yac ca bodhisattvavimokṣābhibhvāyatanakṛtsnāyatanānāṃ pratisaṃvidaraṇāpraṇidhijñānādīnāṃ guṇānāṃ śrāvakasādhāraṇānām abhinirhārāya saṃvartate / idaṃ bodhisattvasya dhyānaṃ samādhiguṇābhinirhārāya veditavyam /

(*BBh*Y13 100.4–8, *BBh*Wo 207.17–25, *BBh*D 143.14–19; ref.（Jpn. trans.）矢板［2011: 92］,（Eng. trans.）ENGLE［2016: 345–347］)

菩薩の禅定が、十力の種姓に収められた三昧を引き出すためにあることを明かしている。この十力の種姓に関しては、第 8 章「力種姓品」で取り上げている。本研究［pp.178–180, n.121］を参照。

119『声聞地』「初瑜伽処」の「趣入地」に同一趣旨の文言がある。本研究［pp.56–57］を参照。再掲すると、次の通りである。

また、種姓に立脚して入門した人たちの持つ、以上これらの諸々の表徴は、推論に基づくと知られるべきである。いっぽう、諸仏世尊自身や最高の境地を得た声聞たちは〔衆生の〕守護者として、それについて直接知覚するのであり、〔つまり〕完全に浄化された智見によって経験する。すなわち、種姓と入門を。

tāni punar etāni gotrasthānām avatīrṇānāṃ ca pudgalānām ānumānikāni liṅgāni veditavyāni / buddhā eva tu bhagavantaḥ paramapāramiprāptāś ca śrāvakās tāyinas tatra pratyakṣadarśinaḥ, suviśuddhena jñānadarśanena pratyanubhavanti, yaduta gotraṃ cāvatāraṃ ca //

(*ŚrBh*T1 56.23–58.3, MsŚ 15r5–6; ref.（Jpn. trans.）声聞地研究会［1998: 57–59］)

この他に「第三瑜伽処」の教説でも、種姓の知覚に関して扱われる。本研究［pp.59–60］を参照。

120 *BBh*O 345.6–7.

121「力種姓品」における、十力の種姓に関する言及のある箇所を列挙すると、次の通りである。なお、十力の理解に関して、本研究では、第 28 章「建立品」(Pratiṣṭhāpaṭala) における十力の解説に基づいた。同解説には、那須［2010］［2012］［2016］による和訳と注解があり、適宜参照した。

実に以上のように、菩薩は、仏陀の御言葉が正しく因果を明示する様相を有することを理解し、有理と無理に関する智力（処非処智力）の種姓を、よく実践することに従って、段階的に浄化し、成長させる。

evaṃ hi bodhisattvo buddhavacanaṃ samyagghetuphalaparidīpanākāraṃ viditvā sthānāsthānajñānabalagotram āsevanānvayāt krameṇa viśodhayati vivardhayati ca /

(*BBh*Y8 67.1–2, *BBh*Wo 103.11–14, *BBh*D 73.1–2; ref.（Jpn. trans.）矢板［2015: 43］,（Eng.

trans.) ENGLE [2016: 187])

以上のように、菩薩は、為されなかった〔行為〕が〔結果に〕到着しないことと、為された〔行為の結果〕が消滅しないこととが仏陀の御言葉として明示されたことを如実に理解し、行為が自らに属することに関する智力（自業智力）の種姓を、段階的に浄化し、成長させる。

evam akṛtānabhyāgamakṛtāvipraṇāśaṃ buddhavacanaṃ paridīpitaṃ bodhisattvo yathābhūtaṃ jñātvā karmasvakatājñānabalagotraṃ krameṇa viśodhayati vivardhayati ca /

(*BBh*Y8 67.6–8, *BBh*Wo 103.17–20, *BBh*D 73.4–6; ref. (Jpn. trans.) 矢板[2015: 43–44], (Eng. trans.) ENGLE [2016: 187])

実に以上のように、菩薩は、他者から〔8種の〕教授を習得しながら、或いは他者たちに〔8種の教授を〕施しながら、〔8種の教授に順次対応する、残り〕八力の種姓を、段階的に浄化し、成長させる。〔すなわち、四〕禅定・〔八〕解脱という三昧への入定に関する智力（静慮解脱等持等至智力）1)、〔衆生の〕機根の優劣に関する智力（根勝劣智力）、〔衆生の〕種々な性向に関する智力（種種勝解智力）2)、〔衆生の〕種々な根源要素に関する智力（種種界智力）、あらゆるところに赴く道程に関する智力（遍趣行智力）、以前の境涯の想起に関する智力（宿住随念智力）、〔衆生の〕死と受生に関する智力（死生智力）、漏出（煩悩）の滅尽に関する智力（漏尽智力）の〔種姓を〕である。

1) 当該智力に関しては、禅定・解脱・三昧・等至といった用語の並列という一般的な理解とは異なるため、第28章「建立品」における解説を以下に挙げる。

禅定は4つであり、解脱は8つである。〔四〕禅定・〔八〕解脱によって心の有用さや心に関して自在を得ることや望んだような目的を達するために、そういうそのことと対応する三昧に入定することが、三昧への入定と言われる。

catvāri dhyānāni, aṣṭau vimokṣāḥ / dhyānavimokṣaiḥ karmaṇyacetasaś cetovaśiprāptasya yathepsitasyārthasya prasiddhaye 1) yā tasya tadanurūpasya samādheḥ samāpadyanatā, sā 2) samādhisamāpattir ity ucyate /

1) *samṛddhaye BBh*D　2) *tā BBh*D

(*BBh*I&F 350, *BBh*Wo 387.16–19, *BBh*D 267.13–15; ref. (Jpn. trans.) 那須[2010: 39], (Eng. trans.) ENGLE [2016: 627–628])

2)「性向」と訳した“adhimukti”に関しては、本研究［p.206, n.273］を参照。

evam evāvavādaṃ parato vā labhamāno bodhisattvaḥ pareṣāṃ vānuprayacchann aṣṭānāṃ balānāṃ gotraṃ krameṇa viśodhayati vivardhayati dhyānavimokṣasamādhisamāpattijñānabalasyendriyaparāparajñānabalasya nānādhimuktijñānabalasya nānādhātujñānabalasya sarvatragāminīpratipajjñānabalasya pūrvenivāsānusmṛtijñānabalasya cyutyupapattijñānabalasyāsravakṣayajñānabalasya 1) ca /

1) *cyutyupapattijñānabalasya BBh*D

（*BBh*Y8 77.21–78.3, *BBh*Wo 111.18–25, *BBh*D 78.22–26; ref.（Jpn. trans.）矢板［2015: 52］,（Eng. trans.）ENGLE［2016: 201］）

また、十力の中で、種々な根源要素に関する智力（種種界智力）に関しては、「建立品」において、種姓と結び付けられる。

声聞・独覚・如来種姓の種々な種姓の設定と、貪欲等に基づく品行の分類の仕方によって八万にも上る衆生の品行とが、種々な根源要素を有することと言われる。

nānāgotravyavasthānaṃ śrāvakapratyekabuddhatathāgatagotrāṇāṃ rāgādicaritaprabhedanayena ca yāvad aśītiḥ 1) sattvacaritasahasrāṇi nānādhātukatety ucyate /

1) *aśīti BBh*D

（*BBh*I&F 356, *BBh*Wo 388.24–389.1, *BBh*D 268.11–13; ref.（Jpn. trans.）那須［2010: 41］,（Eng. trans.）ENGLE［2016: 631］）

これらの十力の中で、如来は何によって何の行為を為すのか。... 種々な根源要素に関する智力（種種界智力）により、如来は、〔衆生が〕下位や中位や上位の根源要素を有することを、弁別し、ありのままに知る。機根の通りに、意向の通りに、随眠の通りに、衆生たちを、あれやこれやの入門口に、教授を為すために、正しく適宜割り当てる。... さらにまた、諸如来は、初めて修行をし、最初の修行をし、三昧の資糧の保持に立脚し、心の安定を欲する菩薩を、心の安定のために、如何に教授するのか。ここでは、如来は、偽りのない、三昧の資糧を重んじ、初めて修行をし、最初の修行をする菩薩を、最初に次のように教授する。「... 以上のように、あなたにとっては、如来の清浄な智に関する三昧の種姓に基づき、心の一点集中が獲得されるだろう。....」

eṣāṃ daśānāṃ balānāṃ tathāgataḥ kena kiṃ karma karoti / ... nānādhātujñānabalena tathāgato hīnamadhyapraṇītadhātukatāṃ 1) 2) vibhajya yathābhūtaṃ prajānāti / yathendriyān yathāśayān yathānuśayāṃś ca sattvāṃs teṣu teṣv avatāramukheṣv avavādakriyayā samyag yathāyogaṃ saṃniyojayati / ... kathaṃ ca punas tathāgatā bodhisattvam ādikarmikaṃ tatprathamakarmikaṃ samādhisambhāraparigrahe 'vasthitaṃ (3 cittasthitikāmaṃ cittasthitaye 3) 'vavadanti / iha tathāgato (4 bodhisattvam aśaṭhaṃ 4) samādhisambhāragurukam ādikarmikaṃ tatprathamakarmikaṃ tatprathamata evam avavadati / "... evaṃ te tathāgatajñānaviśuddhisamādhigotrāc 5) cittasyaikāgratā pratilabdhā bhaviṣyati / ...."

1) *hīnamadhyapraṇītadhātukatāś BBh*D　2) add. *ca BBh*D*BBh*Wo　3) *cittasthitikāmacittasthitaye BBh*Wo　4) *bodhisattvāsataṃ BBh*D　5) *tathāgatajñānaviśuddhisamā-*

dhigotrā *BBh*I&F

（*BBh*I&F 380–394, *BBh*Wo 393.25–396.19, *BBh*D 271.23–273.18; ref.（Jpn. trans.）那須［2016: 36–38］,（Eng. trans.）ENGLE［2016: 641–644］）

122「摂決択分」の「声聞地決択」では、十力の種姓という点から、菩薩の卓越性を説く。また、諸菩薩には、誓願の智（*praṇidhijñāna）と相似する智があり、そ〔の智〕はまた、一切の声聞や独覚の誓願の智より卓越しているのである。神通などや空性などの智なども同様に知られるべきである。というのも、諸菩薩は十力の種姓（daśabalagotra）に従事するが、諸々の声聞や独覚は〔そうでは〕ないからである。

byang chub sems dpa' rnams la yang smon nas shes pa dang 'dra ba'i shes pa yod de / de yang nyan thos dang rang sangs rgyas thams cad kyi smon (D258a4) nas shes pa las (P272a2) khyad par du 'phags pa yin no // mngon par shes pa la sogs pa dang / stong pa nyid la sogs pa'i shes pa la sogs pa yang de bzhin du rig par bya ste / byang chub sems dpa' rnams ni stobs bcu'i rigs dag la 'jug gi / (P272a3) nyan thos dang rang (D258a5) sangs rgyas rnams ni ma yin pa'i phyir ro //

（D zhi 258a3–5, P zi 272a1–3; 巻 69, T［30］683b8–12）

123 具体的な内容に関しては、本研究［pp.348–349］を参照。

124 具体的な内容に関しては、本研究［pp.348–351］を参照。

125『婆沙論』における三乗の種姓に関しては、本研究［pp.11–12］を参照。種姓の区別に関して、佐久間［2007a］［2007b］は、三乗思想の系統と有種姓・無種姓の系統に分かれ、次第に結び付いてゆくことを指摘する。

126 以下の内容は、拙稿（岡田）［2012］［2014a］［2019］［2023a］［2023b］・（OKADA）［2013］［2014］を基に、本研究の趣旨に合うよう大幅に加筆修正を行ったものである。

127 既に本研究［pp.161–162, n.48］で述べた通り、漢訳には対応する文言がないが、チベット語訳の内容自体に問題はない。

128 *ŚrBh*TI 4.22–26, D 2b4–5, P 2b8–3a2; 巻 21, T［30］396a9–12; ref.（Jpn. trans.）声聞地研究会［1998: 5］,（Kor. trans.）안（AHN）［2021: 62］.

129 *ŚrBh*TI 8.8–11, D 3a7–b1, P 3b5–6; 巻 21, T［30］396b5–7; ref.（Jpn. trans.）声聞地研究会［1998: 9］.

130 種姓に立脚しない者の具体的な表徴に関しては、恵敏［1991］［1994: 82–99］で詳細に考察される。

131 "ālayatṛṣṇā" という語の理解に関して、『中部』（*Majjhimanikāya*）における "ālaya" という語の用例を手掛かりとして、「執着の対象への渇き」（desire for objects-of-Clinging）を意味すると指摘する SCHMITHAUSEN［1987: 165–166］に従った。

132 SCHMITHAUSEN［1987: 165］の指摘するように、"āśrayasaṃniviṣṭā" という語は、後からの挿入か語順の混乱かの可能性がある。テキスト通りの場合、"sarvabuddhair" を "aprahāṇadharmiṇī" にかけることが構文的に説明できない。本研究では、SCHMITHAUSEN

［1987: 165］の英訳に従い、“āśrayasaṃniviṣṭā” を “ālayatṛṣṇā” にかけて訳した。

133 *ŚrBh*T1 24.2–13, MsŚ 3b3–5; ref.（Skt. & Eng. trans.-partial）SCHMITHAUSEN［1987: 165］,（Jpn. trans.）声聞地研究会［1998: 25］,（Kor. trans.）안（AHN）［2021: 70–71］.

134 *ŚrBh*T1 46.6–13, MsŚ 6r1–2; D 11b7–12a4, P 13b6–14a2; 巻 21, T［30］400a15–23; ref.（Jpn. trans.）声聞地研究会［1998: 47］.

135 ここでの瑜伽（yoga）とは、『声聞地』の当該箇所の後に説示される4種の瑜伽、すなわち浄信（śraddhā）、意欲（chanda）、精進（vīrya）、手立て（upāya）との関連が考えられる。詳しくは、声聞地研究会［2007: 152–157］を参照。

136 *ŚrBh*T2 146.2–11, MsŚ 82r5–7; ref.（Jpn. trans.）声聞地研究会［2007: 147］.

137「本地分」第2地「意地」では、般涅槃への到達可能性に関する問題を、菩提種子の有無を通じて示す。

> また、そういう一切種子を有する識は、般涅槃し得る性質のある者たちには、種子が円満しており、いっぽう、般涅槃し得る性質のない者たちには、3種（声聞・独覚・仏陀）の菩提種子を欠いているのである。
>
> tat punaḥ sarvabījakaṃ vijñānaṃ parinirvāṇadharmakāṇāṃ paripūrṇabījam aparinirvāṇadharmakāṇāṃ punas trividhabodhibījavikalam //
>
> （*YBh*Bh 25.1–2）

『瑜伽論』において、種子という語は種姓の同義異語に数えられる。本研究［p.54; p.80; p.158, n.31; p.175, n.109］を参照。種姓に代わって菩提種子という語を用いたのは、当該教説が種子に関する文脈の中で説示されるからであろう。なお、菩提種子という語は、『瑜伽論』ではここでのみ使用されるが、『婆沙論』にも用例がある。本研究［p.12］を参照。

138 *BBh*O 311.3–8.

139 佐久間［2007a］は、『菩薩地』における般涅槃し得る性質の有無に関する教説を抽出し、『菩薩地』の種姓に立脚しない者と併せて考察を加える。しかし、『菩薩地』では、種姓を般涅槃し得る性質と直接的に連動させて説示しない点には、注意すべきであろう。種姓が般涅槃し得る性質と間接的に結び付く可能性に関しては、本研究［pp.188–189, n.161］を参照。

140 *BBh*O 351.11–12.

141 具体的な内容に関しては、本研究［pp.167–168, n.83］を参照。

142 類似した文脈におけるそれぞれの具体的な用例に関しては、本研究［pp.308–311; pp.350–351］を参照。

143 第8章「力種姓品」における清浄にとっての10種の原因の解説では、種姓に立脚した者にとっての種姓の完備を、清浄を引き寄せる（ākṣepa）原因（牽引因）と規定する。種姓の完備に関する言及のある箇所のみを挙げると、次の通りである。

> … 種姓に立脚した人にとっての、有余依・無余依涅槃を体得するための前提であ

る種姓の完備が、清浄にとっての(3)牽引因である。… 種姓の不備、諸仏の不出現、不遇な境遇での出生、不善士への親近、正法の不聴聞、根源的でない思惟、邪まな修行が、(9) 相違因である。まさにこの相違因の欠如や欠くことが (10) 不相違因と言われる。

... yā gotrasthasya pudgalasya gotrasaṃpat sopadhiśeṣanirūpadhiśeṣanirvāṇādhigamāya pūrvaṃgamā, 1) ayaṃ vyavadānasyākṣepahetuḥ / ... gotrāsaṃpannatā buddhānām 2) anutpādaḥ akṣaṇopapattir 3) asatpuruṣasaṃsevā 'saddharmaśravaṇam ayoniśomanaskāro mithyāpratipattiḥ virodhahetuḥ / asyaiva virodhahetor yad vaikalyavirahitatvam, ayam ucyate 'virodhahetuḥ /

1) *pūrvaṃgamāya BBh*D*BBh*Wo*BBh*Y8 Cf. 矢板［2015: 64, n.135］ 2) *buddhāvām BBh*Wo 3) *akṣaṇepapattir BBh*D

（*BBh*Y8 64.14–65.8, *BBh*Wo 101.19–102.9, *BBh*D 71.22–72.7; ref.（Jpn. trans.）矢板［2015: 42］,（Eng. trans.） ENGLE ［2016: 183–184］）

上掲の教説においては、種姓に立脚した者と種姓を完備した者とでは状態が異なるとも考えられるが、『菩薩地』にこれ以上の情報がないため、断定できない。なお、清浄にとっての原因と反対の、雑染にとっての 10 種の原因の解説でも、種姓の完備に関して言及する。

さらに、その雑染にとっての (9) 相違因は、種姓の完備、諸仏の出現、正法の説示、善士への親近、正法の聴聞、根源的な思惟、法に随った法の修行、すべての菩提分法である。(10) 不相違因は、まさにこれらの列挙された通りの項目の欠如、欠くことである。

tasya punaḥ saṃkleśasya virodhahetuḥ gotrasaṃpad buddhānām utpādaḥ saddharmasya deśanā satpuruṣasaṃsevā saddharmaśravaṇaṃ yoniśomanaskāro dharmānudharmapratipattiḥ sarve ca (1 bodhipakṣyā dharmāḥ 1) / avirodhahetur eṣām eva yathoddiṣṭānāṃ 2) dharmāṇāṃ vaikalyaṃ virahitatvam /

1) *bodhipakṣyadharmāḥ BBh*Wo 2) *yathopadiṣṭānāṃ BBh*Wo

（*BBh*Y8 64.1–4, *BBh*Wo 101.5–10, *BBh*D 71.13–16; ref.（Jpn. trans.）矢板［2015: 41］,（Eng. trans.） ENGLE ［2016: 181–182］）

144 *BBh*Y6 86.8–12, *BBh*Wo 78.21–79.1, *BBh*D 55.16–20; ref.（Jpn. trans.）矢板［2014: 69–70］,（Eng. trans.） ENGLE ［2016: 142–143］.

145 三乗の何れかの種姓を持つ者に対しては、第 15 章「摂事品」（Saṃgrahavastupaṭala）および第 20 章「分品」（Pakṣapaṭala）において、菩薩が各々の種姓と対応する乗に割り当てたり、種姓と対応する教えを説示して適当な道理を指し示したりすることを述べる。順次示すと、次の通りである。

さて、諸菩薩にとって、すべての様相の利行とは如何なるものか。それは 6 種と 7 種であり、ひとつに纏め上げて、13 種と理解されるべきである。ここでは、菩薩は、... (12) 声聞や独覚種姓を持つ者たちを声聞や独覚乗に割り当て、(13) 如来種姓を持つ者たちを無上正等菩提の乗に割り当てる。

tatra katamā bodhisattvānāṃ sarvākārārthacaryā 1) / sā ṣaḍvidhā saptavidhā caikadhyam abhisaṃkṣipya trayodaśavidhā draṣṭavyā / iha bodhisattvaḥ ... śrāvakapratyekabuddhagotrāñ śrāvakapratyekabuddhayāne saṃniyojayati / tathāgatagotrān anuttare samyaksaṃbodhiyāne niyojayati /

1) *sarvākāra arthacaryā BBh*Wo

(*BBh*Y15 37.8–18, *BBh*Wo 222.20–223.7, *BBh*D 153.5–14; ref.（Jpn. trans.）矢板［2012: 19］,（Eng. trans.）ENGLE［2016: 375–376］)

さて、菩薩にとって、熟達とは如何なるものか。略説すると、それは 10 種であると知られるべきである。... (VIII) 声聞乗に関する熟達、(IX) 独覚乗に関する熟達、そして、(X) 大乗に関する熟達である。... さらに、菩薩にとってのこれら 10〔種〕の熟達は、5 つの任務を為す。... (v) ＝ (VIII) − (X) 三乗に関する熟達により、菩薩は〔衆生の持つ〕種姓・機根・性向の通りに、それと対応する教えを説示し、適当な道理を指し示す。

tatra katamad bodhisattvasya kauśalyam 1) / tat samāsato daśavidhaṃ veditavyam / ... śrāvakayānakauśalyaṃ 2) pratyekabuddhayānakauśalyaṃ 3) (4 mahāyānakauśalyañ ca 4) / ... etāni punar bodhisattvasya daśa kauśalyāni 5) pañcakṛtyāni kurvanti / ... (6 tribhir yānakauśalyair 6) bodhisattvo yathāgotrendriyādhimuktīnāṃ 7) tadupamaṃ 8) dharmaṃ deśayati, anukūlāṃ yuktiṃ vyapadiśati /

1) *kauśalam BBh*I&F*BBh*Wo　2) *śrāvakayānakauśalaṃ BBh*I&F*BBh*Wo　3) *pratyekabuddhayānakauśalaṃ BBh*I&F*BBh*Wo　4) *mahāyānakauśalam BBh*I&F*BBh*Wo　5) *kauśalāni BBh*I&F*BBh*Wo　6) *tribhir yānaiḥ kauśalair BBh*I&F, *yānatrayakauśalena BBh*Wo, *tribhinnaṃ kauśalyair BBh*D　Cf. *BBh*I&F #26, 515, n.1　7) *yathāgotrendriyādhimuktānāṃ BBh*D　8) *tadupamagamaṃ BBh*I&F, *tadupamāgamaṃ BBh*Wo　Cf. *BBh*I&F #26, 515, n.5

(*BBh*I&F 26–30, *BBh*Wo 308.9–309.3, *BBh*D 212.3–17; ref.（Eng. trans.）ENGLE［2016: 507］)

146 直前の「善趣に赴くための」という補いの可能性もあるが、玄奘による漢訳「於往三乗」（巻 37, T［30］(1579) 498a19）を参考にして「三乗における」と補った。高崎［1973: 214］も指摘するように、先の「成熟品」の引用から判断しても、三乗何れかの種姓を持つ、すなわち種姓に立脚した人にとっての成熟に対しては、「三乗における」という補いが適切だと考える。

147 *BBh*Y6 95.9–11, *BBh*Wo 85.4–7, *BBh*D 60.5–7; ref.（Jpn. trans.）矢板［2014: 80］,（Eng. trans.）ENGLE［2016: 154］.

148 "dhātu" という用語については、その多義性を考慮して「界」という漢訳を使用することもあるが、ここでは「要素」と訳した。当該用語を詳細に検討する平川［1987］は、*BHSD* における“dhātu”の項目（*BHSD* pp.282–284）を、「dhātu に七種の意味を区別するが、基本は dhātu を element と解釈することである」と紹介した上で、自身も「一般には「界」は「要素」（element）などと解釈される」と指摘する。さらに同研究は、阿含経、アビダルマ論書の解説などから“dhātu”の意味を考察しているが、本研究が注目するのは、「「界」には、性質や、種類の同じものを「まとめる」意味があることが示されている。即ち界に性質の意味、種類の意味があることが知られる」という点である。

平川［1987］による指摘を踏まえ、『菩薩地』所説の「5つの無量なること」について見てゆこう。当該教説で“dhātu”と関わる各項目の具体的な内容は、以下の通りである。すなわち、衆生の“dhātu”とは 64 種の衆生の部類（nikāya）、世間の“dhātu”とは十方における（daśasu dikṣu）ものにして名を持つもの（nāmaka）、法の“dhātu”としての法とは善（kuśala）、不善（akuśala）、無記（avyākṛta）なる法、教化対象の“dhātu”としての教化対象とは 1 種（vidha）から 10 種まで種類（prakāra）に区別されるものである。以上のように、当該教説で“dhātu”とは、具体的に数えることができる「要素」であると共に、数えられた一つひとつを衆生や世間といった特定の集合に「まとめる」機能を果たしていると言える。さらに、同論「建立品」には「衆生と名付けられる、衆生の“dhātu”」（sattvasaṃjñātaṃ sattvadhātuṃ（*BBh*$_{\mathrm{Wo}}$ 399.21, *BBh*$_{\mathrm{D}}$ 275.21））という表現がある。この表現によると、“dhātu”は、衆生という概念全体を言い表しているので、衆生の一部である要素ではなく、衆生の集合を構成する「要素」全体、例えば 64 種の衆生の部類や無量なる個体連続を指していると考えることができる。したがって、本研究では、当該教説の“dhātu”に共通する意味を、「○○〔という集合を構成する〕要素」と理解して、「要素」という訳語を提示した。

なお、本研究では、種姓（gotra）の同義異語としての“dhātu”（根源要素）について、5つの無量なることに見られる“dhātu”（要素）とは直接的な関連はないと考え、訳し分けている。

149 5つの無量なることに関する解説の冒頭を示すと、次の通りである。

次の 5 つの無量なることは、諸菩薩にとっての一切の熟達行のためにある。5 つとは如何なるものか。(1) 衆生の要素の無量なること、(2) 世間の要素の無量なること、(3) 法の要素の無量なること、(4) 教化対象の要素の無量なること、そして (5) 教化の手立ての無量なることである。

pañceme aprameyā bodhisattvānāṃ sarvakauśalyakriyāyai 1) saṃvartante / katame pañca / sattvadhātur aprameyaḥ, lokadhātur aprameyaḥ, dharmadhātur aprameyaḥ, vineyadhātur aprameyaḥ, vinayopāyaś 2) cāprameyaḥ /

1) *sarvakauśalakriyāyai BBh*$_{\mathrm{F}}$*BBh*$_{\mathrm{Wo}}$　2) *vineyopāyaś BBh*$_{\mathrm{D}}$, *vinayopāyadhātuś BBh*$_{\mathrm{F}}$*BBh*$_{\mathrm{Wo}}$

（*BBh*Y18 99.2–4, *BBh*F 80, *BBh*Wo 294.21–295.2, *BBh*D 200.5–7; ref.（Jpn. trans.）矢板［2013: 79］,（Eng. trans.）ENGLE［2016: 483］）

150 *YBh*Bh 48.7–49.3.

「意地」における 64 種の衆生の部類に関しては、袴谷［1999］を参照。

151 この場合の「界」は、世界や領域といった意味に理解できるが、便宜上、「界」という漢訳を使用する。

152 *BBh*Y18 99.5–100.9, *BBh*F 82–92, *BBh*Wo 295.2–296.3, *BBh*D 200.7–23; ref.（Jpn. trans.）矢板［2013: 80–81］,（Eng. trans.）ENGLE［2016: 483–485］.

153 *BBh*Y18 100.10–12, *BBh*F 92, *BBh*Wo 296.3–6, *BBh*D 200.23–201.3; ref.（Jpn. trans.）矢板［2013: 81］,（Eng. trans.）ENGLE［2016: 485–486］.

154 菩薩による成熟および教化の具体的な手立てに関しては、四摂事（catuḥsaṃgrahavastu）、すなわち布施（dāna）・愛語（priyavāditā）・利行（arthacaryā）・同事（samānārthatā）が成熟および教化の手立てとして共通し、その中でも利行が教化の手立てに特化していることを、拙稿［2014d］で指摘した。

155 種姓に立脚しない者の救済の可能性を検討するに際して、佐久間［2007a］［2007b］は、『瑜伽論』を中心にインド文献から手掛かりとなる教説を抽出する点で有益である。しかし、佐久間氏は、如来蔵経典『勝鬘経』（*Śrīmālādevīsiṃhanādasūtra*）を根拠として、種姓に立脚しない者の救済を認める点で、本研究と立場を異にする。すなわち、佐久間［2007a］は、『瑜伽論』における救われることの永久にない衆生について、本研究でも取り上げた『菩薩地』「成熟品」の教説を引用し、三乗の種姓を持つ者および種姓に立脚しない者の並列の中で、種姓に立脚しない者は「死後天や人など善い生存に生まれる訳であるが、輪廻の輪の中に留まる点では成仏するとは云っていないが、これならば如来蔵経典の『勝鬘経』などにも見られる内容とパラレルであるから、最終的に成仏し涅槃に入ることを前提としているように思われる」と指摘する。佐久間［2007b］も同様に、「五姓各別」説の源流を辿る中で「成熟品」の教説を取り上げ、種姓に立脚しない者が将来成仏できる可能性について、『勝鬘経』の文言から、如来蔵思想でも三乗以外に善趣に赴く衆生について述べていることを確認し、「輪廻を基調とするインド以来の思想の流れの中で成仏ではなく善趣に赴くからといって、これらの衆生の成仏の可能性を排除し差別していることにはならない」と指摘し、このような種姓に立脚しない者を無種姓と言いながら確定されていない種姓（aniyatagotra）を意味すると見做す。いっぽう、本研究では、『瑜伽論』と如来蔵経典とに直接的な関係があると示されない限りは、『瑜伽論』のみに基づいて種姓に立脚しない者の救済の可能性を検討すべきであると考える。

156 *BBh*Wa 368.5–9, *BBh*Wo 12.4–11, *BBh*D 8.5–9; ref.（Jpn. trans.）相馬［1986b: 16］, 若原［2023a: 97］［2023b: 322–323］,（Eng. trans.）ENGLE［2016: 21］.

157 グナプラバ（Guṇaprabha, 徳光, ca. 5–6th century）は、『菩薩地』に対する注釈書『菩薩地注』

（*Bodhisattvabhūmivṛtti*）において、菩薩の発願の中の一切衆生を般涅槃し得る種姓を持つ者とし、涅槃へは声聞や独覚種姓を持つ者、如来の智へは仏種姓を持つ者を対応させる。

「**そして、一切衆生の役に立つことを為す者**」（sarvasattvānāṃ cārthakaraḥ）というのは、般涅槃し得る種姓を持つ者たちに関してである。一切衆生を「**究極的な終局である涅槃に置き定めよう**」（atyantaniṣṭhe nirvāṇe pratiṣṭhāpayeyaṃ）というのは、声聞や独覚種姓を持つ者に関してである。「**如来の智に**」（tathāgatajñāne）というのは、仏種姓を持つ者に関してである。

sems can thams cad kyi don yang byed cing zhes bya ba ni / yongs su mya ngan las (1 'da' ba'i 1) rigs can rnams kyi dbang du byas pa'o // (D146a7) sems can thams cad **shin tu mthar thug pa'i mya ngan** (P183b2) **las 'das pa la 'god pa** zhes bya ba ni / nyan thos dang rang sangs rgyas kyi rigs can gyi dbang du byas pa'o // **de bzhin gshegs pa'i ye shes** zhes bya ba ni / sangs rgyas kyi rigs can gyi (P183b3) dbang du byas pa'o //

1) *'das pa'i* D

（D 146a6–7, P 183b1–3; ref. 若原［2023a: 112, n.19］［2023b: 323, n.19］）

サーガラメーガもまた、『菩薩地』に対する注釈書『瑜伽師地中菩薩地解説』において、グナプラバに比べて種姓の対応関係が一部見えにくくはなっているが、同様の見解を示す。

「**次のように心を造り上げ**」（evaṃ cittam abhisaṃskaroti）云々に関して、自らの個体連続に無上正等菩提を希求する者（菩薩）は、心に次のように発願して、三乗に収められた涅槃し得る性質のある種姓に立脚した者（gotrastha）に責務を為すこと（*kāryakāraṇa）も希求する。それ故、「**私は無上正等菩提をさとろう。そして、一切衆生の役に立つことを為す者となろう**」（aham anuttarāṃ samyaksaṃbodhim abhisaṃbudhyeyaṃ sarvasattvānāṃ cārthakaraḥ syām）と言われる。そのうち、声聞や独覚種姓を持つ者たちもまた、涅槃に安置するので、役に立つことを為すことになる。それ故に、「**究極的な終局である涅槃に置き定めよう**」（atyantaniṣṭhe nirvāṇe pratiṣṭhāpayeyaṃ）と言うのである。諸菩薩は、無住処涅槃を基盤とするので、それ故、「**如来の智に**」（tathāgatajñāne）と言われるのである。

di ltar sems mngon par 'du byed cing zhes bya ba la sogs pa la / bdag gi rgyud bla na med pa yang dag par rdzogs (D18b3) pa'i byang chub mngon par 'dod pa ni sems (P21b8) kyis 'di ltar smon par byed de / theg pa gsum gyis bsdus pa'i mya ngan las 'das pa'i chos can rigs la gnas pa rgyu dang 'bras bu la yang 'dod par byed do // de'i phyir **bdag bla na med pa yang dag par rdzogs pa'i** (P22a1) **byang chub mngon par rdzogs par sangs** (D18b4) **rgyas nas sems can thams cad kyi don yang byed par gyur cig** ces bya ba'o // de la nyan thos dang rang sangs rgyas kyi rigs can rnams kyang mya ngan las 'das (P22a2) pa la bkod pas don byas pa nyid du 'gyur ro // des na **shin tu mthar thug pa'i mya ngan**

las 'das pa la 'god par gyur cig ces smras (D18b5) pa yin no // byang chub sems dpa' rnams ni mi gnas pa'i mya ngan las 'das pa la 'god par bya ba yin pas (P22a3) de'i phyir **de bzhin gshegs pa'i ye shes la** zhes bya ba yin no //

（D 18b2–5, P 21b7–22a3; ref. 若原［2023a: 112, n.19］［2023b: 323, n.19］）

158 具体的な内容に関しては、本研究［p.84］を参照。

159 "atyantaduḥkhavimokṣa" に関して、"atyanta" を副詞的に訳して「完全に苦から脱する」とも理解できるが、第 18 章「菩薩功徳品」より前に位置する第 16 章「供養親近無量品」（Pūjāsevāprameyapaṭala）に "atyantaduḥkha" という語を確認できることから、"atyanta" を "duḥkha" にかかる形容詞と理解して「究極的な苦から脱する」と訳した。「供養親近無量品」における究極的な苦に関しては、本研究［pp.188–189, n.161］を参照。

160 *BBh*$_{Y18}$ 101.2–4, *BBh*$_{F}$ 96, *BBh*$_{Wo}$ 296.15–17, *BBh*$_{D}$ 201.8–10; ref.（Jpn. trans.）矢板［2013: 82］,（Eng. trans.）Engle［2016: 486］.

161 第 16 章「供養親近無量品」では、菩薩が衆生の世界で 110 の様相の苦を観て悲愍（karuṇā）を修習する際の苦として、究極的な苦を含む 4 種の苦を挙げる。

さて、諸菩薩は衆生の世界で、110 の様相の苦を観て諸々の衆生に対する悲愍を修習する。... 苦は 4 種である。（1）別離の苦は、愛する者たちの別れから生じるものである。（2）断壊の苦は、集団の同類性を棄て去る死から生じるものである。（3）個体連続の苦は、死んだ後に、生まれることが連続することによって生じるものである。（4）究極的な苦は、般涅槃し得る性質のない諸々の衆生にとっての五取蘊である。

tatra daśottaraśatākāraṃ duḥkhaṃ sattvadhātau saṃpaśyanto bodhisattvāḥ sattveṣu karuṇāṃ bhāvayanti / ... caturvidhaṃ duḥkham / virahaduḥkhaṃ priyāṇāṃ visaṃyogād yad utpadyate / samucchedaduḥkhaṃ nikāyasabhāganikṣepān maraṇād yad utpadyate / saṃtatiduḥkham uttaratramṛtasya janmapāraṃparyeṇa yad utpadyate / atyantaduḥkham aparinirvāṇadharmakāṇāṃ sattvānāṃ ye pañcopādānaskandhāḥ /

（*BBh*$_{Wo}$ 243.3–19, *BBh*$_{D}$ 167.1–11; ref.（Eng. trans.）Engle［2016: 404–405］）

究極的な苦を、般涅槃し得る性質のない者にとっての五取蘊であると説明している。『菩薩地』では、種姓を三乗の菩提を円満し得る資質とするが、『声聞地』とは異なって般涅槃し得る性質との関係については不明瞭である。しかし、当該教説の（4）究極的な苦が「菩薩功徳品」所説の究極的な苦として理解できるならば、「究極的な苦」から脱し得る資質のない、種姓に立脚しない者は、般涅槃し得る性質のない者にとっての「五取蘊」から脱し得ないので、種姓に立脚しない者は般涅槃し得る性質のない者と見做せよう。すなわち、『菩薩地』で三乗の菩提を円満し得る資質のないとする、種姓に立脚しない者が、この教説を通じて般涅槃し得る性質のない者と結び付くことになる。

また、衆生の苦を観る菩薩については、第 22 章「住品」では、第 5 増上心住にある菩薩と関連する。

〔第5〕増上心住に立脚した菩薩は、... 多彩な苦の様相の点で、苦しめられた衆生の世界を観察する。

adhicittavihārasthito bodhisattvaḥ ... sattvadhātuṃ duḥkhitaṃ vyavalokayati vicitrair 1) duḥkhākāraiḥ /

1) *citrair BBh*Wo

（*BBh*I 132, *BBh*Wo 335.24–336.3, *BBh*D 229.21–24; ref.（Eng. trans.）ENGLE［2016: 544］）

162 菩薩が衆生の苦を取り除くことを、第2章「発心品」では、利他行として強調する。

初発心の堅固な菩薩には、次の2つの、善法を収集する偉大な手段がある。〔すなわち、〕無上正等菩提を達成するための自利行と、一切衆生があらゆる苦から脱するための利他行である。

dve ime dṛḍhaprathamacittotpādikasya bodhisattvasya mahatī kuśaladharmāyadvāre / svārthaprayogaś cānuttarāyāḥ samyaksaṃbodheḥ samudāgamāya, parārthaprayogaś ca sarvasattvānāṃ sarvaduḥkhanirmokṣāya /

（*BBh*Wa 373.13–15, *BBh*Wo 19.3–6, *BBh*D 12.21–23; ref.（Jpn. trans.）相馬［1986b: 23］, 若原［2023a: 101］［2023b: 343］,（Eng. trans.）ENGLE［2016: 31–32］）

163 究極的な苦から脱するための手立てを、第22章「住品」では、あらゆる煩悩という障害のない智とも呼ぶ。教化の手立ての具体的な内容に関しては、拙稿［2014d］を参照。

〔菩薩は第5増上心住（adhicittavihāra）にあって、〕彼ら衆生たちが究極的な苦から脱するための手立てを、あらゆる煩悩という障害のない智のみと観る。

teṣāṃ sattvānām atyantaduḥkhavimokṣopāyaṃ sarvakleśānāvaraṇajñānam eva paśyati /

（*BBh*I 132, *BBh*Wo 336.5–7, *BBh*D 229.26; ref.（Eng. trans.）ENGLE［2016: 545］）

164 3つの場合について、(1) のように種姓の獲得を直接認めるわけではないが、種姓の有無ではなく、種姓の確定（niyata）・不確定（aniyata）という新しい区分を用いた種姓説、(2) のように種姓の獲得を認めず、一切衆生に種姓があるとする場合は、一切衆生に仏陀と同じ菩提の獲得の可能性があるとする如来蔵・仏性思想、(3) のように種姓の獲得を認めず、種姓に立脚しない者という救済され得ない者を認める場合は、いわゆる「五姓各別」説、といった議論が出てくる余地があろう。

165 具体的な内容に関しては、本研究［pp.65–67］を参照。

166 具体的な内容に関しては、本研究［p.78］を参照。

167「一切」（sarva）の用法には、一部の一切（少分一切）と全部の一切（一切一切）とがある。『瑜伽論』「摂事分」では、「一切」を2種に分けて次のように説示している。

一切（sarva）は2種である。〔すなわち、〕一部の一切（少分一切）と全部の一切（一切一切）である。その中で、**「一切は無常である」**というのは、一部の一切に関して述べたのである。すなわち、一切の行は〔無常〕であるが、無為は〔無常〕

ではない。「**一切法は無我である**」というのは、この場合、全部の一切に関してと知られるべきである。

thams cad ni rnam pa (D190a7) gnyis te phyogs gcig gi thams cad dang thams cad kyi thams cad do // de la **thams cad mi rtag go** zhes bya ba ni phyogs gcig gi thams cad kyi dbang du byas nas brjod pa yin te / 'di lta (P218b1) ste / 1) 'du byed thams cad yin gyi / 'dus ma byas ni ma yin no // **chos thams cad** (D190b1) **bdag med pa** zhes bya ba ni 'dir thams cad kyi thams cad la bya bar rig par bya'o //

1) om. / P

（D 190a6–b1, P 218a8–b1; 巻 89, T［30］801a3–7）

拙稿［2023b］では、『菩薩地』において菩薩が利他の対象とする一切衆生を考察し、この2種の一切を『菩薩地』の利他の対象に適用すれば、教化対象としての一切衆生が「一部の一切」、成熟対象としての一切衆生が「全部の一切」に対応することを指摘した。

168 本研究［pp.101–105］を参照。

169「摂決択分」の冒頭を示すと、次の通りである。

諸々の階位（十七地）が説かれた。この次には、同じそれらの階位の決択（*viniścaya）に関する熟達が述べられるべきである。その決択に関する熟達に基づき、すべての階位の問答に関して熟達しよう。

sa rnams ni bshad zin to // 'di man chad (P1a5) ni sa de dag nyid kyi rnam par gtan la dbab pa la mkhas pa brjod par (P2a1) bya ste / rnam par gtan la dbab pa la mkhas pa de la brten (D1b3) nas sa (P2a2) thams cad kyi dris pa lan gdab pa la mkhas par 'gyur ro //

（D zi 1b2–3, P 'i 1a4–2a2; 巻 51, T［30］579a5–6）

170「摂決択分」の中で、種姓に関する言及はあるが、本研究で扱わなかった箇所を、用語別に示すと、次の通りである。

（1）劣った種姓（*hīnagotra）：D zhi 284b4, P zi 299b3; 巻 71, T［30］694b23–25
（2）種姓に立脚した（gotrastha）：D zi 108b3–4, P 'i 121b2–4; 巻 79, T［30］741b24–29
（3）種姓・仏種姓（buddhagotra）：D zi 114b1–7, P 'i 128a6–b6; 巻 80, T［30］744b11–25
（4）種姓の特徴（*gotralakṣaṇa）：D zi 117a2–b7, P 'i 131a6–132a6; 巻 80, T［30］745b16–c15
（5）種姓：D zi 124b2–3, P 'i 140a1–3; 巻 80, T［30］748c10–16

（1）は、「声聞地決択」に相当し、利他のために修行しない原因のひとつとして、本来的に劣った種姓であることを挙げる。（2）は、「菩薩地決択」の『迦葉品』（*Kāśyapaparivarta*, *KP* §23）に対する注釈箇所に相当する。菩薩の法行（dharmacaryā）の様相のひとつとして、種姓に立脚した、条件のない者たちに菩提心を示すことを説く。（3）は、「菩薩地決択」の『迦葉品』（*KP* §§72–92）に対する注釈箇所に相当する。声聞と菩薩の区別のひとつとして、種姓を挙げ、声聞は菩薩のように仏種姓を備えていないことを述べる。（4）は、「菩薩地決択」の『迦葉品』（*KP* §§97–104）に対する注釈箇所に相当する。心清浄（*cittavyavadāna）の 3 種の特徴のひとつとして、種姓の特徴を挙げて解説する。以上の (2) – (4) における種姓に関する言及のある箇所は、『迦葉品』の経文に対する注釈としての性格が強い。なお、以上の『迦葉品』の対応箇所については、「菩薩地決択」の『迦葉品』に対する注釈箇所を含む菩提流支（Bodhiruci, –508–535–）訳『大宝積経論』（T［26］(1523), 4 巻）を国訳した大竹［2008］に依拠した。(5) は、「有余依無余依二地決択」に相当し、阿羅漢と如来との区別に関して、種姓という観点から述べる。

171 漢訳は「菩薩地決擇我今當説」（巻 72, T［30］694c22–23）である。勝呂［1989: 286–288, n.27］は、「我當説」と対応するサンスクリットについて、松田和信氏の調査によって “vakṣyāmi” であることを報告する。ただし、勝呂氏の扱った用例は、チベット語訳にも “bshad par bya'o” という対応があるものである。YE et al.［2023: 461］による梵文写本に基づく報告によると、当該箇所のサンスクリット原文は “bodhisatvabhūmer viniścayaḥ” であり、チベット語訳にも対応がないことから、当該箇所の「我今當説」は玄奘による補いと考えられる。

172 YE et al.［2023: 461］によってサンスクリット原文を確認できるのは、“bodhisatvabhūmer viniścayaḥ / śrāvakagotrasiddhi” までである。

173 *VinSg*Ye 461.7; D zhi 285a6, P zi 300a6–7; 巻 72, T［30］694c22–2.

174 漢訳は「聲聞地決擇我今當説」（巻 67, T［30］669b8–9）である。先の「菩薩地決択」と同様に、YE et al.［2023: 460–461］による梵文写本に基づく報告によると、当該箇所のサンスクリット原文は “śrāvakabhūmer viniścayaḥ” であり、チベット語訳にも対応がないことから、当該箇所の「我今當説」は玄奘による補いと考えられる。

175『声聞地』「初瑜伽処」の「種姓地」に完全に一致するわけではないが、類似した文言が認められる。本研究［pp.61–62］を参照。

176 *VinSg*Ye 460.35–461.3; D zhi 225a5–6, P zi 237b1–2; 巻 67, T［30］669b8–12.

(Tib.) (P237b1) nyan thos kyi sa'i rnam par gtan la dbab pa ni *Sa'i dngos gzhi*r gang zag rigs (D225a6) med pa la gnas pa gtan yongs su mya ngan las mi 'da' ba'i chos can zhes gang bshad pa de la gal te la la ji ltar gtan yongs su mya (P237b2) ngan las mi 'da' ba'i chos can yin snyam du yid gnyis dang / the tshom skye bar gyur　na / de la 'di 1) skad ces brjod par bya ste / ....

1) *ji* P

177 独覚種姓に関して、「独覚種姓に確定された後でその種姓が存在しないことになった」という文言を省略していると考えられる。

178 “*aniyatagotra” という用語に関して、チベット語訳は確定されていない種姓（*aniyata-gotra, ma nges pa'i rigs）という理解を示し、漢訳は確定された種姓がない（*a-niyatagotra, 無定種性）という理解を示す。確定されていない種姓とは、「摂決択分」の「有余依無余依二地決択」所説の菩提に進展する声聞の持つ種姓である。本研究［pp.110–111］を参照。当該教説の文脈としては、種姓のない状態がある状態となったり、種姓のある状態がない状態となったりするのかを問うているのであり、種姓の確定や不確定を問題にしているのではないと考えられる。以上のことから、漢訳の理解に従って訳した。佐久間［2007a: 22］もまた、本研究と同様の見解を示す。

179 D zhi 226a4–b3, P zi 238b6–239a1; 巻 67, T［30］669c14–670a2; ref.（Jpn. trans.）佐久間［2007a: 20–22］.

180「摂決択分」の「五識身相応地意地決択」では、根源要素という事柄に関する熟達（界事善巧）の解説において、本来的根源要素（*prakṛtidhātu）取り上げ、種姓と般涅槃し得るものの本質との関係に言及する。

本来的根源要素（*prakṛtidhātu）は、すなわち、無始の時以来、後々の諸々の生まれにおいて成立している、説示された通りの同じそれら 18 の根源要素（十八界）のことであり、また、種姓に立脚した（gotrastha）或いは種姓に立脚しない（a-gotrastha）人たちにとっては、無始の時以来、〔順次、〕般涅槃し得る或いは般涅槃し得ないものの本質（*dharmatā）において成立している〔18 の根源要素の〕ことである。

(P83a2) rang bzhin gyi khams ni 'di lta ste / khams bco brgyad po ji skad bstan pa de dag nyid thog ma med pa'i dus nas skye ba phyi ma phyi ma dag tu rab tu grub pa gang yin pa dang / gang zag rigs la gnas pa dang / (D79b2) rigs la gnas pa ma yin pa rnams (P83a3) kyi thog ma med pa'i dus nas yongs su mya ngan las 'da' ba dang / yongs su mya ngan las 1) 'da' ba ma yin pa'i chos nyid du rab tu grub pa gang yin pa'o //

1) om. *las* P

(D zhi 79b1–2, P zi 83a2–3; 巻 56, T［30］610a9–12; ref.（Jpn. trans.-partial）山部［1987: 29］)

181「摂決択分」の「五識身相応地意地決択」では、凡人性を定義した後、凡人性を種姓という観点から 4 種に分けて説く。

さて、凡人性（pṛthagjanatva）とは如何なるものか。三界に属するものの範囲内にある、見〔道〕で断たれるべきものの諸々の種子を根絶していない限りのことが、凡人性と言われる。そ〔の凡人性〕は、略説すると 4 種である。〔すなわち、〕（1）般涅槃し得る性質のある種姓のないもの（*a-parinirvāṇadharmakagotra）に収められたもの、(2) 声聞種姓を備えたもの（*upagata）、(3) 独覚種姓を備えたもの、そして（4）如来種姓を備えたものである。

de la so so'i skye (D23b5) bo nyid gang zhe na / khams gsum na spyod pa'i mthong bas spang bar bya ba'i chos kyi sa bon rnams yang dag par ma bcom pa tsam gang yin (P26b2) pa de ni so so'i skye bo nyid ces bya'o // de yang mdor bsdu na rnam pa bzhi ste / yongs su mya ngan las mi 'da' ba'i chos can gyi (D23b6) rigs kyis bsdus pa dang / nyan thos kyi rigs (1 dang ldan 1) pa dang / rang sangs rgyas kyi rigs dang ldan pa dang / (P26b3) de bzhin gshegs pa'i rigs dang ldan pa'o //

1) *kyis bsdus* D　Cf. 所隨逐 T

(D zhi 23b4–6, P zi 26b1–3; 巻 52, T［30］587b25–29; ref.（Jpn. trans.）袴谷［2006: 40］)

般涅槃し得る性質のある種姓のないものとは、三乗種姓以外のものである。同様の語が「摂決択分」の「五識身相応地意地決択」の別の箇所にも認められる。本研究［pp.116–117］を参照。

182「摂決択分」の「声聞地決択」における10種の声聞に関する解説である。種姓に関する言及のある箇所のみを挙げると、次の通りである。

諸々の声聞は、略説すると次の10〔種〕である。10〔種〕とは如何なるものか。(1) 浄化された根源要素を持つ者（*śuddhadhātuka）、(2) 条件（pratyaya）を獲得した者 ... その〔10種の声聞の〕中で、(1) 第1〔の浄化された根源要素を持つ者〕は、種姓に立脚した者である。

nyan thos rnams ni mdor bsdu na bcu po 'di dag yin te / bcu gang zhe na / dag pa'i khams can dang / rkyen rnyed pa dang / ... de la dang po ni rigs la gnas pa'o //

(D zhi 227a3–4, P zi 239b2–4; 巻 67, T［30］670a21–25)

183「摂決択分」の「五識身相応地意地決択」における根源要素という事柄に関する熟達（界事善巧）の解説にも、同様の理解が認められる。

これらの18の根源要素（十八界）の区別とは如何なるものか。答える。唯だ略説すると6種であると理解されるべきである。... (2) 浄化された根源要素（*śuddhadhātu）は、すなわち、種姓に立脚した人たちにある〔18の〕根源要素のことである。....

khams bco brgyad po 'di dag gi rab tu dbye ba gang zhe na / smras pa / re zhig mdor bsdu na rnam pa drug tu (P83a1) blta bar (1 bya'o // 1) ... dag pa'i khams ni 'di (D79b1) lta ste / gang zag rigs la gnas pa rnams kyi khams gang dag yin pa'o // ....

1) *bya ste* / P

(D zhi 79a7–b1, P zi 82b8–83a1; 巻 56, T［30］610a7–9)

184 本研究［pp.94–98］を参照。

185『顕揚論』に関しては、本研究［p.222］を参照。また、真諦訳『仏性論』にも類似した議論が認められるが、『瑜伽論』を始めとしたこれらの論書における議論に関しては、常盤大定［1930: 87–95; 127–129; 134–142］、宇井［1958: 129–134］、富貴原［1975］を参照。

186『荘厳経論頌』に関しては、本研究［p.135］、それに対するヴァスバンドゥの注釈書に関しては、本研究［pp.259–260］を参照。

187 確定されていない種姓に関しては、松本［2013b］による大部の論考がある。

188 "aniyatagotra" に相当する語は、「摂決択分」の「声聞地決択」における、いわゆる五難六答にもあるが、確定された種姓がない（*a-niyatagotra）と読むべき文脈である。本研究［pp.191–192, n.178］を参照。また、玄奘訳の『菩薩地』「建立品」に「種種不定種性」という語があるが（巻49, T［30］570a3）、サンスクリットおよびチベット語訳に対応する語はない。したがって、本研究では、これらの用例を確定されていない種姓（*aniyatagotra）の初出とは見做さなかった。

189 本研究では、『解深密経』について、従来の研究の見解に従い、『瑜伽論』の「本地分」よりも後、「摂決択分」の『解深密経』からの引用よりも前の成立と考える。『瑜伽論』の層の区別に関しては、本研究［pp.47–50］を参照。なお、以下に引用するチベット語訳については、『解深密経』ではなく、『瑜伽論』「摂決択分」の引用箇所を使用した。

190 藤田祥道［2007: 10, n.17］もまた、「摂決択分」に至って『瑜伽論』で一乗について扱われる背景に、『法華経』の一乗思想があることを指摘し、さらに、それと共に、説一切有部の三種菩提説や転根説も考慮すべきと述べる。

191 藤田祥道［2007: 9–10］の指摘によれば、この同じ道やこの同じ修行とは、前段で説かれた、衆生の習熟度に応じた三無自性の説法のことである。

192 D zi 60a6–b2, P ’i 66b1–5; 巻76, T［30］720c15–23; ref. *SN* VII.14: *SN*$_{\mathrm{L}}$ 73.22–34;（Fre. trans.）LAMOTTE［1935: 198］,（Jpn. trans.）伊藤秀憲［1974: 5–6］, 袴谷［1994: 158–159］,（Jpn. trans.-partial）松本［2013b: 375, n.164］,（Eng. trans.）POWERS［1995: 111, 113］. ただし、何れの訳も『解深密経』のチベット語訳に基づく。

193 ラトナーカラシャーンティ（Ratnākaraśānti）著『最上心髄』（*Sāratamā*）において、同様の2種の声聞を説示するため、サンスクリットを回収可能である。JAINI［1979: 22.16; 191.5; 191.7］を参照。

194 D zi 60b2–7, P ’i 66b5–67a4; 巻76, T［30］720c23–721a9; ref. *SN* VII.15–16: *SN*$_{\mathrm{L}}$ 74.5–19, 74.25–31;（Fre. trans.）LAMOTTE［1935: 198–199］,（Jpn. trans.）伊藤秀憲［1974: 6］, 袴谷［1994: 165–166; 168］, 松本［2013b: 336–337］,（Eng. trans.）POWERS［1995: 113, 115］. ただし、何れの訳も『解深密経』のチベット語訳に基づく。

195 4種声聞に関しては、『法華経』に対する注釈書であるヴァスバンドゥ著『妙法蓮華経憂波提舎』（**Saddharmapuṇḍarīkopadeśa*）における声聞授記の解説（T［26］18b8–13）でも取り上げ、化作した声聞と菩提に進展する声聞との2種を授記された声聞に配する。

196 D zi 114a2–6, P ’i 127b7–128a4; 巻80, T［30］744a24–b5; ref.（Jpn. trans.）松本［2013b: 333–334］.

197 微弱な悲愍の種姓に関連して、『声聞地』「第二瑜伽処」では、11種の人の設定の中の慢心に基づく品行の人の解説において、微弱な悲愍の人を挙げ（*ŚrBh*$_{\mathrm{T2}}$ 28.16–30.12; ref.（Jpn. trans.）声聞地研究会［2007: 29–31］）、「独覚地」では、第2の独覚種姓の特徴として、本来的に微弱な悲愍の者を挙げ、その内容にも類似性が認められる。本研究［pp.67–68］を参照。

198 漢訳にのみ、「その理由は何か。諸々の阿羅漢には種姓を目の当たりして多くの差異がある」（所以者何。諸阿羅漢現見種性有多差別。（巻80, T［30］749b4–5））という文言が続く。

199 漢訳には、「般涅槃し得るものの本質のある集団の中で、かの確定されていない種姓を持つ者が知られるべきである」(於般涅槃法性聚中、當知此是不定種性。(巻 80, T[30] 749b24–25)）とあり、後半部がチベット語訳と相違するが、何れの訳が本来の内容であるのかについては、これ以外に有益な資料がないため、確定できない。

200 D zi 125b5–126a6, P 'i 141a8–142a2; 巻 80, T［30］749b2–25; ref.（Tib. & Ger. trans.）SCHMITHAUSEN［1969b: 62–67］,（Jpn. trans.-partial）松本［2013b: 340］.

201『荘厳経論頌』に関しては、本研究［pp.127–128; p.134］、『摂大乗論』に関しては、本研究［p.226; pp.229–230］を参照。

202 以下の内容は、拙稿［2013］［2014b］を基に、本研究の趣旨に合うよう大幅に加筆修正を行ったものである。

203「意地」では、母の子宮で精と血の混合体が一塊となったところに、一切種子を有するアーラヤ識が凝結することを述べる。

高揚した母と父との貪欲が極まった状態に達したそのとき、最後に濃厚な精が放たれる。その後で、両者に精と血との滴が必ず出現する。そして、二者にとってのその精と血との二滴共は、他ならぬ母の子宮で混合状態のとき、乳脂状に結合して一塊状態に止まる。例えば冷えている熟した乳のように。〔精と血との混合体が一塊となった〕そこに、かの、一切種子を有する、異熟を収めた、拠り所を統合する、アーラヤ識が凝結する。

tatra saṃraktayor mātāpitros tīvrāvasthāgate rāge (1 sarvapaścād ghanaṃ 1) śukraṃ mucyate / tadante cāvaśyam ubhayoḥ śukraśoṇitabinduḥ prādurbhavati / dvayor api ca tau śukraśoṇitabindū mātur eva yonau miśrībhūtau śaraṃ baddhvā 2) tiṣṭhata ekapiṇḍībhūtau, tadyathā pakvaṃ payaḥ śītībhāvam 3) āpadyamānaṃ, (4 yatra tat 4) sarvabījakaṃ vipākasaṃgṛhītam 5) āśrayopādātr 6) ālayavijñānaṃ saṃmūrcchati /

1) *'vasāne YBh*Bh　Cf. SCHMITHAUSEN［1987: 127; 429, n.835］　2) *baddhā YBh*Bh　Cf. SCHMITHAUSEN［1987: 127］　3) *śītabhāvam YBh*Bh　Cf. SCHMITHAUSEN［1987: 127］　4) *tatra YBh*Bh　Cf. SCHMITHAUSEN［1987: 127］　5) *vipākasaṃgṛhitam* SCHMITHAUSEN［1987: 127］　6) *āśrayopādānād YBh*Bh　Cf. SCHMITHAUSEN［1987: 127; 429, n.839］

（*YBh*Bh 24.1–5; ref.（Skt. & Eng. trans.）SCHMITHAUSEN［1987: 127–128］）

204 *YBh*Bh 25.1–2.

205 具体的な内容に関しては、本研究［p.175, n.109］を参照。

206 SCHMITHAUSEN［1987: 299–300, n.226］は、「五識身相応地意地決択」におけるアーラヤ識の規定を、便宜上、「論証分」(Proof Portion)「流転分」(Pravṛtti Portion)「還滅分」(Nivṛtti Portion) の 3 部構成に分ける。この分け方は、SCHMITHAUSEN［1987］以降の研究でよく用いられるため、本研究もこれに倣った。

207『瑜伽論』におけるアーラヤ識の否定的な側面の展開に関しては、SCHMITHAUSEN［1987:

§4, 66–80］に詳述される。同研究には小谷［1991］や山部［2012］による概要の紹介があり、研究全体を把握する上で有益である。

208 アーラヤ識がすべての雑染の根本であると規定した直後に、アーラヤ識がすべての雑染の根本であるにも関わらず、順解脱分（mokṣabhāgīya）と順決択分（nirvedhabhāgīya）との諸善根の種子を把持することを説く。

順解脱分と順決択分との諸善根の種子を把持するアーラヤ識は、集諦の原因ではない。

kun gzhi rnam par shes pa thar (P8b5) pa'i cha dang mthun pa dang / nges par 'byed pa'i cha dang mthun pa'i (D7b1) dge ba'i rtsa ba rnams kyi sa bon yongs su 'dzin pa gang yin pa de ni kun 'byung ba'i 1) bden pa'i rgyu ma yin te /

1) *ba* D

（D zhi 7a7–b1, P zi 8b4–5; 巻 51, T［30］（1579）581b10–11, 巻上, T［30］（1584）1020a20–22; ref.（Jpn. trans.）袴谷［1979: 64］,（Eng. trans.）SCHMITHAUSEN［1987: 366–367, n.563; 367, n.566］）

この一節は後世の付加であると SCHMITHAUSEN［1987: §4.8.3, 78; §11.2.1, 209］によって考えられている。付加でなかったとしても、すべての雑染の根本であるアーラヤ識に善根の種子を把持させることは、以下で見るように、種姓説に代わる理論として真如所縁縁種子説を提出することから、問題があったと言えよう。

209 D zhi 7a1–7, P zi 8a4–b4; 巻 51, T［30］（1579）581a25–b9, 巻上, T［30］（1584）1020a13–20; ref.（Jpn. trans.）袴谷［1979: 62–63］.

210『瑜伽論』における種子説の展開に関しては、山部［1989］［1990: 63–65］を参照。

211 D zhi 27b1–3, P zi 30a5–7; 巻 52, T［30］（1579）589a9–13, 巻中, T［30］（1584）1025c9–13; ref.（Jpn. trans.）袴谷［1979: 17］, 山部［1990: 67］,（Eng. trans.）SCHMITHAUSEN［1987: 364, n.553］,（Tib. & Ger. trans.）SAKUMA［1990: II, 161; 163］.

（*Skt.）bījasamāsavyavasthānaṃ katamat / yālayavijñāne sarvadharmāṇāṃ parikalpitasvabhāvābhiniveśavāsanā / sā ca vāsanā dravyato 'sti saṃvṛtitaś ca ... / sā ca sarvatragadauṣṭhulyaṃ vaktavyam /（山部［1990: 67.2–6］）

212 清浄の原因に関して、「本地分」では、『菩薩地』「力種姓品」に示されるように、種姓がその役割を担っている。本研究［p.169, n.84; p.176, n.114; pp.182–183, n.143］を参照。

213 真如所縁縁種子という用語の背景に関して、SCHMITHAUSEN［1987: §4, 66–80］は、アーラヤ識説の変遷という観点から、山部［1990: 63–66］は、種子説の変遷という観点から説明する。

214 この教説を直接扱った研究は、以下の通りである。袴谷［1979: 17–18］は、当該教説の前半部を部分的に取り上げ考察する。SCHMITHAUSEN［1987: 364, n.553; 368, n.570］は、当該教説の前半部を英訳して解説する。SAKUMA［1990: 161–165］は、チベット語訳のテキストを校訂して独訳する。山部［1990］は、当該教説のサンスクリット原文の想定とその和訳を行い、真如所縁縁種子という用語の意味を解説する。松本［2004: 119–158］は、チベット語訳、漢訳（真諦訳と玄奘訳）、山部［1990］によるサンスクリット原文の想定ならびに先行する諸研究の翻訳の対照とその検討を行い、真如所縁縁種子の複合語の解釈について、Schmithausen 氏や山部氏の理解に批判を加えながら考察する。SCHMITHAUSEN［2014: 569–595］は、松本氏の批判に対する反論である。この他にも真如所縁縁種子説を取り上げる研究には枚挙に暇がないが、本研究では一々取り上げない。

215 山部［1990］の構文に従った。チベット語訳を直訳すると、「出世間的な諸法を生じる種子とは何か。それら（出世間的な諸法）を生じる種子であるもの（*bījabhāva）が重苦しさを本質とするものであることは、不合理である」である。

216 “tathatālambanapratyayabīja” という複合語の文法的解釈に関しては、「摂決択分」における真如は所縁縁のみに収められ、原因ではない、という規定を重視し、二重に Bahuvrīhi 複合語となっていると考える松本［2004: 122–123］に従った。「摂決択分」における真如の規定に関しては、山部［1990: 82］、拙稿［2014b: 90］を参照。拙稿［2014b: 88–87］で指摘するように、この場合の真如所縁縁種子とは、真如を所縁縁とする、言い換えると、真如に通達する、出世間のみの正智（samyagjñāna）か、或いは、出世間のみの正智を生ずる正法の聴聞（saddharmaśravaṇa）および根源的な思惟（yoniśomanaskāra）かを指す可能性がある。そして、『瑜伽論』の段階では、前者の解釈が優勢であると考えられるが、真如所縁縁種子説から『摂大乗論』所説の聞熏習種子説への展開を考えると、この展開は後者の解釈に基づいていると考えられる。聞熏習種子説に関しては、本研究［pp.224–225］参照。

いっぽう、SCHMITHAUSEN［1969b: 115–116, n.48］［1987: 368, n.570］や山部［1990: 71; 72–73, n.11; 81–82］は、以下に挙げる「有余依無余依二地決択」における真如という種姓（*tathatāgotrā）や真如という種子（*tathatābījā）といった用語を踏まえて、種子に関して、ルースな意味において用いられ、真如を指すと理解し、“tathatālambanapratyayabīja” という複合語を “[their] *ālambana-pratyaya*, viz. *tathatā*, as their 'seed'” や「真如なる所縁縁を種子として」と解釈する。

〔阿羅漢の〕そういう転依（*āśrayaparivṛtti）は、真如を浄化することによって生み出されたもの（*tathatāviśuddhiprabhāvitā）であり、真如を種姓とし（*tathatāgotrā）、真如を種子とし（*tathatābījā）、真如に基づいて達成されたもの（*tathatāsamudāgatā）であり ....

gnas gyur pa de ni de bzhin nyid rnam par dag pas rab tu phye ba dang / de bzhin nyid kyi rigs can dang / de bzhin nyid kyi sa bon can dang / de bzhin nyid las (P137b3) yang dag par grub pa yin la / ....

（D zi 122a7, P 'i 137b2–3; 巻 80, T［30］747c23–24; ref.（Tib. & Ger. trans.）SCHMITHAUSEN［1969b: 44–45］,（Jpn. trans.）松本［2004: 127］）

真如と所縁縁と種子との関係については、“*tathatābījā” の解釈を中心に、松本［2004: 119–158］と SCHMITHAUSEN［2014: 569–595］との間で論争が繰り広げられるが、本研究には直接関わらず、また、真如所縁縁種子については本研究で扱った内容で十分なので、これ以上は立ち入らない。

なお、インドにおいて、真如所縁縁種子という語に対して複数の解釈が存在したことが、玄奘の弟子の言葉として、窺基撰『瑜伽師地論略纂』（巻13, T［43］184b28–185a8）、道倫集撰『瑜伽論記』（巻14上, T［42］614c5–615a8）などに伝えられる。常盤大定［1930: 496–513］、西芳純［1987］、蓑輪［1991］、吉村［2006］［2011］［2013b: 428–453］を参照。

217 D zhi 27b3–5, P zi 30a7–b1; 巻52, T［30］（1579）589a13–17, 巻中, T［30］（1584）1025c13–16; ref.（Jpn. trans.-partial）袴谷［1979: 18］,（Jpn. trans.）山部［1990: 71］, 松本［2004: 121］,（Eng. trans.）SCHMITHAUSEN［1987: 364, n.553; 368, n.570］［2014: 570］,（Tib. & Ger. trans.）SAKUMA［1990: II, 161; 163–164］.

（*Skt.）yadi tayā vāsanayā sarvāṇi bījāni saṃgṛhītāni sā ca sarvatragadauṣṭhulya ucyata evaṃ lokottaradharmāḥ kiṃbījā utpadyante, na hi te dauṣṭhulyasvabhāvabījā iti yujyata ity āha / lokottaradharmās tathatālambanapratyayabījā utpadyante na tūpacitavāsanābījāḥ /（山部［1990: 71.12–15］）

218 D zhi 27b5–28a2, P zi 30b1–6; 巻52, T［30］（1579）589a17–28, 巻中, T［30］（1584）1025c16–23; ref.（Jpn. trans.）山部［1990: 74］, 松本［2004: 153–154］,（Tib. & Ger. trans.）SAKUMA［1990: II, 161–162; 164–165］.

（*Skt.）yadi nopacitavāsanābījā utpadyanta evaṃ kasmāt parinirvāṇadharmakagotratrayāḥ pudgalā vyavasthāpitāś cāparinirvāṇadharmakagotrāḥ pudgalāḥ, tathā hi sarveṣām api tathatālambanapratyayo 'stīty āha / āvaraṇānāvaraṇaviśeṣāt / yeṣāṃ tathatālambanapratyayaprativedha ātyantikam āvaraṇabījam asti te 'parinirvāṇadharmakagotrā vyavasthāpitāḥ / ye 'nye te parinirvāṇadharmakagotrā vyavasthāpitāḥ / yeṣāṃ jñeyāvaraṇabījam ātyantikam āśrayasanniviṣṭaṃ na tu kleśāvaraṇabījaṃ teṣāṃ kecic chrāvakagotrā vyavasthāpitāḥ kecic ca pratyekabuddhagotrāḥ / ye 'nye te tathāgatagotrā vyavasthāpitāḥ / tasmād adoṣaḥ /（山部［1990: 73.22–74.1］）

219 障害の種子に基づく種姓の区別に関して、『菩薩地』「種姓品」では、三乗の種姓の区別という点から、二障の浄化の区別を述べる。本研究［p.81］を参照。

220 障害の種子を浄化するという修行に際し、真如所縁縁種子が如何なる意義を有するのかについて、拙稿［2014b］では、二障の浄化の前提としての三乗共通の実践である「真如に通達すること」の重要性を示し、二障の浄化という修行体系を種子説の内で理解するという目的を理由にして、真如所縁縁種子が導入されたと指摘した。

221 具体的な議論に関しては、拙稿［2013］を参照。YAMABE［2020］もまた、『成唯識論』と並行した議論を取り上げる中で、『瑜伽師地解説』における議論を取り上げている。

222 D 92b3–5, P 112b4–7.

223 ここに挙がる 4 種の煩悩については、「本地分」の「意地」所説の汚れたマナス（kḷiṣta manas, 染汚意）の定義に対応するものがある。室寺他［2017: 8–9］によれば、「無知蒙昧、自我についての見解、「私はいる」という慢心、渇愛を特徴とする 4 つの煩悩」（avidyā-tmadṛṣṭyasmimānatṛṣṇālakṣaṇaiś caturbhiḥ kleśaiḥ）のことである。

224 D zhi 182b7–183a2, P zi 190a6–8; 巻 63, T［30］651c15–18; ref.（Eng. trans.）SCHMITHAUSEN［1987: §4.10.1, 82–83］.

225『瑜伽論』以降、ヴァスバンドゥまでのアーラヤ識説の展開に関しては、SCHMITHAUSEN［1987: §5.11.1–5.14.2, 98–104］および山部［2012: 196］を参照。アーラヤ識説の中での雑染・清浄の問題に関しては、高崎［1982c: 169–170］［1996: 42–43］を参照。

226『荘厳経論頌』に関しては、本研究［pp.123–143］、『中辺論頌』に関しては、本研究［pp.144–146］を参照。

227 以下では、便宜上、玄奘訳の「聞熏習種子」という語を使用する。

228 具体的な内容に関しては、本研究［pp.224–225］を参照。

229 章構成、章数、偈頌数に関しては、サンスクリットと漢訳およびチベット語訳との相違が指摘される。内藤［2009a: 6–8］を参照。本研究では、Lévi 校訂本に従った。

230 著者問題に関しては、袴谷・荒井［1993: 17–23］に詳しく紹介される。これらの説の他に、岩本［2002: 147–190］は、偈頌と散文注の成立をほぼ同時と推定し、その著者を「極清浄なる真理洞察を有する（or 極清浄時の）大菩薩」（suvyavadātasamayamahābodhisattva）と見做す。

231 このような立場は、『荘厳経論』を研究の主要文献とする早島慧［2014］や岸［2014］も同様である。岸［2014: 12–16］は、これまでの研究動向を踏まえ、現在はっきりしている点として、偈頌と散文注の間に思想的差異のある点、ヴァスバンドゥに帰せられる論書との関連から散文注の著者がヴァスバンドゥである可能性の高い点を指摘する。散文注の著者をヴァスバンドゥと見做すことに関しては、李鍾徹［2001: 51–60］や都［2005］を参照。

232 この他に、ENGLE［2016: xliii–xlvii］は、18 世紀のゲルク派の学匠（Thu'u bkwan Blo bzang chos kyi nyi ma）の著作に基づいて『菩薩地』と『荘厳経論頌』を比較し、特に種姓に着目する。

233『荘厳経論』と『菩薩地』が構造上の共通性に関する指摘を踏まえ、従来の研究では、両論の比較を通じた考察がなされている。そうした中で、本村［2009］は、『荘厳経論』の偈頌自体の記述は簡素であるため、ヴァスバンドゥによる散文注なしにそれを理解することは困難であるが、対応する『菩薩地』の章は、偈頌の理解の手助けになることを指摘し、両論の比較検討を重要視している。

234『荘厳経論』における種姓に関する記述を扱った研究としては、SEYFORT RUEGG［1969: 77–86］や勝呂［1989: 332–398］がある他、早島理［2024］、内藤［2024］が各々の問題意識のもと考察しており、大変示唆に富んでいる。以下の内容は、拙稿［2011］［2014c］［2015］［2024b］を基に、本研究の趣旨に合うよう大幅に加筆修正を行ったものである。

235 第2章「帰依品」（Śaraṇagamanādhikāra）のうち、サンスクリット原文を欠く第7偈に対する散文注では、導入部の“sangs rgyas kyi gdung”（*buddhavaṃśa）を後で“rang gi rigs”と言い換えている。長尾［2007a: 56］や能仁編［2020: 30–31; 64–65, n.30］は、“rigs”に対して“gotra”を想定し、特に能仁編［2020: 64–65, n.30］は、続く第3章「種姓品」との関連に言及する。しかし、管見の限り、瑜伽行派の種姓説において“vaṃśa”が“gotra”と関係する用例がない点、チベット訳『荘厳経論釈』には“kula”を“rigs”と訳している用例（V.4–5）も認められる点から、本研究では、“kula”という語を想定したため、一覧表から除外した。当該のサンスクリット原語が“gotra”であったとしても、「家柄」といった意味の血族主義的な用例と見做し得るので、本研究では、瑜伽行派の種姓説における“gotra”とは区別する。なお、チベットのツォンカパは、『善説金鬘』において、“āryavaṃśa”（’phags pa’i rigs）を“gotra”（rigs）の文脈で用いている。“vaṃśa”と“gotra”との関係に関しては、高崎［1967c］を参照。このように、チベット語訳“rigs”のサンスクリット原語の想定には、サンスクリット原典を参照しない限り、“gotra”以外の可能性があることを考慮しなければならない。

236『荘厳経論頌』において、種姓のない者（agotra）という語を唯一使用する偈頌である。

その〔畏怖する〕根拠のないことを畏怖することは、長期に亘り、非福の大きな集まりを生み出すから、生命ある者たちを焼くのである。〔菩薩〕種姓がなく、善き友人がなく、慧が出来上がっておらず、以前に善を積んでいない者が、この〔大乗の〕教えを畏怖する。それから、この世において、偉大な意義から退堕する。

tadasthānatrāso bhavati jagatāṃ dāhakaraṇo mahāpuṇyaskandhaprasavakaraṇād dīrgha-samayam /
agotro ’sanmitro ’kṛtamatir apūrvoccitaśubhas 1) trasaty asmin dharme patati mahato (2 ’rthāt tata 2) iha // I.14 //

1) *apūrvācitaśubhas MSA*$_{\mathrm{F1}}$*MSA*$_{\mathrm{L}}$*MSA*$_{\mathrm{N1}}$　2) *’rthād gata MSA*$_{\mathrm{F1}}$*MSA*$_{\mathrm{L}}$*MSA*$_{\mathrm{N1}}$

（*MSA*$_{\mathrm{No1}}$ 66.4–7, *MSA*$_{\mathrm{N1}}$ 31.7–10, *MSA*$_{\mathrm{F1}}$ 10.12–15, *MSA*$_{\mathrm{L}}$ 6.3–6; ref.（Eng. trans.）Thurman［2004: 15］,（Jpn. trans.）長尾［2007a: 31］, 能仁編［2009: 67］）

この場合の種姓とは、大乗の教えを畏怖すると教えが大乗に限定されることから、菩薩種姓を指し、声聞や独覚種姓を持つ者も菩薩種姓のない者に含まれるため、般涅槃への到達や菩提の獲得といった救済可能性のない者を説いているわけではないと言えよう。当該偈頌の詳しい考察に関しては、藤田祥道［2008: 2–7］を参照。

237 *MSA*$_{\mathrm{N1}}$ 67.3–84.22, *MSA*$_{\mathrm{F1}}$ 20.2–23.23, *MSA*$_{\mathrm{L}}$ 10.7–13.17; ref.（Eng. trans.）Thurman［2004: 23–29］,（Jpn. trans.）長尾［2007a: 67–84］.

第3章「種姓品」の内容に関しては後述する。本研究［pp.129–137］を参照。

238 *MSA*$_{\mathrm{W}}$ 32.3–10, *MSA*$_{\mathrm{N1}}$ 90.22–91.27, *MSA*$_{\mathrm{L}}$ 14.26–15.6; ref.（Eng. trans.）Thurman［2004:

33–34], (Jpn. trans.) 長尾 [2007a: 90–92], 若原編 [2023: 33].
発心についての、『荘厳経論頌』における原因の力に基づく (hetubalāt) という文言に対して、『荘厳経論釈』では、原因の力を種姓の能力 (gotrasāmarthya) と説明する。『菩薩地』第2章「発心品」では、発心するための4つの原因として、第1に種姓の完備 (gotrasaṃpad) を挙げる。本研究 [pp.167–168, n.83] を参照。また、発心についての、『荘厳経論頌』における根の力に基づく (mūlabalāt) という文言に対して、『荘厳経論釈』では、根の力を善根 (kuśalamūla) であって、その種姓の養成 (tadgotrapuṣṭi) と説明する。善根と種姓の関係について、『菩薩地』「種姓品」では、以前に善根を反復実行することに基づいて発展した種姓が獲得されると説く。本研究 [p.78] を参照。この発展した種姓は、『荘厳経論頌』「種姓品」第4偈所説の養成された (paripuṣṭa) 〔種姓〕と対応する。したがって、両教説間に対応が認められる。

239 *MSA*N1 117.19–118.13, *MSA*L 20.6–17; ref. (Eng. trans.) THURMAN [2004: 44–45], (Jpn. trans.) 長尾 [2007a: 117–119].
『荘厳経論頌』における劣位・中位・上位なものの本質に立脚した者 (nikṛṣṭamadhyottama-dharmatāsthita) という文言に対して、『荘厳経論釈』では、劣った・中位な・卓越した種姓に立脚した者 (hīnamadhyaviśiṣṭagotrastha) と言い換える。

240 *MSA*N1 119.18–31, *MSA*L 20.17–21.1; ref. (Eng. trans.) THURMAN [2004: 45–46], (Jpn. trans.) 長尾 [2007a: 119–121].
利他行の完成の中の、『荘厳経論頌』における人々への相応しい顛倒のない説示 (janānurūpāviparītadeśanā) という文言に対して、『荘厳経論釈』では、人々を種姓に立脚した (gotrastha) 人々と理解する。

241 *MSA*N1 161.24–28, *MSA*L 29.2–7; ref. (Eng. trans.) THURMAN [2004: 63–64], (Jpn. trans.) 長尾 [2007a: 161–163].
憐愍による成熟の特徴の中の、『荘厳経論頌』における本来的憐愍 (kṛpā prakṛtyā) という文言に対して、『荘厳経論釈』では、本来的という語を、自身の本性の点から (svaprakṛtyā)、すなわち種姓の点から (gotreṇa) に言い換える。種姓と憐愍の関係については、『菩薩地』「発心品」に説示される種姓と悲愍の関係との類似性が認められる。本研究 [pp.167–168, n.83] を参照。

242 *MSA*N1 163.15–19, *MSA*L 29.7–13; ref. (Eng. trans.) THURMAN [2004: 64], (Jpn. trans.) 長尾 [2007a: 163–164].
忍辱による成熟の特徴の中の、『荘厳経論頌』における本来的堅固さ (dhṛtiḥ prakṛtyā) という文言に対して、『荘厳経論釈』では、種姓という語を用いて注解を施す。種姓と忍辱との関係については、『菩薩地』「忍品」における、菩薩は種姓の完備に基づいて本来的に耐え忍ぶという内容との類似性が認められる。本研究 [p.177, n.118] を参照。

243 仏陀が一仏か多仏かに関する議論の中で、種姓に区別があること (gotrabheda) に基づき、一仏であることを否定する。

種姓に区別があるから、無益でないから、完全であるから、最初がないから、一仏であることはない。いっぽう、無垢な拠り所に区別がないから、多〔仏〕であること〔はない〕。

gotrabhedād avaiyarthyāt sākalyād apy anāditaḥ /

abhedān naikabuddhatvaṃ bahutvaṃ cāmalāśraye // IX.77 //

（*MSA*Na 124.13–14, *MSA*N1 262.13–14, *MSA*F1 40.6–7, *MSA*L 48.3–4; ref.（Eng. trans.）Thurman［2004: 101］,（Jpn. trans.）長尾［2007a: 262］, 内藤［2009a: 125］）

当該偈頌に対しては、『荘厳経論釈』（*MSA*Na 124.15–23, *MSA*N1 262.15–21, *MSA*F1 40.8–17, *MSA*L 48.5–11; ref.（Eng. trans.）Thurman［2004: 102］,（Jpn. trans.）長尾［2007a: 262–263］, 内藤［2009a: 125–126］）による注解があり、また、内藤［2009a: 271–273］による研究ノートがある。

244 *MSA*Na 36.22–38.6, *MSA*N1 193.14–22, *MSA*F1 26.18–27, *MSA*L 34.24–35.5; ref.（Eng. trans.）Thurman［2004: 75–76］,（Jpn. trans.）長尾［2007a: 193–194］, 内藤［2009a: 37–39］.
仏陀たること（buddhatva）が無上なる帰依処であることの理由のひとつとして挙がる、『荘厳経論頌』における小乗から（hīnayānāt）〔護ること（paritrāṇa）〕という文言に対して、『荘厳経論釈』では、「小乗から護ることは、確定されていない種姓を持つ者たちに大乗を唯一の路とさせるからである」（hīnayānaparitrāṇatvam aniyatagotrāṇāṃ mahāyānaikāyanīkaraṇāt）と注解を施す。当該偈頌に対しては、内藤［2009a: 154–156］による研究ノートがある。

245 綱領偈（uddāna）として、第1章から第9章までの主題のひとつに種姓を挙げる。

序、〔大乗〕成就、帰依、種姓、同様に発心、自〔利〕利他、真実義、神通、成熟、菩提である。

ādiḥ siddhiḥ śaraṇaṃ gotraṃ citte tathaiva cotpādaḥ /

svaparārthas tatvārthaḥ prabhāvaparipākabodhiś ca // X.1 //

（*MSA*Na 138.1–2, *MSA*N2 3.5–6, *MSA*F1 42.16–17, *MSA*L 50.2–3; ref.（Eng. trans.）Thurman［2004: 105］,（Jpn. trans.）長尾［2007b: 3–4］, 内藤［2009a: 139］）

本研究では、Lévi 校訂本に従って当該偈頌を第10章「明信品」第1偈としたが、漢訳はこの偈を欠き、この偈が第9章と第10章の何れに属するかはテキストに相違がある。長尾［2007b: 3–4, n.1］を参照。当該偈頌に関しては、『荘厳経論』の構成・構造の問題との関連において、内藤［2009a: 282–283］［2009b］［2017: 20–24］によって取り上げられる。内藤［2009b］は、この偈を第9章の最終偈と見做し、さらに、第9章「菩提品」自身が第1章から第9章までの各主題と対応関係にあると理解し、その場合に、第9章第12–17偈が主題とする転依（āśrayaparāvṛtti）が第3章の主題である種姓と対応すると指摘する。

246 等覚者たちが衆生たちの救護のために語られた、特徴付けるもの（lakṣanā）に関する詳説において、聖者の種姓（āryagotra）という語を見出せる。直前の偈頌と併せて示すと、次の通りである。

流れ出た教えを所縁として、根源的に思惟すること、心が根源に留まること、対象の存在性・非存在性を見ること、その聖者の種姓において、無垢で、平等で、卓越した、減退もなく増上もない、平等性に赴くことが、特徴付けるものであると考えられる。

niṣyandadharmam 1) ālambya yoniśomanasikriyā /
cittasya dhātau sthānaṃ ca sadasattārthapaśyanā // XI.42 //
samatāgamanaṃ tasminn āryagotre 2) hi nirmalam /
samaṃ viśiṣṭam anyūnānadhikaṃ lakṣaṇā matā // XI.43 //

1) *niṣpandadharmam MSA*L　2) *āryagotraṃ MSA*F2*MSA*L　Cf. 長尾［2007b: 99–100, n.1］（*MSA*N2 96.13–14; 99.4–5, *MSA*F2 47.25–26, 48.5–6, *MSA*L 65.14–15, 65.21–22; ref.（Eng. trans.）THURMAN［2004: 133], （Jpn. trans.）高崎［1974a: 471], 長尾［2007b: 96; 99]）

当該偈頌の聖者の種姓に注目した研究としては、高崎［1974a: 465–474］がある。

247 *MSA*U 54.13–14, 56.1–2, 56.13–14, *MSA*N2 113.17–18, 116.33–34, 118.10–11, *MSA*F2 51.5–6, 51.23–24, 51.27–28, *MSA*L 68.15–16, 69.3–4, 69.7–8; ref.（Eng. trans.）THURMAN［2004: 138; 139], （Jpn. trans.）長尾［2007b: 113; 117; 118], 松本［2013b: 225–226; 228; 229], 上野隆平［2014b: 54; 56].

第 53–55 偈は、一乗たること（ekayānatā）の探究についての全 7 偈の中で、前 3 偈に相当する。具体的な内容に関しては後述する。本研究［p.127］を参照。

248 *MSA*N2 37.10–53.17, *MSA*F2 38.5–40.25, *MSA*L 56.10–58.14; ref.（Eng. trans.）THURMAN［2004: 117–121], （Jpn. trans.）長尾［2007b: 37–56].

瑜伽者（yogin）たちにとっての思惟（manaskāra）が本体とするもの（ātmaka）のひとつとして挙がる、『荘厳経論頌』における 3 つの根源要素のあること（tridhātuka）という文言に対して、『荘厳経論釈』では、根源要素の確定されたこと（dhātuniyata）と言い換え、声聞などの種姓の確定されたこと（śrāvakādigotraniyata）であると説明する。

249 *MSA*N2 124.21–126.12, *MSA*F2 53.12–54.4, *MSA*L 70.18–71.17; ref.（Eng. trans.）THURMAN［2004: 142］, （Jpn. trans.）長尾［2007b: 125–128].

『荘厳経論頌』では、根源要素の養成（dhātupuṣṭi）の探究についての全 13 偈において、44 の思惟を説示する。その最初の偈における原因の獲得に満足する（hetūpalabdhituṣṭi）という文言に対して、『荘厳経論釈』では、原因を種姓と理解して注解を施す。

250 *MSA*N2 205.13–15, *MSA*L 83.8–10; ref.（Eng. trans.）THURMAN［2004: 162], （Jpn. trans.）長尾［2007b: 205], 松本［2013b: 344].

衆生たちにとっての障害として、確定されていない者の区別（aniyatabheda）を挙げる。具体的な内容に関しては後述する。本研究［p.128］を参照。

251 *MSA*N3 23.7–16, *MSA*L 102.2–8; ref.（Eng. trans.）THURMAN［2004: 196–199], （Jpn. trans.）

長尾［2009: 23–24］.

波羅蜜の修習が拠るものとして挙がる、『荘厳経論頌』における素材物（upadhi）という文言に対して、『荘厳経論釈』では、素材物を4つの様相に分ける。その最初に原因（hetu）を挙げ、それを種姓の力（gotrabala）という語で説明する。

252 *MSA*No17 72.5–74.1, *MSA*N3 143.24–144.27, *MSA*M 337.4–338.7, *MSA*L 124.1–15; ref.（Ger. trans.）Maithrimurthi［1999: 366–368］,（Eng. trans.）Thurman［2004: 231–232］,（Jpn. trans.）長尾［2009: 143–147］, 能仁編［2013: 73–75］, 内藤［2017: 300–303］.

悲愍の所縁となる衆生として挙がる、『荘厳経論頌』における誤った道に出立した者（utpathaprasthita）という文言に対して、『荘厳経論釈』では、小乗に専念した（hīnayānaprayukta）、確定されていない者（aniyata）であると説明する。当該箇所に対しては、内藤［2017: 153–155］による解説がある。

253 *MSA*No17 78.9–14, *MSA*N3 150.21–151.6, *MSA*M 340.6–13, *MSA*L 125.8–13; ref.（Ger. trans.）Maithrimurthi［1999: 370–371］,（Eng. trans.）Thurman［2004: 233］,（Jpn. trans.）長尾［2009: 150–151］, 能仁編［2013: 79］, 内藤［2017: 304–305］.

悲愍を本体とする者たちにとっての憐愍の分類として挙がる、『荘厳経論頌』における本来的（prakṛtyā）という文言に対して、『荘厳経論釈』では、特殊な種姓に基づく（gotraviśeṣataḥ）と言い換える。当該箇所に対しては、内藤［2017: 167–168］による解説がある。

254 *MSA*N3 211.31–212.26, *MSA*L 135.18–136.2; ref. (Eng. trans.) Thurman［2004: 251–252］, (Jpn. trans.）長尾［2009: 212–213］.

堅固さの分類として挙がる、『荘厳経論頌』における本来的（prakṛtyā）という文言に対して、『荘厳経論釈』では、種姓に基づく（gotrataḥ）と言い換える。

255 大乗の総合（mahāyānasaṃgraha）の弁別に関する10種の事柄の中で、最初に種姓を挙げる。

> 種姓、教えへの性向／確信、発心すること、布施などの修行、決定性に入ること、....
>
> gotraṃ dharmādhimuktiś ca cittasyotpādanā tathā /
> dānādipratipattiś ca nyāmāvakrāntir 1) eva ca // XIX.61 // ....
>
> 1) *nyāyāvakrāntir MSA*L
>
> (*MSA*N4 57.31–58.1, *MSA*L 171.20–21; ref.（Eng. trans.）Thurman［2004: 311］,（Jpn. trans.）長尾［2011: 58］)

『菩薩地』「種姓品」では、大乗の総合項目としての10項目を列挙する中で、種姓、初発心、菩提分法／菩薩行に相当する基礎（ādhāra）を最初に挙げる。本研究［pp.306–313］を参照。したがって、両教説間に対応が認められる。

256 *MSA*N4 29.3–30.8, *MSA*L 166.2–17; ref.（Eng. trans.）Thurman［2004: 301–302］,（Jpn. trans.）長尾［2011: 29–32］.

『荘厳経論頌』における智慧ある者の授記は人の区別に基づき（pudgalabhedataḥ）という文言に対して、『荘厳経論釈』では、人に4種を数え、最初に種姓に立脚した者（gotrastha）を挙げる。『菩薩地』「菩薩功徳品」では、6つの様相の点で如来が無上正等菩提を授記する菩薩として、種姓に立脚して発心しない菩薩を最初に挙げる。本研究［p.170, n.95］を参照。したがって、両教説間に対応が認められる。

257『荘厳経論釈』では複数の偈頌に対する注解の中に、種姓という語を見出せることもあるため、『荘厳経論釈』の注釈箇所の総数と、先に示した偈頌だけの場合の総数とを合計して示した。

258 具体的な内容に関しては、本研究［pp.110–111］を参照。

259 一乗たることに関する研究には、長尾［1961］、勝呂［1989: 457–468］、松本［2013b］、上野隆平［2012b］［2013］［2014a］［2014b］［2015］などがある。とりわけ松本［2013b］は、瑜伽行派の一乗思想に関する大部の論考である。同研究に対しては、一乗たることに関する議論の理解をめぐり、上野隆平［2014a］によって疑義が呈されている。本研究では、この議論に踏み込まず、種姓という語の使用が認められることを指摘するにとどめる。

260 長尾［1961: 534］および勝呂［1989: 460］を参照。

261 “dṛṣṭādṛṣṭārthayānataḥ” という複合語については、「すでに真実を見て、行く者と、未だ真実を見ないで、行く者とにより」（dṛṣṭārthayāna-adṛṣṭārthayānataḥ）と理解する上野隆平［2014b: 56, n.13］に従った。

262 *MSA*U 54.13–14, 56.1–2, 56.13–14, *MSA*N2 113.17–18, 116.33–34, 118.10–11, *MSA*F2 51.5–6, 51.23–24, 51.27–28, *MSA*L 68.15–16, 69.3–4, 69.7–8; ref.（Eng. trans.）THURMAN［2004: 138; 139; 139］,（Jpn. trans.）長尾［2007b: 113; 117; 118］, 松本［2013b: 225–226; 228; 229］, 上野隆平［2014b: 54; 56; 56］.

263『荘厳経論釈』では、「〔種姓の〕確定されていない者の区別とは、〔種姓の〕確定されていない菩薩たちが大乗から区別されることである」（aniyatabhedo bodhisattvānām aniyatānāṃ mahāyānād bhedaḥ（*MSA*N2 206.4, *MSA*L 83.18–19））と注解を施し、本研究での偈頌の理解と異なる。松本［2013b: 342–349］は、第11章「述求品」第53偈所説の“gotrabheda”の意味を考察する中で、当該教説を取り上げ、“gotrabheda”とは種姓からの区別であり、その場合の種姓とは大乗、すなわち大乗の種姓を意味すると結論付ける。しかし、本研究では、第3章「種姓品」第6偈に種姓の区別（gotrabheda）として、確定されたもの（niyata）や確定されていないもの（aniyata）を挙げる点に着目して、この偈頌を承けて、第11章「述求品」第53偈では“gotrabheda”、第12章「弘法品」第19偈では“aniyatabheda”という語を用いていると考える。

264 *MSA*N2 205.13–15, *MSA*L 83.8–10; ref.（Eng. trans.）THURMAN［2004: 162］,（Jpn. trans.）長尾［2007b: 205］, 松本［2013b: 344］.

265 具体的な内容に関しては、本研究［pp.72–73; p.78; p.80］を参照。

266『菩薩地』「種姓品」のシノプシスに関しては、本研究［p.70］を参照。

267 勝呂［1989: 332–398］と同様の比較方法を用いたが、同研究との対応に関する相違点については、煩雑になることを避けて、一々注記しなかった。THURMAN［2004: 23–29］は、『荘厳経論』「種姓品」の英訳の注において、『荘厳経論』の他章や『菩薩地』との関連箇所について言及するが、種姓説の関連箇所に関しては十分とは言えない。

268 各偈頌の見出し語については、『荘厳経論釈』を参照した上で示したが、同注釈書の理解に基本的に問題がないと判断したからである。

269『菩薩地』「種姓品」の各内容に関しては、本研究［pp.306–353］を参照。

270『菩薩地』「種姓品」では、「§2. 基礎（種姓・初発心・菩提分法）」において、基礎（ādhāra）を解説し、そこで種姓に立脚しない者（a-gotrastha）についても言及するが、実質的な種姓の解説は「§3. 種姓」から始まる。『荘厳経論頌』「種姓品」が概して『菩薩地』「種姓品」の項目順序を考慮して構成されることから判断すると、第 11 偈が依拠するのは「§7. 菩薩が菩提を得られない 4 種の理由」であるため、「§2. 基礎（種姓・初発心・菩提分法）」を丸括弧（ ）で括った。なお、第 11 偈に “agotrastha” や “agotra” という語はなく、第 1 章「縁起品・成宗品」第 14 偈に “agotra” という語を確認できるのみである。同偈頌に関しては、本研究［p.200, n.236］を参照。

271 *MSA*H 22.4–5, *MSA*N1 67.4–5 *MSA*F1 20.3–4, *MSA*L 10.8–9; ref.（Eng. trans.）THURMAN［2004: 23］,（Jpn. trans.）長尾［2007a: 67］, 早島編［2024: 23］.

272『声聞地』「初瑜伽処」の「種姓地」には、「種姓地」で扱う主題の列挙がある。本研究［p.52］を参照。

273 “adhimukti” という語は、多義であるため訳語を統一し難い。本研究では、或る乗に対する、生まれ持っての潜在的な傾向としての “adhimukti” を「性向」、後から生じる顕在的な “adhimukti” を「確信」と訳し分けた。ただし、分けるのが困難な場合、「性向／確信」と併記している。「性向」と「確信」のどちらの場合も、早島編［2024: 38, n.6］の指摘するように、何れかの乗に対する信心の状態を表している。『荘厳経論』における “adhimukti” に関しては、楠本［1998］［1999］を参照。特に楠本［1999］は、“adhimukti” の意味を「傾注、専心」「確信」「傾向」「確定」に整理している。

274「種姓品」第 2 偈に関しては、拙稿［2015］において、『瑜伽論』ならびに『荘厳経論釈』に基づく 2 通りの解釈の可能性について考察した。

275 *MSA*H 26.11–12, *MSA*N1 68.2–3, *MSA*F1 20.9–10, *MSA*L 10.13–14; ref.（Eng. trans.）THURMAN［2004: 23］,（Jpn. trans.）長尾［2007a: 68–69］, 早島編［2024: 23］.

276 具体的な内容に関しては、本研究［pp.80–81; pp.82–83］を参照。

277「偉大な意義を持つこと」と訳した “mahārtha” に関して、能仁編［2020: 49, n.9］の指摘に従い、「偉大な利益」「偉大な目的」の両義を含意し、それが利他（parārtha）をも意図している、と理解した。利他との関連については、本研究［p.207, n.280］に示した、当該偈頌に対する『荘厳経論釈』の注解を参照。

278 *MSA*$_{\mathrm{H}}$ 24.11–12, *MSA*$_{\mathrm{N1}}$ 69.30–31, *MSA*$_{\mathrm{F1}}$ 20.21–22, *MSA*$_{\mathrm{L}}$ 11.3–4; ref.（Eng. trans.）THURMAN［2004: 24］,（Jpn. trans.）長尾［2007a: 70］, 早島編［2024: 25］.

279 具体的な内容に関しては、本研究［pp.80–83］を参照。

280『荘厳経論釈』による注解を示すと、次の通りである。

こ〔の偈〕では、〔菩薩〕種姓が、4種の契機であることにより、最上であることを示す。実にその〔菩薩〕種姓は、諸善根が（a）最高であること、（b）一切であること、（c）偉大な意義を持つこと、（d）無尽であることに関する契機である。というのも、諸々の声聞にとっての諸善根は、その〔菩薩にとっての諸善根の〕様に鍛練されたものではなく、〔十〕力・〔四〕無畏などがないから、一切ではなく、利他がないから、偉大な意義を持つものではなく、無余依涅槃を最後とするから、無尽ではない。

atra gotrasya caturvidhena nimittatvenāgratvaṃ darśayati / tad dhi gotraṃ kuśalamūlānām udagratve nimittaṃ sarvatve mahārthatve akṣayatve ca / na hi śrāvakāṇāṃ tathottaptāni 1) kuśalamūlāṇi na ca sarvāṇi santi balavaiśāradyādyabhāvāt / na ca mahārthāny aparārthatvāt / na cākṣayāṇy anupadhiśeṣanirvāṇāvasānatvāt /

1) *tathodagrāṇi MSA*$_{\mathrm{L}}$*MSA*$_{\mathrm{N1}}$

（*MSA*$_{\mathrm{H}}$ 24.13–16, *MSA*$_{\mathrm{N1}}$ 69.32–70.3, *MSA*$_{\mathrm{F1}}$ 20.23–27, *MSA*$_{\mathrm{L}}$ 11.5–8; ref.（Eng. trans.）THURMAN［2004: 24–25］,（Jpn. trans.）長尾［2007a: 70］, 早島編［2024: 25］）

281 *MSA*$_{\mathrm{H}}$ 26.4–5, *MSA*$_{\mathrm{N1}}$ 70.23–24, *MSA*$_{\mathrm{F1}}$ 21.2–3, *MSA*$_{\mathrm{L}}$ 11.10–11; ref.（Eng. trans.）THURMAN［2004: 25］,（Jpn. trans.）長尾［2007a: 71–72］, 早島編［2024: 27］.

282 具体的な内容に関しては、本研究［p.78; p.80］を参照。

283 *MSA*$_{\mathrm{H}}$ 26.6–7, *MSA*$_{\mathrm{N1}}$ 70.25–26, *MSA*$_{\mathrm{F1}}$ 21.4–6, *MSA*$_{\mathrm{L}}$ 11.12–13; ref.（Eng. trans.）THURMAN［2004: 25］,（Jpn. trans.）長尾［2007a: 71］, 早島編［2024: 27］.

284「徳性を引き出す」（guṇottāraṇatā）を通俗的語義解釈と理解するのは、著者問題が従来指摘される、スティラマティによる『荘厳経論』に対する複注釈書『経荘厳注疏』（*Sūtrālaṃkāravṛttibhāṣya*, D (4034), P［108–109］(5531) においてである。早島編［2024: 112–113］を参照。

同注釈書の著者問題に関して、上野康弘［2011］によると、『経荘厳注疏』の奥書では、同注釈書が散逸していることや、ヴァスバンドゥおよびアスヴァバーヴァによる2種の注釈書に基づいて翻訳したという翻訳事情が語られている。また、早島慧［2021］は、『経荘厳注疏』におけるスティラマティ以降にチベット語で記された文章の挿入箇所の存在を指摘している。

285 その他の訳の可能性に関しては、早島編［2024: 39, n.13］を参照。当該偈頌に対する早島編［2024: 27］の訳は、次の通りである。

そ〔の種姓〕は、(1) 本来的なのと (2) 養成されたのとであり、(3) 依り所と (4) 依るものとである。さらに、諸々の功徳を産出するものという〔「gotra」という語の語源的解釈の〕意味に基づいて〔原因としては〕存在し〔結果としては〕存在しないと知るべきである。

286 MSA_{H} 26.12–13, MSA_{N1} 72.11–12, MSA_{F1} 21.9–10, MSA_{L} 11.16–17; ref.（Eng. trans.）Thurman［2004: 26］,（Jpn. trans.）長尾［2007a: 72–73］, 早島編［2024: 27］.

287 具体的な内容に関しては、本研究［pp.318–345］を参照。

288 善（śubha）の行いに対して、『荘厳経論釈』では、波羅蜜から成る善（kuśala）の行い（samācāraś ca pāramitāmayasya kuśalasya（MSA_{H} 26.15–16, MSA_{N1} 72.14, MSA_{F1} 21.13, MSA_{L} 11.19–20））と言い換える。

289 MSA_{H} 28.4–5, MSA_{N1} 73.6–7, MSA_{F1} 21.15–16, MSA_{L} 11.21–22; ref.（Eng. trans.）Thurman［2004: 26］,（Jpn. trans.）長尾［2007a: 73］, 早島編［2024: 29］.

290 MSA_{H} 28.11–12, MSA_{N1} 74.1–2, MSA_{F1} 21.20–21, MSA_{L} 11.25–26; ref.（Eng. trans.）Thurman［2004: 26］,（Jpn. trans.）長尾［2007a: 74］, 早島編［2024: 29］.

291 具体的な内容に関しては、本研究［pp.348–349］を参照。

292 MSA_{H} 30.4–5, MSA_{N1} 74.27–28, MSA_{F1} 21.26–27, MSA_{L} 12.3–4; ref.（Eng. trans.）Thurman［2004: 27］,（Jpn. trans.）長尾［2007a: 75］, 早島編［2024: 31］.

293 具体的な内容に関しては、本研究［pp.346–349］を参照。

294『菩薩地』「種姓品」には、悪趣に生まれた菩薩の持つ種姓の卓越性が何種挙がっているのか明確ではない。早島編［2024: 42, n.22］は、5 種と理解した上で、「『菩薩地』は、悪趣に生まれる菩薩と衆生との相違をこの五つを挙げるが、『荘厳経論』はそれを四つにまとめて、第 III 章内の記述の一貫性を保とうとしたものと思われる。なお、『菩薩地解説』は明確に五種の相違があると注釈している」と指摘している。

295 MSA_{H} 30.12–13, 32.4–5, MSA_{N1} 76.1–2, 77.22–23, MSA_{F1} 22.5–6, 22.13–14, MSA_{L} 12.8–9, 12.14–15; ref.（Eng. trans.）Thurman［2004: 27; 27］,（Jpn. trans.）長尾［2007a: 76; 77］, 早島編［2024: 31; 33］.

296 MSA_{H} 32.13–14, MSA_{N1} 79.17–18, MSA_{F1} 22.22–25, MSA_{L} 12.21–24; ref.（Eng. trans.）Thurman［2004: 28］,（Jpn. trans.）長尾［2007a: 79–81］, 早島編［2024: 33］.

297 具体的な内容に関しては、本研究［pp.348–351］を参照。

298 MSA_{H} 32.12, MSA_{N1} 79.16, MSA_{F1} 22.21, MSA_{L} 12.19–20.
『荘厳経論』における “agotrastha” という語の用例は、この 1 箇所のみである。具体的な内容に関しては、本研究［pp.259–260］を参照。

299『荘厳経論釈』の「そして、最後に二者に関する完成より最高な大菩提という完成が」（saṃpattiś cāvasāne mahābodhir dvayagatāyāḥ saṃpatteḥ paramā（MSA_{H} 34.14–15, MSA_{N1} 82.10–11, MSA_{F1} 23.12–13, MSA_{L} 13.8–9））という理解に従った。これに従わない場合、次の第 13 偈を踏まえて、“dvaya” が自他の利益や安楽、つまり自利と利他との 2 つであり、「〔自利利他という〕2 つに関する最高な完成が」と理解することも可能であろう。

300 本研究の訳で提示したように、“yad” がそれより前の内容を承けているという構文の理解に関しては、早島編［2024: 46, n.41］にも注記のかたちで示されるが、早島編［2024: 35］は、チベット語訳や伝スティラマティ著『経荘厳注疏』の注釈の理解に基づき、次のような訳を提示する。

> 彼ら〔菩薩たち〕には，甚深で広大なことを語る，利他をなす為に語られた長大な教法に対して，〔その意味を〕全く分からないままに極めて大いなる信解があり，また，よき実践（正行）における堪忍があり，そして〔実践の〕終わりに，二者にある〔完成〕よりもはるかに勝れている完成が必ず生じる。そのことは，菩薩の本来的に功徳を有する〔種姓〕とそれ（本来的に功徳を有する種姓）から養成された種姓とに基づくと知るべきである。

301 $\mathit{MSA}_{\mathrm{H}}$ 34.9–12, $\mathit{MSA}_{\mathrm{N1}}$ 81.26–29, $\mathit{MSA}_{\mathrm{F1}}$ 23.5–9, $\mathit{MSA}_{\mathrm{L}}$ 13.3–6; ref.（Eng. trans.）THURMAN［2004: 28］,（Jpn. trans.）長尾［2007a: 82–83］, 早島編［2024: 35］.

302 $\mathit{MSA}_{\mathrm{H}}$ 36.4–5, $\mathit{MSA}_{\mathrm{N1}}$ 83.8–9, $\mathit{MSA}_{\mathrm{F1}}$ 23.17–20, $\mathit{MSA}_{\mathrm{L}}$ 13.12–15; ref.（Eng. trans.）THURMAN［2004: 29］,（Jpn. trans.）長尾［2007a: 83–84］, 早島編［2024: 37］.

当該偈頌は、a 句・b 句・c 句の関係について検討の余地がある。特に b 句に関しては、a 句にある成長した菩提樹がもたらす苦楽と理解することもできるが、譬喩としての要素が明確ではない。本研究では、偈頌の語順を重視して、a 句、b 句の内容を c 句が承けるかたちで、訳を提示したが、早島編［2024: 37］は、『荘厳経論釈』の理解に基づき、次のような訳を提示する。

> 強固な安楽の獲得と〔強固な〕苦の寂滅とに資する、この最勝の種姓（菩薩種姓）は、自他の利益・安楽をもたらすという結果（果実）を持つから、極めて大いなる功徳のある菩提樹の成長に資する、良い樹根の如くである。

いっぽう、アスヴァバーヴァ著『大乗荘厳経論広注』（*Mahāyānasūtrālaṃkāraṭīkā*, D（4029）, P［108］（5530））や伝スティラマティ著『経荘厳注疏』による注釈の理解に基づくと、次のような訳となるという。

> 極めて大いなる功徳のある菩提という樹の成長に資し、強固な安楽の獲得と〔強固な〕苦の寂滅とに資するものであり、自他の利益・安楽をもたらすという結果（果実）を持つから、この最勝の種姓（菩薩種姓）は良い樹根の如くである。

両訳のうち、本研究の提示した訳は、後者に近い理解である。

303 煩雑になることを避けて、『瑜伽論』における種姓説の中で、重要と判断した教説のみを挙げる。

304 *BBh* XXVIII：本研究［p.180, n.121］、*BBh* XX：本研究［p.184, n.145］、*ŚrBh* III-1：本研究［pp.58–59］を参照。

305 *BBh* VI：本研究［p.79］、*ŚrBh* I-1：本研究［p.55］を参照。

306 *BBh* II：本研究［pp.167–168, n.83］、*BBh* XI：本研究［p.177, n.118］、*BBh* XX：本研究［p.184, n.145］、*ŚrBh* I-2：本研究［pp.86–87］、*ŚrBh* III-2：本研究［p.59］を参照。

307 *VinSg*-1：本研究［pp.102–104］、*VinSg*-2：本研究［pp.110–111］を参照。

308 *SamBh*：本研究［pp.53–54］、*VinSg*-1：本研究［pp.102–104］を参照。

309 牽引される（hārya）という語は、勝呂［1989: 343］の指摘するように、『瑜伽論』において語自体は散見される。その中でも、第2地「意地」における、人が生まれてくる過程の解説に、条件（pratyaya）と牽引される（hārya）とが同時に現れる教説がある。

また、〔生まれた彼は（sa jātaḥ）、〕条件に従って牽引される者である。すなわち、五趣に赴く諸条件か、涅槃に赴く諸条件かによって。

yathāpratyayahāryaś ca bhavati yaduta pañcagatigamanapratyayair vā nirvāṇagamanapratyayair vā //

（*YBh*$_{\mathrm{Bh}}$ 30.4–5）

『菩薩地』「種姓品」では、菩薩が菩薩種姓を備えていたとしても、4種の随煩悩という条件次第で、悪趣に生まれることもあると説く。『荘厳経論頌』では、このような悪趣に生まれる菩薩の持つ種姓を説明するために、諸条件によって牽引されないもの、諸条件によって牽引されるものという種姓の区別を設けたと考えることもできよう。この推測が許されるならば、第6偈の種姓の区別に基づき、第7偈では、悪趣に生まれる条件として、菩薩種姓にとっての災禍を挙げ、第8偈では、菩薩が悪趣に赴く際の菩薩種姓に関する利徳を挙げる、というように、第6偈から第8偈までは一連の流れを持っていることとなる。この場合、第7偈および第8偈と『菩薩地』「種姓品」との説示内容の順序の入れ替えについても説明ができよう。この点について、詳しくは拙稿［2024b: 350–352］を参照。しかし、『荘厳経論釈』以降の注釈書では、第6偈の内容について、確定されたものが諸条件によって牽引されないものと、確定されていないものが諸条件によって牽引されるものと解釈している。

なお、『荘厳経論』では、“ahārya” および “hārya” という語が他の章に認められる（VIII.1, 9–10; X.3, 5）。これらの用例について、長尾［2007a: 156, n.5］は、“hārya” を「改宗」の意味に理解し、“ahārya” を「〔信念が〕堅固なること」と訳し、また、長尾［2007b: 6］は、“hārya” を「奪去せられた〔信〕」と訳す。しかし、このような訳は、異なる文脈から導き出されたものであるため、長尾［2007a: 73］自身もまた、種姓の文脈においては、“ahārya” を「退堕せざる」、“hārya” を「退堕する」というように、異なる訳を与えている。

310 両譬喩のように、種姓を善性や智、威力などの拠り所とする考え方は、『菩薩地』第8章「力種姓品」における、十力の種姓（daśabalagotra）に関する教説に類似性が認められよう。本研究［pp.178–180, n.121］を参照。しかし、『荘厳経論頌』に挙がる項目は『菩薩地』よりも幅広い上に、『菩薩地』は十力の種姓を成長させる「過程」に重点を置くため、両論書間での視点の相違が窺い知られる。

311 第2偈の（a）根源要素に関連する。『荘厳経論頌』における3つの根源要素のあること（tridhātuka）という文言に対して、『荘厳経論釈』では、声聞などの種姓の確定されたこと（śrāvakādigotraniyata）であると説明する。本研究［p.203, n.248］を参照。

312 第5偈の（a）悲愍、（c）忍辱に関連する内容を有する。本研究［p.201, n.241; p.201,

n.242; p.204, n.253; p.204, n.254］を参照。

313 大乗の教えを畏怖する者の最初に、種姓のない者（agotra）を挙げる。本研究［p.200, n.236］を参照。

314 室寺義仁先生（滋賀医科大学）よりご教示を賜りました。記してお礼申し上げます。

315『十地経』における金鉱石の譬喩に関しては、室寺［2006］を参照。

316 *DBh* 60.10–15; ref.（Jpn. trans.）荒牧［1974: 112–113］.

317 *DBh* 73.9–13; ref.（Jpn. trans.）荒牧［1974: 135］.

318 *DBh* 125.2–7; ref.（Jpn. trans.）荒牧［1974: 227］.

319 本研究で指摘したような金の鉱脈と立派な宝珠の鉱脈の関係について、『荘厳経論釈』を始めとする諸々の注釈文献の理解として認められない点は、注意が必要である。

320 第12偈における本来的に徳性を有する種姓とその種姓が養成された種姓とに関しては、第4偈所説の（a）本来的なものと養成されたものという種姓の本質との関連、性向／確信に関しては、第5偈所説の（b）確信という種姓の表徴との関連、忍耐に関しては、第5偈所説の（c）忍耐という種姓の表徴との関連も見出すことができる。この点については、*MSA* 研究会（龍谷大学）にて高務祐輝氏よりご指摘を賜りました。記してお礼申し上げます。

321 散文注を含んだ形態を真諦は『中辺分別論』、玄奘は『弁中辺論』と訳しているが、先行する諸研究を見る限り、高橋［2024: 182］の指摘するように、『中辺分別論』という呼称が定着しているので、本研究でもこれを使用する。

322『中辺論釈』冒頭の帰敬偈は、次の通りである。

> 善逝自体から生まれたこの論書の作者（マイトレーヤ）と、我らに語った者（アサンガ）とに敬礼した後に、私（ヴァスバンドゥ）は、意味を明らかにすることに努力しよう。
>
> śāstrasyāsya praṇetāram abhyarhya sugatātmajam /
> vaktāraṃ cāsmadādibhyo yatiṣye ’rthavivecane //
>
> （*MAV* 17.3–4; ref.（Jpn. trans.）長尾他［1976: 217］,（Eng. trans.）D’AMATO［2012: 115］）

スティラマティは、『中辺分別論広注』において、上掲の帰敬偈に対して注解を施し、丸括弧（ ）で補った内容と同じ理解を示す（*MAVṬ*o 5.18–6.6, *MAVṬ*y 1.11–2.15; ref.（Jpn. trans.）山口［1935: 2–3］, 小谷［2017: 132–133］）。

323『中辺論』における種姓に関する記述を扱った研究としては、服部［1961］、SEYFORT RUEGG［1969: 97–100］、葉［1975: 280–385, esp.341–343, esp.360–361; 386–482, esp.386–389, esp.452–459］、高崎［1979］、大竹［2009: 325–458］がある。

324 *MAV* 28.3–11; ref.（Jpn. trans.）長尾他［1976: 244–245］,（Eng. trans.）D’AMATO［2012: 131］.

障害に関する列挙の中の、『中辺論頌』における両者の障害（dvayāvaraṇa）という文言に対して、『中辺論釈』では、両者について菩薩種姓を持つ者（bodhisattvagotraka）と声聞などの種姓を持つ者（śrāvakādigotraka）であると理解する。種姓と障害との関係については、煩悩障と所知障という二障の点から、『菩薩地』「種姓品」で説示している。本研究［p.81］を参照。したがって、両教説間に対応が認められる。

325 *MAV* 56.2–20; ref.（Jpn. trans.）長尾他［1976: 311–313］,（Eng. trans.）D'Amato［2012: 168–169］.
対治の修習（pratipakṣabhāvanā）の段階（avasthā）のひとつとして挙がる、『中辺論頌』における原因の段階（hetvavasthā）という文言に対して、『中辺論釈』では、種姓に立脚した者（gotrastha）にとってのものであると注解を施す。『菩薩地』「種姓品」では、原因を種姓の言い換えとして列挙する。本研究［pp.72–73］を参照。また、『菩薩地』の「住品」や「地品」では、種姓住や種姓地が菩薩の階梯の最初に位置付けられる。本研究［pp.74–77］を参照。したがって、当該教説と『菩薩地』の間には共通性が認められる。

326 *MAV* 57.16–58.5; ref.（Jpn. trans.）長尾他［1976: 315–317］,（Eng. trans.）D'Amato［2012: 170–171］.
結果を得ること（phalaprāpti）のひとつとして挙がる、『中辺論頌』における次第に高くなるもの（uttarottara）という文言に対して、『中辺論釈』では、「次第に高くなる結果は、例えば種姓から発心がというように、連続して知られるべきである」（uttarottaraphalaṃ gotrāc cittotpāda ity evamādi paraṃparayā veditavyam）と注解を施す。『声聞地』「初瑜伽処」の「種姓地」では、次第に高くなる（uttarottara）という語を見出せ、内容的にも類似性が認められる。本研究［pp.63–64］を参照。

327 *MAV* 58.12–15; ref.（Jpn. trans.）長尾他［1976: 318］,（Eng. trans.）D'Amato［2012: 171］.
先に取り上げた段階の要義として、『中辺論釈』では最初に、種姓に立脚した者にとっての資質のある段階（bhavyatāvasthā gotrasthasya）を挙げる。同章第 13 偈の原因の段階に相当する。『中辺論』における段階については、長尾他［1976: 402］に、スティラマティによる注釈を含めた対照一覧が示される。

328 *MAV* 74.20–75.9; ref.（Jpn. trans.）長尾他［1976: 352–354］,（Eng. trans.）D'Amato［2012: 189–190］.
達成（samudāgama）のひとつとして挙がる、『中辺論頌』における欠けていないこと（avaikalya）という文言に対して、『中辺論釈』では、条件の欠けていないこと（pratyayāvaikalya）と言葉を補い、種姓の達成（gotrasamudāgama）であると説明する。種姓の達成という語に関しては、『声聞地』「初瑜伽処」の「種姓地」の中に見出せる。そこでは、諸条件を成し遂げての、「正見を出発点とした、解脱の円満と無余依般涅槃が、種姓の達成と知られるべきである」と述べる。本研究［pp.63–64］を参照。

329『中辺論釈』では、複数の偈頌に対する注解の中に、種姓という語を見出せることもあるため、『中辺論釈』の注釈箇所の総数と、『中辺論釈』にのみ説示される要義

（piṇḍārtha）と、先に示した偈頌だけの場合の総数とを合計して示した。

330 *MAV* 25.1; ref.（Jpn. trans.）長尾他［1976: 237］, 小谷［2017: 218］,（Eng. trans.）D'AMATO［2012: 127］.

331 同偈頌を取り上げた研究として、高崎［1979: 1120–1121］は、自性清浄心すなわち心の本性（cittaprakṛti）が清浄であることとの関連を指摘し、種姓、つまり心の本性を如来蔵・仏性の意とする一説に言及する。また、ディグナーガは、『仏母般若波羅蜜多円集要義論』（*Prajñāpāramitāpiṇḍārthasaṃgraha*）の十六空の解説において、種姓という語を用いて、本性の空性を説示する。『仏母般若波羅蜜多円集要義論』に対する注釈書である、トリラトナダーサ（Triratnadāsa, 三宝尊）著『仏母般若波羅蜜多円集要義釈』（*Prajñāpāramitāsaṃgrahakārikāvivaraṇa*）によれば、この説示は『中辺論』に基づく。両論書に関する研究のうち、十六空を含むものとしては、服部［1961］や大竹［2009: 325–458］がある。

332 *MAV* 26.2, 26.4, 26.6; ref.（Jpn. trans.）長尾他［1976: 239–240］, 小谷［2017: 219–220］,（Eng. trans.）D'AMATO［2012: 128–129］.

333 種姓の同義異語に関しては、本研究［p.54; p.80］を参照。

334 具体的な内容に関しては、本研究［p.65; p.76］を参照。

335 具体的な内容に関しては、本研究［pp.74–76; pp.169–170, n.94］を参照。

336 “samādāna” を「誓言」と翻訳することに関しては、若原編［2023: 50–51, n.12］を参照。

337 *MAV* 29–30; ref.（Jpn. trans.）長尾他［1976: 249］,（Eng. trans.）D'AMATO［2012: 133］.

338 具体的な内容に関しては、本研究［p.167–168, n.83］を参照。

339 *MAV* 30.15; ref.（Jpn. trans.）長尾他［1976: 251］,（Eng. trans.）D'AMATO［2012: 134］.

第2章　中期瑜伽行派における種姓説

本章では、中期瑜伽行派として、アサンガ（ca.330–405）とヴァスバンドゥ（ca.350–430）の種姓説を取り上げる。彼ら中期瑜伽行派の文献では種姓に関して詳述することはないが、その中で、種姓に関する記述を見出せる文献をあらかじめ列挙すると、次の通りである。

種姓に関する記述の見出せるアサンガ・ヴァスバンドゥの文献一覧

アサンガ	『顕揚聖教論』[1]	
	『摂大乗論』（*Mahāyānasaṃgraha*）	
	『聖解深密釈』（*Āryasaṃdhinirmocanabhāṣya*）	
	『仏随念注』（*Buddhānusmṛtivṛtti*）	
ヴァスバンドゥ	『大乗荘厳経論釈』（*Mahāyānasūtrālaṃkārabhāṣya*）	
	『中辺分別論釈』（*Madhyāntavibhāgabhāṣya*）	
	『摂大乗論釈』（*Mahāyānasaṃgrahabhāṣya*）	
	『仏随念広注』（*Buddhānusmṛtiṭīkā*）	
	釈経論群	『聖十地解説』（*Āryadaśabhūmivyākhyāna*）
		『妙法蓮華経論優波提舎』（**Saddharmapuṇḍarīkopadeśa*）
		『無量寿経優波提舎願生偈』
		『三具足経憂波提舎』

以上の諸文献は、その著者性に疑義が呈され、著者問題の残るものも含んでいる。本研究では、以下に取り上げる各文献における種姓に関する議論を通じて、アサンガやヴァスバンドゥによる種姓説の特徴を浮き彫りにし、著者問題を今後検討する上で、種姓という観点から指標を提示したい。

以下では、初期瑜伽行派における種姓説を踏まえた上で、アサンガ、ヴァスバンドゥの順に、中期瑜伽行派における種姓説をみてゆこう。

第1節 アサンガ

アサンガについては、自身の著作として、『顕揚聖教論』（以下、『顕揚論』と略）『摂大乗論』、他の文献に対する注釈書として、『聖解深密釈』（以下、『解深密釈』と略）『仏随念注』において、種姓という語を確認できる。いっぽう、『阿毘達磨集論』（*Abhidharmasamuccaya*, 以下、『集論』と略）においては、種姓に関連する用語として、般涅槃し得る性質のない者（a-parinirvāṇadharmaka）を一闡提（icchantika）と等置している箇所はあるが[2]、種姓という語を確認できない[3]。したがって、本節では、種姓という語の確認される諸文献に的を絞り、種姓に関する記述を抽出して分析を加え、アサンガによる種姓説をみてゆく。

アサンガによる種姓説に関しては、(1) 他の文献における種姓に関する記述からの引用ないし類同文、(2) 他の文献における種姓に関連する記述に対する注解、という2点から考察する。(1) については、早島理［2008］によるアサンガの著作順序に関する指摘を踏まえて、『顕揚論』『摂大乗論』の順に、(2) については『解深密釈』『仏随念注』を取り上げよう。

1.『顕揚聖教論』

『顕揚聖教論』（以下、『顕揚論』）は、全11章で[4]、偈頌と散文注から成り、帰敬偈に述べられているように[5]、『瑜伽論』の真髄を取り集めて織り交ぜて提示すること、つまり撮要を通じて、仏陀の説いた聖教を顕揚する論書である。しかし、『瑜伽論』の撮要書であるだけでなく、独自な視点として、聞思修の体系に基づいた構成を採ることが指摘されている[6]。偈頌のみの形態と散文注を含む形態が玄奘による漢訳で現存する[7]。著者に関して、偈頌と散文注を共にアサンガとするか、散文注をヴァスバンドゥとするかで意見が分かれていたが、早島理［1997a］を始め、偈頌と散文注を共にアサンガとする立場が近年優勢であり[8]、本研究もこれに従う。なお、本研究では、以下で取り上げる『顕揚論』の記述に関して、『瑜伽論』に対応のある場合、対応箇所のサンスクリットかチベット語訳、そして漢訳を注記した。

『顕揚論』では、種姓説を説くと同時に、アーラヤ識説も説く。したがって、アーラヤ識説の中での雑染・清浄に関する議論として、アーラヤ識に存在する出世間的な法の種子を認めるかが問題になる。この問題に対する『顕揚論』の立場については、『瑜伽論』「摂決択分」の「五識身相応地意地決択」におけるアーラヤ識に関する「還滅分」(Nivṛtti Portion) との対応箇所に手掛かりがある。

> 問い。アーラヤ識の雑染が消滅する様は如何にして確立するのか。答え。アーラヤ識を略説すると、〔アーラヤ識とは〕すべての雑染なるものの根本である。その理由は何か。…〔アーラヤ識は〕以上のように、衆生の世界が生じる根本であるから、環境の世界が生じる根本であるから、現在世の苦諦の本体であるから、未来〔世〕の苦諦を生み出すから、現在〔世〕の集諦を生み出すから、アーラヤ識はすべての雑染〔なるもの〕の根本であると知られるべきである。
> そして、アーラヤ識が把持する、順解脱分や順決択分の諸善根の種子、それは集諦の原因ではない。
> 問。阿頼耶識雜染還滅相建立云何。答。若略説阿頼耶識、當知是一切雜染法根本。所以者何。… 如是有情世間生根本故、器世間生根本故、是現在世苦諦體故、能生未來苦諦故、能生現在集諦故、當知阿頼耶識是一切雜染根本。
> 復次、阿頼耶識所有攝持順解脱分及順決擇分等善根種子、此非集諦因。….[9]

『瑜伽論』「摂決択分」では、この規定の後、「五識身相応地意地決択」のように種姓説に代わる理論として真如所縁縁種子説を提出したり、「有心地決択」のようにアーラヤ識の代わりにマナスに煩悩と関係する役割を担わせたりといった議論があるが、そのような議論を『顕揚論』に認めることはできない。『顕揚論』では、すべての雑染なるものの根本であるアーラヤ識が順解脱分と順決択分との諸善根の種子を把持することを規定するのと同様に、アーラヤ識が菩提獲得の資質たる種姓を把持すると考えることが許されるならば、種姓説とアーラヤ識説との両立が可能と言えよう。

『顕揚論』における種姓に関する記述は、9つの主要事項（*navavastu）[10]の下に聖教を集成する第1章「摂事品」、聖教の意味内容を集成する第2章「摂浄義品」、蘊を始めとする7種に関する熟達を説示する第3章「成善巧品」、「摂事品」に対する決択を集成する第11章「摂勝決択品」に見出せる。いっぽう、実践的内容を説く、第3章「成善巧品」から第10章「成不思議品」までには、第3章「成善巧品」において根源要素の同義異語として種姓を挙げる1箇所しかない。

以下の一覧表では、『顕揚論』における種姓に関する記述を見出せる各章（Chap.）の偈頌番号および偈頌の示す主題を、その記述のロケーションと共に挙げ、一覧表にして示すことで、『顕揚論』における種姓に関する記述を把握しよう[11]。なお、偈頌の示す主題については、漢訳の文言を用いた。

『顕揚聖教論』における種姓に関する記述一覧表

Chap.	偈頌番号と主題	ロケーション
I	6：諸無量作意	巻3, T［31］492c14–493a15
II	9：菩提	巻7, T［31］516b17–20
	10：無上乗	巻8, T［31］516c26–517a3
	10-uddāna 3：功徳 - 諸菩薩受記	巻8, T［31］519a1–3
	10-uddāna 3：功徳 - 墮於決定数	巻8, T［31］519a6–12
	10-uddāna 3：功徳 - 最勝法	巻8, T［31］519a27–29
	10-uddāna 4：功徳 - 諸無量	巻8, T［31］520b18–21
	10-uddāna 5：功徳 - 菩薩十応知	巻8, T［31］521a5–18
III	2：無因身	巻14, T［31］545a18–19
XI	11：相	巻18, T［31］570b9–11
	37：仮設	巻20, T［31］578b18–19
	41：種性	巻20, T［31］581a2–b4

『顕揚論』では、第1章「摂事品」に1箇所、第2章「摂浄義品」に7箇所、第3章「成善巧品」に1箇所、第11章「摂勝決択品」に3箇所の計12箇所に、種姓に関する記述を確認できる。

『顕揚論』は、帰敬偈に述べるように『瑜伽論』の撮要書と位置付けられるため、『顕揚論』の教説の多くを『瑜伽論』に辿ることができる。例えば、向井［1979: 53–59］は、第2章「摂浄義品」における『瑜伽論』との対応箇所を指摘し、早島・毛利［1990: 54–68］は、『顕揚論』のシノプシスを示す際に、網羅的ではないが、対応する『瑜伽論』の漢訳の巻数を併記する。特に第2章「摂浄義品」に関しては、早島・毛利［1990: 31; 37, n.46］の指摘するように、『瑜伽論』の『菩薩地』第18章「菩薩功徳品」からの綱領偈（uddāna）を含めた継承が認められる。

以上のような研究成果を踏まえ、以下では、『顕揚論』における種姓に関する記述を見出せる各章の偈頌番号と主題の後に、『瑜伽論』の教説との対応を挙げ、一覧表にして示すことで、両論書間での種姓に関する記述の対応関係を確認しよう。なお、対応があるとは言えないが、関連する教説は丸括弧( )で括って挙げる。

『顕揚聖教論』と『瑜伽師地論』との種姓に関する対応一覧表

『顕揚聖教論』		『瑜伽師地論』
I	(12 6：諸無量作意	*ŚruBh*-1; *BBh* XVIII-1(, XXVIII) 12)
II	(13 9：菩提	(*BBh* I-1) 13)
	(14 10：無上乗	*ŚruBh*-2; *BBh* I 14)
	(15 10-uddāna 3：功徳 - 諸菩薩受記	*BBh* XVIII-2 15)
	(16 10-uddāna 3：功徳 - 墮於決定数	*BBh* XVIII-3 16)
	(17 10-uddāna 3：功徳 - 最勝法	*BBh* XVIII-4 17)
	(18 10-uddāna 4：功徳 - 諸無量	*BBh* XVIII-1 18)
	(19 10-uddāna 5：功徳 - 菩薩十応知	*BBh* XVIII-5 19)
III	(20 2：無因身	(*ŚrBh* III;*VinSg*-1) 20)

XI	(21 11：相	*SavBh* 21)
	(22 37：仮設	*VyāSg* 22)
	(23 41：種性	*VinSg*-2 23)

以上の『顕揚論』における種姓に関する記述は、何れの場合も、『瑜伽論』の教説、主に『菩薩地』の教説に辿ることができるか、それを若干改変したものか、それとの類似性が認められるものかである。以下では、その中でも『顕揚論』における種姓説として重要な内容のものを中心に取り上げる。

『顕揚論』では種姓を、第2章「摂浄義品」に説くように、種姓の有無による区別、『瑜伽論』で言うところの、種姓に立脚した（gotrastha）か種姓に立脚しない（a-gotrastha）かの区別の点から論じる。

問い。衆生の要素の無量なることと教化対象の要素の無量なることには、何の差異があるのか。答え。衆生の要素は、一切衆生を区別することなく、種姓があっても種姓がなくても〔皆、衆生である〕。教化対象の要素は、種姓のある者だけであり、〔種姓のある者の中に〕諸々の段階の区別がある。

問。有情界無量・所調伏界無量、有何差別。答。有情界者、謂無差別一切有情、若有種性、若無種性。所調伏界者、謂唯有種性、諸位差別[24]。

また、種姓に立脚した者にとっての種姓に関して、第1章「摂事品」では、教化対象の種姓として、声聞・独覚・如来という三乗の種姓を挙げる。

無量なる作意とは、5つの無量なる作意のことであり、経典に広く説かれた通りである。... (4) 教化対象（vineya）の無量なる作意とは、諸菩薩が乃至[25]十方における無量なる世界の教化対象たる衆生にとっての種々な品行（*carita）の類の種姓（gotra）、或いは声聞種姓（śrāvakagotra）や独覚種姓（pratyekabuddhagotra）や如来種姓（tathāgatagotra）、という以上のような類の教化対象の種姓を思惟し、思惟し終わってあるがままに了知することである。....

無量作意者、謂五無量作意、廣説如經。... 四所調伏無量作意、謂諸菩薩乃至思惟十方無量世界所化有情種種行種種性、或聲聞種性、或獨覺種性、或如來種性、諸如是等所調種性、既思惟已如實了知。....[26]

種々な品行の類の種姓と三乗の種姓の関係については明確ではないが、『顕揚論』では、以上のような教化対象たる衆生に関する文脈における、種姓の有無による区別や三乗の種姓の種別を通じて、菩薩側の救済論的問題を扱っている。

いっぽう、第 11 章「摂勝決択品」では、三乗の種姓を先立つものとして最終的に涅槃を得ることを示している。

問い。(1) 何を先立つものとし、(2) 何を基盤とし、(3) 何を集合し、(4) 何の法を得るのか。答え。(1) 声聞、独覚、そして如来の種姓を先立つものとし、(2) 内的な原因の力を基盤とし、(3) 外的な原因の力を集合し、(4) 煩悩からの離脱である涅槃を体得する。....

問。以誰為先、誰為建立、誰和合故、得何法耶。答。聲聞獨覺及與[27]如來種性為先、内因力為建立、外因力為和合故、證得煩惱離繋涅槃。....[28]

三乗の種姓に関して、第 2 章「摂浄義品」では、順次、3 種の機根の種姓と対応すると考えられ、各種姓に依拠して各乗の菩提を区別している。

菩提の 5 種の区別とは、(1) 種姓 (gotra)、(2) 手立て、(3) 時、(4) 証覚、(5) 解脱である。(1) 種姓とは、声聞菩提は鈍重な機根の種姓 (*mṛdvindriyagotra) に依拠し、独覚菩提は中位な機根の種姓 (*madhyendriyagotra) に依拠し、無上正等菩提は鋭敏な機根の種姓 (*tīkṣṇendriyagotra) に依拠することである。....

菩提五種分別者、一種性、二方便、三時、四證覺、五解脱。種性者、聲聞菩提依鈍根種性、獨覺菩提依中根種性、無上正等菩提依利根種性。....[29]

以上のように、『顕揚論』における種姓説では、菩薩側の救済論的問題だけでなく、修行者側の修道論的問題も扱っている。

また、『顕揚論』における種姓に関する記述は、一覧表に示したように、ほぼ『瑜伽論』「本地分」に辿ることができる。いっぽう、『瑜伽論』「摂決択分」に見出せる種姓に関する教説に辿ることができるのは、根源要素の同義異語としての種姓を挙げる箇所を除けば、「声聞地決択」所説の種姓に立脚しない者に関する議論、いわゆる五難六答を要約的に改変し、般涅槃し得る種姓の永久にない衆生が存在することを決択する箇所のみである。

> 問い。種姓の区別に関する5種の道理とは何か。答え。すなわち、〔衆生には〕あらゆる要素（界）の区別が認められるから、感官を欠く衆生は道理に適わないから、同類の譬喩は道理に適わないから、異類の譬喩は道理に適わないから、現世でのみ般涅槃し得る性質のないことは道理に適わないから〔種姓には区別があるの〕である。... それ故に、般涅槃し得る種姓の永久にない衆生が存在する。
>
> 問。云何種性差別五種道理。答。謂一切界差別可得故、無根有情不應理故、同類譬喩不應理故、異類譬喩不應理故、唯現在世非般涅槃法不應理故。... 是故定有非般涅槃種性有情[30]。

般涅槃し得る種姓の永久にない衆生とは、『瑜伽論』との対応を考慮すれば、般涅槃し得る性質の永久にない、種姓に立脚しない者に相当するため、『顕揚論』第2章「摂浄義品」に説く種姓のない、種姓に立脚しない者とは、般涅槃への到達といった救済可能性のない者であると考えられる。さらに、『顕揚論』では、その後に続いて、多仏や一乗に関して議論するが、同様の議論を展開する『荘厳経論頌』(IX.77; XI.53) とは異なり、種姓という観点を持ち込まず、種姓の確定・不確定という区別を採用しない[31]。以上のような『顕揚論』における種姓説は、『荘厳経論頌』ではなく『瑜伽論』から受容し、『瑜伽論』の種姓説の中でも、新層に属する「摂決択分」より、古層に属する「本地分」に基づく傾向があると言えよう。この傾向からは、『顕揚論』の成立や系統の問題を考えることができるが、現時点で確定的なことは言えないので、これ以上は立ち入らない。

以上、アサンガは、『顕揚論』において、種姓説を説くと同時に、アーラヤ識説も説いているため、アーラヤ識説の中での雑染・清浄に関する議論として、アーラヤ識に存在する出世間的な法の種子を認めるかということが問題になる。この問題に対して、アサンガは、『瑜伽論』「摂決択分」の「五識身相応地意地決択」におけるアーラヤ識に関する「還滅分」との対応箇所で、すべての雑染の根本であるアーラヤ識が順解脱分と順決択分との諸善根の種子を把持すると規定する。この規定と同様に、アーラヤ識が種姓を把持すると考えることが許されるならば、種姓説とアーラヤ識説との両立が可能と言えよう。『瑜伽論』「摂決択分」では、この規定の後、種姓説に代わる理論として真如所縁縁種子説を提出したり、アーラヤ識の代わりにマナスに煩悩と関係する役割を担わせたりといった議論があるが、アサンガは、そのような議論に言及することはなく、種姓説に基づく修道体系を構築する。すなわち、『顕揚論』において、種姓に立脚したか種姓に立脚しないかの種姓の有無による区別の点から種姓説を論じ、声聞・独覚・如来ないし菩薩という三乗の種姓の種別を取り上げる。そこでは、種姓説を菩薩側の救済論的問題として扱うのみならず、修行者側の修道論的問題としても扱っている。アサンガは、以上のような『顕揚論』における種姓説について、『瑜伽論』から受容し、『瑜伽論』の種姓説の中でも、特に古層に属する「本地分」に基づく傾向がある。

2.『摂大乗論』

『摂大乗論』（*Mahāyānasaṃgraha*）は、論全体の組織を明かす序章およびそれに続く 10 章から成り[32]、その名が示すように、瑜伽行派における大乗の教説を総合した体系的な概論である。4 つの漢訳（仏陀扇多訳・真諦訳・笈多共行矩等訳[33]・玄奘訳）、チベット語訳が現存し、ヴァスバンドゥやアスヴァバーヴァ（Asvabhāva, 無性, ca.–500–）による注釈書もまた漢訳、チベット語訳が現存し、『摂大乗論』の本文を回収可能である[34]。本研究では、諸注釈書の異読を併せて校合した、長尾［1982］［1987］によるチベット語訳校訂テキストおよびその節番号を使用する。著者に関して、中国とチベット共にアサンガと伝えている[35]。

『摂大乗論』における種姓に関する記述については、アサンガ自身の文中には見出せない。いわゆる出世間的な法の種子としては、種姓説を採用せず、アーラヤ識に関して詳述する第1章「所知依分」の中で、雑染や清浄の原因に関して議論して、聴聞の潜在印象という種子（*śrutavāsanābīja, 聞熏習種子）説（*MSg* I.44–49）を新たに提出する。聞熏習種子説は、「摂決択分」の「五識身相応地意地決択」所説の種姓説に代わる理論としての真如所縁縁種子説を承けたものであることが、従来指摘されている[36]。以下では、聞熏習種子説の中心となる部分について見てゆこう。

> 一切種子を有する異熟識（vipākavijñāna）が雑染の原因（saṃkleśahetu）であるならば、どうしてその対治である出世間的な心の種子（bīja）があり得ようか。出世間的な心は、未だ知られたことのないものであって、それ故に、その潜在印象（vāsanā）は全く存在しない。その潜在印象が存在しなければ、〔出世間的な心は〕何を種子として生じるのかを述べる必要がある。〔答える。〕それは極めて清浄なものの根源（極清浄法界）より流れ出た、聴聞の潜在印象を種子として（*śrutavāsanābīja）生じる。
>
> sa bon thams cad pa rnam par smin pa'i rnam par shes pa ni kun nas nyon mongs pa'i rgyu yin na de'i gnyen po 'jig rten las 'das pa'i sems kyi sa bon du ji ltar rung / 'jig rten las 'das pa'i sems ni ma 'dris pa ste / de bas na de'i bag chags ni med pa nyid do // bag chags de med na sa bon gang las 'byung ba brjod dgos so zhe na / chos kyi dbyings shin tu rnam par dag pa'i rgyu mthun pa thos pa'i bag chags kyi sa bon las de 'byung ngo //[37]

一切種子を有する異熟識が雑染の原因であることを承け、出世間的な心の原因となる種子について検討し、それは聞熏習種子であることを示している。

これに続いて、この種子が如何なるものか議論を進めてゆく。

また、聴聞の潜在印象（*śrutavāsanā）は、アーラヤ識（ālayavijñāna）を本質とするのか、それともそうではないのか。もしアーラヤ識を本質とするのであれば、どうしてそれ（アーラヤ識）を対治する種子であり得ようか。或いはもしそれ（アーラヤ識）を本質とするのでないならば、それにより、聴聞の潜在印象というその種子の拠り所は何であると見るべきか。〔答える。〕諸仏の菩提に依拠して聴聞の潜在印象となったものは、或る拠り所において起こるが、それは共に在るというあり方で異熟識に起こる。乳と水の様に[38]。それ（聴聞の潜在印象）はアーラヤ識〔を本質とするもの〕ではない。というのも、それ（アーラヤ識）を対治する種子であるから。

thos pa'i bag chags gang yin pa de yang ci kun gzhi rnam par shes pa'i ngo bo nyid yin nam / 'on te ma yin / gal te kun gzhi rnam par shes pa'i ngo bo nyid yin na ni / ji ltar de'i gnyen po'i sa bon du rung / ji ste de'i ngo bo nyid ma yin na ni des na thos pa'i bag chags kyi sa bon de'i gnas ci zhig yin par blta zhe na / sangs rgyas rnams kyi byang chub la brten nas thos pa'i bag chags su gyur pa gang yin pa gnas gang la 'jug pa de lhan cig 'dug pa'i tshul gyis rnam par smin pa'i rnam par shes pa la 'jug ste / 'o ma dang chu bzhin no // de ni kun gzhi rnam par shes pa ma yin te / de'i gnyen po'i sa bon nyid yin pa'i phyir ro // [39]

聞熏習種子については、アーラヤ識との関係に関する議論を進め、聞熏習種子が共に在るというあり方で、異熟識に起こると規定している。アーラヤ識と出世間的な法の種子という両者の関係についての考究は、真如所縁縁種子説の場合には見られなかった新たな展開と言えよう。以上のように、アサンガは、出世間的な法の種子の問題に関して、『瑜伽論』「摂決択分」所説の真如所縁縁種子説の問題意識を継承し、聞熏習種子という用語を新たに規定することで議論を展開する。

『摂大乗論』における種姓に関する記述について、アサンガ自身の文中には見出せないことを指摘したが、第 10 章「彼果智分」の諸仏の法身（dharmakāya）

に関する一連の議論において[40]、『荘厳経論頌』からの引用（IX.77; XI.54, 53）ないし類同文（IX.8）というかたちで、3箇所に見出せる[41]。

まず、諸仏の法身の有する特徴（*lakṣaṇa）に関して、同一性と別異性との無二を特徴とすることを解説する中で、『荘厳経論頌』所説の仏陀が一仏か多仏かに関する偈頌（*MSA* IX.77）を引用している。

別異性と同一性との無二を特徴とすることは、それ（法身）について、一切の仏陀の拠り所は別異でない〔から、同一であると同時に〕、無量なる個体連続（衆生的な存在）[42]は現等覚する〔から、別異である〕からである。これについて、偈頌がある。

我執がないから、拠り所に区別があるのではない。以前〔の諸々の生まれ〕に従ってそれ（拠り所）が〔仮に〕設定されるので、区別される。（出典未詳）

種姓に区別があるから、無益でないから、完全であるから、最初がないから、一仏であることはない。いっぽう、無垢な拠り所に区別がないから、多〔仏〕であること〔はない〕。（*MSAK* IX.77）[43]

tha dad pa dang gcig pa gnyis su med pa'i mtshan nyid ni / de la sangs rgyas thams cad kyi gnas tha dad pa ma yin pa dang / rgyud tshad med pa mngon par rdzogs par byang chub pa'i phyir ro // 'dir tshigs su bcad pa /

bdag tu 'dzin pa med pa'i phyir //
gnas la tha dad yod ma yin //
sngon gyi rjes su 'brang bas na //
de la gdags pas tha dad byed //
tha dad rigs phyir don [yod] [1)] phyir //
kun phyir thog ma med pa'i phyir //
dri ma med pa'i gnas la ni //
sangs rgyas gcig min mang po'ang min // [44]

1) *med* $MSg_{N2}MSg_L$　Cf. 長尾［1987: 106, X.3C, n.4］, GRIFFITHS et al.［1989: 287, n.104］

『荘厳経論頌』では、一仏でない理由として、個々人にとっての種姓に区別があることを挙げるが、『摂大乗論』では、法身の別異性の根拠になっている。仏陀が一仏か多仏かに関する議論については、『摂大乗論』でもこれ以降に取り上げているが[45]、『顕揚論』と同様に、種姓に関する言及はない。

次に、諸仏の法界（dharmadhātu）、つまり法身の5つのはたらき（karman）を列挙する中に、『荘厳経論頌』所説の仏陀たること（buddhatva）が無上なる帰依処であることの理由を列挙する偈頌（IX.8）の類同文を見出せる[46]。

さらにまた、諸仏のその法界は、あらゆる時に5つのはたらきが備わっていると知られるべきである。〔すなわち、〕(1) 会遇しただけで盲、聾、狂気などの災厄から護るから、衆生たちを災厄から護るはたらきを有し、(2) 不善なる場所から立ち上がらせて善なる場所に置き定めるから、悪趣から護るはたらきを有し、(3) 手立てでないものによって解脱のために専念する異教徒たちを、意を翻させて仏陀の説示に出立させるから、手立てでないものから護るはたらきを有し、(4) 三界を超越した道を提示するから、有身〔見〕から護るはたらきを有し、(5) 確定されていない種姓を持ち、他の乗で修行する、菩薩たちと声聞たちとを、大乗の修行に出立させるから、乗から護るはたらきを有する。これら5つのはたらきにおいて、一切諸仏は、はたらきが等しいと理解されるべきである。これについて、偈頌がある。

原因、拠り所、為すべきこと、意向、形成力が別々であるから、それにより、世間の者たちのはたらきは、別々であると認められる。
それが無いので、世間の導師〔のはたらき〕は、そのようなことがない。

yang sangs rgyas rnams kyi chos kyi dbyings de ni dus thams cad du phrin las lnga dang ldan par rig par bya ste / mthong ba tsam gyis long ba dang / 'on pa dang / smyon pa la sogs pa'i gnod pa las skyob pa'i phyir sems can rnams kyi gnod pa yongs su skyob pa'i phrin las can dang / mi dge ba'i gnas nas bslang ste / dge ba'i gnas la 'jog pa'i phyir ngan song las yongs su skyob pa'i phrin las can dang / mu stegs can thabs ma yin pas thar par bya ba'i phyir brtson pa rnams kyi 'dun pa bzlog nas sangs rgyas kyi bstan pa la rab tu 'god pa'i phyir / thabs ma yin pa las yongs su skyob pa'i phrin las can dang / khams gsum las yang dag par 'das pa'i lam nye bar sgrub pa'i phyir 'jig tshogs las yongs su skyob pa'i phrin las can dang / ma nges pa'i rigs can gyi byang chub sems dpa' theg pa gzhan la yang dag par zhugs pa rnams dang / nyan thos rnams theg pa chen po sgrub pa la rab tu 'god pa'i phyir / theg pa las yongs su skyob pa'i phrin las can te / sangs rgyas thams cad ni phrin las lnga po 'di dag la phrin las mtshungs par blta bar bya'o // 'dir tshigs su bcad pa /

rgyu dang gnas dang bya ba dang ni bsam pa dang //
'du byed tha dad phyir na de yi dbang gis na //
'jig rten rnams kyi las ni tha dad gyur par 'dod //
de med pas na 'jig rten 'dren pa'i de lta min // [47]

諸仏の法界に備わる5つのはたらきに関して、類同文として見出せる『荘厳経論頌』の偈頌（IX.8）は、次の通りである。

〔仏陀たること（buddhatva）は、〕（1）あらゆる災厄から、(2) 悪趣から、(3) 手立てでないものから、(4) 有身〔見〕から、(5) 小乗から〔護ること(paritrāṇa)〕であり、それ故、無上なる帰依処である。

upadravebhyaḥ sarvebhyo apāyād anupāyataḥ /
satkāyād dhīnayānāc ca tasmāc charaṇam uttamam // IX.8 // [48]

『摂大乗論』所説の5番目の乗から護るはたらきが、『荘厳経論頌』所説の「小乗から〔護ること〕」という文言と対応する。語句に若干の相違があるが、『摂大乗論』における他の乗で修行する菩薩は大乗以外、つまり小乗で修行する者、声聞も同様に声聞乗といった小乗の者と見做し得るので、両論書共に小乗から護ることを意味すると言えよう。このはたらきが確定されていない種姓を持つ者と関連することについては、『荘厳経論釈』では、『荘厳経論頌』における「小乗から〔護ること〕」という文言に対して、「小乗から護ることは、確定されていない種姓を持つ者たちに大乗を唯一の路とさせるからである」（hīnayānaparitrāṇatvam aniyatagotrāṇāṃ mahāyānaikāyanīkaraṇāt）[49]と注解を施すことと対応する。

最後に、諸仏の法界のはたらきの直後に、これに関連して、乗が1つであること（一乗たること）の説示理由を問い、その答えとして、『荘厳経論頌』所説の一乗たること（ekayānatā）を主題とする議論（XI.53–59）のうち、初めの2つの偈頌（XI.54, 53）を、その順序を入れ替えて引用している。

もし以上のように、諸仏の法身は、声聞や独覚と共通せず、このような徳性の完備、これを備えているならば、如何なる意図で、乗が1つであること（一乗たること）を説示されたのか。これについて、偈頌がある。

或る者たちを引き込むために、また、他の者たちを留め置くために、等覚者たちは、実に確定されていない者たちに対して、乗が1つであることを説示されたのである。（*MSAK* XI.54）

(1) 法と (2) 無我と (3) 解脱とが等しいことに基づき、(4) 種姓に区別があることに基づき、(5) 2つの意向を得ることに基づき、(6) 変化に基づき、(7) 究極に基づき、一乗たることがある。（*MSAK* XI.53）[50]

gal te de ltar nyan thos dang rang sangs rgyas dang thun mong ba ma yin te / sangs rgyas rnams kyi chos kyi sku yon tan phun sum tshogs pa 'di lta bu 'di dang ldan pa yin na / dgongs pa gang gis theg pa gcig bstan ce na / 'dir tshigs su bcad pa /

kha cig dag ni drang phyir dang //
gzhan yang kun tu gzung ba'i phyir //
rdzogs pa'i sangs rgyas rnams kyis ni //
ma nges rnams la theg pa gcig bstan //
chos dang bdag med grol mthun phyir //
rigs ni tha dad gyur ba'i phyir //

bsam gnyis brnyes phyir sprul pa'i phyir //
mthar phyin pas na theg pa gcig // [51]

第 1 の偈頌では乗が 1 つあることを説く意図、第 2 の偈頌では乗が 1 つであることの理由について明かし、何れの偈頌にも、種姓説にとって重要な用語として、確定されていない者（aniyata）や種姓の区別（gotrabheda）を含んでいる。『荘厳経論頌』の偈頌の順序の入れ替えに関しては、直前の法身に備わる、乗から護るはたらきの中で、確定されていない種姓を取り上げたことを承け、確定されていない者に関する言及のある偈頌を先に引用したと考えられる [52]。以上のように、アサンガは、『摂大乗論』において、『荘厳経論頌』をただ引用するのではなく、文脈に応じて偈頌の改変や入れ替えを行っており、この改変や入れ替えにより、『荘厳経論頌』では別々の章に説示していた教説（*MSAK* IX.8; XI.54, 53）を、『摂大乗論』では、諸仏の法界に関する議論の下に関連付けて示している。

以上、アサンガは、『摂大乗論』の自身の文中では種姓に関して述べることはないが、第 10 章「彼果智分」の諸仏の法界に関する一連の議論において、『荘厳経論頌』からの引用（IX.77; XI.54, 53）ないし類同文（IX.8）というかたちで、種姓に関して、種姓に区別があることや、諸仏が大乗の修行に出立させる対象としての、確定されていない種姓を持つ声聞や菩薩について取り上げる。したがって、アサンガは、『摂大乗論』における種姓説について、もっぱら『荘厳経論頌』から受容することで、『顕揚論』で説かれるような種姓の有無による区別ではなく、種姓の確定・不確定による区別に関心が移っており、また、仏陀から見た種姓という観点からに限って種姓説を取り上げ、いわゆる仏陀側の救済論的問題として扱っている。それに伴い、種姓説が関わってきた修行者側の修道論的問題の側面が弱まっている。修行者自身の種姓については、『瑜伽論』「摂決択分」所説の真如所縁縁種子説の問題意識を継承して、第 1 章「所知依分」の中で、雑染なるアーラヤ識の中に出世間的な心が生じるための清浄な種子が存在することを認めないため、種姓説に代わる新たな理論として、聞熏習種子説を導入し、その種子に清浄な種子の役割を担わせている。こうしたアサンガによる種姓説に関する展開を見る限り、『顕揚論』と『摂大乗論』との成立順序については、各論書が受容する初期瑜伽行派文献の種姓説と連動していると考えられるならば、早島理［2008］と同様に、『顕揚論』『摂大乗論』の順であると言えよう。

3.『聖解深密釈』

『聖解深密釈』（*Āryasaṃdhinirmocanabhāṣya*, 以下、『解深密釈』）は、『解深密経』に対する注釈書であり、チベット語訳のみが現存する。その著者はアサンガとされ、著者性に関して疑義も呈されているが[53]、従来の研究ではアサンガの著作として扱われる傾向があるため[54]、本研究でも取り上げる。

『解深密釈』における種姓に関する記述は、『解深密経』における一乗に関する議論の中で提示された2種声聞説とその後に続く一節とに対する注釈の計2箇所に認められる。そこでは、人（pudgala）の区別を成就（bsgrub pa）および確信（*adhimukti, mos pa）の区別の点から解説し、それぞれが2種声聞説とその後に続く一節とに対応がある。

まず、『解深密経』における2種声聞説に対しては[55]、寂静を唯一の路とする声聞と菩提に進展する声聞という2種の声聞を、順次、成就の区別として挙げられる[56]、種姓（gotra）を基盤とするものと条件（pratyaya）を基盤とするものと対応させている。

> 種姓を基盤とするものは、「**パラマールタサムドガタよ、声聞種姓を持ち、寂静を唯一の路とする人は**」云々である。
>
> 条件を基盤とするものは、「**菩提に進展するかの声聞は、私により、別の観点で菩薩であると説かれる**」云々である。
>
> (P9a5) rigs kyi gzhi dang ldan pa ni / **Don dam** 1) **yang dag** 2) **'phags /** 3) **nyan thos kyi rigs gang zag zhi ba'i** 4) (D7b6) **bgrod pa gcig pu pa ni** zhes bya ba la sogs pa'o //

rkyen gyi gzhi dang ldan pa ni / **nyan thos byang chub** (P9a6) **tu ’gyur ba gang yin pa de ni ngas rnam grangs kyis** 5) **byang chub sems dpa’ yin par bstan te** zhes bya ba la sogs pa’o // [57]

1) *add. pa* P　2) add. *par* P　3) om. / P　4) *ba* P　5) *kyi* D

以上の注釈は端的であるが、『解深密経』の内容を踏まえれば、次のように理解できよう。すなわち、寂静を唯一の路とする声聞は、声聞種姓によって、煩悩障から解脱して、阿羅漢という結果を成就するため、成就の区別は、声聞種姓という種姓を基盤とする。いっぽう、菩提に進展する声聞は、声聞種姓を持つ者と仮に設定されるが、如来に勧められれば、菩薩と呼ばれるようになり、所知障からも心を解脱させて、無上正等菩提という結果を成就するため、成就の区別は、如来による勧めという条件を基盤とする。

次に、種姓に関する記述があるのは、2 種声聞説の後に続く一節に対する注釈である。その一節自体には種姓という語はなく、そこでは、教えに対する衆生の確信の順序（mos pa’i rim pa）に応じて、具体的な衆生を挙げている。そのうち、第 1 の衆生を次のように説いている。

その中で、(1) 偉大な善根を既に植え付けられ、(2) 障害が既に浄化され、(3) 個体連続が既に成熟し、(4) 確信が厚く、(5) 福徳と智慧との偉大な資糧が既に達成された、彼ら衆生たちが、その教えを聞いたならば、私が意図して語ったことを如実に知り ....

de la sems can gang dag dge ba’i rtsa ba chen po bskyed pa dang / sgrib pa yongs su dag pa / rgyud yongs su smin pa / mos pa mang ba / bsod nams dang ye shes kyi tshogs chen po yang dag par grub pa de dag gis ni chos de thos na nga’i dgongs te bshad pa yang dag pa ji lta ba bzhin du rab tu shes shing / .... [58]

この経文に挙がる衆生に備わる 5 項目に対して、『解深密釈』では、確信の区別の点から解説し、『解深密経』の挙げる具体的な衆生を 5 種に分類しているが、そこに種姓という語を見出せる。第 1 の衆生に関する箇所のみを挙げると、次の通りである。

（A）種姓が完備され、（B）確信が完備され、（C）智慧が完備された者は第1であり、「**その中で、（1）偉大な善根を既に植え付けられ**」云々である。

rigs phun sum tshogs (D7b7) pa las gyur (P9a7) pa dang / mos pa phun sum tshogs pa las gyur pa dang / shes rab phun sum tshogs pa las gyur pa ni gcig ste / **de la sems can gang dag dge ba'i rtsa ba chen po bskyed pa** zhes bya ba la sogs (P9a8) pa'o // [59]

経文の（4）には（B）、（5）には（C）が対応すると考えられるため、残りの経文の（1）から（3）を（A）種姓の完備に一纏めにして理解していると見做せよう[60]。ただし、『瑜伽論』には、種姓の完備という語は見出せるが、『解深密釈』が示すような具体的な規定はない。『瑜伽論』の種姓に関する文脈において、善根の反復実行や障害の浄化、種姓を持つ者の成熟が説かれるので[61]、個体連続には言及がないが、種姓を持つ者の個体連続と理解できるならば、経文の（1）から（3）と（A）種姓の完備には関連が認められよう。なお、『解深密経』所説の第2の衆生以降にも、衆生の備える5項目が挙がっており、『解深密釈』では、（1）から（3）の3項目を種姓の完備と解説していることが認められる[62]。

以上、アサンガは、『解深密釈』において、『解深密経』における一乗に関する議論の中で提示された2種声聞説とその後に続く一節とに対する注解というかたちで、種姓という語を使用し、瑜伽行派における種姓説を受容する。しかし、注釈書という性格上、注釈対象である経文に依拠するところが大きいという制約を課されるため、種姓説に関する独自性を抽出し難い。

4.『仏随念注』

『仏随念注』（*Buddhānusmṛtivṛtti*）は、『聖仏随念』（*Āryabuddhānusmṛti*, D（279）, P［37］（945））に対する注釈書であり、チベット語訳のみが現存する[63]。その著者は、チベット語訳の奥書の伝えるところではアサンガである。

著者性に関しては、同注釈書に関する先行する研究である合田［1995］および中御門［2008: 106, n.2; 106–108］において問題にされておらず、拙稿［2016a］［2016b］や本研究の基となった学位論文提出（2017 年）の時点でも、種姓説の範囲に限ってではあるが、アサンガによる他の著作における種姓説との矛盾点が認められないことから、問題があるとは考えていない。いっぽう、その後の同注釈書の研究として、堀内［2017: 13］は「無着作とされる」と述べて断言を避けており、堀内［2018］［2020］では著者性に疑義が呈されるに至っている。特に堀内［2020］は、同注釈書について、ヴァスバンドゥ著『釈軌論』（*Vyākhyāyukti*）をベースにしつつも、ヴァスバンドゥやグナマティ（Guṇamati, 徳慧, ca. late 5th century）とは異なる後代の者が書いたものであると指摘する。以上のような著者をめぐる事情があるが、本研究では、アサンガに帰せられている文献における種姓に関する記述を網羅し、著者問題を今後検討する上で、種姓という観点からの指標を提示することを目的として、以下に『仏随念注』の記述を取り上げる[64]。

『仏随念注』における種姓に関する記述は、仏陀の十号として列挙する、第 7 の世間を知っておられる者（lokavid, 世間解）、第 8 の人士による訓練対象にとっての無上なる御者（*anuttara puruṣadamyasārathi, 無上調御丈夫）[65] という 2 句に対する注釈に見出せる[66]。2 句に対する注釈の中で、人士による訓練対象にとっての無上なる御者に対する注釈に種姓に関する記述があるので、それを挙げると、次の通りである。

> 資質のある者（*bhavya）たちを教化なさるから、かの世尊に対して、「**人士による訓練対象にとっての御者**」と言われる。それでは、資質のない者（*abhavya）たちを如何にして証得させるのか。〔世尊は、資質のない〕彼を悪趣の苦という災厄から救護し、享受の安楽や善趣などの安楽に置き定めなさるから〔「人士による訓練対象にとっての御者」と言われる〕。
>
> 確定されていない種姓を持つ者（*aniyata-gotra/-gotraka）は、資質のない者として認められる。また、〔世尊は、〕資質のある、確定された種姓を持

つ者（*niyata-gotra/-gotraka）を、声聞などの〔3種類の〕菩提に、〔三乗の何れかの〕種姓の通りに、置き定めなさる。〔資質のない、〕確定されていない種姓を持つ者が条件により力を備える場合、劣ったもの（*hīna）から翻させ、卓絶したもの（*praṇīta）[67]に置き定めなさるから〔「人士による訓練対象にとっての御者」と言われる〕[68]。

skal (D14a6) ba dang ldan pa rnams ’dul bar (P17a4) mdzad pas bcom ldan ’das de la **skyes bu ’dul ba’i kha lo sgyur ba** 1) zhes (2 [bya’o //] 2) ’on te skal ba dang mi ldan pa rnams la ji ltar rtogs par bya zhe na / de ngan song gi sdug bsngal gyi rgud pa las bskyabs nas (P17a5) longs spyod kyi bde ba dang / bde ’gro la sogs pa’i bde ba la (D14a7) ’god par mdzad pa’i phyir ro //

gang rigs ma nges pa ni skal ba dang mi ldan pa la ’dod do // skal ba dang ldan zhing rigs nges pa’ang (P17a6) nyan thos la sogs pa’i byang chub la rigs ji lta ba bzhin du [’god] 3) par mdzad do // rigs ma nges pa’i rkyen gyis stobs dang ldan pa la dman pa las bzlog nas (D14b1) mchog la rab tu ’god par (P17a7) mdzad pa’i phyir ro // [69]

1) om. *ba* P　2) *bya na* / DP　Cf. *BuAṬ*: *bya’o // ’o na*（D 58a1, P 72b1–b4）, *AVSN*: *ucyate / ye punar*（*AVSN*s 246.2）　3) *’jog* DP　Cf. *BuAṬ*: *’god par mdzad do*（D 58a2–3, P 72b3）, *AVSN*: *pratiṣṭhāpayati*（*AVSN*s 246.5）

『仏随念注』では、注釈対象の2句に種姓という語がないにも関わらず、訓練対象にとっての御者たる世尊を解説する際に、種姓説を採り入れて、仏陀側の救済論を展開する。

『仏随念注』によれば、世尊による訓練対象となる者は、資質のある者と資質のない者である。資質のある者は、三乗の何れかに確定された種姓を持つ者であり、世尊によって各乗の菩提に向けて教化される。ここでの資質とは、資質のある者に備わる三乗の種姓が三乗の菩提と対応するので、『菩薩地』「種姓品」に規定されるような[70]、菩提を円満し得る資質が考えられる。

いっぽう、資質のない者は、確定されていない種姓を持つ者であり、世尊によって悪趣から救護されて善趣に導かれるだけでなく、『菩薩地』の理解とは異なり[71]、条件次第で劣ったものから卓絶したものへ導かれ得る。ここでの条件とは、如来による勧めという条件が考えられる。こうした理解は、同じアサンガの著作『解深密釈』では、菩提に進展する声聞が条件を基盤とするものと解説し、さらに『瑜伽論』「摂決択分」では、如来による勧めや如来への親近を通じて菩提に進展する声聞を、確定されていない種姓を持つ者と規定することから支持される[72]。劣ったものから卓絶したものへというのが、具体的には何なのか判然としないが、当該の文脈が上に挙げた文献に説かれる、確定されていない種姓と関連するならば、声聞から菩薩へと転向することが示唆されており、また『仏随念注』における「置き定める」という行為が直前では菩提という結果に対して使用されることから、修行の結果、具体的には劣った声聞菩提から卓絶した無上正等菩提へ、と理解できよう[73]。

このように、『仏随念注』における確定されていない種姓を持つ者に対しては、世尊による悪趣から善趣への導きだけでなく、『瑜伽論』「摂決択分」所説の菩提に進展する声聞に関する教説や、『荘厳経論頌』とそれを引用する『摂大乗論』所説の確定されていない声聞に関する教説と同様に[74]、如来の勧めによる大乗への引き込みを目的としている[75]。『菩薩地』において種姓に立脚しない者に対して説かれていた善趣への導きを[76]、確定されていない種姓を持つ者に含める点に、『仏随念注』の独自の理解が見出されるが、何れにしても、資質のない者にまで世尊による教化が及ぶため、般涅槃への到達や菩提の獲得といった救済可能性のない者は存在しないと考えられるのである。

以上、アサンガは、『仏随念注』において、種姓説を仏陀側の救済論的問題として取り上げている。また、種姓に対して、その有無ではなく確定・不確定による区別を適用することで、種姓を三乗の何れかに確定された種姓と確定されていない種姓に分け、確定されていない種姓については条件次第ではあるが、何れの種姓にも救済可能性を認めている。

最後に、アサンガの著作における『仏随念注』の位置付けについて検討しよう。アサンガは、『顕揚論』から『摂大乗論』にかけて、種姓説に関する展開が認められ、すなわち、種姓の有無から種姓の確定・不確定による区別へと関心が移っており、種姓説を修行者側の修道論的問題ではなく、仏陀側の救済論的問題として取り上げている。したがって、種姓説に関する限り、種姓の確定・不確定による区別を適用し、仏陀側の救済論を展開する『仏随念注』には、著者性に疑義を呈するような矛盾点はなく、その位置付けは、『顕揚論』よりも後で、『摂大乗論』に近いということが推定できよう。なお、『仏随念注』がアサンガの著作から外れたとしても、種姓の確定・不確定による区別を採用し、仏陀側の救済論的問題として扱っている点は、アサンガによる種姓説の特徴として指摘できよう。

第2節 ヴァスバンドゥ

ヴァスバンドゥについては、説一切有部における種姓説を抽出できる『阿毘達磨倶舎論』（*Abhidharmakośabhāṣya*）[77] および種姓に関して僅かに1箇所言及のある『釈軌論』（*Vyākhyāyukti*）[78] を除き、瑜伽行派文献『唯識三十頌』（*Triṃśikā Vijñaptimātratāsiddhi*）などの自身の著作において、種姓という語を確認できない。いっぽう、他の文献に対する注釈書においては、種姓に関する記述を確認できる。したがって、本節では、注釈書という性格上、注釈対象である文言に依拠するところが大きいという制約はあるが、瑜伽行派文献『荘厳経論頌』『中辺論頌』『摂大乗論』に対する注釈書と、大乗経典に対する注釈書、いわゆる釈経論と、『仏随念注』に対する複注釈書とに的を絞り、種姓に関する記述を抽出して分析を加え、ヴァスバンドゥによる種姓説をみてゆく。

以下で取り上げるヴァスバンドゥによる注釈書については、『摂大乗論釈』（以下、『摂大乗釈』と略）を除けば、アーラヤ識説に関して断片的な記述しかないため、ヴァスバンドゥは、アーラヤ識説の中での雑染・清浄に関する議論として、『摂大乗釈』において聞熏習種子説に対して注解を施す以外には、アーラヤ識に存在する出世間的な法の種子を認めるかについて明確な立場を示していない。少なくとも、『唯識三十頌』などの自身の著作の修道論的文脈において種姓という語を用いていないため、修行者側の修道論的問題として種姓説を扱うことには消極的であったと言えよう。

ヴァスバンドゥによる種姓説に関しては、他の文献に対する注解という点から、(1) 瑜伽行派文献に対する注釈書、(2) 大乗経典に対する注釈書、(3)『仏随念注』に対する複注釈書に分けて考察する。(1) については『荘厳経論釈』『中辺論釈』『摂大乗釈』、(2) については『聖十地解説』（以下、『十地経論』）『妙法蓮華経優波提舎』（以下、『法華経論』）『無量寿経優波提舎願生偈』（以下、『浄土経論』）『三具足経憂波提舎』（以下、『三具足論』）、(3) については『仏随念広注』を取り上げる。

1. 瑜伽行派文献に対する注釈書

ヴァスバンドゥは、『大乗荘厳経論釈』（*Mahāyānasūtrālaṃkārabhāṣya,* 以下、『荘厳経論釈』）『中辺分別論釈』（*Madhyāntavibhāgabhāṣya,* 以下、『中辺論釈』）『摂大乗論釈』（*Mahāyānasaṃgrahabhāṣya,* 以下、『摂大乗釈』）において、種姓に関連する記述に対して注解を施すかたちで、瑜伽行派における種姓説を受容する。

まず、『荘厳経論釈』では、種姓に関連する記述を多く見出せる『荘厳経論頌』に対して注解を施すため[79]、種姓という語単位であれば、膨大な量の種姓に関する記述を抽出可能である。その中でも、『荘厳経論頌』に種姓という語を直接見出せないにも関わらず、種姓という語を用いて解説を加えていることから、確定されていない者（aniyata）と、『荘厳経論釈』では種姓と言い換える『荘厳経論頌』所説の語との 2 点が注目される。

確定されていない者に関しては、『荘厳経論頌』「種姓品」第 6 偈の種姓の区別（gotrabheda）の規定に端を発し、「種姓品」以外にも、例えば「述求品」において、一乗に関する議論といった展開が認められることを指摘したが、種姓に関連する用語を直接見出せない偈頌（IX.8; XVII.29–30）に対する解説の中にも、確定されていない（aniyata）という語が認められる[80]。ただし、内容自体には、独自性があるとは言い切れない。

『荘厳経論釈』では種姓と言い換える『荘厳経論頌』所説の語に関しては、原因（hetu：IV.7; XI.61）、ものの本質（dharmatā：V.4）、本性（prakṛti：VIII.5, 6; XVII.34; XVIII.19）、根源要素（dhātu：XI.8）がある[81]。この中で、原因、本性、根源要素については、『瑜伽論』「本地分」の『菩薩地』「種姓品」において、種姓の言い換えや種姓の同義異語として列挙している[82]。ものの本質については、同じく『菩薩地』「種姓品」において、本来的に在る種姓をものの本質を通じて獲得されたものと規定する点に関連性がある[83]。

次に、『中辺論釈』では、『中辺論頌』の文言にある種姓（I.19; II.5）や原因（hetu）などの種姓に関連する用語（II.1; IV.13–15, 17–18; V.29）に対する注解や章の要義（IV. piṇḍārtha）の中に、種姓という語を確認できる。しかし、その数は計 7 箇所と僅かであり[84]、また、その内容は、『瑜伽論』「本地分」の『声聞地』や『菩薩地』の所説との類似性が認められる。

最後に、『摂大乗釈』では、種姓の区別(gotrabheda)や確定されていない(aniyata)といった種姓に関連する用語のある『荘厳経論頌』からの引用や類同文に対する注解[85]、原因（hetu）という語の言い換え、という2通りのかたちで、種姓という語を見出せる。

まず、『摂大乗論』第10章「彼果智分」の諸仏の法界に関する一連の議論における、諸仏の法界の有する特徴（*MSg* X.3C）[86]では、『荘厳経論頌』第9章「菩提品」第77偈を引用しているが、『摂大乗釈』では、その偈頌に対して注解を施している。チベット語訳を欠くが、漢訳に基づき、種姓に関する言及のある箇所のみを挙げると、次の通りである。

> この〔別異性と同一性との無二を特徴とすることの〕意味を明らかにするために、さらに、偈頌を説く。「**種姓に区別があるから**」（gotrabhedād）というのは、諸菩薩にとっての種姓には区別が多種あるからである。「**無益でないから**」（avaiyarthyāt）というのは、種姓に区別があるから、準備実践もまた区別され、準備実践の区別から、資糧の円満もまた多種ある。この理由により、もし一仏だけならば、他の者は資糧が実りなきものとなるだろう。
>
> 爲顯此義、復説伽他。**種姓異故**者、謂諸菩薩種姓差別有多種故。**非虚故**者、種姓異故、加行亦異、加行異故、資糧圓滿亦有多種。由是因縁、若唯一佛、餘者資糧應虚無果[87]。

『摂大乗論』で引用する『荘厳経論頌』の偈頌を、ヴァスバンドゥは、『荘厳経論釈』でも解説している。両注釈書の異同を確認するために、『荘厳経論釈』において対応する解説を挙げると、次の通りである。

> 仏陀は一人だけであるという、これは認められない。理由は何か。種姓に区別があるからである。というのも、仏種姓を持つ衆生たちは際限がない。その中で、一人だけが現等覚し、他の者たちは現等覚しな

いという、このようなことがどうしてあろうか。そして、他の諸菩薩は現等覚しないから、福徳・智慧の資糧は無益であるだろうし、また、無益であるのは不合理である。それ故、無益でないことからも、仏陀は一人だけでない。

eka eva buddha ity etan neṣyate / kiṃ kāraṇam / gotrabhedāt / anantā hi buddhagotrāḥ sattvāḥ / tatraika evābhisaṃbuddho nānye 'bhisaṃbhotsyanta iti kuta etat / puṇyajñānasaṃbhāravaiyarthyaṃ ca syād anyeṣāṃ bodhisattvānām anabhisaṃbodhān, na ca yuktaṃ vaiyarthyam / tasmād avaiyarthyād api naika eva buddhaḥ / [88]

両注釈書共に、種姓に区別があるからという文言に対して、種姓自体の区別か種姓を持つ者の区別かといった違いはあるが、類似した注解を施し、無益でないからという文言に対して、種姓に区別があるからという先の文言と関連付けた理解を示している。

次に、第10章「彼果智分」における、乗が1つであること（一乗たること）に関する議論（X.32）[89]では、『荘厳経論頌』第11章「述求品」第54偈および第53偈を引用し、それに対して注解を施している。種姓に関する言及のある箇所のみを挙げると、次の通りである。

乗が1つであること（*ekayānatā）を説示されたことは意図あって仰ったのであると示す偈頌について、「**或る者たちを引き込むために**」（ākarṣaṇārtham ekeṣām）というのに関して、種姓の確定されていない声聞たちを大乗に引き込むためであって、確定されていない彼を何とかして大乗において涅槃させよう、と言われる。「**また、他の者たちを留め置くために**」（anyasaṃdhāraṇāya ca）というのは、種姓の確定されていない彼ら菩薩たちを何とかして大乗に一致させるように、また、大乗を捨てて声聞乗によって涅槃させないようにしよう、と言われるのである。それらの意味に基づき、乗は1つであることを説示されたのである。また、確定されていない者たちの意味は理解し易い。…

「**種姓の区別に基づき**」(gotrabhedataḥ) というのは、種姓の区別があることであり、確定されていない種姓を持つ声聞たちもまた仏陀となることを意図して乗は1つであることを説示された。

theg pa gcig nyid du bstan pa dgongs pa can du (P228a4) gsungs pa yin par ston pa'i tshigs su bcad pa ni / **kha** (D187a2) **cig dag ni drang phyir dang //** 1) zhes bya ba la / nyan thos rigs ma nges pa rnams theg pa chen por drang bar bya ba'i ched du ste / ma nges pa (P228a5) de ci nas kyang theg pa chen por mya ngan las 'da' bar bya'o zhes bya'o // **gzhan yang kun tu gzung ba'i phyir //** 2) zhes bya ba ni byang chub sems dpa' rigs ma nges (D187a3) pa gang yin pa de dag ci nas (P228a6) theg pa chen po la thun mong du 'gyur ba dang / theg pa chen po bor nas nyan thos kyi theg pas mya ngan las 'da' bar ma gyur cig ces bya bas so // don de dag gi phyir theg pa gcig nyid (P228a7) du bstan pa yin no // yang ma nges pa rnams kyi don ni go sla'o // ...

rigs ni tha dad ces bya ba ni gang la rigs tha dad pa yod pa ste / rigs (P228b6) ma nges pa'i (D187b1) nyan thos dag sangs rgyas su 'gyur ba la dgongs nas kyang theg pa gcig nyid du bstan te / [90]

1) 2) om. // P

『荘厳経論釈』において対応する解説を順次挙げると、次の通りである。

「**或る者たちを引き込むために**」というのは、声聞種姓を持ち、確定されていない者たちのことである。「**また、他の者たちを留め置くために**」と〔いうの〕は、菩薩種姓を持ち、確定されていない者たちのことである。

ākarṣaṇārtham ekeṣām iti ye śrāvakagotrā aniyatāḥ / **anyeṣāṃ ca saṃdhāraṇāya** ye bodhisattvagotrā aniyatāḥ / [91]

種姓の区別に基づき、一乗たることがある。確定されていない声聞種姓を持つ者たちが大乗によって出離するから、それによって彼らが行くこと（行く手段）が乗であると考えて。

gotrabhedād ekayānatā / aniyataśrāvakagotrāṇāṃ mahāyānena niryāṇāt yānti tena yānam iti kṛtvā /[92]

両注釈書共に、内容自体に大差はないが、確定されていない（aniyata）という語の用法に相違が認められる。『荘厳経論釈』では、確定されていない声聞種姓を持つ者（aniyataśrāvakagotra）、或いは声聞種姓を持ち（śrāvakagotra）、確定されていない者（aniyata）や菩薩種姓を持ち（bodhisattvagotra）、確定されていない者（aniyata）と表現し、声聞や菩薩といったいわゆる三乗の種姓という枠組みの中に、確定されていないという区別を適用している。このような用法は、種姓の区別として確定・不確定を示した『荘厳経論』「種姓品」第6偈を承け[93]、この場合の種姓を三乗の種姓と理解した場合に可能となるだろう。ただし、『荘厳経論釈』では、確定されていない種姓（aniyatagotra）といった表現もまた認められるため[94]、確定されていない（aniyata）という語の用法が統一的であるのかを判断し難い。いっぽう、『摂大乗釈』では、確定されていない種姓を持つ（*aniyatagotra）声聞（śrāvaka）や菩薩（bodhisattva）と表現され、三乗の種姓とは別に、確定されていない種姓を設けている。このような用法は、三乗の種姓の枠組みとは別に確定されていない種姓に設けた、『瑜伽論』「摂決択分」の「有余依無余依二地決択」との類似性が認められ[95]、『摂大乗論』自体の用法とも一致する[96]。何れにしても、両注釈書における、確定されていない（aniyata）という語の用法については、初期瑜伽行派文献に根拠を求めることができる[97]。

また、『摂大乗釈』には、原因（hetu）という語を種姓と言い換える用例が2箇所ある。ひとつめの用例は、『摂大乗論』第8章「増上慧学分」（*MSg* VIII.19）[98]に対する注解にある。

その3つの〔無分別〕智の区別を示すために、「**原因**（hetu）**と引起**（ākṣepa）**と反復実行**（abhyāsa）**に基づいて**〔智の〕**生じることの点で区別があるから**」と言われる。そ〔の智の区別〕について、無分別の、準備実践に基づいて生じたもの（智）は、3種である。すなわち、(1) 或るものは種姓の力に基づき、(2) 或るものは引起の力に基づき、(3) 或るものは現在世における反復実行の力に基づいて生じる。その中で、種姓の力に基づきとは、それ（無分別智）について、原因であるものから生じることである。....

ye (D179b4) shes gsum pa de rnams kyi rab tu dbye ba bstan par bya ba'i phyir **rgyu dang 'phen pa dang / goms** (P218a6) **pa las byung bas rab tu dbye ba'i phyir ro** zhes bya ba ste / de la rnam par mi rtog pa'i sbyor ba las byung ba ni rnam par gsum ste / 'di ltar kha cig ni rigs kyi stobs las / 1) kha cig ni 'phen (P218a7) pa'i stobs (D179b5) las / 2) kha cig ni da ltar gyi dus su goms pa'i stobs las 'byung bar 'gyur ro // de la rigs kyi stobs las ni der rgyu gyur pa las 'byung bar 'gyur ba nyid do // ....[99]

1) 2) om. / P

無分別智が原因に基づき生じる場合、その原因を種姓と言い換えている。無分別智の原因である種姓と出世間的な法の原因である聞熏習種子との関連については不明な点が残るが、『摂大乗釈』にはこれ以上の情報はない。もうひとつの用例（*MSg* X.29A）[100] に関しては、本研究「第 2 章第 2 節 3.『仏随念注』に対する複注釈書」で取り上げる[101]。『摂大乗釈』以外にも、原因を種姓と言い換える用例は、『瑜伽論』「本地分」の『菩薩地』「種姓品」にあり[102]、ヴァスバンドゥ自身としても『荘厳経論釈』や『中辺論釈』にある[103]。

以上、ヴァスバンドゥは、先行する瑜伽行派文献における種姓に関連する記述に対して注解を施すかたちで、瑜伽行派における種姓説を受容する。しかし、何れの解説についても、初期瑜伽行派における種姓説の理解の範囲内に基本的に収まるため、以上の考察範囲からは、独自性を抽出し難いと言えよう。

2. 大乗経典に対する注釈書

ヴァスバンドゥは、大乗経典に対する注釈書、いわゆる釈経論を数多く著している[104]。それらの釈経論の中で、『十地経論』『法華経論』『浄土経論』『三具足論』に種姓という語を見出せ、ヴァスバンドゥによる種姓説の受容を窺い知ることができる。以下では、各釈経論における種姓に関する記述を取り上げる。

2.1.『聖十地解説』

『聖十地解説』（*Āryadaśabhūmivyākhyāna*, 以下、『十地経論』）は、『十地経』（*Daśabhūmikasūtra*）に対する注釈書である。菩提流支（Bodhiruci, –508–535–）等による漢訳、チベット語訳が現存する。アバヤーカラグプタ（Abhayākaragupta, ca. 11th–12th century）著『牟尼意趣荘厳』（*Munimatālaṃkāra*）からの梵文佚文について、近年、加納［2019］が報告している。回収されたサンスクリット原文には、残念ながら本研究に対応する箇所はないが、ヴァスバンドゥの真作として、作品名（*Daśabhūmikavivṛti*/*Daśabhūmakavyākhyā*）への言及がある。

『十地経論』における種姓に関する記述の抽出には、漢訳の訳語の不統一やチベット語訳の “rigs” から想定されるサンスクリットが複数あることなどから、困難さを伴うが[105]、種姓に関する言及があると本研究で判断した記述は、計6箇所である[106]。

特徴的な解説として、まず、『十地経論』の序章（nidānaparivarta）では、釈迦の家に生まれた（śākyakulaja）という経文に対して、家（kula）を種姓（gotra）と言い換えている。

> 諸仏にとっての種姓（*gotra, rigs, 種姓）の完備（*saṃpad）とは如何なるものか。家（*kula, rigs, 家姓）の完備のことである。ここ（『十地経』）で、それは如何に説示されたのか。「**釈迦の家に生まれた**」（śākyakulaja）[107]によって〔説示されたの〕である。なぜまさに世尊によって種姓が述べられたのか。〔世尊が種姓を〕まさに直接知覚するからであり、まさにこれ故に、〔諸仏によって菩薩に対して〕「**教えにおいて加持がなされる**」[108]と結び付けられるからである[109]。

sangs rgyas rnams kyi 1) rigs phun sum tshogs pa gang zhe na / gang rigs phun sum tshogs (P155b3) pa'o // de 'dir ji skad du bstan pa yin zhe 2) na / **śākya'i rigs skyes pa nyid** kyis so // ci'i phyir (D122b2) bcom ldan 'das nyid kyis rigs brjod ce na / mngon sum nyid kyi 3) phyir dang / 'di nyid kyi (P155b4) phyir **chos la byin gyis brlabs so** zhes sbyar ba'i phyir ro //

1) *kyis* P　2) *ce* P　3) *gyi* P

世尊による種姓の直接知覚という解説が注目される。種姓の知覚に関しては、『瑜伽論』「本地分」の『声聞地』「初瑜伽処」「趣入地」や『菩薩地』「種姓品」と同様の見解である[111]。しかし、初期瑜伽行派やアサンガの著作における種姓説の文脈には、管見の限り、家を種姓と言い換える用例がないという点は、注意が必要である[112]。

次に、第 8 不動地における、仏種姓に随順した（buddhagotrānugato）を含む経文に対する注釈の中で、仏種姓（buddhagotra）を瑜伽行派に特有の語彙によって解説している。

ひたすら不動であること（一向不動）と同一性に基いて不動であること（一体不動）とは、仏種姓に随順した原因である。「**おお、勝者の子よ、このように菩薩は、このような智慧の生起を伴い、仏種姓に随順し**」[113] と仰ったからである。その中で、仏種姓（buddhagotra, 仏性）は、特殊な根源要素の養成（*dhātupuṣṭiviśeṣa）である。

gcig tu mi g-yo ba dang / gcig pa nyid las mi g-yo ba ni sangs rgyas kyi rigs kyi rjes su song ba'i rgyu ste / 1) gang gi phyir 2) **kye rgyal ba'i sras de ltar byang chub sems dpa' ye shes** (P291a6) **de lta bu mngon par bsgrubs pa dang ldan zhing / sangs rgyas kyi rigs kyi rjes su song ba** zhes (D230b1) gsungs pa'o // de la sangs rgyas kyi rigs ni khams brtas 3) pa'i khyad par ro // [114]

1) om. / P　2) add. / P　3) *rtas* P

仏種姓が特殊な根源要素の養成（*dhātupuṣṭiviśeṣa）であるという解説が注目される。根源要素の養成（dhātupuṣṭi）は、『瑜伽論』「本地分」の『菩薩地』などの初期瑜伽行派文献に共通する用語である[115]。特殊な（viśeṣa）という限定は、根源要素（dhātu）と養成（puṣṭi）のどちらを形容しているか判断し難いが、『菩薩地』「種姓品」において、本来的に在る種姓としての菩薩種姓を特殊な六処（ṣaḍāyatanaviśeṣa）と定義する場合の用例と類似していることから[116]、根源要素を形容していると理解しておく。

この他にも、機根（indriya）や乗（yāna）の文脈に対して、種姓という語を用いた注解を施している[117]。以上のような種姓に関する記述について、家を種姓と言い換える以外は、概ね『瑜伽論』「本地分」の『菩薩地』に関連する内容である。

ただし、第10法雲地における、種姓（gotra）という語を見出せる箇所に対して、『十地経論』では、初期瑜伽行派文献には類を見ない解説を加えている。『十地経』では、偉大な宝石という10の宝珠の種類（ratnagotra）の譬喩を通じて、諸菩薩にとっての一切知者性への宝珠のような発心が10の聖者の種姓（āryagotra）を越えていることを述べる。宝珠の種類の譬喩に関する『十地経論』の注釈箇所は次の通りである。

〔偉大な宝石という宝珠（mahāmaṇiratna）は〕「**10の宝珠の種類を越えて**」（daśaratnagotrāṇy atikramya）[118]というのは、宝石（maṇi）や真珠（muktā）や水宝玉（vaiḍūrya）などの中から、宝石と水宝玉を除外したものである[119]。

de la **rin po che'i rigs bcu las shin tu 'das** zhes bya ba ni nor bu dang / mu tig dang / 1) bai ḍūrya la sogs pa'i nang nas / nor bu dang 2) bai ḍū rya ma gtogs pa'o // [120]

1) om. / D　2) add. / P

『十地経論』では、この10の宝珠の種類を承けて、10の聖者の種姓に関して、次のように注解を施している。

〔諸菩薩にとっての一切知者性への宝珠のような発心（bodhisattvānāṃ sarvajñatāratnacittotpādo）は〕「**10の聖者の種姓を越えて**」（*daśāryagotrāṇy atikramya）[121]というのは、声聞種姓は8つであって、〔四〕向〔四〕果に留まることの区別によるのである。独覚種姓は 2 つであって、向果に留まること〔の区別によるの〕である。

'phags pa'i rigs bcu las shin tu 'das zhes bya ba ni / 1) (D264b5) nyan thos kyi rigs brgyad de / zhugs pa dang 2) 'bras bu la gnas pa'i bye brag gis so // rang sangs rgyas kyi rigs gnyis te / 3) (P333a1) zhugs pa dang 4) 'bras bu la gnas pa'o // [122]

1) // D　2) add. / P　3) om. / P　4) add. / P

『十地経論』では、経文の 10 という数に対して、声聞種姓に四向四果の 8 つ、独覚種姓に向果の 2 つを数える。経文に制約された結果であったとしても、三乗の種姓の枠組みを採りながら、従来の瑜伽行派における種姓説にはない、声聞や独覚の種姓に対する理解と言えよう。

以上、ヴァスバンドゥは、『十地経論』において、10 の聖者の種姓という経文に合わせるかたちで、声聞種姓に四向四果の 8 つ、独覚種姓に向果の 2 つの計 10 を数えるといった点以外は、『十地経』の経文を概ね初期瑜伽行派の種姓説に基づいて解説する。それらの解説に関しては、特に『瑜伽論』「本地分」の『菩薩地』に関連する内容が認められる。

2.2.『妙法蓮華経論優波提舎』

『妙法蓮華経論優波提舎』(*Saddharmapuṇḍarīkopadeśa*, 以下、『法華経論』) は、『法華経』(*Saddharmapuṇḍarīkasūtra*) に対する注釈書である [123]。勒那摩提 (Ratnamati, –508–) 等による漢訳 (T［26］(1520), 1 巻) および菩提流支等による漢訳 (T［26］(1519), 2 巻) の 2 種が現存する。本研究では、大竹［2011: 112–113］の見解に従い、勒那摩提訳を使用する [124]。

『法華経論』では、『法華経』の経文にない仏種姓 (*buddhagotra, 佛性) [125] という語を注解に加えるかたちで、種姓という語を計 3 箇所で用いている [126]。

特徴的な解説として、まず、第 3 章「譬喩品」(Aupamyaparivarta) と対応する注釈は、ヴァスバンドゥ著『荘厳経論釈』との類似性が指摘されている点で注目される [127]。

煩悩のないこの人は、慢心に染まり、あれこれの個体連続（*saṃtāna, 身）[128] の所作の区別を見る。あれこれの仏種姓（*buddhagotra, 佛性法身）[129] の平等性を知らないからである。すなわち、この人の「私はこの法を現等覚した。他の人は〔現等覚〕しない」という、これを対治するために、諸々の声聞に対する授記を与えると知られるべきである。

是無煩惱人染慢、見彼此身所作差別。以不知彼此佛性法身平等故。即彼人我證此法、彼人不得、對治此故、與諸聲聞授記應知 [130]。

これと類似する『荘厳経論釈』の文言は、『荘厳経論頌』第 9 章「菩提品」第 77 偈に対する注釈にある [131]。

仏陀は一人だけであるという、これは認められない。理由は何か。種姓に区別があるからである。というのも、仏種姓を持つ衆生たちは際限がない。その中で、一人だけが現等覚し、他の者たちは現等覚しないという、このようなことがどうしてあろうか。

eka eva buddha ity etan neṣyate / kiṃ kāraṇam / gotrabhedāt / anantā hi buddhagotrāḥ sattvāḥ / tatraika evābhisaṃbuddho nānye 'bhisaṃbhotsyanta iti kuta etat / [132]

次に、如来蔵思想において有名な「一切衆生は如来蔵である」（sarvasattvās tathāgatagarbhāḥ）という定型句を想起させるような文言を、第 19 章「常不軽菩薩品」（Sadāparibhūtaparivarta）と対応する注釈の中に認めることができる。

菩薩の授記とは、「〔常〕不軽菩薩品」に説示される通りである。〔常不軽菩薩があらゆる人を〕「**礼拝し、讃嘆し、「私はあなたを軽んじません。あなた方は皆、仏陀となるでしょう」と言う**」[133] というのは、衆生たちは皆、仏種姓（*buddhagotra, 佛性）を有することを示すからである。

菩薩授記者、如不輕菩薩品示現。**禮拜、讃歎、言我不輕汝、汝等皆當作佛**者、示諸衆生皆有佛性故 [134]。

「衆生たちは皆、仏種姓を有する」という文言は、如来蔵が仏種姓に置き換わっている以外、先の定型表現と一致する [135]。

これ以外にも、『法華経論』では、仏種姓という語を、第 10 章「法師品」（Dharmabhāṇakaparivarta）と対応する注釈の中に見出せる [136]。

以上、ヴァスバンドゥは、『法華経論』において、『法華経』の経文にない仏種姓という語を注解に加えるかたちで、瑜伽行派における種姓説を受容している。また、その注解の中にヴァスバンドゥ著『荘厳経論釈』と類似する文言を認めることができる点が注目される。

2.3.『無量寿経優波提舎願生偈』

『無量寿経優波提舎願生偈』（以下、『浄土経論』）は、『無量寿経』（The larger *Sukhāvatīvyūha*）『阿弥陀経』（The smaller *Sukhāvatīvyūha*）両経典に対する注釈書であり [137]、願偈と呼ばれる全 24 偈の韻文および論と呼ばれる散文から成る。菩提流支による漢訳のみが現存する。

『浄土経論』において、種姓という語は、第 13 偈 cd 句および第 14 偈 ab 句に従来見出されている [138]。

> 大乗の善根による〔世〕界は等しく、非難される名称がない。女性と感官を欠いた者と二乗の種姓の者（*dviyānagotra）は〔そこに〕受生しない [139]。
>
> 大乗善根界　等無譏嫌名
>
> 女人及根缺　二乗種不生 [140]

声聞と独覚との二乗の種姓の者は、大乗の善根による世界、つまり浄土に受生しない。この解釈は、清浄世界には声聞や独覚はいないという『瑜伽論』「摂決択分」の「菩薩地決択」の所説に依拠することが指摘されている [141]。

以上、ヴァスバンドゥは、『浄土経論』において、二乗の種姓の者と読み得る用語を使用していることが知られる。しかし、初期瑜伽行派文献には二乗の種姓という用語が認められず、偈頌に対する散文注に種姓という語がない点は [142]、偈頌に種姓という語のない可能性を示唆するため、注意が必要であろう。

2.4.『三具足経憂波提舎』

『三具足経憂波提舎』（以下、『三具足論』）は、『集一切福徳三昧経』（*Sarva-puṇyasamuccayasamādhisūtra*）において説かれる、布施（*dāna）・戒（*śīla）・聴聞（*śravaṇa）という三資糧（*saṃbhāra, 具足）に関する注釈書である。毘目智仙（Vimuktisena, –516–541–）・般若流支（Prajñāruci, –516–543–）による漢訳のみが現存する。

『三具足論』では、最初に経文を挙げ、次に経文に関する問いを設定し、最後に問いに対する答えを提示する、という構成を採る。この構成に関しては、他のヴァスバンドゥ釈経論群における構成と異なることが、大竹［2013: 153–154］によって指摘される。

『三具足論』において、種姓という語は、まず、問いの設定の中に見出せる。

> 「**良家の息子**」（*kulaputra）とは、種姓を持つ者（*gotraka）という意味である。なぜ菩薩は種姓を持つ者と言われるのか。この意味を説く必要がある。
>
> **善男子**者是種姓義。何故菩薩名為種姓。此義須説 [143]。

経文にある良家の息子（*kulaputra）という語を、種姓を持つ者（*gotraka）に言い換え、この問いの設定に対して、種姓を持つ者に関する解説を進めている。しかし、その内容は、初期瑜伽行派以来の種姓に関する理解に基づいているとは言い難く、ナーガールジュナ（Nāgārjuna, 龍樹, ca.150–250）著、鳩摩羅什（Kumārajīva, –411）[144] 訳と伝えられる『十住毘婆沙論』（*Daśabhūmivibhāṣā*, T［26］（1521）, 17 巻）「入初地品」に、すべての対応のあることが指摘される [145]。いっぽう、瑜伽行派における種姓に関する理解と類似すると見做し得る解説は、次の 2 箇所である。

まず、世尊の言葉を根拠として、如来種姓に生まれることをものの本質（*dharmatā）に相応していることに言い換える箇所である。

> さらにまた、何のために仏陀はこの経典を説かれたのか。菩薩は如来種姓（*tathāgatagotra）に生まれ、ものの本質（*dharmatā）に相応していると示されたのである。世尊は、「人がバラモンの種姓やクシャトリヤの種姓に生まれることができたならば、このような人はものの本質に相応

している」と示された。ものの本質としての種姓を離れるならば、卑賤な者である。彼は如来種姓に生まれたならば、ものの本質を離れない。ものの本質である如来種姓に生まれたならば、布施などの 3 種の資糧（*saṃbhāra）を満たす。満たさないならば、卑賤な者である。それ故に、如来は次のように教えられた。「あなたは資糧を満たせ、卑賤な者に成り下がるな」と。偈頌が説かれる。

善逝種姓に生まれたならば、過失を離れ、大いに富み安楽となり、天や人に礼讃される。牟尼王は、彼を自らの流儀（*tshul）[146] から離れさせないために、この無垢なる経を説かれた。

又復何義佛説此經。菩薩生於如來種姓、法種性中相應示現。世尊已示、若人得生婆羅門姓、若刹利姓、如是之人法性相應。若離法種、是則卑劣。彼人若生如來種姓、不離法性。若生法性如來種姓、以滿施等三種具足。若不滿足、是則卑劣。是故如來如是教言、汝滿具足、莫後卑劣。偈言。

若生善逝姓　離過大富樂
天人所禮讚　牟尼王令彼
不離自法義　説此無垢經[147]

『瑜伽論』「本地分」の『菩薩地』「種姓品」では、本来的に在る種姓をものの本質を通じて獲得されたものであると規定するため[148]、両論書間には、種姓とものの本質の関係に類似性が認められよう。

次に、彼岸に向かう前提として、種姓を堅持して失わないことを説示する箇所である。

どうして「**資糧**」（*saṃbhāra）と言われるのか。今、その意味を説こう。… さらにまた、先に種姓という性質を堅持して失わず、さらに彼岸に向かう〔から資糧と言われる〕。大船舶が先に集合して、後に宝石の島に向かうように。

以何義故、名**具足**者。彼義今説。… 又復有義。前種姓法堅持不失、復向彼岸。如大船舶先和集已、後向寶洲[149]。

『瑜伽論』「本地分」の『菩薩地』では、種姓について、無上正等菩提を獲得するための基礎に位置付け[150]、『瑜伽論』「本地分」の「有尋有伺等三地」では、涅槃を得るための先立つものであると説く[151]。したがって、『三具足論』と『瑜伽論』の間には、種姓が何らかの結果の前提とされる点に共通性が認められよう。

以上、ヴァスバンドゥは、『三具足論』において、経文にある良家の息子（*kulaputra）という語を、種姓を持つ者（*gotraka）と言い換え、種姓を持つ者の解説を進めていることを確認した。しかし、その内容は、初期瑜伽行派以来の種姓に関する理解に基づいているとは言い難い。いっぽう、別の箇所で、瑜伽行派における種姓に関する理解と類似した解説を加えていることも認められる。

3.『仏随念注』に対する複注釈書

『仏随念広注』（*Buddhānusmṛtiṭīkā*）は、伝アサンガ著『仏随念注』に対する複注釈書であり、チベット語訳のみが現存する[152]。その著者は、チベット語訳の奥書の伝えるところではヴァスバンドゥである。

著者性に関しては、『仏随念注』同様に本研究の基となった学位論文提出（2017 年）以降、堀内［2017: 13］は「世親作とされる」と述べて断言を避けており、伝アサンガ著『仏随念注』と同様に、堀内［2018］［2020］では疑義が呈されるに至っている。以上のような著者をめぐる事情があるが、本研究では、ヴァスバンドゥに帰せられている文献における種姓に関する記述を網羅し、著者問題を今後検討する上で、種姓という観点からの指標を提示することを目的として、以下に『仏随念広注』の記述を取り上げる。

『仏随念広注』における種姓に関する記述は、仏陀側の救済論的問題として、2 箇所に見出せる。特に重要な記述は、伝アサンガ著『仏随念注』と同様、仏陀の十号として列挙する、第 7 の世間を知っておられる者、第 8 の人士による訓練対象にとっての無上なる御者という 2 句に対する注釈である。

『仏随念広注』における2句に対する注釈の中で、種姓に関する記述を中心に挙げると、次の通りである。

資質のある者（*bhavya）たちを教化するから、世尊は「**人士による訓練対象にとっての御者**」と言われる。それでは、資質のない（*abhavya）彼らを如何にして成就させるのか。〔世尊は、〕彼らに対しても、困窮や悪趣の苦から救護なさることにより、享受や善趣など〔の安楽〕に置き定めなさる。

資質のない者は、種姓のない（無種姓）者（*a-gotra/a-gotraka）をいう。〔世尊は、〕資質のある者を、声聞などの〔3種類の〕菩提に、〔三乗の何れかの〕種姓の通りに、置き定めなさる。確定されていない種姓を持つ者（*aniyata-gotra/-gotraka）を、条件の力により、解脱からの退失から翻させ、卓絶したもの（*praṇīta）[153]に置き定めなさるから、「**人士による訓練対象にとっての無上なる御者**」と言われる[154]。

skal ba dang ldan pa rnams ’dul ba’i phyir (P72b1) bcom ldan ’das ni **skyes bu ’dul ba’i kha lo sgyur ba** zhes bya’o // ’o na skal ba med pa de dag ji ltar sgrub par mdzad ce na / de dag la (D58a2) yang dbul ba dang /[1)] ngan ’gro’i sdug bsngal las yongs su (P72b2) skyob pas longs spyod dang / bde ’gro la sogs pa la ’god par mdzad do //

skal ba dang mi ldan pa ni rigs med pa la bya’o // skal ba dang ldan pa ni nyan thos la sogs pa’i byang chub la rigs (P72b3) ji lta ba bzhin du ’god par (D58a3) mdzad do // ma nges pa’i rigs can ni rkyen gyi stobs kyis rab tu grol ba las nyams pa las bzlog ste gya nom pa la ’god par mdzad pas **skyes bu ’dul ba’i kha lo sgyur** (P72b4) **ba bla na med pa** zhes bya’o // [155]

1) om. / P

『仏随念広注』では、世尊による訓練対象となる者の持つ種姓として、無種姓、三乗の種姓、確定されていない種姓という五種姓を数える[156]。『仏随念注』とほぼ共通した解説を加えているが[157]、資質のない者に種姓のない者を割り当てる点、資質のある者を確定された種姓を持つ者と関連付けない点、さらに、種姓のない者が世尊によって悪趣から救護されて善趣に導かれるだけで、菩提に導かれない、つまり教化対象に入れられない点に、『仏随念注』との重大な相違がある。『仏随念広注』における種姓説は、種姓が 5 種あるとは言ってはいないが、『仏随念注』とは異なり、五種姓説の立場を採っていると言えよう。

ヴァスバンドゥによる五種姓説に関連して、『入楞伽経』(*Laṅkāvatārasūtra*)「偈頌品」(Sagāthaka) に次のような偈頌がある。

〔輪廻を〕希求する者 (icchantika, 一闡提) は 5 種であり、同様に種姓は 5〔種〕である。涅槃は、五乗と非乗との 6 種である。

icchantikaṃ pañcavidhaṃ gotrāḥ pañca tathā bhavet /
pañcayānāny ayānaṃ ca nirvāṇaṃ ṣaḍvidhaṃ bhavet // 315 // [158]

同章は『釈軌論』に引用されることから、ヴァスバンドゥ以前の成立と見做されている [159]。当該偈頌の内容にははっきりしない点もあるが、少なくとも種姓が 5 種であることを述べている点が注目されよう。したがって、この偈頌がヴァスバンドゥに影響を与えて、五種姓説の立場を採った可能性もあるだろう。何れにしても、瑜伽行派におけるアサンガからヴァスバンドゥへの系譜の中では、五種姓説の始源をヴァスバンドゥによる教化対象に関する文脈に求められることが確認できたため、瑜伽行派における五種姓説の成立年代は、五種姓説が従来指摘されてきたスティラマティからヴァスバンドゥにまで引き上げられる可能性がある [160]。

また、『仏随念広注』では、『聖仏随念』に説かれる、一切衆生の教主 (*śāstṛ sarvasattvānām)、諸菩薩の父 (*pitṛ bodhisattvānām)、聖人たちの王 (*rājāryapudgalānām)、涅槃の城へ行く者たちの隊主 (*sārthavāha nirvāṇapuragāminām) という 4 句に対する注釈においても、先の注釈で見たような、資質のある者や資質のない者、三乗の種姓に関する理解を示している。この 4 句に対する注釈は、伝アサンガ著『仏随念注』に対応のない、ヴァスバンドゥ独自のものである。少々長くなるが、全文を挙げる。

「**一切衆生の教主、諸菩薩の父、聖人たちの王、涅槃の城へ行く者たちの隊主**」というこの4句により、かの世尊が一切衆生の為すべきことをなさるということを示す。

その中で、「**一切衆生の教主**」というのは、かの世尊は、まさに教示により、差別なく、一切衆生の為すべきことをなさるのである。すなわち、〔世尊は、〕悪趣に生まれた或る者には、光明と如来の身体とを正しく示したことによって心の清らかさを生じさせ、善趣に置き定めなさる。また、善趣に生まれた者たちで、資質のない、先に説明した方法における[161]、〔世尊に対する〕圧倒（*abhibhava）という意向に富んだ（*bhūyas）、或る者たちには、輪廻の善道である布施などに置き定めなさる。また、資質のある、〔世尊に対する浄信と圧倒という〕2種の意向に富んだ者たちで、善根を未だ植え付けられていない者たちには、善根を植え付けなさる。善根を既に植え付けられた者たちについては、善根を成熟させなさる。〔善根が〕既に成熟した者たちについては、種姓の通りに、声聞など〔の乗〕に置き定め、解脱させなさる。以上のように、かの世尊は、悪趣や善趣に生まれた者たちと資質のある者や資質のない者たちとの為すべきことを成就するから、「**一切衆生の教主**」と言われる。

その為すべきことの状態の区別は2種である。〔すなわち、〕既に発趣した者の状態の区別と〔これから〕発趣する者の状態の区別とである。

既に発趣した者の状態の区別も、仏陀が出現することと〔弟子として〕認可されることとに基づき、仏陀と声聞との種姓の区別が2種である。その中で、仏種姓を持つ者に関して、「**諸菩薩の父**」と言う。かの世尊は、自身の徳性の完備について自在を得た諸菩薩に対して、正しく委嘱するから、転輪王が〔三十二〕相を備えた転輪王の子に対して、輪〔宝〕を正しく委嘱する知者たちの父であるのと同様に、彼ら〔諸菩薩〕の父である者と言われる。声聞種姓を持つ者に関して、「**聖人たちの王**」と言う。

かの世尊は、転輪王が〔それ以外の〕普通の子たちの王である者のように、ひたすら御言葉通りに行うことによって証得を得た声聞たちの王の如き者である。

〔これから〕発趣する者の状態の区別は、3つの種姓すべての場合にもあり得るので、それ故、〔3つの種姓の何れかを持つ〕彼に関して、「**涅槃の城へ行く者たちの隊主**」と言う。かの世尊は、涅槃の城に〔これから〕発趣する、解脱の種子が未だ生じていない彼らの種姓の通りに、〔或る〕道から他の道へお導きになるから、「**隊主**」と言われる。

sems can thams cad kyi ston pa / byang (D60b1) **chub sems dpa' rnams kyi yab / 'phags pa'i gang zag rnams kyi rgyal po // mya** (P75b4) **ngan las 'das pa'i grong khyer du 'gro ba rnams kyi ded dpon** zhes bya ba'i tshig 'di bzhis ni bcom ldan 'das de sems can thams cad kyi bya ba gang yin pa mdzad pa de ston te /

de la **sems can thams** (P75b5) **cad kyi** (D60b2) **ston pa** zhes bya ba ni bcom ldan 'das de khyad par med par sems can thams cad kyi bya ba ston pa nyid kyis mdzad pa yin te / 'di ltar ngan song du skyes pa kha cig kyang 'od dang de bzhin gshegs (P75b6) pa'i sku yang dag par bstan pas rab tu dang ba bskyed nas bde 'gro la 'god par mdzad la / bde (D60b3) 'gror skyes pa rnams kyang kha cig skal ba dang mi ldan pa sngar bshad pa'i tshul du zil gyis mnan pa'i (P75b7) bsam pas lhag [1] pa rnams ni 'khor ba'i bde ba'i lam sbyin pa la sogs pa la 'god par mdzad do // skal ba dang ldan pa bsam pa rnam pa gnyis kyis lhag [2] pa rnams kyang dge ba'i rtsa ba ma (D60b4, P75b8) bskyed pa rnams ni dge ba'i rtsa ba skyed [3] par mdzad do // dge ba'i rtsa ba bskyed pa rnams ni dge ba'i rtsa ba yongs su smin par mdzad do // yongs su smin pa rnams ni rigs ji lta ba bzhin du nyan thos (P76a1) la sogs pa la 'god cing yongs su grol bar mdzad de / de ltar na bcom ldan 'das de ni ngan 'gro dang (D60b5) bde 'gror skyes pa rnams dang / skal ba dang ldan pa dang [4] skal ba dang mi ldan pa rnams (P76a2) kyi bya ba bsgrub

pa'i phyir na **sems can thams cad kyi ston pa** zhes bya'o //
bya ba de'i gnas skabs kyi bye brag ni rnam pa gnyis te / zhugs pa'i gnas skabs kyi bye brag dang / 'jug pa'i gnas skabs (D60b6) kyi (P76a3) bye brag go //
zhugs pa'i gnas skabs kyi bye brag kyang sangs rgyas 'byung ba dang nye bar bsgrub[5] par bya ba'i phyir sangs rgyas dang nyan thos kyi rigs kyi bye brag ni rnam pa gnyis so // de la sangs rgyas kyi (P76a4) rigs can gyi dbang du mdzad nas **byang chub sems dpa' rnams kyi yab** ces bya ba smos te / bcom (D60b7) ldan 'das de ni rang gi yon tan phun sum tshogs pa la dbang thob pa'i byang chub sems dpa' rnams la (P76a5) yang dag par gtod pa'i phyir 'khor los sgyur[6] bas[7] 'khor los sgyur[8] ba'i bu mtshan dang ldan pa la 'khor lo yang dag par gtod pa shes pa rnams kyi phar gyur pa dang 'dra ba de dag gi yab tu gyur zhes (P76a6) bya'o // (D61a1) nyan thos kyi rigs can gyi dbang du mdzad nas **'phags pa'i gang zag rnams kyi rgyal po** zhes bya ba smos te / bcom ldan 'das de ni 'khor los sgyur ba'i bu phal pa rnams kyi rgyal por gyur (P76a7) pa bzhin du nyan thos gcig tu bka'[9] bzhin du byed pas rtogs[10] pa thob pa rnams kyi rgyal (D61a2) po lta bur gyur pa yin no //
'jug pa'i gnas skabs kyi bye brag ni rigs gsum car la yang srid pas de'i phyir (P76a8) de'i dbang du mdzad nas **mya ngan las 'das pa'i grong khyer du 'gro ba rnams kyi ded dpon** zhes bya ba smos te / bcom ldan 'das de ni mya ngan las 'das pa'i grong khyer du 'jug pa (D61a3) thar pa'i sa bon ma skyes (P76b1) pa de dag gi rigs ji lta ba bzhin du lam nas lam gzhan du khrid par mdzad pa'i phyir **ded dpon** zhes bya'o //[162]

1) 2) *lhags* P　3) *bskyed* P　4) add. / D　5) *sgrub* P　6) *bsgyur* P　7) *ba* P　8) *bsgyur* P　9) *dka'* D　10) *rtog* D

資質のない者は、先の注釈では種姓のない者であり、悪趣から善趣に生まれたとしても、世尊によって輪廻の善道である布施などの実践に導かれるだけであり、声聞などの種姓のある、資質のある者のように、解脱させられない。種姓の有無を問わず、一切衆生に世尊の手は伸びているが、種姓の有無に応じて、衆生には到達結果に大きな隔たりがあると言える。また、仏種姓か声聞種姓を持つ者や、三乗の何れかの種姓を持つ者に関しては、既に発趣したか、或いはこれから発趣するかで区別している。いっぽう、先の注釈に挙がるような、確定されていない種姓を持つ者への言及はない。

『仏随念広注』所説の五種姓説の中で、種姓のない者は、世尊によって悪趣から救護されて善趣に導かれるだけで、菩提や涅槃に導かれないこと、また、悪趣から善趣に生まれたとしても、輪廻の善道である布施などの実践に導かれるだけで、解脱させられないことは既に確認した。種姓のない者に関しては、他の注釈書においても、ヴァスバンドゥは度々取り上げており、『仏随念広注』所説の種姓のない者を理解する上での手掛かりとなる。まず、『荘厳経論釈』では、『荘厳経論頌』第3章「種姓品」第11偈に対する注釈において、種姓に立脚しない者を規定している[163]。

種姓に立脚しない者の弁別についての偈。

> 或る者は（1）悪い品行にひたすらな者であり、或る者は（2）清らかな性質が根絶された者である。或る者は（3）解脱に関係する（順解脱分）善のない者であり、（4）清らかさが低級な者であり、また、（5）原因を欠いた者である。

こ〔の偈〕では、種姓に立脚しない者が般涅槃し得る性質のない者であると意図される。そして、〔種姓に立脚しない、つまり般涅槃し得る性質のない〕彼は、略説すると2種である。〔すなわち、〕般涅槃し得る性質の一時的にない者と、〔般涅槃し得る性質の〕永久に〔ない者〕とである。般涅槃し得る性質の一時的にない者は4種である。〔すなわち、〕（1）悪い品行にひたすらな者、（2）善根が断たれた者、（3）解脱に関係する（順解脱分）善根のない者、（4）善根が劣った、資糧が円満していない者である。いっぽう、般涅槃し得る性質の永久にない者は、（5）原因を欠いた者である。彼にはまさに般涅槃し得る種姓がない。

agotrasthavibhāge ślokaḥ /

aikāntiko duścarite ’sti kaścit kaścit samudghātitaśukladharmā /

amokṣabhāgīyaśubho ’sti kaścin nihīnaśuklo ’sty api hetuhīnaḥ // III.11 //

aparinirvāṇadharmaka etasminn agotrastho ’bhipretaḥ / sa ca samāsato dvividhaḥ / tatkālāparinirvāṇadharmā atyantaṃ ca / tatkālāparinirvāṇadharmā caturvidhaḥ / duścaritaikāntikaḥ, samucchinnakuśalamūlaḥ, amokṣabhāgīyakuśalamūlaḥ, hīnakuśalamūlaś cāparipūrṇasaṃbhāraḥ / atyantāparinirvāṇadharmā tu hetuhīno yasya parinirvāṇagotram eva nāsti / [164]

種姓に立脚しない者を、般涅槃し得る性質のない者と結び付け、さらに、一時的か永久かという期間に応じて2種に分けている。2種の中で、般涅槃し得る性質の永久にない者は、原因を欠いた者で、この者には般涅槃し得る種姓がないという理解を示している。一時的か永久かという期間に応じた種姓の分類の仕方は、『瑜伽論』「本地分」の『声聞地』「第二瑜伽処」における、瑜伽の喪失（yogabhraṃśa）に関する解説にあり、そこでは、般涅槃し得る性質の一時的にないのは種姓に立脚した者が、永久にないのは種姓に立脚しない者が対応する[165]。これは『荘厳経論釈』の理解と完全に一致するわけではないが、種姓に立脚しない者の永久性という点では共通する。また、種姓に立脚しない者に関しては、『瑜伽論』「摂決択分」の「声聞地決択」において、般涅槃し得る性質の永久にない者であることを決択している[166]。

次に、『摂大乗釈』でもまた、『摂大乗論』第10章「彼果智分」における、涅槃への原因を欠き（rgyu dang mi ldan la）という文言（X.29A）[167]に対して、種姓がないという注解を施している。

もし〔仏陀が〕一切法に対して自在であるならば、なぜ彼は一切衆生を涅槃させないのか。それは偈頌によって示される。そういう原因に基づき、涅槃させることのできない者は、**「障害があり、原因を欠き」**云々である。…「**原因を欠き**」というのは、般涅槃し得る性質のない者（*a-parinirvāṇadharmaka）が、ここでは原因を欠いた者として認められる。

彼にはそういう〔般涅槃し得る〕種姓がないのである。

(P225a6) gal te chos thams cad la dbang sgyur [1)] ba yin na de ci'i phyir sems (D184b7) can thams cad mya ngan las 'das par mi byed ce na / de tshigs su bcad pas ston par byed de / rgyu gang gi (P225a7) phyir mya ngan las bzla bar mi nus pa ni / [2)] **bsgribs shing rgyu dang mi ldan la //** [3)] (4 zhes bya ba [4)] la sogs pa ste / ... **rgyu dang mi ldan la** zhes bya ba (P225b1) ni yong su mya ngan las mi 'da' ba'i chos can ni 'dir rgyu dang mi ldan par 'dod de / gang (D185a2) la de'i rigs med pa'o // [168]

1) *bsgyur* P　2) om. / P　3) om. // P　4) *zhes pa* D

原因を欠くことに対して、『荘厳経論釈』と同様に、原因を欠いた者は、般涅槃し得る性質のない者であり、この者には般涅槃し得る種姓がないという理解を示している。原因を欠いた者に関して、永久性に言及しないが、先の『荘厳経論釈』の (5) 原因を欠いた者と類似した注解を施しており、また、仏陀が涅槃させることのできない者として説くことから、種姓説を仏陀側の救済論的問題として扱っていると言えよう。

さらに、『仏随念広注』における種姓のない者を善趣に導くという行為に着目すると、『瑜伽論』「本地分」の『菩薩地』第6章「成熟品」における成熟対象に関する教説に重要な記述がある。そこでは、菩薩と仏世尊は、三乗の何れかの種姓を持つ者を各乗において成熟させ、種姓のない者に相当する種姓に立脚しない者を善趣に向けて成熟させるが、種姓に立脚しない者の成熟は繰り返し退歩することを述べている [169]。また、第18章「菩薩功徳品」において、種姓に立脚した者のみが教化対象となることを示しているので、種姓に立脚しない者は、成熟対象となり得ても、教化対象となり得ない [170]。したがって、善趣に導くという行為は、教化対象から外れた、般涅槃への到達や菩提の獲得といった救済可能性のない、種姓に立脚しない者を対象としていると理解できる。

以上の諸点から、『仏随念広注』における五種姓説は、仏陀側の救済論的問題として扱われ、また、教化対象から外れて救済可能性の永久にない無種姓を含むと言えよう。

最後に、『仏随念広注』における五種姓説は、救済可能性の永久にない無種姓を含む点で、中国や日本仏教における法相宗の教義として知られる、いわゆる「五姓各別」説との共通性が認められる。以下では、この共通性について考察しよう。「五姓各別」説に関しては、『仏地経』(*Buddhabhūmisūtra*) に対する注釈書である、親光 (*Bandhuprabha) 等著『仏地経論』(**Buddhabhūmyupadeśa*) において、基本となる内容が示されるので、まずはそれを確認しておく[171]。

> ものの本質を通じて、無始の時以来、一切の衆生には5つの種姓がある。第1は声聞種姓、第2は独覚種姓、第3は如来種姓、第4は確定されていない種姓、第5は出世間的な徳性のない種姓である。その他の経典や論書にそれらの特徴を広く説いた通りである。〔5つの種姓を以下に〕区別して設定する。
>
> 前4つの種姓は、期間の設定がないけれども、最終的に般涅槃の機会を得る。諸仏の慈悲と巧みな手立てとに基づいて。
>
> 第5の種姓は、出世間的な徳性の原因がないから、般涅槃の機会を永久に得ない。諸仏は、彼のために手立てを以て神通を示現し、悪趣を離れて善趣に生まれる教えをひたすら説くべきである。彼は教えに依拠して善の原因を勤修し、人趣から非想非非想処までに生を受けたとしても、必ずまた退行して諸々の悪趣に堕ちる。諸仏は手立てを以て再び神通を示現し、教えを説き、教化する。彼は再び善を修して善趣に生を受け、後にまた退堕して諸々の苦悩を経験する。諸仏は手立てを以てさらに再び救護する。以上のように繰り返して未来の際に至っても、彼を永久に般涅槃へ到達させ得ない。
>
> 由法爾故、無始時來、一切有情有五種性。一聲聞種性、二獨覺種性、三如來種性、四不定種性、五無有出世功徳種性。如餘經論廣説其相。分別建立。

前四種性雖無時限、然有畢竟得滅度期。諸佛慈悲巧方便故。
第五種性無有出世功徳因故、畢竟無有得滅度期。諸佛但可爲彼方便示現神通、説離惡趣生善趣法。彼雖依教、勤修善因、得生人趣乃至非想非非想處、必還退下、墮諸惡趣。諸佛方便復爲現通、説法教化。彼復修善、得生善趣、後還退墮、受諸苦惱。諸佛方便復更拔濟。如是展轉窮未來際、不能令其畢竟滅度[172]。

『仏地経論』では、声聞から確定されていないまでの4つの種姓何れかを持つ者は、何時か必ず般涅槃へ到達するが、出世間的な徳性のない種姓を持つ者は、善趣に何度導かれたとしても悪趣に堕ちてしまい、永久に般涅槃へ到達し得ないと解説する。出世間的な徳性のない種姓は、『仏随念広注』所説の種姓のない者について考察してきたように、救済可能性のない無種姓と見做し得るので、『仏地経論』と『仏随念広注』の間には、無種姓に関する理解に共通性が認められる。いっぽう、『入楞伽経』では、五種姓説を明確に示すが[173]、救済可能性のない無種姓を説示しない。無種姓に相当する輪廻を希求する者（icchantika, 一闡提）に関して、以下に教説を取り上げよう。

「さらに、マハーマティよ、その〔5つの種姓の〕中で、〔種姓のない、輪廻を〕希求する者たちが解脱を希求しないことは、何によって起こるのか。すなわち、すべての善根の放棄に基づいてと、衆生のための無始の時以来の誓願に基づいてとである。その中で、すべての善根の放棄とは如何なるものか。すなわち、菩薩蔵（bodhisattvapiṭaka）[174]を投げ捨てることであり、また、「これらは経典と律と解脱に適当ではない」という誹謗をする者はすべての善根を放棄するから、〔そういう者は〕涅槃しない。さらに、マハーマティよ、第2の〔とは如何なるものか。すなわち、〕菩薩大士であり、次のように、〔輪廻的〕生存（衆生）に対する誓願と手立てとを前提とすることに基づき、「一切衆生が般涅槃していないので、私は般涅槃しない」と〔宣言するから〕、したがって、般涅槃しない。マハーマティよ、以上が、般涅槃し得る性質のない者たちにとっての特徴である。それ（特徴）により、〔輪廻を〕希求する者たちの境遇を体得する」。さらにまた、マハーマティが言った。「世尊よ、この中で、何れが永久に般涅槃しないのか」。世尊が仰った。「マハーマティよ、この中で、菩薩にして〔輪廻を〕希求する者は、すべてのものが初めから般涅槃していることを知り、永久に般涅槃しない。いっぽう、すべての善根を放棄している〔輪廻を〕希求する者は〔そうでは〕ない。というのも、マハーマティよ、すべての善根を放棄している〔輪廻を〕希求する者は、また再び、如来の加持に基づき、何時如何なる時でも、諸々の善根を起こす。それはなぜか。すなわち、マハーマティよ、諸如来は一切衆生を見捨てることはないからである。このような理由により、マハーマティよ、菩薩にして〔輪廻を〕希求する者は般涅槃しない」。

[1] tatrecchantikānāṃ punar Mahāmate anicchantikatā mokṣaṃ kena pravartate yaduta sarvakuśalamūlotsargataś ca sattvānādikālapraṇidhānataś ca / tatra sarvakuśalamūlotsargaḥ katamo yaduta bodhisattvapiṭakanikṣepo 'bhyākhyānaṃ [2] ca naite sūtrāntavinayamokṣānukūlā iti bruvataḥ sarvakuśalamūlotsargatvān na nirvāti [3] // dvitīyaḥ punar Mahāmate bodhisattvo mahāsattva evaṃ bhavapraṇidhānopāyapūrvakatvān nāparinirvṛtaiḥ sarvasattvaiḥ parinirvāsyāmīti tato na parinirvāti / etan Mahāmate aparinirvāṇadharmakāṇāṃ lakṣaṇaṃ yenecchantikagatiṃ samadhigacchanti //

punar api Mahāmatir āha / katamo 'tra bhagavann atyantato na parinirvāti / bhagavān āha / bodhisattvecchantiko 'tra Mahāmate ādiparinirvṛtān sarvadharmān viditvā atyantato na parinirvāti / na punaḥ sarvakuśalamūlotsargecchantikaḥ / sarvakuśalamūlotsargecchantiko hi Mahāmate punar api tathāgatādhiṣṭhānāt kadācit karhicit kuśalamūlān vyutthāpayati / tat kasya hetoḥ / yaduta aparityaktā hi Mahāmate tathāgatānāṃ sarvasattvāḥ / ata etasmāt kāraṇān Mahāmate bodhisattvecchantiko na parinirvātīti //

1) add. *punar aparaṃ mahāmate agotraṃ kiṃ yaduta icchantikānām anicchantikatā*

*mokṣam / LAS*T, *punar aparaṃ mahāmate viśeṣagotraṃ kiṃ yaduta icchantikānām anicchantikatā mokṣam / LAS*T2　2) *'bhyākhyānāṃ LAS*N　3) *nirvāyat*i *LAS*N

種姓のない、輪廻を希求する者に関して、すべての善根の放棄および衆生のための無始の時以来の誓願という 2 つの観点から、菩薩蔵を投げ捨てて誹謗をする者と菩薩に分けている。『入楞伽経』において、永久に般涅槃しない者は、衆生のために誓願を立てた菩薩であるから、衆生救済のために般涅槃をしないという意味で、般涅槃し得る性質のない者、つまり種姓のない者であると理解できる。いっぽう、菩薩蔵を投げ捨てて誹謗する、すべての善根を放棄している者は、如来の加持により善根を起こすから、最終的には般涅槃し得る。したがって、『入楞伽経』では、衆生側には救済可能性のない無種姓を説示していないと見做し得るので、『入楞伽経』と『仏随念広注』の間には、無種姓に関する理解に相違が認められる[176]。

以上、ヴァスバンドゥは、『仏随念広注』において、アサンガと同様に、種姓説を仏陀側の救済論的問題として取り上げている。いっぽう、アサンガと異なり、三乗の種姓、確定されていない種姓に、無種姓を加えて五種姓を数えることから、瑜伽行派における五種姓説の成立年代は、従来のスティラマティからヴァスバンドゥまで遡る可能性がある。

五種姓の中で、無種姓に関しては、ヴァスバンドゥによる他の注釈書の記述や『瑜伽論』「本地分」の『菩薩地』の理解に基づけば、救済可能性が永久にないことを意味し、この点において、ヴァスバンドゥによる五種姓説は、『入楞伽経』における五種姓説ではなく、『仏地経論』に基本となる内容が示される、いわゆる「五姓各別」説との共通性が認められる。したがって、種姓説に関する限り、『仏随念広注』には、著者性に疑義を呈するような矛盾点はなく、特に無種姓である種姓のない者に関して、ヴァスバンドゥによる他の注釈書との類似性が認められる。なお、『仏随念広注』がヴァスバンドゥの著作から外れた場合、瑜伽行派における五種姓説の成立年代に関して再考に迫られるが、アサンガが後代の著作で言及しなくなった、救済可能性が永久にない種姓のない者に関して、『摂大乗釈』といった注釈書において、再び焦点をあて、『荘厳経論釈』で議論を展開する点は、ヴァスバンドゥによる種姓説の特徴として指摘できよう。

結

以上、中期瑜伽行派における種姓説として、アサンガとヴァスバンドゥの著作から種姓に関する記述を取り上げ、種姓説を整理、考察した。具体的な内容は各項に譲り、以下に、中期瑜伽行派における種姓説に関する考察結果を提示する。

中期瑜伽行派における種姓説に関しては、アサンガが初期瑜伽行派における種姓説を、さらに、ヴァスバンドゥが先行する瑜伽行派文献における種姓説を受容しながら展開する。アサンガ、ヴァスバンドゥによる種姓説に関して指摘すると、次の通りである。

アサンガは、『顕揚論』の段階で『瑜伽論』の種姓説、『摂大乗論』の段階で『荘厳経論頌』の種姓説を受容し、種姓説を仏陀側の救済論的問題として扱うようになり、修行者自身の種姓の問題については、アーラヤ識説の中での雑染・清浄に関する議論と連動するかたちで、種姓説に代わる新たな理論として、『摂大乗論』において聞熏習種子説を導入している。そして、『仏随念注』において、仏陀側の救済論的問題としてのみ種姓説を展開する。

具体的には、アサンガはまず、『顕揚論』において、すべての雑染の根本であるアーラヤ識であっても、順解脱分と順決択分との諸善根の種子を把持するように、種姓もまたアーラヤ識が保持できると考えられる規定を通じて、種姓説とアーラヤ識説の両立を可能とした上で、『瑜伽論』の新層に属する「摂決択分」よりも、古層に属する「本地分」から特に種姓説を受容し、種姓説に基づく修道体系を構築する。つまり、種姓説に関して、種姓の有無による区別の点から論じ、声聞・独覚・如来ないし菩薩という三乗の種姓の種別を取り上げており、そこでは、種姓説を菩薩側の救済論的問題としてだけではなく、修行者側の修道論的問題としても扱っている。

次に、『摂大乗論』において、自身の文中では種姓に直接触れることはないが、「彼果智分」の諸仏の法身に関する一連の議論において、『荘厳経論頌』

からの引用ないし類同文というかたちで、種姓に言及する。そこでは、『顕揚論』で説くような種姓の有無による区別ではなく、種姓の確定・不確定による区別に関心が移っており、また、仏陀から見た種姓という観点からに限って種姓説を取り上げ、いわゆる仏陀側の救済論的問題としてのみ扱っている。それに伴い、種姓説が関わってきた修行者側の修道論的問題の側面が弱まっている。修行者自身の種姓の問題については、『瑜伽論』「摂決択分」所説の真如所縁縁種子説の問題意識を継承して、「所知依分」の中で、アーラヤ識説の中での雑染・清浄に関する問題を議論し、種姓説に代わる新たな理論として、聞熏習種子説を導入し、その種子に清浄な種子の役割を担わせている。

いっぽう、『解深密釈』において、瑜伽行派における種姓説を受容するが、注釈書という性格上、注釈対象である経文に依拠するところが大きいという制約を課されるため、種姓説に関する独自性を抽出し難い。

最後に、『仏随念注』において、注釈対象に種姓という語がないにも関わらず、訓練対象にとっての御者たる世尊を解説する際に、種姓説を採り入れ、『摂大乗論』と同様に、種姓説を仏陀側の救済論的問題として取り上げている。そこでは、種姓に確定・不確定による区別を適用することで、種姓を三乗の何れかに確定された種姓と確定されていない種姓に分け、何れの種姓にも救済可能性を認めている。

このように、種姓説に関して、種姓の有無による区別から種姓の確定・不確定による区別へと用法を次第に移行し、また、仏陀側の救済論的問題として扱うようになる点に、アサンガによる種姓説の特徴があると言えよう。

ヴァスバンドゥは、『唯識三十頌』などの自身の著作の修道論的文脈において種姓という語を用いていないため、修行者側の修道論的問題として種姓説を扱うことには消極的であったと言える。いっぽう、先行する瑜伽行派文献や大乗経典といった他の文献に対する注解というかたちで、瑜伽行派における種姓説を受容する。そして、『仏随念広注』において、種姓説を仏陀側の救済論的問題として取り上げるだけでなく、五種姓説の立場を採り、他の注釈書を含め、救済可能性が永久にない、種姓のない者に再び焦点をあてて種姓説を展開する。

具体的には、ヴァスバンドゥはまず、先行する瑜伽行派文献における種姓に関連する記述に対して注解を施すかたちで、『荘厳経論釈』『中辺論釈』では初期瑜伽行派の種姓説、『摂大乗釈』ではアサンガの種姓説を受容する。しかし、何れの解説についても、初期瑜伽行派における種姓説の理解の範囲内に基本的に収まるため、独自性を抽出し難い。

次に、大乗経典に対する注釈書において、経文における種姓という語の有無に関わらず、種姓という観点から注解を施す中で、種姓説の受容を窺い知ることができる。すなわち、『十地経論』において、声聞種姓に四向四果の8つ、独覚種姓に向果の2つの計10を数えるといった点以外は、『十地経』の経文を概ね初期瑜伽行派の種姓説に基づいて解説し、『法華経論』において、『法華経』の経文にない仏種姓という用語を注解に加えるかたちで、瑜伽行派における種姓説を受容する。また、『浄土経論』において、二乗の種姓の者と読み得る用語の使用が知られる。さらに、『三具足論』において、経文にある良家の息子という語を、種姓を持つ者と言い換え、種姓を持つ者の解説を進めてゆく。その内容は、初期瑜伽行派以来の種姓に関する理解に基づいているとは言い難いが、別の箇所で、瑜伽行派における種姓に関する理解と共通した解説を加えていることも認められる。

最後に、『仏随念広注』において、アサンガと同様に、種姓説を仏陀側の救済論的問題として取り上げている。しかし、三乗の種姓、確定されていない種姓に、無種姓を加えて五種姓を数え、衆生の中に救済可能性が永久にない、種姓のない者の存在を認めている点に、アサンガとの相違がある。さらに、この点から、瑜伽行派における五種姓説の成立年代は、ヴァスバンドゥまで遡る可能性があり、『仏随念広注』以外の注釈書『荘厳経論釈』『摂大乗釈』を含めた、五種姓説の中の無種姓に関する理解に、いわゆる「五姓各別」

説との共通性が認められる。

　このように、アサンガが『摂大乗論』や『仏随念注』で種姓のない者について扱わないのに対して、ヴァスバンドゥが『摂大乗釈』『仏随念広注』といった注釈書において、救済可能性が永久にない、種姓のない者に再び焦点をあて、『荘厳経論釈』で議論を展開する点に、ヴァスバンドゥによる種姓説の特徴があると言えよう。

注

1 サンスクリット原題に関しては、“Āryadeśanāvikhyāpana” や “Śāsanodbhāvana” などが想定されているが、今日まで確定していない。早島理［1997a: 27］を参照。

2「本事分」（Mūlavastu）中「成就品」（Samanvāgamapariccheda）では、雑染を永久に備え、解脱の原因を永久に備えないことが般涅槃し得る性質のない、〔輪廻を〕希求する者（icchantika, 一闡提）に属することを説く。

　　さらに、雑染を永久に備えることは、般涅槃し得る性質のない、〔輪廻を〕希求する者たちに属すると理解されるべきである。解脱の原因を欠くから、〔解脱の〕原因を永久に備えないことは、この者たちに属する。

　　ātyantikaḥ punaḥ saṃkleśasamanvāgamo ’parinirvāṇadharmakāṇām icchantikānāṃ draṣṭavyaḥ, mokṣahetuvaikalyād ātyantika eṣāṃ hetvasamanvāgamaḥ //

　　（*AS*G 30.12–13, *AS*P 35.18–19; ref. 早島理［2003: 320］）

“icchantika” の語義の変遷に関しては、辛嶋［2006］を参照。

3 中国ではブッダシンハ（Buddhasiṃha, 師子覚／覚師子）、チベットではジナプトラ（Jinaputra, 最勝子）によって著されたと伝えられる、『集論』に対する注釈書『阿毘達磨集論釈』（*Abhidharmasamuccayabhāṣya*, 以下、『集論釈』と略）には、種姓という語を見出せる。なお、中国に伝わる『集論釈』の著者については、“Buddhasiṃha” だけでなく、“Siṃhamati” といったサンスクリットも想定できる。Kano［2017: 196, n.19］参照。

『集論釈』の傾向として、種姓という語は「決択分」（Viniścaya）中「法品」（Dharmapariccheda）と「決択分」中「得品」（Prāptipariccheda）に集中し、また、『集論』所説の語を種姓に言い換える場合、『集論』に対する注釈の中で種姓という語を追加する場合がある。前者の場合は、ものの本質（dharmatā）や原因（hetu）を種姓に言い換え 1）、後者の場合は、意図（abhiprāya）に関する解説の中で、確定されていない種姓を持つ者（aniyatagotra）を一乗説と関連付け 2）、順決択分に関する解説の中でも、確定されていない種姓を持つ者を見出せる 3）。この他に、種姓の表徴（liṅga）に関する解説 4）、鋭敏な機根の種姓（tīkṣṇendriyagotra）という用語 5）などがある。以上のような『集論釈』における種姓説は、概して、『瑜伽論』『荘厳経論頌』の種姓説から逸脱していない。

1）以下の注では、『集論釈』の注釈対象となる『集論』の文言の箇所も併せて記す。

*AS*G 35.1–4, *AS*P 83.14–18, ref. 早島理［2003: 640］,（Jpn. trans.）舟橋［1995: 38］; *ASBh*T 103.3–7, ref. 早島理［2003: 645］,（Jpn. trans.）舟橋［1995: 39–40］; *ASBh*T 106.5–7, ref. 早島理［2003: 661］.

*AS*G 35.5–6, *AS*P 83.20–84.1, ref. 早島理［2003: 686］,（Jpn. trans.）藤田祥道［2008: 6］; *ASBh*T 112.10–13, ref. 早島理［2003: 687］,（Jpn. trans.）藤田祥道［2008: 6］.

*AS*P 87.3–6, ref. 早島理［2003: 718］; *ASBh*T 117.24–26, ref. 早島理［2003: 719］.

2) *AS*G 35.21–22, *AS*P 84.20–21 ref. 早島理［2003: 698］; *ASBh*T 115.6–11, ref. 早島理［2003: 699］.

3) *AS*G 36.3, *AS*P 88.7–11, ref. 早島理［2003: 722］; *ASBh*T 118.20–119.2, ref. 早島理［2003: 727］.

4) *AS*G 35.1–4, *AS*P 83.14–18, ref. 早島理［2003: 640］,（Jpn. trans.）舟橋［1995: 38］; *ASBh*T 110.1–3, ref. 早島理［2003: 679］.

5) *AS*P 102.13–15, ref. 早島理［2003: 854］; *ASBh*T 140.1–5, ref. 早島理［2003: 855］.

『顕揚論』の章構成や各章の概要に関しては、早島・毛利［1990: 68–79］、早島理［1997a: 30–33］［1997b］［2005: 828–827］を参照。

4『顕揚論』の帰敬偈（巻 1, T［31］480b12–19）に関しては、勝呂［1989: 94–96; 98–102］、早島・毛利［1990: 51–52］、早島理［1997a: 23–24］［2005: 828–827］を参照。

5『顕揚論』の造論の目的に関わる帰敬第 2、3 偈（巻 1, T［31］480b14–17））について、早島理［2005: 4］は、次のように理解して和訳を漢訳と共に提示している。

昔、私無著は、彼の弥勒菩薩から瑜伽行者の修行階梯〔を説いた『瑜伽師地論』〕を聞き学んだ。今、聞き学んだ瑜伽行者の修行階梯についてその真髄を取り集めて織り交ぜて提示することにより、仏陀の説かれた聖教を顕揚するのである。

稽首次敬大慈尊……宣説瑜伽師地者……昔我無著從彼聞　今當錯綜地中要　顯揚聖教

このような帰敬偈を承けて、勝呂［1989: 125–143］は、『瑜伽論』と『顕揚論』の教説の異同について考察している。

6 早島・毛利［1990: 68–79］を参照。

7『顕揚論』第 7 章「成無性品」の異本として、真諦訳『三無性論』（T［31］（1617）, 2 巻）がある。『三無性論』に関しては、勝呂［1989: 126–129］を参照。

8『顕揚論』の著者問題に関しては、早島理［1997a: 26–27］を参照。

9 巻 17, T［31］567a17–b4.

Cf. *VinSg*: kun nas nyon mongs pa ldog pa rnam par gzhag pa gang zhe na kun gzhi rnam par shes pa ni / mdor na kun nas nyon mongs pa thams cad kyi rtsa ba yin no // ’di ltar ... de ltar na sems can gyi ’jig rten ’grub par byed pa dang / snod kyi ’jig rten ’grub par byed pa dang / sdug bsngal gyi bden pa’i rang bzhin yin pa dang / ma ’ongs pa’i sdug bsngal gyi bden pa ’grub par byed pa dang / de ltar gyi kun ’byung ba’i bden pa ’grub par byed pas kyang kun gzhi rnam par shes pa ni kun nas nyon mongs pa thams cad kyi rtsa ba yin par blta bar bya’o // kun gzhi rnam par shes pa thar pa’i cha dang mthun pa dang / nges par ’byed pa’i cha dang mthun pa’i dge ba’i rtsa ba rnams kyi sa bon yongs su ’dzin pa gang yin pa de ni kun ’byung ba’i bden pa’i rgyu ma yin te /（本研究［p.114; p.196, n.208］を参照）

云何建立阿賴耶識雜染還滅相。謂略說阿賴耶識是一切雜染根本。所以者何。... 如是能生有情世間故、能生器世間故、是苦諦體故、能生未來苦諦故、能生現在集諦故、當知阿頼耶識是一切雜染根本。復次、阿頼耶識所攝持順解脱分及順決擇分等善法種子、此非集諦因。（巻 51, T［30］（1579）581a25–b11）

10 9 つの主要事項とは、「摂事品」第 1 偈（巻 1, T［31］480b20–21）に列挙する、(1) 一切、(2) 界、(3) 雑染、(4) 諦、(5) 依止、(6) 覚分、(7) 補特伽羅、(8) 果、(9) 諸功徳のことである。

11『顕揚論』の偈頌番号については、早島・毛利［1990］に基づく。

12 巻 3, T［31］492c14–493a15.

9 つの主要事項のひとつである「覚分事」の中の「諸無量作意」において、5 つの無量なる作意のひとつとして、教化対象の無量なる作意を説示し、教化対象の種姓を思惟することを述べる。本研究［pp.220–221］を参照。『瑜伽論』では、「本地分」第 10 地「聞所成地」（*Śrutamayī bhūmi*, *ŚruBh*-1）において、『顕揚論』と同様の項目を 5 つの無量なる想念（無量想 , *aprameyasaṃjñā）として列挙するが（D 162b1–2, P 185b1–3; 巻 13, T［30］345c7–9）、個別的に解説していない。教化対象に種姓が関わることから、『菩薩地』第 18 章「菩薩功徳品」（*BBh* XVIII-1）の 5 つの無量に関する教説に対応が認められる。本研究［pp.93–94］を参照。この他に、教化対象の種姓の種類から考えると、三乗の種姓のひとつに如来種姓を挙げて品行と並列する、『菩薩地』第 28 章「建立品」（*BBh* XXVIII）の種種界智力の教説に対応が認められる。本研究［p.180, n.121］を参照。なお、如来種姓という語は、『瑜伽論』において、「本地分」の「有尋有伺等三地」、『菩薩地』の「摂事品」「建立品」、「摂決択分」に限って使用される。

13 巻 7, T［31］516b17–20.

聖教の意味内容を集成するための 4 つの特徴（四相）のひとつである「清浄相」の中の「菩提」において、5 種の点から三乗の菩提を区別している。種姓の点からは、声聞菩提は鈍重な機根の種姓に、独覚菩提は中位な機根の種姓に、無上正等菩提は鋭敏な機根の種姓に依拠すると説く。本研究［p.221］を参照。『瑜伽論』には、5 種の点から菩提を区別する教説はないが、『菩薩地』第 1 章「種姓品」（*BBh* I-1）では、三乗の種姓を、機根の点や菩提という結果の点から区別している。本研究［pp.82–83］を参照。したがって、『菩薩地』の教説を承け、『顕揚論』では、菩提を種姓の点から区別したと考えることができよう。

14 聖教の意味内容を集成するための 4 つの特徴（四相）のひとつである「弁教相」の中の「無上乗」において、5 種の段階から無上乗、すなわち大乗を区別している。

無上乗の多様な種とは、5 種の大乗のことであり、(1) 種子 (bīja)、(2) 入門 (avatāra)、(3) 順序（*anukrama）、(4) 修行（*pratipatti）、(5) 修行の結果（*pratipattiphala）である。その順序は、『菩薩地』(*Bodhisattvabhūmi*) の中の「種姓品」(Gotrapaṭala)「発心品」(Cittotpādapaṭala)「住品」(Vihārapaṭala)「その他の品」「大菩提・建立の二品」(Bodhipaṭala, Pratiṣṭhāpaṭala) に収められた通りに知られるべきである。

無上乗多種者、謂五種大乗、一種子、二趣入、三次第、四正行、五正行果。如其次第、菩薩地中種性品・發心品・住品・餘諸品・大菩提・建立二品所攝應知。

（巻8, T［31］516c26–517a3）

『瑜伽論』では、「聞所成地」（*ŚruBh*-2）において、『顕揚論』と同様に5種の大乗を列挙するが（D 162a7, P 185a8; 巻13, T［30］345c4–6）、個別的に解説しない。『顕揚論』では、大乗の最初の段階に置く種子を、『菩薩地』第1章「種姓品」（*BBh* I）と対応させ、他の段階も同様に『菩薩地』の他の章と対応させる。『瑜伽論』以来、種子は種姓の同義異語であることから、『顕揚論』の理解は妥当であるが、独自性に乏しい。当該教説に関しては、勝呂［1989: 136］でも考察される。

15 聖教の意味内容を集成するための4つの特徴(四相)のひとつである「弁教相」の中の「功徳」として挙げる「諸菩薩受記」において、6種の様相別に、菩薩の受記を列挙している。

諸菩薩の受記とは、(1 諸菩薩が6種の位において、諸如来の、無上正等菩提の授記を身に受けることである 1)。〔すなわち、〕(2（1）種姓の位にある、未だ菩提心を起こしていない〔位〕、（2）既に菩提心を起こした〔位〕.... 2)

1) Cf. *BBh* XVIII: ṣaḍbhir ākāraiḥ samāsatas tathāgatā bodhisattvam anuttarāyāṃ samyaksaṃbodhau vyākurvanti /（本研究［p.170, n.95］を参照）
謂諸菩薩略由六相蒙諸如來於其無上正等菩提授與記別。（巻46, T［30］546c28–29）

2) Cf. *BBh* XVIII: gotrastham anutpāditacittam, tathotpāditacittam, ... vyākurvanti（本研究［p.170, n.95］を参照）
一者安住種性未發心位、二者已發心位、... 與授記。（巻46, T［30］546c29–547a4）

諸菩薩受記者、謂諸菩薩於六種位蒙諸如來授無上正等菩提記。一於種性位未發菩提心、二已發菩提心 ....

（巻8, T［31］519a1–3）

『瑜伽論』では、『菩薩地』第18章「菩薩功徳品」（*BBh* XVIII-2）に、同様の内容が認められる。本研究［p.170, n.95］を参照。

16 聖教の意味内容を集成するための4つの特徴(四相)のひとつである「弁教相」の中の「功徳」として挙げる「墮於決定数」において、菩薩にとっての3種の確定の数へ投じることを述べている。

確定の数へ投じることとは、(1 諸菩薩には3種の確定の位へ投じることがあることである 1) 。〔すなわち、〕(2（1）種姓に関する確定へ投じること ... である 2)。(3 種姓に関する確定へ投じることとは、諸菩薩が種姓の位に立脚して、そのまま菩薩の確定の数へ投じることである。それはなぜか。諸菩薩は、種姓を完備し、主要な条件を得れば、確実に無上正等菩提をさとる資質があるからである 3) 。....

1) Cf. *BBh* XVIII:（Skt.）traya ime bodhisattvasya niyatipātāḥ /（本研究［p.170, n.95］を参照）,（Ch.）又諸菩薩略有三種墮於決定。（巻46, T［30］547a5）.

2) Cf. *BBh* XVIII:（Skt.）—,（Ch.）一者安住種性墮於決定。（巻 46, T［30］547a5–6）.

3) Cf. *BBh* XVIII:（Skt.）gotrastha eva bodhisattvo niyatipatita ity ucyate / tat kasya hetoḥ / bhavyo 'sau pratyayān āsādya niyatam anuttarāṃ samyaksaṃbodhim abhisaṃboddhum /（本研究［p.170, n.95］を参照）,（Ch.）安住種性墮決定者、謂諸菩薩住種性位、便名爲墮決定菩薩。何以故。由此菩薩若遇勝縁、必定堪任證於無上正等覺故。（巻 46, T［30］547a7–10）.

墮於決定數者、謂諸菩薩有三種墮決定位。一種性墮決定 ....。種性墮決定者、謂諸菩薩住種性位、便墮菩薩決定之數。何以故。由諸菩薩成就種性、若遇勝縁、必定堪任證阿耨多羅三藐三菩提故。....

（巻 8, T［31］519a6–12）

『瑜伽論』では、『菩薩地』第 18 章「菩薩功徳品」（*BBh* XVIII-3）に、同様の内容が認められる。本研究［p.170, n.95］を参照。

17 聖教の意味内容を集成するための 4 つの特徴(四相)のひとつである「弁教相」の中の「功徳」として挙げる「最勝法」において、菩薩にとって主要なものである 10 種のものを列挙している。

(1 主要なものとは、諸菩薩が 10 種について主要なものと同意して、最上のものとして保持して確立すべきものである。10 とは如何なるものか。(1) 菩薩種姓であり、諸々の種姓の中で最も殊勝である 1)。....

1) Cf. *BBh* XVIII: daśeme dharmā bodhisattvānāṃ pradhānasaṃmatā yān bodhisattvā agrato dhārayanty agryaprajñaptiṣu ca prajñapayanti / katame daśa / bodhisattvagotraṃ sarvagotrāṇāṃ pradhānam /（本研究［p.171, n.95］を参照）

又諸菩薩有十種法。一切菩薩許爲最勝特爲第一、建立在於最上法中。何等爲十。一者菩薩種性、諸種性中最爲殊勝。（巻 46, T［30］547a29–b2）

最勝法者、謂諸菩薩於十種同意最勝法、應受持應建立以為最上。云何為十。一菩薩種性、於諸種性最為殊勝。....

（巻 8, T［31］519a27–29）

『瑜伽論』では、『菩薩地』第 18 章「菩薩功徳品」（*BBh* XVIII-4）に、同様の内容が認められる。本研究［pp.170–171, n.95］を参照。

18 巻 8, T［31］520b18–21.

聖教の意味内容を集成するための 4 つの特徴(四相)のひとつである「弁教相」の中の「功徳」として挙げる「諸無量」において、衆生の要素と教化対象の要素の差異を、種姓の有無という観点から述べている。本研究［p.220］を参照。『瑜伽論』では、『菩薩地』第 18 章「菩薩功徳品」（*BBh* XVIII-1）に、同様の内容が認められる。本研究［pp.93–94］を参照。

19 聖教の意味内容を集成するための 4 つの特徴(四相)のひとつである「弁教相」の中の「功徳」として挙げる「菩薩十応知」において、10 種の菩薩を列挙している。

(1 諸菩薩は、概略して10種あると知られるべきである。〔すなわち、〕(1) 種姓に立脚した〔菩薩〕、(2) 入門した〔菩薩〕1) ...。(2 その〔10種の菩薩の〕中で、(1) 種姓に立脚した菩薩が、手立てを以て修学して菩提心を起こせば、(2) 入門した〔菩薩〕と言われる 2) 。... (3 以上のように、種姓への立脚から無上正等菩提に至るまでは、先に説かれた通りである 3)。

1) Cf. *BBh* XVIII: te samāsato daśavidhā veditavyāḥ / gotrasthaḥ, avatīrṇaḥ,（本研究［p.171, n.95］を参照）

當知菩薩略有十種。一住種性、二已趣入（巻46, T［30］549a8–9）

2) Cf. *BBh* XVIII: tatra gotrastho bodhisattvaḥ śikṣamāṇaś cittam utpādayati / so 'vatīrṇa ity ucyate /（本研究［p.171, n.95］を参照）

此中即住種性菩薩發心修學、名已趣入。（巻46, T［30］549a12–13）

3) Cf. *BBh* XVIII: ta ete gotram upādāya yāvad anuttarāyāḥ samyaksaṃbodher daśa bodhisattvā nirdiṣṭāḥ /（本研究［p.171, n.95］を参照）

如是如説從初種性廣説乃至能證無上正等菩提十種菩薩。（巻46, T［30］549a20–22）

諸菩薩略有十種應知。一安住種性、二趣入 ...。此中安住種性菩薩若方便修學發菩提心、即名趣入。... 如是從住種性乃至無上正等菩提、如前所説。

（巻8, T［31］521a5–18）

『瑜伽論』では、『菩薩地』第18章「菩薩功徳品」(*BBh* XVIII-5) に、同様の内容が認められる。本研究［p.171, n.95］を参照。

20「成善巧品」の7種に関する熟達（七種善巧）の中の「無因身」において、根源要素の同義異語として種姓を挙げている。

根源要素（dhātu）は、潜勢力（śakti）、種子（bīja）、種姓（gotra）、原因（hetu）などを同義異語の名称とするからである。

界者功能種子族姓因等名差別故。

（巻14, T［31］545a18–19）

『瑜伽論』には同義異語の一致する教説を見出せないが、『声聞地』「第三瑜伽処」(*ŚrBh* III) や「摂決択分」の「五識身相応地意地決択」(*VinSg*-1) では、根源要素の言い換えや同義異語として種姓を挙げる。本研究［p.158, n.31; p.175, n.109］を参照。

21 巻18, T［31］570b9–11.

「摂事品」の9つの主要事項の (1) 一切と対応する「一切事」の中の心から心不相応行法までの有為法の原因に関する決択において、「相」を取り上げ、そこでは、三乗の種姓が先立って最終的に涅槃を得ることを示している。本研究［p.221］を参照。『瑜伽論』では、「本地分」第3–5地「有尋有伺等三地」(*SavBh*) に、同様の内容が認められる。本研究［p.162, n.51］を参照。

22「摂事品」の9つの主要事項の (7) 補特伽羅と対応する「補特伽羅」に関する決択に

において、「仮設」という観点を取り上げ、仮に設定（仮設）された人（補特伽羅）を5種の原因によって挙げている。

また、〔仮に〕設定された人が5種の原因によって知られるべきである。(1) 種姓によるとは、治療され得る者（*sādhya）と治療され得ない者（*asādhya）である。....
又假設補特伽羅應知由五種因。一由種性故、謂可救不可救。....
（巻20, T［31］578b18–19）

『瑜伽論』には直接対応する教説がないが、「摂釈分」に次のような記述がある。

さらにまた、機根などの区別により、人は27種と知られるべきである。... 治療され得ると治療され得ないとの区別により、〔順次、〕般涅槃し得る性質のある者（parinirvāṇadharmaka）と般涅槃し得る性質のない者（a-parinirvāṇadharmaka）である。
de yang dbang po la sogs pa'i dbye bas gang zag rnam pa nyi shu rtsa bdun du rig par bya ste / ... bsgrub tu rung ba dang bsgrub tu mi rung ba'i dbye bas ni yongs su mya ngan las 'da' ba'i chos dang / yongs su mya (D50a2) ngan las mi 'da' ba'i chos can no //
（D 49b7–50a2, P 58b7–59a1; 巻81, T［30］750c22–29）

『瑜伽論』における種姓説の理解では、般涅槃し得る性質のある者とない者はそれぞれ、種姓に立脚した者としない者に対応するため、『顕揚論』との関連が認められる。

23 巻20, T［31］581a2–b4.
「摂事品」の9つの主要事項の（9）諸功徳と対応する「功徳事」の中の大乗に関する決択において、「種性」を取り上げ、5種の道理の点から、種姓に区別があり、般涅槃し得る種姓の永久にない衆生が存在することを決択する。本研究［p.222］を参照。『瑜伽論』では、「摂決択分」の「声聞地決択」（*VinSg*-2）において、いわゆる五難六答を通じて、種姓に立脚しない者は般涅槃し得る性質の永久にない者であることを決択する。本研究［p.102］を参照。したがって、『顕揚論』では、『瑜伽論』の教説に対して、要約的に改変が加えていると見做せよう。

24 巻8, T［31］520b18–21.
Cf. *BBh* XVIII: tatra sattvadhātuvineyadhātvoḥ kiṃ nānākaraṇam / sattvadhātur aviśeṣeṇa sarvasattvā gotrasthāś cāgotrasthāś ca / ye punar gotrasthā eva tāsu tāsv avasthāsu vartante, sa vineyadhātur ity ucyate /（本研究［pp.93–94］を参照）
問。有情界無量・所調伏界無量、有何差別。答。一切有情、若住種性不住種性、無有差別、總名有情界無量。唯住種性、彼彼位轉、乃得名爲所調伏界無量。（巻46, T［30］548b14–18）

25「乃至」によって以下の文言が省略されていると考えられる。

増上なる教えに基づく行を通じて微妙なる作意をよく浄化すべきであり
以増上法行 (1 所善修治 1) 微妙作意

1)「所（動詞）」には、『瑜伽論』との並行箇所において、動詞的形容詞（Gerundive）としての用法がある。Choi［2002: 198］を参照。ただし、『顕揚論』には、「増上法行善修治」(巻3, T[31]491b7; 493b12など) という文言が散見されるので、当該箇所もまた、「所」にそういった用法を読み込まずに理解できる可能性もある。

(巻3, T［31］492c16–17)

26 巻3, T［31］492c14–493a15.

27「及與」には、『瑜伽論』との並行箇所において、並列複合語（Dvandva）としての用法がある。CHOI［2002: 162］を参照。

28 巻18, T［31］570b9–11.

Cf. *SavBh*: kiṃpūrvā kiṃ pratiṣṭhāya kiṃ saṅgamya kasya dharmasya prāptir bhavati / śrāvakapratyekabuddhatathāgatagotrapūrvādhyātmāṅgabalaṃ pratiṣṭhāya bāhyāṅgabalaṃ saṅgamya kleśavisaṃyogasya nirvāṇasya prāptir bhavati //（本研究［p.162, n.51］を参照）

問。以誰爲先、誰爲建立、誰和合故、得何法耶。答。聲聞獨覺如來種性爲先、内分力爲建立、外分力爲和合故、證得煩惱離繫涅槃。(巻5, T［30］301a11–14)

29 巻7, T［31］516b17–20.

30 巻20, T［31］581a2–b4.

31 巻20, T［31］581b14–19; 581b20–25.

『荘厳経論頌』の教説に関しては、本研究［pp.201–202, n.243; p.127］を参照。

32『摂大乗論』の内容の概観に関しては、長尾［1982: 14–28］［1987: 461–484］、勝呂・下川邊［2007: 49–70］を参照。

33 笈多共行矩等訳『摂大乗論釈論』(T［31］(1596), 10巻) は、ヴァスバンドゥによる注釈を含むが、従来の研究では、ここから『摂大乗論』の本文を抽出している。佐々木月樵［1977］を参照。

34『摂大乗論』のテキスト事情に関しては、長尾［1982: 48–53］、勝呂・下川邊［2007: 33–49］を参照。

35 佐久間［2023: 285］は、真諦訳を除く漢訳『摂大乗論』について漢訳の古い順から少しずつ改変が加えられているとの見解を、ひとつの可能性として提示するが、その原型となる文献があったとして、それには一人の人物、すなわちアサンガが大きく関わった可能性が極めて高いことを指摘する。この見解については、佐久間［2023: 339, n.12］の指摘するように、文献研究を通じて今後検討すべきであるが、本研究では、従来の諸研究と同様に、チベット語訳『摂大乗論』をアサンガの著作と見做して論を進める。

36 SCHMITHAUSEN［1987: §4.8.5, 79–80］、山部［1990］、吉村［2013b: 427–488］を参照。真如所縁縁種子説に関しては、本研究［pp.115–117］を参照。

37 *MSg* I.45: *MSg*$_{N1}$ 44.28–45.6, *MSg*$_{L}$ 19.1–8; ref. (Fre. trans.) LAMOTTE［1938: II, 65–66］, (Jpn. trans.) 長尾［1982: 219］, 小谷［2001: 140–141］.

38 この譬喩に関しては、次のような説明を付け加えている。

また、如何にしてアーラヤ識とアーラヤ識でないもの（聞熏習）は、水と乳の様に、共に在り、〔アーラヤ識が〕すっかり無くなってしまうのか。ハンサ鳥が水から乳を〔選り分けて〕飲むように。また、世間的な欲望から解放されたとき、非三昧（asamāhitā）の階位の潜在印象が減り、三昧（samāhitā）の階位の潜在印象が増えて、転依するように。

yang ji ltar na kun gzhi rnam par shes pa dang / kun gzhi rnam par shes pa ma yin pa chud dang 'o ma bzhin du lhan cig gnas pa rnam pa thams cad du 'grib par 'gyur zhe na / ngang pas chu las 'o ma 'thungs pa lta bu dang / 'jig rten pa'i 'dod chags dang bral ba na / mnyam par bzhag pa ma yin pa'i sa'i bag chags 'grib ste / mnyam par bzhag pa'i sa'i bag chags 'phel nas gnas gyur pa bzhin no //

（*MSg* I.49: *MSg*N1 48.1–9, *MSg*L 20.15–11; ref.（Fre. trans.）LAMOTTE［1938: II, 70］,（Jpn. trans.）長尾［1982: 230–231］, 小谷［2001: 144］）

39 *MSg* I.46: *MSg*N1 45.15–26, *MSg*L 19.9–18; ref.（Fre. trans.）LAMOTTE［1938: II, 66–67］,（Jpn. trans.）長尾［1982: 222–223］, 小谷［2001: 142］.

40 法身に関する一連の議論は、第 10 章の大半を占め、10 の意味から構成される。10 の意味とは、特徴（*lakṣaṇa, mtshan nyid）、獲得（*prāpti/lābha, 'thob pa）、自在性（*vaibhutva, dbang）、拠り所（*āśraya, gnas）、総括（*saṃgraha, yongs bsdus）、区別（*bheda/bhinnatva, dbye）、徳性（*guṇa, yon tan）、甚深（*gāmbhīrya, zab pa）、憶念（*smṛti, dran）、はたらき（*karman, 'phrin las）である。『摂大乗論』における法身に関しては、袴谷［1984b］を参照。

41『荘厳経論頌』からの引用に関しては、宇井［1935: 88–111］、LAMOTTE［1938: II, 1*–64*］、勝呂［1989: 398–530］などの諸先学によって指摘される。

42 個体連続（saṃtāna, 相続）を衆生的な存在と理解することに関しては、長尾［1987: 11, n.1; 163, n.6; 329, n.1］を参照。

43『荘厳経論頌』の偈頌（IX.77）に関しては、本研究［pp.201–202, n.243］を参照。

44 *MSg* X.3C: *MSg*N2 106.9–23, *MSg*G 287.1–3, 287.14–18, *MSg*L 84.36–85.11; ref.（Fre. trans.）LAMOTTE［1938: II, 271–273］,（Jpn. trans.）長尾［1987: 325–327］,（Eng. trans.）GRIFFITHS et al.［1989: 49–50］.

45 長尾［1987: 434–436; 442–448］を参照。

46 この場合の法界が法身、さらに仏陀たること（*buddhatva）を意味することに関しては、袴谷［1984b: 73, n.34］を参照。嶋本［2019］によると、『荘厳経論頌』の諸注釈では、"buddhatva" を成仏への原因と同義として使用し得る用例を確認できる一方、『摂大乗論』の注釈では、仏果としての "buddhatva" が強調されているという。

47 *MSg* X.31: *MSg*N2 121.5–30, *MSg*G 360.5–6, 360.11–13, 361.1–2, 361.8–10, 361.14–15, 362.1–3, 362.9–14, *MSg*L 95.10–32; ref.（Fre. trans.）LAMOTTE［1938: II, 323–325］,（Jpn. trans.）長尾［1987: 422–424］,（Eng. trans.）GRIFFITHS et al.［1989: 56］.

48 *MSA*Na 36.22–23, *MSA*N1 193.14–15, *MSA*F1 26.18–19, *MSA*L 34.24–25; ref.（Eng. trans.）THURMAN［2004: 75］,（Jpn. trans.）長尾［2007a: 193］, 内藤［2009a: 37］.

49 *MSA*Na 385–6, *MSA*N1 193.21–22, *MSA*F1 26.26–27, *MSA*L 35.4–5.

50『荘厳経論頌』の偈頌（XI.54, 53）に関しては、本研究［p.127］を参照。

51 *MSg* X.32: *MSg*N2 122.2–14, *MSg*G 363.26–364.6, *MSg*L 95.33–96.10; ref.（Fre. trans.）LAMOTTE［1938: II, 325–328］,（Jpn. trans.）長尾［1987: 428–429］,（Eng. trans.）GRIFFITHS et al.［1989: 56–57］.

52 これについては、長尾［1987: 429–433］、勝呂［1989: 457–468; 511–514］による指摘がある。

53 西尾［1940: II, 33–82］を参照。ただし、結論では西尾［1940: II, 78–79］自身も、『解深密釈』をアサンガの著作と認めている。DELHEY［2013: 537, n.194］もまた、従来の研究成果に基づき、ツォンカパの記述からアサンガの著者性に疑義を呈することもあったが、その後の研究（POWERS［1992: 13ff.］）で、アサンガが著者であることを否定する説得力のある理由はないという結論に達していることを紹介する。

54 勝呂［1989: 294］、藤田祥道［2007: 13, n.23］、DELHEY［2013: 537］を参照。

55『解深密経』における 2 種声聞説に関しては、『瑜伽論』「摂決択分」の「菩薩地決択」に引かれる。『瑜伽論』の用例については、本研究［pp.105–108］を参照。『解深密経』のチベット語訳校訂本と翻訳については、次の通りである。*SN* VII.18: *SN*L 75.14–18; ref.（Fre. trans.）LAMOTTE［1935: 199］,（Jpn. trans.）伊藤秀憲［1974: 6］, 袴谷［1994: 173］, 藤田祥道［2007: 12］.

56『解深密釈』では、成就の区別は、教説（*deśanā, bstan pa）、種姓（gotra）、条件（pratyaya）という 3 種を基盤とするものであることを示している。

57 D 7b5–6, P 9a5–6; ref.（Jpn. trans.）西尾［1941: 91–92］,（Eng. trans.）POWERS［1992: 41］.

58 *SN* VII.18: *SN*L 75.14–18; ref.（Fre. trans.）LAMOTTE［1935: 199］,（Jpn. trans.）伊藤秀憲［1974: 6］, 袴谷［1994: 173］, 藤田祥道［2007: 12］,（Eng. trans.）POWERS［1995: 115］.

59 D 7b6–7, P 9a6–8; ref.（Jpn. trans.）西尾［1941: 92］,（Eng. trans.）POWERS［1992: 41］.

60 これについては、藤田祥道［2007: 13, n.23］による指摘がある。

61 具体的な内容に関しては、本研究［p.78; p.81; p.91］を参照。

62 西尾［1941: 92］および袴谷［1994: 176ff.］を参照。

63 以下の内容は、拙稿［2016a］［2016b］を基に、本研究の趣旨に合うよう大幅に加筆修正を行ったものである。

64『仏随念注』に関して、中御門［2010］は、ヴァスバンドゥ著『釈軌論』（*Vyākhyāyukti*）やサンスクリット原典の現存する、ヴィーリヤシュリーダッタ（Vīryaśrīdatta, ca. late 8th century）著『決定義経注』（*Arthaviniścayasūtranibandhana*）に対応した記述があることを指摘する。堀内［2017］は、チベット語訳『仏随念注』の読解の方法論を提示する中で、関連文献として、上記の論書にハリバドラ（Haribhadra）著『現観荘厳光明』（*Abhisamayālaṃkārāloka*）を加え、特に関連文献との比較の点で『決定義経注』を基準として重視する。同研究はまた、ヴァスバンドゥの著作と伝えられる複注釈書『仏随念広注』(*Buddhānusmṛtiṭīkā*) を含めた、仏随念関連の翻訳研究を準備していることを述べ、実際に堀内［2018］［2020］を発表している。本研究でも、堀内［2017］に倣い、『仏随念注』、さらに『仏随念広注』の翻訳の際に、『決定義経注』の対応箇所を提示する。なお、SAMTANI［1971］による『決定義経注』の梵文校訂テキストについては、HORIUCHI［2021］によって再校訂の必要性が指摘されているが、本研究では、便宜上、既刊校訂本のテキストを挙げる。

65 ここに示した複合語理解は、『仏随念注』や『仏随念広注』に類似した文言の認められる、『決定義経注』における以下の解説に基づく。

> 世尊は人士によって訓練されるべき者（人士による訓練対象）たち〔すなわち、〕訓練に値する、或いは訓練し得る彼らを教化する。
>
> bhagavān ye puruṣadamyā damanārhā damayituṃ vā śakyās tān vinayati
>
> （*AVSN*s 245.8; ref.（Jpn. trans.）本庄［1989: 127］）

こうした解説を踏まえ、本庄［1989: 128］は、「無上の調御丈夫（男子によって訓練されるべきものたちの御者）」という理解を示す。『仏随念注』や『仏随念広注』の対応箇所については、中御門［2008: 122］［2010: 77］を参照。

66『聖仏随念』に列挙される仏陀の十号とは、(1) 世尊（bhagavat）、(2) 如来（tathāgata）、(3) 応供（arhat）、(4) 正等覚者（samyaksaṃbuddha）、(5) 明行足（vidyācaraṇasaṃpanna）、(6) 善逝（sugata）、(7) 世間解（lokavid）、(8) 無上調御丈夫（*anuttara puruṣadamyasārathi）、(9) 天人師（*śāstṛ devamanuṣyāṇāṃ）、(10) 仏世尊（*buddha bhagavat）である。

67 中御門［2010: 77］は、“mchog” を「最高のもの〔である涅槃〕」と補って理解する。この理解は、当該箇所の直前の「最高の目的である涅槃」(don gyi mchog mya ngan las 'das pa（D 14a5, P 17a3; ref.（Jpn. trans.）中御門［2010: 77］)）という文言に基づくと考えられる。ただし、『決定義経注』の対応箇所（*AVSN*s 246.1; 246.6）では、“mchog” に対応するサンスクリットが “praṇīta”、“don gyi mchog” に対応するサンスクリットが “uttamārtha” であるため、中御門［2010］のような根拠になるとは言い難い。なお、『決定義経注』の和訳おいて、本庄［1989: 128］は、“praṇīta” を「勝れた〔果報〕」と理解する。

68『決定義経注』の対応箇所は、次の通りである。

> 資質のある者たちを教化するから、以上のように〔人士による訓練対象にとっての無上なる御者と〕言われる。では、資質のない者たちに対して如何に行動するのか。〔資質のない〕彼らをも、困窮や悪趣の苦から救護することにより、享受や善趣などの安楽に置き定める。いっぽう、資質のある、確定された種姓を持つ者たちを、声聞などの〔3 種類の〕菩提に、資質のあることの通りに、置き定める。さらに、確定されていない〔種姓を持つ〕者たちを、条件の力により、劣ったも

のから翻させ、卓絶したものに置き定める。

bhavyānāṃ vinayād evam ucyate / ye punar abhavyāḥ teṣu kathaṃ pravartate / tān api dāridryadurgatiduḥkhaparitrāṇena bhogasugatyādisukhe pratiṣṭhāpayati / bhavyāṃs tu niyatagotrakān śrāvakādibodhau yathābhavyatayā pratiṣṭhāpayati / aniyatān punaḥ pratyayabalena hīnād vyāvartya praṇīte pratiṣṭhāpayati /

（*AVSNs* 246.2–6; ref.（Jpn. trans.）本庄［1989: 128］）

ただし、『決定義経注』は、資質のある者を確定された種姓を持つ者とする点では、『仏随念注』とも共通するが、『仏随念注』のように、資質のない者を確定されていない種姓を持つ者と関連付けていない。

なお、本庄［1989: 5–6］は、『決定義経注』の著者ヴィーリヤシュリーダッタについて、梵文校訂者の指摘（SAMTANI［1971: 140–141］）に基づき、8世紀後半頃のナーランダーの学匠であること、理論的立場が毘婆沙師（Vaibhāṣika）か経部師（Sautrāntika）か決め難いことを紹介した上で、著者の学派の不明確さのもうひとつの理由として、彼が取材した源泉資料が、ヴァスバンドゥの著作を中心としており、ヴァスバンドゥ自身の学派的立場が明確でない場合が多い点を指摘している。当該の注釈箇所に瑜伽行派の種姓説が認められるのも、『仏随念注』や次節で取り上げる『仏随念広注』の著者問題はあるものの、こうした資料を源泉としていたことは言えよう。

69 D 14a5–b1, P 17a3–7; ref.（Jpn. trans.）中御門［2010: 77］.

70 具体的な内容に関しては、本研究［pp.72–73］を参照。

71『菩薩地』における善趣に導かれる者に関しては、本研究［pp.91–92］を参照。

72 具体的な内容に関しては、本研究［pp.105–108; pp.110–111］を参照。

73 中御門［2010: 77］のように、涅槃を指す場合には、声聞乗による劣った涅槃から大乗による卓絶した涅槃へ、と理解できよう。

74 具体的な内容に関しては、本研究［pp.110–111; p.127; pp.229–230］を参照。

75『荘厳経論』「述求品」第54偈とその注釈においては、菩提に進展する声聞に相当する者だけでなく、種姓の確定されていない菩薩を、大乗に留め置いて、大乗を捨てて声聞乗によって涅槃させないようにすることも述べているが、『仏随念注』にはそうした内容は読み込み難い。本研究［pp. 241–242］を参照。

76 具体的な内容に関しては、本研究［p.91］を参照。

77 説一切有部における種姓説に関しては、本研究［pp.11–12］および周［2009: 47–57］を参照。特に『阿毘達磨倶舎論』における種姓説に関しては、櫻部・小谷［1999］による第6章「賢聖品」（Mārgapudgalanirdeśa）の和訳と注解を参照。

78『釈軌論』第2章における「卓越した教えが示されたのを遍知し得る資質のあることと能力のあること」（yang dag phul can gyi chos bstan pa kun tu shes par bya bar skal ba dang ldan pa dang nus pa）という経説（99）の経文に対する解説である。

　さらにまた、資質のあることと能力のあることとの2つにより、種姓（*gotra）と成熟(*paripāka)とを完備することが説示されたと知られるべきである。その場合、そのうち2つ共を完備するのである。種姓は以前から存在するものである。種姓を言わないならば、諸仏によって卓越した教えが示されたのは、2つ共についてであると、示せなくなってしまう。

gzhan yang (D81a3) skal ba dang ldan pa dang / nus pa gnyis kyis ni rigs (P95a8) dang / yongs su smin pa phun sum tshogs pa yongs su bstan 1) par rig par (2 bya'o // 2) de'i tshe na de la gnyis ka phun sum tshogs pa yin no // rigs ni (3 snga nas 3) yod pa nyid yin no // rigs ma smos na sangs rgyas (D81a4) rnams (P95b1) kyis yang dag phul can gyi chos bstan pa ni gnyis ka la ltos pa'o zhes bstan par mi 'gyur ro //

1) *ston* P *VyY*　2) *bya ste* / P *VyY*　3) *ldan* P, *lnga nas VyY*

(D 81a2–4, P 95a7–b1, *VyY* 154.15–18; ref.（Jpn. trans.）堀内［2016: 191–192］)

79『荘厳経論頌』および『荘厳経論釈』における種姓に関する記述については、本研究で一覧表にして既に示した。本研究［p.126］を参照。

80 要略的な内容に関しては、本研究［p.202, n.244; p.204, n.252］を参照。

81 要略的な内容に関しては、本研究［pp.200–201, n.238; p.203, n.249; p.201, n.239; p.201, n.241; p.201, n.242; p.204, n.253; p.204, n.254; p.203, n.248］を参照。

82 具体的な内容に関しては、本研究［pp.72–73; p.80］を参照

83 具体的な内容に関しては、本研究［p.78］を参照。

84『中辺論頌』および『中辺論釈』における種姓に関する記述については、本研究で一覧表にして既に示した。本研究［p.145］を参照。

85『摂大乗論』における『荘厳経論頌』からの引用や類同文に関して、勝呂［1989: 445–449; 457–468］は、『荘厳経論頌』と『摂大乗論』、さらに、『荘厳経論釈』と『摂大乗釈』を詳細に比較する。

86 具体的な内容に関しては、本研究［p.226］を参照。

87 巻9, T［31］371b4–8; ref.（Eng. trans.）GRIFFITHS et al.［1989: 86–87］.

88 *MSA*Na 124.15–18, *MSA*N1 262.15–18, *MSA*F1 40.8–12, *MSA*L 48.5–8; ref.（Eng. trans.）THURMAN［2004: 102］,（Jpn. trans.）長尾［2007a: 262–263］, 内藤［2009a: 125］.

89 具体的な内容に関しては、本研究［pp.229–230］を参照。

90 D 187a1–b1, P 228a3–b6; 巻10, T［31］377c19–378a7; ref.（Tib. & Eng. trans.）GRIFFITHS et al.［1989: 364; 232–236］,（Jpn. trans.-partial）松本［2013b: 301–302; 343］.

91 *MSA*U 56.3–4, *MSA*N2 117.1–2, *MSA*F2 51.25–26, *MSA*L 69.5–6; ref.（Eng. trans.）THURMAN［2004: 139］,（Jpn. trans.）長尾［2007b: 117–118］, 松本［2013b: 228］, 上野隆平［2014b: 56］.

92 *MSA*U 54.17–18, *MSA*N2 113.24–25, *MSA*F2 51.10–12, *MSA*L 68.20–21; ref.（Eng. trans.）THURMAN［2004: 138］,（Jpn. trans.）長尾［2007b: 114–115］, 松本［2013b: 226–227］, 上野隆平［2014b: 55］.

93 具体的な内容に関しては、本研究［p.134］を参照。

94 具体的な内容に関しては、本研究［pp.228–229］を参照。
95 具体的な内容に関しては、本研究［pp.110–111］を参照。
96 具体的な内容に関しては、本研究［pp.227–228］を参照。『摂大乗論』における用法は、確定されていない種姓という語を含んだかたちの、『荘厳経論頌』の類同文として見出せる。
97 ヴァスバンドゥによる瑜伽行派の種姓説における“aniyata”の理解に関して、詳しくは拙稿［2018b］を参照。
98『摂大乗論』における教説（VIII.19）に関しては、長尾［1987: 278–279］を参照。
99 D 179b3–6, P 218a5–b1; 巻 8–9, T［31］366c18–367a4.
100『摂大乗論』における教説（X.29A）に関しては、長尾［1987: 404–409］を参照。
101 具体的な内容に関しては、本研究［pp.260–261］を参照。
102 具体的な内容に関しては、本研究［pp.72–73］を参照。
103 具体的な内容に関しては、本研究［pp.200–201, n.238; p.203, n.249; p.212, n.325］を参照。
104 本研究で取り上げる釈経論に関しては、大竹［2005］［2006］［2011］［2013］による研究から多くの教示を得ている。これらの釈経論の著者に関して、本研究では、大竹［2005: 13–45］［2011: 100–155; 282–316］［2013: 153–157］の一連の研究成果に基づき、また、種姓説の文脈に限って言えば、ヴァスバンドゥの他の著作との間に著者性を疑うような問題点が認められないことに基づき、何れもヴァスバンドゥの著作と見做して論を進める。
105『十地経論』のテキスト上の問題に関しては、大竹［2005: 30–35］を参照。
106 菩薩行（bodhisattvacaryā（*DBh* 17.3; ref.（Jpn. trans.）荒牧［1974: 38］））という経文に対する注釈に関して、チベット語訳には“byang chub sems dpa'i rigs kyi spyod pa”（D 133a5–6, P 170a3–4）という文言がある。これに対して、“*bodhisattvagotracaryā”というサンスクリットを想定できるが、サンスクリットに“gotra”があったとしても、ヴァスバンドゥが菩薩種姓という語を使用している以外に、特筆すべき点はない。また、漢訳には「菩薩行」（巻 2, T［26］136b13）とあるのみで、チベット語訳の“rigs”に相当する語がなく、当該箇所に対して、伊藤瑞叡［1988: 290］は、「菩薩種の行」と訳してサンスクリットを想定せず、大竹［2005: 150］は、特に注記していない。以上のことから、本研究では、種姓に関する記述として取り上げなかった。
107 śākyakulajasya（*DBh* 13.8; ref.（Jpn. trans.）荒牧［1974: 27］）.
108 dharmair ... kṛtam adhiṣṭhānam（*DBh* 13.8; ref.（Jpn. trans.）荒牧［1974: 27］）. チベット語訳に引用される経文“chos la”は、『十地経』のサンスクリット“dharmair”と格が異なる。本研究では、チベット語訳から訳した。
109「結び付けられる」とは、「釈迦の家に生まれた者の／釈迦の家から生じた教えにおいて加持がなされる」というように、2つの経文が繋がっているという意味だと考えられるが、前注でも述べたように、現行のサンスクリット“śākyakulajasya dharmair ...

kṛtam adhiṣṭhānam” でそのように読むことは難しい。

110 D 122b1–2, P 155b2–4; 巻 2, T［26］131c13–16; ref.（Jpn. trans.）伊藤瑞叡［1988: 148］,（国訳）大竹［2005: 112–113］.

111 具体的な内容に関しては、本研究［pp.56–57; p.84］を参照。

112 家（kula）と種姓（gotra）の関係については、SEYFORT RUEGG［1976: 342; 354］の指摘するように、“gotra” について、「家系」「氏族」「血統」といったインドにおいて一般的に使用される血統主義的な意味に理解する場合に、社会学的生物学的譬喩として家（kula）と結び付けられる。また、両者の関係は、高崎［1969: 499］の指摘に拠れば、『二万五千頌般若経』（*Pañcaviṃśatisāhasrikā Prajñāpāramitā*）に認められる。本研究［p.8; p.32, n.45］も参照。阿部［2023: 177, n.182］は、『声聞地』の「種姓地」の設定に関して、『声聞地』「初瑜伽処」が依拠する初期の仏教経典『長部』「沙門果経」における資産家などの家に生まれた者が如来の教えを聞くといった所説と関係する可能性を指摘している。したがって、ヴァスバンドゥが家を種姓と言い換えたとしても、これまで確認してきた瑜伽行派における種姓説からすると特異ではあるが、以上の諸研究の指摘とは矛盾しない。

113 evaṃ jñānasvabhinirhṛtaḥ khalu punar bho jinaputra bodhisattvo buddhagotrānugato（*DBh* 144.12–13; ref.（Jpn. trans.）荒牧［1974: 261］）. 大竹［2006: 587, n.14］の指摘するように、チベット語訳に引用される経文は、『十地経』のサンスクリットと異なる。本研究では、チベット語訳から訳した。

114 D 230a7–b1, P 291a5–6; 巻 10, T［26］185a7–10; ref.（Jpn. trans.）伊藤瑞叡［1988: 503］,（国訳）大竹［2006: 587］.

115 具体的な内容に関しては、本研究［p.79］を参照。

116 具体的な内容に関しては、本研究［p.78］を参照。

117 第 9 善慧地における注釈では、機根や乗を区別する際に、種姓という観点を持ち出す。機根の区別に関しては、次の通りである。

> 種姓の区別（*gotraprabheda）によって示すのは、「〔**機根（indriya）が**〕**上と中と下であること**」1）と仰ったからである。... 種姓の区別は、三乗の種姓の区別である。
>
> 1) udāramadhyanikṛṣṭatā（*DBh* 157.13; ref.（Jpn. trans.）荒牧［1974: 278］）.
>
> rigs rab tu dbye bas ston pa ni gang gi phyir / **rgya chen po dang / ’bring dang / tha ma nyid** ces gsungs pa’o // ... rigs rab tu dbye ba ni theg pa gsum gyi rigs rab tu dbye ba’o //
>
> （D 235a2–6, P 297a3–b2; 巻 11, T［26］188a1–10; ref.（Jpn. trans.）伊藤瑞叡［1988: 534–535］,（国訳）大竹［2006: 611–613］）

機根の区別を三乗の種姓の区別と対応させるのは、『菩薩地』「種姓品」に代表される立場と同様である。アサンガもまた、『顕揚論』で同様の趣旨の教説を説く。本研究［pp.82–83; p.221］を参照。

乗の区別に関しては、次の通りである。

劣乗と勝乗との特徴もまた 4 種である。〔すなわち、〕所縁の特徴、種姓の特徴 1)、解脱の特徴、作意の特徴である。

1) 種姓の特徴に関しては、「義無礙智により、区別された乗が別々であることを知る」（arthapratisaṃvidā pravibhaktayānavimātratāṃ prajānāti（*DBh* 162.1–2; ref.（Jpn. trans.）荒牧［1974: 290］））という経文に対する注釈である。

theg pa dman pa dang / gya (P306a1) nom pa'i mtshan nyid (D241b7) kyang rnam pa bzhi ste / dmigs pa'i mtshan nyid dang / rigs kyi mtshan nyid dang / rnam par grol ba'i mtshan nyid dang / yid la byed pa'i mtshan nyid de

（D 241b6–7, P 305b8–306a1; 巻 11, T［26］191b16–17; ref.（Jpn. trans.）伊藤瑞叡［1988: 543］,（国訳）大竹［2006: 648］）

乗に関しても、特に『菩薩地』において、種姓に応じた乗を説示している。本研究［pp.183–184, n.145］を参照。

118 daśaratnagotrāṇy atikramya（*DBh* 204.11; ref.（Jpn. trans.）荒牧［1974: 349］）.

119『菩薩地』（*BBh*Wo 233.26–234.4, *BBh*D 161.8–10）では、宝珠（ratna）を次のように列挙する。すなわち、宝石（maṇi）、真珠（muktā）、水宝玉（vaidūrya）、法螺貝（śaṃkha）、水晶（śilā）、珊瑚（pravāḍa）、蒼玉（aśmagarbha）、翠玉（musāragalva）、金（jātarūpa）、銀（rajata）、紅玉（lohitikā）、右巻法螺貝（dakṣiṇāvarta）である。これらから宝石（maṇi）と水宝玉（vaidūrya）を除けば、計 10 の宝珠となる。なお、大竹［2006: 722, n.2］は、『十地経論』に対する複注釈書に基づいて 10 の宝珠を列挙する。

120 D 264a7, P 332b2; 巻 12, T［26］202b16–17; ref.（国訳）大竹［2006: 722］.

121 daśāryaratnagotrāṇy atikramya（*DBh* 204.15–16; ref.（Jpn. trans.）荒牧［1974: 350］）. 大竹［2006: 724, n.1］の指摘するように、『十地経』のサンスクリットには、"ratna" の語がある。いっぽう、漢訳およびチベット語訳は共に、"ratna" の語がないため、これに従って訳した。

122 D 264b4–5, P 332b8–333a1; 巻 12, T［26］202b27–29; ref. 大竹［2006: 724］.

123 大竹［2011: 116–117］の指摘するように、漢訳『法華経論』に引用される経文は、鳩摩羅什訳『妙法蓮華経』（T［9］(262), 7 巻）と概ね一致するため、以下、本研究では、対応するサンスクリットの原文を一々挙げず、対応箇所の注記に留めた。

124 両訳に関して、大竹［2011: 112–113］は、菩提流支訳より勒那摩提訳の方がサンスクリットの原文に近いこと、菩提流支訳が勒那摩提訳の拙劣な改訂版であることを指摘する。また、両訳共に引用する経文は、基本的に鳩摩羅什訳を踏襲し、サンスクリットと相違する場合がある。本研究では、サンスクリットの対応箇所のみを注記した。

125『法華経論』における「佛性」と対応するサンスクリットが "buddhagotra" であることは、大竹［2011: 144–146］により、『十地経論』の菩提流支訳の用例に基づいて指摘される。

126 本研究で取り上げる「佛性」を仏種姓と見做した用例以外に、勒那摩提訳には、「佛性法身」（T［26］16b26）「眞如佛性」（T［26］19b3）という語がある。「佛性法身」

に関して、大竹［2011: 220–221, n.10; 221, n.12; 269–270］の指摘するように、サンスクリットは“*dharmadhātu”、「眞如佛性」に関して、大竹［2011: 249, n.10; 279］の指摘するように、サンスクリットは“*tathatādharmadhātu”を想定できる。

127『法華経論』に関しては、『荘厳経論釈』や『摂大乗釈』との間に接点を有することが、大竹［2013: 85–101］によって指摘される。

128 大竹［2013: 99, n.3］による、『荘厳経論釈』の用例に基づく想定に従った。

129 大竹［2011: 235, n.20］［2013: 99, n.4］による、『荘厳経論釈』の用例などに基づく想定に従った。

130 T［26］18a17–20; ref.（国訳）大竹［2011: 235–236］,（Jpn. trans.）大竹［2013: 87］.

131『荘厳経論頌』の偈頌（IX.77）に関しては、本研究［p.202, n.243］を参照。

132 *MSA*$_{Na}$ 124.15–16, *MSA*$_{N1}$ 262.15–16, *MSA*$_{F1}$ 40.8–10, *MSA*$_{L}$ 48.5–6; ref.（Eng. trans.）THURMAN［2004: 102］,（Jpn. trans.）長尾［2007a: 262–263］, 内藤［2009a: 125］.

133 *SP* 378.1–7; ref.（Jpn. trans.）松濤他［1976: 164–165］.

134 T［26］18b6–8; ref.（国訳）大竹［2011: 238–239］,（Jpn. trans.）大竹［2011: 144］.

135『法華経論』では、種姓説とは別の文脈において、如来蔵という語を見出せる（T［26］15b18; 18c8–9; 18c2; 18c13–14）。大竹［2011: 208–209; 242–243］を参照。

136 第 10 章「法師品」（Dharmabhāṇakaparivarta）と対応する注釈は、次の通りである。

> 「**その心が確信して「水は必ず近くにある」と知る**」1) というのは、この経典（『法華経』）を受持すれば、仏種姓（*buddhagotra, 佛性）という水を備え、無上正等菩提を成就するからである。
>
> 1) *SP* 233.5–6; ref.（Jpn. trans.）松濤他［1976: 16］.
>
> **其心決定知水必近**者、受持此經、得佛性水、成阿耨多羅三藐三菩提故。
>
> （T［26］19b21–22; ref.（国訳）大竹［2011: 250–251］）

137『浄土経論』が両経に対する注釈であることに関しては、大竹［2011: 285–288］を参照。

138 第 14 偈の中で種姓に言及しているとされる、「二乗種不生」という文言に関しては、西尾［1933］、大竹［2011: 300; 331, n.8; 349–350］［2013: 110–115］による研究がある。

139 “*dviyānagotra”の想定に関しては、西尾［1933: 98–105］を参照。

140 T［26］231a13–14; ref.（国訳）大竹［2011: 319］.

141 大竹［2011: 331, n.8; 349–350］を参照。『瑜伽論』「摂決択分」の「菩薩地決択」の該当箇所に関しては、大竹［2013: 119–120, n.20］によってチベット語訳から和訳される。

142 当該偈頌に対する散文注の和訳に関しては、大竹［2013: 110–111］を参照。

143 T［26］359b20–21; ref.（Jpn. trans.）大竹［2013: 225］.

144『十住毘婆沙論』の著者および訳者に関する問題については、瓜生津［1994: 24–37］を参照。

145『三具足論』における問いに対する答えでは、種姓を家（*kula）、巧みな手立て（*upāyakauśalya）と般若波羅蜜（*prajñāpāramitā）、止（*śamatha）と観（*vipaśyanā）、諸仏菩薩現前正住三昧（*[pratyutpanna]buddhabodhisattvasaṃmukhāvasthitasamādhi）と偉大な悲愍（*mahākaruṇā）であると解説している（T［26］361c15–362a9; ref.（Jpn. trans.）大竹［2013: 249–251］）。この解説に関しては、華房［1996: 528–529］および大竹［2013: 272, n.6; 272–273, n.7; 273, n.9］によって、『十住毘婆沙論』「入初地品」との並行箇所が指摘される。

146 大竹［2013: 239, n.5］による想定に従った。

147 T［26］360b3–12; ref.（Jpn. trans.）大竹［2013: 230–231］.

148 具体的な内容に関しては、本研究［p.78］を参照。

149 T［26］362a10–17; ref.（Jpn. trans.）大竹［2013: 252］.

150 具体的な内容に関しては、本研究［pp.72–73］を参照。

151 具体的な内容に関しては、本研究［p.162, n.51］を参照。

152 以下の内容は、拙稿（岡田）［2016a］［2016b］・（Okada）［2016］を基に、本研究の趣旨に合うよう大幅に加筆修正を行ったものである。

153 中御門［2008: 124］は、「〔最高のものである涅槃の〕妙」と補って理解する。本研究の立場については、本研究［pp.235–236; p.281, n.67］を参照。

154『決定義経注』の対応箇所に関しては、本研究［pp.281–282, n.68］を参照。ただし、『仏随念広注』は、資質のない者を種姓のない者と関連付ける点、資質のある者を確定された種姓を持つ者と関連付けていない点に、『決定義経注』との相違がある。

155 D 58a1–3, P 72a8–b4; ref.（Jpn. trans.）中御門［2008: 124］.

156『仏随念広注』に五種姓説が現れることについては、中御門［2008: 107］が既に指摘しているが、中御門［2008: 124, n.74］は、五種姓が『入楞伽経』（*Laṅkāvatārasūtra*）に認められることを述べる以外に、具体的な考察を行っていない。『入楞伽経』における五種姓説に関する研究としては、高崎［1980: 234–255］に国訳に対する注解および解説がある。『入楞伽経』における五種姓の列挙箇所は、次の通りである。

「さらにまた、マハーマティよ、5つの現観する種姓とは如何なるものか。5つとは、すなわち、声聞乗において現観する種姓、独覚乗において現観する種姓、如来乗において現観する種姓、〔三乗の〕何れかひとつに確定されていない種姓、そして、5番目の無種姓である」。

punar aparaṃ Mahāmate pañcābhisamayagotrāṇi katamāni pañca yaduta śrāvakayānābhisamayagotraṃ pratyekabuddhayānābhisamayagotraṃ tathāgatayānābhisamayagotram aniyataikataragotram agotraṃ 1) ca pañcamam /

1) *viśeṣagotraṃ* LAS_{T2}

(LAS_N 63.2–5, LAS_T 69.3–6, LAS_{T2} 30.5–7; ref.（Jpn. trans.）安井［1976: 56–57］, 菅沼［1977b: 179］, 常盤義伸［2003: 48］［2018: 47］, 佐久間［2007b: 287］)

『入楞伽経』における種姓に関するその他の記述については、拙稿［2016a: 140–137］を参照。

157『仏随念注』における 2 句に対する注釈に関しては、本研究［pp.234–235］を参照。

158 *LAS*N 306.2–3; ref.（Jpn. trans.）安井［1976: 272］.

159 HORIUCHI［2008］・堀内［2009: 7, n.23］および石橋［2014］を参照。

160 佐久間［2007b］は、著者問題が従来指摘される、スティラマティによる『荘厳経論』に対する複注釈書『経荘厳注疏』(*Sūtrālaṃkāravṛttibhāṣya*, D (4034), P［108–109］(5531)) に、五種姓説の源流を求めている。ヴァスバンドゥやスティラマティ以降の五種姓説に関して、拙稿（OKADA）［2016］では、スティラマティよりも後代の瑜伽行派論師による注釈書『聖無尽意所説広注』（*Āryākṣayamatinirdeśaṭīkā*）の所説を取り上げたことがある。ただし、何れの場合も、五種姓を並列しはするが、種姓が 5 種あるとは明言しない。

161 当該解説の直前では、浄信という意向と圧倒という意向との 2 種の意向について、各々 2 種に分けて解説している。そのうち、浄信という意向を通じて、世尊に対して中立の者や浄信する者、圧倒という意向を通じて、智慧や身体の力で圧倒しようと、世尊に対して憎悪する者が示される。詳しくは、藤仲［2008: 136–137］を参照。

162 D 60a7–61a3, P 75b3–76b1; ref.（Jpn. trans.）藤仲［2008: 137–139］.

163 ヴァスバンドゥ以降の “agotrastha” 解釈の展開に関して、詳しくは拙稿［2019］および早島慧［2023］を参照。

164 *MSA*H 32.12–14, 33.1–5, *MSA*N1 79.16–18, 79.25–28, *MSA*F1 22.21–23.3, *MSA*L 12.19–13.2; ref. (Eng. trans.) THURMAN［2004: 27–28］, (Jpn. trans.) 長尾［2007a: 79–80］, 早島編［2024: 33; 35］.

165 具体的な内容に関しては、本研究［pp.88–89］を参照。

166 具体的な内容に関しては、本研究［p.102］を参照。

167『摂大乗論』における教説（X.29A）に関しては、長尾［1987: 404–409］を参照。

168 D 184b6–185a2, P 225a6–b1; 巻 10, T［31］376b6–13; ref.（Tib. & Eng. trans.）GRIFFITHS et al.［1989: 348; 198–200］.

169 具体的な内容に関しては、本研究［p.91; pp.91–92］を参照。

170 具体的な内容に関しては、本研究［pp.93–94］を参照。

171 当該教説に関しては、『仏地経論』と対応する部分を多く含む、シーラバドラ著『聖仏地解説』（*Āryabuddhabhūmivyākhyā*, D（3998）, P［105］（5498）, 西尾［1940: I］）に認められない。『仏地経論』における種姓に関するその他の記述については、『聖仏地解説』との対応関係も含め、拙稿［2016a: 140–137］を参照。

172 巻 2, T［26］298a12–24; ref.（Eng. trans.）KEENAN［2002: 47–48］［2014: 296–297］,（国訳）佐久間［2007b: 278］, 吉村［2013b: 370–371］.

173 具体的な内容に関しては、本研究［p.288, n.156］を参照。

174 菩薩蔵に関して、『入楞伽経』自体に具体的な記述はない。『菩薩地』の記述に従えば、声聞蔵との対比において使用され、十二分教の中で方広（vaipulya）に相当する一方で、菩薩蔵は十二分教よりも広大であるとも述べていることが指摘される。高橋［2016］を参照。さらに、菩薩蔵の論母（mātṛkā）は、菩薩地（bodhisattvabhūmi）や摂大乗（mahāyānasaṃgraha）とも言い換えられる。高崎［1974b］を参照。概して、菩薩蔵は大乗の教えを指すと言えよう。

175 *LAS*N 65.17–67.1, *LAS*T 74.12–76.9, *LAS*T2 32.3–17; ref.（Jpn. trans.）安井［1976: 59–60］, 菅沼［1977b: 184–186］, 常盤義伸［2003: 50–51］［2018: 50–51］, 佐久間［2007b: 288–289］.

176『入楞伽経』に関して、これと同様の見解が、西方の大徳の見解として道倫集撰『瑜伽論記』に記される。具体的には、『瑜伽論記』本文を校訂した上で内容を取り上げる吉村［2013b: 359–363］を参照。

結　論

本研究は、初期瑜伽行派文献から中期瑜伽行派文献までに見出される種姓に関する記述を抽出して分析を加えることで、その間の種姓説を整理し、初期瑜伽行派から中期瑜伽行派までの種姓説の史的展開を再構築することを目指したものである。以下に、繰り返しになる部分もあるが、初期瑜伽行派から中期瑜伽行派へと時系列順に構成している本論の各章節での考察結果の要旨を提示し、初期瑜伽行派から中期瑜伽行派までの種姓説の展開についての総括とする。

第 1 章では、初期瑜伽行派文献『瑜伽論』『荘厳経論頌』『中辺論頌』の順に、全 3 節に分けて種姓説について考察を行った。初期瑜伽行派における種姓説に関しては、『瑜伽論』で著しい発展を遂げ、『荘厳経論頌』『中辺論頌』にそれが引き継がれて展開する。各論書における種姓説に関して指摘すると、各節の考察結果の通りである。

第 1 節では、『瑜伽論』を取り上げ、古層に属する「本地分」と新層に属する「摂決択分」に大別した上で、『瑜伽論』内での種姓説を整理、考察した。『瑜伽論』では、古層に属する「本地分」において、種姓に関する基本的な規定を確立し、種姓説の枠組みを構築した後、新層に属する「摂決択分」において、「本地分」以来の種姓に関する問題や、瑜伽行派における新たな教理理論に基づいて、種姓説を議論している。

まず、古層に属する「本地分」においては、『声聞地』から『菩薩地』までの中で、種姓に関する基本的な規定を確立し、種姓説の枠組みを構築する。その枠組みの中に、三乗の種姓の種別に並ぶ、『瑜伽論』独自の、種姓に立脚したか種姓に立脚しないかの区別、すなわち種姓の有無による区別がある。種姓の有無による区別に関しては、修行者側の修道論的問題として、『声聞地』において般涅槃への到達可能性、『菩薩地』において無上正等菩提の獲得可能性、といった修行者が目指すべき結果を獲得する可能性の問題と連動させて解説し、さらに、菩薩側の救済論的問題として、『菩薩地』において、三乗の種姓の種別と共に、菩薩が衆生を成熟対象や教化対象として区別する際にも用いている。種姓説を修道論的問題として扱うか救済論的問題として扱うかという視点は、『瑜伽論』以降の瑜伽行派における種姓説の展開を捉える上で、重要な指標となる。

次に、新層に属する「摂決択分」においては、「本地分」以来の用語である (1) 種姓に立脚しない者、「摂決択分」で新たに規定される (2) 確定されていない種姓、種姓説に代わる理論として提出される (3) 真如所縁縁種子説という 3 項目が、種姓に関する特徴的な規定と言える。

(1) 種姓に立脚しない者に関しては、いわゆる五難六答を通じて、般涅槃し得る性質の永久にない者であることを決択する。しかし、「摂決択分」には、種姓に立脚しない者に関して、救済の可能性を問題として明確に否定したこと以外に、議論の発展は認められない。五難六答と同様の趣旨の議論については、アサンガ著『顕揚論』が継承し、さらに、種姓に立脚しない者については、『荘厳経論頌』やそれに対するヴァスバンドゥによる注釈書において、『瑜伽論』の教説の理解を踏まえて議論が展開する。

(2) 確定されていない種姓に関しては、『解深密経』における一乗に関する理解をめぐる議論に端を発する、条件次第で菩薩と同じ結果を獲得し得る、結果が不確定な、菩提に進展する声聞の持つ種姓として、従来の種姓説の枠組みを超えて新たに規定されたものである。しかし、確定されていない種姓という用語については、「摂決択分」にはこれ以上見出せず、『荘厳経論頌』への継承と展開、さらに、アサンガ著『摂大乗論』における『荘厳経論頌』の受容を俟たねばならない。

(3) 真如所縁縁種子説に関しては、アーラヤ識説の中での雑染・清浄に関する議論と連動させて、種姓説に代わる理論として提出されたものである。

真如所縁縁種子説では、出世間的な法は真如所縁縁種子から生じると規定し、その上で、これまで『瑜伽論』の種姓説を通じて設定されていた般涅槃への到達可能性や三乗の区別の問題を、障害の種子の有無によって再設定するため、種姓説を障害の種子によって換骨奪胎している。この議論では、雑染なるアーラヤ識の中に出世間的な法が生じるための清浄な種子が存在することを認めるかが争点となるが、アーラヤ識という語自体が現れない、『荘厳経論頌』『中辺論頌』といった初期瑜伽行派文献では、アーラヤ識説の中での雑染や清浄に関して問題とならないため、種姓説を採用している。真如所縁縁種子説を承けての展開については、アサンガ著『摂大乗論』所説の聞熏習種子説を俟たねばならない。

以上のように、「摂決択分」では、「本地分」以来の種姓に立脚しない者の救済可能性の問題、『解深密経』所説の一乗理解からの影響、アーラヤ識説の中での雑染・清浄に関する議論を承けるかたちで、大きく 3 方向に種姓説に関する議論が認められる。『瑜伽論』以降の瑜伽行派文献では、これらの方向性を文献ごとに継承して種姓説を展開してゆく。特に、アーラヤ識説の中での雑染・清浄に関する議論に関しては、アーラヤ識に存在する出世間的な法の種子を認めるかに応じて、種姓説を採用するか、種姓説に代わる新たな理論を採用するかが分かれるため、『瑜伽論』以降の瑜伽行派における種姓説の展開を決定付ける、重要な分水嶺となる。

第 2 節では、『荘厳経論頌』を取り上げ、『瑜伽論』との対応関係を中心に、『荘厳経論頌』における種姓説を整理、考察した。

『荘厳経論頌』では、『瑜伽論』の種姓説を受容しながら、一乗説からの影響の下、『瑜伽論』「摂決択分」で新たに規定された確定されていない種姓を中心に、独自の種姓説を展開する。

『荘厳経論頌』における種姓説の受容に関して、『荘厳経論頌』「種姓品」では、『菩薩地』「種姓品」を構成や内容上の基礎としながら、『菩薩地』の他の章や『瑜伽論』の他の箇所に散在する種姓に関する教説を統合し、種姓説の体系化を推し進めている。

『荘厳経論頌』における種姓説の展開に関して、「種姓品」外と内という 2 つの視点から捉えることができる。「種姓品」外での展開は、「種姓品」第 6 偈所説の確定されたものや確定されていないものという種姓の区別に端を発する。特に「述求品」の一乗たることを主題とする議論では、一乗たることの理由として種姓の区別を挙げ、確定されていない声聞を如何に大乗に引き込むのかを中心課題とし、種姓説を仏陀側の救済論的問題として取り上げている。したがって、「種姓品」外では、確定されていない者を中心に、種姓説の議論が展開する。いっぽう、「種姓品」内での展開は、第 2 偈や第 4 偈における種姓に関する規定を基点とする。第 2 偈所説の種姓の存在根拠としての 4 種の区別を敷衍するかたちで、第 12 偈と第 13 偈では、菩薩種姓に関して説示し、また、第 4 偈所説の徳性を引き出す（guṇottāraṇatā）という意味による種姓に関する規定に基づき、第 9 偈と第 10 偈のように、金や立派な宝珠の鉱脈に喩えられる菩薩種姓を拠り所として引き出される諸々の徳性に焦点をあてている、というように、「種姓品」内では、先の規定を承けて、後の偈頌を連鎖的に説いている。以上のように、『荘厳経論頌』における種姓説には、「種姓品」外と内での展開が認められるが、両展開共に「種姓品」の規定を踏まえている。

第 3 節では、『中辺論頌』を取り上げ、種姓という語を見出せる偈頌の考察を中心に、『中辺論頌』における種姓説を整理、考察した。

『中辺論頌』では、種姓に関する記述が僅か 2 偈に見出せるのみである。『中辺論頌』における種姓説の受容に関して、『中辺論頌』の計 2 偈に、『瑜伽論』「本地分」の『声聞地』や『菩薩地』の所説との対応が認められる一方、「摂決択分」からの影響は確認できない。さらに、『瑜伽論』「本地分」に対応のある『中辺論頌』における種姓に関する記述は、『瑜伽論』における種姓説の理解を超えないため、『中辺論頌』における種姓説に独自の展開があるとは言い難い。

第 2 章では、中期瑜伽行派論師アサンガ、ヴァスバンドゥの順に、全 2 節に分けて種姓説について考察を行った。中期瑜伽行派における種姓説に関しては、両者共に詳述はしないが、アサンガが初期瑜伽行派における種姓説を、さらに、ヴァスバンドゥがアサンガの著作を含む先行する瑜伽行派文献における種姓説を受容しながら展開する。アサンガとヴァスバンドゥによる種姓説に関して指摘すると、各節の考察結果の通りである。

第1節では、アサンガの著作から種姓に関する記述を取り上げ、アサンガによる種姓説を整理、考察した。

アサンガは、『顕揚論』の段階で『瑜伽論』の種姓説、『摂大乗論』の段階で『荘厳経論頌』の種姓説を受容し、種姓説を仏陀側の救済論的問題として扱うようになり、修行者自身の種姓の問題については、アーラヤ識説の中での雑染・清浄に関する議論と連動させるかたちで、種姓説に代わる新たな理論として、『摂大乗論』において、聞熏習種子説を導入している。そして、『仏随念注』において、仏陀側の救済論的問題としてのみ種姓説を展開する。

具体的には、アサンガはまず、『顕揚論』において、すべての雑染の根本であるアーラヤ識であっても種姓を保持できると考えられる規定を通じて、種姓説とアーラヤ識説との両立を可能とした上で、『瑜伽論』の新層に属する「摂決択分」よりも、古層に属する「本地分」から特に種姓説を受容し、種姓説に基づく修道体系を構築する。つまり、種姓説に関して、種姓の有無による区別や、三乗の種姓の種別を取り上げており、そこでは、種姓説を菩薩側の救済論的問題および修行者側の修道論的問題の両視点から扱っている。次に、『摂大乗論』において、自身の文中では種姓に直接触れることはないが、『荘厳経論頌』からの引用ないし類同文というかたちで、種姓に言及する。そこでは、種姓の確定・不確定による区別に関心が移っており、また、種姓説を仏陀側の救済論的問題としてのみ扱っている。それに伴い、種姓説が関わってきた修行者側の修道論的問題の側面が弱まっている。修行者自身の種姓の問題については、『瑜伽論』「摂決択分」所説の真如所縁縁種子説の問題意識を継承して、アーラヤ識説の中での雑染・清浄に関する問題を議論し、種姓説に代わる新たな理論として、聞熏習種子説を導入し、その種子に清浄な種子の役割を担わせている。いっぽう、『解深密釈』において、瑜伽行派における種姓説を受容するが、種姓説に独自の展開があるとは言い難い。最後に、『仏随念注』において、注釈対象に種姓という語がないにも関わらず、訓練対象にとっての御者たる世尊を解説する際に、種姓説を採り入れ、『摂大乗論』と同様に、種姓説を仏陀側の救済論的問題として取り上げている。そこでは、種姓に確定・不確定による区別を適用することで、種姓を三乗の何れかに確定された種姓と確定されていない種姓に分け、何れの種姓にも救済可能性を認めている。

このように、種姓説に関して、種姓の有無による区別から種姓の確定・不確定による区別へと用法を次第に移行し、また、仏陀側の救済論的問題として扱うようになる点に、アサンガによる種姓説の特徴がある。

第2節では、先行する瑜伽行派文献における種姓説を踏まえた上で、ヴァスバンドゥの著作から種姓に関する記述を取り上げ、ヴァスバンドゥによる種姓説を整理、考察した。

ヴァスバンドゥは、『唯識三十頌』などの自身の著作の修道論的文脈において種姓という語を用いていないため、修行者側の修道論的問題として種姓説を扱うことには消極的であったと言える。いっぽう、先行する瑜伽行派文献や大乗経典といった他の文献に対する注解というかたちで、瑜伽行派における種姓説を受容する。そして、『仏随念広注』において、種姓説を仏陀側の救済論的問題として取り上げるだけでなく、五種姓説の立場を採り、他の文献を含め、救済可能性が永久にない、種姓のない者に再び焦点をあてて種姓説を展開する。

具体的には、ヴァスバンドゥはまず、先行する瑜伽行派文献における種姓に関連する記述に対して注解を施すかたちで、『荘厳経論釈』『中辺論釈』では初期瑜伽行派の種姓説、『摂大乗釈』ではアサンガの種姓説を受容し、次に、大乗経典に対する注釈書において、経文における種姓という語の有無に関わらず、種姓という観点から注解を施す中で、種姓説の受容を窺い知ることができる。しかし、ほとんど全ての解説が、初期瑜伽行派における種姓説の理解の範囲内に基本的に収まるため、独自性を抽出し難い。最後に、『仏随念広注』において、アサンガと同様に、種姓説を仏陀側の救済論的問題として取り上げている。しかし、三乗の種姓、確定されていない種姓に、無種姓を加えて五種姓を数え、衆生の中に救済可能性が永久にない、種姓のない者の存在を認めている点に、アサンガとの相違がある。さらに、この点から、瑜伽行派における五種姓説の成立年代は、ヴァスバンドゥまで遡る可能性があり、『仏随念広注』以外の注釈書『荘厳経論釈』『摂大乗釈』を含めた、五種姓説の中の無種姓に関する理解に、いわゆる「五姓各別」説との共通性が認められる。

このように、アサンガが『摂大乗論』や『仏随念注』で種姓のない者について扱わないのに対して、ヴァスバンドゥが『摂大乗釈』『仏随念広注』といった注釈書において、救済可能性が永久にない、種姓のない者に再び焦点をあて、『荘厳経論釈』で議論を展開する点に、ヴァスバンドゥによる種姓説の特徴がある。

以上のことから、初期瑜伽行派から中期瑜伽行派までの種姓説の展開に関しては、次のように俯瞰できよう。まず、初期瑜伽行派において、『瑜伽論』の「本地分」の段階では、修行者側の修道論的問題の下、種姓に関する基本的な規定を確立し、「本地分」の『菩薩地』では、種姓説を菩薩側の救済論的問題としても扱い始める。続く「摂決択分」の段階では、「本地分」以来の種姓に関する問題として種姓に立脚しない者、瑜伽行派における新たな教理理論に基づいて確定されていない種姓、種姓説に代わる理論として真如所縁縁種子説を取り上げる。そうして、『瑜伽論』を前提に、『荘厳経論頌』『中辺論頌』では種姓説を展開している。特に『荘厳経論頌』では、『瑜伽論』「摂決択分」の問題意識を継承し、一乗説からの影響の下、確定されていない種姓を中心に、独自の種姓説を展開する。次に、中期瑜伽行派において、アサンガは、『顕揚論』の段階で『瑜伽論』の種姓説、『摂大乗論』の段階で『荘厳経論頌』の種姓説を受容し、順次、種姓の有無による区別から種姓の確定・不確定による区別へと用法を移行する。また、『摂大乗論』『仏随念注』において、種姓説を仏陀側の救済論的問題として扱うようになり、修行者自身の種姓の問題については、『摂大乗論』において、『瑜伽論』「摂決択分」の問題意識を継承し、アーラヤ識説の中での雑染・清浄に関する議論と連動させるかたちで、種姓説に代わり聞熏習種子説を導入している。ヴァスバンドゥは、修行者側の修道論的問題として種姓説を扱うことには消極的であるが、『仏随念広注』において、アサンガの種姓説を受容して、仏陀側の救済論的問題として種姓説を扱いながらも、アサンガと異なり、五種姓説の立場を採る。そして、『摂大乗釈』『仏随念広注』といった注釈書において、『瑜伽論』で問題となる種姓のない者に再び焦点をあて、『荘厳経論釈』で議論を展開することで、衆生のうちに救済可能性が永久にない者の存在を認めている。

最後に、初期瑜伽行派から中期瑜伽行派までの種姓説の展開が明らかとなった今、次の2点を今後の課題に挙げておきたい。まずは、中期瑜伽行派以降の種姓説の解明である。ヴァスバンドゥと同時代とされる『入楞伽経』『宝性論』における種姓説や、中期瑜伽行派よりも後代の文献として、『現観荘厳論』、後期瑜伽行派の注釈文献、中観派文献における種姓説に関して従来の研究成果を再検討した上で、種姓説の展開を明らかにしてゆく必要があるだろう。もちろん、その際には、如来蔵・仏性思想との関連にも注目しなければならない。次に、初期瑜伽行派、特に『瑜伽論』「本地分」における種姓説とそれよりも前の種姓説との関連性の解明である。初期瑜伽行派における種姓説が瑜伽行派に至るまでの種姓説とどの程度の繋がりを有しているのかについては、瑜伽行派との関係が深い大乗経典や説一切有部文献を中心に、網羅的に検討してゆく必要があるだろう。

付録：『菩薩地』「種姓品」の原典研究

凡　例

和訳と注解に関する凡例

1. 和訳は、本研究の梵文校訂テキストに基づく。
2. 丸括弧（　）は、指示代名詞の対象やサンスクリットなどの原語、或いは列挙される項目の番号を訳者が補足したことを示す。
3. 亀甲括弧〔　〕は、指示代名詞の対象や原文にない語句を訳者が補足したことを示す。
4. 和訳に対する注記は、文末脚注としてまとめて示した。
5. 和訳の難しい語については、和訳の根拠となった情報を注記した。
6. チベット語訳および漢訳三本（『瑜伽師地論』「本地分」中『菩薩地』・『菩薩善戒経』・『菩薩地持経』）については、適宜参照したが、和訳に際して重要と判断した箇所のみを注記した。

梵文校訂テキストに関する凡例

以下の凡例の作成にあたり、『菩薩地』の別章のサンスクリットを校訂している高橋［2005: 76–77］および WANGCHUK［2007: 366–367］を参照した。

1. 本梵文校訂テキストは、Wogihara Unrai 校訂 *Bodhisattvabhūmi*（Tokyo, 1930–36）、Nalinaksha Dutt 校訂 *Bodhisattvabhūmi*（Patna: K. P. Jayaswal Research Institute, 1966）、羽田野伯猷校訂『瑜伽論 菩薩地』（仙台：チベット佛典研究會、1975）、Gustav Roth 校訂 “Observation on the First Chapter of Asaṅga’s Bodhisattvabhūmi”（*Indologica Taurinensia* 3/4, 1977, 403–412）の中の『瑜伽師地論』「本地分」の『菩薩地』第 1 章「種姓品」に対する改訂テキストである。
梵文校訂テキストでは、4 本の現存写本の中で、Rāhula Sāṅkṛtyāyana 氏がチベットのシャル（Zha lu）寺で撮影したシャル寺写本（Z）を底本として、既刊校訂本が使用していない、Nepal National Archives に保管されているネパール写本（N）を加えた 3 本の写本と校合し、必要に応じて、既刊校訂本や索引の読み、チベット語訳や漢訳（玄奘訳『瑜伽師地論』「本地分」中『菩薩地』）の情報を加えている。梵文写本の年代については、ケンブリッジ大学図書館に保管されているケンブリッジ写本（C）が Cambridge Digital Library の情報によると 8–9 世紀頃のものとされ、ネパールから将来した京都写本（K）が DE JONG［1987: 165］によると 19 世紀頃のものとされる。ネパール写本（N）は京都写本（K）の親写本であることが高橋［2005: 10–11］によって明らかにされたが、ネパール写本（N）の欠損箇所を京都写本（K）で補うことが可能な場合もあるため、京都写本（K）を校訂に使用する意義は、なおもあると言える。また、シャル寺写本（Z）を底本とする理由としては、次の 2 点が挙げられる。まず、「種姓品」の範囲ではシャル寺写本（Z）のみが完本であり、他の写本にはフォリオに欠落がある点である。次に、4本の写本を比較すると、従来の研究でも指摘されるように、概してシャル寺写本（Z）とネパール写本（N）および京大写本（K）との読みが一致し、ケンブリッジ写本（C）が異なる読みを示すことが多い点である。ケンブリッジ写本（C）については、梵文写本の中で、最終章「アヌクラマ」（Anukrama）を唯一有しており、WOGIHARA［1930–36: ii］以来、写本系統上は京都写本（K）の方が古形と考えられている。従って、親写本であるネパール写本（N）だけでなく、読みの一致する傾向のあるシャル寺写本（Z）もまた、写本系統上は古形に属すると見做し得る。この点については、『菩薩地』の梵文写本または訳本における最終章「アヌクラマ」の有無に基づき、古坂［1996: 125–127］が同様の見解を示している。

なお、チベット語訳については、最終章「アヌクラマ」を有しており、シャル寺写本（Z）と一致する読みもあれば、ケンブリッジ写本（C）と一致する読みもあり、さらに現存する梵文写本にない読みを示すこともある。漢訳については、玄奘訳のみ最終章「アヌクラマ」を有している。

2. 梵文校訂テキストの作成にあたり、使用した梵文写本、既刊校訂本、索引、チベット語訳、漢訳に対する略号は、以下の通りである。なお、その他の略号は、本研究前掲の略号・記号一覧に依拠する。

C	The Cambridge Manuscript of the *Bodhisattvabhūmi*, no.Add.1702（in BENDALL［1883］）. Cambridge Digital Library（University of Cambridge）において写本の画像データが公開されている。 https://cudl.lib.cam.ac.uk/view/MS-ADD-01702
D	The *Bodhisattvabhūmi* in the sDe dge Edition of the Tibetan Tripiṭaka, no.4037.
Du	The Critical Edition of the *Bodhisattvabhūmi*, DUTT［1966］（First Edition）.
Du_{2nd}	The Critical Edition of the *Bodhisattvabhūmi*, DUTT［1978］（Second Edition）.
H	The Critical Edition of the *Bodhisattvabhūmi* I–IX, 羽田野［1975］.
K	The Kyoto Manuscript of the *Bodhisattvabhūmi*, no.74（in GOSHIMA & NOGUCHI［1983］）.
N	The Nepal Manuscript of the *Bodhisattvabhūmi*, Manuscript no.3-681, Reel no.A38/3, Nepal German Manuscript Preservation Project, National Archives, Kathmandu, Nepal.
P	The *Bodhisattvabhūmi* in the Peking Edition of the Tibetan Tripiṭaka, vol.110, no.5538.
R	The Critical Edition of the *Bodhisattvabhūmi* I-partial, ROTH［1977］.
T	『大正新脩大蔵経』所収『瑜伽師地論』「本地分」中『菩薩地』、第30巻、1579番.
U	The Index of the *Bodhisattvabhūmi*, 宇井［1961b］.
W	The Critical Edition of the *Bodhisattvabhūmi*, WOGIHARA［1930–36］.

Z　The Zha-lu Monastery Manuscript of the *Bodhisattvabhūmi*, no.28 [Xc 14/29]（in BANDURSKI［1994］）.

以上の梵文写本・既刊校訂本に関する詳しい情報については、井藤［1974］、高橋［2005: 10–11］、WANGCHUK［2007: 357–365］、DELHEY［2013: 509; 524–527］の解説に譲る。

3. テキスト校訂では、上記の梵文写本の他に、既刊校訂本、索引、チベット語訳、漢訳（玄奘訳『瑜伽師地論』「本地分」中『菩薩地』）を参照した。既刊校訂本の中で、WOGIHARA［1930–36］はケンブリッジ写本（C）と京都写本（K)、DUTT［1966］はシャル寺写本（Z)、羽田野［1975］はケンブリッジ写本（C）と京都写本（K)、ROTH［1977］はシャル寺写本（Z）に基づいて校訂している。『菩薩地』の索引である宇井［1961b］は、従来校訂には使用されていないが、WOGIHARA［1930–36］の校訂テキストを戦火で失われたカルカッタ写本と校合している箇所があると考えられるため、資料的価値は高い。
4. 梵文写本のフォリオ番号と行数については、テキスト中に下付丸括弧( )で略号とともに示した。ただし、写本、特にケンブリッジ写本（C）が破損や汚損のために行の開始箇所を確定できない場合、文字の判読可能な箇所を行の開始箇所として示した。
5. 異読については、テキストで採用した読みを提示した後に、「：」で区切って採用しなかった異読を提示した。読みの直後には、同じ読みを採る梵文写本・既刊校訂本を略号で挙げた。読みを採用する上での判断材料となる、サンスクリットと対応するチベット語訳・漢訳や『瑜伽師地論』の別の箇所を挙げる場合は、後にCf.で示した。
6. 既刊校訂本に関する注記について、羽田野［1975］は、印字が不鮮明で、注番号や注記内容が明確でない箇所もあるため、判読可能な情報のみを注記した。DUTT［1978］は、DUTT［1966］の訂正だけでなく新たな誤植を含むため、DUTT［1966］との異読のみを挙げた。宇井［1961b］は、底本であるWOGIHARA［1930–36］との異読のみを挙げた。
7. 梵文写本の欠損や不鮮明な箇所については、煩雑になるのを厭わずに注記した。
8. 梵文写本にない異読をチベット語訳・漢訳が有している場合は、サンスクリットを想定して注記した。
9. 梵文写本・既刊校訂本の表記について、“satva”は正規形の“sattva”に改め、rの後の子音重複（“dharmma”“varttate”“mārgga”“sarvva”など）は重複しない形に改めた。不正規な連声（saṃdhi）は連声規則に基づいて訂正し、文末のアヌスヴァーラ（anusvāra, ṃ）はmに改めた。以上の諸点については一々注記しなかった。
10. 梵文校訂テキストのパンクチュエーションは筆者の判断に基づき、梵文写本・既刊校訂本との違いについては一々注記しなかった。
11. 梵文校訂テキストの作成にあたり、略号・記号については、以下の意味で使用した。なお、その他の略号は、本研究前掲の略号・記号一覧に依拠する。

ac　ante correctum

add.	added in
Ch.	Chinese
Du^{Z}	Dutt's reading of the Zha-lu monastery manuscript indicated in his footnotes
em.	emended
H^{C}	Hadano's reading of the Cambridge manuscript indicated in his endnotes
H^{K}	Hadano's reading of the Kyoto manuscript indicated in his endnotes
om.	omitted in
^{pc}	post correctum
r	recto
R^{Z}	Roth's reading of the Zha-lu monastery manuscript indicated in his footnotes
Tib.	Tibetan
v	verso
W^{C}	Wogihara's reading of the Cambridge manuscript indicated in his footnotes
W^{K}	Wogihara's reading of the Kyoto manuscript indicated in his footnotes
+	1 文字分欠損 該当箇所すべて欠損の場合は lacuna とした。
=	1 文字分空白、京都写本（K）のみ
_	1 文字分不鮮明 該当箇所すべて不鮮明の場合は illegible とした。
.	文字の子音あるいは母音部分の欠損および不鮮明
[ ]	写本の文字が判読し難く、読みの蓋然性の低いことを示す。
-	改行によって、あるいは梵本校訂テキストへの注番号の挿入によって、分離しているように見える語のつながりを示す。

シノプシス

帰敬偈 ………… 306
§ 1.『菩薩地』の綱領 ………… 306
§ 2. 基礎（種姓・初発心・菩提分法）………… 308
§ 3. 種姓 ………… 312
§ 4. 声聞や独覚と比した菩薩種姓を備えた菩薩の卓越性 ………… 314
§ 4.1. 二障（煩悩障・所知障）の浄化 ………… 314
§ 4.2. 4 種の様相（機根・修行・熟達・結果）………… 316
§ 5. 六波羅蜜に関する種姓の表徴 ………… 318
§ 5.1. 布施波羅蜜に関する種姓の表徴 ………… 318
§ 5.2. 持戒波羅蜜に関する種姓の表徴 ………… 324
§ 5.3. 忍辱波羅蜜に関する種姓の表徴 ………… 334
§ 5.4. 精進波羅蜜に関する種姓の表徴 ………… 336
§ 5.5. 禅定波羅蜜に関する種姓の表徴 ………… 338
§ 5.6. 般若波羅蜜に関する種姓の表徴 ………… 342
§ 5.7. 六波羅蜜に関する種姓の表徴の結 ………… 344
§ 6. 悪趣に生まれる菩薩 ………… 344
§ 6.1. 衆生と比した菩薩の持つ種姓の卓越性 ………… 346
§ 6.2. 清らかな性質に違背する 4 種の随煩悩 ………… 348
§ 7. 菩薩が菩提を得られない 4 種の理由 ………… 348

和訳および梵文校訂テキスト

和　訳

帰敬偈

Ref.（Jpn. trans.）相馬［1986b: 5］,（Eng. trans.）ROTH［1977: 406］, ENGLE［2016: 1］,（Kor. trans.）안（AHN）［2015: 45］[1]:

仏陀に礼拝いたします[2]。

1.『菩薩地』の綱領

Ref.（Jpn. trans.）相馬［1986b: 5］,（Eng. trans.）ROTH［1977: 406–407］, ENGLE［2016: 3］,（Kor. trans.）안（AHN）［2015: 45］:

これら 10 項目は、結果を伴う菩薩道である大乗を総合するためにある。10 とは如何なるものか。（1）基礎（ādhāra, 持）[3]、（2）表徴（liṅga, 相）、（3）立場（pakṣa, 分）、（4）強い意向（adhyāśaya, 増上意楽）、（5）住処（vihāra, 住）、（6）受生（upapatti, 生）、（7）統御（parigraha, 摂受）、（8）階位（bhūmi, 地）、（9）実践（caryā, 行）、（10）基盤（pratiṣṭhā, 建立）[4] である。

綱領偈（uddāna）

（1）基礎、（2）表徴、（3）立場、（4）強い意向、（5）住処、（6）受生、
（7）統御、（8）階位、（9）実践、最後に（10）基盤である[5]。

A Critical Edition of the Sanskrit Text

C —, K —, N —, Z 1v1; Du 1.3, Du_{2nd} 1.3, H —, R 405.7, W 1.2; D 1b1, P 1a2; T —:

(Z1v1) [1] namo buddhāya //

C —, K —, N —, Z 1v1; Du 1.3, Du_{2nd} 1.3, H 1, R 405.7, W 1.6; D 1b2, P 1a4; T 478b7:

daśeme dharmāḥ saphalasya bodhisattvamārgasya mahāyānasya saṃgrahāya saṃvartante / (2 katame daśa / 2) ādhāro liṅgaṃ pakṣo 'dhyāśayo vihāra u (Z1v2) papattiḥ parigraho bhūmiś caryā pratiṣṭhā [3] ca /

uddānam /

ādhāro (4 liṅgaṃ pakṣo 'dhyāśayo vihāra 4) (5 upapattiḥ /
parigraho 5) bhūmiś (6 caryā pratiṣṭhā 6) paścimā bhavet // [7]

---

1 *siddham* Z R : *oṃ* Du
Siddham is a symbol. Cf. SIRCAR［1965: 5; 92–97; 127–133］

2 *katame daśa* / Z DuR : om. *katame daśa* / H

3 *pratiṣṭhā* em. DuH : *pratiṣṭā* Z R　Cf. *rab tu gnas pa* DP, 建立 T

4 *liṅgaṃ pakṣo 'dhyāśayo vihāra* em. WANGCHUK［2007: 155, n.275］: *liṅgapakṣādhyāśayavihāra* Z Du_{2nd}HR, *liṅgapakṣādhyāśayavihārā* Du

5 *upapattiḥ / parigraho* em. DuH : *upapattiparigraho* Z R

6 *caryā pratiṣṭhā* Z DuR : *cary* H

7 WANGCHUK［2007: 155, n.275］points out that "the metre of *pāda*s a and b in the *uddāna* verse is obviously an *Āryā*, but as it stands it is flawed." ROTH［1977: 408–410］also points

2. 基礎（種姓・初発心・菩提分法）

Ref. (Jpn. trans.) 相馬［1986b: 5–6］, (Eng. trans.) ROTH［1977: 407–408］, ENGLE［2016: 3–5］, (Kor. trans.) 안（AHN）［2015: 45–46］:

その〔10 項目の〕中で、基礎とは如何なるものか。ここでは、菩薩にとっては、自身の種姓と初発心とすべての菩提分法が基礎と言われる。

それはなぜか。ここでは、菩薩は、種姓に依拠し、〔種姓を〕基盤とし、資質のある者（bhavya）、〔すなわち〕無上正等菩提をさとる力量のある者（pratibala）である。それ故に、種姓は、〔無上正等菩提をさとる〕資質のあること（bhavyatā）にとっての基礎と言われる[6]。ここでは、菩薩は、初発心に依拠し、〔初発心を〕基盤とし、布施にも専念し、持戒、忍辱、精進、禅定、般若にも専念する。というように、六波羅蜜、福徳資糧、智慧資糧、そして、すべての菩提分法に専念する。それ故に、初発心は、そういう菩薩行への専念にとっての基礎と言われる[7]。ここでは、菩薩は、同じその菩薩行への専念に依拠し、〔専念を〕基盤とし、無上正等菩提を円満する。

C —, K 3r2, N 2r1, Z 1v2; Du 1.9, Du_{2nd} 1.9, H 5, R 405.15, W 1.16; D 1b4, P 2a4; T 478b13:

tatrā(Z1v3)dhāraḥ [8] katamaḥ / iha bodhisattvasya (9 svaṃ gotraṃ 9) prathamaś cittotpādaḥ sarve ca bodhipakṣyā dharmā ādhāra ity ucyate /

tat kasya hetoḥ / iha (Z1v4) bodhisattvo gotraṃ niśritya (10 pratiṣṭhāya bhavyo 10) bhavati, pratibalo 'nuttarāṃ samyaksaṃbodhim abhisaṃboddhum / (11 tasmād bhavyatāyā 11) gotram ādhāra ity u(Z1v5)cyate / iha bodhisattvaḥ prathamacittotpādaṃ niśritya pratiṣṭhāya dāne 'pi prayujyate, śīle kṣāntau vīrye dhyāne prajñāyām [12] api prayujyate (Z1v6) (13 / iti 13) ṣaṭsu [14] pāramitāsu puṇyasaṃbhāre jñānasaṃbhāre sarveṣu ca bodhipakṣyeṣu dharmeṣu [15] prayujyate / tasmāt (16 prathamacittotpādas tasya 16) (17 bodhisattvaca(Z1v7)-ryā 17) prayogasyādhāra ity ucyate / iha bodhisattvas tam eva bodhisattvacaryāprayogaṃ niśritya pratiṣṭhāyānuttarāṃ samyaksaṃbodhiṃ paripūrayati /

---

out that "the first line of the *uddāna* is an irregular *Śloka* with one syllable more, the second line is *Śloka*," and asks "the question why the *uddāna* introducing the whole text is of such a disproportionate type." According to him, "the arrangement of the introductory *uddāna* of Bbh seems to be closely linked with the history of its composition."

8 *tatrādhāraḥ* Z DuH : *tatrādharaḥ* R

9 *svaṃ gotraṃ* Z R : *svagotraṃ* DuH

10 *pratiṣṭhāya bhavyo* Z R : *pratiṣṭhāpayitavyo* DuH, *pratiṣṭhopitavyo* Du^{Z}

11 *tasmād bhavyatāyā* Z R Du^{Z} : *tasmāt sabhāgatayā* DuH

12 add. *pha rol tu phyin pa* (**pāramitāyām*) DP

13 / *iti* Z : *iti* / DuHR Cf. *sbyor bar byed do // de ltar* DP

14 *ṣaṭsu* Z R : *yad vā* DuH

15 *dharmeṣu* Z DuH : om. *dharmeṣu* R

16 *prathamacittotpādas tasya* Z R : *prathamacittotpādasya* DuH, *prathamacittotpādānasya* Du^{Z}

17 *bodhisattvacaryā* Z R : *bodhisattvasya caryā* DuH, *bodhisattve caryā* Du^{Z}

それ故に、その菩薩行への専念は、そういう偉大な菩提の円満にとっての基礎と言われる。

種姓に立脚しない（a-gotrastha）[8] 人は、種姓がないので（gotre 'sati）、発心しても、〔菩薩行への専念という〕努力に依拠しても、無上正等菩提を円満し得る資質のない者である。それ故に、この観点で、菩薩が発心しなくても、菩薩行への専念が実行されなくても、種姓は基礎と知られるべきである。いっぽう、もし種姓に立脚した者が発心せず、諸々の菩薩行に専念しないならば、資質のある者であっても、速やかに〔無上正等〕菩提に到達せず、反対の場合、速やかに〔無上正等菩提に〕到達すると知られるべきである。

tasmā(Z2r1)t sa bodhisattvacaryāprayogas[18] tasyā[19] mahābodhiparipūrer[20] ādhāra ity ucyate[21] /

agotrasthaḥ pudgalo gotre ’sati cittotpāde ’pi yatnasamāśraye ’pi[22] saty [(23] abhavyo ’(Z2r2)nuttarāyāḥ [23)] samyaksaṃbodheḥ paripūraye / tad anena paryāyeṇa veditavyam anutpāditacittasyāpi[24] bodhisattvasyākṛte[25] ’pi bodhisattvacaryāprayoge (Z2r3) gotram ādhāra iti / sacet[26] punar gotrasthaś cittaṃ notpādayati,[27] bodhisattvacaryāsu[28] na prayujyate, na kṣipraṃ bodhim ārā(K3r2, N2r1)gayati[29] [(30] bhavyo ’pi san, [30)] vi(Z2r4)-paryāyāt[31] kṣipram ārāgayatīti[32] veditavyam[33] /

---

18 *bodhisattvacaryāprayogas* Z DuR : *bodhisattvacaryaprayogas* H

19 *tasyā* Z DuHR : *tasya* Du$_{2nd}$

20 *mahābodhiparipūrer* em. DuHR : *mahābodhipūrer* Z　Cf. *byang chub chen po yongs su rdzogs pa* DP, 所圓滿大菩提 T

21 *ucyate* Z^{pc} DuHR : *ucya* Z^{ac} R^{Z}

22 *’pi* Z : om. *’pi* DuHR　Cf. *kyang* DP

23 *abhavyo ’nuttarāyāḥ* Z R : *abhavyaś cānuttarāyāḥ* Du, *ābhayai cānuttarāyāḥ* H

24 *byang chub kyi sems kyang ma bskyed la* (**anutpāditabodhicittasyāpi*) DP

25 *bodhisattvasyākṛte* Z DuHR : *bodhisattvasya / kṛte* R^{Z}

26 *sacet* Z^{pc} DuHR : *sacot* Z^{ac}

27 *notpādayati* Z DuR : *notpadayati* H

28 *bodhisattvacaryāsu* em. R : *bodhicaryāsu* Z DuH　Cf. *byang chub sems dpa’i spyod pa dag la* DP, 菩薩所行加行 T

29 *ārāgayati* Z DuHR : *==gayati* K, *+.āgayati* N

30 *bhavyo ’pi san* KNZ : *tāsvapi* DuH, *bhavyo ’pi / sa* R, *’pi san* H^{K}　Cf. *skal ba yod kyang* DP

31 *viparyāyāt* NZ R : *viparyayāt* K DuH

32 *ārāgayatīti* Z DuHR : *a==nīti* K, *.+++.īti* N

33 *veditavyam* KZ DuHR : *veditav.ṃ* N

さらに、そういうこの種姓は基礎と言われる。支え（upastambha）、原因（hetu）、拠り所（niśraya）、階級的原因（upaniṣad）[9]、前提（pūrvaṃgama）、住み処（nilaya）とも言われる。種姓のように、初発心とすべての菩薩行[10]が同様に〔基礎云々と言われる〕。

3. 種　姓

Ref.（Jpn. trans.）相馬［1986b: 6］,（Eng. trans.）ENGLE［2016: 5–6］,（Kor. trans.）안（AHN）［2015: 46–47］：

その〔3種の基礎の〕中で、種姓とは如何なるものか。略説すると、種姓は2種である。〔すなわち、〕本来的に在る（prakṛtistha, 本性住）〔種姓〕[11]と発展した（samudānīta, 習所成）〔種姓〕である。その〔2種の種姓の〕中で、本来的に在る種姓は、菩薩たちの持つ特殊な六処（ṣaḍāyatanaviśeṣa）[12]である。それ（特殊な六処）は、(14 同一性を保ちながら（tādṛśa）[13]連続して来て無始の時以来の、ものの本質を通じて獲得されたもの（dharmatāpratilabdha）14) である[15]。その〔2種の種姓の〕中で、発展した種姓は、以前に（pūrva）[16]善根（kuśalamūla）[17]を反復実行すること（abhyāsa）[18]に基づいて獲得されたものである。それ（種姓）は、(19 以上の意味において 19)、2種ともが意図されたのである。

さらに、そういう種姓は、種子（bīja）とも言われ、根源要素（dhātu, 界）[20]、本性（prakṛti）とも〔言われる〕[21]。さらに、達成された結果を有さないそれ（種姓）は、結果を欠いて、微細（sūkṣma）である。達成された結果を有する〔種姓〕は、結果を伴って、粗大（audārika）である[22]。

tat [34] punar e(K3r3)tad gotram ādhāra ity ucyate / upastambho hetur niśraya upaniṣat pūrvaṃgamo ni(Z2r5)laya ity apy [35] ucyate / yathā gotram evaṃ prathamacittotpādaḥ [36] (K3r4) [(37] sarvā ca bodhisattvacaryā [37)] /

C —, K 3r4, N 2r1, Z 2r5; Du 2.4, Du$_{2nd}$ 2.4, H 9, W 3.1; D 2b3, P 3a2; T 478c12:

tatra gotraṃ katamat / samāsato gotraṃ [38] (N2r2) [(39] dvividham / [39)] (Z2r6) prakṛtisthaṃ samudānītaṃ ca / tatra prakṛtisthaṃ [40] (K3r5) gotraṃ [(41] yad bodhisattvānāṃ [41)] ṣaḍāyatanaviśeṣaḥ / sa tādṛśaḥ [42] paraṃparāgato 'nādikāliko dharmatāprati(Z2r7)-labdhaḥ / tatra samudānī(K3r6)taṃ gotraṃ yat pūrvakuśalamūlābhyāsāt pratilabdham / tad asminn arthe dvividham apy abhipretam /

tat punar gotraṃ bījam [43] [(44] ity a(K3r7, N2r3)py [44)] ucyate, dhātu(Z2v1)ḥ prakṛtir ity api / tat punar asamudāgataphalaṃ sūkṣmaṃ vinā phalena / samudāgataphalam audārikaṃ saha phalena /

---

34 *tat* Z DuR : = K, lacuna N, om. *tat* H

35 *apy* Z DuR : om. *apy* KN HW　Cf. *kyang* DP

36 *prathamacittotpādaḥ* Z R : *prathamaś cittotpādaḥ* KN DuHW

37 *byang chub kyi phyogs kyi chos thams cad* (**sarve ca bodhipakṣadharmāḥ*) DP

38 om. *gotraṃ* DP T

39 *dvividham /* Z DuHW : ==== K H^{K}, +++ / N

40 *prakṛtisthaṃ* Z DuHW : *prakṛtiṃ sthaṃ* KN H^{K}

41 *yad bodhisattvānāṃ* KZ DuHW : *y[a].b[o]dh[i]sattvānāṃ* N

42 *tādṛśaḥ* KNZ DuHW : *sādṛśaḥ* U

43 *bījam* Z DuHW : *bīja=* K, *bīja+* N

44 *ity apy* Z DuHW : ====*py* K, ++*py* N

4. 声聞や独覚と比した菩薩種姓を備えた菩薩の卓越性

Ref.（Jpn. trans.）相馬［1986b: 6］,（Eng. trans.）ENGLE［2016: 6］,（Kor. trans.）안（AHN）［2015: 47］：

さて、そういう種姓を備えた菩薩たちには、一切の声聞・独覚たちを越えて、当然、〔それ〕以外の一切の衆生たちを〔越えて〕、この上ない卓越性があると知られるべきである。

4.1. 二障（煩悩障・所知障）の浄化

Ref.（Jpn. trans.）相馬［1986b: 6–7］,（Eng. trans.）ENGLE［2016: 6–7］,（Kor. trans.）안（AHN）［2015: 47］：

それはなぜか。略説すると、浄化は以下の２つである。〔すなわち、〕煩悩障の浄化と所知障の浄化である。それ（二障の浄化）について、一切の声聞・独覚たちの持つそういう種姓は、煩悩障の浄化の点で浄化されるが、所知障の浄化の点では〔浄化され〕ない。いっぽうで、菩薩種姓は、煩悩障の浄化の点のみならず、所知障の浄化の点でも浄化される。それ故に、〔菩薩種姓は、〕あらゆるもの（種姓）よりも最も卓越したこの上ないものと言われる。

C —, K 3v1, N 2r3, Z 2v1; Du 2.10, Du_{2nd} 2.10, H 13, W 3.10; D 2b6, P 3a6; T 478c20:

(K3v1) tena khalu gotreṇa samanvāgatānāṃ [45] bodhi(Z2v2)sattvānāṃ sarvaśrāvaka-pratyekabuddhān atikramya [46] prāg evānyān sarvasattvān [47] (48 niruttaro viśeṣo vedita(K3v2)vyaḥ 48) /

C —, K 3v2, N 2r3, Z 2v2; Du 2.11, Du_{2nd} 2.11, H 13, W 3.12; D 2b7, P 3a7; T 478c22:

tat kasya hetoḥ [49] / (50 dve (N2r4) ime 50) samāsato viśuddhī, (Z2v3) kleśāvaraṇaviśuddhir [51] jñeyāvaraṇaviśuddhiś ca / tatra (52 sarva 52)-śrāvakapratyekabuddhā(K3v3)nāṃ tad gotraṃ kleśāvaraṇaviśuddhyā viśudhyati, na tu [53] (54 jñeyāvara(Z2v4)ṇa 54)-viśuddhyā / bodhisattvagotraṃ [55] punar api kleśāvaraṇaviśuddhyāpi jñe(K3v4)yāvaraṇaviśuddhyā viśudhyati / tasmāt sarvaprativi(N2r5)śiṣṭaṃ [56] niruttaram i(Z2v5)ty ucyate /

---

45 *samanvāgatānāṃ* NZ Du : *samanvāgatā* K HW

46 *atikramya* KNZ Du W^K : *atikrāmyanti* / HW

47 *sarvasattvān* KNZ HW : *sattvān* Du

48 *niruttaro viśeṣo veditavyaḥ* KNZ Du W^K : *niruttaraviśeṣaṃ veditavyam* HW

49 *hetoḥ* KZ DuHW : *heto+* N

50 *dve ime* Z Du : *=ime* K, *+ime* N, *dvividhe* HW

51 *kleśāvaraṇaviśuddhir* Z DuHW : *kleśāvaraṇaviśuddhi* KN

52 om. *sarva* DP

53 *tu* NZ Du : *taj* K HW, *ta* H^K

54 *jñeyāvaraṇa* Z DuHW : *jñayāvaraṇa* KN H^K

55 *bodhisattvagotraṃ* NZ DuHW : *bodhisattvagotra* K

56 *sarvaprativiśiṣṭaṃ* Z Du : *sarva==pariśiṣṭaṃ* K, *sarva+++śiṣṭaṃ* N, *sarvataḥ pariśiṣṭaṃ* HW, *sarva==pariśiṣṭum* H^K

4.2. 4 種の様相（機根・修行・熟達・結果）

Ref.（Jpn. trans.）相馬［1986b: 7］, (Eng. trans.) ENGLE［2016: 7–8］, (Kor. trans.) 안（AHN）［2015: 48］:

さらにまた、菩薩には、4 つの様相（ākāra）の点で、声聞・独覚たちに比べて、卓越性があると知られるべきである。如何なる 4 つの〔様相の〕点でか。〔すなわち、〕機根（indriya）に関するものと、修行（pratipatti）に関するものと、熟達（kauśalya）に関するものと、結果（phala）に関するものである。

その〔4 つの様相の〕中で、機根に関する卓越性は以下である。実に本来的に、菩薩は鋭敏な機根の者であり、独覚は中位な機根の者であり、声聞は鈍重な機根の者である。

その〔4 つの様相の〕中で、修行に関する卓越性は以下である。声聞と独覚は自利のために修行する者であり、菩薩も自利のためのみならず、利他のために、〔すなわち、〕大衆の利益（hita）のために、大衆の安楽（sukha）のために、世間の者たちに対する哀愍（anukampā）のために、神々と人間たちとの役に立つこと（artha）のために、利益のために、安楽のために〔修行する者である〕[23]。

その〔4 つの様相の〕中で、熟達に関する卓越性は以下である。声聞と独覚は、〔五〕蘊・〔十八〕界・〔十二〕処・〔十二〕縁起・処非処（有理と無理）・〔四〕諦〔という仏教内の学問領域（内明処）〕に関して熟達し、菩薩は、それ〔ら内明処〕と〔それ〕以外のすべての学問領域（五明処）[24] に関して〔熟達する〕。

C —, K 3v4, N 2r5, Z 2v5; Du 2.16, Du_{2nd} 2.16, H 15, W 3.20; D 3a2, P 3b2; T 478c27:

api ca caturbhir ākārair bodhisattvasya śrāvaka(K3v5)pratyekabuddhebhyo viśeṣo veditavyaḥ / katamaiś caturbhiḥ / indriyakṛtaḥ (Z2v6) pratipattikṛtaḥ kauśalyakṛtaḥ [57] phalakṛtaś ca /

ta(K3v6)trāyam indriyakṛto viśeṣaḥ / prakṛtyaiva bodhisattvas tīkṣṇendriyo bhavati, pratyeka(N2v1)buddho [58] madhyendri(Z2v7)yaḥ, śrāvako mṛdvindriya(K3v7)ḥ [59] /

tatrāyaṃ pratipattikṛto viśeṣaḥ / (60 śrāvakaḥ pratyekabuddhaś 60) cātmahitāya pratipanno bhavati, (61 bodhisattvo 'py 61) ātmahi(Z3r1)tāyā(K4r1)pi parahitāya [62] bahujanahitāya bahujanasukhāya lokānukampāyā arthāya hitāya sukhāya devamanuṣyā(N2v2)ṇām [63] /

tatrāyaṃ kauśalyakṛto (K4r2) viśe(Z3r2)ṣaḥ / śrāvakaḥ pratyekabuddhaś ca skandhadhātvāyatanapratītyasamutpādasthānāsthāna-(64 satya 64)-kauśalyaṃ karoti, bodhisattvas tatra (K4r3) cānyeṣu ca sarvavidyāsthā(Z3r3)neṣu /

---

57 *kauśalyakṛtaḥ* KZ DuHW : *kauśalyak.taḥ* N

58 *pratyekabuddho* Z DuHW : ===*buddho* K, +++*buddho* N

59 *mṛdvindriyaḥ* NZ DuHW : *mūdbindriyaḥ* K H^{K}

60 *śrāvakaḥ pratyekabuddhaś* KN HW : *śrāvakapratyekabuddhaś* Z Du

61 *bodhisattvo 'py* KNZ DuHW : *bodhisattvaḥ samayā* Du^{Z}

62 *parahitāya* KZ DuHW : *parahit*[*ā*]*y*[*a*] N

63 *devamanuṣyāṇām* KZ DuHW : *devamanu+ṇām* N
lha dang mi rnams kyi skye bo phal po che'i (**devamanuṣyamahājanakāyāṇām*) DP

64 om. *satya* T

その〔4つの様相の〕中で、結果に関する卓越性は以下である。声聞は声聞菩提という結果を体得し、独覚は独覚菩提〔という結果を体得する〕。菩薩は無上正等菩提という結果を体得する。

5. 六波羅蜜に関する種姓の特徴

Ref.（Jpn. trans.）相馬［1986b: 7］,（Eng. trans.）ENGLE［2016: 8］,（Kor. trans.）안（AHN）［2015: 48］：

それら〔の表徴〕により、以下のように他の者たちが、「彼は菩薩である」と了解するような、菩薩の持つ、諸波羅蜜に関する種姓の諸々の表徴（gotraliṅga）には、以下の6つが完備されている。〔すなわち、〕布施波羅蜜に関する種姓の表徴、持戒・忍辱・精進・禅定・般若波羅蜜に関する種姓の表徴である[25]。

5.1. 布施波羅蜜に関する種姓の特徴

Ref.（Jpn. trans.）相馬［1986b: 8–9］,（Eng. trans.）ENGLE［2016: 8–10］,（Kor. trans.）안（AHN）［2015: 48–49］：

その〔六波羅蜜に関する種姓の表徴の〕中で、以下は、菩薩の持つ、布施波羅蜜に関する種姓の諸々の表徴である。

tatrāyaṃ phalakṛto viśeṣaḥ / śrāvakaḥ (65 śrāvakabodhiṃ phalam 65) adhigacchati, pratyekabuddhaḥ pratyeka(K4r4, N2v3)bodhim [66] / bodhisattvo (67 'nuttarāṃ (Z3r4) samyaksaṃbodhiṃ phalam 67) adhigacchati /

C —, K 4r4, N 2v3, Z 3r4; Du 3.1, Du$_{2nd}$ 3.1, H 17, W 4.13; D 3a7, P 4a1; T 479a11:

ṣaḍ imāni bodhisattvasya pāramitānāṃ gotraliṅgānāṃ [68] (K4r5) saṃpadyante, [69] yair evaṃ [70] pare saṃjānate "bodhisa(Z3r5)ttvo 'yam" iti, dānapāramitāyā gotraliṅgaṃ śīlakṣāntivīryadhyānaprajñāpāramitā(K4r6)yā gotraliṅgam /

C —, K 4r6, N 2v3, Z 3r5; Du 3.3, Du$_{2nd}$ 3.3, H 19, W 4.16; D 3b1, P 4a3; T 479a14:

tatremāni [71] bodhisattvasya (N2v4) dāna(Z3r6)pāramitāyā [72] gotraliṅgāni [73] /

---

65 *śrāvakabodhiṃ phalam* NZ : *śrāvakabodhiphalam* K DuHW

66 *pratyekabodhim* Z : *pratyekabuddham adhigacchati* K W^K, *pratyeka+.[i]m* N, *pratyekabodhim adhigacchati* DuHW
rang byang chub kyi 'bras bu thob par bhed do (**pratyekabodhiṃ phalam adhigacchati*) DP

67 *'nuttarāṃ samyaksaṃbodhiṃ phalam* KNZ : *'nuttaraṃ samyaksaṃbodhiphalam* DuHW

68 *gotraliṅgānāṃ* KNZ HW : *gotraliṅgāni* Du U

69 *saṃpadyante* KNZ DuHW : *saṃvartante* U

70 *evaṃ* Z DuHW : *enaṃ* KN　Cf. *de ltar* DP

71 *tatremāni* em. : *tatredaṃ* KNZ DuHW DP　Cf. *BBh* I §5.1: *itīmāny evaṃbhāgīyāni bodhisattvasya dānapāramitāyā gotraliṅgāni veditavyāni*, *BBh* I §5.2: *tatremāni bodhisattvasya śīlapāramitāyā gotraliṅgāni*.

72 *dānapāramitāyā* Z DuHW : ===*pāramitāyā* K, ++*pāramitāyā* N

73 *gotraliṅgāni* em. : *gotraliṅgam* KNZ DuHW　Cf. *BBh* I §5.1: *itīmāny evaṃbhāgīyāni bodhisattvasya dānapāramitāyā gotraliṅgāni veditavyāni*, *BBh* I §5.2: *tatremāni bodhisattvasya śīlapāramitāyā gotraliṅgāni*.

ここでは、菩薩は（1）実に本来的に、布施を好む者である[26]。(2) そして、施与できる諸々の物が存在して見出されるならば、絶えず常に他の者たちに分け与える習慣のある者である。(3) そして、歓喜した心を持って与え、〔しかし、〕追悔した心を持って〔与え〕ない。(4) そして、僅少なものからも分け与えることを為す者である。(5) そして、大胆な（viśada）布施を施し、〔しかし、〕小胆な（klība）〔布施を施さ〕ない。(6) そして、布施しないことを恥じる。(7) そして、他の者たちに布施することの讃美を語る。(8) そして、彼らに布施を促進する。(9) そして、施者を見て心が満たされ、好感を持つ者である。(10) 尊師たち、老師たち、供養すべき者たち、優遇するに相応しい者たちのために立ち上がって座を譲る。(11) 問われるにしろ問われないにしろ、衆生の任務（kṛtya）のあれやこれやについて、現世や来世に罪作りなことのない道理に適った教示を施す。(12) そして、王・盗賊・敵対者・火・水などの恐怖に脅かされた衆生たちに無畏を施す。(13) そして、能力の及ぶ限り、そういう多彩で絶え間ない怖るべき恐怖から彼らを救護する。

iha bodhisattvaḥ (1) prakṛtyaiva dānarucir bhavati / (2) sa(K4r7)tsu ca saṃvidyamāneṣu deyadharmeṣu satatasamitaṃ pareṣāṃ saṃvi(Z3r7)bhāgaśīlo bhavati / (3) pramuditacittaś ca dadāti, na [(74] vimanaskaḥ / (4) (K4v1) alpād [74)] api ca saṃvibhāgasya kartā bhavati / (5) viśadaṃ ca dānam anuprayacchati, [(75] na klība(N2v5)m [75)] / (6) (Z3v1) adānena [76] ca jihreti / (7) pareṣāṃ ca dānasya [(77] varṇaṃ bhāṣate [77)] / (8) (K4v2) dāne cainān upacchandayati [78] / (9) dātāraṃ ca dṛṣṭvāttamanā [79] bhavati sumanaskaḥ / (10) gurubhyo [80] vṛddha(Z3v2)tarakebhyo dakṣiṇīyebhyaḥ satkārārhe(K4v3)bhya utthāyāsanam anuprayacchati / (11) pṛṣṭo 'pṛṣṭo vā teṣu teṣu [(82] sattvakṛtyeṣv anapāyam iha(K107v6, N*3r1) [81] loke [82)] paraloke nyā(Z3v3)-yopadeśam anuprayacchati / (12) rājacaurāmitr-[(83] āgny [83)]-udakādibhayabhītānāṃ ca sattvānām abhayam anuprayaccha(K107v7)ti / (13) yathāśaktyā cainān paritrāyate tasmā(Z3v4)d vicitrāt pratatād [84] ugrād bhayāt /

---

74 *vimanaskaḥ / alpād* NZ DuHW : *vimanaska alpād* K

75 *na klīvam* Z Du^{Z} : ==== K H^{K}, +++*m* N, *na hīnam* DuHW Cf. *ngan pa ni ma yin no //* DP, 非狭小 T

76 *sbyin pa mi byed ma byin par len pa la* (**adānādattādānena*) DP

77 *varṇaṃ bhāṣate* Z Du : *va===* K, *va++++* N, *varṇaṃ vadati* HW

78 *upacchandayati* Z Du : *u==ndayati* K, *u+++yati* N, *samādāpayati* HW

79 *dṛṣṭvāttamanā* KN DuHW: *dṛṣṭvā ā[stha]ttamanā* Z, *dṛṣṭvā āsthātubhavā* Du^{Z}

80 add. *yang* (**ca*) DP

81 The folio numbering in manuscripts K and N is disordered. In K, the sequence jumps from K4v3 to K107v6, indicating that the content on K107v6 continues from where K4v3 ends. On the other hand, in N, there is another folio with an unspecified number that comes after folio 65. Since there is no folio numbered 3 in N, this folio has been provisionally assigned the number *3.

82 *sattvakṛtyeṣv anapāyam ihaloke* Z Du : *sattvakṛtyeṣunapāyam i*(K107v6)*loke* K, *satvakṛtyeṣv anapāyam iha*(N*3r1)*loke* N, *sattvakṛtyeṣu napāyami loke* HW, *sattvakṛtyeṣv apāyeṣv ihaloke* U

83 *āgny* KNZ HW : *āṇy* Du

84 *mang po ... las* (**prabhūtād*) DP

(14) そして、彼の手に託された他者の財物を毀損しない。(15) 他の者たちから債務を負った後、誑かさず、毀損しない。(16) 自身の相続人を騙さず、欺かない。(17) 宝石 (maṇi)・真珠 (muktā)・水宝玉 (vaiḍūrya) [27]・貝玉 (śaṃkhaśilā) [28]・珊瑚 (pravāḍa)・金 (jātarūpa)・銀 (rajata)・蒼玉 (aśmagarbha) [29]・翠玉 (musāragalva) [30]・紅玉 (lohitikā) [31]・右巻法螺貝 (dakṣiṇāvarta) [32] を初めとする資産の部類に [33]、目が眩み顛倒した (viprayasta) 心を正しく目覚めさせる。彼には〔それ (資産の部類)〕以外のものから (anyatas) [34] も欺かれることがないのに、どうして自ら彼を欺き得ようか。(18) そして、本来的に、広大な (udāra) 享受対象に傾倒する者であり、彼にとって広大なすべての享受対象の享受に心趣く。(19) そして、広大な諸々の事業の完成に傾倒する者であり、僅かな収入源〔に傾倒する者〕ではない。

(14) nikṣiptaṃ cāsya haste paradhanaṃ nābhidruhyati [85] / (15) [(87] ṛṇaṃ [86] gṛhītvā parebhyo na visaṃvāda(K108r1, N*3r2)yati [87)] nābhidruhyati [88] / (16) svadā(Z3v5)yādaṃ [89] [90] na vañcayate, na vipralambhayati / (17) maṇimuktāvaidūrya(K108r2)śaṃkha-[(91] śilā [91)]-[(92] pravāḍa [92)]-jātarūparajat-[(93] āśmagarbha [93)]-musāragalvalohitikādakṣi(Z3v6)ṇāvarta-[(94] prabhṛtiṣū [94)]-pakaraṇajāteṣu mūḍha(K108r3)ṃ viprayastacittaṃ [95] samyakprabodhayati [96] / [(97] yathāsyānyato 'pi na vipralambhaḥ syāt, kuta(N*3r3)ḥ [97)] punaḥ svayam enaṃ viprala(Z3v7)mbhayiṣyati / (18) (K108r4) prakṛtyā [(98] codāra [98)]-bhogādhimukto bhavati, udāreṣv asya sarvabhogaparibhogeṣu cittaṃ krāmati / (19) udāreṣu ca karmānteṣv a(K108r5)dhimukto bhava(Z4r1)ti, na parīttāyadvāreṣu /

---

85 *nābhidruhyati* Z Du : *nābhidruhṛ===* K H^K, *nābhidruhṛ+++* N, *nābhidruhṛ++* HW

86 add. *yang* (**ca*) DP

87 *ṛṇaṃ gṛhītvā parebhyo na visaṃvādayati* Z Du : *==========yati* K, *++++++++++++yati* N HW

88 *nābhidruhyati* Z Du : *nābhidruhṛti* KN HW

89 *svadāyādaṃ* Z Du : *svaṃ dāyādaṃ* KN HW H^K

90 add. *yang* (**ca*) DP

91 *śilā* NZ DuHW : *śīlā* K H^K

92 *pravāḍa* KNZ HW : *pravāla* Du

93 *āśmagarbha* Z DuHW : *āsmagarbha* KN H^K

94 *prabhṛtiṣū* NZ Du U : *prabhūtiṣū* K HW H^K

95 *viprayastacittaṃ* Z Du : *viryambhacittaṃ* K H^{K}W^K, *viryastacittaṃ* N, *viparītacittaṃ* HW Cf. *sems phyin ci log tu gyur pa la* DP, 心迷倒 T

96 *samyakprabodhayati* KNZ HW H^K : *samyaksaṃbodhayati* Du

97 *yathāsyānyato 'pi na vipralambhaḥ syāt, kutaḥ* Z Du : *ya=========ḥ* K, *ya+++++++++++++++ḥ* N, *ya+++++++++ḥ* HW

98 *codāra* KNZ DuHW : *codhāra* W^K

(20) そして、世間において諸々の執著は以下である。すなわち、女性への執著、酒への執著、賭博への執著、俳優・舞踏家・道化師・軽業師などの見世物への執著、以上、このような種類の諸々の執著から、実に速やかに離欲を獲得し、慚愧を露わにする。(21) そして、莫大な (vipula) 享受対象の獲得にも過剰に熱望する者ではなく、当然、僅少な (alpa)〔享受対象の獲得に過剰に熱望する者ではない〕。以上、このような類のこれらが、菩薩の持つ、布施波羅蜜に関する種姓の諸々の表徴であると知られるべきである。

5.2. 持戒波羅蜜に関する種姓の特徴

Ref. (Jpn. trans.) 相馬［1986b: 9–10］, (Eng. trans.) ENGLE［2016: 10–13］, (Kor. trans.) 안 (AHN)［2015: 49–51］:

その〔六波羅蜜に関する種姓の表徴の〕中で、以下は、菩薩の持つ、持戒波羅蜜に関する種姓の諸々の表徴である。

(20) (99 yāni cemāni 99) loke vyasanāni, tadyathā strīvyasanaṃ madyavyasanaṃ [100] dyūtavyasanaṃ [101] (102 naṭanartakahā(K108r6, N*3r4)saka 102)-lāsakādisaṃdarśa(Z4r2)-navyasanam ity evaṃrūpebhyo vyasanebhyo [103] laghu laghv eva vairāgyaṃ [104] pratilabhate, hrī(K108r7)vyapatrāpyaṃ [105] prāviṣkaroti / (21) vipule 'pi ca [106] bhogapratilambhe [107] nādhimātralolu(Z4r3)po [108] bhavati, prāg evālpe / itīmāny bodhisattvasya eva(K108v1)ṃbhāgīyāni dānapāramitāyā (109 gotraliṅgāni veditavyāni 109) /

C 4r1, K 108v1, N *3r5, Z 4r3; Du 4.1, Du2nd 4.1, H 23, W 6.5; D 4a4, P 4b8; T 479b4:

(N*3r5) tatremāni (Z4r4) bodhisattvasya śīlapārami(K108v2)tāyā gotraliṅgāni /

---

99 *yāni cemāni* Z Du^{Z} : =*ni cemāni* K, +*ni cemāni* N, +*nivemani* HW, *santi cemāni* Du, =*san cemāni* H^{K} Cf. *'jig rten na zhugs pa ni 'di dag yin te* DP

100 *madyavyasanaṃ* Z Du U : *midyavyasanā*= K H^{K}, *m[a]dy[a]vy[a]s[ana]*+ N, *madyavyasanā*+ HW

101 *dyūtavyasanaṃ* Z Du U : === K, lacuna N HW

102 *naṭanartakahāsaka* Z Du : ===*saka* K, ++++++*saka* N HW

103 *vyasanebhyo* KN DuHW : om. *vyasanebhyo* Z Du^{Z} Cf. *zhugs pa* DP, 耽著事 T

104 *vairāgyaṃ* KNZ Du U : *vairagyāṃ* HW

105 *hrīvyapatrāpyaṃ* NZ DuHW : *hrīvyayatrāpyaṃ* K H^{K}

106 *ca* KNZ Du : om. *ca* HW

107 *bhogapratilambhe* KN DuHW : *bhogalambhe* Z, *bhojalambhe* Du^{Z} Similar compounds (*-pratilambha*) are found in the *Bodhisattvabhūmi*.

108 *nādhimātralolupo* N DuHW : *nādhimātraloluyo* K H^{K}, *nādhimātraloluto* Z

109 *gotraliṅgāni veditavyāni* Z DuHW : ========== K, [*go*]+++++++++ N

ここでは、菩薩は（1）本来的に、(35 微弱に不善な 35) 身・口・意の行為を備えた者であり、過度に暴悪な〔身・口・意の行為を備えた〕者ではなく、過度に衆生に有害な〔身・口・意の行為を備えた〕者ではない。(2) そして、悪い行為を為しても、実に速やかに後悔をする。(3) そして、そ〔の悪い行為〕を恥じ入りながら振舞い、〔しかし、〕喜びを生じて〔振舞わ〕ない。(4) そして、手・土塊・棒・小刀などで衆生たちを傷つけない部類の者である。(5) そして、本来的に情深く、衆生の寵愛者である。(6) そして、優遇するに相応しい者たちに対して、随時、敬礼・礼拝・奉迎・合掌といった尊敬する行為でもって傅く者である。(7) そして、機敏で、洗練され、他者の心に従う者である。(8) そして、微笑を先行させ、はっきりした顔色で眉をしかめず、最初に語りかける者である。(9) そして、恩恵を与える衆生たちに対して、恩を知り恩を感じる者である。

iha bodhisattvaḥ (1) prakṛtyā mṛdunā [110] kāyavāṅ-[(111] manas [111)]-karmaṇā [112] samanvāgato bhavaty a(Z4r5)kuśalena, nātyartha(K108v3)raudreṇa [(113] nātyartha [113)]-sattvopaghātakena / (2) kṛtvāpi [114] ca pāpakaṃ karma laghu laghv eva vipratisāraṃ pratilabhate / (3) taṃ [115] [(116] ca (Z4r6) jehrīyamāṇaḥ samāca(K108v4, N*3v1)rati, [116)] na nandījātaḥ / (4) pāṇiloṣṭadaṇḍaśastrādibhiś ca sattvānām aviheṭhanajātīyo bhavati / (5) prakṛtiva(K108v5)tsalaś ca bhavati (Z4a7) sattvapriyaḥ / (6) satkārārheṣu ca kālena kālam abhivādanavandanapratyutthānāñjali-[(117] sāmīcī [117)]-karmaṇā (K108v6) pratyupasthito bhavati / (7) dakṣiṇaś ca bhavati (Z4v1) [(118] nāgarikaḥ paracittānuvartī / (8) smi(N*3v2)-tapūrvaṃgamaś [118)] ca bhavaty [(119] uttānamukhavarṇo (K108v7) vigatabhṛkuṭiḥ [119)] pūrvābhibhāṣī [120] / (9) upakāriṣu ca sattveṣu kṛtajño [121] bhavati kṛtave(Z4v2)dī /

---

110 *mṛdunā* KZ DuHW : *mṛduna* N

111 om. *manas* DP

112 *kāyavāṅmanaskarmaṇā* KN DuHW : *kāyavāṅmanaskārāṇāṃ* Z Du^{Z} Cf. *lus dang ngag gi las* DP, 身語意業 T

113 *nātyartha* KNZ DuW : *tyartha* H

114 *kṛtvāpi* KNZ DuW : *nākṛtvāpi* H

115 *taṃ* Z Du : = K, *t.* N, + HW

116 *ca jehrīyamāṇaḥ samācarati* Z Du : ==========*rati* K, ++++++++++*rati* N, +++++++++++*rati* HW

117 *sāmīcī* KZ DuHW : *samīcī* N

118 *nāgarikaḥ paracittānuvartī / smitapūrvaṃgamaś* Z Du : *nāgara========tapūrvaṃgamaś* K, *nāgara+++++++++tapūrvaṃgamaś* N, *nāgara++++++++tapūrvaṃgamaś* HW, *smitapūrvaṃ-gamaś* U

119 *uttānamukhavarṇo vigatabhṛkuṭiḥ* KN HW H^{K} : *uttānamukhavarṇavigatabhṛkuṭiḥ* Z, *uttānamukhavarṇavigatabhrūkuṭiḥ* Du, *uttānamukhavarṇo vigatabhṛkutiḥ* U Cf. *ŚrBh* I.3: *kathaṃ peśalo bhavati / vigatabhṛkuṭir bhavaty uttānamukhavarṇaḥ, smitapūrvaṃgamaḥ, pūrvābhibhāṣī* .... (*ŚrBh*$_{T1}$ 290.7–8).

120 *pūrvābhibhāṣī* KNZ Du : *pūrvābhibhāpī* HW, *pūrvābhilāpī* U

121 *kṛtajño* KZ DuHW : +*tajño* N

(10) そして、求め来る衆生たちに対して、真直に立ち振舞い、狡計・奸計によって彼らを唆さない。(11) そして、公正にかつ軽率でなく、諸々の享受対象を集め、不正に〔集め〕ない。(12) そして、実に本来的に、福徳を求める者であり、他者に福徳ある諸々の行為にも従事し、当然、自己に〔福徳ある諸々の行為にも従事する〕。(13) そして、他者の苦悩を通じて、非常に苦悩する。すなわち、他の者たちの殺害・投獄・擦傷・打撃・罵言・脅迫などを通じて、見るか聞くかした後で〔過度に苦悩する〕。(14) そして、道徳的義務を引き受けること (dharmasamādāna) 36 を尊重し、来世を尊重する者であり、微かな程度の非難されるべきことに対してさえ恐れを見る者であり、当然、大きな〔程度の非難されるべきことに対して恐れを見る者である〕。

(10) arthikeṣu ca sattveṣv ṛjukaṃ [122] pra(K109r1)tipadyate, na māyāśāṭhyenaitān [123] vilobhayati / (11) dharmeṇāsāhasena [124] ca bhogān samudānayati, nādha(Z4v3)rmeṇa / (12) prakṛtyaiva ca [(125] puṇyakāmo bhavati, parapuṇya(K109r2, N*3v3)kriyāsv api [125)] vyāpāraṃ [126] gacchati, prāg evātmanaḥ / (13) parabādhayā cātyarthaṃ bādhyate, yadu(Z4v4)ta pareṣāṃ va(K109r3)dhabandhanacchedana(C4r1) [127]-tāḍanakutsana-tarjanādikayā [128] dṛṣṭvā vā śrutvā vā / (14) dharmasamādānagurukaś [129] ca bhavati saṃparāyaguruka(K109r4)ḥ, [130] [(132] a(Z4v5)ṇumātre 'py [131] avadye [132)] bhayadarśī, [133] prāg eva prabhūte /

---

122 *ṛjukaṃ* KN HW $\mathrm{H^K}$: *ṛjutāṃ* Z Du　Cf. *drang por* DP

123 *māyāśāṭhyenaitān* Z Du : *māyāśādhyanainān* K $\mathrm{H^K}$, *māyāśā[ṭhye]nainān* N, *māyāśāṭhyenainān* HW

124 *dharmeṇāsāhasena* Z Du : *dharmeṇāsahasena* KN HW $\mathrm{H^K}$　Cf. *bab chol ma yin par* DP

125 *puṇyakāmo bhavati, parapuṇyakriyāsv api* Z Du : *pra==========kriyāsvapi* K $\mathrm{H^K}$, *pra+++++++++kriyāsvapi* N, *kriyāmvapi* H, *pra+++++++++++kriyāmvapi* W

126 *vyāpāraṃ* KNZ Du : *vyāpārān* HW

127 The beginning of C4r is damaged, affecting a few *akṣara*s.

128 *vadhabandhanacchedanatāḍanakutsanatarjanādikayā* KNZ DuHW : *+tāḍanakutsana-tarjanādiṃkayā* C

129 *dharmasamādānagurukaś* CKZ DuHW : *dharmasamādānagu+kaś* N

130 *saṃparāyagurukaḥ* CNZ DuHW : *samparu=yagurukaḥ* K $\mathrm{H^K}$

131 *'py* KNZ DuHW : om. *'py* C　Cf. *yang* DP

132 *aṇumātre 'py avadye* KNZ DuHW : *aṇumātreṣv avadyeṣu* C $\mathrm{H^C}$　Cf. *kha na ma tho ba phra rab tsam dag la* DP

133 *bhayadarśī* KNZ DuHW : *bhayadarś.* C

(15) そして、他者の諸々の任務（kṛtya）や他者の諸々の仕事（karaṇīya）に対して[37]、協力に趣く。すなわち、農業・交易・家畜の世話・王に仕えること・筆記・計算・計測（nyasana）[38]・算数・手算（mudrā）[39]、夫を和らげること、家族を和らげること、王族を和らげること、友と敵を和らげること、諸々の享受対象の獲得や保護や貯蓄や投資や放出、妻を娶ること・嫁にやること・宴会・会食、このような類の衆生の諸々の任務に対して、協力に趣く。

(15) [(134] parakṛtyeṣu ca parakaraṇīyeṣu sahā(N*3v4)yībhāvaṃ [134)] gacchati, [135] [(143] yaduta kṛṣiva(K109r5)ṇijyā-[(136] gorakṣya [136)]-(Z4v6)rājapauruṣyalipigaṇana-nyasana(C4r8)-[(137] saṃkhyā [137)]-mudrāyāṃ bhartṛprasādane [138] kulaprasādane [(139] rājakulaprasādane (K109r6) mitrāmitraprasādane [139)] bhogānām [(140] a(Z4v7)rjane rakṣaṇe saṃnidhau [140)] prayoge visarga [(142] āvāhavivāhābhakṣaṇasaṃbhakṣaṇeṣv evaṃbhāgīyeṣu sattvakṛtyeṣu [141] sahā(K109r7, N3v5)yībhāvaṃ [142)] gacchati / [143)]

---

134 *parakṛtyeṣu ca parakaraṇīyeṣu sahāyībhāvaṃ* Z Du : *parakṛtyeṣu parakaraṇīyeṣu sahāyī-bhāvaṃ* C HW, *para=========yībhāvaṃ* K, *parak.+++++++++yībhāvaṃ* N

135 An insertion mark has been added here in C. However, the marginal note is damaged and blurred. See the following footnotes for details.

136 *gorakṣya* Z Du : illegible C^{pc}, *gaurakṣya* KN HW H^{K}

137 *saṃkhyā* KNZ DuHW : [*sa*]*ṃ*_ C^{pc}

138 *bhartṛprasādane* KNZ DuHW : *bha*[*rtṛpras*]*ādane* C^{pc}

139 *rājakulaprasādane mitrāmitraprasādane* KNZ Du H^{K} : *mitrāmitrarājaprasādane* C^{pc} HW Cf. *mdza' bshes dang mi mdza' ba bsdums pa dang / rgyal po dang bsdums pa dang /* DP

140 *arjane rakṣaṇe saṃnidhau* KNZ DuHW : *arjane rakṣaṇe sanidhau* C^{pc}

141 *sattvakṛtyeṣu* Z Du : om. *sattvakṛtyeṣu* C^{pc} HW, ===== K, +++++ N Cf. om. *sattvakṛtyeṣu* DP, 於是一切如法事中 (**evaṃbhāgīyeṣu sarvakṛtyeṣu*) T

142 *āvāhavivāhābhakṣaṇasaṃbhakṣaṇeṣv evaṃbhāgīyeṣu sattvakṛtyeṣu sahāyībhāvaṃ* Z Du : *āvāhavivāha*[*ā*]*bhakṣaṇe_ṃbhakṣaṇeṣvevaṃbhāgīyeṣusahāyībhāvaṃ* C^{pc}, *āvāhavivāhābhakṣaṇa*=========*yībhāvaṃ* K, *āvāhavivāhābhakṣaṇa*++++++++++++++*yībhāvaṃ* N, *āvāhavivā-hābhakṣaṇasaṃbhakṣaṇeṣv evaṃbhāgīyeṣu sahāyībhāvaṃ* HW

143 om. *yaduta kṛṣivaṇijyāgorakṣyarājapauruṣyalipigaṇananyasanasaṃkhyāmudrāyāṃ bhartṛprasādane kulaprasādane rājakulaprasādane mitrāmitraprasādane bhogānām arjane rakṣaṇe saṃnidhau prayoge visarga āvāhavivāhābhakṣaṇasaṃbhakṣaṇeṣv evaṃbhāgīyeṣu sattvakṛtyeṣu sahāyībhāvaṃ gacchati /* C^{ac}

喧嘩・戦争・争闘・訴訟か、或いは他者を害する他の諸々の仕事かに対して、〔協力に趣か〕ない。それら〔の仕事〕は、自身と他の者たちにとっての損害、不利益、苦のためにある。(16) そして、彼らを非行から抑止する。すなわち、悪くて不善な 10 の行為の道[40] から。(17) そして、他者の意に従い、他者に従順な者であり、〔他者と〕同等の忍耐・習慣を持つので、〔菩薩〕自身の責務 (svakārya) を捨てた後、他の者たちにより、思うがままに、〔他の者〕自身の責務 (ātmakārya)[41] を依託される。(18) そして、柔和な心を持ち、温和な心を持つ者である。(19) そして、敵愾心の状態、憤怒した心の状態を長くは継続せず、反対に、他ならぬその瞬間に、彼のそういう心を賢善な状態に転化する。(20) そして、真理を尊重する者であり、不実な言葉によって他の者たちを誑かさない。

na (144 kalaha 144)-(Z5r1)bhaṇḍanavigraha-(145 vivādeṣv anyeṣu vā 145) paraviheṭhanakaraṇīyeṣu, [146] (147 ya ātma(C4r2, K109v1)naḥ 147) pareṣāṃ (148 cānarthāyāhitāya duḥkhāya 148) saṃvartante / (16) akṛtyāc cainān [149] ni(Z5r2)vārayati, yaduta (150 daśabhyaḥ pāpakebhyo 150) 'kuśalebhyaḥ karma(K109v2)pathebhyaḥ / (17) paravaśyaś ca (151 bhavati paravidheyaḥ, 151) samānakṣāntiśīlatay(K4v5, N4r1)[152]-āpahā(Z5r3)ya [153] svakāryaṃ parair ātmakārye yathākāmaṃ niyojyate / (18) ārdracittaś ca bhavati (154 peśalacittaḥ / 154) (19) (155 na ca cira(C4r3)m 155) āghātacittatāṃ [156] prati(K4v6)-ghacittatām u(Z5r4)dvahati, nānyatra tatkṣaṇa evāsya tac cittaṃ bhadratāyāṃ parivartate / (20) satyagurukaś ca bhavati, nābhūtavacanena [157] parān [158] visaṃ(K4v7)-vādayati /

---

144 *kalaha* C^{pc}KNZ DuHW : *kala* C^{ac}

145 *vivādeṣv anyeṣu vā* CKN HW : *vivādeṣu ca* Z Du　Cf. *pha rol la rnam par 'che ba'i las gzhan dag la* DP, 或餘所有互相惱害 T

146 *paraviheṭhanakaraṇīyeṣu* Z DuHW : *paraviheṭhanakara+++* C, *paraviheṭhakaraṇīyeṣu* KN H^{K}

147 *ya ātmanaḥ* KNZ DuHW : +++*naḥ* C

148 *cānarthāyāhitāya duḥkhāya* KNZ Du H^{K} : *cānarthāya duḥkhāyāhitāya* C HW　Cf. *gnod pa dang / sdug bsngal ba dang / phan par mi 'gyur ba* DP, 無義無益受諸苦惱 T

149 *cainān* CKNZ U : *caitāṃ* DuHW H^{K}

150 *daśabhyaḥ pāpakebhyo* KNZ DuHW : *daśabhyo* C W^{C}　Cf. *sdig pa mi dge ba bcu'i* DP, 十種惡不善 T

151 *bhavati paravidheyaḥ* CZ DuHW : *bhava=======* K, *bhava+++++++* N

152 The sequence jumps from K109v2 to K4v5, meaning the sentence in K4v5 proceeds from the end of K109v2.

153 *samānakṣāntiśīlatayāpahāya* C^{pc}Z DuHW : *nasamānakṣāntiśīlatayāpahāya* C^{ac}, ====*apahāya* K, +++++++++*apahāya* N

154 *peśalacittaḥ* / KNZ DuHW : *peśala*++ C

155 *na ca ciram* KNZ DuHW : ++++*m* C

156 *āghātacittatāṃ* CNZ DuHW : *āghātacittanāṃ* K H^{K}

157 *nābhūtavacanena* C^{pc}KNZ DuHW : *nātmabhūtavacanena* C^{ac}

158 *parān* KNZ Du $H^{K}W^{K}$: *paraṃ* C HW　Cf. *gzhan la* DP, 他 T

(21) そして、他の者たちが友人間で仲違いすることを好まず、実行しない。(22) そして、無関係なこと、無用なこと、無意味なことを、軽はずみに語らない。(23) そして、優しく話す者で、自身の奴隷などの召使いにとって辛辣でない者でもあり、当然、他の者たちの〔奴隷などの召使いにとって辛辣でない者である〕。(24) そして、美徳を好む者で、他の者たちに本当の賞賛をもたらす者である。以上、このような類のこれらが、菩薩の持つ、持戒波羅蜜に関する種姓の諸々の表徴であると知られるべきである。

5.3. 忍辱波羅蜜に関する種姓の特徴

Ref. (Jpn. trans.) 相馬［1986b: 10］, (Eng. trans.) ENGLE［2016: 13］, (Kor. trans.) 안 (AHN)［2015: 51］:

その〔六波羅蜜に関する種姓の表徴の〕中で、以下は、菩薩の持つ、忍辱波羅蜜に関する種姓の諸々の表徴である。ここでは、菩薩は (1) 他の者たちより侮辱を受けた後、本来的に、敵愾心の状態を表に出さず、侮辱にも応じない。

(21) (159 na ca (Z5r5) pareṣāṃ 159) mitrabhedaṃ roca(N4r2)yati na karoti / (22) na cāsaṃbaddham apārthaṃ nirarthaṃ sahasā [160] pralapati [161] / (23) priyaṃvadaś ca (162 bhavaty apa(K5r1)rakaṭu(C4r4)ko 162) '(Z5r6)pi svakasya dāsādiparijanasya, [163] prāg eva pareṣām / (24) guṇapriyaś ca bhavati pareṣāṃ bhūtasya varṇasyā-hartā [164] / itīmāny [165] eva(K5r2)ṃbhāgīyāni [166] bodhi(Z5r7)sattvasya śīlapāramitāyā [167] gotraliṅgāni veditavyāni /

C 4r5, K 5r2, N 4r3, Z 5r7; Du 5.5, Du$_{2nd}$ 5.5, H 33, W 7.25; D 5a4, P 6a3; T 479c4:

(C4r5, N4r3) [168] tatremāni bodhisattvasya kṣāntipāramitāyā go(K5r3)traliṅgāni / iha bodhisattvaḥ (Z5v1) (1) prakṛtyā pareṣām antikād apakāraṃ [169] labdhvā [170] nāghātacittatāṃ [171] prāviṣkaroti, nāpy apakārāya pratipa(K5r4)dyate [172] /

---

159 *na ca pareṣāṃ* CKNZ DuW : om. *na ca pareṣāṃ* H

160 *sahasā* CK DuHW : *śahasā* NZ

161 *pralapati* CZ DuHW : *pralayati* KN H^{K}

162 *bhavaty aparakaṭuko* KNZ DuHW : ++++[*ra*]*ko* C

163 *dāsādiparijanasya* CKN DuHW : *dāśādiparijanasy*a Z

164 *varṇasyāhartā* KNZ DuHW : *varṇasyahartā* C H^{C}

165 *itīmāny* CKZ DuHW : *itī*[*mā*]*ny* N

166 *evaṃbhāgīyāni* CKNZ Du : *evāṃbhāgīyāni* HW

167 *śīlapāramitāyā* KNZ DuHW : *śīlapāramitāy*[*ā*] C

168 *tatremāni bodhisattvasya kṣāntipāramitāyā gotrali*(C4r5)+*ni* // *tatremāni bodhisattvasya kṣāntipāramitāyā gotraliṅgāni* C H^{C} C repeats "*tatremāni bodhisattvasya kṣāntipāramitāyā gotraliṅgāni*."

169 *apakāraṃ* CZ DuHW : *apakāra* KN

170 *labdhvā* CKNZ DuHW : *labdhā* H^{K}

171 *nāghātacittatāṃ* CNZ DuHW : *nāghātacittanāṃ* K H^{C}

172 *pratipadyate* C HW : *prapadyate* KNZ Du H^{K} Cf. *byed do* DP, 反報 T

(2) そして、謝罪されて速やかに謝罪を受け入れる。(3) そして、怨恨を固持せず、仇なす意向を長時に亘って持たない。以上、このような類のこれらが、菩薩の持つ、忍辱波羅蜜に関する種姓の諸々の表徴であると知られるべきである。

5.4. 精進波羅蜜に関する種姓の特徴

Ref. (Jpn. trans.) 相馬［1986b: 10–11］, (Eng. trans.) ENGLE［2016: 13–14］, (Kor. trans.) 안（AHN）［2015: 51–52］:

その〔六波羅蜜に関する種姓の表徴の〕中で、以下は、菩薩の持つ、精進波羅蜜に関する種姓の諸々の表徴である。ここでは、菩薩は (1) 本来的に、勤勉な者であり、明け方に起床し、暮れ方 (sāya) 42 に就寝し、(43 睡眠の安楽、臥床の安楽、横臥の安楽に 43) 過度に耽らない。(2) そして、任務が現前するならば、為したくない状態、怠惰を克服し、熟考し、その任務を遂行するために専念する。

(2) saṃjñapyamānaś [173] cāśu [174] saṃjñaptiṃ [175] pratigṛhṇā(Z5v2)ti [176] / (3) na ca khilaṃ [(177] dhārayati, na ci(C4r6)rakālikaṃ [177)] vairāśayaṃ [178] vahati / itīmāny e(N4r4)vaṃ(K5r5)bhāgīyāni [179] bodhisattvasya kṣāntipāramitāyā [180] gotraliṅgāni [181] (Z5v3) veditavyāni /

C 4r6, K 5r5, N 4r4, Z 5v3; Du 5.10, Du$_{2nd}$ 5.10, H 33, W 8.5; D 5a6, P 6a5; T 479c8:

tatremāni bodhisattvasya vīryapāramitāyā go(K5r6)traliṅgāni / iha bodhisattvaḥ (1) prakṛtyotthānavān bhavati, (Z5v4) kalyotthāyī [182] sāyaṃ [183] nipātī [184] [(185] na nidrāsukhaṃ śayanasu(C4r7)khaṃ [185)] pārśvasu(K5r7)kham atyarthaṃ svīkaroti [186] / (2) pratyupasthite ca kṛ(N4r5)tye 'bhibhūyākartu(Z5v5)kāmatām ālasyaṃ pratisaṃkhyāya prayujyate tasya kṛtyasyābhi(K5v1)niṣpattaye /

---

173 *saṃjñapyamānaś* CZ DuHW : *saṃjñāpyamānaś* KN H^{K}, *saṃjñapyamanaś* U

174 *cāśu* CKN DuHW : *cānte* Z Du^{Z}　Cf. *yang myur du* DP, 速 T

175 *saṃjñaptiṃ* CZ DuHW : *saṃjña=* K, *saṃ++* N

176 *pratigṛhṇāti* C^{pc}KZ DuHW : *pratika[la]vigṛhṇāti* C^{ac}, *+tigṛhṇāti* N

177 *dhārayati, na cirakālikaṃ* KNZ DuHW : *++++++rakālikaṃ* C

178 *vairāśayaṃ* CKNZ Du H^{C}H^{K} U : *vairāśayāṃ* HW

179 *evaṃbhāgīyāni* C^{pc} KNZ DuHW : *evaṃbhāgīyā* C^{ac}

180 *kṣāntipāramitāyā* KNZ DuHW : *kṣāntiparamitāyā* C

181 *gotraliṅgāni* CNZ DuHW : *gotraliṃṅgāni* K H^{K}

182 *kalyotthāyī* KNZ Du^{Z}H^{K} : *kālyotthāyī* C DuHW

183 *sāyaṃ* CKZ DuHW : *sāy.* N

184 *nipātī* KZ DuHW : *ni++* C, *n.pātī* N, *ni__* W^{C}

185 *na nidrāsukhaṃ śayanasukhaṃ* Z DuHW : +++++_____*ṃ* C, *na nidrāsukhaṃ sayenasukhaṃ* K, *na nidrāsukhaṃ sayanasukhaṃ* N H^{K}

186 *svīkaroti* C^{pc}KNZ DuHW : *svīveṃkaroti* C^{ac}

(3) そして、すべての任務を始めるに際し、堅固な決心を持つ者であり、〔任務を〕為さず、完成せずしては、あらゆる仕方であらゆる精進を弛めず、或いは途中で絶望に陥らない。(4) そして、広大で最高な諸々の目的に対して、心が萎縮してしまわず、自己を蔑みもせず、「私はこれら〔の最高の目的〕を体得する能力を有し、力量を有する」と勇猛心を起こす者である。(5) そして、大群衆に分け入ることか、他の者たちと一緒に討論すること(sahābhiyogapratyabhiyoga) 44 か、それ以外の為し難い行為かに対して、勇敢な人である。(6) そして、目的を伴った大いなる諸々の努力に対しても、過度に疲弊してしまわず、当然、僅少な〔諸々の努力に対しても、過度に疲弊してしまわない〕。以上、このような類のこれらが、菩薩の持つ、精進波羅蜜に関する種姓の諸々の表徴であると知られるべきである。

5.5. 禅定波羅蜜に関する種姓の特徴

Ref. (Jpn. trans.) 相馬［1986b: 11–12］, (Eng. trans.) ENGLE［2016: 14–16］, (Kor. trans.) 안（AHN）［2015: 52］:

その〔六波羅蜜に関する種姓の表徴の〕中で、以下は、菩薩の持つ、禅定波羅蜜に関する種姓の諸々の表徴である。ここでは、菩薩は（1）本来的に、教えと〔教えの〕意味内容の熟慮に際し、〔心が〕散漫することの多くない者である。

(3) sarvakṛtyasamārambheṣu ca dṛḍhaniścayo [187] bhavati, [(188] nākṛ(Z5v6)tvā nāpariprāpya [188)] sarveṇa [189] sarvaṃ vīryaṃ [190] sraṃsayaty [191] [(192] antarā vā viṣā(C4v1)da(K5v2)m [192)] āpadyate / (4) udāreṣu ca parameṣv artheṣu na cetasā saṃkocam āpadyate(Z5v7), nāpy ā(N4v1)tmānaṃ paribhavati, "śakto 'haṃ pratibala [193] eṣām adhigamāye"ty u(K5v3)tsāhajātaḥ / (5) vīraś ca bhavati mahāsabhāpraveśe vā paraiḥ sa(Z6r1)hābhiyogapratyabhiyoge [194] vā tadanyatra vā duṣkarakarmaṇi [195] / (C4v2) (6) mahāvyava(K5v4)sāyeṣv api cārthopasaṃhiteṣu nātyarthaṃ khedam āpadyate, prāg eva pa(Z6r2)rītteṣu [196] / itīmāny evaṃbhāgīyāni bodhi(N4v2)sattvasya vīrya(K5v5)-pāramitāyā gotraliṅgāni veditavyāni /

C 4v2, K 5v5, N 4v2, Z 6r2; Du 5.21, Du$_{2nd}$ 5.21, H 37, W 8.21; D 5b3, P 6b4; T 479c19:

tatremāni bodhisattvasya dhyānapā(Z6r3)ramitāyā [197] gotraliṅgāni / iha [(198] bodhisattva(K5v6)ḥ (1) prakṛtyā dha(C4v3)rmārthopanidhyāne [198)] 'vikṣepabahulo bhavati /

---

187 *dṛḍhaniścayo* CKNZ DuHW : *dṛdhaniścayo* U

188 *nākṛtvā nāpariprāpya* KNZ DuHW : *nākṛ[tvā nāparipr]āpya* C

189 *sarveṇa* CKNZ DuHW : *saṇa* Du$_{2nd}$

190 *vīryaṃ* KNZ DuHW : [*vī*]+ C

191 *sraṃsayaty* em. DuHW : lacuna C, *saṃsayaty* Z Du^{Z}, *suṃśayaty* K H^{K}, *sraṃśayaty* N　Cf. *'dor* DP, 懈廢 T

192 *antarā vā viṣādam* KNZ DuHW : ++___[*ṣāda*]*m* C

193 *pratibala* KNZ H^{K} : *pratibalam* C DuHW

194 *sahābhiyogapratyabhiyoge* CKN HW : *sahābhiprayogapratyabhiyoge* Z Du

195 *duṣkarakarmaṇi* KNZ DuHW : *du*+++++ C

196 *parītteṣu* CZ DuHW : *prarītteṣu* KN H^{K}

197 *dhyānapāramitāyā* CZ DuHW : *dhyānapāramitā* K, *dhyānapāramatāyā* N

198 *bodhisattvaḥ prakṛtyā dharmārthopanidhyāne* KNZ DuHW : *bodhi*+++++++*rmārthopanidhyāne* C

(2) そして、(47 郊外（araṇya）45・林薮（vanaprastha）46 という人里離れた坐臥する場所（prānta śayanāsana）47) が、人間がひそかに住み、悪い衆人から離れ、独坐に適することを、見るか聞くかした後で、「ああ、〔世間から〕離れ出ることや遠く離れることは安楽だ 48」と考え、出離・遠離への強い憧憬を起こす。(3) そして、本来的に、煩悩が薄弱で、蓋いが薄弱で、重苦しさが薄弱な者である。(4) そして、彼が遠離状態にあって自利を思量しても、悪くて正しくない諸々の散漫な思考が、心を過度に動揺させることなく、掌握し続けない。(5) 敵対者（amitra）側に対してさえ、即座に慈愛の心の状態（maitracittatā）に立ち上げ、当然、仲間（mitra）・中立者（udāsīna）側に対して〔も、即座に慈愛の心の状態に立ち上げる〕。(6) そして、多彩な苦に苦しめられた衆生たちの苦を、聞くか見るかした後で、偉大な悲愍の心（kāruṇyacitta）を起こす。

(2) [(199] araṇyavanaprasthā(Z6r4)ni ca [199)] prāntāni śayanāsanāni manuṣyarahaḥ(K5v7)-sevitāni vigatajanapāpakāni [200] [(201] prati(N4v3)saṃlayana [201)]-[(202] sārūpyakāṇi [202)] dṛṣṭvā vā śrutvā vā [203] "sukhaṃ (Z6r5) bata [204] naiṣkramyaṃ [(205] prāvivekyam" iti naiṣkramyaprāvivekye [205)] tī(K6r1)vram [206] [(207] autsukyam utpāda(C4v4)yati [207)] / (3) prakṛtyā ca mandakleśo bhavati mandanivara(Z6r6)ṇo mandadauṣṭhulyaḥ / (4) pravivekagatasya [208] cāsya [209] svārthaṃ pari(K6r2)tulayataḥ [210] pāpakā asadvitarkā nātyarthaṃ cittaṃ kṣobhayanti na paryā(N4v4)dāya [211] tiṣṭhanti / (5) (Z6r7) amitrapakṣe 'pi tvaritatvaritaṃ [212] maitra(K6r3)cittatām [213] upasthāpayati, [(214] prāg eva mitro(C4v5)-dāsīnapakṣe [214)] / (6) vicitraiś ca duḥkhair [215] duḥkhitānāṃ [216] sattvānāṃ duḥkhaṃ (Z6v1) śrutvā vā dṛṣṭvā vā mahat (K6r4) kāruṇyacittam utpādayati /

---

199 *araṇyavanaprasthāni ca* C^{ac}Z Du^{Z} U : *araṇyavanaprasthānāni ca* C^{pc} DuHW, *araṇyavanapastāni ca* K H^{K}, *araṇyavan.+.āni ca* N Cf. *ŚrBh* I.3: *araṇyavanaprasthāni prāntāni śayanāsanāny* (*ŚrBh*$_{T1}$ 280.2).

200 *vigatajanapāpakāni* C HW : *vigatapākapakāni* Z, *vigatapāpakāni* KN Du, *vigatapāyayākāni* Du^{Z} Cf. *sdig pa'i skye bo med pa* DP, 離悪衆生 T

201 *pratisaṃlayana* CKZ DuHW : *++saṃlayana* N

202 *sārūpyakāṇi* KNZ DuHW H^{K} : *sārūpyāni* C W^{C}

203 *vā* CKNZ HW : om. *vā* Du

204 *bata* CKN HW : *tan* Z Du Cf. *kye ma* DP

205 *prāvivekyam iti naiṣkramyaprāvivekye* CNZ DuHW : *prāvivekyaprāvivekye* K

206 *tīvram* CKNZ DuHW : *tūram* U

207 *autsukyam utpādayati* KNZ DuHW : *au+++++yati* C

208 *pravivekagatasya* CZ DuHW : *pravivekarā==sya* K, *praviveka+++* N, *vivekagatasya* W^{C}, *pravivekara* H^{K}

209 *cāsya* CZ DuHW : *=sya* K, *+sya* N

210 *paritulayataḥ* CZ DuHW : *parittalayataḥ* KN H^{K}

211 *paryādāya* CZ DuHW : *paryadāya* KN

212 *tvaritatvaritaṃ* CNZ W^{C} : *tvaritaṃ tvaritaṃ* K DuHW H^{K}

213 *maitracittatām* CNZ DuHW : *maitracicittatām* K H^{K}

214 *prāg eva mitrodāsīnapakṣe* KNZ DuHW : *+++++dāsīnapakṣe* C

215 *duḥkhair* CKN DuHW : *dukhair* Z

216 *duḥkhitānāṃ* CKN DuHW : *dukhitānāṃ* Z

(7) そして、彼ら衆生たちの苦を除去するために、能力の限り、力の限り従事する。(8) そして、本来的に、衆生たちに対して、利益を望み、安楽を望む者である。(9) そして、親族の不幸（vyasana）や享受対象の困窮（vyasana）や殺害や投獄や国外追放に陥っても、以上、このような類の諸事に陥っても、堅固さを有する者である。(10) そして、聡明で、諸々の教えの把握・受持・思案をする能力があり、また、記憶力を備えた者である。彼（菩薩）は、昔時に為されたこと・昔時に宣説されたことをも想起し、また、他の者たちに想起させる者である。以上、このような類のこれらが、菩薩の持つ、禅定波羅蜜に関する種姓の諸々の表徴であると知られるべきである。

5.6. 般若波羅蜜に関する種姓の特徴

Ref. (Jpn. trans.) 相馬［1986b: 12］, (Eng. trans.) ENGLE［2016: 16］, (Kor. trans.) 안（AHN）［2015: 52–53］:

その〔六波羅蜜に関する種姓の表徴の〕中で、以下は、菩薩の持つ、般若波羅蜜に関する種姓の諸々の表徴である。

(7) [(217] duḥkhāpanayāya ca teṣāṃ sattvānāṃ [217)] yathāśaktyā yathābalaṃ vyāpāraṃ gacchati / (8) prakṛtyā ca (Z6v2) sa(K6r5)ttveṣu hita(N4v5)kāmo bhavati sukhakāmaḥ / (9) [(219] dhṛtimāṃś [218] ca bhavaty āpa(C4v6)tsu [219)] jñātivyasane vā bhogavyasane vā vadhe vā bandhane [220] vā pravāsa(K6r6)ne [221] vā, (Z6v3) ity evaṃbhāgīyāsv āpatsu / (10) [(222] medhāvī ca [222)] dharmāṇāṃ [223] [(224] grahaṇa [224)]-dhāraṇohanasamarthaḥ smṛtibalena [225] ca samanvāgato [226] bhava(K6r7)ti / sa (Z6v4) cirakṛtacirabhāṣitam [227] [(228] apy anusmartā [228)] bhavati pareṣāṃ cānusmārayit(C4v7)ā [229] / itīmāny evaṃbhāgīyāni bodhisattvasya dhyānapāra(Z6v5)mitāyā [300] gotraliṅgāni veditavyāni /

C 4v7, K —, N —, Z 6v5; Du 6.13, Du$_{2nd}$ 6.13, H 43, W 9.17; D 6a3, P 7a5; T 480a5:

tatremāni bodhisattvasya prajñāpāramitāyā gotraliṅgāni /

---

217 *duḥkhāpanayāya ca teṣāṃ sattvānāṃ* C DuW : *duḥkhāpa==ya ca teṣāṃ sattvānāṃ* K H^{K}, *duḥkhā++.āya ca teṣāṃ sattvānāṃ* N, *duḥkhāpanāyāya ca teṣāṃ sattvānāṃ* Z, *teṣāṃ sattvānāṃ duḥkhāpanayāya ca* H

218 *dhṛtimāṃś* NZ DuHW : *dhṛtimāṃ.* C, *vūtimāṃś* K H^{K}

219 *dhṛtimāṃś ca bhavaty āpatsu* NZ DuHW : *dhṛtimāṃ+++++tsu* C, *vūtimāṃś ca bhavaty āpatsaṃ* K

220 *bandhane* KNZ DuHW : *bandhe* C H^{C}W^{C}

221 *pravāsane* CKN HW : *pravāse* Z Du Cf. *spyugs pa* DP

222 *medhāvī ca* KZ DuHW H^{K} : *medhāvī* C W^{C}, *me[dha]vī ca* N

223 *dharmāṇāṃ* CKZ DuHW : *dharmaṇāṃ* N

224 *grahaṇa* KNZ DuHW : *grahana* C

225 *smṛtibalena* CKZ DuHW : *smṛtibal.na* N

226 *samanvāgato* CNZ DuHW : *samandhāgato* K

227 *cirakṛtacirabhāṣitam* C^{pc}KNZ DuHW : *cirakṛtahitakāmobhavacirabhāṣitam* C^{ac} H^{C}

228 *apy anusmartā* CZ DuHW : *aprānusmartā* KN H^{K}, *apy anusmṛtā* U

229 *cānusmārayitā* Z DuHW : +++++.[*ā*] C, *cānusma* KN
N and K jump from §5.5 to §7.

230 *dhyānapāramitāyā* C^{pc}KNZ DuHW : *dhyānapāramitā* C^{ac}

ここでは、菩薩は（1）すべての学問領域（五明処）という知られるべきものに入るために、生来の般若を備えた者である。(2）そして、愚鈍でなく、蒙昧でなく、愚昧の部類でない者である。(3）そして、あれやこれやの放逸状態を離れることに対して、熟考する力を持つ者である。以上、このような類のこれらが、菩薩の持つ、般若波羅蜜に関する種姓の諸々の表徴であると知られるべきである[49]。

5.7. 六波羅蜜に関する種姓の特徴の結

Ref. (Jpn. trans.) 相馬［1986b: 12］, (Eng. trans.) ENGLE［2016: 16］, (Kor. trans.) 안（AHN）［2015: 53］:

菩薩の持つ、以上これらの、種姓の諸々の表徴は、粗大で推論に基づくと知られるべきである。いっぽう、実際（bhūtārtha, 実義）〔の種姓〕を確定することについては、諸仏世尊のみが直接知覚するのである[50]。

6. 悪趣に生まれる菩薩

Ref. (Jpn. trans.) 相馬［1986b: 12–13］, (Eng. trans.) ENGLE［2016: 16–17］, (Kor. trans.) 안（AHN）［2015: 53］:

そして、諸菩薩の持つそういう種姓は、本来的に、以上のような徳性を伴い、賢善で、善くて、清らかな性質（śukladharma, 白法）を備えたものであるので、まず、成し遂げ難く、最も優れ、不可思議で、不動で、無上なる如来の境地（pada）を得るための原因というあり方（hetubhāva）に適合し、

iha bodhisattvaḥ (1) sarvavi(Z6v6)dyāsthānajñeyapraveśāya sahajayā (C5r1) prajñayā samanvāgato bhavati / (2) adhandhaś ca bhavaty amando 'momuhajātīyaḥ / (3) tāsu tāsu ca [231] pramāda(Z6v7)sthānaviratiṣu pratisaṃkhyānabaliko bhavati / itīmāny evaṃbhāgīyāni bodhisattvasya [232] prajñāpāramitāyā gotraliṅgāni veditavyā(C5r2)ni /

C 5r2, K —, N —, Z 7r1; Du 6.18, Du2nd 6.18, H 43, W 9.24; D 6a5, P 7a8; T 480a9:

(Z7r1) tānīmāni bodhisattvasyaudārikāṇy [233] ānumānikāni gotraliṅgāni veditavyāni / bhūtārthaniścaye tu buddhā eva bhagavantaḥ pratyakṣadarśinaḥ /

C 5r2, K —, N —, Z 7r1; Du 6.20, Du2nd 6.20, H 45, W 10.1; D 6a6, P 7b1; T 480a12:

ya(Z7r2)smāc ca tad gotraṃ bodhisattvānāṃ prakṛtyaivaṃ [234] guṇayuktaṃ bhadraṃ kalyāṇaṃ śukladharmasamanvā(C5r3)gatam, [235] tasmāt tāvad durabhisaṃbhavasya śreṣṭhasy-([236] ācintyasyā [236])-ca(Z7r3)lasyānuttarasya tathāgatasya [237] padasyāvāptaye hetubhāvena yujyate,

---

231 *ca* C DuHW : om. *ca* Z

232 *bodhisattvasya* CZ DuHW : *byādhisattvasya* H^{C}

233 *bodhisattvasyaudārikāṇy* C^{pc}Z DuHW : *bodhisattvasyaudārikāniṇy* C^{ac}

234 *prakṛtyaivaṃ* C^{pc} HW H^{C} : *prakṛtyaivaṃ[sa]* C^{ac}, *prakṛtyaiva* Z Du　Cf. *rang bzhin kyis de ltar* DP, 性與如是 T

235 *śukladharmasamanvāgatam* Z DuHW : *śuklapakṣasamanvāgatam* C $H^{C}W^{C}$　Cf. *dkar po'i chos dang ldan pa* DP, 成就賢善諸白淨法 T

236 *ācintyasyā* Z DuHW : *ācintasyā* C

237 *tathāgatasya* Z DuHW : *tāthāgatasya* C

〔如来の境地を得るための原因たるもの〕以外のあり様に適合しない。加えて、菩薩は、清らかな性質に違背する4つの随煩悩（upakleśa）[51]に、完全にか部分的にか汚された者でない限り、これら清らかな性質を実に本来的に伴った者である。そして、〔菩薩が随煩悩に〕汚されているときに、彼は、これら清らかな性質に関して観察されず、また、時には諸々の悪趣に生まれる。

6.1. 衆生と比した菩薩の持つ種姓の卓越性

Ref. (Jpn. trans.) 相馬［1986b: 13］, (Eng. trans.) ENGLE［2016: 17］, (Kor. trans.) 안（AHN）［2015: 53］：

悪趣に生まれる場合でも、菩薩には、彼以外の悪趣に生まれた衆生たちに比べて、種姓に関して大きな卓越性があると知られるべきである。ここでは、菩薩は、永い時間を経て、或る時には、如何なる時でも、諸々の悪趣に生まれる。そして、〔悪趣に〕生まれ、速やかに諸々の悪趣から脱する。そして、〔彼〕以外の悪趣に生まれた衆生たちのようには、悪趣の激しい苦の経験を経験しない。そして、その〔悪趣の〕微かな苦の経験に触れ、過度な畏怖嫌厭を起こす。そして、そこに生まれて苦しめられた彼ら衆生たちに対して、仏陀の持つ偉大な悲愍（mahākaruṇā）の原因である同じそういう種姓によって促されているので、悲愍の心を獲得する。

([238] anyathā na [238]) yujyate [239] / tāvac ca bodhisattva ebhiḥ śukladharmai(Z7r4)ḥ [240] prakṛtyaiva yukto bhavati, yāvan na śukladharmavairo(C5r4)dhikaiś caturbhir upakleśaiḥ sakalavikalair upakliṣṭo bhavati / yadā [241] copakli(Z7r5)ṣṭo bhavati, sa tadaiṣu ca śukleṣu dharmeṣu na saṃdṛśyate, apāyeṣu caikadopapadyate /

C 5r4, K —, N —, Z 7r5; Du 6.26, Du2nd 6.26, H 45, W 10.10; D 6b2, P 7b5; T 480a18:

apāyopapattāv [242] api bodhisattva(Z7r6)sya tadanyebhyo 'pāyopapannebhyaḥ sattvebhyo go(C5r5)trakṛto mahān viśeṣo veditavyaḥ / iha bodhisattvo dīrgheṇa kālena kadā(Z7r7)cit karhicid [243] apāyeṣūpapadyate / upapannaś cāśu [244] parimucyate 'pāyebhyaḥ / na ca tathā tīvrām [245] āpāyikīṃ duḥkhāṃ [246] vedanāṃ vedayate, tadya(Z7v1)thānye 'pāyopapannāḥ (C5r6) sattvāḥ / tayā [247] ca [248] pratanvyā [249] duḥkhayā vedanayā spṛṣṭo 'dhimātraṃ saṃvegam utpādayati / teṣu ([250] ca sattveṣu tatropapanneṣu duḥkhite(Z7v2)ṣu kāruṇyacittaṃ pratilabhate, yaduta tenaiva (C5v1) ([251] gotreṇa [250]) buddhamahākaruṇāhetunā [251]) codyamānaḥ /

---

238 *anyathā na* Z Du : *nānyathā* C HW

239 *yujyate* Z Du U : *yujyetaḥ* C H^{C}, *yujyeta* HW

240 *śukladharmaiḥ* Z Du : *śuklair dharmaiḥ* C HW

241 *yadā* Z Du : *yataś* C HW　Cf. *gang gi tshe* DP

242 *apāyopapattāv* Z DuHW : *a+y[o]papattāv* C

243 *karhicid* C^{pc}Z DuHW : *ka*[+]*rhicid* C^{ac}

244 *cāśu* C DuHW : *caśu* Z　Cf. *yang ... myur du* DP

245 *tīvrām* Z DuHW : *t*[*ī*]*vrām* C

246 *duḥkhāṃ* C DuHW : *duḥkhaṃ* Z

247 *tayā* C^{pc}Z Du : *tayā*[*pa*] C^{ac}, *tayāpi* HW

248 *ca* C^{pc} : om. *ca* C^{ac}Z DuHW　Cf. *yang* DP

249 *pratanvyā* C HW : *tanvyā* Z Du　Cf. *shin tu chung ngu* DP

250 Du2nd repeats "*ca sattveṣu tatropapanneṣu duḥkhiteṣu kāruṇyacittaṃ pratilabhate yaduta tenaiva gotreṇa.*"

251 *gotreṇa buddhamahākaruṇāhetunā* Z DuHW : +[*tr.ṇ. buddh.*]*mahākaruṇamahāhetunā* C

以上、このような類の諸事が、悪趣に生まれる場合、彼（菩薩）以外の悪趣に生まれた衆生たちに比べて、菩薩の持つ諸々の卓越性であると知られるべきである。

6.2. 清らかな性質に違背する 4 種の随煩悩

Ref. (Jpn. trans.) 相馬［1986b: 13］, (Eng. trans.) ENGLE［2016: 18］, (Kor. trans.) 안（AHN）［2015: 53–54］:

それでは、菩薩の持つ、それら清らかな性質に違背する 4 つの随煩悩とは如何なるものか。以前に放逸な者が、煩悩を反復実行するから、激しい煩悩の状態と長期間の煩悩の状態であること、これが第 1 の随煩悩である。曚昧で不善な者が、悪友と一緒にいること、これが第 2 の随煩悩である。尊師・夫・王・盗賊・敵対者などに支配される者が、独立せず、心が不安定であること、これが第 3 の随煩悩である。資産を欠いた者が、生活を気にかけること、これが第 4 の随煩悩である。

7. 菩薩が菩提を得られない 4 種の理由

Ref. (Jpn. trans.) 相馬［1986b: 13–14］, (Eng. trans.) ENGLE［2016: 18–19］, (Kor. trans.) 안（AHN）［2015: 54］:

菩薩は、以上のように種姓を完備しても、4 つの理由により、無上正等菩提をさとることが出来ない。如何なる 4 つ〔の理由〕によってか。

ity (252 evaṃbhāgīyā apāyopapattau 252) bodhisattvasya (Z7v3) tadanyebhyo 'pāyopapannebhyaḥ sattvebhyo viśeṣā [253] veditavyāḥ [254] /

C 5v1, K —, N —, Z 7v3; Du 7.8, Du2nd 7.9, H 47, W 10.22; D 6b5, P 8a2; T 480a27:

tatra katame te bodhisattvasya catvāraḥ (255 śukladharmavairodhikā (Z7v4) upakleśāḥ 255) / pūrvaṃ pramattasya (C5v2) kleśābhyāsāt tīvrakleśatāyatakleśatā [256] cāyaṃ prathama upakleśaḥ / mūḍhasyākuśalasya pāpamitra(Z7v5)saṃśrayo 'yaṃ dvitīya [257] upakleśaḥ / gurubhartṛrāja-(258 caura 258)-pratyarthikādyabhibhūtasyāsvātantryaṃ cittavibhramaś cāyaṃ tṛtīya upakleśaḥ / upa(Z7v6)karaṇavikalasya jī(C5v3)vikāpekṣāyaṃ [259] caturtha upakleśaḥ /

C 5v3, K 6v1, N 6r1, Z 7v6; Du 7.13, Du2nd 7.14, H 49, W 11.2; D 7a1, P 8a5; T 480b6:

caturbhiḥ kāraṇair evaṃ gotrasaṃpanno 'pi bodhisattvo na śaknoty (260 anuttarāṃ samyaksaṃ(Z7v7)bodhim 260) abhisaṃboddhum / katamaiś caturbhiḥ /

---

252 *evaṃbhāgīyā apāyopapattau* CZ : *evaṃbhāgīyaḥ apāyopapattau* DuHW　Cf. *'di lta bu dang mthun pa dag gis na* DP

253 *viśeṣā* Z : *viśeṣo* C DuHW

254 *veditavyāḥ* Z : *veditavyaḥ* C DuHW

255 *śukladharmavairodhikā upakleśāḥ* CZ DuW : *śukladharma upakleśaḥ* H

256 *tīvrakleśatāyatakleśatā* C^{pc}Z DuHW : *tīvrakleśatā āyatanakleśatā* C^{ac}

257 *dvitīya* CZ DuW : *dvitīya vairodhikā* H

258 *caura* Z Du : *cora* C HW

259 *jīvikāpekṣāyaṃ* C^{pc}Z DuHW : *jīvikāpekṣāyāṃ* C^{ac}

260 *anuttarāṃ samyaksaṃbodhim* CZ DuHW : *anuttarasamyaksaṃbodhim* Du2nd

この世で、菩薩は、(52 菩提への道を顛倒なく説示する 52) 仏陀や菩薩という善き師友（kalyāṇamitra, 善知識）に、そもそも会わない。これが第 1 の理由である。また次に、菩薩が善き師友に会っても、菩薩の諸々の学事を、顛倒して把握し、顛倒して修学する。これが第 2 の理由である。また次に、菩薩が善き師友に会い、菩薩の諸々の学事を顛倒なく修学しても、その〔修学したことの〕専念に際して専念が弛み、怠慢であり、懸命（udagra）53 で継続的な精進を備えていない。これが第 3 の理由である。また次に、菩薩が善き師友に会って菩薩の諸々の学事を顛倒なく修学し、その専念に際して精進を始めても、諸々の菩提分法が永い時間を経て積集されないから、機根（indriya）54 が未成熟であり、菩提資糧が円満していない。これが第 4 の理由である。(55 種姓がある場合、以上の〔4 つの理由に示された菩提を得るための〕理由（kāraṇa）を欠く（etatkāraṇavaikalya）から、〔無上正等〕菩提を得ず、いっぽう、〔以上の理由を〕具備する（sāṃnidhya）から、〔無上正等菩提を〕得るのである。しかし、種姓がない場合（asati ... gotre）、全く全然如何なる場合でも、〔無上正等〕菩提を決して得ないと知られるべきである 55)。

iha [(261] bodhisattva ādita [261)] eva kalyāṇamitraṃ na labhate 'viparītabodhimārgadaiśikaṃ buddhaṃ vā [262] bo(C5v4, Z8r1)dhisattvaṃ vā / idaṃ prathamaṃ kāraṇam / punar aparaṃ bodhisattvo labdhvāpi kalyāṇamitraṃ viparītagrāhī viparītaṃ śikṣate bodhisattvaśikṣāsu / idaṃ dvitīyaṃ kā(Z8r2)raṇam / punar aparaṃ bodhisattvo labdhvāpi [263] kalyāṇamitram aviparītaṃ śikṣamāṇo (C5v5) bodhisattvaśikṣāsu tasmin prayoge śithilaprayogo bhavati kusī(Z8r3)do nodagrapratatavīryasamanvāgataḥ / idaṃ tṛtīyaṃ kāraṇam / punar aparaṃ bodhisattvo labdhvāpi [264] kalyāṇamitram [265] aviparītaṃ śikṣamāṇo (Z8r4) bodhisattvaśikṣāsu [(266] tasmiṃś ca [266)] (C5v6) prayoga [(267] ārabdhavīryo 'paripakvendriyo [267)] bhavaty aparipūrṇabodhisaṃbhāro [268] dīrghakālāparijayād bo(Z8r5)dhipakṣyadharmāṇām [269] / idaṃ caturthaṃ kāraṇam / gotre [270] (K6v1, N6r1) saty etatkāraṇavaikalyād [271] bodher aprāptiḥ, [(272] sāṃnidhyāt tu [272)] prāptir bhavati / asati tu [273] go(Z8r6)tre sarve(C6r1)ṇa [274] sarvaṃ [275] sarvathā bodher [276] aprāptir eva ve(K6v2)ditavyā [277] //

---

261 *bodhisattva ādita* Z DuHW : *bodhisattva [ā]dita* C

262 *vā* C DuHW : om. *vā* Z Cf. *sangs rgyas sam byang chub sems dpa'* DP

263 *labdhvāpi* C DuHW : *labdhvā* Z Cf. *yang phrad pa la* DP

264 *labdhvāpi* C HW : *labdhvā* Z Du Cf. *yang phrad pa la* DP

265 *kalyāṇamitram* Z DuHW : *kal[yā]ṇamitram* C

266 *tasmiṃś ca* Z Du : *tasmin* C HW

267 *ārabdhavīryo 'paripakvendriyo* Z DuHW: *ārabdhvavīryo 'paripakvendriyo* C H[C]

268 *aparipūrṇabodhisaṃbhāro* Z Du : *aparipūrṇasaṃbhāro* C HW Cf. *byang chub kyi tshogs* DP, 菩提資糧 T

269 *bodhipakṣyadharmāṇām* Z : *bodhipakṣāṇāṃ dharmāṇām* C HW, *vodhipakṣyadharmāṇām* Du

270 *gotre* Z DuHW : *gotra* C H[C]

271 *etatkāraṇavaikalyād* CNZ DuHW : *etatvāraṇavaikalyād* K

272 *sāṃnidhyāt tu* CNZ DuHW : *sāṃnidhyānu* K

273 *tu* CNZ DuHW : *tta* K

274 *sarveṇa* KNZ DuHW : *sarveṇ.* C

275 *sarvaṃ* KNZ DuHW : *sarva* C

276 *bodher* CKN HW : *bodhir* Z, *bodhar* Du

277 *veditavyā* KNZ DuHW : *veditavyāḥ* C

『菩薩地』の第 1「持瑜伽処」における第 1「種姓の章」終わる。

[(278] *Bodhisattvabhūmāv* ādhāre [278)] yogasthāne [279] prathamaṃ [280] gotrapaṭalaṃ samāptam //

278 *bodhisattvabhūmāv ādhāre* KNZ DuHW : *bodhisattvabhūmāvāre* C $\mathrm{H^{C}}$

279 *yagasthāne* Z Du : *yagasthāne prathame* C HW $\mathrm{H^{C}}$, *yoga=ne* K, *yo++ne* N　Cf. *rnal 'byor gyi gnas las* DP

280 *prathamaṃ* CKNZ Du : *prathmaṃ* HW

和訳の注解

1 先行する現代語訳研究として、Roth［1977: 406–408］による部分英訳、Engle［2016: 3–19］による英訳、相馬［1987b: 5–15］による和訳、안（Ahn）［2015: 45–54］による韓国語訳がある。これらの現代語訳研究について、本研究では以下、各見出しの冒頭で、対応する訳の開始箇所を示す。

2『菩薩地』冒頭のサンスクリットが唯一現存するシャル寺写本の帰敬文である。写本筆記者によるものと考えられる。チベット語訳および『菩薩地持経』もまた、『菩薩地』冒頭に訳者によるものと考えられる帰敬文や偈を有する。チベット語訳の帰敬文は次の通りである。

一切の仏・菩薩に礼拝いたします。聖者マイトレーヤに礼拝いたします。

sangs rgyas dang byang chub sems (P1a3) dpa' thams cad la phyag 'tshal lo // 'phags pa (D1b2) byams pa la (P1a4) phyag 'tshal lo //

(D 1b1–2, P 1a2–3)

『菩薩地持経』の帰敬偈は次の通りである。

過去・未来・現在の一切の仏世尊に礼拝いたします。

敬禮過去未來世　現在一切佛世尊

(巻 1, T［30］888a8)

3 “ādhāra” という語は、“ā+ $\sqrt{}$dhṛ” から成る名詞で、「支え持つもの」を意味する。具体的に支え持つものとは、次項に挙がる種姓・初発心・菩提分法／菩薩行の 3 つである。これら各々が、次の修行段階に進むことを支え持つ基礎として要求される。「種姓品」では最初の種姓のみを扱う。『菩薩地』では、初発心を第 2 章「発心品」で、菩提分法を第 3 章「自他利品」から第 18 章「菩薩功徳品」までで解説する。

4 如来にとっての基盤を意味する。“pratiṣṭhā” を「基盤」と翻訳することに関しては、上野隆平［2012a］［2012b］を参照。

5「§1.『菩薩地』の綱領」以降、サンスクリットに比べて、漢訳三本の異同が著しい。以下では、注記が煩雑になることを避けるために、漢訳の異同については一々注記しなかった。

6『声聞地』「初瑜伽処」の「種姓地」にも、同様の趣旨の解説がある。

その〔「種姓地」の〕中で、種姓とは何か。答える。種姓に立脚した（gotrastha）人の持つ種子という性質（bījadharma）である。それ（種子という性質）が存在し、存在しないのではなくて、種姓に立脚した人たちが条件（pratyaya）さえ獲得すれば、涅槃を得て〔涅槃に〕触れる能力のある者（*samartha）にして、力量のある者（*pratibala）である。

de la rigs gang zhe na / smras pa / rigs la (P2a5) gnas pa'i gang zag gi sa bon gyi chos gang yin pa ste / gang (D2a1) yod cing med pa ma yin la rigs la gnas pa'i (P2a6) gang zag rnams kyi rkyen yang rnyed na / mya ngan las 'das pa 'thob 1) pa dang / 2) reg par nus shing mthu yod par (P2b1) 'gyur ba'o //

1) *thob* D　2) om. / *ŚrBh*T1

(*ŚrBh*T1 2.17–20, D 1b5–2a1, P 2a4–b1; 巻 21, T［30］395c17–20; ref.（Jpn. trans.）声聞地研究会［1998: 3］,（Kor. trans.）안（AHN）［2021: 60］)

7 すべての菩提分法に対応する当該解説では、六波羅蜜に加え、福智二資糧、すべての菩提分法を挙げて、それを菩薩行と言い換えている。そして、当該段落の最後では、菩提分法が菩薩行と交代する。菩提分法の菩薩行への交代については、本研究［p.355, n.10］も参照。

8『瑜伽師地論』（以下、『瑜伽論』と略）における種姓に立脚しない者および『菩薩地』おけるかの者の救済可能性に関しては、拙稿（岡田）［2012］［2014a］［2023b］・(OKADA)［2013］［2014］、本研究［pp.85–98; pp.101–105］を参照。

9 サーガラメーガ（*Sāgaramegha/*Samudramegha）による『菩薩地』に対する注釈書『瑜伽師地中菩薩地解説』(*Yogācārabhūmau Bodhisattvabhūmiyākhyā*）の以下の解説に従い、"upaniṣad" を「階級的原因」と訳した。

〔結果を〕順番に生じさせるので、「階級的原因」（upaniṣad）である。

(D5a5, P6a3) rim gyis 'byung bar byed pas na 1) nyer 2) gnas so //

1) om. *na* P　2) *nye bar* P

(D 5a5, P 6a3)

10 菩薩行（bodhisattvacaryā）に対応する語に関して、チベット語訳は、「菩提分法」(*bodhipakṣyadharma, byang chub kyi phyogs kyi chos（D 2b3, P 3a2)）である。『菩薩地』では、第 2 章「発心品」で発心を解説した後、第 3 章「自利利他品」以降で、菩提分法を解説するが、その書き出しは、「以上（「発心品」）のように発心した諸菩薩にとっての菩薩行とは如何なるものか」（evam utpāditacittānāṃ bodhisattvānāṃ bodhisattvacaryā katamā /（*BBh*Wo 22.1–2, *BBh*D 15.3)）であり、基礎として挙がるすべての菩提分法が菩薩行と交代する。

11 "prakṛtisthaṃ [gotraṃ]" という語に関しては、松本史朗氏の唱える基体説（dhātu-vāda）という仮説を基点に、2 通りの理解に大別される。すなわち、『瑜伽論』に "prakṛtisthā prakṛtiḥ" のような表現が存在しないことから、『菩薩地』における "gotra" と "prakṛti" との同義異語性を認めず、"prakṛti" を基体と見做し、"the *gotra* located on *prakṛti*""the *gotra* existing on *prakṛti*"「本性に住する種姓」「本性において存在する種姓」と理解する MATSUMOTO［1997: 206–207］・松本［2004: 66–98］に代表される立場（訳語としては、袴谷［2001: 66–67］や宇井［1961b: 475］も同様)、いっぽう、チベット語訳 "rang bzhin gyis gnas pa'i rigs"（D 2b4, P 3a3）や『菩薩地』第 6 章「成熟品」に「本来的に善法の種子を完備すること」(prakṛtyā kuśaladharmabījasaṃpadaṃ（*BBh*Y6 88.17, *BBh*Wo 80.12–13, *BBh*D 56.23)）という表現が見出されること、また、「種姓品」に具格形（副詞的意味）の“prakṛtyā”という用例が頻出することなどから、“the *gotra* existing by nature”と理解する YAMABE［1997a: 195–197］［1997b: 216–217］［2017b: 23–25］・山部［2002: 368–369］に代表される立場である。
松本［2004: 66–98］は、特に“gotra”と“prakṛti”の同義異語性の問題を取り上げ、YAMABE［1997a］［1997b］の理解の問題点を指摘するが、YAMABE［1997b］の主張する具格形（副詞的意味）の“prakṛtyā”という用例には触れていない。本研究では、具格形（副詞的意味）の“prakṛtyā”という用例を根拠として、後者の立場に従い、“prakṛtisthaṃ gotraṃ”を「本来的に在る種姓」と訳した。
さらに、“prakṛtistha”という語に関して、SCHMITHAUSEN［2014: 119, n.490］は、サーガラメーガ造『瑜伽師地中菩薩地解説』における「「**本来的に在る**」（prakṛtisthaṃ）というのは、本質的に完成していることであり ....」（**rang bzhin gyis gnas pa** zhes bya ba ni ngo bo nyid kyis grub (*sgrub* D) pa ste / ....（D 5a7–b1, P 6a6–7））というチベット語訳“rang bzhin gyis gnas pa”の用例に基づいて「生来の、本来備わっている」（innate, inherent）と、『菩薩地』における「未純化状態の金」（suvarṇaṃ prakṛti-sthaṃ/-sthitaṃ（*BBh*$_{Wo}$ 331.11, *BBh*$_{D}$ 226.21）; gser rang bzhin du gnas pa（D 171b3, P 197a4））というチベット語訳“rang bzhin du gnas pa”の用例に基づいて「本来のままの、未純化状態の」（being in its natural, unrefined state）という2つの側面があることを指摘する。本研究では、SCHMITHAUSEN［2014］による指摘についてはどちらの意味も含んでいる可能性もあるが、種姓に関する文脈では前者の理解が穏当であろうと考えて、「本来的に在る」と訳した。

12 “ṣaḍāyatanaviśeṣa”という語に関して、PARK［2017: 87］は、同一章における“viśeṣa”を含む教説で声聞や独覚を超えて「勝れた」（superiority）を意味することから、ここでの“viśeṣa”についても同じように理解して、“the superior state of the six sense bases”と訳している。相馬［1986b: 6］や ENGLE［2016: 5］も同様の訳である。また、松本［2004: 69］は「勝れた（特殊な）六処」と両論併記して訳し、阿部［2023: 181］は「特殊な六処――ここには特に勝れたという意味を含む――」という理解を示している。本研究では、“ṣaḍāyatanaviśeṣa”について、「勝れた」のような意味を含めずとも、特殊な六処に「菩薩たちの持つ」（bodhisattvānāṃ）という限定があり、声聞や独覚とは区別されていることから、“viśeṣa”を「勝れた」という意味には取らず、「特殊な六処」と訳した。従来の訳の中では、YAMABE［2017b: 16］の“the distinct state of the six sense-bases”に近い。

13 *Buddhist Hybrid Sanskrit Grammar and Dictionary* II（以下、*BHSD* と略）所掲の“tāyin”の項目（*BHSD* pp.251–252）に示される“tādṛśa”の原義である“of the same quality as ~”を参考にした。

14 “dharmatāpratilabdha”という語に関しては、松本［2004］や YAMABE［2017b］などで“dharmatā”の意味をめぐる議論があるが、本研究では、これらの従来の研究とは異なり、“dharmatāpratilabdha” に形容する表現と一部類似したものが『瑜伽論』「摂事分」の縁起に関する経典の解説の中にあり、そこでは、「適当な原因と結果との順序（*nyāyyahetuphalakrama）が無始の時以来（anādikālika）連続する（*pāraṃparya）あり方が、ものの本質（dharmatā）である」と規定している点に着目して、“dharmatāpratilabdha” の “dharmatā” を理解した。「摂事分」の教説は、次の通りである。

縁起（pratītyasamutpāda）と縁起した諸々のもの（pratītyasamutpannadharma, 縁生法）は、2 つの因によって 2 つの部分に設定されるのである。〔すなわち、〕如何に継起するのかと何が継起するのかである。それについて、生存（bhava）の十二支分が継起する。それら（十二支分）はまた、適宜（*yathāyoga）、適当な原因と結果との順序（*nyāyyahetuphalakrama）に従って継起するからである。適当な原因と結果とのそういう順序が無始の時以来（anādikālika）連続する（*pāraṃparya）あり方（lugs, 安立）が、ものの本質（dharmatā）である 1)。....

1) 当該教説は、『雑阿含経』第 296 経（巻 12, T［2］84b12–c10）と対応する。

rten cing ’brel bar ’byung ba dang / rten cing ’brel (P298b2) bar ’byung ba’i chos rnams ni rgyu gnyis kyis cha (D259a3) gnyis su rnam par gzhag pa yin te / ji ltar ’jug pa dang / gang rnams ’jug pa’o // de la srid pa’i yan lag bcu gnyis ni ’jug pa’o // de dag kyang ci rigs par (P298b3) rigs pa’i rgyu dang ’bras bu’i rim pas ’jug pa’i phyir te / rigs pa’i rgyu dang ’bras bu’i (D259a4) rim pa de thog ma med pa’i dus nas gcig nas gcig tu brgyud pa’i lugs gang yin pa de ni chos nyid do // ....

（D 259a2–4, P 298b1–3; 巻 93, T［30］833a18–22; ref.（Jpn. trans.）松田［2005: 131］）

当該教説の直後の教説でも、ものの本質に言及する。本研究［pp.158–159, n.32］を参照。さらに、『瑜伽論』「本地分」の第 3 地から第 5 地に相当する「有尋有伺等三地」では、縁起に関する経典（『雑阿含経』第 299 経（巻 12, T［2］85b21–c2）に相当）の解説の中で「無始の時以来成立していることが、ものの本質である」（yānādikālaprasiddhatā sā dharmatā（*YBh*Bh 229.9–10））と規定している。以上の諸点に基づき、本研究では、“dharmatāpratilabdha” の “dharmatā” について、縁起的な因果の連続する様を表す用語であると理解して、種姓など縁起したもの（pratītyasamutpannadharma, 縁生法）がそれを通じて獲得されるところの「ものの本質」と訳した。

15『菩薩地』では、本来的に在る種姓を、菩薩の持つ特殊な六処であると規定した上で、『声聞地』「初瑜伽処」の「種姓地」所説の種姓の本質に関する定義をほぼそのまま用いる。

それでは、そういう種姓の本質（svabhāva）とは如何なるものか。それ（種姓の本質）は、拠り所〔たる身心 1)〕に入り込んで（*āśrayasaṃniviṣṭa, 附在所依）／特殊な拠り所〔たる身心〕（*āśrayaviśeṣa）2) で、六処に収められたもの（*ṣaḍāyatanasaṃgṛhīta）であり、同一性を保ちながら（tādṛśa, de lta bu）連続して来て（paraṃparāgata）無始の時以来の（anādikālika）ものの本質を通じて獲得されたもの（dharmatāpratilabdha）である。

1)『声聞地』における“āśraya”は、重苦しさ（dauṣṭhulya）と軽快さ（praśrabdhi）を担う主体であり、身心（kāyacitta）である。佐久間［2004: 682–683］を参照。

2) YAMABE［1990: 931］は、チベット語訳“lus las khyad par du gyur pa”から“āśrayaviśeṣa”を想定し、YAMABE［2017b: 18, n.10］は、YAMABE［1990］の想定に加えて、漢訳（玄奘訳）「附在所依」（巻 21, T［30］395c22）から“āśrayasaṃniviṣṭa”も想定する。この想定に関しては、勝呂［1982: 63–64］および山部［1990: 75–77, n.20］も参照。本研究では、YAMABE［2017b: 18, n.10］の指摘するように、漢訳とチベット語訳との両方を説明できるサンスクリット表現を想定し難いことから、2 つの伝承を併記している。

'o na rigs de'i rang bzhin ji lta bu zhe na / de ni lus las khyad par du (P2b2) gyur pa (D2a3) dang / skye mched drug gis zin pa dang / chos nyid kyis 'thob pa dang / thog ma med pa'i dus nas brgyud de 'ongs pa de lta bu yin te /

（*ŚrBh*T1 2.22–24, D 2a2–3, P 2b1–2; 巻 21, T［30］395c22–24; ref.（Jpn. trans.）声聞地研究会［1998: 3］,（Kor. trans.）안（AHN）［2021: 61］）

16 “pūrva”の訳語に関して、これまで「過去世」という訳語を与えていたが、現世の過去を含まず、前世に限られる、と理解される恐れがあるので、訳語を「以前」に変更している。

ただし、以前とはいっても、前世のことを指す場合もある。例えば、「摂事分」には、本来的に在る種姓および発展した種姓と類似した表現として、本来的に在る根源要素および反復実行により養成された根源要素があるが、反復実行により養成された根源要素に関する解説では、「以前に」（*pūrvam）という語に「他の諸々の生まれにおいて」（*anyajātiṣu）という語が連続する。

反復実行により養成された根源要素は、以前に他の諸々の生まれにおいてよく実践された善或いは不善なるその諸法が達成されたことに基づいて、養成されて拠り所に入り込んだ現世の種子である 1) 。

1)（*Skt.）abhyāsaparipuṣṭā dhātavo ye dharmāḥ kuśalā vākuśalā vā pūrvam anyajātiṣv āsevitā teṣāṃ samudāgamāya vartamānabījāni paripuṣṭāny [āśraya]saṃniviṣṭāni /（YAMABE［2017b: 24.20–21, n.24］）

goms pas yongs su brtas 1) pa'i khams ni dge ba'am mi dge ba'i chos sngon gyi skye ba gzhan dag tu kun tu brten 2) pa gang yin pa de dag yang dag par grub par bya ba'i phyir / da lta sa bon yongs su brtas (D288b3) pa rten la gnas (P330a6) pa yin te /

1) *rtas* P　2) *bsten* P

（D 288b2–3, P 330a5–6; 巻 96, T［30］846c17–19; ref.（*Skt.）YAMABE［2017b: 24.20–21, n.24］,（Eng. trans.）YAMABE［2017b: 23］）

さらに、『菩薩地』第 10 章「戒品」にも、本来的戒および反復実行された戒に関する解説において、「以前に」(pūrvam)「他の諸々の生まれにおいて」(anyāsu jātiṣu) 反復実行されたものが反復実行された戒であると説く。

反復実行された戒は、菩薩により、詳述した通りの戒が3種共、以前に、他の諸々の生まれにおいて、反復実行されたものである。

abhyastaṃ śīlaṃ yena bodhisattvena pūrvam anyāsu jātiṣu trividham api yathānirdiṣṭaṃ śīlam abhyastaṃ bhavati /

(*BBh*H 234, *BBh*Wo 184.15–17, *BBh*D 127.1–2; ref.（Jpn. trans.）藤田光寛［1991: 24］,（Eng. trans.）ENGLE［2016: 306］)

「種姓品」の当該の "pūrva" については、「他の諸々の生まれにおいて」という語が連続しないので、前世に限定せずに理解しておく。

17 善根 (kuśalamūla) とは、第15章「摂事品」において、善法 (kuśaladharma) と言い換えられる語である (*BBh*Y15 43.1–14; ref.（Jpn. trans.）矢板［2012: 25］)。第6章「成熟品」所説の成熟の手立てとして最初に挙がる、根源要素を養成すること (dhātupuṣṭi) は、善根と善法との関係だけでなく、本来的に在る種姓と発展した種姓との関係も含めて、類似性を認めることができる。

その〔27種の成熟の手立ての〕中で、(1) 根源要素の養成 (dhātupuṣṭi) とは如何なるものか。本来的に (prakṛtyā) 善法の種子を完備すること (kuśaladharmabījasaṃpad) に依拠した後、以前に善法を反覆実行すること (pūrvakuśaladharmābhyāsa) に基づいて、後々の諸々の善法の種子がより養成され、最も養成され、生起し、持続することである。これが根源要素の養成と言われる。

tatra dhātupuṣṭiḥ katamā / yā prakṛtyā kuśaladharmabījasaṃpadaṃ niśritya pūrvakuśaladharmābhyāsād uttarottarāṇāṃ kuśaladharmabījānāṃ paripuṣṭatarā paripuṣṭatamā (1 utpattiḥ sthitiḥ 1) / iyam ucyate dhātupuṣṭiḥ /

1) *utpattisthitiḥ BBh*Wo

(*BBh*Y6 88.17–19, *BBh*Wo 80.12–15, *BBh*D 56.23–25; ref.（Jpn. trans.）矢板［2014: 72–73］,（Eng. trans.）ENGLE［2016: 146］)

本来的に完備される善法の種子が本来的に在る種姓に、以前に善法を反復実行することに基づき養成された後々の善法の種子が発展した種姓に相当すると考えられる。

18 善根や善法の反覆実行に関する具体的な内容については、第2章「発心品」に次のような説示がある。

初発心の堅固な菩薩には、以下の2つの、善法を収集する偉大な手段がある。〔すなわち、〕無上正等菩提を達成するための自利行と、一切衆生があらゆる苦から脱するための利他行である。

dve ime dṛḍhaprathamacittotpādikasya bodhisattvasya mahatī kuśaladharmāyadvāre / svārthaprayogaś cānuttarāyāḥ samyaksaṃbodheḥ samudāgamāya / parārthaprayogaś ca sarvasattvānāṃ sarvaduḥkhanirmokṣāya /

（*BBh*Wa 373.13–15, *BBh*Wo 19.3–6, *BBh*D 12.21–23; ref.（Jpn. trans.）相馬［1986b: 23.2–5］, 若原［2023a: 101］［2023b: 343］,（Eng. trans.）ENGLE［2016: 31–32］）

SCHMITHAUSEN［2013: 488–489］は上掲の教説を取り上げた後、第 10 章「戒品」所説の饒益有情戒（sattvānugrāhaka śīla）との関連に言及し、その詳しい考察を ZIMMERMANN［2013］に譲る。

さらに、善根や善法の反覆実行に関する具体的な内容については、第 15 章「摂事品」に次のような説示がある。

その〔六波羅蜜と四摂事の〕中で、〔六〕波羅蜜により、自身に関して、仏陀の性質が成熟し、〔四〕摂事により、一切衆生が成熟する。略説すると、以上が菩薩にとっての諸々の善法の行為であると知られるべきである。

tatra pāramitābhir adhyātmaṃ buddhadharmaparipākaḥ, saṃgrahavastubhiḥ sarvasattvaparipākaḥ / samāsato bodhisattvasyaitat kuśalānāṃ dharmāṇāṃ karma veditavyam /

（*BBh*Y15 42.17–18, *BBh*Wo 227.4–7, *BBh*D 156.5–6; ref.（Jpn. trans.）矢板［2012: 24］,（Eng. trans.）ENGLE［2016: 381］）

以上の諸点から、善根や善法の反覆実行とは、自利行と利他行、具体的には六波羅蜜と四摂事であると理解できる。

19 松本［2004: 172, n.21］は、チベット語訳の “don gyi skabs ’dir”（D 2b5, P 3a5）に着目し、“skabs” という語が補われた訳であると指摘する。『菩薩地』の他の箇所にも、“don gyi skabs ’dir” に相当する訳が見出され、サンスクリットは “asmiṃs tv arthe” に相当する。矢板［2015: 60.18; 60, n.88］を参照。したがって、チベット語訳と異なるとしても、サンスクリットは原文通りの読みであると判断して訳した。

20 “dhātu” という用語については、その多義性を考慮して「界」という漢訳を使用することもあるが、当該用語を詳細に検討する平川［1987］は、「一般には「界」は「要素」(element) などと解釈される」と指摘する。これに加えて、“gotra” と同義異語（paryāya）などとして関連する “dhātu” に関しては、鉱物学的譬喩を通じて、出処（ākara）と並んで規定されることもある。本研究［pp.102–104］を参照。以上の点に鑑み、“dhātu” を単なる「要素」(element) ではなく、「根源要素」と訳した。

21『声聞地』「初瑜伽処」の「種姓地」でもまた、同様の同義異語を挙げている。

そういう種姓にとっての諸々の同義異語の名称とは何か。種子（bīja）と根源要素（dhātu）と本性（prakṛti）との以上が、諸々の同義異語の名称である。

rigs de’i (D2a2) ming gi rnam grangs dag gang zhe na / sa bon dang / khams dang / rang bzhin zhes bya ba ni ming gi rnam grangs dag yin no //

（*ŚrBh*T1 2.21–22, D 2a1–2, P 2a4–b1; 巻 21, T［30］395c20–22; ref.（Jpn. trans.）声聞地研究会［1998: 3］,（Kor. trans.）안（AHN）［2021: 61］）

松本［2004: 89–98］は、チベット語訳の “rigs de ni sa bon zhes kyang bya /(// P) khams de ni rang bzhin zhes kyang bya’o //”（D 2b5, P 3a5）に基づき、さらに “prakṛtisthaṃ gotraṃ”

という用語との関係も考慮した上で、「その gotra は bīja とも言われ、その dhātu は prakṛti とも言われる」と訳し、「『菩薩地』のチベット語訳者は、…“gotra” と “prakṛti” を等号で結ぶことを拒否した」と述べ、『菩薩地』における “gotra” と “prakṛti” の同義異語性を否定する。

22 種姓の微細・粗大の問題に関して、『声聞地』「初瑜伽処」の「種姓地」ではより詳しく議論を展開する。

そういう種姓は、微細（sūkṣma）と述べられるべきか、或いは粗大（audārika）〔と述べられるべきか〕。答える。微細と述べられるべきである。なぜか。その〔種姓としての〕種子が結果を生じさせず、結果が達成され（*samudā+ √gam, 習成）ないならば、それ故に、それ（種姓）は、微細と言われる。結果を生じさせ、結果が達成された時に、種子であるそれと結果であるそれは一纏めにされて、それ故、そういう種姓は、粗大と言われる、と理解するであろう。

rigs de phra ba'am / rags 1) pa zhes brjod par bya zhe na / smras pa / phra 2) ba zhes brjod (D2a5) par bya'o // (P2b4) ci'i phyir zhe na / sa bon des 'bras bu ma bskyed cing 'bras bu ma grub na ni des na 3) de phra ba zhes bya'o // gang gi tshe 'bras bu bskyed cing 'bras bu grub par gyur pa de'i tshe na ni sa bon gang yin pa de (D2b1) dang 'bras bu gang yin pa de gcig tu (P2b5) bsdus nas de'i phyir rigs de rags pa zhes bya bar rtogs par 'gyur ro //

1) *rigs* D　2) *pha* P　3) om. *na* P

(*ŚrBh*T1 4.4–9, D 2a4–b1, P 2b3–5; 巻 21, T［30］395c26–396a3; ref.（Jpn. trans.）声聞地研究会［1998: 5］,（Kor. trans.）안（AHN）［2021: 61］)

続けて『声聞地』では、種姓の個体連続に関して議論するが、この議論は『菩薩地』には引き継がれない。

それでは、そういう種姓は、単一な個体連続に属するもの（*ekasaṃtānapatita）と述べられるべきか、或いは多様な個体連続に属するもの（*anekasaṃtānapatita）〔と述べられるべきか〕。答える。単一な個体連続に属するものと述べられるべきである。なぜか。答える。異なる特徴（*bhinnalakṣaṇa）を持ち、異なる事物（*bhinnavastu）を持って継起する諸々のもの（dharma）は、各自が種々な個体連続をし、種々な継起をするものと示される。しかし、その〔種姓としての〕種子は、それらの六処とは個々に異なる特徴が存在せず、無始の時以来の（anādikālika）連続して来た（paraṃparāgata）、ものの本質を通じて獲得された（dharmatāpratilabdha）、その様にある（*tathābhūta）、六処のその状態に対して、種姓と種子と根源要素と本性との以上それらの名称や言語表現を〔仮に〕設定するに過ぎないので、それ故、それ（種姓）は、単一な個体連続に属するものと言われる。

'o na ci rigs de rgyud gcig tu gtogs pa zhig gam / 'on te rgyud du mar gtogs par brjod par bya zhe na / smras pa / rgyud gcig (1 tu gtogs 1) par brjod (P2b6) par bya'o // (D2b2) ci'i phyir zhe na / smras pa / 2) chos gang dag mtshan nyid tha dad pa dang dngos po tha dad par ’jug pa de dag ni so sor 3) rang gi rgyud sna tshogs dang ’jug pa sna tshogs su ston par ’gyur gyi / sa bon de ni skye mched drug po de (P2b7) dag las logs shig na tha dad pa’i mtshan nyid med de thog ma med pa’i (D2b3) dus nas rgyud 4) de ’ongs pa dang / chos nyid kyis thob pa’i skye mched drug po de (5 lta bur 5) gyur pa’i gnas skabs de la rigs dang / sa bon dang / khams dang / 6) (P2b8) rang bzhin zhes bya ba’i ming dang / 7) tha snyad de dag btags par zad pas / de’i phyir de ni rgyud gcig tu gtogs pa zhes (D2b4) bya’o //

1) om. *tu gtogs* P　2) om. / P　3) *so* D　4) *brgyud* D　5) *ltar* P *ŚrBh*T1　6) // P　7) om. / P *ŚrBh*T1

(*ŚrBh*T1 4.11–20, D 2b1–4, P 2b5–8; 巻 21, T［30］396a3–9; ref.（Jpn. trans.）声聞地研究会［1998: 5］,（Kor. trans.）안（AHN）［2021: 61–62］)

23 自利・利他のために修行するという内容は、『声聞地』「第三瑜伽処」にほぼ同文がある。

今、尊者よ、あなたは、... 自利のために修行する者であり、利他のために、〔すなわち、〕大衆の利益のために、大衆の安楽のために、世間の者たちに対する哀愍のために、神々と人間たちとの役に立つことのために、利益のために、安楽のために〔修行する者である〕。

adya tvam āyuṣmann ... ātmahitāya pratipannaḥ parahitāya bahujanahitāya bahujanasukhāya lokānukampāyā arthāya hitāya sukhāya devamanuṣyāṇām

(*ŚrBh*T3 4.8–14; ref.（Jpn. trans.）声聞地研究会［2018: 5］)

24『菩薩地』では、第 8 章「力種姓品」の菩薩が希求している（paryeṣamāṇa）教えに関する解説で、すべての学問領域に収められたものが 5 つの学問領域（五明処）であるとする。

そういうこれらすべての学問領域に収められたものが、5 つの学問領域（五明処）である。

tāny etāni sarvavidyāsthānaparigṛhītāni pañcavidyāsthānāni bhavanti /

(*BBh*Y8 57.10, *BBh*Wo 96.12–13, *BBh*D 68.6–7; ref.（Jpn. trans.）矢板［2015: 35］,（Eng. trans.）ENGLE［2016: 174］)

25 種姓の表徴に関して、『声聞地』「初瑜伽処」の「種姓地」では、種姓に立脚した人の持つ表徴として、その反対の種姓に立脚しない人の表徴を列挙しており、「第三瑜伽処」では、種姓の審査方法として、行動による審査を挙げ、その行動とは、声聞種姓を持つ者にとっての表徴であると説いている。本研究［p.59; pp.86–87］を参照。

26 以下の解説では、主語としての菩薩という語が省略される。他の波羅蜜の場合も同様である。なお、各波羅蜜の表徴の具体的な内容に付した丸括弧（　）の数字は、おおむね “ca” のある箇所を基準とした、まとまりのある内容ごとに割り振った、便宜的な区切りである。

27『瑜伽論』において、“vaiḍūrya” の漢訳（玄奘訳）は、音写して「琉璃」(巻 35, T［30］479a26）とし、現代ではラピスラズリの和名である。チベット語訳も、音写して “bai ḍū rya”（D 3b7, P 4b2）とする。*Etymologisches Wörterbuch des Altindoarischen*（以下、*EWA* と略）は、“vaiḍūrya” の項目（*EWA* II p.588）において、“vaiḍūrya” を「金緑石」(Chrysoberyll) やその変種の「猫目石」(Katzenauge) と理解する。WINDER［1987: 101］は、“vaiḍūrya” はベリルを意味し、ラピスラズリに解釈されるのは、パーリ文献とチベットや中国においてであると指摘する。BISWAS［1997: 238］は、淡い緑や水色のベリルであると指摘する。以上の指摘を踏まえると、“vaiḍūrya” の訳語としては、「緑柱石」（グリーンベリル）や「水宝玉」（アクアマリン）が考えられる。さらに、ヴァスバンドゥ (Vasubandhu) 著『阿毘達磨倶舎論』(*Abhidharmakośabhāṣya*) 第 3 章「世間品」(Lokanirdeśa) に説示されるように（*AKBh* 159.11–14;（Jpn. trans.）山口・舟橋［1955: 366］)、我々の世界の空の色は “vaiḍūrya” の色であることから、本研究では、青色であることを強調するために「水宝玉」を意味すると理解した。

28 “śaṃkhaśilā” の訳語に関して、“śaṃkha” と “śilā” に分けて、各々「法螺貝」と「水晶」と理解でき、チベット語訳・漢訳（玄奘訳）ともに分けて訳す。しかし、『二万五千頌般若経』（*Pañcaviṃśatisāhasrikā Prajñāpāramitā*）では、“suvarṇaṃ vā rūpyaṃ vā maṇiṃ vā muktāṃ vā vaiḍūryaṃ vā śaṅkhaśilāṃ vā pravāḍaṃ vā rajataṃ vā jātarūpaṃ vā ....”（*PSP*$_{K3}$ 52.22–23）のように、当該箇所と類似した資産の類が列挙される中で、“śaṃkhaśilā” が一纏まりの語と見做される。また、*BHSD* は、“śaṃkhaśilā” の項目（*BHSD* p.522）において、“śaṃkhaśilā” が “vaiḍūrya” と “pravāḍa” の間に置かれる傾向のあることを指摘する。これに加え、“dakṣiṇāvarta” を「右巻法螺貝」と理解した場合、巻方に違いがあったとしても、法螺貝が重複することから、本研究では、“śaṃkhaśilā” を一纏まりの語と見做し、「貝玉」を意味すると理解した。

29 “aśmagarbha” の訳語に関して、チベット語訳は “rdo'i snying po”（D 3b7, P 4b3）と訳し、漢訳三本は対応する訳語を欠く。『瑜伽論』における他の用例を見ると、“aśmagarbha” に対して、玄奘訳は、「馬碯」(巻 44, T［30］534a1) と訳す。アスヴァバーヴァ (Asvabhāva) 著『摂大乗論会釈』（*Mahāyānasaṃgrahopanibandhana*）では、“aśmagarbha” は “indranīla” などの青い石（サファイア）を指すと注解する（D 290a6–7, P 350a1–3; 巻 10, T［31］445c29–446a3)。本研究では、この注解に従い、「蒼玉」（サファイア）を意味すると理解した。

30 “musāragalva” の訳語に関して、チベット語訳は “spug”（D 3b7, P 4b3）と訳し、漢訳三本は対応する訳語を欠く。『瑜伽論』における他の用例を見ると、“musāragalva” に対して、チベット語訳は、一貫して “spug” と訳すが、玄奘訳は、「彩石」（巻 25, T［30］421a24）「車渠」（巻 44, T［30］534a10）「牟娑羅寶」（巻 48, T［30］559a2）と訳語が不統一で、この語が「車渠」という貝を指すのか「彩石」という石を指すのか明らかでない。BISWAS［1997: 242］は、“musāragalva” をエジプト産の「翠玉」（エメラルド）であるとし、室寺［2008］は、『十地経』（*Daśabhūmikasūtra*）所説の善根に譬えられる金鉱石（jātarūpa）の研磨用素材という観点から、Biswas 氏の見解を支持する。本研究では、Biswas 氏および室寺氏の見解に従い、「翠玉」（エメラルド）を意味すると理解した。

31 “lohitikā” の訳語に関して、チベット語訳は “rin po che dmar po”（D 3b7, P 4b3）と訳し、漢訳三本は対応する訳語を欠く。『瑜伽論』における他の用例を見ると、“lohitikā” に対して、玄奘訳は「赤珠」（巻 25, T［30］421a24, 巻 44, T［30］534a11）、『菩薩地持経』は「赤寶」（巻 7, T［30］926a13）と訳す。“lohitikā” は、村上真完・及川真介著『パーリ仏教辞典』所掲の “lohitaṃka” の項目（p.1655）によれば、「紅玉」（ルビー）を意味するが、『梵藏漢和四譯對校 飜譯名義大集』（以下、*MVy* と略）所掲（*MVy* no.5953）の “lohitamuktikā”（mu tig dmar po）によれば、「赤真珠」を意味するとも理解できる。赤真珠について、原［1966: 170–174］によれば、紅さす（ālohitīkṛta）、蛇の頭の真珠のことであり、最も優れているという。ヴァスバンドゥ著『摂大乗論釈』（*Mahāyānasaṃgrahabhāṣya*）では、七宝のひとつに赤真珠を挙げ、赤い虫の中から生じ、あらゆるものの中で最高であると解説する（D 185b3–4, P 226a6–7; 巻 10, T［31］377a3–5）。本研究では、列挙中に真珠が既に挙げられていることに鑑み、「紅玉」（ルビー）を意味すると理解した。

32 “dakṣiṇāvarta” の訳語に関して、チベット語訳は、“g-yas su ’khyil pa”（D 3b7, P 4b3）と訳し、漢訳三本は、対応する訳語を欠く。『瑜伽論』における他の用例を見ると、玄奘訳は「右旋」（巻 25, T［30］421a25）、『菩薩地持経』は「左旋」（巻 7, T［30］926a13–14）と訳す。本研究では、*MVy* 所掲（*MVy* no.5991）の “dakṣiṇāvartaśaṃkha”（dung g-yas su ’khyil pa）に従い、「右巻法螺貝」を意味すると理解した。さらに、“śaṃkhaśilā” が先のように「貝玉」と理解できるならば、「法螺貝」を指すだけとも考えられる。

33 玄奘訳は、“aśmagarbhamusāragalvalohitikādakṣiṇāvarta” に対応する訳語を省略する。『菩薩善戒経』および『菩薩地持経』は、“maṇi” から始まる種々の資産を挙げない。

『声聞地』「初瑜伽処」の「出離地」では、同じ資産を列挙する。

> さて、財物という事物とは如何なるものか。すなわち、宝石（maṇi）・真珠（muktā）・水宝玉（vaiḍūrya）・貝玉（śaṃkhaśilā）・珊瑚（pravāḍa）・蒼玉（aśmagarbha）・翠玉（musāragalva）・金（jātarūpa）・銀（rajata）・紅玉（lohitikā）・右巻法螺貝（dakṣiṇāvarta）である。
>
> tatra dhanavastu katamat / tadyathā maṇimuktāvaidūryaśaṃkhaśilāpravāḍāśmagarbhamusāragalvajātarūparajatalohitikādakṣiṇāvartam iti /
>
> （*ŚrBh*TI 262.2–3; ref.（Jpn. trans.）声聞地研究会［1998: 263］）

『声聞地』に対する玄奘訳は、『菩薩地』で省略した訳語を提示し、“aśmagarbha” を「馬瑙」、“musāragalva” を「彩石」、“lohitikā” を「赤珠」、“dakṣiṇāvarta” を「右旋」と訳す（巻 25, T［30］421a24–25）。しかし、『声聞地』における “jātarūpa” および “rajata” の順序は、『菩薩地』「種姓品」と異なる。いっぽう、『菩薩地』第 16 章「供養親近無量品」において資産の部類を列挙する箇所（*BBh*Wo 233.26–234.4, *BBh*D 161.8–10; ref.（Jpn.

trans.）若原［2013: 323］）は、『声聞地』の順序と一致する。

34「種姓品」における “anya” の用例に鑑み、“anya” は直前のもの以外を指しているので、当該箇所の “anyatas” もまた同様の用法であると理解して、「〔それ（資産の部類）〕以外のものから」と訳した。

35（1）の項目中の “mṛdu と “atyartha” が対比関係にあると理解し、“atyartha” の後分である “raudra” や “sattvopaghātaka” と同様に、“mṛdu” を “akuśala” にかけて訳した。

36 “dharmasamādāna” に関して、『菩薩地』第 3 章「自他利品」では、（1）現世は安楽で来世は苦の果報、（2）現世は苦で来世は安楽の果報、（3）現世は安楽で来世は安楽の果報、（4）現世は苦で来世は苦の果報のある 4 種の “dharmasamādāna”（四法受）を挙げる（*BBh*$_{\mathrm{Wo}}$ 24.26–25.5, *BBh*$_{\mathrm{D}}$ 17.6–10; ref.（Jpn. trans.）相馬［1987: 519］）。本研究では、“dharmasamādāna” をこのような専門用語として理解せず、*BHSD* 所掲の “samādāna” の項目（*BHSD* p.567）における “the assumption of moral duty” に従い、「道徳的義務を引き受けること」と訳した。

37 “kṛtya” および “karaṇīya” という語はともに、√kṛ の未来受動分詞であり、「為されるべきこと」を意味する。翻訳の便宜上、“kṛtya” を「任務」、“karaṇīya” を「仕事」と訳し分けた。しかし、以降の説示では、両語が使い分けられているとは言い難い。

38 “nyasana” の訳語に関して、チベット語訳は “shod dgod pa”（D 4b5, P 5b2）と訳し、「計測」という意味に理解し、漢訳三本は対応する訳語を欠く。『菩薩地』における “nyasana” に対する他の玄奘訳は、以下の 2 箇所に見出される。まず、『菩薩地』第 13 章「静慮品」において、「測度」（巻 43, T［30］528b9）と訳し、「計測」という意味に理解する。いっぽう、『菩薩地』第 8 章「力種姓品」において、「占卜」（巻 38, T［30］502b10）と訳す。本研究では、当該箇所の前後二語が数に関するため、チベット語訳や「静慮品」の玄奘訳に従い、「計測」と訳した。

39 “mudrā” の訳語に関して、玄奘訳は、「印」（巻 35, T［30］479b19）と訳し、「押印」という意味に理解する。本研究では、当該箇所の直前の三単語が数に関するため、“mudrā” という語についても、*BHSD* 所掲の “mudrā” の項目（*BHSD* p.435）における “hand-calculation” に従い、「手算」と訳した。チベット語訳もまた、“lag rtsis bya ba”（D 4b5, P 5b2）と訳し、「手算」という意味に理解する。

40 いわゆる十不善業道のことを指す。具体的には、殺生、偸盗、邪淫、妄語、綺語、悪口、両舌、貪、瞋、癡のことである。

41 “kārya” という語も、“kṛtya” や “karaṇīya” 同様に、√kṛ の未来受動分詞であり、「為されるべきこと」を意味する。翻訳の便宜上、「責務」と訳した。

42 菩薩は明け方や暮れ方といった起床すべき時に起床し、就寝すべき時に就寝すると理解し、“sāya” を「暮れ方」と訳した。いっぽう、相馬［1986b: 10–11］は、Dutt 校訂本の注記や漢訳三本の訳語に従い、“sāya” を「晩おそく」と訳す。「暮れ方」に就寝したとしても、『声聞地』「初瑜伽処」の「出離地」の初夜と後夜に覚醒の瑜伽に専念すること（pūrvarātrāpararātraṃ jāgarikāyogānuyuktatā）に解説されるように（声聞地研究会［1998: 150–171］）、声聞は、初夜や後夜に目覚めて経行や安座などを行うため、菩薩も同様に、明け方まで寝続けるということはないと考えられる。初夜や後夜の時間区分に関しては、声聞地研究会［1998: 151, n.1］を参照。

43 睡眠の安楽、臥床の安楽、横臥の安楽という3つの安楽は、例えば、『声聞地』「第二瑜伽処」所説の悪魔の行為（mārakarman）に見出される（*ŚrBh*T2 266.10–12; ref.（Jpn. trans.）声聞地研究会［2007: 267］）。そこでは、初夜と後夜に覚醒の瑜伽に専念して居る者にとっては、これら3つの安楽に心が跳び入る（cittaṃ praskandati）と解説している。3つの安楽に関しては、その他に声聞地研究会［1998: 76–77］に用例がある。

44 "sahābhiyogapratyabhiyoga" の訳語に関して、チベット語訳は "dang 'gyed par ram / phyir brgal ba"（D 5b2, P 6b2）、玄奘訳は「共相撃論」（巻35, T［30］479c15–16）と訳す。相馬［1986b: 11］は、「一緒になって論難に対して論駁していくこと」と訳す。管見の限り、この語の用例は他にない。本研究では、"abhiyoga" を「立論」、"pratyabhiyoga" を「反論」という意味に理解し、「一緒に立論し反論すること」、すなわち「一緒に討論すること」と訳した。

45 "araṇya" について、後藤［2009］は、「よそ、よそ者に属する、よその（もの、土地）」を意味し、自分たちに属さない土地、部族が住み権利を有する生活圏の外、またはそれらの間にある「原野、荒野」の意味で用いられ、"araṇya" の対概念は "nitya" で、「うちに（…の中、下に、自分のもとに）存する、うちの」を意味すると指摘する。また、佐々木閑［2003］は、佐々木閑［2004］における律蔵やアビダルマ文献に現れる "araṇya" およびそこにある比丘の住処に関する空間的定義の調査を通じて、町や村落を中心として周囲、半径1キロメートル程度の範囲の外部を指し、「郊外」という概念に相当すると指摘する。本研究では、佐々木氏の見解に従い、"araṇya" を「郊外」と訳した。

46 "vanaprastha" という語は、例えば、『声聞地』「第三瑜伽処」所説の場所の完備（sthānasaṃpad）において、樹下（vṛkṣamūla）の解説に認められる（*ŚrBh*T3 16.4; ref.（Jpn. trans.）声聞地研究会［2018: 17］）。本研究では、この解説に従い、"vanaprastha" を「林藪」と訳した。当該語のその他の用例に関しては、次注も参照。

47 *BHSD* 所掲の "prānta" の項目（*BHSD* p.392）によれば、"prānta" は "śayanāsana" と成句をなす場合、"of border country" を意味する。*BHSD* を踏まえ、菅原［2010: 293–294］は、"śayanāsana" の用法を、「坐臥具」「坐臥処」「座すこと、臥すこと」の3種に分け、2番目の用法のほとんどが "prāntāni śayanāsanāni" のような定型句の形になっていることを指摘する。本研究では、以上の指摘に従い、"prāntāni śayanāsanāni" を「人里離れた坐臥する場所」と訳した。また、"araṇyavanaprasthāni ca prāntāni śayanāsanāni" という文言に関して、これから "ca" を除いた文言が、『声聞地』（*ŚrBh*T1 250.5–6; 280.2）に見出される。

48 出離の安楽と遠離の安楽については、『菩薩地』第3章「自他利品」に解説がある。

実に正しく浄信することで、在家から家なき状態に出家した者が、在家の多彩な執著による苦から解き放たれているから、出離の安楽と言われる。欲望と悪くて不善なものを捨て離れるから、第一静慮において離れることから生じる喜悦と安楽が、遠離の安楽と言われる。

samyag eva śraddhayāgārād anāgārikāṃ pravrajitasya āgārikavicitravyāsaṅgaduḥkha-nirmokṣān naiṣkramyasukham ity ucyate / kāmapāpakākuśaladharmaprahāṇavivekāt prathame dhyāne vivekajaṃ prītisukhaṃ pravivekasukham ity ucyate /

(*BBh*Wo 26.12–16, *BBh*D 18.5–7; ref. (Jpn. trans.) 相馬［1987: 517］, (Eng. trans.) ENGLE［2016: 44–45］)

49 般若（prajñā）に関して、『菩薩地』における用例については、拙稿［2017］、『瑜伽論』における用例については、室寺他［2017: 30–32］、瑜伽行派における用例については、高橋［2017］を参照。

50『声聞地』「初瑜伽処」の「趣入地」に同様の趣旨の文言がある。

また、種姓に立脚して入門した人たちの持つ、以上これらの諸々の表徴は、推論に基づくと知られるべきである。いっぽう、諸仏世尊自身や最高の境地を得た声聞たちは〔衆生の〕守護者として、それについて直接知覚するのであり、〔つまり〕完全に浄化された智見によって経験する。すなわち、種姓と入門を。

tāni punar etāni gotrasthānām avatīrṇānāṃ ca pudgalānām ānumānikāni liṅgāni veditavyāni / buddhā eva tu bhagavantaḥ paramapāramiprāptāś ca śrāvakās tāyinas tatra pratyakṣadarśinaḥ, suviśuddhena jñānadarśanena pratyanubhavanti, yaduta gotraṃ cāvatāraṃ ca //

(*ŚrBh*T1 56.23–58.3; ref.（Jpn. trans.）声聞地研究会［1998: 57–59］)

51『菩薩地』における随煩悩に関して、相馬［1988］は、次の 3 種の意味が混在し、『菩薩地』における随煩悩説については確定説が成立していなかったと指摘する。

(1) 二十四法をさすと思われる枝末煩悩としての意味

(2) 説一切有部の論書の伝統としての煩悩全体を示す定型句における意味

(3) 染汚法全体、すなわち煩悩と随煩悩で示される煩悩全体とその他すべての衆生の心を雑染するもの一切の意味

当該箇所の随煩悩については、(3) の意味に相当すると考えられる。「§6.2. 清らかな性質に違背する 4 種の随煩悩」を参照。

52 “'viparītabodhimārgadaiśikaṃ” の成分である “aviparīta” に関して、玄奘訳は、“mārga” にかけて「無顛倒道」(巻 35, T［30］480b9）と訳す。いっぽう、チベット語訳は、“byang chub kyi lam phyin ci ma log par ston pa”（D 7a2, P 8a6）と、“aviparīta” を “daiśika” にかけて訳す。本研究では、チベット語訳に従い、“aviparīta” を “daiśika” にかけて訳した。

53 “udagra” の訳語に関して、*BHSD* 所掲の “udagra” の項目（*BHSD* p.128）における “intense” に従い、「懸命」と訳した。

54 漢訳は三本共、“indriya” を「善根」（巻 1, T［30］（1582）964a19; 巻 1, T［30］（1581）889b22; 巻 35, T［30］（1579）480b17）と理解する。機根の成熟に関して、『菩薩地』第 6 章「成熟品」では、成熟の区別（paripākaprabheda）の最初に解説し（*BBh*Y6 86.17–87.3; ref.（Jpn. trans.）矢板［2014: 70–71］）、善根（kuśalamūla）の成熟とは区別している。

55 当該箇所の理由（kāraṇa）に関して、先に示された、種姓を完備した菩薩が菩提を得られない 4 つの理由に基づき、菩提を得るための理由として、(1) 善き師友との出会い、(2) 顛倒のない修学、(3) 専念に際しての精進、(4) 機根の成熟および菩提分法の円満を指すと理解して全体を訳した。

当該箇所と同様に “vaikalya” と “sāṃnidhya” が並列する用例は、第 6 章「成熟品」や第 8 章「力種姓品」に見出される（*BBh*Y6 87.16–88.6, ref.（Jpn. trans.）矢板［2014: 72］; *BBh*Y8 60.10–11, ref.（Jpn. trans.）矢板［2015: 38］）。特に「成熟品」における用例は、理由（kāraṇa）という語も含む点で、参考になる。すなわち、微弱（mṛdu）、中位（madhya）、高度（adhimātra）な成熟に関する解説において、微弱な成熟の理由として、(1) 機根・善根・智慧の成熟の原因を長時間に亘って反復実行することのないこと、(2) 同じくそれらの原因を養成せず僅かに反復実行すること、という 2 つを挙げ、中位な成熟では、2 つの理由のうちの一方を欠き（vaikalya）、他方を具備する（sāṃnidhya）と述べ、高度な成熟では、2 つの理由を欠かない（avaikalya）と述べる。高度な成熟に挙がる理由が文字通りの理由ならば、「2 つの理由を欠く」としなければ意味が通らないため、高度な成熟の内容に鑑み、この場合の理由は、(1) 機根・善根・智慧の成熟の原因を長時間に亘って反復実行すること、(2) 同じくそれらの原因を養成して十分に反復実行することに相当すると考えられる。つまり、具体的に挙がっている理由の内容は否定的な表現であるにも関わらず、そうした理由を欠く（vaikalya）や具備する（sāṃnidhya）と述べる場合には、具体的に挙がっている理由の肯定的な表現を内容として意図しているのである。

なお、当該箇所に関しては、玄奘訳のみが本研究の訳と理解が概ね一致するが、本研究の訳のような理由（kāraṇa）の理解に関する補足説明がないので、文意をつかみ難い。これに対して、チベット語訳および他の漢訳『菩薩善戒経』『菩薩地持経』に異同が認められる。まず、チベット訳では、「具備する」という表現の否定と肯定が逆転しており、「種姓品」に列挙された 4 つの理由を文字通りに理解して読むことが可能である。

> 種姓があっても、これらの理由を具備するから、〔無上正等〕菩提を得ず、いっぽう、〔これらの理由を〕具備しなければ、〔無上正等菩提を〕得る。種姓がないならば、全く全然如何なる場合でも、〔無上正等〕菩提を決して得ないと知られるべきである。
>
> rigs yod du zin kyang rgyu ’di dag dang ldan pa’i phyir byang chub mi thob la / mi ldan na ni thob par ’gyur ro // rigs med na ni thams cad kyi thams cad (P8b4) rnam pa thams cad du

byang (D7a6) chub thob par mi ’gyur ba kho nar rig par bya’o //

（D 7a5–6, P 8b3–4）

いっぽう、『菩薩善戒経』では、前半部分は玄奘訳と同様の理解であるが、“sāṃnidhyāt tu prāptir bhavati / asati tu gotre sarveṇa sarvaṃ sarvathā bodher aprāptir eva veditavyā //” に相当する訳が一文に纏められたような内容となっている。

菩薩は菩薩種姓があっても、以上のような 4 つの事項を備えないならば、最終的に無上正等菩提を得ることができない。また、以上のような 4 つの事項を備えたとしても、菩薩種姓がないのに、無上正等菩提を成就できるのは、あり得ない。

菩薩雖有菩薩之性、若不具足如是四事、終不能得阿耨多羅三藐三菩提。雖復具足如是四事、無菩薩性、而能得成阿耨多羅三藐三菩提者、無有是處。

（巻 1, T［30］964a21–24）

最後に、『菩薩地持経』では、前半部の “kāraṇa” を「因縁」と訳して、「種姓品」に列挙された 4 つの理由に相当する、後半部の “kāraṇa”（法）と区別したような理解を示している。この場合の「因縁」とは、文脈から判断して、無上正等菩提を成就するためのものであると考えられる。

菩薩は菩薩種姓があっても、〔無上正等菩提を成就するための〕因縁を備えないならば、無上正等菩提を成就できない。以上の 4 つの項目を離れるならば、速やかに無上正等菩提を得る。菩薩種姓がなければ、あらゆる手立ての行があったとしても、最終的に無上なる菩提を成就できない。

菩薩雖有菩薩種性、因縁不具、不能得成無上菩提。離是四法、疾得阿耨多羅三藐三菩提。若無菩薩種性、雖有一切諸方便行、終不得成無上菩提。

（巻 1, T［30］889b22–26）

あとがき

縁あって高野山大学文学部密教学科に入学した筆者が、本書のテーマである瑜伽行派における種姓説を研究するきっかけとなったのは、当時ゼミを担当してくださった加納和雄先生からの勧めであった。密教以前の仏教のことをもっと知りたいと思い、大学院への進学を考えていたなかで、『菩薩地』「種姓品」の研究として、原典を読み解き、その思想を明らかにしてゆく過程は、研究の道をより強く意識させることになった。京都大学大学院文学研究科に進学後は、宮崎泉先生のご指導のもと、同テーマの研究を継続して、修士課程では『瑜伽師地論』における種姓説の研究、博士課程では瑜伽行派の初期から中期までの種姓説の研究に取り組んだ。

博士課程に在籍する頃からは、国際仏教学大学院大学の斎藤明先生が代表を務めるバウッダコーシャ・プロジェクトに、滋賀医科大学の室寺義仁先生の研究班の一員として参加させて頂き、また、龍谷大学の *MSA* 研究会に加えて頂き、そうした場で種姓に関する研究成果を発表する機会を頂戴した他、『菩薩地』や『大乗荘厳経論』などの瑜伽行派文献を研究するに際して、先生方から貴重なご指摘やご意見を賜った。こうした研究会での経験や、京都大学のインド学・仏教学研究室の先輩・後輩諸氏や研究仲間との交流は、今も筆者の研究の支えになっている。筆者は 2017 年に京都大学に学位論文『瑜伽行派における種姓説の展開——初期瑜伽行派から中期瑜伽行派へ——』を提出し、2018 年 3 月に博士（文学）の学位を取得した。学位論文を審査頂いた宮崎泉先生（主査）、船山徹先生、赤松明彦先生、横地優子先生からは、貴重なご指摘やご意見を賜り、ご指導を頂いた。

本書の基になった学位論文の執筆にあたっては、独立行政法人日本学術振興会ならびに公益財団法人三島海雲記念財団から多大なご支援を頂いた。瑜伽行派文献における種姓説の主要な部分は、日本学術振興会特別研究員（DC1）

として、特別研究員奨励費（12J04449）の助成を受けて実施した研究成果の一部である。中期瑜伽行派文献における種姓説に関する部分は、三島海雲記念財団の第53回（平成27年度）学術研究奨励金（人文科学部門）の助成を受けて実施した研究成果の一部を含んでいる。こうしたご支援を受けて得られた成果を中心に学位論文としてまとめたが、本書には、日本学術振興会の若手研究（20K12805）（24K15899）の助成を受けて実施した、後期瑜伽行派の注釈文献における種姓説に関する研究成果の一部も、反映させている。

本書は、この学位論文を基にして、構成の上では「あとがき」と「索引」を、内容の上では学位論文以降の筆者の研究成果の一部を加えたものである。出版にあたり、学位論文での課題であった文体や書式などを含めて多くの箇所に加筆修正を施し、学位論文提出から今日までの先行研究についても、参照し得る限りの情報を反映させている。そうした研究を承けて、特に著者問題の関わる第2章についてはその構成を改め、他の箇所についてもできる限り見直した。本書の草稿段階では、ライプツィヒ大学の中山慧輝氏から、数々の貴重なご指摘やご意見を賜った他、特に『菩薩地』「種姓品」の和訳と梵文校訂テキストについては、高野山大学の菊谷竜太先生、龍谷大学の早島慧先生、ハンブルク大学のRyan Conlon氏からも、様々なかたちで貴重なご助言を賜った。本書の執筆では、自身の至らぬ点に気付くたびに、筆者の未熟さを痛感し、遅々として作業が進まず、出版を躊躇することもあったが、先生方や研究仲間からの励ましもあって、現時点での筆者の力の及ぶ限りのものを本書のかたちで提示することにした。もちろん、本書のあり得るべき誤謬は、すべて筆者の責任である。諸賢のご指摘、ご批判を乞いたい。

種姓というテーマとの付き合いもずいぶんになる。本書の出版によって卒業論文から続く課題にようやく区切りをつけることができたが、本書が扱っているのは、初期から中期までの瑜伽行派における種姓説である。瑜伽行派における種姓説のさらなる展開を解明するために、筆者は現在、中期瑜伽行派以降の種姓説に関する研究に取り組んでいる。瑜伽行派の種姓説と如来蔵・

仏性思想との関連や、瑜伽行派以前の種姓説との接続もまた、本書で残された課題である。こうした課題に関しても、今後研究を進めてゆきたい。

最後に、本書の出版の機会を与えてくださり、出版まで並々ならぬご尽力を賜った起心書房の安元剛氏、学位取得後に行く当てのなかった筆者を研究者として留めてくださった愛媛大学の加藤匡宏先生、原稿の校正にご協力いただいた中山慧輝氏、竹田龍永氏、筆者を日頃から支えてくれた家族の存在がなければ、筆者は研究を継続し、本書を出版することはできなかった。そして何より、高野山へと筆者を導いてくださった真鍋輝好先生とのご縁がなければ、仏教と出会い、こうして仏教を研究する今の筆者はなかった。

これまでお世話になった方々に、心より感謝を申し上げて結びとしたい。

令和６年７月

参考文献

一次文献

・インド、チベット、中国、日本撰述文献の順に配列した。
・本書で参照した校訂本（Skt. ed./Pāli ed./Tib. ed.）およびチベット語（Tib.）・漢語（Ch.）仏典のみを挙げた。
・梵文校訂テキストを引用の際、単語や連声の正規形への訂正ならびにパンクチュエーションの修正については、一々注記しなかった。

インド撰述文献

Abhidharmakośabhāṣya of Vasubandhu
（Skt. ed.）PRADHAN［1967］.
Abhidharmasamuccaya of Asaṅga
（Skt. ed.）GOKHALE［1947］, PRADHAN［1950］.
Abhidharmasamuccayabhāṣya of *Siṃhabuddhi（師子覚／覚師子）/Jinaputra
（Skt. ed.）TATIA［1976］.
Abhisamācārikā Dharmā
（Skt. ed.）KARASHIMA & VON HINÜBER［2012］.
Aṅguttaranikāya
（Pāli ed.）I: WARDER［1961］, IV: HARDY［1899］, V: HARDY［1900］.
Arthaviniścayasūtranibandhana of Vīryaśrīdatta
（Skt. ed.）SAMTANI［1971］.
Āryadaśabhūmivyākhyāna of Vasubandhu
（Tib.）D（3993）103b1–266a7, P［104］（5494）130b3–335a4.
（Ch.）十地経論 : T［26］（1522）123a2–203b2, 10 巻 , 菩提流支訳 .
Āryasaṃdhinirmocanabhāṣya of Asaṅga
（Tib.）D（3981）1b1–11b5, P［104］（5481）1a1–14a1.
Bodhisattvabhūmivṛtti of Guṇaprabha
（Tib.）D（4044）141a1–182a2, P［112］（5545）176a3–229a6.
**Buddhabhūmyupadeśa* of *Bandhuprabha（親光）et al.
（Ch.）仏地経論 : T［26］（1530）291b2–328a6, 7 巻 , 玄奘訳 .
Buddhānusmṛtiṭīkā of Vasubandhu
（Tib.）D（3987）55b3–63b5, P［104］（5487）69a6–79b8.
Buddhānusmṛtivṛtti of Asaṅga
（Tib.）D（3982）11b5–15a6, P［104］（5482）14a1–18b1.

Daśabhūmikasūtra

（Skt. ed.）KONDŌ［1936］.

Dhammapada

（Pāli ed.）VON HINÜBER & NORMAN［1995］.

Ekottarikāgama

（Ch.）増一阿含経 : T［2］（125）549a2–830b26, 51 巻 , 瞿曇僧伽提婆訳 .

Laṅkāvatārasūtra

（Skt. ed.）NANJIO［1923］, TOKIWA［2003］, 常盤義伸［2018］.

Madhyāntavibhāgabhāṣya of Vasubandhu

（Skt. ed.）NAGAO［1964］.

Madhyāntavibhāgakārikā

（Skt. ed.）NAGAO［1964］.

Madhyāntavibhāgaṭīkā of Sthiramati

（Skt. ed.）YAMAGUCHI［1934］, I: 小谷［2017］.

**Mahāprajñāpāramitopadeśa*

（Ch.）大智度論 : T［25］（1509）57a2–756c19, 100 巻 , 鳩摩羅什訳 .

**Mahāsāṃghikavinaya*

（Ch.）摩訶僧祇律 : T［22］（1425）227a2–549a3, 40 巻 , 仏陀跋陀羅・法顕訳 .

**Mahāvibhāṣā*

（Ch.）阿毘達磨大毘婆沙論 : T［27］（1545）1a2–1004a9, 200 巻 , 玄奘訳 ; 阿毘曇毘婆沙論 : T［28］（1546）1a3–415a23, 60 巻 , 浮陀跋摩・道泰等訳 ; 鞞婆沙論 : T［28］（1547）416a2–523b19, 14 巻 , 僧伽跋澄訳 .

Mahāyānasaṃgraha of Asaṅga

（Tib. ed.）LAMOTTE［1938: I］, 長尾［1982］［1987］, X: GRIFFITHS et al.［1989］.

Mahāyānasaṃgrahabhāṣya of Vasubandhu

（Tib.）D（4050）121b1–190a7, P［112］（5551）141b2–232b5.

（Ch.）摂大乗論釈 : T［31］（1597）321a11–380a17, 10 巻 , 玄奘訳 .

Mahāyānasaṃgrahopanibandhana of Asvabhāva

（Tib.）D（4051）190b1–296a7, P［113］（5552）232b5–356b7.

（Ch.）摂大乗論釈 : T［31］（1598）380a19–449b26, 10 巻 , 玄奘訳 .

Mahāyānasūtrālaṃkārabhāṣya of Vasubandhu

（Skt. ed.）LÉVI［1907］, 長尾［2007a］［2007b］［2009］［2011］, I–III, IX–X: 舟橋［1985］, I: 能仁編［2009］, III: 早島編［2024］, IV: 若原編［2023］, IX: 内藤［2009a］, XI: 舟橋［2000］, XI-partial: 上野隆平［2014b］, XVII: MAITHRIMURTHI［1999］, 能仁編［2013］.

Mahāyānasūtrālaṃkārakārikā

（Skt. ed.）LÉVI［1907］, 長尾［2007a］［2007b］［2009］［2011］, I–III, IX–X: 舟橋［1985］,

I: 能仁編［2009], III: 早島編［2024], IV: 若原編［2023], IX: 内藤［2009a], XI: 舟橋［2000], XI-partial: 上野隆平［2014b], XVII: MAITHRIMURTHI［1999], 能仁編［2013］.

Majjhimanikāya

(Pāli ed.) III: CHALMERS［1977］.

Pañcaviṃśatisāhasrikā Prajñāpāramitā

(Skt. ed.) I: DUTT［1934], KIMURA［2007], IV: KIMURA［1990], VI–VIII: KIMURA［2006］.

(Ch.) 大般若波羅蜜多経第二会 : T［7］(220) 1a1–426a15, 78 巻, 玄奘訳.

Puggalapaññatti

(Pāli ed.) MORRIS et al.［1972］.

Saddharmapuṇḍarīkasūtra

(Skt. ed.) KERN & NANJIO［1908–12］.

**Saddharmapuṇḍarīkopadeśa* of Vasubandhu

(Ch.) 妙法蓮華経論優波提舎 : T［26］(1520) 10c2–20a1, 1 巻, 勒那摩提訳.

Samayabhedoparacanacakra of Vasumitra

(Tib.) D (4138) 141a5–147a2, P［127］(5639) 168b7–176b8.

(Ch.) 異部宗輪論 : T［49］(2031) 15a2–17b10, 1 巻, 玄奘訳 ; 十八部論 : T［49］(2032) 17b12–19c28, 1 巻, 失訳／真諦訳 ; 部執異論 : T［49］(2033) 20a2–22c22, 1 巻, 真諦訳.

Saṃdhinirmocanasūtra

(Tib. ed.) LAMOTTE［1935］.

Cf. *Viniścayasaṃgrahaṇī* in the *Yogācārabhūmi*.

Saṃyuktāgama

(Ch.) 雑阿含経 : T［2］(99) 1a2–373b18, 50 巻, 求那跋陀羅訳.

Sanjuzujing youbotishe of Vasubandhu

(Ch.) 三具足経憂波提舎 : T［26］(1534) 359a2–364c6, 1 巻, 毘目智仙等訳.

**Śāriputrābhidharma*

(Ch.) 舎利弗阿毘曇論 : T［28］(1548) 525a2–719a22, 30 巻, 曇摩耶舎・曇摩崛多等訳.

Sphuṭārthā Abhidharmakośavyākhyā of Yaśomitra

(Skt. ed.) WOGIHARA［1932–36］.

Suttanipāta

(Pāli ed.) ANDERSEN & SMITH［1990］.

**Vinayamātṛkā*

(Ch.) 毘尼母経 : T［24］(1463) 801a2–850c26, 8 巻, 失訳.

Vyākhyāyukti of Vasubandhu

(Tib.) D (4061) 29a2–134b2, P［113］(5562) 31b8–156a5.

(Tib. ed.) J. LEE［2001］.

Wuliangshoujing youbotishe yuansheng ji 無量寿経優波提舎願生偈 of Vasubandhu

（Ch.）無量寿経優波提舎願生偈 : T［26］（1524）230c11–233a29, 菩提流支訳 .
Xianyang shengjiao lun 顯揚聖教論 of Asaṅga
（Ch.）顯揚聖教論 : T［31］（1602）480b9–583b17, 20 巻 , 玄奘訳 .
Yogācārabhūmau Bodhisattvabhūmivyākhyā of *Sāgaramegha/*Samudramegha
（Tib.）D（4047）1b1–338a7, P［112］（5548）1a1–425a6.
Yogācārabhūmi
（Ch.）瑜伽師地論 : T［30］（1579）279a2–882a23, 100 巻 , 玄奘訳 .
Maulī bhūmi
（Tib.）D（4035）1b1–283a7, P［109–110］（5536）1a1–332a8.
（Ch.）本地分 : T［30］（1579）279a2–577c16, 50 巻 .
Manobhūmi
（Skt. ed.）Bhattacharya［1957: 11–72］.
（Tib.）D（4035）5b2–37a7, P［109］（5536）6a7–42b2.
（Ch.）意地 : T［30］（1579）280b3–294b5, 3 巻 .
Savitarkādibhūmi
（Skt. ed.）Bhattacharya［1957: 73–232］.
（Tib.）D（4035）37a7–120b2, P［109］（5536）42b3–137a8.
（Ch.）有尋有伺等三地 : T［30］（1579）294b6–328b24, 7 巻 .
Samāhitā bhūmi
（Skt. ed.）Delhey［2009: I］.
（Tib.）D（4035）120b2–159a6, P［109］（5536）137b1–181b7.
（Ch.）三摩呬多地 : T［30］（1579）328c1–344b18, 3 巻 .
Śrutamayī bhūmi
（Tib.）D（4035）161a2–200b5, P［109］（5536）183b8–230b6.
（Ch.）聞所成地 : T［30］（1579）345a17–361b10, 3 巻 .
Śrāvakabhūmi
（Skt. ed.）Shukla［1973］, I–III: 声 聞 地 研 究 会［1998］［2007］［2018］, IV-partial: Schmithausen［1982: 462］, 阿部［2023: 123, n.110］.
（Tib.）D（4036）1b1–195a7, P［110］（5537）1a1–236a8.
（Ch.）声聞地 : T［30］（1579）395c1–477c1, 14 巻 .
Pratyekabuddhabhūmi
（Skt. ed.）Pandey［1987］, Yonezawa［1998］.
（Tib.）D（4035）279a5–280b5, P［110］（5536）326b7–328b6.
（Ch.）独覚地 : T［30］（1579）477c2–478b1, 1 巻 .
Bodhisattvabhūmi
（Skt. ed.）Wogihara［1930–36］, Dutt［1966］, I-partial: Roth［1977］, I: 本研究［pp.307–353,

odd pages]，II: WANGCHUK［2007: Appendix A, 357–377］, VI: 矢板［2014］, VIII: 矢板［2015］, X: 羽田野［1993］, XI: 矢板［2019］, XIII: 矢板［2011］, XV: 矢板［2012］, XVIII: 古坂［2007］, 矢板［2013］, XIX–XXVIII: 磯田・古坂［1995］.

（Tib.）D（4037）1b1–213a7, P［110］（5538）1a1–247a8.

（Ch.）菩薩地 : T［30］（1579）478b2–576b27, 16 巻 , 菩薩善戒経 : T［30］（1582）960a2–1013c14, 9 巻 , 求那跋摩訳 ; 菩薩地持経 : T［30］（1581）888a6–959b14, 10 巻 , 曇無讖訳 .

Viniścayasaṃgrahaṇī

（Skt. ed.）partial: YE et al.［2023］.

（Tib.）D（4038）zhi 1b1–zi 127a4, P［110–111］（5539）zi 1a1–'i 142b7.

（Ch.）摂決択分 : T［30］（1579）579a1–749c18, 30 巻 ; 決定蔵論 : T［30］（1584）1018b19–1035b25, 2 巻 , 真諦訳 .

Including Quotations of *Saṃdhinirmocanasūtra*.

**Vyākhyāsaṃgrahaṇī*

（Tib.）D（4042）47b7–68b7, P［111］（5543）56b1–82a6.

（Ch.）摂釈分 : T［30］（1579）749c19–760a3, 2 巻 .

Vastusaṃgrahaṇī

（Tib.）*gZhi bsdu ba*: D（4039）127a4–335a7, P［111］（5540）143a1–382a5. *'Dul ba bsdu ba*: D（4040）1b1–22a7, P［111］（5541）1a1–27a3.

（Ch.）摂事分 : T［30］（1579）772b10–881c3, 16 巻 .

Yogācārabhūmivyākhyā

（Tib.）D（4043）69a1–140b7, P［111］（5544）82a6–176a3.

チベット撰述文献

Bu ston chos 'byung of Bu ston rin chen grub

（Tib. ed.）I: MIYAKE et al.［2022］.

中国撰述文献

智昇撰『開元釈教録』

（Ch.）T［55］（2154）477a2–723a8, 20 巻 .

窺基撰『成唯識論述記』

（Ch.）T［43］（1830）229a2–606c9, 10 巻 .

窺基撰『瑜伽師地論略纂』

（Ch.）T［43］（1829）1a2–228b5, 16 巻 .

道倫／遁倫集撰『瑜伽論記』

（Ch.）T［42］（1828）311a2–868b4, 24 巻 .

日本撰述文献

濟暹撰『大日経住心品疏私記』

（Ch.）T［30］（1579）579a1–749c18, 30 巻 .

研　究

・研究は和文、欧文、中文・韓文に分けた。和文については、著者を現代日本語読みで五十音順に配列して、欧文については、著者をアルファベット順に配列し、英語の表記をアメリカ式に統一した。中文・韓文については、それぞれ著者をローマ字表記のアルファベット順に配列した。
・和文フォントに対応のある旧字体（佛、敎など）については、原本のまま表記し、対応のない場合は、新字体で表記した。
・本書の中で各研究に言及する際は、原則として、同一人物であっても和文・中文と欧文とに分けて、姓／ファミリーネーム［出版年］と表記したが、同じ姓の者が複数いる場合に限り、姓名／ファーストネームのイニシャル．ファミリーネームで挙げた。中文・韓文の研究に言及する際は、ローマ字表記も（丸括弧）で併記した。

和　文

赤沼智善

［1939］　『佛教經典史論』赤沼智善論文集 3、名古屋：破塵閣書房。

阿部貴子

［2023］　『瑜伽行派のヨーガ体系──『瑜伽師地論』「声聞地」の研究──』京都：法藏館。

荒井裕明

［1988］　「『現観荘厳論』における種姓について」『駒沢大学大学院仏教学研究会年報』21: 9–15。

荒牧典俊

［1974］　『十地経』大乗仏典 8、東京：中央公論社。

［2009］　「『大乗荘厳経論』第一章「大乗佛語論証」のいくつかの問題について」能仁正顕編『『大乗荘厳経論』第 I 章の和訳と注解──大乗の確立──』龍谷叢書 20、京都：自照社出版、141–164。

［2013］　「序説」能仁正顕編『『大乗荘厳経論』第 XVII 章の和訳と注解──供養・師事・無量とくに悲無量──』龍谷大学仏教文化研究叢書 30、京都：自照社出版、1–31。

石橋丈史

［2014］　「『楞伽経』の成立時期について──三性説という視点から──」『印度學佛教學研究』62-2: 950–947（115–118）。

磯田熙文

［2000］　「『Munimatālaṃkāra』第 3 章（1）」赤松明彦編『インドの文化と論理──戸崎宏正博士古稀記念論文集──』福岡：九州大学出版会、181–198。

磯田熙文・古坂紘一

［1995］　『瑜伽師地論 菩薩地〈随法・究竟・次第瑜伽処〉』チベット佛典研究叢書 III、京都：法藏館。

一郷正道

［1991］　「カマラシーラ著『中観の光』和訳研究（1）」『京都産業大学論集 人文科学系列』18: 229–279。

伊藤秀憲

［1974］　「和訳 チベット訳 解深密経（三）」『駒沢大学大学院仏教学研究会年報』8: 1–10。

伊藤瑞叡

［1988］　『華厳菩薩道の基礎的研究』京都：平樂寺書店。

井藤広志

［1974］　「〔菩薩地〕梵文写本覚え書」『まなさろわら』1: 35–44。

岩本明美

［2002］　『大乗荘厳経論』の修行道――第 13・14 章を中心として――』京都大学博士論文。

宇井伯寿

［1935］　『攝大乘論研究』全 2 巻、東京：岩波書店。

［1958］　『瑜伽論研究』大乘佛教研究 2、東京：岩波書店。

［1959］　『寶性論研究』大乘佛教研究 6、東京：岩波書店。

［1961a］　『大乘莊嚴經論研究』大乘佛教研究 3、東京：岩波書店。

［1961b］　『梵漢對照 菩薩地索引』東京：鈴木学術財団。

上野康弘

［2011］　「蔵訳『荘厳経論安慧釈』における著者問題――安慧作とすることへの若干の疑問――」『印度學佛教學研究』60-1: 449–445（110–114）。

上野隆平

［2012a］　「*Mahāyānasūtrālaṃkāra* XX–XXI.43–61 Pratiṣṭḥādhikāra 考」『印度學佛教學研究』60-2: 983–980（142–145）。

［2012b］　「『大乗荘厳経論』の仏陀観――菩薩道の基盤（pratiṣṭhā）たる仏陀に関する考察――」『南都佛教』97: 11–33。

［2013］　「『大乗荘厳経論』「求法品」の一乗説――第 XI 章第 54 偈の読解と位置づけに関して――」『印度學佛教學研究』62-1: 413–410（116–119）。

［2014a］　「『大乗荘厳経論』第 XI 章第 53–59 偈の理解をめぐって――松本史朗博士の御論考に対する 3 つの疑義――」『岐阜聖徳学園大学仏教文化研究所紀要』14: 87–120。

［2014b］　「『大乗荘厳経論』第 XI 章第 53–59 偈――テキストと和訳――」『インド学チベット学研究』18: 50–82。

[2015]　『『大乗荘厳経論』の仏陀観―― Pratiṣṭhādhikāra（基盤の章）の研究――』龍谷大学博士論文。

瓜生津隆真

[1994]　『十住毘婆沙論 I』新国訳大蔵経 釈経論部 12、東京：大蔵出版。

大島智靖・西村直子・後藤敏文

[2012]　『GAV ――古インド・アーリヤ語文献における牛――』中洋言語・考古・人類・民俗叢書 3、京都：総合地球環境学研究所インダスプロジェクト。

大竹　晋

[2000]　「因の哲学――初期華厳教学の論理構造――」『南都佛教』79: 44–66。

[2005]　『十地経論 I』新国訳大蔵経 釈経論部 17、東京：大蔵出版。

[2006]　『十地経論 II』新国訳大蔵経 釈経論部 18、東京：大蔵出版。

[2008]　『大宝積経論』新国訳大蔵経 釈経論部 15、東京：大蔵出版。

[2009]　『能断金剛般若波羅蜜多経論釈 他』新国訳大蔵経 釈経論部 19、東京：大蔵出版。

[2011]　『法華経論・無量寿経論 他』新国訳大蔵経 釈経論部 18、東京：大蔵出版。

[2013]　『元魏漢訳ヴァスバンドゥ釈経論群の研究』東京：大蔵出版。

[2017a]　「地論宗の煩悩説」金剛大学仏教文化研究所編『地論宗の研究』東京：国書刊行会、137–190。

[2017b]　「地論宗斷片集成」金剛大学仏教文化研究所編『地論宗の研究』東京：国書刊行会、655–863。

岡田英作

[2011]　「瑜伽行派における種姓論の展開に関する一考察――『菩薩地』「種姓品」と『大乗荘厳経論』「種姓品」――」『密教學會報』49: 120–105（49–64）。

[2012]　「『瑜伽師地論』における種姓―― agotrastha の理解をめぐって――」『密教文化』229: 58–36（65–87）。

[2013]　「『瑜伽師地論』における paripūrṇabīja について―― *Yogācārabhūmivyākhyā* の解釈をめぐって――」*Acta Tibetica et Buddhica* 6: 121–143。

[2014a]　「『菩薩地』における agotrastha の救済――菩薩の発願および教化対象の基準を中心に――」『高野山大学密教文化研究所紀要』27: 120–105（141–156）。

[2014b]　「修行における真如所縁縁種子の意義――『瑜伽師地論』の教説を中心に――」『密教文化』232: 102–79（43–66）。

[2014c]　「『大乗荘厳経論』「種姓品」における種姓説――『瑜伽師地論』における種姓説の受容をめぐって――」『佛教史學研究』57-1: 20–38。

[2014d]　「『菩薩地』における衆生の成熟と教化――教化の手立てをめぐって――」『印度學佛教學研究』63-1: 422–419（131–134）。

[2015]　「『大乗荘厳経論』における種姓の存在根拠――「種姓品」第 2 偈を中心

に——」『高野山大学密教文化研究所紀要』28: 96–80（113–129）。
［2016a］ 「瑜伽行派における五種姓説の成立——瑜伽行派の註釈文献を中心として——」『密教文化』236: 146–123（113–136）。
［2016b］ 「インド仏教における五種姓説の成立と展開——瑜伽行派の経典註釈書をもとに——」『公益財団法人 三島海雲記念財団 研究報告書』53: 197–199。
［2017］ 「『菩薩地』における prajñā ——菩薩道実践の観点から——」『仏教文化研究論集』18/19: 29–35。
［2018a］ 「瑜伽行派における種姓の同義異語——『瑜伽師地論』を中心として——」『密教文化』240: 134–109（33–58）。
［2018b］ 「瑜伽行派の種姓説における “aniyata” の理解——ヴァスバンドゥによる注釈文献を中心として——」『密教文化』241: 90–67（77–100）。
［2019］ 「『大乗荘厳経論』における “agotrastha” 解釈の展開——ヴァスバンドゥとアスヴァバーヴァ——」『密教文化』243: 162–138。
［2020］ 「「五姓各別」説とインド瑜伽行派——種姓のない者の源流と展開を中心として——」『日本佛教學會年報』85: 52–78; repr. 日本佛教学会編『仏教と日本 II』京都：法藏館、2021、52–78。
［2023a］ 「『菩薩地』「種姓品」の構成に関する一考察——『菩薩地』注釈文献をもとに——」『密教文化』249/250: 76–51（27–52）。
［2023b］ 「『菩薩地』における衆生観」『日本佛教學會年報』87: 181–206。
［2024a］ 「瑜伽行派における本性住種姓と習所成種姓——『菩薩地』ならびに『大乗荘厳経論』の注釈文献を中心として——」『密教文化』252: 86–61 (83–108)。
［2024b］ 「『大乗荘厳経論』「種姓品」の構成に関する一考察——『菩薩地』「種姓品」との対応関係に着目して——」早島慧編『『大乗荘厳経論』第 III 章の和訳と注解——菩薩の種姓——』京都：法藏館、324–358。

岡田行弘
［1981］ 『瑜伽師地論』独覚地の成立考」『印度學佛教學研究』30-1: 128–129。
［2010］ 「大乗経典の世界」奈良康明・下田正弘編『仏典からみた仏教世界』新アジア仏教史 03 インド III、東京：佼成出版社、159–210。

小川一乗
［1974］ 『如来蔵・仏性の研究——ダルマリンチェン造宝性論釈疏の解読——』改訂版、京都：文栄堂書店 ; repr.『仏性思想論 I』小川一乗仏教思想論集 1、京都：法藏館、2004、1–256。
［1990］ 「『宝性論』と『仏性論』——「悉有仏性」の三種義を中心に——」『如来蔵と大乗起信論』、東京：春秋社、225–257; repr.『仏性思想論 I』小川一乗仏教思想論集 1、京都：法藏館、2004、257–295。

小川弘貫
［1976］　『中国如来蔵思想研究』東京：中山書房。
荻原雲来
［1906］　「現觀莊嚴釋論」『宗教界』2-7: 20–27; repr.「現觀莊嚴論頌」荻原博士記念會編『荻原雲來文集』東京：荻原博士記念會、1938、694–724 1)。
1) 再掲の論文は荻原［1906］に次の 2 本の論文を加えたものである。(1)「現觀莊嚴釋論（第二卷第七號に接す）」『宗教界』5-2、1909、63–66、(2)「現觀莊嚴論頌」『密教』4-3、1914、15–40。
［1938］　「現觀莊嚴論玄談」荻原博士記念會編『荻原雲來文集』東京：荻原博士記念會、325–379。
小沢憲珠
［1985］　「菩薩と声聞辟支仏地――『大品般若経』を中心として――」壬生台舜博士頌寿記念論文集刊行会編『仏教の歴史と思想――壬生台舜博士頌寿記念――』東京：大蔵出版、177–198。
［1988］　「『大品般若経』の十地説」『佛教文化研究』33: 95–116。
［1992］　「『大品般若経』における性地（gotra-bhūmi）」真野龍海博士頌寿記念論文集刊行会編『般若波羅蜜多思想論集――真野龍海博士頌寿記念論文集――』東京：山喜房佛書林、303–321。
小谷信千代
［1984］　『大乗荘厳経論の研究』京都：文栄堂書店。
［1991］　「シュミットハウゼン著『アーラヤ識論』ノート」『大谷學報』70-3: 1–18。
［2001］　『摂大乗論講究』京都：真宗大谷派宗務所出版部。
［2017］　『虚妄分別とは何か――唯識説における言葉と世界――』京都：法藏館。
梶山雄一
［1976］　「解説」『世親論集』大乗仏典 15、東京：中央公論社、410–428。
片山一良
［2003］　『長部（ディーガニカーヤ）戒蘊篇 I』パーリ仏典〈第 2 期〉1、東京：大蔵出版。
［2009］　『ダンマパダ全詩解説――仏祖に学ぶひとすじの道――』東京：大蔵出版。
加藤精神
［1930］　「瑜伽師地論解題」『國譯一切經印度撰述部 瑜伽部 一』東京：大東出版社、1–19。
加納和雄
［2012］　「『宝性論』弥勒著作説の下限年代再考――敦煌梵文断簡 IOL Khot S 5 と Pelliot 2740 の接合復元と年代推定――」『印度學佛教學研究』60-2: 957–951（168–174）。

[2014]　「宝性論の展開」高崎直道監修『如来蔵と仏性』シリーズ大乗仏教 8、東京：春秋社、205–247。

[2019]　「世親作『十地経論』の梵文佚文」『印度學佛教學研究』67-2: 927–923（116–120）。

辛嶋静志

[2006]　「一闡提（*icchantika*）は誰か」望月海淑編『法華経と大乗経典の研究』東京：山喜房佛書林、253–269（562–546）。

河村孝照

[1975]　「三乗種姓における仏身論」『有部の佛陀論』東京：山喜房佛書林、432–465。

岸　清香

[2014]　『『大乗荘厳経論』第十八章「菩提分品」の研究――初期瑜伽行唯識学派における菩薩行について――』筑波大学博士論文。

橘川智昭

[1995a]　「円測教学における一乗論――基教学との比較において――」『東洋大学大学院紀要 文学研究科』31: 220–208（1–13）。

[1995b]　「円測と一乗仏性思想」『宗教研究』68-4: 374–375（1066–1067）。

[1996]　「円測撰『解深密経疏』における一乗論について」『印度學佛教學研究』45-1: 56–58。

[1999]　「円測による五性各別の肯定について――円測思想に対する皆成的解釈の再検討――」『佛教學』（佛教思想學会）40: 95–117。

[2001]　「円測における実説一乗仮説三乗と実説三乗仮説一乗」『印度學佛教學研究』49-2: 739–741（233–235）。

[2002]　「慈恩教学における法華経観」『佛教學』（佛教思想學会）44: 23–53。

[2003]　「元暁と基――真如観と衆生論――」『印度學佛教學研究』51-2: 547–551（23–27）。

[2004]　「慈恩基の如来蔵観と〈自性〉」『宗教研究』77-4: 254–255（1054–1055）。

[2005a]　「中国唯識にみる二種一乗義の倶有について」『印度學佛教學研究』53-2: 688–692（208–212）。

[2005b]　「唐初期唯識思想における〈大乗〉の把捉――種性説との関わりから――」『東洋文化研究』7: 253–285。

[2013]　「理仏性と行仏性」（附：コメント・回答）『東アジア仏教学術論集――韓・中・日国際仏教学術大会論文集――』1: 163–184。

[2014]　「中国仏性思想と人間観――理行二仏性説を手がかりとして――」奥田聖應先生頌寿記念論集刊行会編『インド学仏教学論集――奥田聖應先生頌寿記念――』東京：佼成出版社、919–931。

木村泰賢

［1937］　「舎利弗阿毘曇論と南方論部、殊にその毘崩伽論（Vibhaṅga）及、補犢迦羅施設論（Puggalapaññatti）との關係」『阿毘達磨論の研究』木村泰賢全集6、東京：明治書院、67–160。

金　成哲

［2014］　「種姓無為論の起源に関する一考察――『宝性論』と『仏性論』の‘gotra’の翻訳用例を中心として――」（附：コメント・回答）『東アジア仏教学術論集――中・日・韓 国際仏教学術大会論文集――』2: 235–264。

楠本信道

［1998］　「adhimukti研究―― *Mahāyānasūtrālaṃkāra* X.9–10 世親釈・安慧釈の和訳――」『哲学』（廣島哲學會）50: 95–107。

［1999］　「大乗荘厳経論における‘adhimukti’の意味」『印度學佛教學研究』47-2: 912–910（113–115）。

恵敏

［1990］　「『声聞地』の「種姓」について」『佛教學』（佛教思想學会）29: 13–31。

［1991］　「『声聞地』の「不住種姓」について」『佛教文化』（東京大学仏教青年会）27: 48–68。

［1994］　『「声聞地」における所縁の研究』インド学仏教学叢書5、東京：山喜房佛書林。

ケサン・ツルティム（白館戒雲）

［2012］　「中観派と唯心派における種姓と如来蔵について」『印度學佛教學研究』60-2: 965–958。

ケサン・ツルティム（白館戒雲）・藤仲孝司

［2012］　「『現観荘厳論』がインド・チベットで栄えたさまと仏性の規定」『成田山仏教研究所紀要』35: 103–205。

合田秀行

［1995］　「無著における Buddhānusmṛti について」『印度學佛教學研究』44-1: 387–384（108–111）。

古賀英彦

［2011］　「図説インド仏教の仏性論――宝性論研究ノート――」『禅文化研究所紀要』31: 1–25。

小玉大圓

［1997］　「唯識思想の先駆者」渡辺隆生教授還暦記念論集刊行会編『佛教思想文化史論叢――渡邊隆生教授還暦記念論集――』京都：永田文昌堂、485–492。

小玉大圓・中川正晃・直海玄哲

［1992］　「瑜伽師と禅経典の研究（I）――伝承の問題点と分析を中心に――」『龍谷大学佛教文化研究所紀要』31: 115–134。

[1993]　「瑜伽師と禅経典の研究（II）――伝承の問題点と分析を中心に――」『龍谷大学佛教文化研究所紀要』32: 166–179。

後藤敏文

[2009]　「古代インド文献に見る天空地」篠田知和基編『天空の神話――風と鳥と星――』名古屋：楽瑯書院、107–125（590–572）。

小山憲栄

[1891]　『異部宗輪論述記發軔』全 3 巻、京都：永田長左衛門。

三枝充悳

[1983]　『ヴァスバンドゥ』人類の知的遺産 14、東京：講談社。

三枝充悳編

[1987]　『インド仏教人名辞典』京都：法藏館。

斎藤　明

[1989]　「一乗と三乗」長尾雅人他編『インド仏教 3』岩波講座 東洋思想 10、東京：岩波書店、46–74。

[2019]　「『宝性論』の tathāgatagarbha（如来蔵）解釈考」『国際仏教学大学院大学研究紀要』23: 108–89（115–134）。

[2020]　「『入菩薩行論解説細疏』の「八不」解釈」『国際仏教学大学院大学研究紀要』24: 192–168（1–25）。

齋藤龍裕

[1996a]　「『瑜伽論』の種性論――不定種性を中心として――」『宗教研究』69-4: 162–163（884–885）。

[1996b]　「Ratnākaraśānti の種性論」『佛教學論集』20: 38–49。

坂井祐円

[2000a]　「玄奘系唯識における五姓各別説の成立をめぐって」『大谷大学大学院研究紀要』17: 115–146。

[2000b]　「五姓各別説の絶対性の真偽をめぐって」『印度學佛教學研究』49-1: 65–67。

[2002a]　「『勝鬘経述記』を通して五姓各別説を再考する――出生大乗と摂入大乗の概念を中心として――」『印度學佛教學研究』50-2: 673–675（145–147）。

[2002b]　「五姓各別説の本来的意義について」『印度學佛教學研究』51-1: 99–102。

[2003]　「『仏地経論』の二界無尽説について」『佛教學セミナー』77: 43–59。

佐久間秀範

[2004]　「転依における *āśraya* の語義」神子上恵生教授頌寿記念論集刊行会編『インド哲学佛教思想論集――神子上恵生教授頌寿記念論集――』京都：永田文昌堂、679–699。

[2006]　「瑜伽行派の実践理論が教義理論に変わる時」『哲学・思想論集』31: 1–15（164–150）。

［2007a］　「『瑜伽師地論』に見られる成仏の可能性のない衆生」『哲学・思想論集』32: 1–27（156–130）。
［2007b］　「五姓格別の源流を訪ねて」大正大学真言学豊山研究室加藤精一博士古稀記念論文集刊行会編『真言密教と日本文化――加藤精一博士古稀記念論文集――』下、東京：ノンブル社、265–305（190–150）。
［2008］　「法相宗所伝の諸論師系譜の再考」多田孝正博士古稀記念論集刊行会編『仏教と文化――多田孝正博士古稀記念論集――』東京：山喜房佛書林、171–194。
［2010］　「インド瑜伽行派諸論師の系譜に関する若干の覚え書き――弥勒・無着・世親――」『哲学・思想論集』35: 17–51（198–164）。
［2012］　「瑜伽行唯識思想とは何か」高崎直道監修『唯識と瑜伽行』シリーズ大乗仏教 7、東京：春秋社、19–72。
［2013］　「無性と安慧」伊藤瑞叡博士古稀記念論文集刊行会編集『法華文化と関係諸文化の研究――伊藤瑞叡博士古稀記念論文集――』東京：山喜房佛書林、747–765。
［2023］　『修行者達の唯識思想』東京：春秋社。
佐久間秀範代表（吉村　誠・橘川智昭・蓑輪顕量・佐久間秀範）
［2009］　「五姓各別は本当に差別思想か――インド～中国～朝鮮～日本の視点から――」（第 59 回学術大会パネル発表報告）『印度學佛教學研究』57-2: 834–832（309–311）。
櫻部　建
［1969］　『倶舎論の研究 界・根品』京都：法藏館。
櫻部　建・小谷信千代
［1999］　『倶舎論の原典解明 賢聖品』京都：法藏館。
佐々木月樵
［1977］　『漢譯四本對照 攝大乘論 改訂新版』京都：臨川書店。
佐々木閑
［2003］　「アランヤにおける比丘の生活」『印度學佛教學研究』51-2: 812–806（221–227）。
［2004］　「アランヤの空間定義」神子上恵生教授頌寿記念論集刊行会編『インド哲学佛教思想論集――神子上恵生教授頌寿記念論集――』京都：永田文昌堂、127–146。
史　經鵬
［2017］　「敦煌遺書 地論宗『涅槃經疏』（擬）の佛性思想―― BD ○二二二四、BD ○二三一六、BD ○二二七六を中心に――」金剛大学仏教文化研究所編『地論宗の研究』東京：国書刊行会、357–381。

静谷正雄
［1973］　「漢訳『増一阿含経』の所属部派」『印度學佛教學研究』22-1: 54–59。
嶋本弘德
［2019］　「瑜伽行派における buddhatva 理解と一乗の問題——『摂大乗論』及び周辺文献を中心に——」『佛教學研究』（龍谷大学佛教學會）75: 59–87。
清水海隆
［1986］　「中期大乗仏教における菩薩思想について（一）——『瑜伽論』菩薩地に見られる菩薩思想の考察①——」『大崎學報』141: 66–83。
［1991］　「中期大乗仏教における菩薩思想について（三）——菩薩地所説の階位説から見た菩薩行構造に関して——」『印度學佛教學研究』39-2: 574–579（69–74）。
［1993］　「『瑜伽師地論』の菩薩地に関する一考察——十三住階位説再考——」『日蓮教學研究所紀要』20: 705–721。
［1995］　「『瑜伽論』に見る菩薩階位と声聞階位——菩薩地住品の所説を拠り所として——」『宗教研究』68-4: 235–236（927–928）。
［1997a］　「『瑜伽師地論』における声聞道と菩薩道」『印度學佛教學研究』45-2: 719–724（197–202）。
［1997b］　「『瑜伽師地論』の声聞行」『印度學佛教學研究』46-1: 179–184。
周　柔含
［2009］　『説一切有部の加行道論「順決択分」の研究』東京：山喜房佛書林。
声聞地研究会
［1998］　『瑜伽論 声聞地 第一瑜伽処——サンスクリット語テキストと和訳——』大正大学綜合佛教研究所研究叢書 4、東京：山喜房佛書林。
［2007］　『瑜伽論 声聞地 第二瑜伽処 付非三摩呬多地・聞所成地・思所成地——サンスクリット語テキストと和訳——』大正大学綜合佛教研究所研究叢書 18、東京：山喜房佛書林。
［2018］　『瑜伽論 声聞地 第三瑜伽処——サンスクリット語テキストと和訳——』大正大学綜合佛教研究所研究叢書 32、東京：山喜房佛書林。
新野達美
［1935］　「不成佛者とその意味（上）——無着論師の宗義に於ける若干の思索——」『龍谷學報』313: 185–200（603–618）。
［1936］　「不成佛者とその意味（下）」『龍谷學報』316: 93–120（445–472）。
菅沼　晃
［1977a］　「入楞伽経の如来蔵論」『東洋大学大学院紀要 文学研究科』13: 67–96。
［1977b］　「入楞伽経三万六千一切法集品訳註（一）」『東洋学論叢』2: 91–193。
菅原泰典

［2010］　『『修所成地』の研究 II』私家版。

勝呂信静

［1976a］　「唯識説における真理概念」『法華文化研究』2: 29–82; repr.『唯識思想の形成と展開』勝呂信靜選集 1、東京：山喜房佛書林、2009、71–447。

［1976b］　「瑜伽論の成立に関する私見」『大崎学報』129: 1–50; repr.『唯識思想の形成と展開』勝呂信靜選集 1、東京：山喜房佛書林、2009、297–342。

［1977］　「唯識説における仏陀観——初期の法身説を中心として——」玉城康四郎博士還暦記念会編『佛の研究——玉城康四郎博士還暦記念論集——』東京：春秋社、151–166; repr.『唯識思想の形成と展開』勝呂信靜選集 1、東京：山喜房佛書林、2009、449–466。

［1982］　「アーラヤ識の語義」田村芳朗博士還暦記念会編『仏教教理の研究——田村芳朗博士還暦記念論集——』東京：春秋社、53–66; repr.『唯識思想の形成と展開』東京：山喜房佛書林、2009、3–18。

［1989］　『初期唯識思想の研究』東京：春秋社。

勝呂信静・下川邊季由

［2007］　『摂大乗論（世親釈、玄奘訳）』新国訳大蔵経 瑜伽・唯識部 11、東京：大蔵出版。

相馬一意

［1986a］　「菩薩地第一章の一考察」『印度學佛教學研究』34-2: 772–777（304–309）。

［1986b］　「梵文和訳「菩薩地」（1）——種姓の章, 発心の章——」『佛教學研究』（龍谷大学佛教學會）42: 1–26。

［1987］　「梵文和訳「菩薩地」（2）——自利・利他の章——」『佛教學研究』（龍谷大学佛教學會）43: 527–504（20–43）。

［1988］　「菩薩地の随煩悩（upakleśa）について」『印度學佛教學研究』36-2: 825–832（344–351）。

高崎直道

［1960］　「華厳教学と如来蔵思想——インドにおける「性起」思想の展開——」川田熊太郎監修『華厳思想』京都：法藏館、277–332; repr.『如来蔵思想・仏性論 I』高崎直道著作集 6、東京：春秋社、2010、389–443。

［1961］　「古代インドにおける身分と階級」石母田正他編『古代社会の構造（下）——古代における身分と階級——』古代史講座 7、東京：學生社、102–141; repr.『インド思想論』高崎直道著作集 1、東京：春秋社、2010、223–265。

［1966］　「GOTRABHŪ と GOTRABHŪMI」金倉博士古稀記念論文集刊行会編『印度学仏教学論集——金倉博士古稀記念——』京都：平樂寺書店、313–336; repr.『如来蔵思想・仏性論 II』高崎直道著作集 7、東京：春秋社、2010、

245–271。

［1967a］ 「GOTRABHŪMI 覚え書——特に般若経の十地をめぐって——」『駒澤大學佛教學部研究紀要』25: 1–27; repr.『如来蔵思想・仏性論 II』高崎直道著作集 7、東京：春秋社、2010、273–314。

Review:

1）研究部（T. Y.）『鈴木学術財団研究年報』3、1967、172–175。

［1967b］ 「ツォンカパのゴートラ論」『鈴木学術財団研究年報』3: 87–100; repr.『如来蔵思想・仏性論 II』高崎直道著作集 7、東京：春秋社、2010、315–348。

［1967c］ 「聖種 āryavaṃśa と種姓 gotra」『日本佛教學會年報』32: 1–21; repr.『如来蔵思想・仏性論 II』高崎直道著作集 7、東京：春秋社、2010、349–372。

［1969］ 「般若經と如來藏思想」『印度學佛教學研究』17-2: 494–501 (49–56) ; repr.『如来蔵思想・仏性論 I』高崎直道著作集 6、東京：春秋社、2010、377–388。

［1971］ 「佛教とインド社会——ゴートラ gotra の観念をめぐって——」『大阪大学インド・東南アジア研究センター彙報』7/8: 43–46; repr.『如来蔵思想・仏性論 II』高崎直道著作集 7、東京：春秋社、2010、239–244。

［1973］ 「種姓に安住する菩薩——瑜伽行派の種姓論・序説——」中村元博士還暦記念会編『インド思想と仏教——中村元博士還暦記念論集——』東京：春秋社、207–222; repr.『如来蔵思想・仏性論 II』高崎直道著作集 7、東京：春秋社、2010、373–390。

［1974a］ 『如来蔵思想の形成——インド大乗仏教思想研究——』東京：春秋社 ; repr.『如来蔵思想の形成 I・II』高崎直道著作集 4・5、東京：春秋社、2009。

［1974b］ 「〈菩薩蔵経〉について——玄奘訳『大菩薩蔵経』を中心に——」『印度學佛教學研究』22-2: 578–586（46–54）; repr.『大乗起信論・楞伽経』高崎直道著作集 8、東京：春秋社、2009、433–446。

［1979］ 「眞諦三藏の譯經」森三樹三郎博士頌壽記念事業會編『東洋學論集——森三樹三郎博士頌壽記念——』京都：朋友書店、1109–1125; repr.『大乗起信論・楞伽経』高崎直道著作集 8、東京：春秋社、2009、457–473。

［1980］ 『楞伽経』佛典講座 17、東京：大蔵出版。

［1982a］ 「瑜伽行派の形成」平川彰・梶山雄一・高崎直道編『唯識思想』講座・大乗仏教 8、東京：春秋社、1–42; repr. 高崎直道編『唯識思想』東京：春秋社、2001、1–42;『大乗仏教思想論 II』高崎直道著作集 3、東京：春秋社、2009、155–196。

［1982b］ 「如来蔵思想の歴史と文献」平川彰・梶山雄一・高崎直道編『如来蔵思想』講座・大乗仏教 6、東京：春秋社、1–49; repr.「如来蔵思想とは何か——如来蔵思想の歴史と文献——」『如来蔵思想・仏性論 I』高崎直道著作集 6、東京：春秋社、2010、5–58。

［1982c］　「如来蔵とアーラヤ識——唯識説との交渉——」平川彰・梶山雄一・高崎直道編『如来蔵思想』講座・大乗仏教 6、東京：春秋社、151–183; repr.「如来蔵思想の組織化——唯識説との交渉——」『如来蔵思想・仏性論 I』高崎直道著作集 6、東京：春秋社、2010、93–125。

［1989］　『宝性論』インド古典叢書、東京：講談社。

［1996］　「〈無始時来の界〉再考」勝呂信靜博士古稀記念論文集刊行会編『勝呂信靜博士古稀記念論文集』東京：山喜房佛書林、41–59; repr.『如来蔵思想・仏性論 II』高崎直道著作集 7、東京：春秋社、2010、201–222。

［1999］　『宝性論・法界無差別論』新国訳大蔵経 論集部 1、東京：大蔵出版。

［2010］　「『究竟一乗宝性論』の構造と原型」（付記）『如来蔵思想・仏性論 II』高崎直道著作集 7、東京：春秋社、29–30（初出：1958）。

高崎直道・柏木弘雄

［2005］　『仏性論・大乗起信論（旧・新二訳）』新国訳大蔵経 論集部 2、東京：大蔵出版。

高橋晃一

［2005］　『『菩薩地』「真実義品」から「摂決択分中菩薩地」への思想展開——vastu 概念を中心として——』インド学仏教学叢書 12、東京：山喜房佛書林。

［2012］　「初期瑜伽行派の思想——『瑜伽師地論』を中心に——」高崎直道監修『唯識と瑜伽行』シリーズ大乗仏教 7、東京：春秋社、73–109。

［2016］　「『菩薩地』における菩薩蔵（bodhisattvapiṭaka）の位置づけ」『インド哲学仏教学研究』24: 41–62。

［2017］　「瑜伽行派の prajñā」『仏教文化研究論集』18/19: 37–45。

［2022］　「『菩薩地』「住品」におけるハタヨーガと思択」『印度學佛教學研究』71-1: 370–364（109–115）。

［2024］　『心と実存 唯識』シリーズ思想としてのインド仏教、東京：春秋社。

高橋尚夫・西野　翠

［2015］　『ラモットの維摩経入門』東京：春秋社。

田上太秀

［1971］　「瑜伽論における菩提心説——菩薩地を中心にして——」『駒澤大學佛教學部論集』1: 46–69。

［1990］　『菩提心の研究』東京：東京書籍。

瀧　英寛

［2007］　「Vimalakīrti-nirdeśa 再考」松濤誠達先生古稀記念会編『梵文学研究論集——松濤誠達先生古稀記念——』東京：大祥書籍、185–202。

武邑尚邦

［1940］　「瑜伽師地論成立問題考」『龍谷學報』328: 51–80（125–154）。

［1977］　『仏性論研究』京都：百華苑。

竹村牧男
［1977］　「成仏の根拠——唯識説における初発の無漏智の因縁について——」玉城康四郎博士還暦記念会編『佛の研究——玉城康四郎博士還暦記念論集——』東京：春秋社、167–183。
［1995］　『唯識三性説の研究』東京：春秋社。
多田　修
［2001］　「唯識種姓説における不定種姓の問題」『印度學佛教學研究』49-2: 742–744（236–238）。
［2003a］　「五姓各別説における独覚に関する一考察」『印度學佛教學研究』51-2: 552–554（28–30）。
［2003b］　「五姓各別説における不定種姓攷」『佛教學研究』（龍谷大学佛教學會）58/59: 118–136。
［2004］　「基における仏性・如来蔵解釈」『印度學佛教學研究』52-2: 667–670（173–176）。
［2006］　「唯識説における独覚に関する問題」『佛教學研究』（龍谷大学佛教學會）60/61: 27–43。
［2008］　「仏性・如来蔵に対する基の見解」『佛教學研究』（龍谷大学佛教學會）64、76–90。
［2011］　「基における大乗二種姓解釈の特徴について」『印度學佛教學研究』60-1: 60–65。
［2012］　「大乗二種姓解釈の変遷について」『佛教學研究』（龍谷大学佛教學會）68: 1–21。
［2013］　「『瑜伽論記』における護法説に関する一考察」『印度學佛教學研究』62-1: 28–33。
田中教照
［1993］　『初期仏教の修行道論』東京：山喜房佛書林。
谷口富士夫
［1986］　「ハリバドラにおける菩薩と種姓の関係——現観の認識主体と認識対象——」『日本西藏學會々報』32: 13–17。
［1989］　「『現観荘厳論』における種姓の区別」『印度學佛教學研究』37-2: 858–854（167–171）。
［2002］　『現観体験の研究』東京：山喜房佛書林。
玉置韜晃
［1924］　『唯識學概論』京都：龍谷大學出版部。
中国民族図書館・大正大学綜合佛教研究所
［1994］　『瑜伽師地論声聞地梵文原文影印本』北京：民族出版社。

張　圭彦
［2014］　「円測無性有情論の曖昧性と解釈学的苦境」（林　香奈訳）『東アジア仏教研究』12: 105–130。
鄭　炳杓
［1998］　「新羅唯識思想研究――種姓論を中心として――」北畠典生博士古稀記念論文集刊行会編『日本佛教文化論叢――北畠典生博士古稀記念論文集――』上巻、京都：永田文昌堂、461–482。
寺井良宣
［1989］　「“無余界における回心”をめぐる一乗・三乗の論争」『天台真盛宗宗学研究所紀要』4: 16–100。
寺本婉雅・平松友嗣
［1935］　『藏漢和三譯對校 異部宗輪論』京都：默働社。
常盤義伸
［2003］　『『ランカーに入る』大乗の思想と実践の宝経――復元梵文の日本語訳注と解説――』楞伽宝経四巻本の研究――日本文――、大阪：私家版。
［2018］　『ランカーに入る――すべてのブッダの教えの核心――』大乗仏教経典『楞伽経』四巻――復元梵文原典 日本語訳と研究――、京都：禅文化研究所。
常盤大定
［1930］　『佛性の研究』東京：丙午出版社。
内藤昭文
［2009a］　『『大乗荘厳経論』「菩提品」の講読――和訳と註解――付・梵蔵漢和対照テキスト』京都：永田文昌堂。
［2009b］　「『大乗荘厳経論』の構成と第 IX 章「菩提の章」の構造――ウッダーナ（X, k.1）の理解を踏まえて――」『インド学チベット学研究』13: 1–38。
［2017］　『『大乗荘厳経論』「無量の章」講読――第 XVII 章「供養・師事・無量の章」の解読と解説――付・サンスクリット校訂本の和訳と漢訳の書き下し文の対照テキスト』京都：永田文昌堂。
［2024］　「『大乗荘厳経論』の構成と第 III 章――「種姓の章（種姓品）」の構造――」早島慧編『『大乗荘厳経論』第 III 章の和訳と注解――菩薩の種姓――』京都：法藏館、239–323。
長尾雅人
［1961］　「一乗・三乗の論議をめぐって」塚本博士頌壽記念會編『佛教史學論集――塚本博士頌壽記念――』京都：塚本博士頌壽記念會、532–545; repr.『中観と唯識』東京：岩波書店、1978、526–541。
［1982］　『摂大乗論 和訳と注解』上、インド古典叢書、東京：講談社。
［1987］　『摂大乗論 和訳と注解』下、インド古典叢書、東京：講談社。

[2007a]　『『大乗荘厳経論』和訳と註解――長尾雅人研究ノート――（1）』京都：長尾文庫。
[2007b]　『『大乗荘厳経論』和訳と註解――長尾雅人研究ノート――（2）』京都：長尾文庫。
[2009]　『『大乗荘厳経論』和訳と註解――長尾雅人研究ノート――（3）』京都：長尾文庫。
[2011]　『『大乗荘厳経論』和訳と註解――長尾雅人研究ノート――（4）』京都：長尾文庫。
長尾雅人・梶山雄一・荒牧典俊
[1976]　『世親論集』大乗仏典 15、東京：中央公論社。
中御門敬教
[2008]　「世親作『仏随念広註』和訳研究――前半部分・仏十号に基づく三乗共通の念仏観――」『佛教大学総合研究所紀要』15: 105–130。
[2010]　「無着作『仏随念註』と『法随念註』和訳研究」『佛教大学総合研究所紀要』17: 67–92。
中村瑞隆
[1961]　『梵漢対照究竟一乗宝性論研究』東京：山喜房佛書林。
[1967]　『蔵和対訳究竟一乗宝性論研究』東京：鈴木学術財団。
那須円照
[2010]　「『瑜伽師地論』「菩薩地」における如来の十力の研究（1）――和訳と註解――」『佛教學研究』（龍谷大学佛教學會）66: 31–50。
[2012]　「『瑜伽師地論』「菩薩地」における如来の十力の研究（2）――和訳と註解――」『佛教學研究』（龍谷大学佛教學會）68: 57–76。
[2016]　「『瑜伽師地論』「菩薩地」における如来の十力の研究：十力の七門分別――和訳と註解――」『佛教學研究』（龍谷大学佛教學會）72: 29–65。
浪花宣明
[2008]　『パーリ・アビダルマ思想の研究――無我論の構築――』京都:平樂寺書店。
生井智紹
[1990]　「Kamalaśīla の〈一乗思想〉について」『印度學佛教學研究』38-2: 832–827（112–117）。
成島三夫
[1991]　「瑜伽行派における種姓の研究」『駒沢大学大学院仏教学研究会年報』24: 100–108。
西　義雄
[1939]　「部派佛教に於ける瑜伽師とその役割」『佛教研究』（佛教研究會）3-1: 1–48; repr.『阿毘達磨仏教の研究――その真相と使命――』東京：国書刊

行会、1975、219–265。
［1948］　「小乗論に於ける三乗思想——特に仏乗論に就いて——」『東洋大學紀要』5: 13–35; repr.『阿毘達磨仏教の研究——その真相と使命——』東京：国書刊行会、1975、125–164。
［1954］　「舎利弗阿毘曇論の部派佛教に於ける資料論的地位——特に心性本淨説傳持を觀點として——」花山信勝・辻直四郎・結城令聞・中村元編『印度學佛教學論集——宮本正尊教授還暦記念論文集——』東京：三省堂、215–228。
［1979］　「説一切有部宗と初期大乗との関係」『東洋学研究』13: 1–8。
西　芳純
［1987］　「唯識説における無漏種子論攷——慈恩の解釈を中心として——」龍谷大学仏教学会編『唯識思想の研究——山崎慶輝教授定年記念論集——』京都：百華苑、189–210。
西尾京雄
［1933］　「淨土論に於ける二乘種不生に就て」『大谷學報』14-4: 93–126（681–714）。
［1940］　『佛地經論之研究』全2巻、名古屋：破塵閣書房。
［1941］　「無着造 解深密經疏（二）」『大谷學報』22-1: 77–94。
能仁正顕編
［2009］　『『大乗荘厳経論』第I章の和訳と注解——大乗の確立——』龍谷叢書20、京都：自照社出版。
［2013］　『『大乗荘厳経論』第XVII章の和訳と注解——供養・師事・無量とくに悲無量——』龍谷大学仏教文化研究叢書30、京都：自照社出版。
袴谷憲昭
［1978］　「初期唯識文献研究に関する方法論的覚え書」芹川博通編『三藏集——國譯一切經印度撰述部月報——』4、東京：大東出版社、219–227; repr.『唯識文献研究』東京：大蔵出版、2008、373–386。
［1979］　「*Viniścayasaṃgrahaṇī* におけるアーラヤ識の規定」『東洋文化研究所紀要』79: 1–79; repr.『唯識思想論考』東京：大蔵出版、2001、362–445。
［1981］　「佛教史の中の玄奘」桑山正進・袴谷憲昭『玄奘』人物 中国の仏教、東京：大蔵出版、153–341。
［1982］　「瑜伽行派の文献」平川彰・梶山雄一・高崎直道編『唯識思想』講座・大乗仏教8、東京：春秋社、43–76; repr.『唯識思想論考』東京：春秋社、2001、72–107。
［1984a］　「マイトレーヤ伝承の再検討」『東方學』67: 110; repr.『唯識文献研究』東京：大蔵出版、2008、471–473。
［1984b］　「〈法身〉覚え書」『インド古典研究』6: 57–79; repr.『唯識文献研究』東京：

大蔵出版、2008、474–501。
[1985]　「唯識文献における無分別智」『駒澤大學佛教學部研究紀要』43: 252–215（41–78）; repr.『唯識文献研究』東京：大蔵出版、2008、502–549。
[1986]　「チベットにおけるマイトレーヤの五法の軌跡」山口瑞鳳監修『チベットの仏教と社会』東京：春秋社、235–268; repr.『唯識思想論考』東京：大蔵出版、2001、164–200。
[1994]　『唯識の解釈学——『解深密経』を読む——』東京：春秋社。
[1999]　「*Yogācārabhūmi* における 64 種の有情分類リストについて」『駒澤短期大学研究紀要』27: 139–172; repr.『仏教文献研究』東京：大蔵出版、2013、596–635。
[2001]　「インド仏教思想史における Yogācāra の位置」『唯識思想論考』東京：大蔵出版、2–70。
[2005]　「無性の文証の確認」『駒澤短期大学研究紀要』33: 21–160。
[2006]　「〈凡夫〉考」『駒澤短期大學佛教論集』12: 33–45。

袴谷憲昭・荒井裕明
[1993]　『大乗荘厳経論』新国訳大蔵経 瑜伽・唯識部 12、東京：大蔵出版。

羽田野伯猷
[1975]　『瑜伽論 菩薩地』チベット佛典研究叢書 I.1、仙台：チベット佛典研究會。
[1993]　『瑜伽師地論 菩薩地』チベット仏典研究叢書 II.1、京都：法藏館。

服部正明
[1955]　「gotra について」『浪速大學紀要 人文・社會科學』3: 57–70。
[1961]　「ディグナーガの般若経解釈」『大阪府立大学紀要 人文・社会科学』9: 119–136。

花田凌雲
[1915]　『唯識要義』京都：興教書院。

華房光壽
[1996]　「『宝髻経四法憂波提舎』における浄土観管見」『印度學佛教學研究』44-2: 528–532（34–38）。

早島　理
[1997a]　「『顕揚聖教論』研究序」『長崎大学教育学部社会科学論叢』54: 23–38。
[1997b]　「『顕揚聖教論』研究序（承前）」『長崎大学教育学部社会科学論叢』54: 39–52。
[2003]　『梵蔵漢対校 E-TEXT『大乗阿毘達磨集論』・『大乗阿毘達磨雑集論』』全 3 巻、滋賀：瑜伽行思想研究会。
[2005]　「「聖教」の伝承について——『顕揚聖教論』における——」頼富本宏博士還暦記念論文集刊行会編『マンダラの諸相と文化——頼富本宏博士還

暦記念論文集——』下：胎蔵界の巻、京都：法藏館、3–19（828–812）。
[2008]　『インド大乗仏教における瑜伽行唯識学派成立過程の研究——無著の著作順序を手がかりに——』（課題番号：17520052）平成 18 年度～平成 19 年度科学研究費補助金（基盤研究（C））研究成果報告書。
[2024]　「序説 種姓論覚書——『大乗荘厳経論』(*Mahāyānasūtrālaṃkāra*) を中心に——」早島慧編『『大乗荘厳経論』第 III 章の和訳と注解——菩薩の種姓——』京都：法藏館、3–15。
早島　理・毛利俊英
[1990]　「『顕揚聖教論』の科文」『長崎大学教育学部教育科学研究報告』40: 51– 88。
早島　慧
[2014]　『中観・瑜伽行派両派における二諦説解釈の研究——『大乗荘厳経論』第 VI 章「真実品」を中心として——』龍谷大学博士論文。
[2021]　「『大乗荘厳経論』安慧釈の撰述問題—— “rgya gar skad du” という表現に注目して——」『印度學佛教學研究』70-1: 420–414（103–109）。
[2022]　「瑜伽行派における六種散乱の変遷——初期瑜伽行派文献の成立順序に関する試論——」『佛教學研究』（龍谷大学佛教學會）77/78: 87–108。
[2023]　「『大乗荘厳経論』注釈書における agotra」『日本佛教學會年報』87: 207–226。
早島　慧編
[2024]　『『大乗荘厳経論』第 III 章の和訳と注解——菩薩の種姓——』龍谷大学仏教文化研究叢書 49、京都：法藏館。
原　實
[1966]　「真珠」金倉博士古稀記念論文集刊行会編『印度学仏教学論集——金倉博士古稀記念——』京都：平樂寺書店、167–182。
原田和宗
[1996]　「〈経量部の「単層の」識の流れ〉という概念への疑問（I）」『インド学チベット学研究』1: 135–193。
[2003]　「〈経量部の「単層の」識の流れ〉という概念への疑問（V）」『インド学チベット学研究』5/6: 19–97。
[2010]　「『菩薩地』「住品」和訳（1）」『九州龍谷短期大学紀要』56: 37–67。
兵藤一夫
[2000]　『般若経釈 現観荘厳論の研究』京都：文栄堂書店。
[2010]　『初期唯識思想の研究——唯識無境と三性説——』京都：文栄堂書店。
平川　彰
[1965]　「地の思想の発達と三乗共通の十地」『印度學佛教學研究』13-2: 733–753（290–310）; repr.『初期大乗と法華思想』平川彰著作集 6、東京：春秋社、

1989、141–178。
[1978]　「説一切有部と菩薩論（二）」芹川博通編『三藏集——國譯一切經印度撰述部月報——』3、東京：大東出版社、72–79; repr.『原始仏教とアビダルマ仏教』平川彰著作集 2、東京：春秋社、1991、466–476, 487–488。
[1982]　「菩薩乗と仏乗」『法華文化研究』8: 1–14; repr.『初期大乗と法華思想』平川彰著作集 6、東京：春秋社、1989、361–383。
[1987]　「縁起と界」平川彰編『仏教研究の諸問題』東京：山喜房佛書林、7–37; repr.『法と縁起』平川彰著作集 1、東京：春秋社、1988、559–596。
[1989]　『初期大乗仏教の研究 I』平川彰著作集 3、東京：春秋社。
深浦正文
[1954]　『唯識學研究』下巻：教義論、京都：永田文昌堂。
富貴原章信
[1975]　「瑜伽論の五難六答——无性有情について——」『佛敎學研究』（龍谷大学佛敎學會）3: 21–37。
[1988]　『中国日本仏性思想史』富貴原章信仏教学選集 1、東京：国書刊行会。
福原亮厳
[1965]　『有部阿毘達磨論書の発達』京都：永田文昌堂。
藤田光寛
[1991]　「〈菩薩地戒品〉和訳（III）」『高野山大学論叢』26: 21–30。
藤田宏達
[1969]　「一乗と三乗」横超慧日編『法華思想』京都：平樂寺書店、352–405。
藤田祥道
[1990]　「『盪塵経』について——瑜伽行派の修道論との関連性から——」『龍谷大学大学院研究紀要 人文科学』11: 35–51。
[2006]　「大乗の諸経典に見られる大乗仏説論の系譜—— I.『般若経』:「智慧の完成」を誹謗する菩薩と恐れる菩薩——」『インド学チベット学研究』9/10: 1–55。
[2007]　「大乗の諸経典に見られる大乗仏説論の系譜 III ——『解深密経』：三無自性説という一乗道の開示——」『インド学チベット学研究』11: 1–30。
[2008]　「大乗の諸経典に見られる大乗仏説論の系譜 IV ——『大乗荘厳経論』：総括と展望——」『インド学チベット学研究』12: 1–39。
藤仲孝司
[2008]　「世親作『仏随念広註』和訳研究——後半部分・大乗特有の念仏観——」『佛教大学総合研究所紀要』15: 131–152。
舟橋尚哉
[1985]　『ネパール写本対照による大乗荘厳経論の研究』東京：国書刊行会。

[1995]　「大乗阿毘達磨集論（Abhidharmasamuccaya）と Abhidharmasamuccayabhāṣya の和訳並びに研究」『大谷學報』74-4: 37–46。
[2000]　「『大乗荘厳経論』の諸問題並びに第 11 章求法品のテキスト校訂」『大谷大學研究年報』52: 1–69。

船山　徹
[2021]　『婆藪槃豆伝——インド仏教思想家ヴァスバンドゥの伝記——』京都：法藏館。

古坂紘一
[1996]　「『瑜伽師地論菩薩地』の最終章をめぐって」『大阪教育大学紀要 I 人文科学』44-2: 117–129。
[2007]　『瑜伽師地論 菩薩地〈菩薩功徳品〉』チベット仏典研究叢書 II.9、京都：法藏館。

保坂玉泉
[1958]　「五姓各別と成佛不成佛の問題」『駒澤大學研究紀要』16: 1–14。

阿　理生
[1978]　「五姓各別論の成立——仏教の種姓論の展開——」『印度學佛教學研究』26-2: 669–670（158–159）。

堀内俊郎
[2009]　『世親の大乗仏説論——『釈軌論』第四章を中心に——』インド学仏教学叢書 13、東京：山喜房佛書林。
[2016]　『世親の阿含経解釈——『釈軌論』第 2 章訳註——』インド学仏教学叢書 18、東京：山喜房佛書林。
[2017]　「研究ノート：翻訳チベット語文献の読み方——『仏随念注』を例として——」『*Bauddhakośa* Newsletter』6: 13–19。
[2018]　「『仏随念注』・『仏随念広注』に対する文献学的研究（1）—— Arthaviniścayasūtranibandhana との対比で——」『東洋学研究』55: 147–177（382–352）。
[2020]　「『仏随念注』・『仏随念広注』に対する文献学的研究（2）—— Arthaviniścayasūtranibandhana との対比で——」『国際哲学研究』9: 133–149。

本庄良文
[1989]　『梵文和譯 決定義經・註』京都：私家版。

松田和信
[1988]　「ダライラマ 13 世寄贈の一連のネパール系写本について——『瑜伽論』「摂決択分」梵文断簡発見記——」『日本西藏學會々報』34: 16–20。
[1996]　「*Nirvikalpapraveśa* 再考——特に『法法性分別論』との関係について——」『印度學佛教學研究』45-1: 369–363（154–160）。
[2001]　「唯識の祖師たち」『大法輪』68-5: 82–87。

［2005］　「研究ノート：ヴァスバンドゥにおける縁起の法性について」『佛教大学総合研究所紀要』別冊 2: 125–132。

松濤誠廉・丹治昭義・桂　紹隆

［1976］　『法華経 II』大乗仏典 5、東京：中央公論社。

松本史朗

［1982a］　「Madhyamakāloka の一乗思想――一乗思想の研究（I）――」『曹洞宗研究員研究生研究紀要』14: 301–255（1–47）。

［1982b］　「唯識派の一乗思想について――一乗思想の研究（II）――」『駒澤大學佛教學部論集』13: 312–290（1–23）。

［1983］　「『勝鬘経』の一乗思想について――一乗思想の研究（III）――」『駒澤大學佛教學部研究紀要』41: 416–389（37–64）; repr.『縁起と空――如来蔵思想批判――』東京：大蔵出版、1989、299–334。

［2004］　「瑜伽行派と dhātu-vāda」『仏教思想論』上、東京：大蔵出版、55–218。

［2013a］　「『宝性論』の種姓論」『仏教思想論』下、東京：大蔵出版、1–224。

［2013b］　「瑜伽行派の一乗思想」『仏教思想論』下、東京：大蔵出版、225–376。

真野龍海

［1972］　『現観荘厳論の研究』東京：山喜房佛書林。

神子上恵生

［1964］　「書評：Analysis of the Śrāvakabhūmi Manuscript by Alex Wayman」『佛教學研究』（龍谷大学佛教學會）21: 48–54。

［1965］　「瑜伽師地論に於ける種子の問題」『龍谷大学佛教文化研究所紀要』4: 118–121。

水谷幸正

［1958］　「Dhātu と Gotra」『佛教大学研究紀要』36: 44–63; repr.『仏教思想と浄土教』京都：思文閣出版、1998、297–316。

水野弘元

［1966］　「舎利弗阿毘曇論について」金倉博士古稀記念論文集刊行会編『印度学仏教学論集――金倉博士古稀記念――』京都：平樂寺書店、109–134。

三友量順

［2005］　「毘尼母経 解題」『毘尼母経』新国訳大蔵 経律部 10、東京：大蔵出版、3–13。

蓑輪顕量

［1991］　「真如所縁縁種子と法爾無漏種子」『佛教學』（佛教思想學会）30: 47–69。

都　真雄

［2005］　「『大乗荘厳経論』長行の著者は誰か――無着・世親の修道論の差異からの考察――」『佛教學セミナー』82: 20–35。

宮崎展昌
［2015］　「二種の十地とその階梯」小峰彌彦・勝崎裕彦・渡辺章悟編『般若経大全』東京：春秋社、239–244。
宮本正尊
［1954］　「佛性論と種姓論」『印度學佛教學研究』2-2: 710–718（357–365）; repr.『大乘佛教の成立史的研究』東京：三省堂、1954、43–56。
向井　亮
［1976］　「アサンガにおける大乗思想の形成と空観――ヨーガーチャーラ派の始祖の問題として――」『宗教研究』49-4: 23–44（511–532）。
［1978］　「ヨーガーチャーラ（瑜伽行）派の学派名の由来」芹川博通編『三藏集――國譯一切經印度撰述部月報――』4、東京：大東出版社、267–273。
［1979］　「『顕揚聖教論』と『瑜伽師地論』」『佛教學』（佛教思想學会）8: 39–68。
［1981］　「『瑜伽論』の成立とアサンガの年代」『印度學佛教學研究』29-2: 680–686（198–204）。
［1985］　「『瑜伽師地論』の摂事分と『雑阿含経』――『論』所説の〈相応アーガマ〉の大綱から『雑阿含経』の組織復原案まで――」『北海道大學文學部紀要』33-2: 1–41。
［1996］　「『瑜伽師地論』「摂釈分」「摂異門分」の結講―― uddāna 頌による科判――」今西順吉教授還暦記念論集刊行会編『インド思想と仏教文化――今西順吉教授還暦記念論集――』東京：春秋社、580–569（369–380）。
村上真完・及川真介
［1988］　『仏のことば註（三）――パラマッタ・ジョーティカー――』東京：春秋社。
室寺義仁
［2006］　「『十地経』（*Daśabhūmikasūtra*）における「金鉱石」（*jātarūpa*）の譬喩」望月海淑編『法華経と大乗経典の研究』東京：山喜房佛書林、241–251（574–564）。
［2008］　『グプタ朝期におけるアビダルマ教学とヴァスバンドゥの教義解釈研究』平成 17 年度～平成 19 年度日本学術振興会科学研究費補助金基盤研究（C）（課題番号：17520052）研究成果報告書。
室寺義仁・高務祐輝・岡田英作
［2017］　『『瑜伽師地論』における五位百法対応語ならびに十二支縁起項目語――仏教用語の現代基準訳語集および定義的用例集――バウッダコーシャ V』インド学仏教学叢書 21、東京：山喜房佛書林。
毛利俊英
［1986］　「声聞地第三瑜伽処和訳（1）」『龍谷大学佛教学研究室年報』2: 38–32。
望月海慧

［1992］　「Ratnākaraśāntiによる一乗思想の解釈」『佛教學』（佛教思想學会）33: 49–68。

本村耐樹

［2009］　「『大乗荘厳経論』「述求品」と『菩薩地』「真実義品」の関係」『印度學佛教學研究』57-2: 1002–997（141–146）。

森　章司

［1979］　「南方上座部の行道論」『東洋学論叢』4: 71–124; repr.「南方上座部における「無常・苦・無我」説の展開——南方上座部の修行道体系——」『原始仏教から阿毘達磨への仏教教理の研究』東京：東京堂出版、1995、418–468。

［1981］　「部派仏教における三乗と菩薩の思想」西義雄博士頌寿記念論集刊行会編『菩薩思想——西義雄博士頌寿記念論集——』東京：大東出版社、51–78; repr.『原始仏教から阿毘達磨への仏教教理の研究』東京：東京堂出版、1995、667–695。

師　茂樹

［1998］　「法相宗の「一乗方便」説再考——諸乗義林を中心に——」『印度學佛教學研究』47-1: 66–68。

［2008］　「五姓各別説と観音の夢——『日本霊異記』下巻三十八縁の読解の試み——」『佛教史學研究』50-2: 30–52。

矢板秀臣

［2011］　「菩薩の瞑想——『菩薩地』静慮品の研究——」『成田山仏教研究所紀要』34: 79–105。

［2012］　「菩薩の寛容——『菩薩地』摂事品の研究——」『成田山仏教研究所紀要』35: 1–46。

［2013］　「菩薩の徳——『菩薩地』菩薩功徳品の研究——」『成田山仏教研究所紀要』36: 59–105。

［2014］　「菩薩の教導——『菩薩地』成熟品の研究——」『成田山仏教研究所紀要』37: 51–98。

［2015］　「菩薩の力量——『菩薩地』力種姓品の研究——」『成田山仏教研究所紀要』38: 21–80。

［2019］　「菩薩の忍——菩薩地『忍品』の研究——」『成田山仏教研究所紀要』42: 31–61。

［2020］　「菩薩の精進——菩薩地『精進品』の研究——」『成田山仏教研究所紀要』43: 27–50。

［2021］　「菩薩の智慧——菩薩地『慧品』の研究——」『成田山仏教研究所紀要』44: 19–35。

安井広済

［1976］　『梵文和訳入楞伽経』京都：法藏館。

山折哲雄

［1965］　「Gotra 外婚と Sapiṇḍa 外婚――カースト論の背景――」『印度學佛教學研究』13-1: 388–380（56–64）。

山口　益

［1935］　『安慧阿遮梨耶造 中邊分別論釋疏』名古屋：破塵閣書房。

山口　益・舟橋一哉

［1955］　『俱舎論の原典解明 世間品』京都：法藏館。

山崎守一

［2018］　『古代インド沙門の研究――最古層韻文文献の読解――』東京：大蔵出版。

山田龍城

［1959］　『大乗佛教成立論序説』京都：平樂寺書店。

山部能宜

［1987］　「初期瑜伽行派に於ける界の思想について―― *Akṣarāśisūtra* をめぐって――」『待兼山論叢 哲学篇』21: 21–36。

［1989］　「種子の本有と新熏の問題について」『日本佛教學會年報』54: 43–58。

［1990］　「真如所縁縁種子について」北畠典生教授還暦記念論集刊行会編『日本の佛教と文化――北畠典生教授還暦記念――』京都：永田文昌堂、63–87。

［1991］　「種子の本有と新熏の問題について (II)」『佛教學研究』(龍谷大学佛教學會) 47: 93–112。

［2000］　「『瑜伽師地論』における善悪因果説の一側面――いわゆる「色心互熏」説を中心として――」『日本佛教學會年報』65: 127–146。

［2002］　「書評と紹介：袴谷憲昭著『唯識思想論考』」『宗教研究』76-2: 361–369 (579–587)。

［2012］　「アーラヤ識論」高崎直道監修『唯識と瑜伽行』シリーズ大乗仏教 7、東京：春秋社、181–219。

［2020］　「『成唯識論』における種子の継時的因果説・同時的因果説の問題について」『駒澤大學禪研究所年報』特別号 : 349–377。

結城令聞

［1933］　「唯識學に至る種子説構成の經過と理由」『宗教研究』10-3: 16–46（604–634）; repr.『唯識思想』結城令聞著作選集 1、東京：春秋社、1999、221–246。

葉　阿月

［1975］　『唯識思想の研究――根本眞實としての三性説を中心にして――』東京：国書刊行会。

吉田道興

[1973]　「瑜伽行・唯識派の人間観」『駒沢大学大学院仏教学研究会年報』7: 40–51。
吉村　誠
[2000a]　「唯識学派における「一乗」の観念について」『印度學佛教學研究』48-2: 622–626（50–54）。
[2000b]　「唐初期における五姓各別説について――円測と基の論議を中心に――」『日本佛教學會年報』65: 179–196。
[2001]　「唯識学派における「一乗」の解釈について――円測と基の議論を中心に――」『印度學佛教學研究』50-1: 152–155。
[2002]　「唯識學派の理行二佛性説について――その由來を中心に――」『東洋の思想と宗教』19: 21–47。
[2004]　「唯識学派の五姓各別説について」『駒澤大學佛教學部研究紀要』62: 223–258。
[2006]　「唯識学派における種子説の解釈について――真如所縁縁種子から無漏種子へ――」『印度學佛教學研究』55-1: 86–91。
[2009a]　「唐初期の唯識学派と仏性論争」『駒澤大學佛教學部研究紀要』67: 310–296（35–49）。
[2009b]　「中国唯識における聞熏習説について」『印度學佛教學研究』58-1: 246–251。
[2011]　「唯識学派の種子説――真如所縁縁種子から無漏種子へ――」『駒澤大學佛教學部研究紀要』69: 99–119。
[2013a]　「中国唯識における聞熏習説の展開」『駒澤大學佛教學部研究紀要』71: 123–153。
[2013b]　『中国唯識思想史研究――玄奘と唯識学派――』東京：大蔵出版。
[2015a]　「唯識学派における法界の観念について――『仏地経論』と『成唯識論』を中心に――」『印度學佛教學研究』63-2: 740–746（188–194）。
[2015b]　「中国華厳思想における唯識思想の超克――法蔵の種性論を中心に――」『東アジア仏教研究』13: 63–78。
[2016]　「玄奘のインドにおける修学について」三友健容博士古稀記念論文集刊行会編『智慧のともしび――アビダルマ佛教の展開――：三友健容博士古稀記念論文集』中国・朝鮮半島・日本篇、東京：山喜房佛書林、73–94。
「2020」　「玄奘の唯識思想――その推定方法と二、三の特徴について――」『駒澤大學佛教學部研究紀要』78: 200–187（29–42）。
李　学竹・加納和雄
[2014]　「梵文『牟尼意趣荘厳』第 1 章末尾の校訂と和訳（fol. 67v2–70r4）――『中観光明』一乗論証段の原文回収――」『密教文化』232: 138–103（7–42）。
李　子捷
[2020]　『『究竟一乗宝性論』と東アジア仏教――五 – 七世紀の如来蔵・真如・種姓説の研究――』東京：国書刊行会。

李　鍾徹

［2001］　『世親思想の研究——『釈軌論』を中心として——』インド学仏教学叢書 9、東京：山喜房佛書林。

若原雄昭

［2013］　「『菩薩地』「供養・師事・無量の章」試訳」能仁正顕編『『大乗荘厳経論』第 XVII 章の和訳と注解——供養・師事・無量とくに悲無量——』龍谷大学仏教文化研究叢書 30、京都：自照社出版、315–343。

［2023a］　「梵文『菩薩地』第 II 章「発心」および諸注釈の翻訳研究」『世界仏教文化研究論叢』61: 91–136。

［2023b］　「『菩薩地』第 II 章「発心」の和訳と注解」若原雄昭編『『大乗荘厳経論』第 IV 章の和訳と注解——菩薩の発心——』龍谷大学仏教文化研究叢書 44、京都：法藏館、315–372。

若原雄昭編

［2023］　『『大乗荘厳経論』第 IV 章の和訳と注解——菩薩の発心——』龍谷大学仏教文化研究叢書 44、京都：法藏館。

渡辺章悟

［2014］　「般若経の三乗における菩薩乗の意味」『印度學佛教學研究』62-2: 892–884 (173–181)。

欧　文

ANDERSEN, Dines & SMITH, Helmer

［1990］　*Sutta-Nipāta*, Second Edition. Oxford: Pali Text Society.

ARAMAKI Noritoshi 荒牧典俊

［2000］　"Toward an Understanding of the *Vijñaptimātratā*." In *Wisdom, Compassion, and the Search for Understanding: The Buddhist Studies Legacy of Gadjin M. Nagao*, ed. J. A. Silk, 39–60. Honolulu: University of Hawai'i Press.

［2013］　"Two Notes on the Formation of the *Yogācārabhūmi* Text-Complex." In *The Foundation for Yoga Practitioners: The Buddhist Yogācārabhūmi Treatise and Its Adaptation in India, East Asia, and Tibet*, ed. U. T. Kragh, 398–439. Harvard Oriental Series 75. Cambridge, Mass. & London: Harvard University Press.

BANDURSKI, Frank

［1994］　"Übersicht über die Göttinger Sammlungen der von RĀHULA SĀṄKṚTYĀYANA in Tibet aufgefundenen buddhistischen Sanskrit-Texte (Funde buddhistischer Sanskrit-Handschriften, III)." In *Untersuchungen zur buddhistischen Literatur*, 1. Folge, ed. F. Bandurski et al., 9–126. Sanskrit-Wörterbuch der buddhistischen Texte aus den Turfan-Funden, Beiheft 5. Göttingen: Vandenhoeck & Ruprecht.

BENDALL, Cecil

[1883] *Catalogue of the Buddhist Sanskrit Manuscripts in the University Library Cambridge*. Cambridge: Cambridge University Press.

BENDALL, Cecil & LA VALLÉE POUSSIN, Louis de

[1905] "Bodhisattva-Bhūmi: A Textbook of the Yogācāra School, an English Summary with Notes and Illustrative Extracts from Other Buddhistic Works." *Le Muséon, Nouvelle Série* 6: 38–52.

[1906] "Bodhisattva-Bhūmi: A Textbook of the Yogācāra School, an English Summary with Notes and Illustrative Extracts from Other Buddhistic Works." *Le Muséon, Nouvelle Série* 7: 213–230.

[1911] "Bodhisattva-Bhūmi: Sommaire et Notes." *Le Muséon, Nouvelle Série* 12: 155–191.

BHATTACHARYA, Vidhushekhara

[1957] *The Yogācārabhūmi of Ācārya Asaṅga: The Sanskrit Text Compared with the Tibetan Version*. Calcutta: University of Calcutta.

BISWAS, Arun Kumar

[1997] "Gems and Minerals." In *History of Technology in India*, vol.1: From Antiquity to c. 1200 A.D., ed. A. K. Bag, 225–255. New Delhi: Indian National Science Academy.

BRAARVIG, Jens

[1993a] *Akṣayamatinirdeśasūtra*, vol.1: Edition of Extant Manuscripts with an Index. Oslo: Solum Forlag.

[1993b] *Akṣayamatinirdeśasūtra*, vol.2: The Tradition of Imperishability in Buddhist Thought. Oslo: Solum Forlag.

BROUGH, John

[1953] *The Early Brahmanical System of Gotra and Pravara: A Translation of the Gotra-pravaramañjari of Puruṣottama-paṇḍita, with an Introduction*. Cambridge: Cambridge University Press.

BRUNNHÖLZL, Karl

[2018] "Appendix 19: The Notion of *Gotra* (Disposition) in Defferent Buddhist Systems." In *A Compendium of the Mahāyāna: Asaṅga's Mahāyānasaṃgraha and Its Indian and Tibetan Commentaries*, Vol.3, 1517–1564, 1645–1659. Boulder: Snow Lion.

CHALMERS, Robert

[1977] *The Majjhima-Nikāya*, vol.3. London: Pali Text Society.

CHOI Jong-Nam 崔　鐘男

[2002] *Sanskrit-Tibetisch-Chinesisch der Index zum Hsien-yang shêng-chiao lun* =『漢梵藏對照 顯揚聖教論索引』. Seoul: Institut für den traditionellen koreanischen Buddhismus.

COX, Collett

[1995] *Disputed Dharmas: Early Buddhist Theories on Existence, An Annotated Translation of the Section on Factors Dissociated from Thought from Saṅghabhadra's Nyāyānusāra*. Studia Philologica Buddhica, Monograph Series 11. Tokyo: International Institute for Buddhist Studies.

D'AMATO, Mario

[2003] "Can All Beings Potentially Attain Awakeing?: *Gotra*-theory in the *Mahāyāna-sūtrālaṃkāra*." *Journal of the International Association of Buddhist Studies* 26-1: 115–138.

[2012] *Maitreya's Distinguishing the Middle from the Extremes (Madhyāntavibhāga), Along with Vasubandhu's Commentary (Madhyāntavibhāga-bhāṣya), A Study and Annotated Translation*. New York: American Institute of Buddhist Studies, Columbia University's Center for Buddhist Studies and Tibet House US.

DAVIDS, T. W. Rhys & CARPENTER, J. Estlin

[1975] *The Dīgha Nikāya*, vol.1. London: Pali Text Society.

DAYAL, Har

[1932] *The Bodhisattva Doctrine in Buddhist Sanskrit Literature*. London: Routledge & Kegan Paul; repr. Delhi: Motilal Banarsidass, 1970.

DELEANU, Frolin

[2006] *The Chapter on the Mundane Path (Laukikamārga) in the Śrāvakabhūmi: A Trilingual Edition (Sanskrit, Tibetan, Chinese), Annotated Translation, and Introductory Study*, 2 vols. Studia Philologica Buddhica, Monograph Series 20. Tokyo: International Institute for Buddhist Studies.

DELHEY, Martin 德尔海

[2009] *Samāhitā Bhūmiḥ: Das Kapitel über die meditative Versenkung im Grundteil der Yogācārabhūmiḥ*, 2 Bde. Wiener Studien zur Tibetologie und Buddhismuskunde 73. Wien: Arbeitskreis für Tibetische und Buddhistische Studien.

[2013] "The *Yogācārabhūmi* Corpus: Sources, Editions, Translations, and Reference Works." In *The Foundation for Yoga Practitioners: The Buddhist Yogācārabhūmi Treatise and Its Adaptation in India, East Asia, and Tibet*, ed. U. T. Kragh, 498–561. Harvard Oriental Series 75. Cambridge, Mass. & London: Harvard University Press.

[2022] "The *Gotra* Theory in the *Madhyāntavibhāgaṭīkā*." *Journal of Indian Philosophy* 50-1: 47–64.

DEMIÉVILLE, Paul

[1952] *Le concile de Lhasa: Une controverse sur le quiétisme entre bouddhistes de l'Inde et de la Chine au VIIIe siècle de l'ère chrétienne*. Paris: Imprimerie nationale de

France.

DUTT, Nalinaksha

[1934] *The Pañcaviṃśatisāhasrikā Prajñāpāramitā: Edited with Critical Notes and Introduction*. Calcutta Oriental Series 28. London: Luzac & Co.

[1966] *Bodhisattvabhūmi [Being the XVth Section of Asaṅgapada's Yogācārabhūmi]*. Tibetan Sanskrit Works Series 7. Patna: Kashi Prasad Jayaswal Research Institute (Second Edition: Patna, 1978).

ENGLE, Artemus B.

[2016] *The Bodhisattva Path to Unsurpassed Enlightenment: A Complete Translation of the Bodhisattvabhūmi*. Boulder: Snow Lion.

FRAUWALLNER, Erich

[1951] *On the Date of the Buddhist Master of the Law Vasubandhu*. Serie Orientale Roma 3. Roma: Is. M.E.O.

[1956] *Die Philosophie des Buddhismus*. Berlin: Akademie-Verlag.

GOKHALE, V. V.

[1947] "Fragments from the Abhidharmasamuccaya of Asaṃga." *Journal of the Bombay Branch of the Royal Asiatic Society* 23: 13–38.

GOSHIMA Kiyotaka & NOGUCHI Keiya 五島清隆・野口圭也

[1983] *A Succinct Catalogue of the Sanskrit Manuscripts in the Possession of the Faculty of Letters, Kyoto University*. Kyoto: Society for Indic and Buddhistic Studies, Kyoto University.

GRIFFITHS, Paul J. & HAKAMAYA Noriaki 袴谷憲昭 & KEENAN, John P. & SWANSON, Paul L.

[1989] *The Realm of Awakening: A Translation and Study of the Tenth Chapter of Asaṅga's Mahāyānasaṅgraha*. New York & Oxford: Oxford University Press.

HARDY, E.

[1899] *The Aṅguttara-Nikāya*, Part IV. London: Pali Text Society.

[1900] *The Aṅguttara-Nikāya*, Part V. London: Pali Text Society.

VON HINÜBER, Oskar

[1978] "*Gotrabhū*: Die sprachliche Vorgeschichte eines philosophischen Terminus." *Zeitschrift der Deutschen Morgenländischen Gesellschaft* 128: 326–332.

VON HINÜBER, Oskar & NORMAN, Kenneth Roy

[1995] *Dhammapada*, Reprinted with Corrections. Oxford: Pali Text Society.

HORIUCHI Toshio 堀内俊郎

[2008] "Vasubandhu's Relationship to the *Mahāyānasūtrālaṃkārabhāṣya* and *Laṅkāvatārasūtra* Based on Citations in the *Vyākhyāyukti*." *Studies in Philosophy* 34: 101–108(44–37).

[2021] "On the Sanskrit Manuscripts of *Arthaviniścayasūtranibandhana*." *Journal of*

Indian and Buddhist Studies 69-3: 1060–1065(82–87).

JAINI, Padmanabh S.

[1979] *Sāratamā: A Pañjikā on the Aṣṭasāhasrikā Prajñāpāramitā Sūtra by Ācārya Ratnākaraśānti*. Tibetan Sanskrit Works Series 18. Patna: Kashi Prasad Jayaswal Research Institute.

JOHNSTON, Edward Hamilton

[1950] *The Ratnagotravibhāga Mahāyānottaratantraśāstra*. Patna: Bihar Research Society, Museum Buildings.

DE JONG, J. W.

[1987] "Notes on the Bodhisattvabhūmi." In *Hinduismus und Buddhismus: Festschrift für Ulrich Schneider*, ed. H. Falk, 163–172. Freiburg: Hedwig Falk.

KANO Kazuo 加納和雄

[2016] *Buddha-nature and Emptiness: rNgog Blo-ldan-shes-rab and a Transmission of the Rantagotravibhāga from India to Tibet*. Wiener Studien zur Tibetologie und Buddhismuskunde 91. Wien: Arbeitskreis für Tibetische und Buddhistische Studien, Universität Wien.

[2017] "Some Remarks on the Sanskrit Titles of Sthiramati's Works." In *Śrāvakabhūmi and Buddhist Manuscripts*, ed. S. Kim and J. Nagashima, 191–208. Tokyo: Nombre.

KARASHIMA Seishi 辛嶋静志 & VON HINÜBER, Oskar

[2012] *Die Abhisamācārikā Dharmāḥ: Verhaltensregeln für buddhistische Mönche der Mahāsāṃghika-Lokottaravādins*, 3 Bde. Tokyo: International Research Institute for Advanced Buddhology, Soka University.

KEENAN, John P.

[2002] *The Interpretation of the Buddha Land by Bandhuprabha: Translated from the Chinese of Hsüan-tsang (Taishō Volume 26, Number 1530)*. BDK English Tripiṭaka 46-2. California: Numata Center for Buddhist Translation and Research.

[2014] *A Study of the Buddhabhūmyupadeśa: The Doctrinal Development of the Notion of Wisdom in Yogācāra Thought*. California: Institute of Buddhist Studies and Bukkyō Dendō Kyōkai America.

KERN, H. & NANJIO Bunyiu 南条文雄

[1908–12] *Saddharmapuṇḍarīka*. Bibliotheca Buddhica 10. St.-Pétersbourg: Imprimerie de l'Académie Impériale des Sciences.

KIMURA Takayasu 木村高尉

[1990] *Pañcaviṃśatisāhasrikā Prajñāpāramitā* IV. Tokyo: Sankibo Busshorin Publishing Co., Ltd.

[2006] *Pañcaviṃśatisāhasrikā Prajñāpāramitā* VI~VIII. Tokyo: Sankibo Busshorin Publishing Co., Ltd.

[2007] *Pañcaviṃśatisāhasrikā Prajñāpāramitā* I-1. Tokyo: Sankibo Busshorin Publishing Co., Ltd.

KLOPPENBORG, Ria

[1974] *The Paccekabuddha: A Buddhist Ascetic, a Study of the Concept of the Paccekabuddha in Pāli Canonical and Commentarial Literature*. Leiden: E. J. Brill.

KONDŌ Ryūkō 近藤隆晃

[1936] *Daśabhūmīśvaro nāma Mahāyānasūtraṃ*. Tokyo: Daijo Bukkyo Kenyokai; repr. Kyoto: Rinsen Book Co., 1983.

KOROBOV, Vladimir

[2005] "Affiliation: *Bodhisattva gotra* (Short Notes on *gotra* Theory in Yogacara Buddhism)." *Acta Orientalia Vilnensia* 6-2: 36–44.

KRAGH, Ulrich Timme

[2013] "The *Yogācārabhūmi* and Its Adaptation: Introductory Essay with a Summary of the Basic Section." In *The Foundation for Yoga Practitioners: The Buddhist Yogācārabhūmi Treatise and Its Adaptation in India, East Asia, and Tibet*, ed. U. T. Kragh, 22–287. Harvard Oriental Series 75. Cambridge, Mass. & London: Harvard University Press.

KRISHAN, Y.

[1986] "Buddhism and the Caste System." *Journal of the International Association of Buddhist Studies* 9-1: 71–83.

[1998] "Buddhism and Caste System." *East and West* 48-1/2: 41–55.

LA VALLÉE POUSSIN, Louis de

[1928–29] *Vijñaptimātratāsiddhi: La Siddhi de Hiuan-Tsang, traduite et annotée*, 2 tomes. Paris: Librairie Orientaliste Paul Geuthner.

LAMOTTE, Étienne

[1935] *Saṃdhinirmocana Sūtra: L'Explication des Mystères*. Louvain & Paris: Bureaux du Recueil, Bibliothèque de l'Université & Librairie d'Amérique et d'Orient, Adrien Maisonneuve.

[1938] *La somme du Grand Véhicule d'Asaṅga (Mahāyānasaṃgraha)*, 2 tomes. Louvain: Bureaux du Muséon.

[1962] *L'enseignement de Vimalakīrti (Vimalakīrtinirdeśa): Traduit et annoté*. Louvain: Publications universitaires.

LEE Jongcheol 李　鍾徹

[2001] *The Tibetan Text of the Vyākhyāyukti of Vasubandhu*. Bibliotheca Indologica et

Buddhologica 8. Tokyo: Sankibo Press.

LEE Youngjin 李　栄振

［2018］ "Interpretation of the Notion of *gotra* by Ārya-Vimuktiṣeṇa: Focusing on the Phrase '*ṣaṇṇāṃ pāramitānāṃ dharmatālakṣaṇo viśeṣaḥ*'." *Annual Report of the International Research Institute for Advanced Buddhology at Soka Universoty* 21: 259–272.

LÉVI, Sylvain

［1907］ *Mahāyāna-Sūtrālaṃkāra: Exposé de la doctrine du Grand Véhicule*, Tome I: Texte. Paris: Librairie Honoré Champion; repr. Kyoto: Rinsen Book Co., 1983.

［1911］ *Mahāyāna-Sūtrālaṃkāra: Exposé de la doctrine du Grand Véhicule*, Tome II: Traduction, introduction, index. Paris: Librairie Honoré Champion; repr. Kyoto: Rinsen Book Co., 1983.

MAITHRIMURTHI, Mudagamuwe

［1999］ *Wohlwollen, Mitleid, Freude und Gleichmut: Eine ideengeschichtliche Untersuchung der vier apramāṇas in der buddhistischen Ethik und Spiritualität von den Anfängen bis hin zum frühen Yogācāra*. Alt- und Neu-Indische Studien 50. Stuttgart: Franz Steiner Verlag.

MANO Ryūkai 真野竜海

［1967］ "'*Gotra*' in Haribhadra's Theory." *Journal of Indian and Buddhist Studies* 15-2: 972–964(23–31).

MATSUMOTO Shirō 松本史朗

［1997］ "A Critical Exchange on the Idea of *Dhātu-Vāda*: Response." In *Pruning the Bodhi Tree: The Storm over Critical Buddhism*, ed. J. Hubbard and P. L. Swanson, 205–207, 452–453. Honolulu: University of Hawai'i Press.

MIYAKE Shin'ichirō 三宅伸一郎 & UENO Makio 上野牧生 & MIWA Satoshi 三輪悟士

［2022］ *Bu ston's Introduction to Buddhism: A Critical Edition of First Chapter of the Bu ston chos 'byung*. Kyoto: Otani University Shin Buddhist Comprehensive Research Institute, Tibetan Works Research Project.

MORRIS, Richard & LANDSBERG, Georg & DAVIDS, Rhys

［1972］ *Puggala-Paññatti and Puggala-Paññatti-Atthakathā*, Combined Reprint with Corrections. London: Pali Text Society.

NAGAO Gadjin M. 長尾雅人

［1964］ *Madhyāntavibhāga-bhāṣya: A Buddhist Philosophical Treatise Edited for the First Time from a Sanskrit Manuscript*. Tokyo: Suzuki Research Foundation.

NANJIO Bunyiu 南条文雄

［1923］ *Laṅkāvatāra Sūtra*. Bibliotheca Otaniensis 1. Kyoto: Otani University Press.

NORMAN, Kenneth Roy

[1987] "Pāli Lexicographical Studies IV: Eleven Pāli Etymologies." *Journal of the Pali Text Society* 11: 33–49.

OBERMILLER, Eugene

[1931a] "The Sublime Science of the Great Vehicle to Salvation, being a Manual of Buddhist Monism: The Work of Ārya Maitreya with a Commentary by Āryāsanga, Translated from the Tibetan with introduction and notes." *Acta Orientalia* 9-2/3: 81–306.

[1931b] *History of Buddhism (Chos-ḥbyung) by Bu-ston*, Part I. Heidelberg: In Kommission bei O. Harrassowitz.

[1932] "The Doctrine of Prajñā-Pāramitā As Exposed in the Abhisamayālaṃkāra of Maitreya." *Acta Orientalia* 11-1/2: 1–133, 334–354.

[1933–43] *Analysis of the Abhisamayālaṃkāra*. Calcutta Oriental Series 27. London: Luzac & Co.

OKADA Eisaku 岡田英作

[2013] "*Agotrastha* in the *Bodhisattvabhūmi*: The *Paripākapaṭala* and the *Bodhisattva-guṇapaṭala*." *Journal of Indian and Buddhist Studies* 61-3: 1204–1208(146–150).

[2014] "Buddhist Training of Living Beings by the *Bodhisattva* in the *Bodhisattvabhūmi*: Focusing on the Salvation of the *Agotrastha*." *Journal of Indian and Buddhist Studies* 62-3: 1243–1247(179–183).

[2016] "The Development of the Five-*Gotra* Theory in the Yogācāra School: In Accordance with the *Sūtra* Commentaries." *Journal of Indian and Buddhist Studies* 64-3: 1217–1221(175–179).

PANDEY, Jagadishwar

[1987] "Pratyeka-Buddhabhūmi." In *Philosophical Essays: Professor Anantalal Thakur Felicitation Volume*, ed. R. R. Mukhopadhyaya, 228–237. Calcutta: Sanskrit Pustak Bhandar; repr. In *Dimensions of Buddhism and Jainism: Professor Suniti Kumar Pathak Felicitation Volume*, ed. R. Mukherji(in Chief) and B. Bhattacharya, 250–257. Kolkata: Sanskrit Book Depot, 2009.

PARK Changhwan 朴　昶奐

[2014] *Vasubandhu, Śrīlāta, and the Sautrāntika Theory of Seeds*. Wiener Studien zur Tibetologie und Buddhismuskunde 84. Wien: Arbeitskreis für Tibetische und Buddhistische Studien, Universität Wien.

[2017] "Śrāvakayānists, Yaugācārabhūmikas, Sautrāntikas on the Notion of *Ṣaḍāyatanaviśeṣa* as *Bīja*." In *Śrāvakabhūmi and Buddhist Manuscripts*, ed. S. Kim and J. Nagashima, 81–93. Tokyo: Nombre.

POWERS, John
[1992]　*Two Commentaries on the Samdhinirmocana-Sutra by Asanga and Jnanagarbha*. Studies in Asian Thought and Religion 13. Lewiston & Queenston & Lampeter: Edwin Mellen Press.
[1995]　*Wisdom of Buddha: The Saṁdhinirmocana Sūtra*. Tibetan Translation Series 16. Berkeley: Dharma Publishing.
PRADHAN, Pralhad
[1950]　*Abhidharma Samuccaya of Asanga*. Visva-Bharati Studies 12. Santiniketan: Visva-Bharati.
[1967]　*Abhidharma-Koshabhāṣya of Vasubandhu*. Tibetan Sanskrit Works Series 8. Patna: Kashi Prasad Jayaswal Research Institute.
ROTH, Gustav
[1977]　"Observation on the First Chapter of Asaṅga's Bodhisattvabhūmi." *Indologica Taurinensia* 3/4: 403–412; repr. In *Indian Studies (Selected Papers)*, ed. H. Bechert and P. Kieffer-Pülz, 165–174, Bibliotheca Indo-Buddhica 32. Delhi: Sri Satguru Publications, 1986.
SAITO Akira 斎藤　明
[2020]　"Buddha-Nature or Buddha Within? Revisiting the Meaning of *Tathāgata-Garbha*." *Acta Asiatica: Bulletin of the Institute of Eastern Culture* 118: 1–15.
SAKUMA Hidenori S. 佐久間秀範
[1990]　*Die Āśrayaparivṛtti-Theorie in der Yogācārabhūmi*, 2 Bde. Alt- und Neu-Indische Studien 40. Stuttgart: Franz Steiner Verlag.
[2007]　"In Search of the Origins of the Five-Gotra System." *Journal of Indian and Buddhist Studies* 55-3: 1112–1120(84–92).
[2008]　"On Doctrinal Similarities Between Sthiramati and Xuanzang." *Journal of the International Association of Buddhist Studies* 29-2 (2006): 357–382.
[2013]　"Remarks on the Lineage of Indian Masters of Yogācāra School: Maitreya, Asaṅga, and Vasubandhu." In *The Foundation for Yoga Practitioners: The Buddhist Yogācārabhūmi Treatise and Its Adaptation in India, East Asia, and Tibet*, ed. U. T. Kragh, 330–366. Harvard Oriental Series 75. Cambridge, Mass. & London: Harvard University Press.
SAMTANI, N. H.
[1971]　*The Arthaviniścaya-Sūtra & Its Commentary (Nibandhana) written by Bhikṣu Vīryaśrīdatta of Śrī-Nālandāvihāra*. Tibetan Sanskrit Works Series 13. Patna: Kashi Prasad Jayaswal Research Institute; repr. Panta: Kashi Prasad Jayaswal Research Institute, 2005.

SCHMITHAUSEN, Lambert

[1969a] "Zur Literaturgeschichite der Älteren Yogācāra-Schule." In *Zeitschrift der Deutschen Morgenländischen Gesellschaft*, Supplementa I.3: 811–823; repr. In *Lambert Schmithausen Collected Papers*, Volume I: 1963–1977, ed. F. Deleanu, S. Hori, M. Maithrimurthi, and A. von Rospatt, 101–114. Studia Philologica Buddhica Monograph Series 34a. Tokyo: International Institute for Buddhist Studies, 2016.

[1969b] *Der Nirvāṇa-Abschnitt in der Viniścayasaṃgrahaṇī der Yogācārabhūmiḥ*. Österreichische Akademie der Wissenschaften, philosophisch-historische Klasse, Sitzungsberichte, 264, Band, 2. Abhandlung. Wien: Hermann Böhlaus Nachf.

[1971] "Philologische Bemerkungen zum Ratnagotravibhāga." *Wiener Zeitschrift für die Kunde Südasiens und Archiv für indische Philosophie* 15: 123–177; repr. In *Lambert Schmithausen Collected Papers*, Volume I: 1963–1977, ed. F. Deleanu, S. Hori, M. Maithrimurthi, and A. von Rospatt, 203–259. Studia Philologica Buddhica Monograph Series 34a. Tokyo: International Institute for Buddhist Studies, 2016.

[1982] "Die letzten Seiten der Śrāvakabhūmi." In *Indological and Buddhist Studies: Volume in Honour of Professor J.W. de Jong on his Sixtieth Birthday*, ed. L. A. Hercus et al., 457–489. Canberra: Faculty of Asian Studies; repr. In *Lambert Schmithausen Collected Papers*, Volume II: 1978–1999, ed. M. Maithrimurthi, M. Pahlke, and A. von Rospatt, 127–160. Studia Philologica Buddhica Monograph Series 34b. Tokyo: International Institute for Buddhist Studies, 2023.

[1987] *Ālayavijñāna: On the Origin and the Early Development of a Central Concept of Yogācāra Philosophy*, 2 vols. Studia Philologica Buddhica, Monograph Series 4. Tokyo: International Institute for Buddhist Studies; repr. Tokyo: International Institute for Buddhist Studies, 2007.

[2000] "On Three *Yogācārabhūmi* Passages Mentioning the Three *Svabhāva*s or *Lakṣaṇa*s." In *Wisdom, Compassion, and the Search for Understanding: The Buddhist Studies Legacy of Gadjin M. Nagao*, ed. J. A. Silk, 245–263. Honolulu: University of Hawai'i Press.

[2009] *Plants in Early Buddhism and the Far Eastern Idea of the Buddha-Nature of Grasses and Trees*. Lumbini: Lumbini International Research Institute.

[2013] "*Kuśala* and *Akuśala*: Reconsidering the Original Meaning of a Basic Pair of Terms of Buddhist Spirituality and Ethics and Its Development up to Early Yogācāra." In *The Foundation for Yoga Practitioners: The Buddhist Yogācārabhūmi Treatise and Its Adaptation in India, East Asia, and Tibet*, ed. U.

T. Kragh, 440–495. Harvard Oriental Series 75. Cambridge, Mass. & London: Harvard University Press.

[2014] *The Genesis of Yogācāra-Vijñānavāda: Responses and Reflections*. Kasuga Lectures Series 1. Tokyo: International Institute for Buddhist Studies.

SEYFORT RUEGG, David

[1968/69] "Ārya and Bhadanta Vimuktisena on the Gotra-Theory of the Prajñāpāramitā." *Wiener Zeitschrift für die Kunde Südasiens und Archiv für indische Philosophie* 12/13: 303–317.

[1969] *La théorie du tathāgatagarbha et du gotra: Études sur la sotériologie et la gnoséologie du bouddhisme*. Paris: Adrien-Maisonneuve.

Review:

1）高崎直道『印度學佛教學研究』20-2、1972、885–890（390–395）。

2）TAKASAKI J. *Indo-Iranian Journal* 15-4, 1973, 292–299; repr. In *Collected Papers on the Tathāgatagarbha Doctrine*, 571–585. Delhi: Motilal Banarsidass, 2014.

3）SCHMITHAUSEN, L. *Wiener Zeitschrift für die Kunde Südasiens und Archiv für indische Philosophie* 17, 1973, 123–160; repr. In *Lambert Schmithausen Collected Papers,* Volume I: 1963–1977, ed. F. Deleanu et al., 285–322. Studia Philologica Buddhica Monograph Series 34a. Tokyo: International Institute for Buddhist Studies, 2016.

4）ROTH, G. *Journal of the American Oriental Society* 99-1, 1979, 152–160.

[1974] "Pāli Gotta/Gotra and the Term Gotrabhū in Pāli and Buddhist Sanskrit." In *Buddhist Studies in Honour of I. B. Horner*, ed. L. Cousins, A. Kunst, and K. R. Norman, 199–210. Dordrecht & Boston: D. Reidel Publishing Company.

[1976] "The Meanings of the Term *Gotra* and the Textual History of the *Ratnagotravibhāga*." *Bulletin of the School of Oriental and African Studies* 39-2: 341–363.

[1977] "The *gotra*, *ekayāna* and *tathāgatagarbha* Theories of the Prajñāpāramitā according to Dharmamitra and Abhayākaragupta." In *Prajñāpāramitā and Related Systems: Studies in Honor of Edward Conze*, ed. L. Lancaster and L. O. Gómez (Associate Editor), 283–312. Berkeley Buddhist Studies Series 1. Berkeley: Berkeley Buddhist Studies Series.

[1981] "A Further Note on Pāli *gotrabhū*." *Journal of the Pali Text Society* 9: 175–177.

SHARMA, T. R.

[1995/96] "The Concept of *Gotra* in the *Uttaratantra* of Maitreya." *Indologica Taurinensia* 21/22: 321–331.

SHUKLA, Karunesha

[1973] *Śrāvakabhūmi of Ācārya Asaṅga*. Tibetan Sanskrit Works Series 14. Patna: Kashi Prasad Jayaswal Research Institute.

[1991] *Śrāvakabhūmi of Ācārya Asaṅga*, Part II: Containing Introduction, Appendices and Indices. Tibetan Sanskrit Works Series 28. Patna: Kashi Prasad Jayaswal Research Institute.

SIRCAR, Dineshchandra

[1965] *Indian Epigraphy*. Delhi: Motilal Banarsidass.

STCHERBATSKY, Theodore & OBERMILLER, Eugene

[1929] *Abhisamayālankāra-Prajñāpāramitā-Upadeśa-Śāstra: The Work of Boddhisattva Maitreya*. Bibliotheca Buddhica 23. Ленинград: Изд-во Академия наук СССР.

STEIN, Lisa & ZANGPO, Ngawang

[2013] *Butön's History of Buddhism in India and Its Spread to Tibet: A Treasury of Priceless Scripture*. Boston & London: Snow Lion.

TAKASAKI Jikido 高崎直道

[1958] "The "Tathāgatôtpattisaṃbhava-Nirdeśa" of the *Avataṃsaka* and the *Ratnagotra-Vibhāga*: With Special Reference to the Term *Tathāgata-Gotra-Saṃbhava* (如來性起)." *Journal of Indian and Buddhist Studies* 7-1: 348–343; repr. In *Collected Papers on the Tathāgatagarbha Doctrine*, 201–207. Delhi: Motilal Banarsidass, 2014.

[1966] *A Study on the Ratnagotravibhāga (Uttaratantra): Being a Treatise on the Tathāgatagarbha Theory of Mahāyāna Buddhism*. Rome Oriental Series 33. Roma: Istituto Italiano per il Medio ed Estremo Oriente.

[1967] "The Buddhist Concept of the Spiritual Family." *World Buddhism Veesak Annual* 2 (*Buddhist Annual* 2511): 85–88; repr. In *Collected Papers on the Tathāgatagarbha Doctrine*, 293–298. Delhi: Motilal Banarsidass, 2014.

[1992] "On *Gotrabhū*." *Wiener Zeitschrift für die Kunde Südasiens und Archiv für indische Philosophie* 36 (Supplementband): 251–259; repr. In *Collected Papers on the Tathāgatagarbha Doctrine*, 280–290. Delhi: Motilal Banarsidass, 2014.

TATIA, Nathmal

[1976] *Abhidharmasamuccaya-Bhāṣyam*. Tibetan Sanskrit Works Series 17. Patna: Kashi Prasad Jayaswal Research Institute.

THURMAN, Robert A. F.

[2004] *The Universal Vehicle Doscourse Literature (Mahāyānasūtrālaṃkāra)*. New York: American Institute of Buddhist Studies.

TOKIWA Gishin 常盤義伸

[2003] *Laṅkāvatāra-Ratna-Sūtram Sarva-Buddha-Pravacana-Hṛdayam: A Sanskrit Restoration*. A Study of the Four-Fascicle Laṅkāvatāra Ratna Sūtram. Osaka:

Private Edition.

VIÉVARD, Ludovic

[2001] "L'origine de la compassion selon Yogācāra et Mādhyamika." *Asiatische Studien: Zeitschrift der Schweizerischen Asiengesellschaft = Études asiatiques: Revue de la Société Suisse - Asie* 55: 423–453.

VOROBYOVA-DESYATOVSKAYA, M. I. (in collaboration with Seishi Karashima and Noriyuki Kudo)

[2002] *The Kāśyapaparivarta: Romanized Text and Facsimiles*. Bibliotheca Philologica et Philosophica Buddhica 5. Tokyo: International Research Institute for Advanced Buddhology, Soka University.

WANGCHUK, Dorji

[2007] *The Resolve to Become a Buddha: A Study of the Bodhicitta Concept in Indo-Tibetan Buddhism*. Studia Philologica Buddhica Monograph Series 23. Tokyo: International Institute for Buddhist Studies.

WARDER, A. K.

[1961] *The Aṅguttara-Nikāya*, Part I, Second Edition. London: Pali Text Society.

WAYMAN, Alex

[1960] "The Sacittikā and Acittikā Bhūmi and the Pratyekabuddhabhūmi (Sanskrit Texts)." *Journal of Indian and Buddhist Studies* 8-1: 379–375.

[1961] *Analysis of the Śrāvakabhūmi Manuscript*. Berkeley & Los Angeles: University of California Press.

[1989] "Doctrinal Affiliation of the Buddhist Master Asaṅga." In *Amalā Prajñā: Aspects of Buddhist Studies, Professor P. V. Bapat Felicitation Volume*, ed. N. H. Samtani and H. S. Prasad (Associate Editor), 201–221. Delhi: Sri Satguru Publications.

[1997] "Asaṅga's Three Pratyekabuddha Paths." In *Untying the Knots in Buddhism: Selected Essays*, 191–204. Buddhist Traditions 28. Delhi: Motilal Banarsidass.

WIJESEKERA, O. H. de A.

[1979] "The Etymology of Pali *Gotrabhū*." In *Studies in Pali and Buddhism: A Memorial Volume in Honor of Bhikkhu Jagdish Kashyap*, ed. A. K. Narain and L. Zwilling (Associate Editor), 381–382. Delhi: B. R. Publishing Corporation.

WINDER, Marianne

[1987] "Vaiḍūrya." In *Studies on Indian Medical History: Papers presented at the International Workshop on the Study of Indian Medicine held at the Wellcome Institute for the History of Medicine 2–4 September 1985*, ed. G. J. Meulenbeld and D. Wujastyk, 91–101. Groningen Oriental Studies 2. Groningen: Egbett Forsten.

WOGIHARA Unrai 荻原雲來

[1930–36] *Bodhisattvabhūmi: A Statement of Whole Course of the Bodhisattva (Being Fifteenth Section of Yogācārabhūmi)*, 2 vols. Tokyo: 荻原雲來 (1930)/ 聖語研究會 (1936); repr.『梵文菩薩地経』東京：山喜房佛書林、1971。

[1932–35] *Abhisamayālaṃkār'ālokā Prajñāpāramitāvyākhyā: The Work of Haribhadra, Together with the Text Commented on*, 7 vols. Tokyo: Toyo Bunko; repr. Tokyo: Sankibo Buddhist Book Store, 1973.

[1932–36] *Sphuṭârthā Abhidharmakośavyākhyā: The Work of Yaśomitra*, 7 vols. Tokyo: Publishing Association of Abhidharmakośavyākhyā; repr. 2 vols. Tokyo: Sankibo Buddhist Book Store, 1971.

YAMABE Nobuyoshi 山部能宜

[1990] "*Bīja* Theory in *Viniścayasaṃgrahaṇī*." *Journal of Indian and Buddhist Studies* 38-2: 931–929(13–15).

[1997a] "The Idea of *Dhātu-Vāda* in Yogacara and *Tathāgata-Garbha* Texts." In *Pruning the Bodhi Tree: The Storm over Critical Buddhism*, ed. J. Hubbard and P. L. Swanson, 193–204, 441–452. Honolulu: University of Hawai'i Press.

[1997b] "A Critical Exchange on the Idea of *Dhātu-Vāda*: Riposte." In *Pruning the Bodhi Tree: The Storm over Critical Buddhism*, ed. J. Hubbard and P. L. Swanson, 208–219, 453–461. Honolulu: University of Hawai'i Press.

[2017a] "On *Bījāśraya*: Successive Causality and Simultaneous Causality." In *Śrāvakabhūmi and Buddhist Manuscripts*, ed. S. Kim and J. Nagashima, 9–25. Tokyo: Nombre.

[2017b] "Once Again on '*Dhātu-Vāda*'." *Critical Review for Buddhist Studies* 21: 9–43.

[2020] "A Hypothetical Reconsideration of the 'Compilation' of *Cheng Weishi Lun*." In *From Chang'an to Nālandā: The Life and Legacy of the Chinese Buddhist Monk Xuanzang (602?–664)*, ed. C. Shi, J. Chen, Y. Ji, and X. Shi, 6–78. Singapore: World Scholastic Publishers.

[2021] "The Position of Conceptualization in the Context of the Yogācāra *Bīja* Theory." In *Illuminating the Dharma: Buddhist Studies in Honour of Venerable Professor KL Dhammajoti*, ed. T. Endo, 463–486. Centre of Buddhist Studies, The University of Hong Kong.

YAMAGUCHI Susumu 山口　益

[1934] *Madhyāntavibhāgaṭīkā: Exposition systématique du Yogācāravijñaptivāda*. Nagoya: Librairie Hajinkaku.

YAU Kin, Francis

[2018] "A Survey of the Development of the Gotra Doctrine of the Yogācāra School from the Early Texts, and the Reconciliations of the Gotra Doctrine with Other Schools by the Later Yogācārins." 1–33.

Accessed July 1, 2023. https://www.academia.edu/43008020/A_Survey_of_the_development_of_the_gotra_doctrine_of_the_Yogācāra_School_from_the_early_texts_and_the_reconciliations_of_the_gotra_doctrine_with_other_schools_by_the_later_ Yogācārins_ 從早期典籍探討瑜伽行派種性學説之發展 _ 以及後期瑜伽行派如何將 _ 種性學説與其它學派融和

YE Shaoyong 葉　少勇 & Phun tshogs Tshe brtan & Dngos grub Tshe ring

[2023]　“A Preliminary Report on the ‘Burnt Manuascripts’ from Retreng Monastery: Bundle A.” *Bibliotheca Philologica et Philosophica Buddhica* 15: 447–465.

YONEZAWA Yoshiyasu 米澤嘉康

[1998]　“Pratyekabuddhabhūmi Sanskrit Text and Annotated Translation.” *Annual of the Sanko Research Institute for the Studies of Buddhism* 29: 9–25.

ZIMMERMANN, Michael

[2013]　“The Chapter on Right Conduct in the *Bodhisattvabhūmi*.” In *The Foundation for Yoga Practitioners: The Buddhist Yogācārabhūmi Treatise and Its Adaptation in India, East Asia, and Tibet*, ed. U. T. Kragh, 872–883. Harvard Oriental Series 75. Cambridge, Mass. & London: Harvard University Press.

中文・韓文

長慈（Changci）

[2006]　「瑜伽行派之「無種姓」思想初探——以《瑜伽師地論》為中心——」『福嚴佛學研究』1、台湾：福嚴佛學院。
Accessed July 1, 2023. https://www.fuyan.org.tw/download/journal/fbs/FBS_vol1-5.doc

德尔海（Delhey）DELHEY, Martin（Translated into Chinese by 吴　承亭）

[2022]　「印度瑜伽行派的种性（gotra）论」= “The *Gotra* Theory of the Indian Yogācāra School”『2022 年论文集——东方唯识学研究专题——』: 248–253。

蘇　錦坤（Su Ken）

[2007]　「寶唱《經律異相》所引之阿含經——試論水野弘元教授的〈增一阿含經解說〉——」『福嚴佛學研究』2、台湾：福嚴佛學院。
Accessed July 1, 2023. https://www.fuyan.org.tw/download/journal/fbs/FBS_vol2-4.doc

안성두 AHN Sungdoo

[2015]　『보살지——인도대승불교 보살사상의 금자탑——』서울：세창출판사。

[2021]　『성문지——불제자들의 수행도——』서울：세창출판사。

[2023]　『유가사지론——불교 요가 수행자들의 수행토대——』서울：씨아이알。

索　引

索引全体の凡例

1. 本索引は、①日本語、②人物・尊格・文献名、③サンスクリット、④パーリ語、⑤チベット語、⑥漢語、の 6 つから構成される。
2. 本書の本文や原典引用部分、付録を対象とし、本文の図表、小結、結、結論や、付録の凡例、シノプシスや、略号・記号一覧、参考文献は除いた。
3. 見出し語のうち、①日本語、②人物・尊格・文献名、⑥漢語については五十音順（長音・中黒・括弧は無視した）、③サンスクリット、④パーリ語、⑤チベット語については各言語のアルファベット順に配列した。
4. ページ数の指示方法の方針について、問題の用語が出るすべての箇所を指示することはせず、初出の箇所や説明を与えている箇所、当該の用語が問題となっている箇所といった、本書において重要と判断した箇所を指示する。ただし、読者に資すると判断した項目については、その限りではない。
5. 用語の内容的にあるいは定義的に重要なページの範囲は、ボールドで強調した。
6. 参照の指示は、→（を見よ）および ⇒（をも見よ）の記号を用いた。

①日本語の凡例

1. 種姓説に関連する用語を中心として、本書に現れる用語を日本語で挙げる。
2. 見出し語は、煩を避けるため、意味の通る範囲で適宜表現を改めた。
3. 見出し語のうち、表現にヴァリエーションのあるものは、表現を改めて統一するかひとつの項目にまとめて列記するかして示した。
4. 本書で〔　〕の補いのある用語は、括弧を外して示した場合もある。
5. 必要に応じて、用語を丸括弧（　）で補足した。

②人物・尊格・文献名の凡例

1. 本書に現れる用語を、日本語ないし漢語で挙げ、原語を本書で挙げている場合は、丸括弧（　）で併記した。
2. 人物について、種姓説に関する研究史において重要な学者の名前も挙げる。
3. 見出し語の配列について、文献名の下位に章などの構成を示す場合は、文献の構成順に従った。

③サンスクリット、④パーリ語、⑤チベット語、⑥漢語の凡例

1. ①において挙げた用語を、各言語の原典引用部分を中心に、対応する諸言語で挙げる。ただし、本書で問題とする用語に対応する諸言語の原語を挙げる場合もある。

2. ③では、サンスクリットが複合語の場合のみ、副見出しを設けて階層化した。
3. ③には想定サンスクリットを含め、その場合、見出し語か該当ページ数に * を付した。

①日本語

あ

アビダルマ／アビダルマ文献………16, 25
誤った道に出立した者……………………204
阿羅漢……………………10, 27, 28, 30, 36, 65
　――果を証得することに向かう人→阿羅漢向人
　――向者／向人………………………27, 28
　――であるために修行する者→阿羅漢向者
　――人→阿羅漢
アーラヤ識…………………47, 48, 113, 114, 115, 118, 119, 195, 196, 217, 225, 238, 279
　⇒異熟識；一切の種子を有する識
　――でないもの…………………………279
　　⇒聞熏習種子
アーラヤへの渇き…………………………87
あらゆる苦から脱する………………189, 359
安住法…………………………………………36
　――種姓……………………………………35

い

家（kula）…………………………37, 245, 285
　釈迦の――に生まれた…………………245
異熟識……………………………………224, 225
　⇒アーラヤ識
以前（pūrva）………………**171–172**, **358–359**
　――に善根を反復実行することに基づいて獲得されたもの……………78, 312
　――に善法を反復実行すること………79
　――の反復実行により発現した種子…79, 172

一乗………3, 15, 16, 19, 20, 40, **105–106**, 231
　⇒三乗
一乗たること………………**127**, 141, 229, 242
一来
　――果の直証のために修行する者→一来向者
　――果を証得することに向かう人→一来向人
　――向者／向人………………………27, 28
　――者／人……………………………27, 28
一切…………………………………………189
　一部の―― …………………………………189
　全部の―― ……………………………189, 190
一切種子………………………………………115
　――を有する……………………195, 224
一切種子を有する識……………………113, 182
　⇒アーラヤ識
一切衆生／一切の衆生………………3, 23, 92, 93, 95, 187, 189, 249, 262, 359
　――の成熟…………………………………360
　限定された―― ……………………………97
一切衆生の教主……………………………256
一刹那……………………………………31, 35
一闡提→希求する者
5つの学問領域（五明処）………………362
5つの現観する種姓………………………288
5つの無量なること…………………92, **185**

う

有種姓……………………………………19, 181

⇒無種姓
生まれ（jacca, jāti）……………………7, 8, 9

え

鋭敏な機根
——の種姓……………………34, 161, 221
——の種姓を持つ者……………………161
——の人………………………………161
——の者……………………………82, 316
慧解脱…………………………………110
——者……………………………………27

お

劣った種姓………………………………190
——を持つ者……………………106–107
重苦しさ…………………………114, 168
——の種子………………………………65
——の乏しい者…………………………168
遍在する——……………………………115
より一層のこと——の乏しい者………168
厭離……………………………………54, 157

か

界……………………………17, **184–185**
⇒根源要素；要素
階位（bhūmi）…………………………45, 51
⇒法；瑜伽処
——の決択………………………………190
外的な原因の力…………………………221
外的な要素の力…………………………162
確信（adhimukti）…………133, 136, 204, **206**
——する……………………………………58
——の厚い………………………………232
——の完備………………………………233
確定された集まり…………………………86
確定された種姓…………………………103
——がない（無定種性）…………191, 193
——を持つ者……………………234–235, 281
確定されたもの…………………134, 152
⇒確定された種姓
確定されていない／確定されていないもの／確定されていない者…………126, 127, 134, 141, 152, 204, 229, 239, 241, 243
⇒確定されていない種姓
——声聞……………………………………127
——声聞種姓を持つ者……………242, 243
——の区別……………………128, 203, 205
種姓の——声聞…………………………241
種姓の——菩薩…………………………241
確定されていない種姓……………………4, 15, 19, 101, 105, 112, 126, 191, 243
——を持つ声聞………………227, 242, 243
——を持つ菩薩…………………227, 243
——を持つ者……………………**110–111**, 112, 202, 229, 234, 235, 254, 281
三乗の何れかひとつに——…………288
確定されていない衆生の集まり……111, 112
家系…………………………………9, 26, 32
欠けていないこと…………………………212
我であるという慢心………………………119
我であると把握し我が物であると把握する有身見……………………………………119
我に対する愛着……………………………119
完全に浄化された智見…………57, 178, 367
⇒心の様に関する智；他心智；直接知覚
堪達／堪達法…………………………………36
——種姓……………………………………35
——種姓の順解脱分………………………35
——種姓の煖………………………………35
——の煖の種姓という機根………………36

き

希求する者（一闡提）………………17, 216, 255, 263, 264, 271
機根………………………………………81, 247
——に関する卓越性………………82, 316
——の区別………………………………34
基礎（ādhāra）……………69, 71, **72**, 73, 308
基体（dhātu）………………………………4
——説（dhātu-vāda）…4, 18, 19, 20, **24**, 355
究極的な苦…………………………………**188**
——から脱し得る資質………………96, 97
——から脱する…………………………188
——から脱するための手立て……96, 189
教化…………………………………………94
——の手立て……………………………186
——の手立ての無量なること…………96
教化対象………………………………92, 95
——の種姓………………………………220
——の無量なる作意……………………220
——の要素……………………**93**, 94, 220
——の要素の無量なること……92, 96, 220
共通しない無知曚昧……………………119
経量部……………………………13, 19, 34, 39
清らかな性質……84, 135, 259, 344, 346, 348
極めて清浄なものの根源…………………224
金鉱石…………………………………53, 142
——の浄化…………………………………53

く

空性…………………………………………145
倶分解脱……………………………………110
——者………………………………………27

け

系譜（vaṃśa）………………………………37
汚れたマナス………………………………199
⇒マナス
加行位………………………………………30
華厳教学……………………………………41
華厳宗………………………………………40
化作した声聞……………………………108, 194
⇒４種声聞
解脱…………………………………………179
——の円満…………………………………64
——の種子…………………………………257
結果……………………56, 80, 81, 175, 312, 361
——に関する卓越性………………82, 318
ゲルク派……………………………………38
原因（hetu）………72, 128, 204, 239, 243, 312
——の獲得に満足する…………………203
——の段階………………………………212
——の力……………………………………201
——を欠いた者…………135, 259, 260, 261
牽引因（引き寄せる原因）…………182, 183
牽引されないもの…………………………134
牽引される／牽引されるもの………134, 210
条件に従って——者……………………210
見至者…………………………………………28
見道／見道位……………………10, 18, 30, 36

こ

行動……………………………………57, 59
鉱脈（gotra）……………37, 102, 103, 135, 139
金の—— ………………………………135
——にある／にあるもの（gotrastha）…53, 54
立派な宝珠の—— ……………………135
綱領偈…………………………202, 219, 306
心の様に関する智………………57, 59, 60
⇒完全に浄化された智見；他心智；直接知覚
心の浄化……………………………………53
——へ歩む者………………………………54
五取蘊………………………………………188

五種姓……………………………………4, 13, 19,
40, 254, 255, **262**, 263, 265, 288, 289
五姓各別…………………………………**4**, 14, 17,
19, **23**, 40, 186, 189, 262, 265
五難六答…………………………102, 104, 222
護法……………………………………………36
――種姓…………………………………35
五明処→5つの学問領域
五論の頌……………………………………154
→弥勒の五部論；弥勒の五法
根源的な思惟………………………62, 64, 197
根源要素（dhātu）……………………12, **26**,
37, 54, 128, 158, 239, 276, **360**
⇒界；要素
――という事柄に関する熟達…173, 192, 193
――に関する熟達………………………158
――の意味………………………………175
――の確定されたこと…………………203
――の区別………………………………158
――の弁別………………………………172
――の養成…………**79**, 174, 203, 246, 359
種々な――を有すること………………180
3つの――のあること…………………203
金剛喩定…………………………64, 65, 163
根の力…………………………………………201

さ

最高の境地を得た声聞………57, 60, 178, 367
三聚……………………………………………112
三十二相の種子……………………………169
三種菩提…………………………12, 34, 194
三乗………………………………………………3
⇒一乗
――各々の種姓……………………50, 97
――種子……………………………………12
――種姓／の種姓…………………4, 11,
12, 34, 35, 36, 57, 113, 176, 220
――の何れかの種姓を持つ者……92, 183
――の種姓の区別………………………285
――菩提種子………………………………12
――菩提涅槃………………………………12
三資糧…………………………………………251

し

地→階位
四向四果…………………………9, 10, 27, 248
資質……………………………………………3, 235
――が決してない…………………………86
――のある／のある者……………54, 64,
72, 88, 89, 96, 170, 234, 235, 254, 256,
281, 308, 310
⇒資質のない者
――のあること………………72, 282, 308
――のある段階……………………………212
――の必ずある者…………………87–88
――の決してない人………………………88
――のない者……………………………72, 89,
109, 234, 235, 236, 254, 256, 281, 310
⇒資質のある／資質のある者
――の全く永久にない者…………………88
4種声聞……………………………108, 194
⇒2種声聞
四姓………………………………………………9
四摂事…………………………………186, 360
自性清浄心……………………………………213
四聖諦…………………………………………63, 64
自身の種姓…………………57, 58, 72, 167, 308
――を備えること…………………………176
自身の菩提……………………………………95
四善根位……………………12, 30, 32, 34, 36
⇒順決択分
四大学派………………………………………13

次第に高くなるもの……………………………212
七地……………………………………………73, 77
習気→潜在印象
質問…………………………………………………57
思法…………………………………………………36
　――種姓……………………………………35, 36
　――種姓の順解脱分……………………………35
　――種姓の煖……………………………………35
　――の煖の種姓という機根……………………36
ジャイナ教……………………………………7, 8
寂静を唯一の路とする声聞……………106,
　108, 109, 110, 165–166, 231, 232
　⇒4種声聞；2種声聞
寂静を唯一の路とする者……………………107
　→寂静を唯一の路とする声聞
十三住…………………………………73, 74, 76, 77
種子（bīja）……………………………17, 34, 54
　――という性質…………………………53, 354
　――の円満……………………113, 118, 182
　――の概括的設定……………………114, 115
　――の同義異語………………………113, 175
十地……………………………………………11, 32
　共の――……………………………………………11
　不共の――…………………………………………32
習所成種姓→発展した種姓
18の根源要素→十八界
　――の区別→十八界の区別
18の存在要素→十八界
十八界……………37, 158, 173, 174, 192, 193
　――の区別……………………………174, 193
十不善業道………………………………………365
16種の空性………………………………………145
授記／授記する………………………170, 205
修行…………………………………………………81
　――に関する卓越性…………………82, 316
受具…………………………………………………31
熟達……………………………………………81, 184
　――に関する卓越性…………………82, 316
種種界智力→種々な根源要素に関する智力
種々な根源要素に関する智力………172, 180
種姓／種性（gotra/gotta）………3, 9, 33,
　34, 52, **53**, 72, **78**, 80, 190, 221, 255, 283,
　287–288, 308, 312, 354
　最上の――………………………………………137
　種々な――………………………………………106
　種々な――の設定………………………………180
　種々な品行の類の――…………………………220
　――が最上であること……………131, 207
　――という性質…………………………………252
　――に区別がある／に区別があること
　　………………202, 226, 229, 240, 242, 249
　――にとっての災禍……………………………134
　――によって保持された………………………169
　――の完全な浄化…………………………64, 65
　――の区別……………………126, 127, 133,
　134, 139, 141, 152, 205, 230, 242, 285
　――の区別に関する5種の道理………222
　⇒五難六答
　――の交換不可能性……………………………67
　――の浄化……………………76, 145, 163
　――の設定………………………52, 56, 64
　――の存在すること……………………………130
　――の達成……………………**63–64**, 212
　――の力…………………204, 243–244, 244
　――の同義異語……………………………**54**, **80**
　――の同義異語の名称……………54, 360
　――の特徴…………………………………………190
　――の能力…………………………………………201
　――の分類…………………………………………130
　――の本質……**55**, **131–132**, 138, 172, 357
　――の養成…………………………………………201
　――を基盤とするもの…………………………231

――を浄化することを目的とする……145
――を転向すること……………………66
――を特徴とする………………………37
――を取り換えること…………………66
声聞などの――の確定されたこと……203
種姓（有無関連）
一切の声聞・独覚たちの持つ―― …81, 314
――のあること／のある者………103, 220
――の完備／を完備した者……74, 90, 164, 167, 168, 177, 183, 233, 245, 282–283, 348
――のない／のないこと／のない者…72, 85, 89, 90, 103, 200, 220, 254, 259, 261, 350
――の不備………………………………183
――や友を欠くこと……………………146
――を欠いた……………………………88
――を欠くこと…………………………146
――を完備した菩薩……………………85
――を備えた菩薩………………80, 314
――を持つ者……………………………251
声聞などの――を持つ者………………212
二乗の――の者…………………………250
種姓（階位）
――地…………11, 12, 31, 32, 33, 73, 77, 169
――地法……………………………10, 30, 31
――者／となる者…………9, 10, 27, 28, 29
――住……………………73, 74, 75, 76, 77
――住にある菩薩……………………75, 76
――人…………………………10, 11, 28, 29
――法………………………………10, 28, 30
種姓（十力）
行為が自らに属することに関する智力（自業智力）の―― …………………179
十力の―― ……………………84, 178, 181
十力の――に収められた………………177
如来の十力の―― ………………………84
八力の―― ………………………………179
有理と無理に関する智力（処非処智力）の―― ……………………………………178
種姓（表徴）
――に立脚した人の表徴／に立脚した者の表徴……………………52, 59, 65, 86
――に立脚して入門した人の表徴…56–57, 367
――に立脚しない人の表徴／に立脚しない者の表徴………………………86, 87
――の表徴………………84, 133, 344, 362
持戒・忍辱・精進・禅定・般若波羅蜜に関する―― ……………………84, 318
持戒波羅蜜に関する―― ………324, 334
精進波羅蜜に関する―― ………336, 338
諸波羅蜜に関する―― …………83, 318
禅定波羅蜜に関する―― ………338, 342
忍辱波羅蜜に関する―― ………334, 336
般若波羅蜜に関する―― ………342, 344
布施波羅蜜に関する―― …………83–84, 318, 324
菩薩――の表徴…………………133, 138
衆生
――たちにとっての障害…………128, 203
――の役に立つこと………………107, 109
――の要素……………………92, **93**, 94, 220
――の要素の無量なること………92, 220
種姓に立脚した／種姓に立脚した者（gotra-stha）…………50, 53, **53–54**, 72, 74, 75, 88, **89–90**, **92**, 93, 104, 157, 190, 201, 212, 310
⇒種姓に立脚しない／種姓に立脚しない者
三乗に収められた涅槃し得る性質のある―― ……………………………………187
――人……52, 53, **61**, 85, 164, 174, 192, 354
――菩薩……………………16, 73, 168, 276
種姓に立脚しない／種姓に立脚しない者

(a-gotrastha)……………………19, 50, **61**, 90, 93, 101, 104, 136, 188, 206, 222, **259**
⇒種姓に立脚した／種姓に立脚した者
——人…………88, **89**, **91**, 102, 174, 192, 310
——の救済可能性……………………97, 186
出世間的な心……………………………224
——の種子…………………………120, 224
出世間的な徳性のない種姓…………262, 263
⇒無種姓
出世間的な法…………………18, 115–116, 118
——の種子………………118, 120, 224, 238
——の生じる種子…………………………116
出世間のみの正智…………………………197
修道／修道位…………………………………36
種類（gotra）………………………………247
順解脱分……………………11, 12, 34, 35, 36
——の善根…………………………………103
順決択分…………………10, 11, 12, 30, 32, 34
⇒四善根位
乗（yāna）…………………………………247
——が1つであること……………229, 241
⇒一乗たること
——から護るはたらきを有する………227
障害の種子…………………………117, 118
正覚人…………………………………………28
浄化され得ない種子………………………172
浄化され得る種子…………………………172
浄化された根源要素………………………193
——を持つ者…………………104, 163, 193
浄化されていない種姓を持つ人……163, 164
生起因…………………………………………169
正見……………………………………………64
条件（pratyaya）
主要な／達成に関する主要な—— …62, 64
——の欠けていないこと…………………212
——を欠く者…………………………………88
——を基盤とするもの……………………231
般涅槃することがない—— ……………62
副次的な／達成に関する副次的な ——
……………………………………………62, 64
上座部…………………………………………31
聖者…………………………9, 10, 27, 163, 164
⇒非凡人；凡人
10の——の種姓…………………………247
——の数………………………………………31
——の系譜……………………………………37
——の種姓………………12, 30, 31, 33, 203
⇒凡人の種姓
——の名………………………………………31
——の法………………………………………29
——の身の程…………………………………31
成熟……………………………………………94
——の完備…………………………………283
——の手立て………………………………186
成熟対象………………………………………92
——としての人………………………………91
定種姓→確定された種姓
小乗から護ること…………………202, 228
小乗に専念した……………………………204
清浄の原因…………115, 116, 169, 176, 182
定別因…………………………………………176
正法の聴聞……………………………………197
声聞
——住………………………………………76, 77
——授記……………………………………194
——人……………………………………28, 32
——の法………………………………………33
——菩提…………………12, 82, 221, 318
声聞（種姓関連）
——や独覚種姓の忍…………………………35
——や独覚種姓を持つ者……58, 184, 187
——や独覚乗………………………………184

——や独覚や如来種姓を先立つものとする……………………………162, 221
——や仏種姓の順解脱分………………35
声聞種姓…………………………………11, 12, 51, 103, 176, 220, 232, 247, 262
——の順解脱分…………………………35
——の成立………………………………101
——の煖…………………………………35
——の忍…………………………………35
——を備えたもの………………………192
——を備えること………………………176
——を持ち、確定されていない者…242, 243
——を持ち、寂静を唯一の路とする人……………………………………106, 231
→寂静を唯一の路とする声聞
——を持つ衆生…………………………105
——を持つ者………………………58, 59, 66, 91, 107, 111, 117, 256
声聞乗………………………65, 91, 176, 241
——において現観する種姓……………288
——に関する熟達………………………184
——に対する誓願／乗に対する誓願を持つ……………………………………66
声聞・独覚・如来種姓…………………180
正量部……………………………………29
所知障……………………………………107
——の種子………………………………117
——の浄化…………………………81, 314
諸仏
——の法界………………………227, 229
——の法身………………………225, 226
諸菩薩の父………………………………256
初発心……………………72, 308, 312, 354
自利……………………………82, 316, 362
——行……………………………189, 359
地論宗……………………………………41
塵垢
微弱な——の種姓を持つ者…………67, 68
微弱な——の人…………………………165
新熏………………………………………14
⇒本有
信解脱者…………………………………28
真言宗……………………………………23
人士による訓練対象にとっての御者…234, 254
人士による訓練対象にとっての無上なる御者（無上調御丈夫）………………234, 254
身証者……………………………………27
尽智………………………………………65
真如
——という種子…………………………197
——という種姓……………………18, 197
——という所縁縁…………………116, 117
——という所縁縁に通達すること…117, 118
——に通達すること……………………198
真如所縁縁種子………18, 20, 40, 101, 113, 115, **115–116**, 118, 118–119, **197–198**, 224
真如を所縁縁とすることという種子→真如所縁縁種子

す

随界……………………………………39
随信行者…………………………………28
随法行者…………………………………28
随煩悩…………………84, 85, 346, 348, 367
推論に基づく……………57, 84, 178, 344, 367

せ

姓………………………………………7, 8
⇒種姓

誓願
　——の区別……………………………65
　——を転向すること…………………66
　——を取り換えること………………66
　——を為した人………………………65
性向（adhimukti）…………130, 184, 204, **206**
誓言……………………………………146
　——に対する障害……………………146
積集された潜在印象という種子……116, 119
積集された潜在印象を種子として生じるもの……………………………………116
世間を知っておられる者（世間解）……234
世第一法……………10, 12, 30, 31, 32, 33, 34
　——の六種姓ならびに三乗種姓………35
説一切有部……………………8, 10, 11, 12, 13, 19, 25, 27, 30, 32, 33, 34, 37, 85, 194
説仮部……………………………………29
雪山部……………………………………31
禅経………………………………………22
善根……………………………34, 201, 359
善根の種子
　順解脱分の——……………………196, 217
　順決択分の——……………………196, 217
潜在印象（習気）……………………114
　すべてのものにとっての構想された本質に対する執着の——……………115
善趣……………………………………262
　——に置き定める…………………234, 254
　——に赴く……………………………91
　——に導く……………………………261
禅定……………………………………179
善逝種姓………………………………252
潜勢力…………………………………118
善法……………………………………359
　——の行為……………………………360
　——の種姓……………………………31
　——を収集する手段………………189, 359

そ

相違因…………………………………183
相応行地…………………………………36
増上心住………………………………189
増上慢のある声聞……………………108
　⇒４種声聞
雑染
　すべての——なるものの根本…………217
　すべての——の根本…………………114
　——の原因…………………………183, 224
　——の消滅の設定……………………114
粗大……………………56, 80, 84, 312, 344, 361
　⇒微細

た

隊主……………………………………257
　⇒涅槃の城へ行く者たちの隊主
大衆部……………………10, 29, 30, 38, 39, 157
大乗……………………………66, 91, 176, 241
　——種姓……………………………103, 176
　——種姓を持つ／種姓を持つ者……58, 66
　——に関する熟達……………………184
　——の総合……………………………204
大乗二種姓………………………………41
　⇒発展した種姓；本来的に在る種姓
第八……………………………………10, 30
　→預流向
大悲………………………………………12
退法………………………………………36
　——種姓…………………………………35
　——種姓の順解脱分……………………35
　——種姓の煖……………………………35
　——の煖の種姓という機根……………36
大菩提……………………………………109

他者からの言葉……………………62, 63, 64
他心智………………………………59, 60
⇒完全に浄化された智見；心の様に関する智；直接知覚
達成……………………………………163
多様な個体連続に属するもの………60, 361
単一な個体連続に属するもの……60, 61, 361

ち

中位な機根
——の種姓……………………………221
——の者………………67, 68, 82, 166, 316
中観派…………3, 13, 16, 17, 18, 21, 22, 23, 38
頂／頂法……………………12, 33, 34, 35, 36
聴聞の潜在印象…………………………225
——という種子→聞熏習種子
——という種子の拠り所………………225
直接知覚…………………57, 84, 245, 344, 367
⇒完全に浄化された智見；心の様に関する智；他心智
治療され得ない者………………………277
治療され得る者…………………………277

つ

通俗的語義解釈…………………………132

て

出処……………………………26, 37, 102
転根…………………………12, 34, 36, 194
転依……………………………197, 202
——の原因………………………………18

と

同義異語…………………………9, 26, 27
同義異語の名称…………………………54, 55
犢子部……………………………………29
特殊な……………………………………247
——根源要素の養成……………………246
——種姓に基づく………………………204
——拠り所……………………………55, 357
——六処…………………………18, 78, 312
徳性を引き出す…………………132, 141, 207
——という意味…………………………132
独覚……………………………………27, 67
——人………………………………………28
——の道………………………………68, 69
——菩提…………12, 66, 68, 82, 221, 318
独覚（種姓関連）
——か仏種姓の煖…………………………35
——や仏種姓の順解脱分…………………35
独覚種姓………………………11, 12, 18, 50, **67–68**, 68, 165, 167, 176, 220, 248, 262
——に立脚すること……………………68
——の順解脱分…………………………35
——の煖…………………………………35
——の忍…………………………………35
——を備えたもの………………………192
——を持つ衆生…………………………105
——を持つ者………………58, 66, 91, 117
独覚乗……………………65, 91, 165, 176
——種姓を持つ者………………………66
——において現観する種姓……………288
——に関する熟達………………………184
鈍重な機根
——の種姓…………………34, 161, 221
——の種姓を持つ者……………………161
——の人…………………………………161
——の者……………………………82, 316

の

能力のあること…………………………282
能力のある者……………………53, 354

な

名……………………………………………7, 9
内的な原因の力……………………………221
内的な要素の力……………………………162
名のある（gotrastha）……………………157
煖／煖法………………………32, 33, 34, 35, 36

に

2 種声聞………………106, 108, 110, 194, 231
　⇒4 種声聞
二障の種子…………………………………118
二障の浄化…………………………………198
如来
　――住……………………………………74
　――による勧め………108, 112, 232, 236
　――の家…………………………………11, 32
　――の真如………………………………23
　――の智…………………………………95
　――の法身………………………………23
　――への親近……………………110, 236
如来・応供・正等覚者…………………9, 27
如来種姓…………………………………11, 12,
　13, 23, 33, 220, 251, 252, 262, 273
　――を備えたもの………………………192
　――を持つ者…………………105, 117, 184
如来乗において現観する種姓……………288
如来蔵…………………………………3, 13, 15,
　16, 17, **23**, 38, 156, 249, 287
如来蔵・仏性…………3, 4, 13, 17, 23, 189, 213
如来の清浄な智に関する三昧の種姓……180
忍／忍法……………………………33, 34, 36

ね

涅槃……………………95, 109, 162, 221, 255
涅槃の城へ行く者たちの隊主……………257

は

発展した／発展したもの…………………132
発展した種姓（習所成種姓）……78, 79, 312
　⇒本来的に在る種姓
般涅槃…………………………54, 86, 88, 176
般涅槃し得る種姓…………………………259
　――の永久にない衆生…………………222
　――を持つ者……………………………187
般涅槃し得る性質のある／般涅槃し得る性
　質のある者…………………………61, 62,
　85, 88, 103, 113, 172, 182, 277
　⇒般涅槃し得る性質のない／般涅槃し得
　　る性質のない者
　――種姓のないもの……………………104
　――種姓のないものに収められたもの
　　……………………………………………192
　――種姓を持たない者／種姓を持たない
　　人……………………………………116, 117
　――種姓を持つ者………………………117
　――人……………………………………87
　――3 つの種姓を持つ人………………116
般涅槃し得る性質の一時的にない者……259
般涅槃し得る性質の永久にない者………98,
　102, 259
般涅槃し得る性質のない／般涅槃し得る性
　質のない者…………61, 85, 86, 88, 103, 113,
　172, 182, 188, 216, 259, 260, 263, 277
　⇒般涅槃し得る性質のある／般涅槃し得
　　る性質のある者
　――衆生…………………………………188
　――であること…………………………88
　――の持つ諸々の表徴…………86, 86–87
　　→種姓（表徴）
　――人……………………………………87, 88
般涅槃し得るものの本質のある部類……111

パーリ語文献……………………………13, 16
反復実行された戒…………172, 176, 177, 359
反復実行により養成された根源要素…79, 173
反復修習された機根の者……………………161
反復修習された根源要素………………79, 174
反復修習されていない機根の者…………161

ひ

引き寄せる原因→牽引因
微細……………………………56, 80, 312, 361
⇒粗大
否定辞 a-……………………………………19
人の設定………………………………65, 66
毘婆沙師………………………………13, 30
非凡人…………………………………10, 28
⇒聖者；凡人
悲愍……………………………18, 167, 168, 188
微弱な――の種姓………………………194
微弱な――の種姓を持つ者………109, 110
微弱な――の人／者……………67, 68, 165
――が非常に微弱であること……106, 107
――に満ちた者…………………………167
――の乏しい者…………………………168
表徴（liṅga）……………………………57, 59
→種姓（表徴）

ふ

福田…………………………………………27
不還
――果の直証のために修行する者→不還向者
――果を証得することに向かう人→不還向人
――向者／向人……………………27, 28
――者／人…………………………27, 28
不定種姓→確定されていない種姓
不相違因…………………………………183
仏（種姓関連）
――か声聞種姓の煖……………………35
仏子…………………………………………11
仏種姓………………11, 12, 33, 190, 246, 287
――に随順した…………………………246
――の順解脱分……………………………35
――の煖……………………………………35
――の忍……………………………………35
――の平等性……………………………249
――を持つ衆生……………………240, 249
――を持つ者……………91, 109, 187, 256
――を有すること………………………249
仏性……………………………………17, 41
仏世尊……………………57, 60, 84, 344, 354, 367
仏陀
――の系譜…………………………………32
――の十号……………………234, 253, **281**
――のすべての性質にとっての一切の種子……………………………………75
――のすべての性質にとっての種子を保持する者……………………………75
――の性質…………………………145, 146
――の性質の成熟………………………360
――の相好…………………………145, 146
仏・菩薩…………………………………354
不動法………………………………………36
――種姓……………………………………35
――種姓の順解脱分………………………35
――種姓の煖………………………………35
――の煖の種姓という機根………………36

ほ

法……………………………………………69
⇒階位；瑜伽処
宝珠………………………………………286

法蔵部……………………………………………31
法爾道理………………………………………159
他の諸々の生まれ………………172, 358, 359
菩薩……………………………………………32, 73
　——地……………………………………………77
　——住……………………………………………74
　——と如来が混合した地………………77
　——人……………………………………………28
　——の徳性……………………………………77
　——の法の位…………………………………33
菩薩行……………………72, 308, 310, 312, 355
菩薩種姓……………69, 81, 90, 123, 170, 314
　——が最上であること…………………131
　——に関する利徳…………………………134
　——にとっての災禍………………………134
　——の成立……………………………………101
　——の存在すること………………………138
　——の卓越性……………………………80, 85
　——のない者…………………………………200
　——を持ち、確定されていない者…242, 243
　——を持つ者……………………………111, 212
菩提種子………………………………………182
　3種の——……………………………………113
　3種の——が欠けている…………113, 182
菩提に進展する阿羅漢………………110, 112
菩提に進展する声聞…………106, 107, 108,
　109, 110, 112, 126, 152, 194, 231, 232
　⇒4種声聞；2種声聞
菩提分法…………………72, 169, 308, 354, 355
　無漏な——の種子…………………………169
法界……………………………………………40
発願……………………………………………95
発心………………………15, 18, 95, 167, 201
　——した者……………………………………168
　——を翻す理由………………………………168
法相宗…………………………4, 19, 23, 262
本有……………………………………………14
　⇒新熏
　——無漏種子…………………………………40
本性………………………54, 80, 128, 145, 239
　自身の——……………………………………201
本性住種姓→本来的に在る種姓
本性の空性……………………………145, 213
凡人（凡夫）………………10, 27, 28, 29, 34
　⇒聖者；非凡人
　——性……………………………………………192
　——の数…………………………………………31
　——の位…………………………………………34
　——の種姓……………………………30, 31, 34
　　⇒聖者の種姓
　——の勝れた法………………………………28
　——の名…………………………………………31
　——の身の程…………………………………31
煩悩障…………………………………………107
　——の種子……………………………………117
　——の浄化…………………………………81, 314
本来的／本来的なもの………………132, 204
　——戒……………………………………………176
　——堅固さ………………………………………201
　——根源要素…………………………79, 174, 192
　——種姓…………………………………………136
　——に善法の種子を完備すること……79
　——に徳性を有する種姓………………136
　——憐愍…………………………………………201
本来的に在る／本来的に在るもの……132,
　171, 355–356
　——根源要素……………………………79, 173
　——種子…………………………………79, 172
　——種姓（本性住種姓）…………18, 78,
　79, 90, 132, 168, 312
　　⇒発展した種姓
本来的に善法の種子を完備すること……79

ま

マナス……119
⇒汚れたマナス
慢心に基づく品行の類の者……67, 68, 166

み

弥勒の五部論……47, 154
→五論の頌；弥勒の五法
弥勒の五法……154
→五論の頌；弥勒の五部論

む

無学道……12, 36
無種姓……4, 17, 19, 181, 262, 263, 288
⇒有種姓
無上安隠涅槃……105
無上正等菩提……72, 82, 95, 106, 107, 110, 221, 318
――の円満……72, 89, 310
――の乗……184
――の達成……189, 359
無生智……65
無上菩提……12
無余依涅槃界……64, 110
無余依般涅槃……64
無漏界……109
無漏の道……33

も

ものの本質……128, 158, **159–160**, 239, 251, 252, 262, 357
――としての種姓……252
――に立脚した者……201
――を通じて獲得された／を通じて獲得されたもの……55, 78, 90, 167, 312, 357–358
――六処……60, 61, 361
聞熏習種子……120, 197, 224, 238

ゆ

瑜伽……182
――の一時的な喪失……88
――の永久の喪失……88
――の喪失……88, 260
瑜伽行派……3, 12, 13, 15, 17, **22**
後期―― ……21, **22–23**
初期―― ……3, 21, **22–23**
前―― ……22
中期―― ……5, 20, 21, **22–23**
瑜伽師……22, 31
瑜伽者……59, 60
瑜伽処……51, 69
⇒階位；法
瑜伽を知る……57, 59

よ

養成された種姓……136, 201
養成されたもの……132
要素（dhātu）……26, **184–185**
⇒界；根源要素
拠り所……159
――に入り込んだ……55, 357
預流……31
――果の直証のために修行する者→預流向者
――果を証得することに向かう人→預流向人
――向……10, 11
→第八
――向者／向人……27, 28
――者／人……10, 27, 28, 30

り

利行……186
理行二仏性……40, 41
力量のある者……53, 64, 72, 308
利他……82, 316, 362
　──行……189, 359
律……13, 25
立派な樹根……137
理由（kāraṇa）……368
良家の息子……251
両者の障害……212

ろ

六地……31
六種姓……12, 35, 36
六処……39, 60, 61
　──に収められたもの……55, 357
六波羅蜜……83, 176, 360
論説……57, 58

②人物・尊格・文献名

あ

アサンガ（Asaṅga）…5, 20, 22, 23, 25, 39, 47, 50, 105, 113, 123, 144, 154, 155, 211, 215, 216, 224, 231, 233, 234, 237, 253, 255, 280
アスヴァバーヴァ（Asvabhāva）……156, 207, 209, 223
アバヤーカラグプタ（Abhayākaragupta）…40, 245
『阿毘達磨倶舎論』（*Abhidharmakośabhāṣya*）……34, 37, 155, 238
　「世間品」……363
　「賢聖品」……282
『阿毘達磨集論』（*Abhidharmasamuccaya*）……155, 216
　「本地分」中「成就品」……271
　「決択分」中「法品」……271
　「決択分」中「得品」……271
『阿毘達磨集論釈』（*Abhidharmasamuccaya-bhāṣya*）……271
『阿毘達磨大毘婆沙論』（**Mahāvibhāṣā*）…11, 12, 30, 31, 33, 34, 36, 37, 85, 161
『阿毘達磨法蘊足論』……37
『阿弥陀経』（The smaller *Sukhāvatīvyūha*）……250
安慧→スティラマティ

い

『異部宗輪論』（*Samayabhedoparacanacakra*）……10, 31, 38

う

ヴァスバンドゥ（Vasubandhu）……5, 19, 20, 21, 22, 23, **24–25**, 34, 39, 41, 105, 123, 144, 152, 153, 155, 156, 160, 174, 194, 207, 211, 215, 216, 223, 234, 238, 253, 255, 280, 363, 364
ヴァスミトラ（Vasumitra）……10
宇井伯寿……14, 20, 124
ヴィーリヤシュリーダッタ（Vīryaśrīdatta）……280, 282
上野隆平……19, 20

え

惠敏……18, 156
円測……40

お

オーバーミラー，E.（Eugene Obermiller）

……………………………………………4, 13

か
海雲→サーガラメーガ
『海慧所問経』（*Sāgaramatiparipṛcchāsūtra*）
……………………………………………34
戒賢→シーラバドラ
『開元釈教録』……………………………153
『迦葉品』（*Kāśyapaparivarta*）……………16, 33, 108, 112, 190, 191
カマラシーラ（Kamalaśīla）………………40

き
窺基……………………………4, 23, 40, 198
笈多……………………………………278
行矩……………………………………278
『経荘厳注疏』（*Sūtrālaṃkāravṛttibhāṣya*）
……………………………207, 209, 289

く
『究竟一乗宝性論』（*Ratnagotravibhāga Mahāyānottaratantraśāstra*）…………3, 13, 15, 16, 20, 21, 23, 39, 40, 41, 154, 155, 156
求那跋陀羅（Guṇabhadra）………………24
求那跋摩（Guṇavarman）…………………152
グナプラバ（Guṇaprabha）………………187
グナマティ（Guṇamati）…………………234
鳩摩羅什（Kumārajīva）……30, 32, 251, 286

け
『華厳経』（*Avataṃsaka*）…………………16
「十住品」………………………………34
『解深密経』（*Saṃdhinirmocanasūtra*）……15, 49, 105, 108, 110, 112, 114, 194, 231, 232, 233
『解深密釈』→『聖解深密釈』
『解脱道論』（**Vimuttimagga*）……………29
月称→チャンドラキールティ
『決定義経注』（*Arthaviniścayasūtranibandhana*）
……………………………………280, 281
『決定蔵論』………………………………153
『現観荘厳光明』（*Abhisamayālaṃkārāloka*）
……………………………………37, 280
『現観荘厳論』（*Abhisamayālaṃkāra*）……13, 16, 21, 37, 40, 154, 155
玄奘…4, 11, 19, 23, 40, 45, 144, 193, 211, 216
堅慧……………………………………156
『顕揚聖教論』………………14, 105, 216, 237
「摂事品」…………218, 219, 220, 276, 277
「摂浄義品」……………218, 219, 220, 222
「成善巧品」……………………218, 219, 276
「摂勝決択品」……………………218, 219
『顕揚論』→『顕揚聖教論』

こ
『金剛般若経論頌』（*Triśikāyāḥ Prajñāpāramitāyāḥ Kārikāsaptati*）……………154, 155, 174

さ
最勝子→ジナプトラ
『最上心髄』（*Sāratamā*）…………………194
濟暹……………………………………23
サーガラメーガ……………171, 187, 355, 356
佐久間秀範………………………………19
サンガバドラ（Saṃghabhadra）………24, 39
サンガラクシャ（*Saṃgharakṣa）………161
『三具足経憂波提舎』…………238, 251, 287
『三具足論』→『三具足経憂波提舎』
三宝尊→トリラトナダーサ
『三無性論』………………………………272

し
竺仏念……………………………………31

竺法護……………………………………………161
師子覚／覚師子→ブッダシンハ
ジナプトラ（Jinaputra）…………………271
『四分律』………………………………………31
『釈軌論』（*Vyākhyāyukti*）……………24, 153, 234, 238, 255, 280, 282
ジャムヤンシェーパ（'Jam dbyangs bzhad pa）………………………………………13
『舎利弗阿毘曇論』（**Śāriputrābhidharma*）……………………………………10, 29, 31
『集一切福徳三昧経』（**Sarvapuṇyasamuccaya-samādhisūtra*）……………………………251
『十地経』（*Daśabhūmikasūtra*）………8, 33, 33–34, 142, 245, 247, 363
『十地経論』→『聖十地解説』
『十七地論』………………………………153
『十住毘婆沙論』（**Daśabhūmivibhāṣā*）
「入初地品」……………………………251, 288
『十法経』（*Daśadharmakasūtra*）………16, 34
『集論釈』→『阿毘達磨集論釈』
『修行道地経』……………………………161
衆賢→サンガバドラ
衆護→サンガラクシャ
シュミットハウゼン，L.（Lambert Schmithausen）……………………………15, 17, 20
『首楞厳三昧経』（*Śūraṃgamasamādhisūtra*）……………………………………………33
シュリーラータ（Śrīlāta）…………………39
『聖解深密釈』（*Āryasaṃdhinirmocanabhāṣya*）…………………………………216, 231, 280
『荘厳経論』→『大乗荘厳経論』
『荘厳経論釈』→『大乗荘厳経論釈』
『荘厳経論頌』→『大乗荘厳経論頌』
『聖十地解説』（*Āryadaśabhūmivyākhyāna*）…………………………174, 238, 245, 247
『清浄道論』（*Visuddhimagga*）…………29, 30
『摂大乗釈』→『摂大乗論釈』
『摂大乗論』（*Mahāyānasaṃgraha*）………13, 16, 20, 113, 155, 197, 216, 223, 237, 243
「所知依分」……………………………224
「増上慧学分」…………………………243
「彼果智分」……………225, 240, 241, 260
『摂大乗論釈』（*Mahāyānasaṃgrahabhāṣya*）……………………238, 239, 240, 260, 364
『摂大乗論釈論』…………………………278
『浄土経論』→『無量寿経優波提舎願生偈』
『聖仏地解説』（*Āryabuddhabhūmivyakhyā*）……………………………………………289
『聖仏随念』（*Āryabuddhānusmṛti*）………233, 255, 281
清弁→バーヴィヴェーカ
『勝鬘経』（*Śrīmālādevīsiṃhanādasūtra*）…186
『聖無尽意所説経』（*Āryākṣayamatinirdeśa-sūtra*）…………………………………165
『聖無尽意所説広注』（*Āryākṣayamatinirde-śaṭīkā*）……………………………165, 289
『声聞地』（*Śrāvakabhūmi*）……………16, 18, 39, 46, 49, 50, 52, 67, 153, 156
「初瑜伽処」……………………37, 51, 52
「種姓地」…………………37, 51, 52, 70, 85, 123, 161, 162, 166, 285, 354, 357, 360, 361, 362
「趣入地」…………………51, 56, 87, 367
「出離地」……………………………51, 364
「第二瑜伽処」………………54, 57, 88, 97, 158, 160, 165, 166, 194, 260, 366
「第三瑜伽処」……………54, 57, 156, 158, 166, 362, 366
「第四瑜伽処」…………………51, 64, 163
『成唯識論』………………………13, 14, 155
『成唯識論述記』……………………………23
シーラバドラ（Śīlabhadra）…………156, 289

支婁迦讖（Lokakṣema）……………………33
親光（*Bandhuprabha）…………………262
真諦（Paramārtha）……………………18, 40, 144, 153, 193, 211, 272
陳那→ディグナーガ

す
勝呂信静……………………………20, 124
『スッタニパータ』（*Suttanipāta*）…………7
スティラマティ（Sthiramati）…19, 24, 144, 152, 155, 156, 165, 207, 209, 211, 255, 289

せ
セイフォート・ルエッグ，D.（David Seyfort Ruegg）…………………4, 8, 15, 16, 17, 157
世親→ヴァスバンドゥ
世友→ヴァスミトラ
『善説金鬘』（*Legs bshad gser phreng*）…13, 15, 37, 200

そ
『雑阿含経』（*Saṃyuktāgama*）……156, 157, 159, 160, 164, 357
『増一阿含経』（*Ekottarikāgama*）……9, 27, 28, 29, 31, 164
『増支部』（*Aṅguttaranikāya*）………9, 27, 157
相馬一意……………………………18, 157

た
『大雲経』（*Mahāmeghasūtra*）……………34
『大乗荘厳経論』（*Mahāyānasūtrālaṃkāra*）…………………14, 15, 16, 19, 20, 124, 152
『大乗荘厳経論広注』（*Mahāyānasūtrālaṃkāra-ṭīkā*）…………………………………209
『大乗荘厳経論釈』（*Mahāyānasūtrālaṃkāra-bhāṣya*）……………………………132, 136, 152, 238, 239, 240, 242, 243, 248, 259
『大乗荘厳経論頌』（*Mahāyānasūtrālaṃkāra-kārikā*）…………………105, 112, 123, 152, 154, 174, 222, 226, 227, 228, 229, 230
「帰依品」………………………………200
「種姓品」………………126, 129, 205, 259
「菩提品」……………………………240, 249
「明信品」………………………………202
「述求品」……………………126, 141, 205
「弘法品」……………………………127, 205
『大智度論』（**Mahāprajñāpāramitopadeśa*）……………………………………30, 32
『大日経住心品疏私記』……………………23
『大般涅槃大経』（*Mahāparinirvāṇamahāsūtra*）……………………………………3, 17
『大般若波羅蜜多経』………………………11
『大宝積経論』……………………………191
高崎直道…………………………4, 15, 16, 17
武邑尚邦……………………………14, 157
『陀羅尼自在王経』（*Dhāraṇīśvararājasūtra*）……………………………………………34
『ダンマパダ』（*Dhammapada*）……………7

ち
智昇…………………………………………153
チャンドラキールティ（Candrakīrti）……3
『中阿含経』（*Madhyamāgama*）……………28
『中観光明』（*Madhyamakāloka*）…………40
『中部』（*Majjhimanikāya*）……………28, 181
『中辺分別論』（*Madhyāntavibhāga*）……16, 18, 144, 152, 211
『中辺分別論広注』（*Madhyāntavibhāgaṭīkā*）………………………………19, 144, 211
『中辺分別論釈』（*Madhyāntavibhāgabhāṣya*）……………19, 144, 146, 152, 211, 238, 239
『中辺分別論頌』（*Madhyāntavibhāgakārikā*）

……………………………144, 152, 154, 174
「相品」……………………………144, 145
「障品」……………………………144, 146
『中辺論』→『中辺分別論』
『中辺論釈』→『中辺分別論釈』
『中辺論頌』→『中辺分別論頌』
『長部』（*Dīghanikāya*）
「沙門果経」（*Sāmaññaphalasutta*）…37, 285
『塵を洗浄する経』→『盪塵経』

つ

ツォンカパ（Tsong kha pa）…………13, 15, 37, 38, 200, 280

て

『ディヴィヤ・アヴァダーナ』（*Divyāvadāna*）……………………………………………26
ディグナーガ（Dignāga）………22, 155, 213
デルハイ，M.（Martin Delhey）…………19

と

『盪塵経』（*Pāṃsudhāvakasūtra*）……53, 157
道倫／遁倫………………………154, 198, 290
常盤大定……………………………14, 19
徳慧→グナマティ
徳光→グナプラバ
トリラトナダーサ（Triratnadāsa）………213
曇無讖（Dharmakṣema）…………………152

な

ナーガールジュナ（Nāgārjuna）………251
成島三夫………………………………20

に

『二万五千頌般若経』（*Pañcaviṃśatisāhasrikā Prajñāpāramitā*）………………………8, 11, 12, 32, 33, 37, 285, 363
『入菩薩行論解説細疏』（**Bodhisattvacaryāvatāravyākhyānapañjikā*）………………40
『入法界品』（*Gaṇḍavyūha*）………11, 26, 33
『入楞伽経』（*Laṅkāvatārasūtra*）………3, 15, 21, 23, 24, 26, 39, 265, 288
「偈頌品」……………………………24, 255
『如来性起経』（*Tathāgatotpattisaṃbhavasūtra*）……………………………………………34
『如来蔵経』（*Tathāgatagarbhasūtra*）……34
『人施設論』（*Puggalapaññatti*）………10, 29

は

バーヴィヴェーカ（Bhāviveka）……………3
袴谷憲昭………………………………17, 19
『婆沙論』→『阿毘達磨大毘婆沙論』
『八千頌般若経』（*Aṣṭasāhasrikā Prajñāpāramitā*）……………………………………32, 155
服部正明……………………………………14
早島　慧……………………………………19
パラマールタサムドガタ（Paramārthasamudgata）……………………………105, 106, 231
『波羅蜜八章』（*Phar phyin skabs brgyad pa*）……………………………………………13
ハリバドラ（Haribhadra）……………37, 280
般若流支（Prajñāruci）……………………251

ひ

『比丘威儀法』（*Abhisamācārikā Dharmā*）…157
『毘尼母経』（**Vinayamātṛkā*）…11, 29, 30, 31
毘目智仙（Vimuktisena）…………………251

ふ

『仏地経』（*Buddhabhūmisūtra*）…………262
『仏地経論』（**Buddhabhūmyupadeśa*）…262
『仏性論』…………………………………40, 193

『仏随念広注』(*Buddhānusmṛtiṭīkā*) ……238, 253, 254, 255, 265, 281, 288
『仏随念注』(*Buddhānusmṛtivṛtti*) ………216, 233, 237, 253, 255, 280
『仏説遺日摩尼宝経』………………………33
ブッダシンハ (Buddhasiṃha) …………271
仏陀耶舎……………………………………31
『仏母般若波羅蜜多円集要義釈』(*Prajñāpāramitāsaṃgrahakārikāvivaraṇa*) ……213
『仏母般若波羅蜜多円集要義論』(*Prajñāpāramitāpiṇḍārthasaṃgraha*) …………213
プトゥン→プトゥン・リンチェンドゥプ
『プトゥン仏教史』(*Bu ston chos 'byung*) ……………………………………153, 154
プトゥン・リンチェンドゥプ (Bu ston Rin chen grub) …………………………153, 154
『分別瑜伽論』…………………………154, 155

へ

『弁中辺論』………………………………211

ほ

『宝性論』→『究竟一乗宝性論』
法蔵………………………………………40
『法法性分別論』(*Dharmadharmatāvibhāga*) ……………………………………154, 155
『法華経』(*Saddharmapuṇḍarīkasūtra*) ……3, 105, 194, 248
「譬喩品」………………………………248
「法師品」………………………………250, 287
「常不軽菩薩品」………………………249
『菩薩地』(*Bodhisattvabhūmi*) ………14, 15, 16, 18, 20, 26, 49, 50, 69, 79, 98, 123, 153
「持瑜伽処」……………………………69
「種姓品」…………………18, 46, 69, 70, 71, 75, 89, 96, 101, 123, 166, 201, 352
「発心品」…………………………73, 90, 95, 166, 167, 189, 201, 359
「自他利品」………………166, 365, 366
「真実義品」…………………………114
「成熟品」……………79, 91, 94, 96, 359
「力種姓品」………………………73, 84, 169, 176, 178, 182, 362
「戒品」………………………172, 176, 358
「忍品」……………………………176, 201
「静慮品」…………………………176, 177
「摂事品」……………………183, 359, 360
「供養親近無量品」……………188, 364
「菩薩功徳品」……………………92, 95, 95–96, 96, 166, 170, 205, 219
「持随法瑜伽処」………………………69
「分品」………………………………183
「住品」……………………………74, 189
「究竟瑜伽処」……………………………69
「地品」………………………………77
「相好品」……………………………169
「建立品」………172, 178, 179, 185, 193
「アヌクラマ」……………………73, 166
『菩薩地持経』………152, 154, 354, 368, 369
『菩薩地注』(*Bodhisattvabhūmivṛtti*) ……186
『菩薩善戒経』……………152, 154, 368, 369
菩提流支 (Bodhiruci) …………191, 248, 286
『発趣論』(*Paṭṭhāna*) ………………………29

ま

マイトレーヤ (Maitreya) ………3, **22**, 23, 47, 123, 144, 154, 155, 174, 211, 354
『摩訶僧祇律』……………………………157
『摩訶般若波羅蜜経』……………………32
松本史朗 (Matsumoto Shirō) ………4, 19, 20
マハーマティ (Mahāmati) ……263, 264, 288

み

『妙法蓮華経』……286
『妙法蓮華経憂波提舎』(*Saddharmapuṇḍarīkopadeśa)……194, 238, 248, 287
『明瞭義阿毘達磨倶舎解説』(Sphuṭārthā Abhidharmakośavyākhyā)……34
弥勒→マイトレーヤ

む

『無礙解道』(Paṭisaṃvidāmagga)……29
無著→アサンガ
無性→アスヴァバーヴァ
『牟尼意趣荘厳』(Munimatālaṃkāra)…40, 245
『無量寿経』(The larger Sukhāvatīvyūha)…250
『無量寿経優波提舎願生偈』……238, 250

や

ヤショーミトラ(Yaśomitra)……24, 34
山部能宜(Yamabe Nobuyoshi)……17, 19, 19–20, 20, 38, 39

ゆ

『唯識三十頌』(Triṃśikā Vijñaptimātratāsiddhi)……24, 238
『維摩経』(Vimalakīrtinirdeśa)……11, 33, 34
『瑜伽師地解説』(Yogācārabhūmivyākhyā)……118
『瑜伽師地中菩薩地解説』(Yogācārabhūmau Bodhisattvabhūmivyākhyā)……171, 187, 355, 356
『瑜伽師地論』(Yogācārabhūmi)……3, 11, 14, 15, 17, 18, 20, 22, 34, 39, **45–50**, 152, 154, 156
　「本地分」……45, 46, 49, **50**, 101, 102, 105, 153, 222
　　「意地」……39, 92, 93, 113, 118, 175, 182, 195, 199, 210
　　「有尋有伺等三地」……152, 160, 162, 163
　　「三摩呬多地」……53
　　「聞所成地」……273, 274
　　「修所成地」……163
　　「声聞地」→『声聞地』
　　「独覚地」……18, 50, 67, 69, 165, 194
　　「菩薩地」→『菩薩地』
　「摂決択分」……18, 45, 46, 49, 50, 78, 79, 84, **101**, 105, 112, 113, 118, 153, 154, 163, **190**
　　「五識身相応地意地決択」…39, 104, 114, 118, 173, 175, 192, 193, 195, 217, 224
　　「有心地決択」……119, 217
　　「声聞地決択」……98, 101, 102, 154, 181, 190, 193, 222, 260
　　「菩薩地決択」……101, 105, 108, 112, 154, 165, 190, 191
　　「有余依無余依二地決択」……110, 112, 191, 197, 243
　「摂釈分」……45, 46, 49, 153, 277
　「摂異門分」……45, 46, 49
　「摂事分」……45, 46, 49, 78, 79, **156**, 158, 159, 163, 164, 173, 176, 189, 357, 358
『瑜伽師地論略纂』……198
『瑜伽論』→『瑜伽師地論』
『瑜伽論記』……154, 198, 290

よ

吉村　誠……19, 40

ら

ラトナーカラシャーンティ(Ratnākaraśānti)……194

り

龍樹→ナーガールジュナ

『楞伽阿跋多羅宝経』……………………………24

ろ

勒那摩提（Ratnamati）………………248, 286

③サンスクリット

A

agotra……………………………………19, 200, 288
agotrastha……………14, 19, 93, 208, 260, 311
agotrasthasya pudgalasya liṅgam……………87
agotrasthaḥ pudgalo/agotratho ... pudgalaḥ/agotra-
sthānāṃ pudgalānāṃ…72, 89, 90, 91, 92, 102
agragotra…………………………………………137
atyantaduḥkha……………………………………188
-vimokṣa…………………………………96, 188
-vimokṣopāya……………………………………189
atyantam aparinirvāṇadharmā………………102
atyantād evābhavyo……………………………88
atyantāparinirvāṇadharman…………………260
adhicittavihāra……………………………………189
adhimukti…………130, 133, 136, 184, 204, 206
adhimucyate………………………………………59
adhyātmāṅgabala…………………………………162
anāsravabodhipakṣyadharmabīja……………169
aniyata………………………………127, 134, 282
-ekataragotra……………………………………288
-gotra………………………………………………229
-bheda…………………………………128, 205
-śrāvakagotra……………………………………243
anuttarāṃ samyaksaṃbodhim/anuttarāyāṃ ...
samyaksaṃbodhau………66, 72, 83, 95, 319
anuttarāyāḥ samyaksaṃbodheḥ paripūraye
…………………………………………72, 90
anuttarāyāḥ samyaksaṃbodheḥ samudāgamāya
…………………………………………………359
anuttare samyaksaṃbodhiyāne……………184
anutpādajñāna……………………………………65
anya…………………………………………………365
*anyajāti/anyāsu jātiṣu…………*172, *358, 359
aparinirvāṇadharmaka………………113, 172,
182, 260, 264, 271
*-gotra……………………………………………198
-liṅga………………………………………………87
*aparinirvāṇadharmakagotrāḥ pudgalāḥ……198
aparinirvāṇadharmakatva……………………89
aparinirvāṇadharmakasya liṅgāni……………87
aparinirvāṇadharmakāṇāṃ sattvānāṃ………188
aparibhāvitendriya………………………………161
abhavya………………………72, 90, 282, 311
abhinirvid…………………………………54, 157
abhinirvṛttihetu……………………………………169
abhyasta……………………………………………177
abhyastaṃ śīlaṃ…………………………177, 359
*abhyāsaparipuṣṭa………………………………173
*abhyāsaparipuṣṭā dhātavo……………………173
araṇya………………………………………………366
arhat…………………………………………………65
avirodhahetu………………………………………183
aviśodhyaṃ ... bījaṃ……………………………172
aśmagarbha…………………………………………363
aṣṭādaśa dharmān………………………………158
*aṣṭādaśadhātu……………………………………173
aṣṭānāṃ balānāṃ gotraṃ………………………179
asati ... gotre…………………………………90, 351
ahārya………………………………………134, 210

Ā

ākara…………………………………………………8

ākṣepahetu……183
ātmanaś ... bodhiṃ……95
ātmano gotraṃ……58
ātmahita……82, 317, 362
ātyantiko yogabhraṃśo……89
ādhāra……72, 309, 354
ādhāre yogasthāne……353
ānumānika……57, 84, 345, 367
āryagotra……203
āryavaṃśa……200
ālayatṛṣṇā……87, 181
ālayavijñāna……195, *196
*āvaraṇabīja……198

I

icchantika……255, 264, 271
indriya……368
-bheda……34
indriyakṛto viśeṣaḥ……82, 317

U

utpāditacitta……168
uddāna……307
upakleśa……347, 349
*upacitavāsanābīja……198
upaniṣad……355

E

ekayānatā……127, 243

AU

audārika……80, 84, 313, 345

K

kathā……58
karaṇīya……365
karuṇā……167, 188
karuṇābahula……167
karmasvakatājñānabalagotra……179
kāruṇya……167
kārya……365
kula……8, 200
kuśaladharmabīja……79, 359
kuśaladharmābhyāsa……79, 359
kuśaladharmāyadvāra……189, 359
kuśalamūla……34
kuśalānāṃ dharmāṇāṃ karma……360
kṛtya……365
kauśalya……184
kauśalyakṛto viśeṣaḥ……83, 317
*kleśāvaraṇabīja……198
kleśāvaraṇaviśuddhi……81
kṣayajñāna……65
kṣāntipāramitāyā gotraliṅgāni……335, 337

G

guṇottāraṇatā……132
gotra……3, 6, 7, 8, 16, 23, 72, 78, 80, 255, 309, 313
-pariśuddhi……65
-bhūdharma……32
-bhūmi……32, 77, 169
-bheda……127, 202, 241, 243
-lakṣaṇa……37
-liṅga……84, 345
-viśuddhi……76
-vihāra……74, 75, 76, 77
-vyatikara……67
-vyavasthāna……64
-saṃgṛhīta……169
-saṃcāra……67
-samudāgama……64

-saṃpad······74, 167, 177, 183
-saṃpanna······168
-agratva······131
-asaṃpannatā······183
-astitva······130
gotrapaṭala······75, 353
gotramitrasya vaidhuryaṃ······146
gotravihāriṇo bodhisattvasya/gotravihārī bodhisattvas······75–76, 76
gotrastha······54, 72, 75, 89, 90, 92, 93, 157, 311
gotrasthasya pudgalasya······183
gotrasthasya pudgalasya liṅgāni/gotrasthasya pudgalasya ... liṅgāni······87
gotrasthānām avatīrṇānāṃ ca pudgalānām ... liṅgāni······57, 367
gotrasthāḥ pudgalāḥ······165
gotrastho bodhisattvo······73, 168
gotrasya ... agratvaṃ······207
gotrasya ... viśuddhyarthaṃ······145
gotrasyādīnavo······134
gotre 'sati······72, 90
gotreṇa samanvāgatānāṃ bodhisattvānāṃ······81, 315
gotre liṅgaṃ······133

C

catuḥsatya······64
catvāry āryasatyāny······64
cittaviśodhana······54
cittavyāvṛttikāraṇa······168
cittotpāda······95, 167
cetaḥparyāyajñāna······59
cetoviśuddhipratipannaka······54
ceṣṭā······59

J

jātarūpa······54
-viśuddhi······54
*jñeyāvaraṇabīja······198

T

tatkālāparinirvāṇadharman······260
*tathatālambanapratyaya······198
*-prativedha······198
*-bīja······198
tathāgata
-gotra······23, 184, *198
-jñāna······95
-jñānaviśuddhisamādhigotra······180
-dharmakāya······23
-yānābhisamayagotra······288
tathāgatagarbha······23
tathāgataḥ ... vihāro/tāthāgato vihāro······74
tāvatkālika······89
tīkṣṇendriya······82, 317
-gotra······161
tīkṣṇendriyaḥ pudgalaḥ······161
trividhabodhibījavikala······113, 182

D

dakṣiṇāvarta······364
daśabalagotrasaṃgṛhīta······178
daśa bodhisattvā······171
dānapāramitāyā gotraliṅgaṃ······84, 319
dānapāramitāyā gotraliṅgāni······319, 325
dauṣṭhulyabīja······65

Dh

dharmatā······160, 357
-pratilabdha······78, 167, 313, 356
dharmasamādāna······365
dhātu······8, 26, 158, 185, 360
-kauśalya······158

-prabheda……158
-pravibhāga……172
dhātupuṣṭi……79, 359
dhyāna……179
dhyānapāramitāyā gotraliṅgāni……339, 343

N

nānāgotravyavasthāna……180
nānādhātukatā……180
nānādhātujñānabala……180
niyata……134
-gotraka……282
nirupadhiśeṣaparinirvāṇa……64
nirupadhiśeṣe ... nirvāṇadhātau……64
nirvāṇa……95, 162, 255
nyasana……365

P

pañca ... aprameyā……185
pañcavidyāsthāna……362
pañcābhisamayagotra……288
pañcopādānaskandha……188
paracittajñāna……59
paratoghoṣa……64
paramapāramiprāptāś ... śrāvakās……57, 367
parahita……82, 317, 362
parārthaprayoga……189, 359
parinirvāṇa……54, 88, 176
-gotra……260
parinirvāṇadharmaka……89, 113, 172, 182
*-gotra……198
*parinirvāṇadharmakagotratrayāḥ pudgalā…198
paripācyāḥ pudgalāḥ……91
paripuṣṭa……132
paripūrṇabīja……113, 182
paribhāvitendriya……161
Pāṃsudhāvakasūtra……54
pāramitā……360
pāramitānāṃ gotraliṅgānāṃ……84, 319
pudgalavyavasthāna……66, 67
pudgalo ... 'bhavya eva……88
pūrva……171, 358, 359
pūrvakuśalamūlābhyāsāt pratilabdham…78, 313
pūrvābhyāsasamutthitaṃ bījam……172
pṛcchā……58
pṛthagjanāvasthā……34
prakṛti……80, 132, 171
-śīla……177
prakṛtistha……132, *173, 356
prakṛtisthaṃ gotraṃ……78, 313, 355
prakṛtisthaṃ bījam……172
*prakṛtistho dhātur……173
prakṛtyā kuśaladharmabījasaṃpadaṃ…79, 359
prajñāpāramitāyā gotraliṅgāni……343, 345
praṇidhāna
-prabheda……66, 67
-vyatikara……67
-saṃcāra……67
pratiniyamahetu……176
pratipattikṛto viśeṣaḥ……82, 317
pratibala……64, 72, 309
pratyakṣadarśina……57, 84, 345, 367
pratyayavikala……89
pratyekabuddha……68
-gotra……59, 66, 68, 91, 176, *198
-mārga……69
-yāna……66, 91, 176
-yānakauśalya……184
-yānagotra……66
-yānābhisamayagotra……288
pratyekabuddhagotre vyavasthitaḥ……69
pratyekabodhi/pratyekāyāṃ bodhau……66,

69, 83, 319
prathamacittotpāda/prathamaś cittotpādaḥ···72, 73, 171, 309, 313
pradhānaḥ samudāgamapratyayo···64
prapuṣṭāc ... gotrāt···136
prāntāni śayanāsanāni···366

Ph

phala···80, 313
phalakṛto viśeṣaḥ···83, 319

B

bāhyāṅgabala···162
bīja···9, 34
  -paryāya···175
  *-samāsavyavasthāna···196
buddhagotra···91
buddhagotrāḥ sattvāḥ···241
buddhadharmaparipāka···360
buddhā ... bhagavantaḥ···57, 84, 345, 367
bodhipakṣyāṇāṃ dharmāṇām/bodhipakṣyā dharmā···72, 169, 309
bodhisattva
  -gotra···81, 171
  -prakṛtiguṇavat···136
  -bhūmi···77
  -vihāra···74
bodhisattvagotrā aniyatāḥ···242
bodhisattvacaryā···72, 73, 309, 311, 313
Bodhisattvabhūmi···353
bodhisattvo gotravihārī···75
bodhisattvo gotrastho···75

Bh

bhavya···54, 64, 72, 73, 88, 90, 170, 282, 309, 311
bhavya eva···88
bhavyatā···72, 309
bhavyāñ ... atyantaduḥkhavimokṣāya···96

M

madhyendriya···68, 82, 317
Manomayyāṃ bhūmau···93
mandakaruṇa···168
mandakāruṇya···68
mandataradauṣṭhulya···168
mandadauṣṭhulya···168
mandarajaskagotra···68
Mahāmati···264, 288
mahāyāna···66, 91, 176
  -kauśalya···184
  -gotra···59, 66, 176
mānacaritajātīya···68
mudrā···365
musāragalva···363
mṛdvindriya···82, 317
  -gotra···161
mṛdvindriyaḥ pudgalaḥ···161
Maulyāṃ bhūmāv···102

Y

yathāpratyayahārya···210
yogajña···59
yogabhraṃśa···89
yogabhraṃśa ātyantikaḥ···89
Yogācāra···22
yogin···59
yoniśomanaskāra···64

L

lakṣaṇabīja···169
liṅga···59

*lokottaradharma……198
lohitikā……364

V

vaṃśa……8, 200
vajropamasya samādheḥ……65
vanaprastha……366
vineya……93
　-dhātu……93
vimuktiparipūri……64
vimokṣa……179
virodhahetu……183
viśodhyaṃ bījaṃ……172
vīryapāramitāyā gotraliṅgāni……337, 339
vaiḍūrya……362
vyākurvanti……170
vyāmiśrā bodhisattvatāthāgatī bhūmiḥ……77

Ś

śakyarūpa……96
śaṃkhaśilā……363
śīlakṣāntivīryadhyānaprajñāpāramitāyā gotraliṅgam……84, 319
śīlapāramitāyā gotraliṅgāni……325, 335
śukladharma……345
śukladharman……135, 260
śūnyatā……145
śrāvaka
　-gotra……59, 66, 91, 176, *198
　-praṇidhāna……66, 67
　-pratyekabuddhagotra……59, 184
　-pratyekabuddhatathāgatagotra……180
　-pratyekabuddhatathāgatagotrapūrva……162
　-pratyekabuddhayāna……184
　-bodhi……83, 319
　-yāna……66, 91, 176
　-yānakauśalya……184
　-yānābhisamayagotra……288
　-vihāra……77
śrāvakagotrā aniyatāḥ……242
śrāvakabhūmer viniścayaḥ……102
śrāvako 'niyato……127

Ṣ

ṣaḍāyatanaviśeṣa……78, 313, 356

S

saṃgrahavastu……360
sattvadhātu……93, 185
sattvānām āvaraṇaṃ……128
sattvārtha……95
sapta bhūmayo……77
samādāna……146
samudānīta……132
samudānītaṃ gotraṃ……78, 313
samyagdarśana……64
*sarvatragadauṣṭhulya……196, 198
sarvaduḥkhanirmokṣa……189, 359
*sarvadharmāṇāṃ parikalpitasvabhāvābhiniveśavāsanā……196
sarvabījaka……195
sarvabījakaṃ vijñānaṃ……113, 182
sarvabuddhadharmāṇām ... sarvabījāny……75
sarvaśrāvakapratyekabuddhānāṃ ... gotraṃ……81, 315
sarvasattva……93, 95, 189, 359
sarvasattvaparipāka……360
*sarvāṇi bījāni saṃgṛhītāni……198
sarveṣāṃ ... buddhadharmāṇāṃ ... bījadharo……75
sahābhiyogapratyabhiyoga……366
sāya……365

sugatigamana……91
sumūla……137
suratnagotra……135
suvarṇagotra……135
suviśuddhena jñānadarśanena……57
sūkṣma……80, 313
sthānāsthānajñānabalagotra……178
svagotra/svaṃ gotraṃ……72, 167, 309
svārthaprayoga……189, 359

H
hārya……134, 210
hīnayāna……228
-paritrāṇatva……229
hīnaḥ samudāgamapratyayo……64
hetu……73, 313
hetuhīna……135, 260

④パーリ語

A
anāgāmin……27
anāgāmiphalasacchikiriyāya paṭipanno……27
arahattāya paṭipanno……27
arahant……27
ariyadhamma……29

U
ubhatobhāgavimutta……28

K
kāyasakkhi……28

G
gotta……7, 8
gotrabhū……8, 9, 25, 27, 28, 29, 30, 32

J
jacca……8
jāti……7

T
tathāgato arahaṃ sammāsambuddho……28

D
diṭṭhippatta……28

Dh
dhammānusārin……28

N
nāma……7

P
paccekasambuddha……28
paññāvimutta……28
puggalo gotrabhū……29
puggalo puthujjano……29
puññakkhetta……27

S
sakadāgāmin……27
sakadāgāmiphalasacchikiriyāya paṭipanno……27
saddhānusārin……28
saddhāvimutta……28
sotāpattiphalasacchikiriyāya paṭiipanno……27
sotāpanna……27

⑤チベット語

K

kun tu 'gro ba'i gnas ngan len…………115, 116
kun nas nyon mongs pa thams cad kyi rtsa ba…114
kun nas nyon mongs pa ldog pa rnam par gzhag pa…………114
kun nas nyon mongs pa'i rgyu…………224
kun gzhi rnam par shes pa…………114, 115, 119, 196, 225, 279
kun gzhi rnam par shes pa ma yin pa…………279
rkyen gyi gzhi dang ldan pa…………232
rkyen dman pa…………63
rkyen gtso bo…………63
skal ba dang ldan pa…………235, 254, 283
skal ba dang mi ldan pa…………235, 254
skal ba med pa…………110
skal ba med pa kho na…………86
skye mched drug gis zin pa…………55, 358
skye mched drug po…………61
skye ba gzhan…………173, 358
skyes bu 'dul ba'i kha lo sgyur ba…………235, 254
skyes bu 'dul ba'i kha lo sgyur ba bla na med pa…………254

Kh

khams…………54
khams kyi don…………175
khams bco brgyad po…………173, 174, 192
khams bco brgyad po ... gi rab tu dbye ba…174, 193
khams brtas pa'i khyad par…………246

G

gang zag yongs su mya ngan las 'das pa'i chos can gyi rigs gsum…………117
gang zag yongs su mya ngan las mi 'da' ba'i chos can gyi rigs…………117
gang zag rigs rnam par dag par ma gyur pa…164
gang zag rigs med pa la gnas pa…………191
gang zag rigs la gnas pa…………174, 192
gang zag ... rigs la gnas pa ma yin pa……174, 192
goms pas yongs su brtas pa…………173
goms pas yongs su brtas pa'i khams……173, 358
grub pa dang bde ba bla na med pa'i mya ngan las 'das pa…………106
dgra bcom pa…………30
dgra bcom pa byang chub tu yongs su 'gyur bar gyur pa…………111
rgyu…………244
rgyu dang mi ldan pa…………261
rgyud gcig tu gtogs pa…………60, 61, 361, 362
rgyud du mar gtogs pa…………60, 361
rgyun du zhugs pa…………30
sgrib pa'i sa bon…………117
brgyad pa…………30
bsgrub tu mi rung ba…………277
bsgrub tu rung ba…………277

Ng

nga'o snyam pa'i nga rgyal…………119
ngar 'dzin pa dang nga yir 'dzin pa'i rnam par 'jig tshogs la lta ba…………119
nges pa'i tshogs…………86
nges pa'i rigs…………104
mngon sum nyid…………246

Ch

chos kyi dbyings shin tu rnam par dag pa……224
chos nyid…………159, 160, 357
chos nyid kyis 'thob pa…………55, 358

chos nyid kyis 'thob pa'i skye mched drug po ··· 61, 362
chos thams cad kyi kun brtags pa'i ngo bo nyid la mngon par zhen pa'i bag chags ··· 115

J

'jig rten las 'das pa'i chos ··· 116, 119
'jig rten las 'das pa'i chos kyi sa bon ··· 119
'jig rten las 'das pa'i sems ··· 224
'jig rten las 'das pa'i sems kyi sa bon ··· 224

Ny

nyan thos kyi rigs ··· 104, 108, 248
nyan thos kyi rigs kyi gang zag zhi ba'i bgrod pa gcig pu pa ··· 107
nyan thos kyi rigs gang zag zhi ba'i bgrod pa gcig pu pa ··· 231
nyan thos kyi rigs sgrub pa ··· 101–102
nyan thos kyi rigs can ··· 111, 117, 258
nyan thos kyi rigs dang ldan pa ··· 176, 192
nyan thos kyi sa'i rnam par gtan la dbab pa ··· 191
nyan thos dang rang sangs rgyas kyi rigs can ··· 187
nyan thos byang chub tu 'gyur ba ··· 232
nyan thos byang chub tu yongs su 'gyur ba ··· 107
nyan thos rigs ma nges pa ··· 242
nyid kyi rigs dang ldan pa ··· 176
nyer gnas ··· 355
nyon mongs pa'i sgrib pa ··· 108
nyon mongs pa'i sgrib pa'i sa bon ··· 117
gnyis ka'i cha las rnam par grol ··· 111
snying rje shin tu chung ba ··· 107
snying rje shin tu chung ba'i rigs can ··· 109, 110

T

gtan yongs su mya ngan las mi 'da' ba'i chos can ··· 191
stobs bcu'i rigs ··· 181

Th

tha dad rigs ··· 226
thams cad kyi thams cad ··· 190
thar pa'i cha dang mthun pa dang nges par 'byed pa'i cha dang mthun pa'i dge ba'i rtsa ba rnams kyi sa bon yongs su 'dzin pa ··· 196
thar pa'i cha dang mthun pa'i dge ba'i rtsa ba ··· 104
thar pa'i sa bon ··· 258
theg pa gcig ··· 106, 229, 230
theg pa gcig nyid ··· 242
theg pa chen po'i rigs ··· 104
theg pa las yongs su skyob pa'i phrin las can ··· 228
theg pa gsum gyi rigs rab tu dbye ba ··· 285
theg pa gsum gyis bsdus pa'i mya ngan las 'das pa'i chos can rigs la gnas pa ··· 187
thos pa'i bag chags ··· 225
thos pa'i bag chags kyi sa bon ··· 224
thos pa'i bag chags kyi sa bon ...'i gnas ··· 225
mthu yod pa ··· 53, 355

D

dag pa'i khams ··· 193
dag pa'i khams can ··· 193
de bzhin nyid kyi rigs can ··· 197
de bzhin nyid kyi sa bon can ··· 197
de bzhin nyid la dmigs pa'i rkyen ··· 117
de bzhin nyid la dmigs pa'i rkyen gyi sa bon ··· 119
de bzhin nyid la dmigs pa'i rkyen gyi sa bon dang ldan pa ··· 116
de bzhin nyid la dmigs pa'i rkyen rtogs par bya ba ··· 117
de bzhin gshegs pa'i rigs can ··· 106, 117
de bzhin gshegs pa'i rigs dang ldan pa ··· 192

ded dpon……258
Don dam yang dag 'phags……106, 107, 231
bdag la chags pa……119
bde 'gro ... la 'god par mdzad……254
bde 'gro ... la 'god par mdzad pa……235

N

nan tan du sgrub pa mi 'dra ba……176
nus……53, 355
nus pa……119, 283
gnas gyur pa……197
rnam par smin pa'i rnam par shes pa……224, 225

Ph

phung po'i lhag ma med pa'i mya ngan las 'das pa'i dbyings……111
phyogs gcig gi thams cad……190
phra ba……56, 361
'phags pa……163, 164
'phags pa'i gang zag rnams kyi rgyal po……258
'phags pa'i rigs bcu……248

B

bag chags bsags pa'i sa bon……119
bag chags bsags pa'i sa bon dang ldan pa……116
bag chags bsags pa'i sa bon dang ldan par skye ba……117
byang chub chen po……109, 110
byang chub tu yongs su 'gyur ba'i nyan thos……109
byang chub sems dpa' rnams kyi yab……258
byang chub sems dpa' rigs ma nges pa……242
byang chub sems dpa'i rigs ... 'grub pa……102
byang chub sems dpa'i rigs can……111
byang chub sems dpa'i sa'i rnam par gtan la dbab pa……101
byams pa……354
bla na med pa yang dag par rdzogs pa'i byang chub……107, 111
'bras bu……56, 175, 361

M

ma nges……229
ma nges pa……242
ma nges pa'i rigs can……111, 254
ma nges pa'i rigs can gyi ... nyan thos……228
ma nges pa'i rigs can gyi byang chub sems dpa'……228
ma nges pa'i sems can gyi tshogs……111
ma 'dres pa'i ma rig pa……119
ming gi rnam grangs……54, 55
mos pa phun sum tshogs pa las gyur pa……233
mos pa mang ba……232
mya ngan las 'das pa……110
mya ngan las 'das pa'i grong khyer du 'gro ba rnams kyi ded dpon……258

Tsh

tshul bzhin yid la byed pa……63

Zh

zhi ba'i bgrod pa gcig pa'i nyan thos……110
zhi ba'i bgrod pa gcig pu pa……107
gzhan gyi sgra……63

Z

zag pa med pa'i dbyings……109

Y

yid……119
yongs su bsgoms pa'i khams……174
yongs su mya ngan las 'da' ba……86
yongs su mya ngan las 'da' ba'i chos can……62,

63, 85–86, 104
yongs su mya ngan las ’da’ ba’i chos ... can···277
yongs su mya ngan las ’da’ ba’i chos can gyi rigs dang ldan pa···117
yongs su mya ngan las ’da’ ba’i chos can nyid kyi ris···111
yongs su mya ngan las ’da’ ba’i chos can ma yin pa···62, 86
yongs su mya ngan las ’da’ ba’i rigs can···187
yongs su mya ngan las mi ’da’ ba’i rkyen rnams···63
yongs su mya ngan las mi ’da’ ba’i chos can···86, 104, 261, 277
yongs su mya ngan las mi ’da’ ba’i chos can gyi rigs kyis bsdus pa···192
yongs su mya ngan las mi ’da’ ba’i chos can gyi rigs dang ldan pa···117
yongs su smin pa phun sum tshogs pa···283

R

rags pa···56, 361
rang bzhin···54
rang bzhin gyi khams···174, 192
rang bzhin gyis gnas pa···173, 356
rang sangs rgyas kyi rigs···248
rang sangs rgyas kyi rigs can···117
rang sangs rgyas kyi rigs dang ldan pa···192
rigs···52, 53, 103, 104, 200, 247, 283, 354
rigs kyi chos···30
rigs kyi stobs···244
rigs kyi rnam par gzhag pa···52
rigs kyi gzhi dang ldan pa···231
rigs kyi sa···52
rigs nges pa···235
rigs dang ldan pa···164
rigs ni tha dad···242
rigs ni tha dad gyur ba···229
rigs sna tshogs···106
rigs phun sum tshogs pa···246
rigs ... phun sum tshogs pa···283
rigs phun sum tshogs pa las gyur pa···233
rigs ma nges pa···235
rigs ma nges pa’i nyan thos···242
rigs med pa···104, 254, 261
rigs dman pa···107
rigs ...’i ming gi rnam grangs···54, 360
rigs ...’i rang bzhin···55, 358
rigs rab tu dbye ba···285
rigs la gnas pa ma yin pa···62, 86
rigs la gnas pa’i gang zag···52, 53, 62, 85, 354
rigs la gnas pa’i gang zag rnams kyi rtags···52

L

lus las khyad par du gyur pa···55

Sh

śākya’i rigs skyes pa nyid···246
shes bya’i sgrib pa···108
shes bya’i sgrib pa’i sa bon···117
shes rab kyis rnam par grol ba···111

S

sa ... kyi rnam par gtan la dbab pa···190
sa bon···54
sa bon gyi chos···53, 354
sa bon thams cad···116
sa bon thams cad pa···224
sa bon mdor bsdus pa’i rnam par gzhag pa···115
sa bon yongs su tshang ba yin no···119
sangs rgyas kyi rigs···246
sangs rgyas kyi rigs kyi rjes su song ba···246
sangs rgyas kyi rigs can···109, 187, 258

sangs rgyas dang byang chub sems dpa'……354
Sa'i dngos gzhi……191
sems can gyi don……107, 110
sems can nyan thos kyi theg pa'i rigs can……106
sems can thams cad……187
sems can thams cad kyi ston pa……257, 258
sems can rang sangs rgyas kyi theg pa'i rigs can……106
so so'i skye bo nyid……192

⑥漢 語

あ
阿那含人……28
阿羅漢……36
——人……28
阿頼耶識……217
安住種性菩薩……276
安住法……36

い
異生
——數……31
——種性……31
——分齊……31
——名……31
一切雜染法根本……217
一刹那……35

う
有種性……220
有情界……220
——無量……220
有佛性……249

え
縁覺人……28

か
界……37, 276, 360
可救……277
堪達……35
——種性順解脱分……35
——種性煖……35
——法……36
——法暎種性根……36

け
外因力……221
見道位……36

こ
五種性……262
護法……35

し
斯陀含人……28
思法……35
——種性順解脱分……35
——種性煖……35
——暎種性根……36
趣阿那含果證人……28
趣阿羅漢果證人……28
十八界……37
住法……35
受具……31
趣斯陀含果證人……28
種種行種種性……221

種性……………………………………**23**, 221
　——地……………………………………31
　——地法…………………………………30
　——差別五種道理……………………222
　——人……………………………………27
種姓……………………………**23**, 26, 251
　——異…………………………………240
趣須陀洹果證人…………………………28
種族…………………………………………37
須陀洹………………………………………32
　——人……………………………………28
修道／修道位………………………………36
順解脱分……………………………………35
順解脱分及順決擇分等善根種子…………217
順忍…………………………………………33
性……………………………………………33
　——地……………………………31, 33
　——人……………………………28, 29
　——法……………………………………29
姓……………………………………………23
正覺人………………………………………28
聖者
　——數……………………………………31
　——種性…………………………………31
　——分齊…………………………………31
　——名……………………………………31
聖種…………………………………………37
聖性…………………………………………33
定 ... 非般涅槃種性有情…………………222
聲聞
　——及佛種性順解脱分…………………35
　——獨覺及與如來種性為先……………221
　——獨覺種性忍…………………………35
　——人……………………………28, 33
　——辟支佛佛道因縁……………………34
　——法……………………………………33
　——菩提………………………………221
聲聞種性…………………………221, 262
　——順解脱分……………………………35
　——煖……………………………………35
　——忍……………………………………35
所謂種性…………………………………221
所謂伏界…………………………………220
　——無量………………………………220
所謂伏無量作意…………………………221

せ

世間第一法…………………………………33
世第一法……………………30, 31, 35, 36
　——六種種性及三乘種性………………35
善趣………………………………………263
善逝姓……………………………………252
善男子……………………………………251
善法之種性…………………………………32

そ

相應行地……………………………………36

た

退法…………………………………………36
　——種性…………………………………35
　——種性順解脱分………………………35
　——種性煖………………………………35
　——暵種性根……………………………36

ち

中根種性…………………………………221
頂………………………………………35, 36
　——法……………………………………33

て

轉根…………………………………………36

と

獨覺
　——及佛種性順解脱分……35
　——菩提……221
　——或佛種性煖……35
獨覺種性……221, 262
　——順解脱分……35
　——煖……35
　——忍……35
鈍根種性……221

な

内因力……221
煖……35
　——法……33
暝……36
燸法……33

に

二乘種……250
如來種性……221, 252, 262
忍……35, 36
　——法……33

ね

涅槃……221
念念……31

ひ

非凡夫人……28

ふ

不可救……277
不定種性……262
佛種性
　——順解脱分……35
　——煖……35
　——忍……35
佛性……286
　——法身平等……249
佛世尊……354
佛或聲聞種性煖……35
不動法……36
　——種性……35
　——種性順解脱分……35
　——種性煖……35
　——暝種性根……36

ほ

法種……252
法種性……252
法爾……262
菩薩……33
　——人……28
　——法位……33
法性……252
凡夫
　——勝法……29
　——人……28

む

無有出世功徳種性……262
無學道……36
無種性……220
無上正等菩提……221
無漏道……33

り

利根種性……221

る

岡田英作（おかだ・えいさく）
1987年、愛媛県生まれ。高野山大学文学部卒業。京都大学大学院文学研究科博士後期課程修了。京都大学博士（文学）。2018年愛媛大学特定研究員。2022年同大学大学院教育学研究科特定助教。現在、高野山大学文学部特任講師。専門はインド仏教学。著書に『『瑜伽師地論』における五位百法対応語ならびに十二支縁起項目語――仏教用語の現代基準訳語集および定義的用例集――バウッダコーシャV』（山喜房佛書林、2017年共著）など。

瑜伽行派における種姓説の展開
――初期瑜伽行派から中期瑜伽行派へ――

2025年3月27日　初版第1刷発行

著　者　岡田英作
発行人　安元　剛
発行所　株式会社 起心書房
神奈川県鎌倉市二階堂4-25
TEL　0467-27-1582
FAX　0467-22-8452
郵便振替 00200-2-85703
http://kishin-syobo.com/
装　丁　Malp Design（清水良洋）
印刷・製本　モリモト印刷株式会社

ISBN978-4-907022-32-7　C3015